U0549209

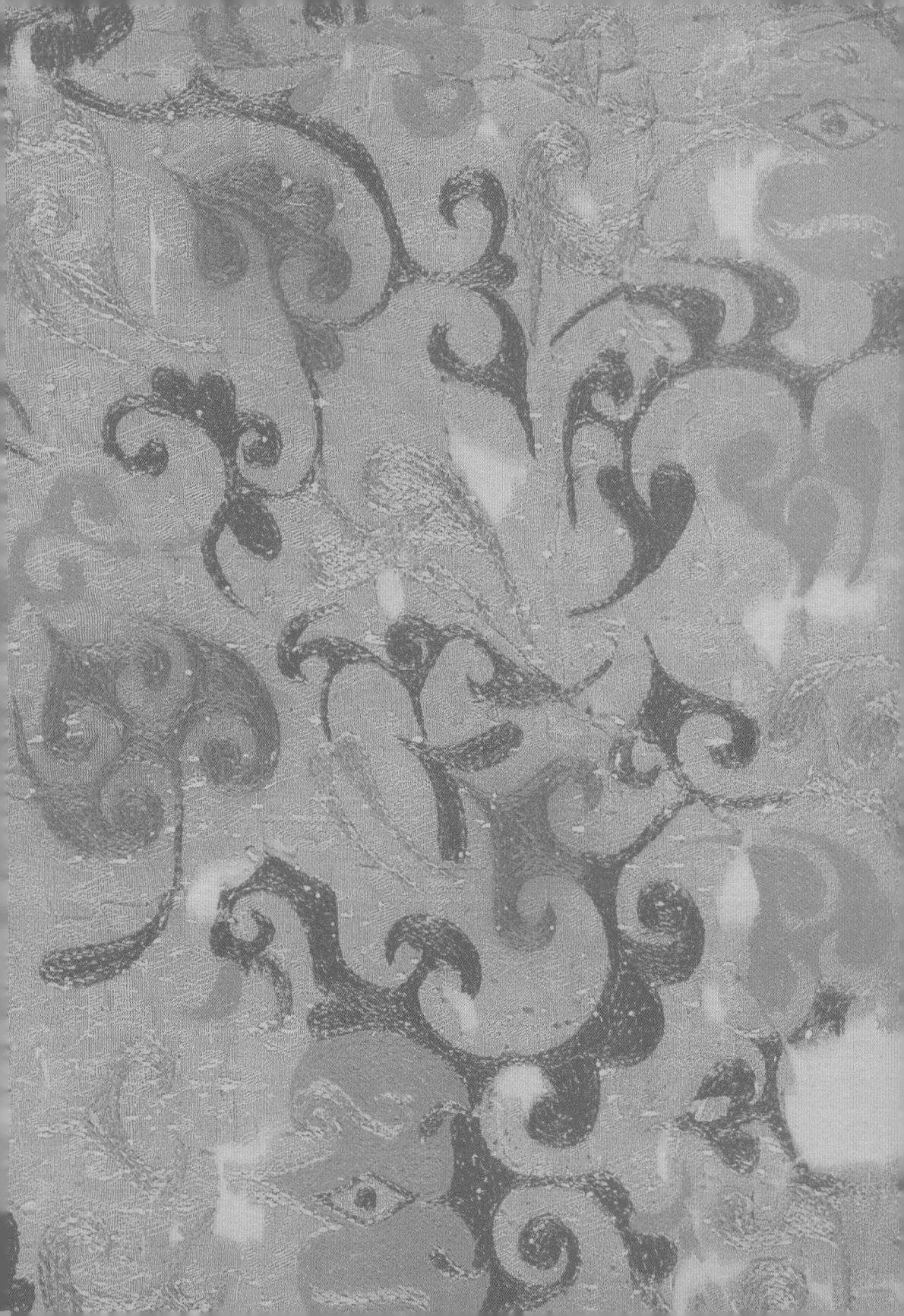

让我们一起追寻

This is a simplified Chinese translation of the following title published by Cambridge University Press:

China's Early Empires: A Re-appraisal
Edited by Michael Nylan and Michael Loewe
ISBN 978-0-521-85297-5 Hardback
©Faculty of Asian and Middle Eastern Studies, University of Cambridge 2010
This simplified Chinese translation for the People's Republic of China (excluding Hong Kong, Macau and Taiwan) is published by arrangement with the Press Syndicate of the University of Cambridge, Cambridge, United Kingdom.
© Social Sciences Academic Press (China) 2024
This simplified Chinese translation is authorized for sale in the People's Republic of China (excluding Hong Kong, Macau and Taiwan) only.
Unauthorized export of this simplified Chinese translation is a violation of the Copyright Act. No part of this publication may be reproduced or distributed by any means, or stored in a database or retrieval system, without the prior written permission of Cambridge University Press and Social Sciences Academic Press (China).
Copies of this book sold without a Cambridge University Press sticker on the cover are unauthorized and illegal.

本书封面贴有 Cambridge University Press 防伪标签，无标签者不得销售。
此版本仅限在中华人民共和国境内（不包括香港、澳门特别行政区及台湾省）销售。
封底有甲骨文防伪标签者为正版授权。

中华早期帝国

秦汉史的重估

China's Early Empires
A Re-appraisal

〔美〕戴梅可（Michael Nylan）
〔英〕鲁惟一（Michael Loewe） 主编

刘鸣 译

社会科学文献出版社
SOCIAL SCIENCES ACADEMIC PRESS (CHINA)

中文版序

　　理论上来说,《中华早期帝国》的编纂开始于 2004 年。那年秋天,我收到鲁惟一的电子邮件,他总是与时俱进,最早掌握最新的电脑技术。在邮件中,他邀请我和他一起编辑一本书,这本书是对《剑桥中国秦汉史》(*The Cambridge History of China*, vol. 1)的补充。剑桥大学东方研究院(Oriental Studies at Cambridge)当时得到了一笔专款,受惠于此,该书所需的大部分资金已经到位,而且如果需要的话,鲁惟一先生自己还会申请更多的资金。当初我在东方研究院学习古典文学——本科生文学学士毕业考试科目之一,鲁惟一是我的导师,收到这个邀请,我既感到荣幸,又有点不安。于是我进一步跟他了解这个项目的来龙去脉。原来那本《剑桥中国秦汉史》完成于 1976 年前后,当时马王堆发现的资料刚刚发表,而书一直拖到 1986 年才出版,原因是在该书出版前后涌现出了大量的考古资料,他说,他的主要目标是对这些资料的价值进行诠释,对已有的传统政治史进行扩充。这样的一个补充,从其核心内容上来说,应该成为《剑桥中国上古史》(*The Cambridge History of Ancient China*)内容的延续,这一册由鲁惟一和夏含夷(Edward Shaughnessy)共同主编,出版于五年前。[①] 在那个时候,关于怎么样起头,应该去找哪些人撰稿,他有了一些想法。他想让我帮他从总体上处理所涉及的艰巨的工作。(当时我并不知道,他的长期搭档、同事以及妻子卡尔曼·布莱克尔 [Carmen Blacker] 已经患上了帕金森病。)我答应了,但对我将做的事几乎一无所知。鲁惟一认为我对应劭的《风俗通》进行过研究,可以担任东汉部分文章的首要编者,这是第一桩让我

---

① 指 1999 年。(本书脚注如无特殊说明,均为译者按。)

吃惊的事。我自己都笑了（直到今天，我仍感觉我对汉和帝以后的事情搞不清楚）。

从委托各篇论文的撰写开始，各种令人惊讶的事情纷至沓来。有位考古学家，因不在受邀的撰稿人之列，心怀妒恨，鼻子都快气歪了，他几乎断送了这个项目。而有位受邀的作者，强烈反对另外一位学者加入，这让我们在一个月内失掉了两位撰稿人。一年以后，几位作者提交的论文质量明显达不到标准，当我们两位主编想提出修改建议时，这几位撰稿人回复说他们都是天才，这让我们在进展中面临艰难的选择。接下来，已经完成的书稿被剑桥大学出版社束之高阁，搁置了超过两年时间。考古学家们向出版社提出了强烈的不满，他们表示，如果出版社继续拖延出版进程，那么他们将不得不重写相关章节，因为这期间又有了不少新的考古发现。然后，剑桥大学出版社没能按照惯例给各大刊物寄送样书，因而唯一的一篇书评的作者磨刀霍霍，别有用心。（鲁惟一向来温文儒雅，然而，他看到这篇书评时怒不可遏，想拟一篇正式的文章回应这个作者。我拦住了他，说读者自有判断。）简而言之，这是一出充满差错的滑稽剧，然而不是每一个情节都让人开心。

对那些雄心勃勃、想要做大部头书籍的编者，我想请他们引以为戒。实际上，过了这么多年，很多琐碎的事情我都已经忘记了。直到中文版出版时让我写一篇简短的序言，我才想起来一些点点滴滴。差不多十五年过去了，仍然得以保留下来的是，这些论文大体上是站得住脚的，这在关于早期中国的研究中是令人惊叹的。早期中国的研究进展很快，在这一领域中优秀的学者们每过几年对自己以前的认识都不得不重新思考。回过头来看，尽管每做出一个决定都会遭到强烈的反对，但当时在编这本书时所做的四个决定起到了关键的作用。首先，当时鲁惟一重新审视了"儒教"（Confucianism）一词，这是正确的。1999年，我受席文（Nathan Sivin）的论文"On the Word 'Taoist' as a Source of Perplexity"（1978）启发，发表了一篇文章，从那时开始我就一直在考虑这个问题。与之相应，在这本书中我们摒弃了"儒教"这个词，也没有征引 1930 年代德效骞（Homer H. Dubs）所论断的"独尊儒术"（Triumph of Confucianism）。我们认为，这一点是必要的，如果要从根本上重新考虑中华早期帝国研究的方式，就要抛弃那些旧的观点，那些观点认为儒家和道家为了争夺当权者的支持在进行一场"赢者通吃"的斗争。

其次，我们两位主编敦请各位撰稿人谨慎使用来源于商朝的资料和成书于东汉的《说文解字》，我们的理由是令人信服的。我们认为，作为许慎的个人作品，《说文解字》有一定的局限，而尽管到秦汉时期，少数几个被放大的商代人物（商汤，或者以残暴著称的末代君主纣王）还很有一些影响，但当时的人们似乎在很大程度上并未确切地知道商代的事件和文化。

再次，鲁惟一和我决定打破以朝代划分历史的模式，书中使用的"早期帝国"，其时间从公元前 323 年到公元 316 年，从战国时期群雄并起开始，到西晋灭亡为止。这可以让读者不得不想起这么一个简单的事实，那就是当王朝覆灭时，不是所有原先的臣民都感到发生了天翻地覆的变化。

最后，鲁惟一和我认为中国在古代世界中既独特又与其他国家有着很多共同点，所以在总共 24 篇文章中，至少有 5 篇涉及今天中国之外的内容，为读者提供了适宜的对照与比较。这 5 篇是：由几位作者共同完成的《边远地区的考古发现》、《永恒之城与长安之城》，草安敦（Anthony Snodgrass）的《中国考古：一个局外人的看法》，巴瑞特（T. H. Barrett）关于道教和佛教的文章，加上罗界（Geoffrey Lloyd）关于早期辞令的论文。（新冠疫情发生前不久，鲁惟一回归到他年轻时对古典文明的学术兴趣上，写了一部对古典文化进行比较的书，在 2024 年由伦敦的布鲁姆斯伯里出版社出版。）与此同时，这本书还包含多种多样的插图和地图，事实证明，在这么多年后这些还都是有用的。

和我合作的主编鲁惟一现在已经 101 岁了，双目失明。我在写这篇序言时，脑海里总想起他。正是他，提供了许多可供参考的书籍，让后辈的学者得以对先前的学术成果进行确认、辩驳和增补，并在这个过程中成长起来。或许更为重要的是，在我认识他的这么多年里，他一直宽宏大量，堪称典范。以他如此高龄，仅有的几次遗憾的事，是几十年前他对几个很爱争吵的同事说了几句气话。我想，这就能说明问题。他只是简单地享受着他的研究。以此为指引，我代表他鼓励从事中华早期帝国研究的学者们，应该采取一种同样宽宏的气度和致力于工作的精神。毕竟，这个领域还有大量的工作要做。

戴梅可（Michael Nylan，代表鲁惟一［Michael Loewe］）

2024 年 4 月

目　录

随文插图、彩图、表格、地图　　　　　　　　　　　　i
凡　例　　　　　　　　　　　　　　　　　　　　　xiv
缩略语　　　　　　　　　　　　　　　　　　　　　xv
致　谢　　　　　　　　　　　　　　　　　　　　　xvii

引　言　　　　　　　　　　　　　　　　　　　　　001
戴梅可（Michael Nylan，伯克利加州大学）、
鲁惟一（Michael Loewe，剑桥大学）

第一部分　考古

1　汉代墓葬结构及随葬品　　　　　　　　　　　015
艾素珊（Susan N. Erickson，密歇根大学迪尔伯恩分校）

2　两处东汉墓葬：打虎亭和后士郭　　　　　　　088
毕梅雪（Michèle Pirazzoli-t'Serstevens，巴黎高等研究实践学院）

3　出土文献：背景与方法　　　　　　　　　　　121
纪安诺（Enno Giele，亚利桑那大学）

4　边远地区的考古发现　　　　　　　　　　　　146
艾素珊、李成美（Yi Sŏng-mi，韩国学中央研究院，韩国城南市）、戴梅可

5　城市生活研究　　　　　　　　　　　　　　　　　　　184
毕梅雪

6　永恒之城与长安之城　　　　　　　　　　　　　　　203
卜瑞南（T. Corey Brennan，罗格斯大学）、
邢义田（Hsing I-tien，台湾"中研院"）
附录：研究长安城的主要资料　　　　　　　　　　　　229

7　皇家陵墓　　　　　　　　　　　　　　　　　　　　237
鲁惟一
附录：两汉帝陵　　　　　　　　　　　　　　　　　　251

8　中国考古：一个局外人的看法　　　　　　　　　　257
莫安敦（Anthony Snodgrass，剑桥大学）

第二部分　行政

9　《二年律令》与《奏谳书》　　　　　　　　　　　281
鲁惟一
附录：法律文书　　　　　　　　　　　　　　　　　　289

10　齐其家（齐怀必死）　　　　　　　　　　　　　296
戴梅可
附录：材料来源　　　　　　　　　　　　　　　　　　319

11　社会区分、人群和特权　　　　　　　　　　　　330
鲁惟一

12　政府的运行　　　　　　　　　　　　　　　　　344
鲁惟一

第三部分　技术

13　数字、计算与宇宙　　361
古克礼（Christopher Cullen，剑桥大学李约瑟研究所）
附录：《九章算术》　　376

14　占卜与天文：传世文献与出土简牍　　379
马克（Marc Kalinowski，巴黎高等研究实践学院）
附录：（1）秦汉简牍帛书中与占卜和天象有关的文本　　391
　　　（2）汉代史书中记载的预测者　　397

15　出土医书、传世文献和医术　　409
罗维前（Vivienne Lo，伦敦大学学院维康信托基金医学史研究中心）、李建民（Li Jianmin，台湾"中研院"）
附录：医疗技术的早期证据　　432

16　阴阳、五行和气　　444
戴梅可
附录：关联宇宙论　　454

17　秦汉宗教活动　　462
胡司德（Roel Sterckx，剑桥大学）

18　东汉及以后的宗教变迁
　　当前的一些观点和问题　　479
巴瑞特（T. H. Barrett，伦敦大学亚非学院）
附录：（1）与道教史有关的四种存在问题的文献　　493
　　　（2）汉代后经书之外的资料　　495

第四部分　辞章

19　战国和西汉文献中的劝说技巧和关于"乱"的辞令　　505
罗界（Geoffrey Lloyd，剑桥大学李约瑟研究所）

20　《史记》中的文本和作者　　517
方丽特（Griet Vankeerberghen，麦吉尔大学历史学系）

21　音乐与诗歌的修辞主题
　　从汉武帝（公元前 141～前 87 年在位）朝至约公元 100 年　　538
柯马丁（Martin Kern，普林斯顿大学）

22　公元前 100～公元 100 年的劝说技巧　　552
戴梅可

23　公元 100～300 年的散文和权威　　568
史嘉柏（David Schaberg，加利福尼亚大学洛杉矶分校）

24　约公元 100～300 年的文学批评和诗歌中的个人特色　　583
柯睿（Paul W. Kroll，科罗拉多大学博尔德分校）

参考文献　　604
索　引　　661

随文插图、彩图、表格、地图

随文插图

图 1.1	木椁墓结构；依照 Zhongguo zhongda kaogu faxian, 146	016
图 1.2	带有建筑构件的木椁墓；依照 WW 1980.3, 2 (Fig. 1)	017
图 1.3	黄肠题凑墓；依照 Beijing Dabaotai Han mu, 10 (Fig. 13)	018
图 1.4	竖穴崖墓；依照 WW 1999.12, 5 (Fig. 3) and 6 (Fig. 5)	019
图 1.5	具有水平轴线的崖墓；依照 Mancheng Han mu fajue baogao, I, 11 (Fig. 4), 23 (Fig. 14)	020
图 1.6	楚王墓位置；依照 WW 2001.10,71 (Fig. 1)	021
图 1.7	刘道（？）崖墓；依照 Xuzhou Beidongshan Xi Han Chu wang mu, 8 (Fig. 4)	022
图 1.8	梁王刘武崖墓；依照 Mangdangshan Xi Han Liang wang mudi, 15 (Fig. 3)	023
图 1.9	梁王刘武李王后墓；依照 Mangdangshan Xi Han Liang wang mudi (Fig. 17), facing page 40	023
图 1.10	河南芒砀山，保安山寝园和寝殿；依照 Yongcheng Xi Han Liang guo wangling yu qindian, 56 (Fig. 40)	024
图 1.11	带有水平轴线的崖墓的平面图、顶部图和侧视图；依照 Zhong Zhi, "Sichuan Santai Qijiang yamu qun 2000 niandu qingli jianbao" (2002), 19 (Figs. 7, 8)	026
图 1.12	带有仿半木结构和藻井的后室；依照 Zhong Zhi (2002), colour plate inside back cover	027
图 1.13	一座崖墓中的石床；依照 Zhong Zhi(2002), 29 (Fig. 31)	028

图 1.14	崖墓中带有彩绘斗拱的柱子；依照 Zhong Zhi (2002), 28 (Fig. 29), 29 (Fig. 32)	029
图 1.15	镇墓偶人；依照 Qiu Donglian, "Changsha Xi Han 'Yu Yang' wanghou mu 'yongren' ji xiangguan wenti" (1996),152 (Fig. 1)	030
图 1.16	陶俑；依照 *Chengdu kaogu faxian*(2002),331 (Fig. 13)	031
图 1.17	带字神瓶；依照 *KGYWW* 1997.2, 3 (Fig. 2.9), 5 (Fig. 4)	031
图 1.18	黑地彩绘棺头挡外表面图案；依照 *Changsha Mawangdui yi hao Han mu* (1973) (Fig. 18)	032
图 1.19	朱地彩绘棺外表面图案；依照 *Changsha* 1 (Figs. 222–25), facing p. 162	034
图 1.20	外部镶玉璧的棺和棺内部玉版排列复原图；依照 *Mancheng Han mu fajue baogao*1, 243 (Fig. 159)	036
图 1.21	鎏金青铜棺饰；依照 *Xuzhou Beidongshan Xi Han Chu wang mu*, 102 (Figs. 85.3–4)	036
图 1.22	鎏金鎏银棺饰；依照 *KG* 1998.12, 1135(Fig. 2.1), 1137 (Fig. 4.1), 1139 (Fig. 7)	037
图 1.23	马王堆 1 号墓 T 形帛画；依照 *Changsha* 1,40 (Fig. 38)	038
图 1.24	帛画（金雀山）；依照 *WW* 1977.11, frontispiece	039
图 1.25	刺绣棺盖饰品残片（尹湾）；依照 WuKerong, "Shixi Donghai Yinwan Han mu zeng xiu de neirong yu gongyi" (1996), 65 (Fig. 3)	041
图 1.26	青铜织物印版；依照 *Wenwu Zhongguo shi, 4. Qin Han shidai* (2003), 157	042
图 1.27	面罩；依照 Gao Wei and Gao Haiyan, "Handai qi mianzhao tanyuan" (1997) (Fig. 1.2)	042
图 1.28	男尸面罩上面、侧面及后立板；依照 *WW* 1988.2, 34 (Fig. 26), 35 (Fig. 27), 36 (Fig. 28.1)	043
图 1.29	子房山 3 号墓玉覆面；依照 Li Yinde, "Xuzhou chutu Xi Han yu mianzhao de xiayuan yanjiu" (1993), 47 (Fig. 2)	044
图 1.30	刘宽墓玉覆面；依照 *KG* 1997.3,198 (Fig. 8.4)	045
图 1.31	后楼山 1 号墓玉覆面；依照 Li Yinde (1993),48 (Fig. 3)	046
图 1.32	满城 1 号墓刘胜墓玉衣；依照 *Mancheng Han mu fajue baogao*, 348 (Fig. 227)	046

图 1.33	玉头罩、手套、脚套；依照 *Qi Lu Wenhua dong fang sixiang de yaolan*, Plate 256	047
图 1.34	铅俑；依照 Cao Zhezhi and Sun Binggen, *Zhongguo gudai yong*(1996), 143	048
图 1.35	广东广州南越王及其妃子的组玉佩；依照 Lam, *Jades from the Tomb of the King of Nanyue*(1991), Plates 52, 149	049
图 1.36	玉饰；依照 *WW* 2004.6, 17 (Fig. 36)	050
图 1.37	墓顶壁画；依照 *Mangdangshan Xi Han Liang wang mudi*(Fig. 49), facing p. 116	051
图 1.38	彩绘石门柱；依照 *Shaanxi Shenmu Dabaodang Han cai huihua xiangshi*, 66 (Plate 61), 69 (Plate 64)	053
图 1.39	砚和研石；依照 *Wenwu Zhongguo shi: 4. Qin Han shidai*, 211	054
图 1.40	彩绘漆案及杯盘；依照 *Zhongguo bowuguan congshu di 2 juan: Hunan sheng bowu guan*, Plate 114	055
图 1.41	彩绘漆鼎、钟、钫；依照 *Changsha* I, 79, 80 (Figs. 69, 71, 70)	055
图 1.42	鎏金青铜灯；依照 *Zhonghua renmin gongheguo zhongda kaogu faxian 1949–1999*, 267	057
图 1.43	镶嵌有琉璃的青铜壶；依照 *Hebei sheng bowuguan wenwu jingpin ji*, Plate 10	057
图 1.44	鎏金鎏银蟠龙云纹青铜壶；依照 *Hebei sheng bowuguan wenwu jingpin ji*, Plate 11	058
图 1.45	错金银青铜壶；依照 *Hebei sheng bowuguan wenwu jingpin ji*, Plate 12	059
图 1.46	错金银青铜壶；依照 *Mancheng Han mu fajue baogao* 1 (1980), 47 (Fig. 29)	060
图 1.47	青铜博山炉；依照 *Hebei sheng bowuguan wenwu jingpin ji*, Plate 25	061
图 1.48	错金银青铜博山炉；依照 Li Xueqin, *Zhongguo meishu quanji: Gongyi meishu bian 4: Qingtongqi*(1986), (B) 172 (Plate 201)	062
图 1.49	鎏金鎏银青铜博山炉；依照 Li Xueqin (1986),(B) 179 (Plates 209–11)	063
图 1.50	西周青铜簋及其铭文拓片；依照 Zhu Jieyuan and Li Yuzheng, "Xi'an dongjiao Sandian cun Xi Han mu" (1983), Plates 5.2 and 5.4	064

图 1.51	鎏金铜牌饰，上有熊捕食马的图案；依照 Zhu Jieyuan and Li Yuzheng (1983), 24 (Fig. 1.1)	064
图 1.52	陪葬坑 K14 局部和一件钮钟的细部；依照 KG 2004.8, Plates 5.2, 4.4	066
图 1.53	刻有"冠人"字样的男性木俑；依照 Changsha II, Plate 201	067
图 1.54	彩绘木乐人及其乐器；依照 Zhongguo bowuguan congshu di 2 juan: Hunan sheng bowuguan(1983), Plate 126	068
图 1.55	彩绘木俑；依照 Changsha II, Plate 202	069
图 1.56	着丝麻衣木俑；依照 Changsha I, 100 (Fig. 93)	070
图 1.57	彩绘陶俑；依照 WW 1996.10, 18 (Fig. 9)	071
图 1.58	木马和弓形腿骑马俑；依照 WW 1996.10,20 (Figs. 18.2–3)	071
图 1.59	带印文的彩绘男陶俑；依照 Xuzhou Beidongshan Xi Han Chu wang mu, Plates 51.1, 51.4	073
图 1.60	彩绘陶立俑以及骑兵俑；依照 WW 1992.4, Plate 2.5, and Han Yang ling (2001), Plate 18	074
图 1.61	陶女立俑和男骑士俑；依照 Mangdangshan Xi Han Liang wang mudi, Plates 37.1, 44.2	075
图 1.62	彩绘女陶俑头（高 14.8 厘米）和男半身俑（高 10.5 厘米）；依照 KGYWW 2002.5, 9 (Figs. 5, 8)	075
图 1.63	持箕持锤男性陶俑；依照 Zhongguo bowuguan congshu di 12 juan: Sichuan sheng bowuguan (1992), Plate 64	076
图 1.64	秦始皇帝陵东南所出陶俑；依照 Qin Shi Huangdi lingyuan kaogu baogao (1999),Color plates 32.1, 34	077
图 1.65	青铜摇钱树；依照 Goepper, Das Alte China(1996), 365 (Fig. 86.1), 366 (Fig. 86.2), 367 (Plate)	078
图 1.66	带有佛像的摇钱树树干局部；依照 He Zhiguo, "Sichuan Mianyang Hejishan 1 hao Dong Han yamu qingli jianbao" (1991a), Plate 1.2	078
图 1.67	连体铜祖和两枚椭圆形石卵；依照 Hebei wenwu jinghua zhi yi: Mancheng Han mu (2000), Plate 42	079
图 2.1	打虎亭 1 号墓平面图；依照 Mixian(1993), 9 (Fig. 4)	089
图 2.2	打虎亭 2 号墓复原图；依照 Mixian, 208 (Fig. 161)	090

图 2.3	带铺首的石门，打虎亭 2 号墓；依照 *Mixian*, 196 (Fig. 153)	093
图 2.4	石刻画像，打虎亭 1 号墓前室西壁；依照 *Mixian*, Plate IX	095
图 2.5	收租图；来自打虎亭 1 号墓，南耳室，南壁，石刻长壁画；依照 *Mixian*, 106 (Fig. 81)	096
图 2.6	庖厨图；打虎亭 1 号墓，东耳室，南壁；依照 *Mixian*, 134 (Fig. 105)	097
图 2.7	宴饮图；打虎亭 1 号墓，北耳室，西壁；依照 *Mixian*, 186, 183 (Figs. 147, 145)	098
图 2.8	宴饮图壁画细部；打虎亭 2 号墓，中室东段，北壁；依照 *Chūka jinmin kyōwakoku Kan Tō hekiga ten* (1975), Fig. 31	099
图 2.9	打虎亭 1 号墓，前室门，南面；依照 *Mixian*, Plate II	100
图 2.10	被小鹿所围绕的吉祥鹿；依照 *Mixian*, 32 (Fig. 18)	100
图 2.11	打虎亭 2 号墓，中室券顶，壁画；依照 *Mixian*, 202 (Fig. 159)	101
图 2.12	打虎亭 2 号墓，后室门，东门扉表面；依照 *Mixian*, 236 (Fig. 186)	107
图 2.13	后士郭 1 号墓，带铺首的墓门扉；依照 *Houshiguo*(1987), 102 (Fig. 5)	108
图 2.14	后士郭 2 号墓，栌斗画像石，北耳室门洞；依照 *Houshiguo*, 144 (Fig. 38)	109
图 2.15	密县后士郭 1 号墓，陶仓楼；依照 *Henan chutu Handai jianzhu*(2002), Plate 18	112
图 2.16	庖厨图，打虎亭 1 号墓，东耳室，南壁（东幅）；依照 *Mixian*, 136 (Fig. 107)	113
图 2.17	(a) 门额画像石（下层画像），西门洞，后室，后士郭 1 号墓；其中有卷云纹、神兽和翼人；(b) 后室中柱栌斗；依照 *Houshiguo*, 108 (Fig. 1)	116
图 2.18	窗格后的两个男性形象；后士郭 1 号墓，中室，北壁壁画；依照 *Houshiguo*, Plate 8 (2, 3)	117
图 2.19	甘肃武威雷台汉墓所出青铜尊；依照 *KGXB* 1974.2, 100 (Fig. 11)	118
图 3.1	湖南龙山里耶古井 J1 横截面；依照 *WW* 2003.1, 7 (Fig. 4)，增加了阴影	125
图 3.2a, b	里耶 J1 第 9 层所出秦木牍正反面；依照 *WW* 2003.1, 21–2 (Figs. 15–16)	126
图 3.3	甘肃居延所发现木质文书的不同形态；依照 *WW* 1978.1, Plate 4	130

图 3.4	完整的木简文书（EJT21: 2-10），简上的编绳还在；依照 *WW* 1978.1, Plate 8	131
图 3.5	湖北云梦睡虎地 11 号墓，棺内部，尸骸旁几乎放满简牍；依照 *WW* 1976.6,3 (Fig. 4)	133
图 3.6	在湖北张家山 247 号汉墓发现的几捆竹简的横截面图；依照 *ZJS*, Appendix 2	135
图 3.7	江苏黄石崖 1 号墓所出木质名谒，西汉；依照 *WW* 1996.8, 52 (Fig. 1)	138
图 4.1	镶嵌绿松石的金带扣；依照 Yi Yŏng-hun and O Yŏng-ch'an, *Nangnang: The Ancient Culture of Nangnang*(2001a), 64, Plate 50	150
图 4.2	青铜博山炉；依照 Yi Yŏng-hun and O Yŏng-ch'an (2001a), 116, Plate 105	151
图 4.3	神仙瑞兽纹青铜镜；依照 Yi Yŏng-hun and O Yŏng-ch'an (2001a), 92, Plate 81	152
图 4.4	杏叶状动物纹银坠饰；依照 Yi Yŏng-hun and O Yŏng-ch'an (2001a), 67, Plate 51	153
图 4.5	"彩篚"（据原件修复品）；依照 McCune, *The Arts of Korea: An Illustrated History* (1962), 57 (Fig. 16)	154
图 4.6	石岩里 219 号墓出土的串饰；依照 Yi Yŏng-hun and O Yŏng-ch'an (2001a),130, Plate 119	155
图 4.7	织锦护臂或臂章（？），织有文字"五星出东方利中国"。图片承蒙北京中国人民大学王炳华提供	159
图 4.8	交河。戴梅可摄	159
图 4.9	所谓的"蛮币"，现藏于大英博物馆	161
图 4.10	云南晋宁石寨山 6 号墓，面罩及胸部玉柲；依照 *Yunnan wenming zhi guang–Dian wang guo wenwu jingpin ji* (2003), 256	163
图 4.11	晋宁石寨山 12 号墓，青铜贮贝器；依照 *Yunnan wenming zhi guang* (2003), 395	165
图 4.12	晋宁石寨山 71 号墓，扣饰，青铜鎏金；依照 *Yunnan wenming zhi guang*(2003), 175	166
图 4.13	晋宁石寨山 7 号墓，扣饰；依照 Zhang Zengqi, *Dian guo qingtong yishu*(2000), 274, Plate 281	166

图 4.14	跪在鼓上的女人，侧视图；依照 *Yunnan wenming zhi guang* (2003), 136	167
图 4.15a, b, c	南越王墓出土的鼎；依照 *Lingnan Xi Han wenwu baoku*(1994), Plates 4, 5, 7	172
图 4.16	南越王墓东耳室出土的一只提桶上的线刻画；依照 *Lingnan Xi Han wenwu baoku*(1994), 161	173
图 4.17	孔望山佛像摩崖石刻线描图；依照 *KGXB* 2005.4, 420	174
图 5.1a	宁城图；内蒙古和林格尔墓中室东壁壁画，约公元 160～179 年；依照 *Helinge'er*, 17 (Fig. 34)	187
图 5.1b	表现宁城的壁画，所见城市可能是宁城；内蒙古和林格尔墓中室东壁壁画；依照 *Helinge'er*, 17 (Fig. 35)	187
图 5.2	西汉长安城平面图；依照 *KG* 2003.9, 33 (Fig. 1)	189
图 5.3	东汉及魏时洛阳城平面图；依照 Qu Yingjie, *Gudai chengshi*(2003), 123 (Fig. 34)	192
图 5.4	东汉市井画像砖拓片；依照 Gao Wen, *Sichuan Han dai huaxiangzhuan* (1987), Fig. 22；现藏于新都博物馆	195
图 6.1	瓦当；依照 *KG* 2001.1, Plate 12	222
图 6.2	排水系统的排水管，可能位于长安城长乐宫中；依照 *KG* 2003.9, 34	222
图 6.3a, b	桂宫和长乐宫基础；依照 *KG* 2001.1, Color plate 9 and *KGXB* 2004.1, Color plate 1	225
图 7.1	西汉诸帝陵	238
图 7.2	东汉诸帝陵	240
图 7.3	汉景帝陵；依照 *Han Yangling* (2001), 3 (Fig. 5)	244
图 7.4	汉景帝陵园；依照 *Han Yangling* (2001), 8 (Fig. 12)	244
图 7.5	汉景帝陵丛葬坑；依照 *Han Yangling* (2001), 8 (Fig. 14)	245
图 7.6a, b	罗经石；依照 Han Yangling (2001), 18(Figs. 33, 34)	246
图 7.7	宣帝陵；Tomb of Xuandi；依照 *Han Duling lingyuan yizhi*, 7 (Fig. 3)	248
图 7.8	宣帝王皇后陵；依照 *Han Duling lingyuan yizhi*(1993), 62 (Fig. 29)	249
图 7.9	宣帝陵便殿；依照 *Han Duling lingyuan yizhi*, Plate XLVII	250

图 7.10	中山王刘焉墓；依照 *KGXB* 1964.2,129 (Fig. 2)	251
图 8.1	维吉纳大墓 II 号墓（"腓力墓"）复原剖面图；来自 Whitley, *The Archaeology of Ancient Greece* (2001), 409 (Fig. 15.5)	264
图 8.2	范式碑；来自 Sekino Tadashi, *Shina Santō shō ni okeru Kandai funbo no hyōshoku*(1916), 127 (Fig. 238)	271
图 8.3	广东汉墓中的两种房屋模型；依照 *Guangzhou chutu Handai taowu* (1958), 81–94, Plates 39 and 40	274
图 8.4	玉人，被一些学者暂且认定为太一神；参见 Li Ling, *Zhongguo fang shu kao*(2000), 214–24	275
图 8.5	河北安平，墓中室壁画；依照 *Anping Dong Han bihua mu*, 27 (Fig. 41)	276
图 10.1a	产子运势图；依照 *Shuihudi Qin mu zhu jian*(1990), 101, 206, strips 150-4 (recto)	297
图 10.1b	娶妇嫁女占；依照 *Yinwan Hanmu jiandu zonglun*(1999), 178	298
图 10.2	马王堆帛画丧服图（不晚于公元前 168 年），图片承蒙来国龙提供	299
图 10.3	交叉表亲婚配图，图 10.3b 两汉及三国名门望族通婚图；依照 Liu Zenggui, in Li Youning and Zhang Yufa, *Zhongguo funü shi lun wenji*(1988), 36, 44	301
图 10.4a	宴饮图画像砖；依照 *Sichuan Handai huaxiang tuopian*(no. 6)；现藏于成都博物馆	305
图 10.4b	带有墨书榜题的崖墓壁画；依照 *WW* 2004.9, 17 (Fig. 21)	306
图 10.5	妇女（裸胸者？）耕田；依照 *Jiuquan shiliu guo mu bihua*(1989), 13 (Fig. 18)	308
图 10.6	画像石，可能刻画的是汉代的祠堂；依照 Xin Lixiang, *Han dai huaxiang shi zonghe yanjiu*(2002),82 (Fig. 43)	311
图 10.7	卜千秋墓天界图，洛阳附近；依照 *WW* 1977.6, 9–11 (Figs. 31, 33, 34)	312
图 10.8a	陶哺乳俑；德阳市博物馆（德字 87－0072）；依照 Nylan, "Ordinary mysteries: interpreting the archaeological record of Han Sichuan" (2006), 379 (Fig. 4)	314

图 10.8b	家庭场景，包括一对接吻的夫妇；荥经县文化馆；依照 Nylan (2006), 380 (Fig. 5)	315
图 10.8c	野合图画像砖；新都区文物管理所藏；依照 Nylan (2006), 398 (Fig. 20)	315
图 10.9	顾恺之（公元 345～406 年）《女史箴图》，由大英博物馆复制	316
图 10.10a	优雅对谈的贵族；依照 Huang Minglan and GuoYinqiang, *Luoyang Han mu bihua*(1996), 104, Plate 4	317
图 10.10b	"淑女图"，波士顿美术馆；gift of C. T. Loo	318
图 13.1	"安大略石"；依照 *SCC*, Vol. 3, 306 (Fig. 128)	369
图 13.2	清代晚期所作古代使用圭表测定的夏至图；*Qinding Shujing tushuo* (1905) 1.11a	370
图 13.3	式盘，（a）出土原状以及（b）经过调整以后；依照 *EC* 6 (1980–1), 35 (Fig. 3)	372
图 13.4	天球及其主要的圆周线；依照 *SCC*, Vol. 3, 178 (Fig. 85)	373
图 14.1	式盘；依照 *Guanju Qin Han mu jian du* (2001), 44	385
图 14.2a, b	龟甲残片；依照 *Xi Han Nan Yue wang mu*(1991); (a) Vol. 2, Plate 126.2; (b) Vol. 1, 217 (Fig. 143)	386
图 14.3	23 枚六面体木骰子；图片承蒙陈伟提供；依照 *WW* 1995.1, 42 (Fig. 14)	387
图 14.4	现存最早的相宅图；线描，由 Li Guoqiang 提供，描自 *Shuihudi Qin mu zhujian*(1990), 98–9	388
图 15.1	神医扁鹊，为戴冠的鸟形；依照 Li Jingwei, *Zhongguo gudai yixue shi tulu*(1992), 16 (Fig. 36)	414
图 15.2	人体经脉漆俑；依照 *WW* 1996.10, 21(Fig. 19) and He Zhiguo and Vivienne Lo, "The channels:a preliminary examination of a lacquered figurine from the Western Han period" (1996), 92, 96 (Figs. 1, 2)	418
图 15.3	导引图，图片由 Wellcome Trust Library 提供 (Medphoto Image L0040263)	422
图 15.4	女性外阴图，上图出自马王堆帛书《养生方》，简 216—219，依照 *MWD* 4 (1985), 67；下图依照 Li Ling, *Zhongguo fang shu kao*(2000), 400 (Fig. 78)	424

图 16.1a	"土王四季"理论中的季节和方位对应图；依照 Kao Huai-min, *Liang Han yi xue shi*(1970), 152	447
图 16.1b	宇宙图式；依照 *Suizhou Kongjiapo Han mu jiandu*(2006), 145	447
图 16.2	"莲瓣纹"墓顶画像石；依照 Yang Aiguo "Han dai huaxiang shi bangti lüelun" (2005),447 (Fig. 11)	450
图 16.3	今内蒙古境内一座墓葬的墓顶壁画；依照 Wei Jian, *Neimenggu zhongnanbu Han dai muzang*(1998), 172 (Fig. 16)	451
图 17.1a	陶瓶上的铭文，提及"北斗君"；国家历史博物馆；依照 *KG* 1998.1,77 (Fig. 4)	467
图 17.1b	陶瓶，上有"解注瓶"字样；依照 Liu Le-hsien, *Jianbo shushu wenxian tanlun*(2003a), 78	467
图 17.1c	魂瓶；依照 *Houshiguo*, 117 (Fig. 16.1)	467
图 17.2	河伯驾鱼出行画像石拓片；依照 *Zhongyuan wenwu* 1993.1,69 (Fig. 12)	468
图 17.3	风伯吹走石室的屋顶；依照 Li Song, *Han dai renwu diaoke yishu*(2001), 142(top register). 42	468
图 17.4	神的形象；见 Liu Tseng-kui, "Tiantang yu diyu: Han dai de Tai Shan Xingang" (1997), 205	470
图 17.5	避兵图，图上的神祇有太一（中）、雷公（左）、雨师（右）；依照 *KG* 1990.10, 926 (Fig. 1)	474
图 18.1a	摇钱树树枝上的佛陀形象；依照 Luo Erhu, "Lun Zhongguo Xinan diqu zaoqi foxiang" (2005), 550 (Fig. 5)	483
图 18.1b	摇钱树树枝上的西王母，她能使人长生不老；依照 Liu Shixu, "Sichuan Xichang Gaocao chutu Handai 'Yao qian shu' canpian" (1987), 279 (Fig. 1)	483
图 18.2	铜饰牌，表现与印度宗教有关的蛇崇拜；依照 *KG* 1999.4, 370 (Fig. 2.1)	484
图 18.3	佛像，发现于公元 261 年的一座墓葬；依照 *KG* 1996.11,976 (Fig. 16)	484
图 18.4	鎏金铜带饰，上有带光环的佛陀或菩萨像；依照 Lin Huaizhong, *Wei Jin Nanbei chao diaosu*(1988), Plate 3；现藏于湖北省博物馆	485

图 18.5	上有早期"道教"铭刻的砖；依照 Lu Xixing, "'Huang jun faxing' zhu zi ke ming zhuan de tan suo" (2002), 374 (Fig. 1)	487
图 18.6a—d	多种"道"符；依照 Wang Yǔcheng, "Lüelun kaogu faxian de zaoqi dao fu" (1998), (a) and (b) 76 (Figs. 1 and 2), (c) 77 (Fig. 3), (d) 78 (Fig. 6)	490
图 19.1	对谈的人物；依照 Zhao Chengfu, *Nanyang Han dai huaxiangzhuan* (1990) (拓片 , Fig. 43)	508
图 20.1	对书俑；依照 Zhang Pengquan, "Zhongguo gudai shuxie zishi yinbian lüekao" (2002), 85 (Fig. 1)	521
图 21.1	单座墓葬中发现的组乐俑；依照 *KG* 2004.3, 246	540
图 21.2	箕踞姿乐人俑；秦始皇帝陵 K0007 号陪葬坑出土；由 John Williams 和 Saul Peckham 提供；版权归大英博物馆受托人所有，并经陕西省文物局许可	541
图 23.1a, b	"竹林七贤"中的两位；依照 *WW* 1960.8–9, plate facing p. 37	572
图 24.1a, b	纸，照片由戴梅可提供	585、586
图 24.2	漆盘上刻画的宴饮中的文人；依照 *WW* 2001.2, 15 (Fig. 6)	597

彩图

1   黑地彩绘棺头挡右上部细节，湖南长沙马王堆 1 号墓；依照 *Zhongguo bowuguan congshu di 2 juan: Hunan sheng bowuguan*(1983), Plate 76

2   朱地彩绘棺头挡，马王堆 1 号墓；依照 *Zhongguo bowuguan congshu di 2 juan: Hunan sheng bowuguan*(1983),Plate 78

3   T 形帛画，马王堆 1 号墓；依照 *Zhongguo bowuguan congshu di 2 juan: Hunan sheng bowuguan*(1983), Plate 79

4   带有神仙形象的刺绣丝织物的细节（缯绣衾被，局部），出土于江苏尹湾 2 号墓；依照 *WW* 1996.8, Plate 2

5 带有印花图案的织物，马王堆1号墓；依照 Wenwu Zhongguo shi: 4. Qin Han shidai(2003), 156

6 彩绘云气鸟兽人物纹漆面罩，与头冠平行的罩板外部的细节；依照 Han Guang lingguo qi qi(2004), Plate 94

7 彩绘石门柱，大保当11号墓；依照 Shaanxi Shenmu Dabaodang Han cai huihua xiangshi (2000), 66 (Plate 61), 69 (Plate 64)

8 彩绘云纹漆鼎，马王堆1号墓；依照 Changsha II, Plate 154

9 建筑群壁画；依照 Anping Dong Han bihua mu (1990), 27 (Fig. 41)

10 宴饮场景；依照 Mixian, Plates 38-9

11 陶仓模型，后士郭1号墓；依照 Henan chutu Han dai jianzhu(2002), Plate 18

12 用丝织物包裹的戴面具的男性尸体；依照 WW 1999.1, frontispiece

13 北壁夫妇宴饮图；依照 Huang Minglan and Guo Yinqiang, Luoyang Han mu bihua(1996), 190, Plate 2

14 九宫宇宙图式；依照 Mawangdui Han mu wenwu, colour plate, 136

15 玉覆面，刘宽墓出土；依照 KG 1997.3, 198(Fig. 8.4)

16 刻有"冠人"的男性木俑；依照 Changsha II, Plate 201

17 "羊头过梁"的额枋（内侧）的"淑女图"细部。波士顿美术馆

表格

表1	密县打虎亭汉墓和后士郭汉墓（DHT1, DHT2, HSG1, HSG2, HSG3）	091
表2	甘肃武威磨嘴子18号墓所出"王杖十简"的排序	122
表3	古代近东年表；来自 Boardman et al., The Cambridge Ancient History, Vol. 3, Part 2 (1991), 748-9	259
表4	《史记》列传中的作者	519
表5	《史记》中关于《书》经作者的记载	526

地图

地图1	亚洲贸易线路；依照 Miller, The Spice Trade of the Roman Empire (1969), Map 5	158
地图2	新疆交河故城；依照 Li Xiao, Jiaohe gucheng de xingzhi buju, between pages 22 and 23	160

地图 3	共和国时期最后两个世纪的罗马城；依照 J. A. Crook et al. (eds.) *The Cambridge Ancient History*, Vol. 9 (1994),70–1 (Fig. 1)	208
地图 4	战神广场；依照 Wiseman, *Roman Studies Literary and Historical*(1987), 166	212
地图 5	埃及的希腊人；来自 Boardman and Hammond (eds.), *The Cambridge Ancient History*, Vol. 3 (1982), Part 3, 34 (Maps 1, 2)	262
地图 6	烧沟墓地，第 4 墓区；来自 *Luoyang Shaogou Han mu* (1959), Map 2a	269
地图 7	河北发现鎏金铜佛像的地点；承蒙 Professor Whitfield 提供；依照 Whitfield, "Early Buddhist images from Hebei" (2005), 91 (Fig. 5)	486
地图 8	中亚	496

凡　例[*]

各章收入本书的时间为 2005 年 12 月,可能没有参考随后发表的论著,故本书并非详尽无遗。

年代使用公历纪年,和秦汉时期的阴阳合历不能完全对应。

西方学者对中国历史朝代起止时间的认识与国内不同,不同作者对同一朝代的起止时间有出入。

十三经参考的版本为阮元校刻《十三经注疏》(1815),二十四史参考中华书局点校本(自 1959 年起)。

官名的翻译通常依据《剑桥中国秦汉史》所用术语。

在适当情况下,参考文献中论著者姓名后括号内的数字用来区分同名的人。

和中文期刊中的用法保持一致,墓葬用 M 加数字表示,比如马王堆 M1。

著作和论文在注释中第一次出现时,其前面加上了论著者的名字,或编者为某机构,则加上机构名称;其后面都跟有发表时间;之后在引用时只给出论著者姓名和发表时间。本书参考文献给出了论著的详细信息。

英文版参考的木质文书或其中的简牍,如"*ZJS*(Statutes)no.127"在中文版中的形式为"*ZJS*(《二年律令》)简 127"(*ZJS* 代表张家山)。

缩略语目录见下页。

---

[*] 该凡例译自英文版,并根据中文版的体例做了一定的补充说明。——编者注

缩略语

AM	*Asia Major*
BD	Loewe, *A Biographical Dictionary of Qin, Former Han and Xin*
BIHP	*Bulletin of the Institute of History and Philology*
BMFEA	*Bulletin of the Museum of Far Eastern Antiquities*
BSOAS	*Bulletin of the School of Oriental and African Studies*
CASS	中国社会科学院
CQFL	《春秋繁露》
Changsha	《长沙马王堆一号汉墓》
CHOAC	*Cambridge History of Ancient China*
CHOC	*Cambridge History of China, Volume 1*
CSJC	《丛书集成》
DMM	Loewe, *Divination, Mythology and Monarchy*
EC	*Early China*
ECTBG	*Early Chinese Texts: A Bibliographical Guide*
FSTY	《风俗通义》
FY	《法言》
HFHD	*History of the Former Han Dynasty*
HHS	《后汉书》和《续汉志》
HHSJJ	《后汉书集解》
HJAS	*Harvard Journal of Asiatic Studies*
HNZ	《淮南子》
Houshiguo	《密县后士郭汉画像石墓发掘报告》
HS	《汉书》
HSBZ	《汉书补注》
HYGZ	《华阳国志》
JAOS	*Journal of the American Oriental Society*

JEAA	*Journal of East Asian Archaeology*
JRAS	*Journal of the Royal Asiatic Society*
KG	《考古》
KGXB	《考古学报》
KGYWW	《考古与文物》
LH	《论衡》
LSCQ	《吕氏春秋》
MG	Loewe, *The Men Who Governed Han China*
MH	*Mémoires historiques*
Mixian	《密县打虎亭汉墓》
MS	*Monumenta Serica*
MWD	《马王堆汉墓帛书》
OE	*Oriens extremus*
QFL	《潜夫论》
RCL	Hulsewé, *Remnants of Ch'in Law*
RHA	Loewe, *Records of Han Administration*
RHL	Hulsewé, *Remnants of Han Law*
SBBY	《四部备要》
SBCK	《四部丛刊》
SCC	Needham et al., *Science and Civilisation in China*
SGZ	《三国志》
SHD	《睡虎地秦墓竹简》
SJ	《史记》
SSJZS	《十三经注疏》
SY	《说苑》
TP	*T'oung Pao*
WW	《文物》
Yinwan	《尹湾汉墓简牍》
YTL	《盐铁论》
ZJS	《张家山汉墓竹简（二四七号墓）》
ZJT	《关沮秦汉墓简牍》

致　谢

作为编者，我们由衷感谢 Albert Dien 和 Nathan Sivin，他们就许多历史解读问题给予了宝贵建议；William Crowell、John Lagerwey、Ji Lloyd 和 Margaret McIntosh 把一些章节译成英文，对我们帮助相当大。剑桥大学图书馆的 Charles Aylmer、Sarah Chapman 和 Noboru Koyama，李约瑟研究所（Needham Research Institute）的 John Moffett，以及北卡罗来纳州罗利市梅瑞迪斯学院（Meredith College, Raleigh, North Carolina）的 Hilary A. Smith 解答了若干文献上的问题。Naomi Richard 以其高超的编辑技巧指导编者和撰稿人克服了数不清的困难。Leonard Grey、何剑叶和周欣平（Peter Zhou）给予了我们宝贵的帮助。

本书得以收录一大批插图，得益于文物出版社的张昌倬、北京大学的黄义军和唐晓峰、北京故宫博物院的姜斐德（Alfreda Murck）以及上海博物馆的顾音海的支持。伯克利加州大学考古研究中心（Archaeological Research Facility at the University of California at Berkeley）的帮助使得本书得以收录若干彩图。

"蒋经国国际学术交流基金会"、英国国家学术院（British Academy）、伦敦高校中国委员会（Universities' China Committee in London）、剑桥大学古典文学系理事会（Faculty Board of Classics, Cambridge）以及剑桥大学东方研究院理事会（Faculty Board of Oriental Studies, Cambridge）的慷慨相助，使我们得以举办一次本书撰稿人会议；伦敦大学学院维康信托基金医学史研究中心（Wellcome Trust Centre for the History of Medicine at University College London）进一步提供了帮助。伯克利加州大学中国研究中心（Center for Chinese Studies at the University of California at Berkeley）为本书的初步编校工作提供了资金。

引　言

甫一起手，本编者对本书的构想即受到两段话的影响。其一来自瓦尔特·本雅明（Walter Benjamin），他告诫我们说："清晰地表达过往的历史并不是要去认识'它曾经的样子'，而是想要抓住在危险时刻闪现出的一种记忆。"[1] 我们可以给本雅明的主张加上多种解释，这些解释对遥远过去的历史学家产生了很大的影响。第二段话来自斯科特·L. 蒙哥马利（Scott L. Montgomery），他把关于过去的书写都描述为翻译行动，它由先前复杂的翻译行动、"大量造词"及"新语汇的创造"所引发。[2]（在据信发生于公元前 221 年的文字"统一"前后，各种不同的书写传统之间存在复杂的互动，这一方面的证据积累得越来越多，在这种情况下，蒙哥马利的这一说法显得更为恰当。[3]）我坚信"过去是一个陌生的国度"，[4] 所以我认为要完成这样的一本书，需要在一系列文言文文学传统——不用说还有其他现代和古代语言——与现代英语和汉语读者的预期之间往来互动，这种互动是复杂的，而又一定是令我局促不安的。在这些广泛的"旅程"中，不只是翻译的每一个学科，甚至翻译中的"每个术语""都带有来自一些更大影响因素的印记，其中最为重要的是男女们在时代上的倾向性，人们发现需要做出这些选择"。[5] 当所有的主要原始资料（文字上和视觉上的）都为了迎合当时的读者和观者而被刻意精心编排，那么用一种能获得我们这个时代意义的方法对这些材料进行重新调整而又要做到不歪曲，并不是一件易事。换句话来说，跨越大范围时空的讨论并不会自然而然地发生，也不可能完美适用于所有目的。

对于中华早期帝国的研究本身也处在一个十字路口，在 20 世纪后半叶里，支配学术界的老范式——纯粹受到新考古发现的影响，同样的或者较为次要的，由于不断变化的学术潮流——正让位于许多新的假设，以及最重要的是，对于我们还有多少未知之物有了让人震惊的新认识。[6] 一个被本书各篇论文作者迅速抛弃的传统就是以时间顺序划定的朝代周期。原来的《剑桥中国秦汉史》(The Cambridge History of China: The Ch'in and Han Empires, 221 B.C.-A.D. 220) 局限于秦朝和汉朝，把公元前221年即秦朝正式统一的时间，和公元220年即汉朝灭亡的时间，作为起始和结束的时间点，囊括进所有讨论。然而，思维和行为方法的改变极少和政权的更替同步。[7] 所以本书中的论文会在几个世纪间自由流动；根据主题，这些论文讨论的时间范围是从战国（公元前481～前221年）晚期到公元311年京城洛阳的突然陷落这一真正促使了对惯常知识和行为方式大规模重新思考和安排的事件。采取这种更为灵活的方式，我们得以描绘出贯穿于三个连续阶段之中的发展：（1）从战国晚期到公元前140年（汉武帝即位之年）国家和各种知识体系的逐步统一；（2）汉武帝（公元前140～前87年）时的迅猛发展，不光反映在造成帝国版图扩大的种种政策上，也反映在朝廷雄心勃勃的各种尝试上，包括重组知识领域、建立新的学习场所、采取新的统治方法，同时更有力地将旧法应用于新政；以及（3）由财政制约及地方中层豪强家族壮大所引发的紧缩局面，这种紧缩局面与新古典主义理念相符，这种理念在西汉最后几十年最先且最为集中地被阐发（尤以理论家扬雄和刘歆、统治者王莽和光武帝的阐发最为有力），充分发展于公元1～3世纪，班固（见本书柯马丁［Kern］所撰的第21章及柯睿［Kroll］所写的第24章）和荆州学派起到了部分推动作用。这种粗略的阶段划分已被考古发现、正史和其他材料充分证实。[8] 这些最新订正，把汉代历史由一个"'小'人物的崛起作为重大事件之决定因素"的时代，[9] 转变为一个由贵族豪强家庭集团支配以及这个阶层其中男女为取得支配地位而互相竞争的社会。[10]

本书避免涉及武帝时期儒家名著的"经典化"，因为这个术语所表示的五经，比朱熹（公元1130～1200年）建立道学以前的实际情况要更加稳定、更加封闭，同时（很有可能）更受崇敬。本书从来不用"儒教"（Confucianism）这个词，因为在帝制中国晚期之前，没有哪个自成体系的学说系统取得了正统地位。[11] 社会上每一个有教养的人（不仅仅是孔子纲常之"道"的忠实信徒们）都把"五经"——根据汉代传统的说法，大部分是由圣人孔子编纂、创作或修订而成的——看作王朝共同的文化创造、主要的权威经典范例和华美辞藻的汇集（另外一种是《老子》或称《道德经》）。[12] "儒家"（Confucian）在这里仅仅特指孔子本人所倡导的礼义之道本身。[13] 与之相类似，在本书中"道教"（Daoism）或"道教的"（Daoist）仅仅用来指根据最新研究（见巴瑞特 [Barrett] 所作的第 18 章）起源于约公元 150 年的有组织的宗教活动。把"道教的"这个词与《老子》、《易》和《庄子》（都是该词出现之前几百年的文本）的内容联系起来使用并没能使争论变得清晰。[14]

本书还避免使用一系列其他词语，其中包括"知识分子"，因为这个词现在暗指"献身于知识或文化追求"，并且有意识地将其本人置于一个权威地位，成为统治力量的潜在批判者的人；"精英"（过于含糊，除非加上"地方"、"统治"等限定词）；"正统"，因为在元代之前一个也找不到；以及"超自然"，因为在道学出现之前的"气"的理论认为在人类和超人类状态之间是一个连续统一体，同时预示着事物深刻的易变性。[15] 鉴于曾经所称的"科学"、"宗教"、"礼仪"和"医药"之间的界限已被打破，本书第三部分旨在重建互有关联的"技术性学问"，把宗教方面的专业技能也看作是声称有关领会和治愈的另外一种实践形式。（博泰罗 [Bottéro] 在对一篇典型用于"基础教育"的文本的研究中，对于这些主题之间的转变提供了一些特别有趣的例证。[16]）我们还要求本书撰稿人回避另一些传统分类名称（仅举四例，如"Out"["艺术"]、"correlative thinking"["关联思维"]、"philosophy"["哲学"]和"Buddhism"["佛教"]）。[17] 我们认为好的历史研究是在材料允许的范围内做到尽量精确（但不添丝毫），所以我们都努力回避概括和抽象，尽管这些"压缩饼干"可能更让人舒心。

最近对早期帝国的交往——例如口头、艺术表现和文本传递——

方面的研究使我们得以重新思考以前对宗教、文学、哲学等的划分。鲁惟一将在他自己的"引言"中介绍先前《剑桥中国史》(The Cambridge History of China)系列中的两卷与这本补编之间的关系。在这里我只想指出，本书之所以引入第四部分也就是最后部分的"辞章"，是由于新的方式含蓄地质疑了旧的观念，包括把东方的政治统治形式作为一切辩论的根源和终点。正如我们的撰稿人之一在另外一书中所说："（汉代，可能也包括之前的秦代）大多数，至少是许多决议，只有经过和……高级官员以及……作为皇帝随从的谋臣或者……甚至更大范围内社会各阶层参与者的例行商议后才能做出。"[18]

另外，汉朝在公元前30年前后前所未有地转向古典主义（认真地对上古进行学习和模仿），这种转变似乎产生于一个在世者和刚过世者都不能提供切实可行的，用来评价人们行为功效和固有美德的榜样、镜鉴或标准的时代，一个由于自己作为法官带来的过度自负而催生出形形色色的，有酒色之徒也有残暴之辈的怪物的时代。当处处都充斥着对美德的拙劣复制和模仿，古代伟人或者学说创始人就可能被呼唤出来。于是就需要"拿品德高尚的人做榜样，使之一直置于眼前，如同他在注视着你般做人，好像他在盯着你般行事"。[19]正是这种"复活"早已逝去的古人来进行激励和惩罚的做法——伴随着意欲加强"普天之下"小社会单元的新冲动，在抗衡无所不在的更加集权的官僚体制影响范围内界定、捍卫以及保全家庭——造成了我们现在所考察的，用一统天下来改善人类处境明显失败而醒悟后的剧变。

或许在对中国古典时代和古典化时代的研究中最为重要的变化，是我们对我们有幸掌控的传世和出土文本之本质有了更深刻的认识。非常奇怪的是，一些美国和中国的学者，至少是在一段时间内，坚持认为不管如何，出土文本要比传世文本"更好"和"更可信"，这绝对是一个错误，已被纪安诺（Enno Giele）坚决消除了。本书的最后一部分名为"辞章"——不用说还有其他部分的一些章节，例如马克（Kalinowski）所撰写的部分——证明了一个深刻的认识，那就是文本可以被复制、依附和修改，重建和剽窃，捏造和篡改，甚至被凭空想象。这些论文也承认了"作者身份"的观念和现代的观念全无一致以及一个作品被认为的"作者"可能最初与该作品的创作毫无关系，而矛盾的是，该作品可能只有随着那个人物的死才能重获新生。[20] 正像本书所展现的，最近学者们的注意力越来越集中在文本的社会史上，即那些为了让作品成功适应于不同历史时段和文化背景而需要的实时编辑、重组、重写（通常是出于教学目的）以及再利用。没有一件文本（不管是文字的还是图像的）依然被看成其所在时空的纯净复制品，而不考虑文本之间的关联、不顾及夸饰渲染的因素。文本一旦生成，就以自己独立的方式存活，而与其创造者（们）分离开来。[21] 连接社会、政治、文化、宗教等层面的述行行为常常让现代研究者无从下手，因为对它们的解读牵扯到未曾想过的、未曾说过的和未曾见过的。然而，这引起了本书几位撰稿人的浓厚兴趣。两位编者都理所当然地认为口头传统和书面传统间存在复杂的关系，这也是学者们热议的一个话题。

最后，本编者有一个并不容易证实的看法：所有前现代复杂社会间的差距，看上去比任何一个前现代社会与声称"继承"其传统的那些现代社会之间的差距要小（当我们去比较古典希腊罗马与古典中华帝国，参照以古典希腊和现代美国之间或者古典罗马与意大利之间的关系，这一点就变得显而易见了）。之所以差距不大，部分是由于技术上的限制，部分是由于与我们现代世界和卢梭（Rousseau）相联系的"真实的"自我相关的某些讨论的缺失。在这一领域的一些主要学者越来越形成共识，认为跨文化比较有助于更好地理解中华早期帝国。有鉴于此，两位编者共同决定邀请研究古典希腊和罗马的三位专家（卜瑞南［Brennan］、罗界［Lloyd］和草安敦［Snodgrass］）参与到本书的撰写中来。

戴梅可

20 世纪 60 年代，费正清（Fairbank）教授和崔瑞德（Twitchett）教

授在筹划《剑桥中国史》时,他们计划这套书包含 6 卷,第一卷包括一章史前史、一章前帝制时代史,另外一章至两章是早期帝国史。到了 20 世纪 70 年代,他们意识到这样一个系列范围太窄,同意扩充为 12 卷,第一卷涵盖秦朝和汉朝。截至 2002 年该系列共出版了 12 卷,吸收了 1982 年以前的研究成果;另有 3 卷,分别关于汉朝、唐朝和宋朝灭亡后的分裂阶段,还没有出版。①

在 20 世纪 70 年代早期,人们认为不可能编撰一卷或几卷能互相适配于同一系列的史前和帝制前历史;当时的研究水平和出版物规模都还发展得不够充分,无法做出对已完成工作的概括或者学者和考古学家都大体认同的结论的陈述。接下来若干年中的主要成果有张光直(K. C. Chang)校订的关于史前时期的阐释和梳理;[22] 吉德炜(David Keightley)对殷商甲骨文的处理,使之成为可用的史料;[23] 以及夏含夷在文本解读和器物铭文的基础上对西周的重新建构。[24] 在所有的这些新进展中,研究工作都主要建立在对新发现的考古证据的审视之上,提出了由其引发的新问题以及对传世文献证据的新见解。因此,才有可能单独编写一卷《剑桥中国上古史》(The Cambridge History of Ancient China)(1999),该书把上述提及的在中国史前和前帝制时期的考古文献与传世文献这两种证据都考虑在内。撰写者按照他们的题目的自身性质来处理,也照顾到了先前对文字资料和实物发现的理解。这一卷包括一些概述,比如罗森(Jessica Rawson)和罗泰(Lothar von Falkenhausen)对实物资料以及西周和春秋一些遗址的评估。[25]

《剑桥中国秦汉史》出版于 1986 年,当时并不打算将其作为发布最新研究的载体,而且其中不少章节甚至写于十年之前。该卷计划制作成在已完成研究基础上的结论陈述,借鉴了撰写者们精湛的学术造诣和对中国传统学术的了解,尽管在过去的二十年间巨大的变化影响了早期中

---

① 据剑桥大学出版社官方网站,关于"辽西夏金元史"的部分已于 1994 年出版,"五代十国及宋代史"部分的下卷也已于 2015 年 3 月出版,"魏晋南北朝史"部分已于 2019 年 3 月出版,"隋唐史"的第二部分尚未出版。

国研究，但该卷中的许多章节现在仍不过时。在出版时，编者都非常清楚不可能吸收多少最新的考古资料。在"文化大革命"期间，历史和考古类期刊停刊，许多正在进行的项目的信息无法了解到，与大陆学者合作也很难实现。尽管在 1972 年，诸如《考古》《文物》等刊物恢复出版，但对新获得证据全面和有意义的审视并不可能，也不可能聚焦城市发展等历史的特定方面并得出可靠结论。此外，编者当时非常清楚李约瑟（Joseph Needham）和他的合作者们正在进行的一些研究，但他们发现不可能委托别人来撰写一章，以全方位地概括出涵盖早期帝国时代普遍存在的科学思想、医药知识和技术发展的那些结论。

到 2000 年，完全不同的情况出现了。截至 1999 年，考古人员已经知道的汉代墓葬或许有三万多座，但只能处理其中很小一部分。出现在中国和西方的新一代学者，可以更加专注于中华早期帝国的研究；美国、欧洲和日本的学者可以自由出入中国，考察各种遗址；学者们面对着大量的中国出版物，包括水平越来越高的专著和首发于各地期刊上的论文。最新发现的档案材料缓和了——如果无论如何也不能说完全解决的话——一个频繁碰到的、依赖单方面资料来源而没有外部控制的问题。电子化的研究手段让学者能策划更加广泛的文本研究，更加精确地检索中国历史上特定人物的生平活动，更加轻松地检视散落于各大图书馆、博物馆和艺术馆中的文书和器物复本。新的辞书和参考书的规模更为庞大，这使学者能够注意到以前鲜为人知的信息和诠释资源。

与此同时，新的历史研究途径取代了之前几十年的老方法。在 20 世纪 50 年代和 60 年代，研究的重点主要在经济和社会变迁上，而非那些在秦汉时期参与社会生活的人物的知识背景，他们给皇帝上书、撰文、赋诗或者编史，也由此对中国留给全人类的遗产做出了贡献。最近，得益于新发现的手稿，一种对古代中国思想的新评价从对现存文献的仔细研究中发展出来，它在中国哲学或文学的分类上与以往所接受的传统观念截然不同。那些对汉代散文和诗赋背后的观念及作者意图的分析中，存留着文辞批评练习的痕迹。人类学家和宗教史学者为我们提供了看待宗教信仰和仪式的新角度。艺术史学者追溯了我们掌握的许多视觉资料的意义和典故，把其中的一些与神话和民间传说联系起来。另外一些专家率先纠正了中国传统史书编写中的一种缺陷和失衡，即对占一半人口的女性的生活与活动缺乏关注。新发现的资料、过去二十年的学术成果以及新的研究辅助手段允许学者们把精力集中于特别的、专门的论题，同时他们希望将这样的研究置于早期帝国历史演变的大背景之中。

先前的各卷和本书的各章都体现出了历史学家的任务，诸如鉴别某些理念、制度、行事方式和其他方面的发展，审视影响政治体和日常生活的各种争端的兴起，以及评估特定人物所起的作用。把新的证据呈现到普通读者和专家这两种人的面前、尝试解释其蕴含的意义，仍然是专注于中华早期帝国的学者们的一部分责任，而本书的撰写者们对其中的困难非常清楚。城市遗址、工艺品的类型和分布以及不同风格的墓葬，它们都反映出社会差别，也证实了汉代作者的一些涉及早期和晚期做法的演变与涉及贫富差距的评论。我们还不能够确定在四百多年中这些演变发生的速度以及对帝国不同部分的影响程度。我们仍在等待一个对这一时期遗址的系统调查，来分离出人类居住的不同阶段及其中的活动。同时，可以理解的是，"财富的累赘"（embarras de richesse）也限制了对新发现资料的彻底调查和发布的注意力，即便对于一些相当有意义的发现也是一样。

仅仅举几个例子就足以说明新发现的资料有时可以澄清或加强、支持或驳倒先前的结论。公元前186年的法律文书和公元前168年的丧服图揭示，女性可以作为家庭的户主或者丧主，还能继承财产，这在以往历史中未见。皇帝曾下诏为霍光（卒于公元前68年）举行奢华的葬礼；[26] 墓主人被确定为广阳王刘建（卒于公元前44年）的大葆台1号墓，为所载此类墓葬风格以及依旨的配套设施提供了实物证据。[27] 认定所属为中山王刘焉（卒于公元90年）的墓宏伟壮观，可以证明修建时花销巨大的说法未必夸大其词。[28] 约公元前10年郡级政府的记录表明史书中关于公元1～2年登记在册的人口数字大体上是连续和可靠的。[29] 在睡虎地（公元前217年）及其他地方发现的大量"日书"告诉了我们占卜时所问问题的类型以及这种技艺在公众和私人生活中的重要作用，这些细节都不见于史书。[30] 在秦始皇陵附近的一个刑徒墓中，我们可以看到残毁人肢体之刑罚的惨烈实证。[31] 史称这种刑罚废除于公元前167年，但在汉景帝（卒于公元前141年）陵旁的大型刑徒墓地中留存的被斧子或其他器具砍下的肢体是对这种说法的质疑。[32]

本书试图去探索一些在1986年不可能涉及的话题。几乎没有例外，中国传统的史料和学者都把中国的历史呈现为一系列的时段，以一个朝代的兴亡为时间节点，朝代的存续时间或长或短。这种处理的部分原因是传承了正史的体例，司马光（公元1019～1086年），或许还有荀悦（公元148～209年）以及袁宏（公元328～376年）都尝试摆脱这种束缚，因而无论怎么褒扬他们都是毫不为过的。正如戴梅可教授在她的"引言"中所说，本书的编者鼓励撰写者突破特定时段的限制，同时认识到其中一些材料必须严格依照其创作背景来考虑。此外，我们两位编者试图提醒大家注意其他文明的学术问题以及同时期的发展状况，这种意识有可能为理解中华早期帝国提供线索。中华人民共和国政府主持的考古工作曾基于一个口号，那就是"古为今用"。本书编者大胆建议，对其他领域及其问题的关注以及对其他文明中学术难点的审视，应该在中华早期帝国的研究中占有一席之地。

鲁惟一

注释

1　Benjamin, "Theses on the philosophy of history" (1968), Thesis 6. 本雅明还说道："这种危险对传统的内容及其接受者两方面都有影响。两者都面临着同一种威胁，即变成统治阶级的工具。"

2　Montgomery, *Science in Translation: Movements of Knowledge through Cultures and Time* (2000), Introduction.

3　Galambos, *Orthography of Early Chinese Writing: Evidence from Early Chinese Manuscripts* (2006).

4　Lowenthal, *The Past is a Foreign Country* (1985).

5　Montgomery (2000), 1.

6　Nylan, "Toward an Archaeology of Writing: text, ritual, and the culture of public display in the classical period (475 B.C.E.–220 C.E.)" (2005).

7　早在梁武帝（公元前464～前459年在位）统治时期（原文如此，有误。疑指魏武侯统治时期，魏国人所编《竹书纪年》——译者按），编写通史的愿望就出现了，因为人们需要关注的不是历史的分界线或分水岭，而是一直贯穿于各个朝代的发展趋势。见 Hsü Fu-kuan, *Liang Han sixiang shi* (1976-9), I, 471。或许我们也可以在司马迁的《史记》中读到同样的想法（见本书第20章）。许多中国学者已经开始考虑出土材料与历史多个领域的关系，如见 *WW* 2000.1, 74–82。

8　由文字材料所推断出的描述恰好和考古材料相吻合，参见 Yang Hong, "Tan Zhongguo de Han Tang zhi jian cangsu de yanbian" (1999)。

9　Brooks and Brooks, *The Original Analects: Sayings of Confucius and His Successors* (1998), vii.

10　Giele, *Imperial Decision-Making and Communication in Early China: A Study of Cai Yong's Duduan* (2006) 一书提供了大量证据，同样为此想法提供大量证据的还有 Nylan, "'Empire' in the Classical Era in China (323 BC–AD 316)" (2008c)。我的措辞要比 Giele 更加强烈。Nylan 的 "Beliefs about seeing: optics and moral technologies in early China" (2008d) 指出国人常常可以对统治者的行为提出评判。

11　见 Nylan, *The Five "Confucian" Classics* (2001). Brooks and Brooks (1998), 2, 书中把有组织的儒家学派出现的时间认定在公元前473年，但仍存在反证。据《史记》卷121《儒林列传》，在孟子和荀子关于欲望与人性的讨论之后，原为邹鲁之士的孔子的学说才在整个中原取得了权威地位。

12　在这种语境下，本编者认为公元前26年，即刘向等人主持的大规模校订工程的开始之年，要远比公元前135年——一般认为（尽管是错误地）在这一年，汉武帝把"五经"的地位提升到一个前所未有的高度——有意义得多。

13　读者应该注意"孝"是在儒家思想之前就存在的一种美德，《论语》并不特别重视它，认为它只是人生修养和美德之"本"（而并不是顶点）。然而，秦朝和汉朝要求所有的臣民都要行孝（并且要忠于朝廷，这被看成孝的"自然延伸"）。与讨论儒教国家相比，我们可以更为精准地讨论其官僚机构及其意识形态。

14　Sivin, "On the Word 'Taoist' as a Source of Perplexity. With Special Reference to the Relations of Science and Religion in Traditional China" (1978).

15　当然，包括董仲舒在内的大多数汉代思想家的著作，是以持续性的"天人合一"为依据的。

16　Bottéro, "Les 'Manuels de caractères' à l'époque des Han occidentaux" (2003),115.

17 就"philosophers"这个词的任何现代意义来说，早期的许多思想家都不是"哲学家"，而是说客或者想跻身政坛的人。这种认识亟须纠正，可参看 Hadot, *What is Ancient Philosophy?* (2002), and de Vries, *Philosophy and the Turn to Religion* (1999)。

18 Giele (2006), 47.

19 Seneca 阐述，孔子明确地说不要和不如自己的人做朋友，见下面戴梅可所撰第 22 章有关扬雄的部分。参见 Seneca, *Ep.* 11.8–10; 81.13.3。

20 参见 Shute, *On the History of the Process by Which the Aristotelian Writings Arrived at Their Present Form* (1988), 178 对理解亚里士多德（Aristotle）给出的建议，他说："我们对于亚里士多德的认识绝不可能躲过这种嫌疑（或者说是相当确定的），即经过了别人头脑的过滤，经过了其他声音的表达。"两本关于文本批评的书（一本关于中国，另一本不是）表明了在制造好的文本的过程中总是牵扯了很复杂的决策过程，见 Giele (2006); and Ehrman, *Misquoting Jesus* (2006)。

21 见 Montgomery (2000), 9, 14。

22 K. C. Chang, *The Archaeology of Ancient China* (1963).

23 Keightley, *Sources of Shang History: The Oracle-Bone Inscriptions of Bronze Age China* (1978).

24 Shaughnessy, *Sources of Western Zhou History: Inscribed Bronze Vessels* (1991).

25 Rawson, "Western Zhou archaeology," and Falkenhausen, "The waning of the Bronze Age: material culture and social developments," in *CHOAC* (1999), 352–449 and 450–544.

26 *HS* 68, 2948.

27 *Beijing Dabaotai Han mu* (1989).

28 详情见 Loewe, "State Funerals of the Han Empire" (1999), 28, 42–3。

29 *Yinwan Han mu jiandu* (1997), document YM6D1; *HS* 28A, 1588.

30 见 *Yunmeng Shuihudi Qin mu* (1981)。

31 *WW* 1982.3, 3.

32 *HS* 4, 125 and 23, 1098; *Han Yang ling* (2001), Chinese introduction, 5.

第一部分

考 古

1
汉代墓葬结构及随葬品

艾素珊（Susan N. Erickson）

在过去的二十五年间，大量汉代墓葬被发掘出来，令人应接不暇——在 1999 年估计有三万多座——各地创办了许多考古类期刊来发布这些发掘资料。[1] 除个别例子以外，这些墓葬都遭受过盗掘，但盗墓者通常都会遗漏一些随葬品，他们一般也不会对墓葬结构破坏得太厉害。汉代墓葬的准备工作因死者的身份、建造的时代和地区而不同。一般来说，墓葬的结构能被保留的时间变得越来越长久，或是用砖石等耐久的材料建造，或是动用大量人工在山石上直接凿出一个墓圹或墓穴。这种墓葬的出现是因为制砖效率的提高，或许还有钢、铁工具制作效率提高的因素。[2] 汉代墓葬的另外一个主要特征就是从活人居住的建筑中借用建筑元素（不过有所区别）来对墓葬内部精心装饰。应当承认，在汉代之前的墓葬中已经可以找到这种做法的最早例证，但到汉代时，这种模仿变得更加明显，同时也出现了沿着一条水平方向的中轴线来安排墓室空间的显著倾向。本章会论及多种不同类型的墓葬结构以及其中的随葬品。有些所援引的例证有力地证实了关于这一时期墓葬的一些传统看法，但另外一些例证则反映了在墓葬设计和配置方面更多的可能性，这是以前不被人所知的。本章所考察的墓葬及工艺品都与富人相关，而那些没有这些财力的人的墓葬比较简单，随葬品就算有也很少。

墓葬结构

汉代主要盛行三种基本的墓葬结构：竖穴墓，崖墓和地下砖室墓、石室墓。在西汉早期，还延续着几种之前流行的结构，其中之一就是竖穴式土坑木椁墓，木椁内放置死者的尸体和随葬品。[3] 许多这种类型的墓葬由层层的膏泥、木炭和夯土密封，上面覆以坟冢，马王堆 1 号墓（长沙国，今湖南境内）就是这种结构的典型代表（图 1.1）。[4] 墓主人为女性，死亡时间稍晚于公元前 168 年，被认定为长沙相轪侯黎朱苍的夫人。[5]

木椁可以是一个简单的箱子，也可以分隔成多个厢体，以容纳随葬品以及一个或一组嵌套在一起的内棺。这些厢体通常可以根据所放置的随葬品而被比拟为居室中各个不同种类的房屋，比如武库、卧室、贮藏室或者宴会厅。随着建筑元素的增加，这种比拟为各种不同功能房屋的建筑就明显发展得更为成熟。举例来说，胡场（广陵国，今江苏境内）

图 1.1　木椁墓结构剖视图（湖南长沙马王堆 1 号墓）。墓主人为长沙相黎朱苍（或称利苍）夫人（卒于公元前 168 年后）

的一座西汉晚期竖穴墓（M1）中，在分隔棺室和其他部分的隔墙上就有门和格窗（图1.2）。⁶

最近考古工作者还发现了汉室宗亲的木椁墓，在木椁周围另有一个用木料层层堆叠而成的大型防御隔墙。通常这种结构会使用柏木黄色的芯，因而被称为"黄肠题凑"，即截取树干最里面的黄色部分而水平堆砌起来的一种结构。发现这种特殊墓葬结构的地点北至北京，南到湖南，所属墓葬的时代从西汉早期一直到东汉。在北京郊区的大葆台（广阳国，今属北京）发现了两座这种黄肠题凑墓，不过其中一座（2号墓）曾遭受严重的焚毁。⁷ 这两座墓的主人极有可能是广阳王刘建（公元前73～前44年在位）及其夫人（死于公元前65年以后）。应属刘建的1

图1.2 有建筑构件的木椁墓的俯视图及侧视图。邗江县（今邗江区）胡场1号墓，扬州附近（广陵国，今江苏境内）。西汉晚期

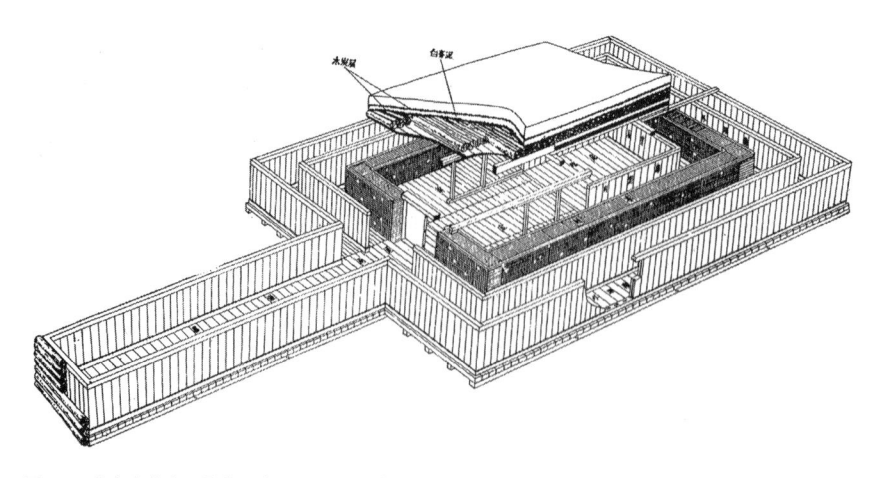

图 1.3 北京大葆台 1 号墓，广阳王（公元前 73～前 44 年在位）刘建黄肠题凑墓剖视图。"黄肠题凑"这一说法是指柏木的黄芯作为相扣的隔墙紧密码排的样子

号墓呈长方形，南侧中央有斜坡门道（图 1.3）。由一万五千根木料筑成的护墙分隔开两个外回廊和一个内回廊，内回廊包围着后室，后室中放置着棺椁。这种保护性屏障对木材有极大需求。[8]

第二种类型为崖墓，并不始于汉代，但这种墓葬的进一步完善对这一时期来说非常重要。其中一些仅仅是对竖穴墓的简单模仿，但通常会在竖穴底部向旁边延伸。东甸子楚国（今属江苏）的一座西汉早期墓即是一例，其竖穴底部的北侧和东侧有两个不规则的龛，龛内放置着大部分随葬品，与龛外一名男性和一名女性（可能是夫妻）的合葬墓室分开。[9] 在徐州（江苏）附近发现了一些西汉早期墓葬，墓主人都是刘氏宗室（图 1.4）。[10]

20 世纪最后二三十年间的考古发掘发现了许多西汉崖墓，这些崖墓在水平方向延伸的范围更大，在河北、河南、江苏和山东都有发现。[11] 这种墓葬类型背后的动机可能是保护随葬品，然而这些宗室墓葬之所以与众不同，是因为规模庞大，和建筑物相似，有各种厢房和回廊，有的还分为数层。[12] 在大多数情况下，这些墓葬是在山体上有封堵的入口，而非垂直向内延伸的竖穴。

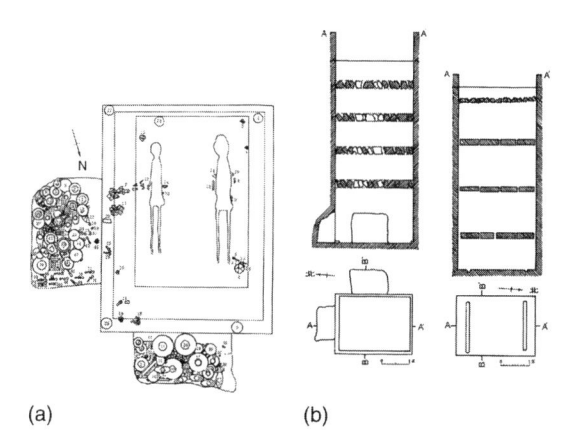

图1.4 江苏徐州附近东甸子的西汉早期崖墓平面图（a）和侧视图（b），该墓葬在竖穴的底部沿平行方向延伸，用以放置随葬品。竖穴为3.5米×2.7米，深达8.25米。注意竖穴底部两侧的不规则状龛，两龛中放置了大多数随葬品。这座合葬墓出土了一枚上有"祕府"字样的封泥，由此判断男性墓主人应该是楚国的一位官吏。该墓由层层的石板、沙土和黏土夯填，上面覆有封土，封土底部直径为12.2米

最为著名的崖墓当属满城（今属河北）汉墓，墓主人为中山王刘胜（卒于公元前112年）及其夫人窦绾（卒于公元前112年之后）。[13] 两人的墓结构非常相似，都以沿中轴线两侧对称为主要特征（图1.5）。刘胜墓的中轴线为东西走向，一条长甬道连接起分别行使车马房和库房功能的南北两个耳室。耳室之后是一个长方形大厅——中室，象征着举行典礼和宴会的地方。这个厅堂通向主室，主室的墙壁和斜坡屋顶都由料石①筑成。刘胜的棺椁就安放在该主室北侧，主室南侧有门，通向一个小的，也用石板筑成的平顶的侧室。一条在岩石上开凿的回廊环绕着这些墓室。窦绾墓的结构与刘胜墓的相类似，只是缺少了环绕的回廊；此外其墓室是在主墓室南侧。

在曲阜九龙山（鲁国，今山东境内），最近又在长清双乳山（济北国，今山东境内），几座这样的大型崖墓被发现，其结构总体上都是沿着一条南北向的轴线排列。[14] 江苏徐州附近的（楚国）崖墓（图1.6）更

---

① dressed stone，也称条石，是由人工或机械开采出的较规则的六面体石块，要求其六面均平整。按其加工后的外形规则程度可分为毛料石、粗料石、半细料石和细料石四种。按形状可分为条石、方石及拱石。墓中所用多为粗料石。——编者注

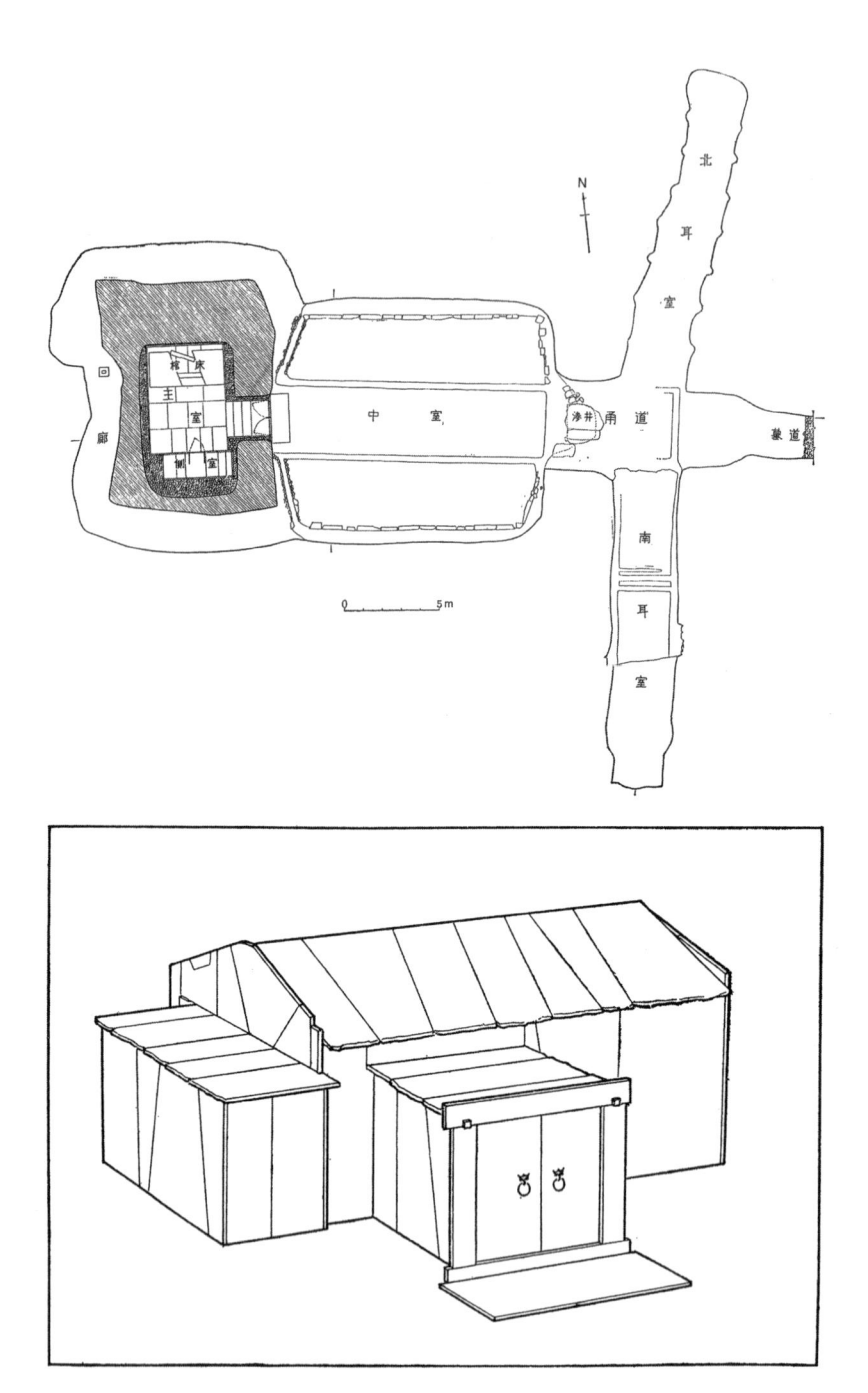

图1.5 具有水平轴线的崖墓平面图：河北满城1号墓，中山王刘胜（卒于公元前112年）墓，最长处51.7米，最宽处37.5米。细部图为后室，由打磨过的石板筑成

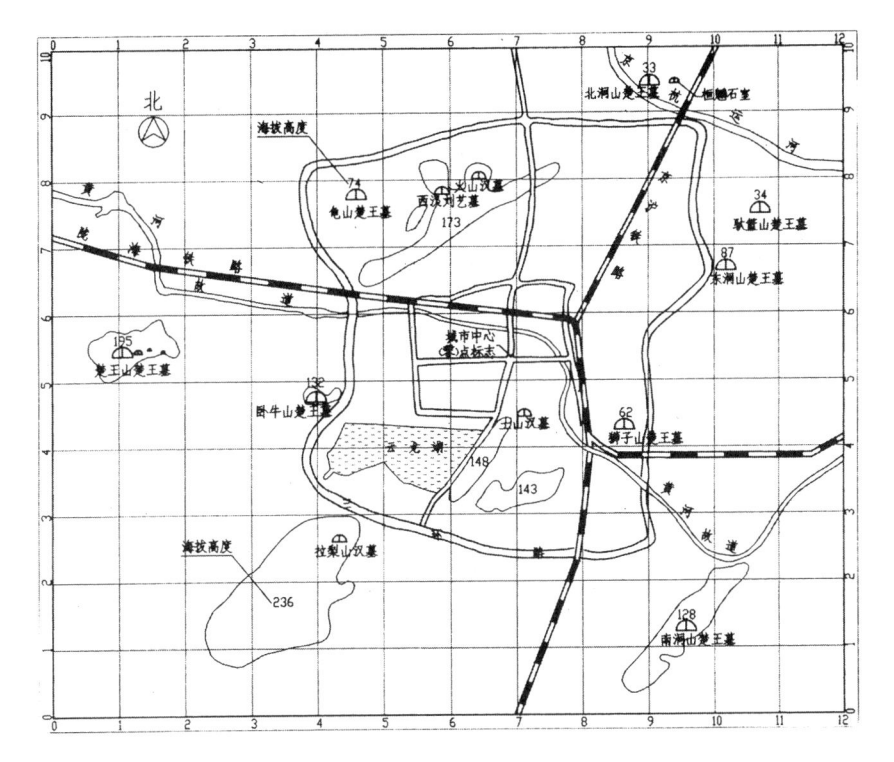

图 1.6 江苏徐州附近各楚王墓位置。楚王山 1 号墓、"桓雔石室"、龟山 2 号墓、东洞山 1 号墓和 2 号墓都呈东西向排列。狮子山墓、驮篮山 1 号墓和 2 号墓、北洞山墓、南洞山 1 号墓和 2 号墓以及卧牛山墓都呈南北向排列

为精良，有多层次的以通道相通的合葬墓，且墓室众多。其中一些为东西方向，另一些则为南北方向。[15] 徐州以北十公里的北洞山大型崖洞墓（图 1.7），[16] 据信为第五代楚王刘道（公元前 150～前 128 年在位）之墓。该墓室结构中的许多墙体和顶部都涂抹有灰泥，上涂褐色底漆，再涂一层朱砂。一组垂直于主墓道的下降式石阶将主墓室和一个不同构造的附属墓室相连接，该墓室低于主墓室 2.98 米，在这里凿出了一个竖坑，墓墙和倾斜的屋顶由料石建造而成。这部分墓室和宫殿的建筑相对应，有武库、厕所、乐舞庭、几间厨房、井室及器具、柴火、冰块的储藏所。

在河南，一些最为重要的新发现位于芒砀山（梁国，今河南境内）的保安山，在这里发掘了一批墓葬，其中有九座石崖墓（包括 1 号墓和

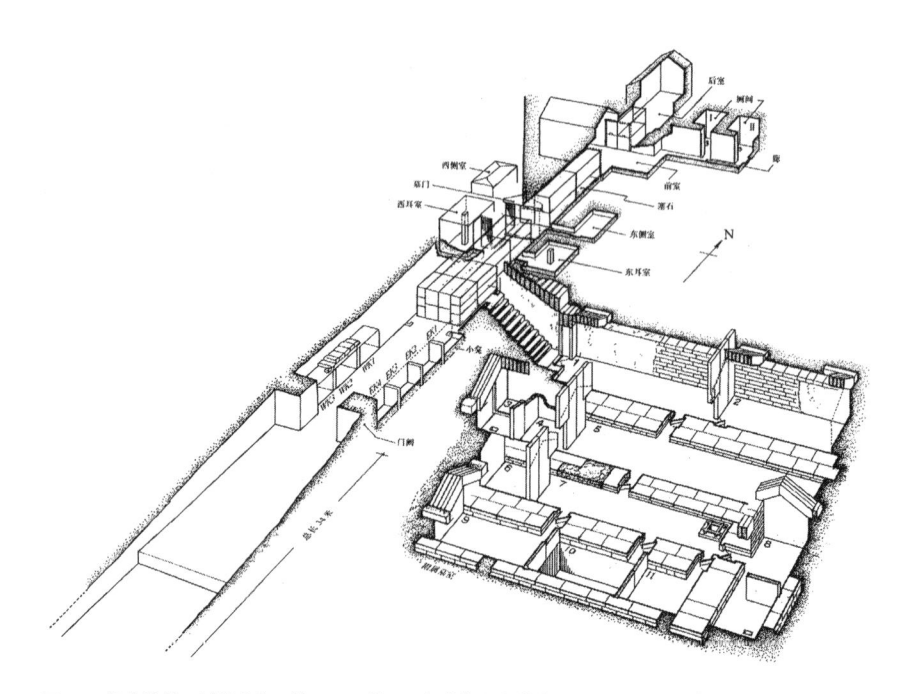

图 1.7 据信为楚王刘道（公元前 150～前 128 年在位）崖墓的透视图，1986 年发掘于江苏徐州附近的北洞山。该墓面向南方，在山坡上开凿，总面积为 350 平方米，共有 19 个墓室和 7 个小龛

2 号墓）、六座在山体上凿出崖坑再用石条砌筑的墓（包括 3 号墓），以及四座在土坑中用石条砌筑的墓，此四座墓的主人应该是照料陵墓的下级官吏或普通百姓。[17] 其中 1 号墓和 2 号墓两个崖墓的墓主人应该是梁孝王刘武（卒于公元前 144 年）及其王后李氏（卒于公元前 125 年或前 124 年）。[18] 3 号墓位于 2 号墓北边，应该是梁王某一妃嫔之墓。[19] 1 号墓的布局从两侧来看几乎完全对称（图 1.8）。2 号墓位于 1 号墓南约 200 米处（图 1.9），有东、西两个墓道，与几条长的甬道相连，甬道两边有许多侧室。一条形状不太规整的回廊环绕着后室。墓道、前室、甬道以及一些侧室由三千多块大小相近的料石建造，上面几乎都有朱砂题字，显示出各个侧室的名称。侧室分为东宫和西宫两组。这些题记也表明当时的工匠有工和徒两种。在芒砀山遗址，考古工作者还发现了梁王的寝殿、便殿和寝园的基础，同时有回廊和排水沟的遗迹（图 1.10）。[20] 整体建筑南北长 110 米，东西宽 66 米，筑有围墙。[21]

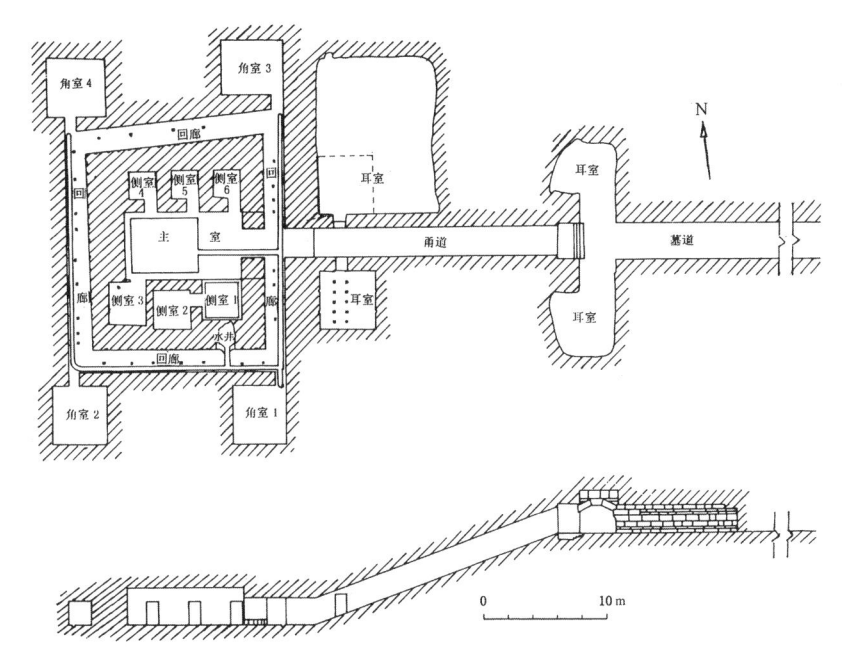

图 1.8 梁王刘武（卒于公元前 144 年）崖墓平面图及侧视图。河南永城北芒砀山，保安山 1 号墓。1 号墓和 2 号墓均为东西走向。1 号墓长 96.45 米，最宽处 32.4 米。一条平面呈长方形的回廊环绕着主墓室，主墓室相当于堂。回廊的每个角都有一个小角室

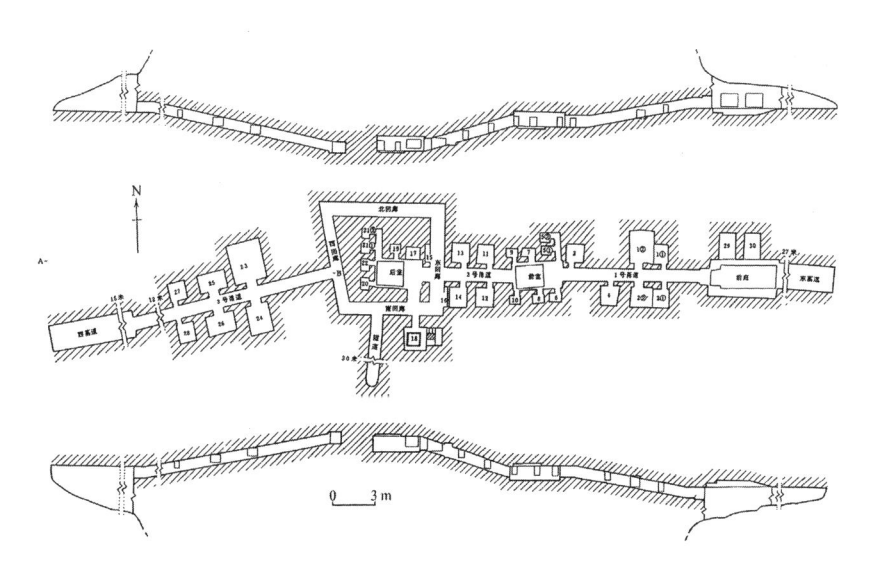

图 1.9 梁王刘武李王后墓的平面图及侧视图。河南永城北芒砀山，保安山 2 号墓。2 号墓长 210.5 米，最宽处 72.6 米

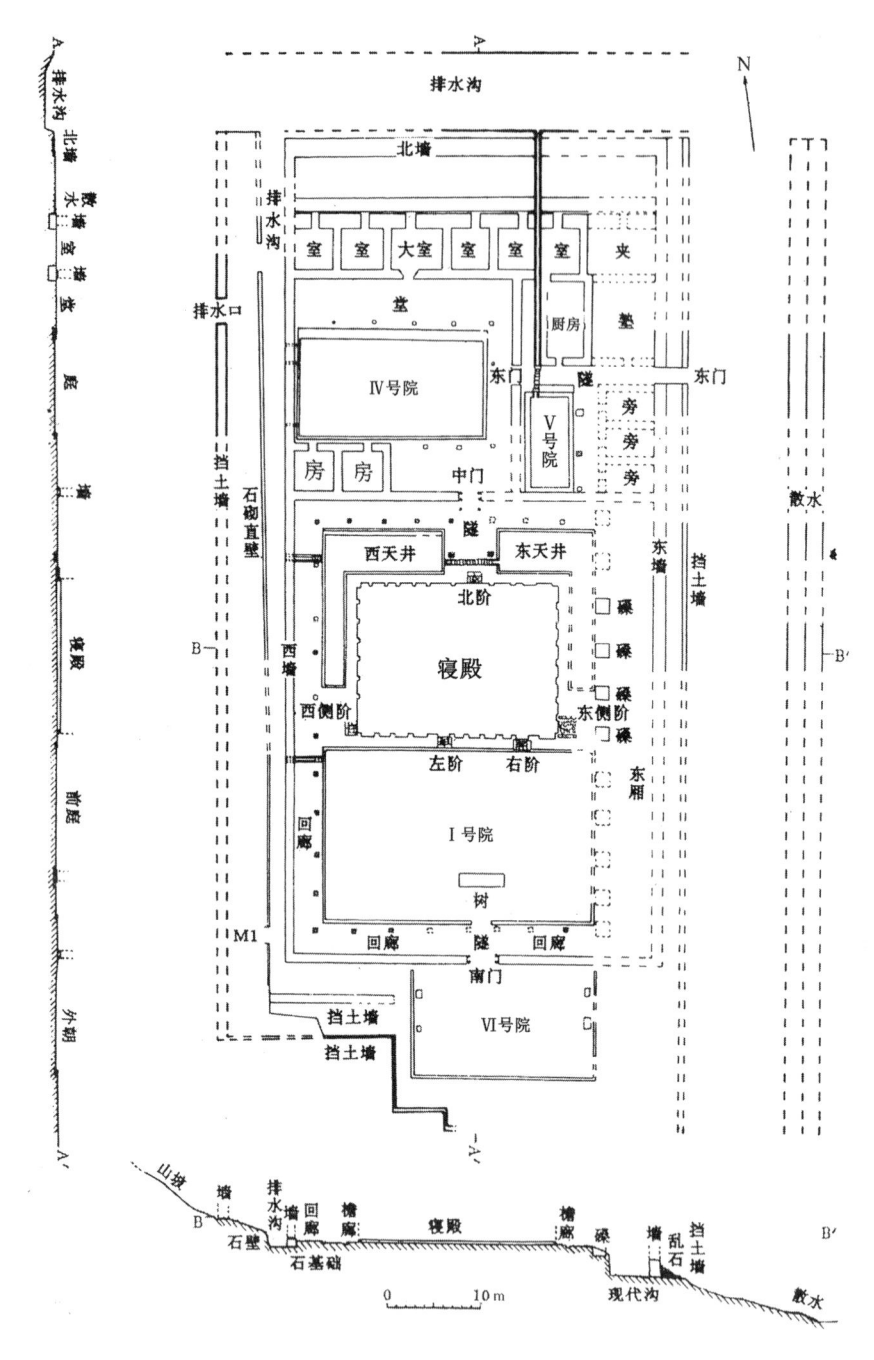

图 1.10 河南芒砀山，保安山寝园和寝殿平面图。在 1990 年代，考古工作者曾发现了带有"孝园"字样的陶瓦，"孝"是梁王刘武的谥号。（此图的翻译结合了作者原文和作者引用的资料。图中"西天井"为 II 号院，"东天井"为 III 号院。——编者注）

在中国西南地区，直到东汉时期还在修筑崖墓，而砖石墓在西汉末期到东汉时期的黄河流域已经成为主流。最近的一些最为重要的发掘揭示出四川崖墓的情况，考古学家罗二虎把四川地区的崖墓按地区进行了划分，包括成都平原、岷江下游的乐山一带和涪江中游地区。[22] 早在20世纪初，学者们就已经注意到了乐山地区的大型崖墓，而关于涪江中游三台县的一些宏伟崖墓的资料最近也公布了一些。[23] 这些墓在水平方向上展开，在山坡上有序排列，分为数层。

和四川其他地区一样，三台县的许多崖墓很浅，只有几米深，但另有一些相当宽敞，如坟台嘴（广汉郡）1号墓就有27米多深（图1.11）。四川的崖墓并不仅仅是深石穴，还有在墓壁和墓顶上刻有建筑构件这种特点。一些墓道口刻有浮雕，以模拟上有斗拱的嵌墙柱，还有完全模仿屋檐末端的一排排瓦和凸显的瓦当。刻有浮雕的墓室内壁通常会涂以红色或蓝黑色的颜料以加强表现木结构的效果，但有时建筑方面的特征仅仅用图案来表现。一般来说，通往墓室的主墓道略呈拱形。此外，有些墓顶装饰有仿真的建筑构件，如坟台嘴1号墓，在后室天顶中心，镶嵌式框架层层叠涩①构成"井"字（"藻井"），另有短椽与之相连（图1.12）。

墓穴内部也装饰有建筑元素和源自活人的家居陈设。举例来说，三台县的许多崖墓入口处都有一个在原岩上雕出的灶台，刘家堰的一座墓中还有一个精美的石床，也是在岩石上雕刻出来的（图1.13）。其他一些崖墓的内壁上刻有许多门的轮廓，以此象征更多的房间。在三台县最重要的发现之一就是多种多样的斗拱，而又以胡家湾1号墓后部之所见尤为令人印象深刻，其时代为东汉后期或略晚（图1.14）。一些三台县墓葬的另一显著特点是内部装饰有壁画或绘画般的涂色浮雕。[24]

在中国大部分地区，用空心砖或实心砖（更为少见的是用石块）砌筑的地下墓穴取代了早期的竖穴墓和崖墓。和上面讨论的崖墓一样，这种地下墓穴有一条水平轴线，其结构和建筑细节是模拟真实房屋而来。

---

① 中国古代建筑的一种建筑方法，通常用砖、石、木等材料做出层层向外或向内、垒砌挑出或收进的形式。——编者注

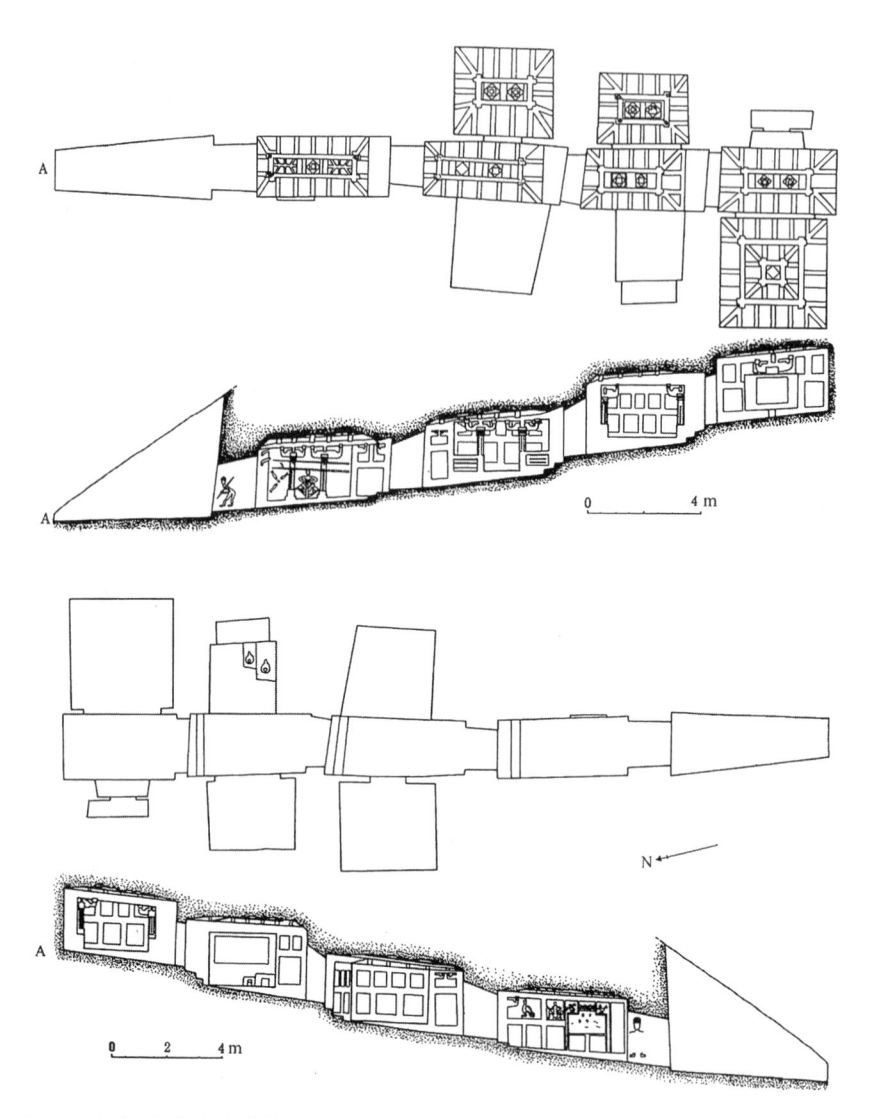

图 1.11 带有水平轴线的崖墓的平面图、顶部图和侧视图。四川三台县坟台嘴1号墓。东汉。该墓（高 2.55米）从后到前呈斜坡状开凿，由墓道、墓门、前室、两个均带有左右侧室的中室、一个带有左右侧室 的后室组成，各部分之间有三级台阶。这种斜坡的设计为三台县所特有，是为解决内部的排水问题而建

图 1.12　带有仿半木结构和藻井的后室。四川三台县坟台嘴 1 号墓

图 1.13　一座崖墓中的石床。四川三台县刘家堰 3 号墓。东汉。长 2.6 米，宽 1.54 米

空心砖见于陕西西安和咸阳附近，在河南则主要见于郑州、洛阳、偃师等地。用实心砖、砖石混合或者纯用石材修筑的墓葬分布得相当广泛，时代从西汉晚期一直到东汉晚期。过去二十五年间的发掘工作为我们提供了一系列不同墓葬规模和结构的例证，其中一些使用了分割成块或者呈弧形的拱券和穹窿。有关东汉大型砖石墓结构的例证，见本书第 2 章密县（今新密市）打虎亭和后士郭的墓葬。

除了用耐久的材料来修筑墓葬外，还有其他护卫坟墓的方法。在西汉早期，长沙地区的一些墓葬中还保留着楚文化的一种习俗，即在墓室外的墓道中放置木质髹彩漆的辟邪偶人。（在汉代之前的墓葬中，这种偶人被置于棺木旁，通常看起来不太像人。）这种偶人在长沙地区的几座达官贵人墓中都有发现，然而因为是木质的，又被放置在墓室之外，大多数的保存状况很差。但 1993 年在渔阳王后墓（长沙国，今湖南境内）中发现的一对，保存得很好（图 1.15）。[25] 其他类似的成对偶人在马

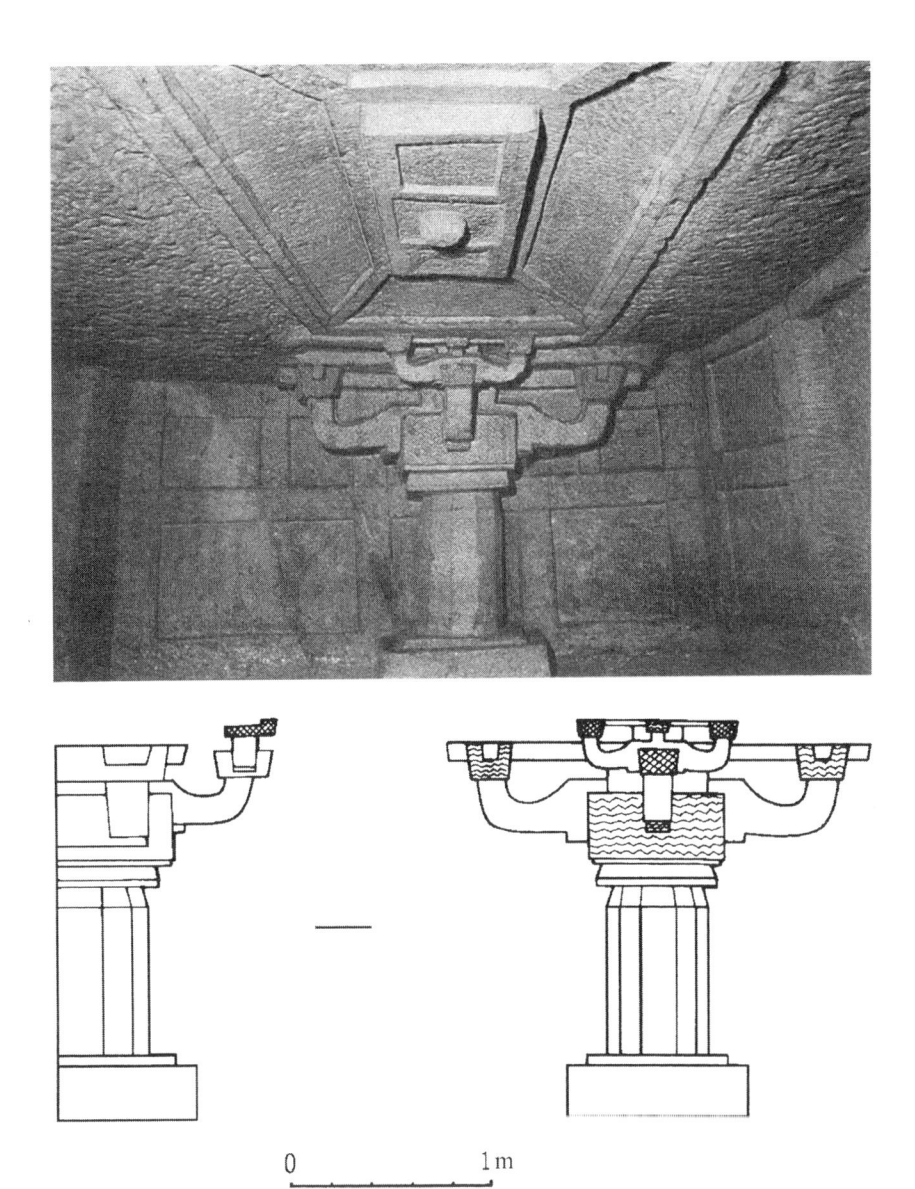

图 1.14 带有彩绘斗拱的柱子，崖墓。四川三台县胡家湾 1 号墓。东汉晚期或汉代以后不久。斗拱三面突出，分为两层。斗拱构件边缘用黑色颜料勾勒，柱头用锯齿纹和交叉纹装饰。高 1.75 米

图 1.15 镇墓偶人（高 88 厘米）出土原状。湖南长沙"渔阳"工匠墓。这些偶人为木骨泥塑，面部涂以黑漆。偶人袒胸露腹，头顶两侧均有圆形的双耳，最初耳上有一对凸出的鹿角。两个偶人都跪坐在轿子上，向对方伸出手，这样就可以有效地挡住墓道

王堆 2 号墓和 3 号墓斜坡门道的两侧也有发现。最近出版的这两座墓的发掘报告中包括了带角的偶人出土原状的照片。[26] 这些置于斜坡墓道上的偶人，似乎都与从马王堆 3 号墓出土的"避兵图"中描绘的神祇有关（见下文图 17.5），然而要完全揭示这些偶人的功用，还有许多的研究工作要做。[27]

　　镇墓兽出现的时间正好是东汉末期，其功能通常由砖石墓入口侧柱上刻画的形象来完成，或者特别是在新朝（公元 9～23 年）和东汉（公元 25～220 年）时期由放在墓中的立体雕塑来完成。在互助村（蜀郡，今四川）的一座崖墓中有一个陶俑，双手分别持一件兵器和一条蛇，舌头伸得特别长，用来驱除一切不好的东西（图 1.16）。[28] 另外，出土于陕西和河南的一些东汉中期到晚期的墓，用写在陶瓶表面的驱魔语句来保护墓葬，这种陶瓶被称为"神瓶"或"镇墓瓶"。在洛阳李屯的一座东汉墓（公元 156 年）中的神瓶上有 93 个字，内容为请求神灵祛除鬼怪（图 1.17）。[29] 密县后士郭 1 号墓中也有这种类型的神瓶（见下文图 17.1c）。[30]

1　汉代墓葬结构及随葬品 - 031 -

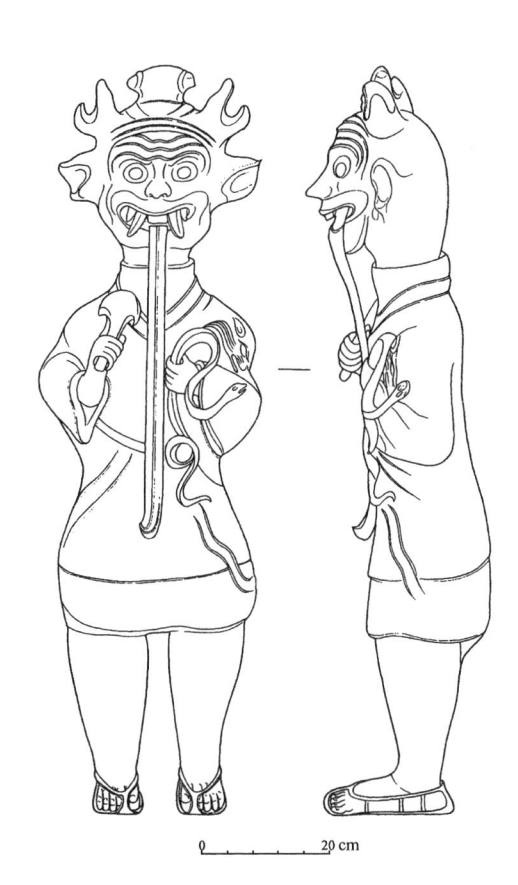

图 1.16　陶俑。四川成都附近互助村东汉崖墓。东汉。高 115.8 厘米

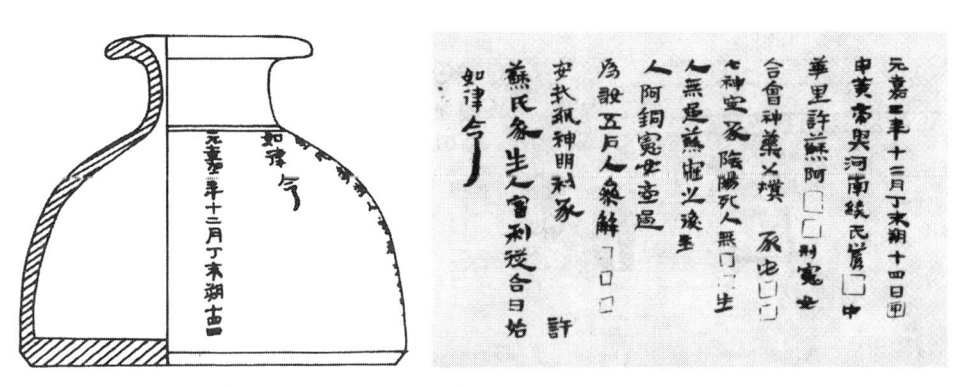

图 1.17　带字神瓶。洛阳李屯汉墓。高 16 厘米。时间为公元 156 年

棺

西汉墓葬中的棺通常用木材制成，尤其是用梓木（因为它能保存得较久），而从西汉末到东汉，砖石棺更为常见。在汉代之前的楚国墓中发现的棺木主要用彩漆描画的几何纹来装饰，在汉代则更倾向于用图画装饰。马王堆1号墓中发现的套合起来的木棺最为精美，上面的图案有一些是几何纹，不过大部分为图画。四层套棺的第二层装饰有黑地上起伏的白色云气纹，穿插于其间的是各种现实中或想象中的动物形象（图1.18和彩图1）。这件棺木的每个面都有装饰性边纹，但有时云气纹会被画得和边纹叠在一起。从里面数第二层棺木为朱地，上有一些几何

图1.18 黑地彩绘棺（从里面数第三层）头挡外表面图案线描。长2.56米，宽1.18米，总高1.14米。湖南马王堆1号墓

纹，但大部分为大型的类似于后世四方神的动物图案，还有一些祥瑞图案：所有这些都是为了营造出一个在宇宙中受到保护的空间（图1.19和彩图2）。这件棺木的一端绘有一个玉璧图案，玉璧悬挂在绶带上且两边各有一条龙，龙体从璧中穿过。这里玉璧的出现让人想到在墓葬语境中玉的特殊象征意义（见下文）。在马王堆1号墓中没有发现真正的玉器，但除了这个被描绘在棺木上的璧以外，还另有一件绘制的璧和璜，和众多装饰性图案一道出现在最里面棺盖上的帛画中（见下文图1.23）。此外，一件木质髹漆的明器璧也被放置在同一棺木的头部。

在其他高级别墓葬中，棺木的外表面镶嵌有真正的玉璧。满城窦绾墓的棺木的边板和盖板上镶嵌有26件玉璧，棺的内部镶嵌着长方形的玉版（图1.20）。[31]北洞山崖墓（见上文）的棺用鎏金青铜质地的璧装饰，其表面的图案和真玉璧上常用的图案相同（图1.21）。[32]在今四川出土的东汉时期墓葬中，形状不同而上有祥瑞图像的棺饰得以保存至今。比如镶嵌在木棺上的鎏金和鎏银的青铜饰品（图1.22）在巫山县（巴郡）的墓葬中被发现。[33]与此相似的、刻在石棺外表面的图案在四川其他地区出土的东汉墓中也得以发现。四川地区的石棺墓特别丰富。山东和江苏的砖石墓，时代主要是从西汉晚期到东汉早期，其外表面以及——较为少见的是——内表面也绘有画像。[34]

除了棺表面的装饰外，一些西汉时期的木棺上还覆盖有丝织品，织物的一面绘有图案。马王堆1号墓和3号墓最里面的棺上覆盖的T形帛画是保存最好的此类工艺品（图1.23和彩图3），被保留下来的同类物品很少。还有两件呈长方形，出土于临沂（东海郡，今山东境内）附近的金雀山（图1.24）。[35]这些帛画的位置离死者很近，存在许多共同的图案母题：龙、璧、祭祀的场景以及顶部的太阳和月亮。学者们对其功能仍有不同看法：这些图像可能代表着死者灵魂转变为另一个世界的存在或者是描绘死者受到永恒的祭奠。[36]

图 1.19 朱地彩绘棺（从里面数第二层）外表面图案线描。长 2.3 米，宽 92 厘米，总高 89 厘米。湖南马王堆 1 号墓

图 1.19 续图

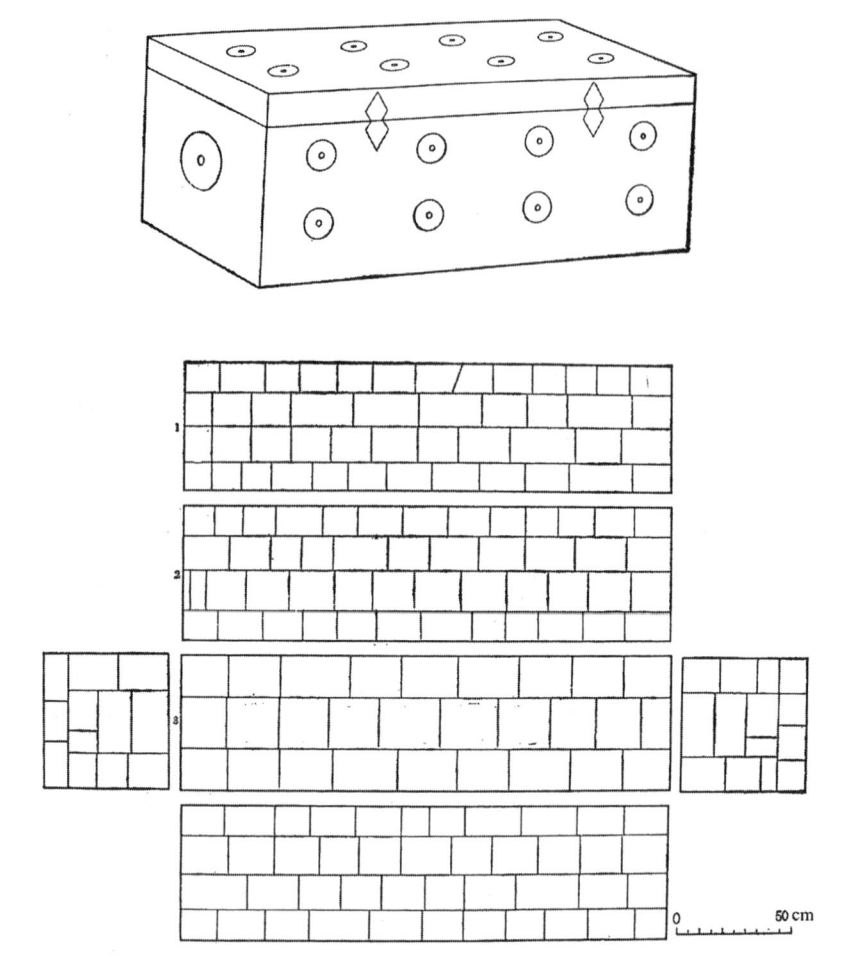

图 1.20 外部镶玉璧的棺和棺内部玉版排列复原图。河北满城 2 号墓，窦绾墓

图 1.21 鎏金青铜棺饰。楚王刘道（公元前 150 ～前 128 年在位）墓。江苏徐州北洞山。共发现五件，直径均约为 18 厘米

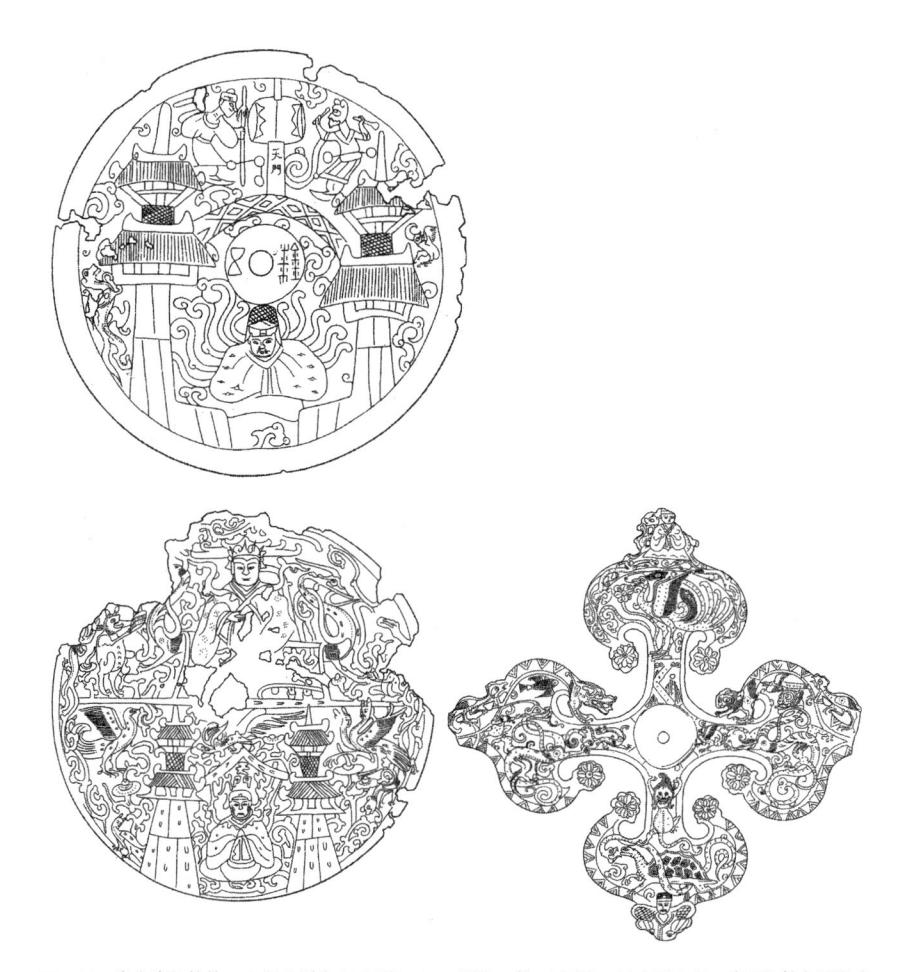

图 1.22　鎏金鎏银棺饰。直径分别为 23 厘米、25.5 厘米，长 40 厘米。重庆巫山县。类似的饰物形状多种多样——正方形、圆形、长方形、柿蒂形，上面装饰有与来生有关的神仙形象以及代表着向来生过渡的门阙

图 1.23　T 形帛画。总长 205 厘米，顶宽 92 厘米，底宽 47.7 厘米。马王堆 1 号墓。参见彩图 3

1 汉代墓葬结构及随葬品 - *039* -

图 1.24　帛画。山东临沂金雀山。200 厘米 × 42 厘米

棺内

20世纪70年代考古人员发掘了两座西汉墓,值得注意的是墓主人的尸体都保存得很好:一个是马王堆1号墓(长沙国,今湖南境内)中的女尸,一个是江陵凤凰山168号墓(时间为公元前168年或前167年;南郡,今湖北境内)中的男尸。[37]2002年,连云港市(东海郡,今江苏境内)又出土了第三具保存状况相似的女尸,时代也是西汉。[38]相关研究正在进行之中,以搞清楚这种保存是如何实现的以及是不是有意为之。[39]

无论如何,能让这些尸体保存得如此完好的环境,同样也有利于墓中其他物品的保存,特别是丝织品也保存在一个极好的状态。在马王堆1号墓中,我们可以明显看到中国这一地区用层层衣服和织物包裹尸体的常规做法,在这座墓中所发现的织物现在仍然是研究西汉纺织技术发展水平和刺绣纹样的主要资料。在神居山(广陵国,今江苏境内)2号墓和尹湾(东海郡,今江苏境内)也出土了一些类似的带有图案的丝织品。[40]两处墓葬的棺盖上都有丝织品覆盖物,绣有长寿绣和神仙形象(图1.25,彩图4)。① 其他一些地方的墓葬中的小残片也可以证明丝织品的存在,南越(今广东境内)王墓即是一例,这座墓中还出土了两件用来给纺织品印制图案的火焰纹青铜印版(图1.26)。[41]印版表面凸起的图案与湖南和江苏出土的西汉纺织物上发现的图案相类似(见彩图4和彩图5)。

除了用层层丝织品装殓尸体外,我们从湖南周边省份的考古发掘中还看到了另外一些处理尸体的方式。如追溯至公元5年的仪征胥浦(广陵郡,今江苏境内)101号墓,墓中发现了一个用竹片做边框、上有用漆粘连定型的纱(纱面罩:长44厘米,宽35厘米),盖在死者脸上(图1.27)。[42]而这一地区的其他墓葬中,一种器物(也被称为面罩)被盖在尸体的整个头部、颈部和胸腔上部。木制的面罩在西汉中期到东汉早期江苏的扬州和连云港以及安徽天长的墓葬中都有发现(见彩图6)。[43]

---

① 据发掘简报,尹湾2号汉墓中所出为覆盖在死者身上的衾被。

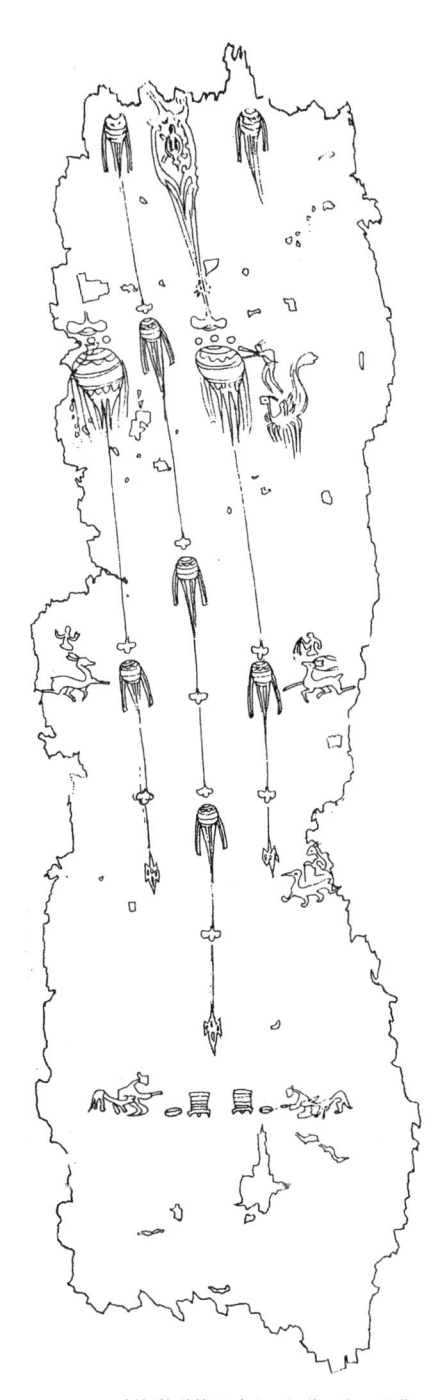

图 1.25　刺绣棺盖饰品残片。江苏尹湾 2 号墓

图1.26 青铜织物印版（前后面）。广东广州南越王墓。长度左3.4厘米，右5.87厘米

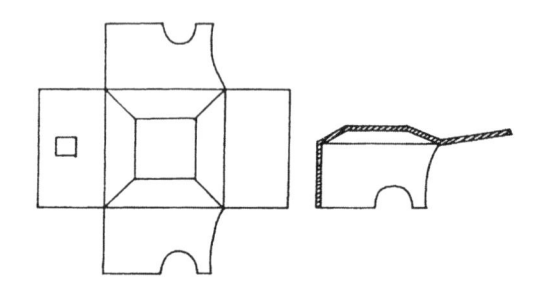

图1.27 面罩（侧视图及俯视各边展开图）。面罩像一个底下敞开的盒子，覆盖在头上，在头部带冠的相应位置开有长方形的小"窗"。在霍光葬礼的记载中也有同样结构的器物，被称为温明（HS 68, 2948），据称里面悬有一面镜子，被放置于尸体之上

从考古证据来看，有时会在面罩里面发现镜子，但其他面罩内外会用彩漆、金箔银箔、琉璃或玉等其他材料来装饰。

姚庄村（广陵郡，今江苏境内）一座西汉晚期墓（101号墓）出土了两件精美的面罩。[44] 该墓为男女合葬墓，在两人的棺中都发现了面罩（图1.28）。面罩的立板上装饰有青铜兽首衔环饰件（铺首），这种饰物也常用于棺侧板和房门上，这说明了面罩、棺木和人的居处可能存在着某种联系。姚庄墓的女尸头部所罩面罩的图案与男尸的有所不同，其外部在死者头部正中镂雕蟠龙，延伸到胸的部分镂雕两只孔雀。女尸棺内也发现了铜镜，但不在面罩内，而是位于头部和足部。在江苏东海县尹湾一座公元前10年的合葬墓（6号墓）中所发现的一个面罩则又不同，其外部和内部都镶嵌着半月形、猫耳形、三角形和环形的琉璃片，以及一件玉璧。[45] 死者头下另有一只木枕，镶嵌着长方形琉璃片。

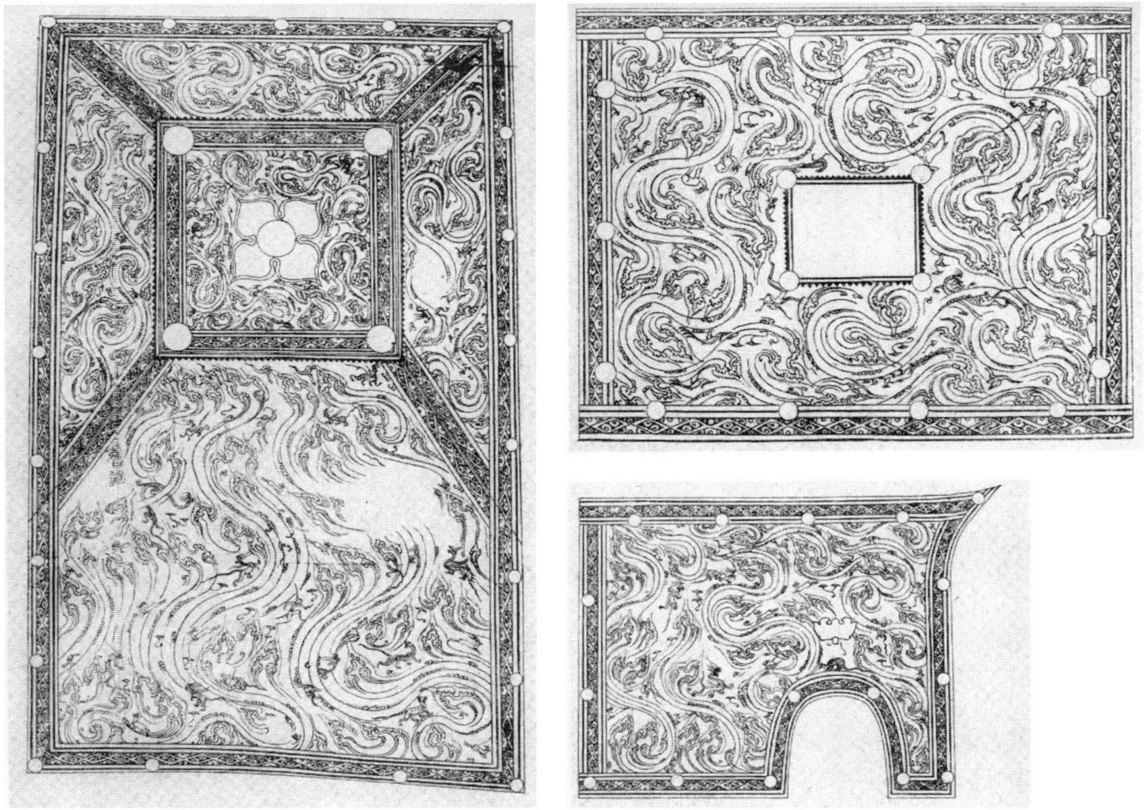

1 汉代墓葬结构及随葬品 - 043 -

图1.28 男尸面罩上面、侧面及后立板。江苏邗江县（今扬州市邗江区）姚庄村101号墓。西汉晚期。长70厘米，宽43.5厘米，高33厘米。这件男尸的面罩内上顶和左右壁各嵌铜镜一面，直径均为9厘米。在面罩外部正上方有一正方形面板，可能隐含着"藻井"的意味（见上文图1.12）。面罩表面的褐色底上有密集的云气纹。云气纹之中掩映着真实和想象中的生物，以龙、神仙和灵芝最为普遍，这些形象令人联想起马王堆1号墓黑地彩绘棺上的图案（参照上文图1.18）

图 1.29 玉覆面。江苏徐州子房山 3 号墓。西汉。组件为不规则形状和几何形状（长方形、梯形、环形和半月形），其位置与双耳、双眼、鼻和口相应。这些组件角部有孔，以便用线与织物衬里缀连

　　面罩上镶嵌有玉和琉璃，可能与西汉为死者制作玉覆面（或称玉面罩）的做法有关，这种器物在江苏和山东都有出土。[46] 也有充分的证据表明在汉代之前就有用玉片覆盖死者面部的传统（见于陕西、山西、河南等省）。[47] 在子房山（楚国，今江苏境内）3 号墓发现的西汉玉覆面至少由 23 片玉片组成（图 1.29）。[48] 在山东双乳山村（济北国）1 号墓出土的一件覆面由 18 片玉片用丝线缀连而成。[49] 这件覆面的所有玉片都为不规则形状，像拼图一样互相拼接，组成面具覆盖住全脸，只留双眼和口，这三个地方应该另用玉件封塞（图 1.30）。[50]

　　从徐州（楚国，今江苏境内）后楼山 1 号墓出土的面罩上我们可以看到另外一种风格（图 1.31）。这件覆面由 28 件玉片用丝线缀连起来，罩在死者面部。[51] 只有显现出面部的大体轮廓被保存下来，而且这种风格的覆面与覆盖全身的玉衣可以联系起来，比如河北满城刘胜墓和窦绾

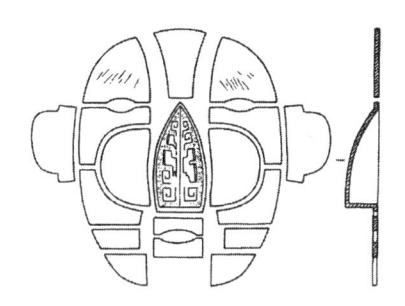

图 1.30　玉覆面。济北王刘宽（卒于公元前 87 年）墓，山东长清县（今济南长清区）双乳山 1 号墓。长 22.5 厘米，宽 24.6 厘米。其他各片均无修饰，只在鼻部有古雅的图案，可能是用汉代之前的器物改造而成的。参照彩图 15

墓所出的（见上文）。

1968 年首次发现的基本完好的玉衣，震惊世人，自那以后，很多同类器物被发现。[52] 大多数情况下，玉衣是用来装殓王及其王后的，但有时其他特定宗室成员和高级官员也获此优待，以这种非常的方式被埋葬。一般来说有玉衣的墓葬均规模宏伟——无论是大型黄肠题凑墓还是崖墓。然而在有的墓葬中，只有尸体的一部分被装殓在玉匣中（比如在

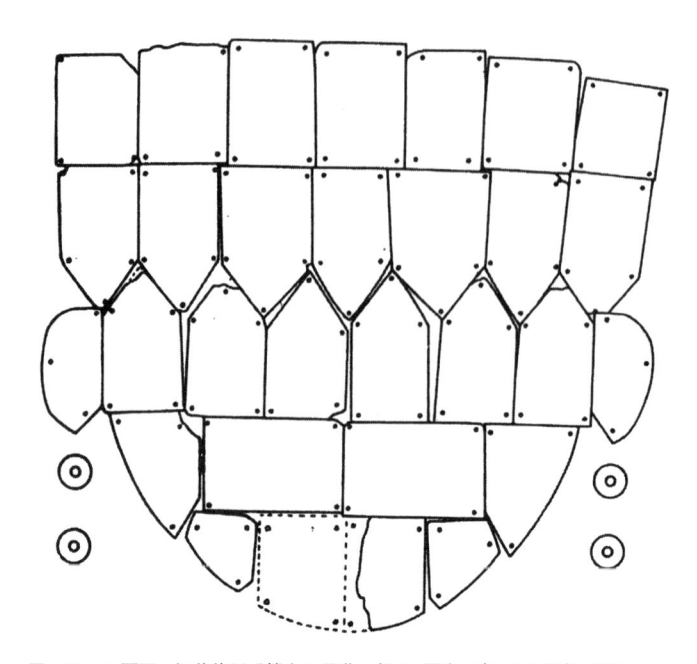

图 1.31 玉覆面。江苏徐州后楼山 1 号墓。长 23 厘米，宽 24.5 厘米。西汉

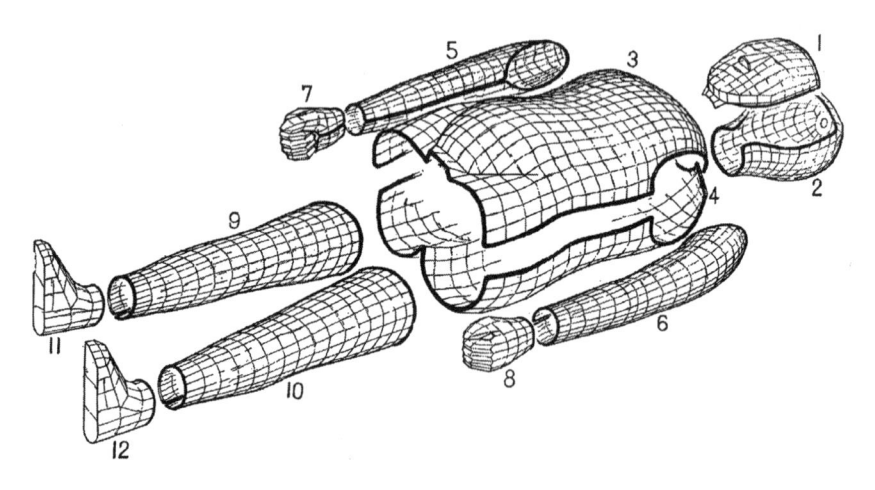

图 1.32 玉衣。河北满城 1 号墓，刘胜墓。长 1.88 米

图1.33 玉头罩（长27厘米、宽21.8厘米），手套（长14.5厘米、宽12.2厘米），脚套（长28厘米、高12.3厘米）。刘疵墓，山东临沂市洪家店。西汉早期。金线是用来缀连玉片的

洪家店，东海郡，今山东临沂市境内；图1.33），[53]考古学家现在还不太清楚社会地位、地区差异和时代的不同对部分或整体的玉衣用法有什么影响。不过，考古记录能证实的重要的一点，就是玉衣是用不同的材料——丝线、金线、银线或铜线——缀合起来的。[54]即便是在遭到盗掘的墓葬中，有时也会遗留成百上千的玉片，许多玉片上还连着线。1975年睢宁县（下邳国，今江苏境内）就发掘了这样一座墓葬。[55]这是一座东汉早期（明帝，公元57～75年在位；或章帝，公元75～88年在位）砖室墓，从中发掘出了一具大约6岁孩童的尸骨。骨架旁发现了一把铁剑，另发现了140枚有孔的玉片（大多数用铜线缀合，有5片用银钱缀合）以及类似于满城窦绾墓出土的青铜牛灯等其他器物。鉴于这些情况，考古工作者推测这个小男孩是刘氏宗亲，可能与公元72～125年在位的下邳王刘衍有关。这座墓中还发现了一件陶罐，内含三件引人注目的铅俑（图1.34）。[56]

在特别高等级的墓葬中，考古人员通常会发现其他一些小件玉器，如玉手握和窍塞、玉璧以及玉枕或镶玉枕，[57]也能见到用玉或其他宝石

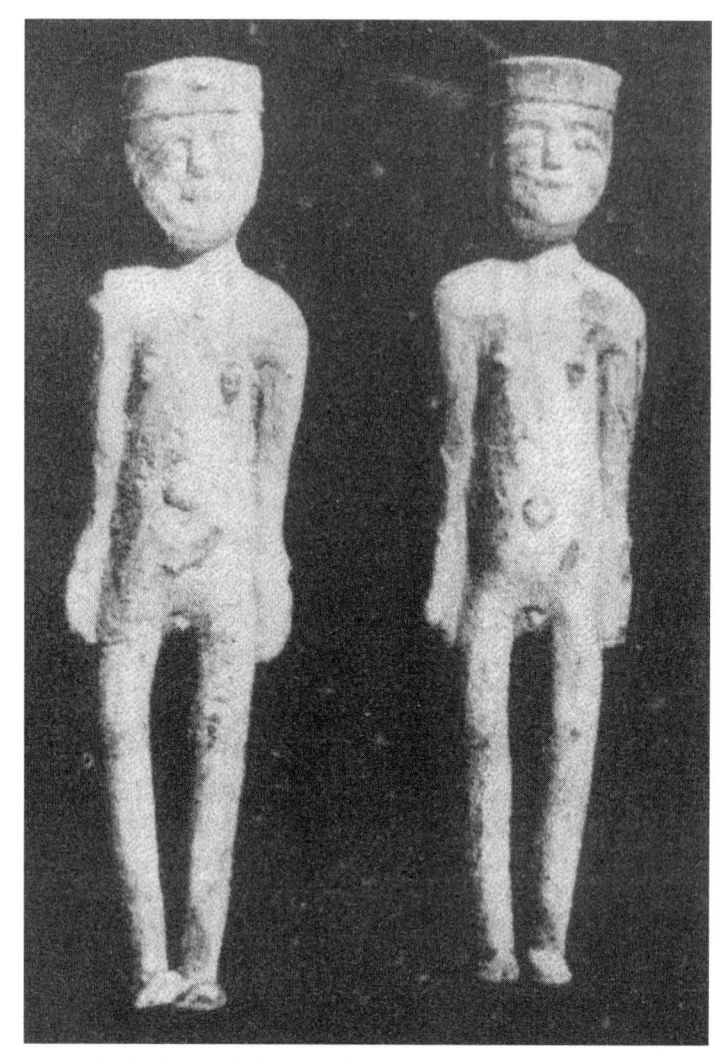

图 1.34 铅俑。发现于江苏睢宁县一座刘氏宗亲孩童墓的陶罐中。东汉早期。高 28 厘米

组件构成的组玉佩。尽管发现的组玉佩最晚到东汉,但仍以广州南越王墓出土的为最好(图 1.35)。[58] 秦汉帝王陵墓目前还没有被发掘,所以我们无法知道这种做法是否仿效自帝陵。但 2001 年西安(长安,今陕西境内)东郊一座西汉早期外戚窦氏家族墓(3 号墓)被发掘,在其中发现了大量的类似玉饰品(图 1.36)。[59]

1 汉代墓葬结构及随葬品 - 049 -

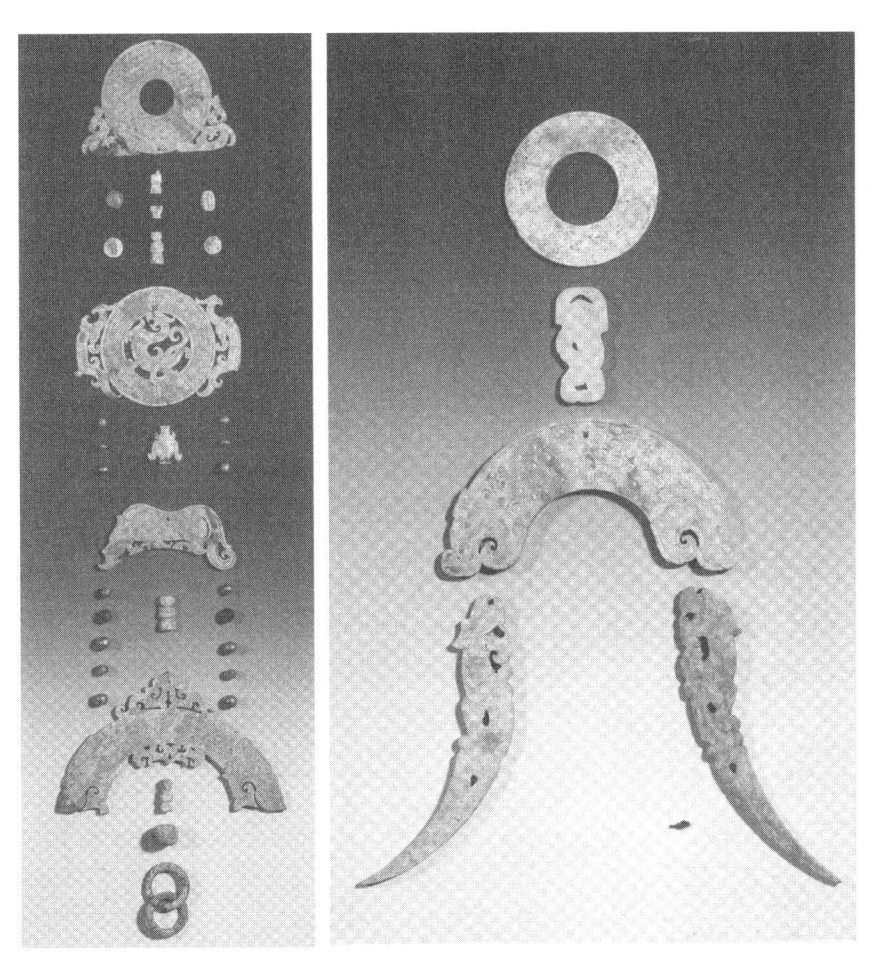

图1.35 广东广州南越王及其妃子的组玉佩。南越王的组玉佩由32个质地为玉、金、煤精和琉璃的构件组成,复原后长约60厘米。另一件组玉佩出土于东耳房北边中央部分,同出的还有一枚身份未知的妃子的印

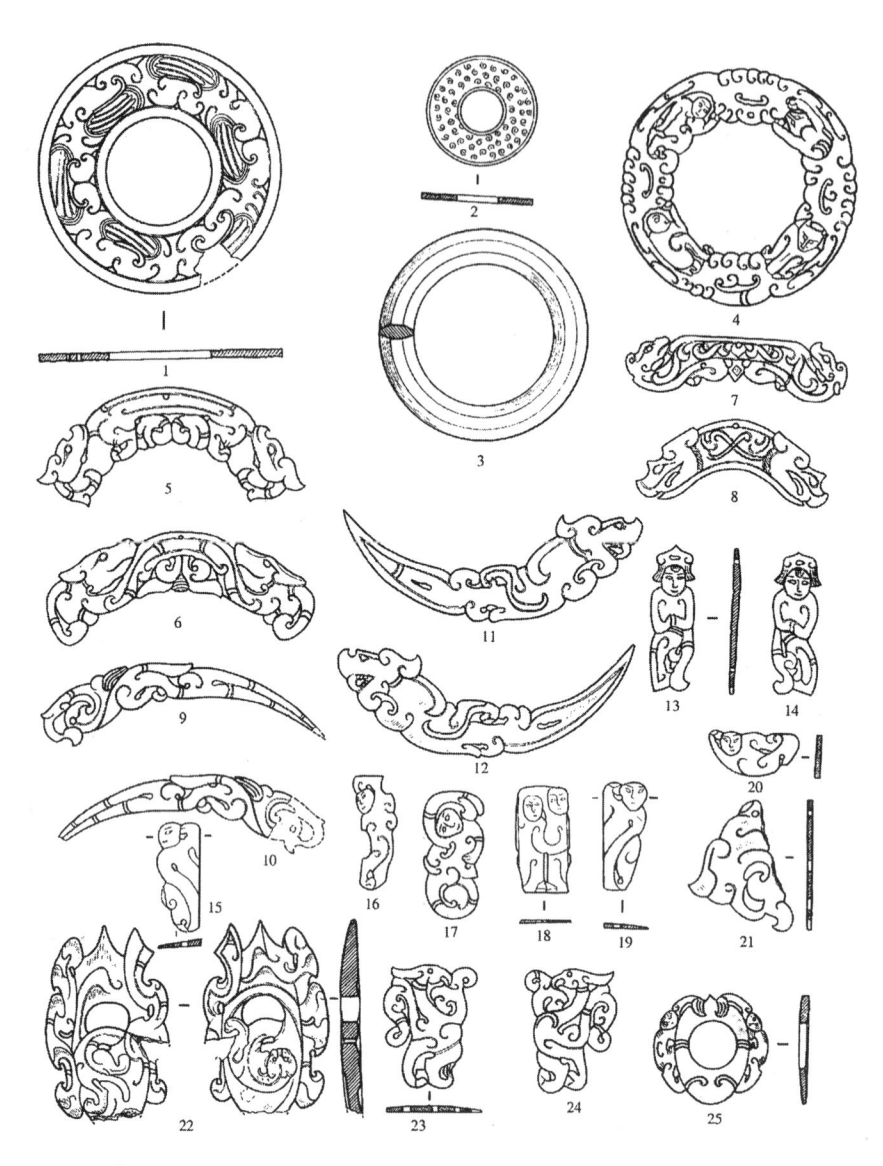

图 1.36　玉饰。发现于陕西西安东郊窦氏宗族墓 3 号墓。西汉早期。这些饰品的长度从 1.6 厘米到 7.1 厘米不等，发现于主墓室的侧室

壁饰

随着墓葬规模的增大和墓葬结构在水平方向上的延伸，古人常常会用先前在帛画和木棺上展示的图像来装饰墓壁和墓顶。考古人员在中国许多地区都发现了保存良好的墓壁和墓顶壁画，以河南省的数量最多。墓顶壁画的早期例证（图 1.37）在芒砀山的一座墓中得以发现，墓主人应该是某代梁（河南）王的妃子，墓的时代应该在景帝（公元前157～前141年在位）和武帝（公元前141～前87年在位）初年之间。[60] 墓顶壁画的主题包括方位神兽中的三个（青龙、白虎和朱雀），它们身处于交错的云纹之中。这种图案以及这样的绘画风格，让人想起马王堆1号墓的棺饰（见上文图 1.18 和 1.19）。洛阳周边的西汉晚期到东汉时期的墓葬出土了许多壁画，[61] 在辽宁、内蒙古、陕西、山西和甘肃也都发现了壁画。[62] 在本书第 2 章，毕梅雪（Pirazzoli-t'Serstevens）论述了

图 1.37 墓顶壁画。该墓位于芒砀山，墓主人据信为某代梁王的一位妃子。南北向，5.14 米 × 3.27 米，面积约 16.8 平方米。西汉。中心主题为青龙，西白虎和南朱雀也有描绘。带状编织的穿璧纹构成边框图案

洛阳东边的打虎亭和密县后士郭的几座大型东汉墓中的装饰；[63] 她注意到随着墓葬装饰的区域不同，其装饰级别也不同；还注意到所使用的材料中隐含的身份象征。她的结论是，墓葬装饰中地位最高的材料是丝质墙缦或髹过漆的木料，接下来是石雕，最后是彩画、仿石刻的砖雕或带黑白颜料的石材。

中国出版的一些图书很好地汇集了山东、江苏、安徽、浙江、陕西、山西、河南、四川等地的墓葬出土的画像石。[64] 在考古发掘中能见到墓葬内部画像石原始颜色的情况非常少见，但在神木大保当（西河郡，今陕西境内）东汉中期到晚期（公元96～170年）墓群的几座墓葬中就有发现。[65] 在这些墓葬中，用作门扉、门柱和门楣的石条上有浮雕图案，再对其施以颜色，这些图案到现在仍然色彩鲜明（图 1.38）。图案上用纤细的黑线条描画没有雕刻表面的细部，比如面部特征等。一些石材上还留下了雕刻草稿的痕迹。这样的发现提供了一种明确的可能性，那就是许多墓葬中的石刻原来可能都有颜色，只是因为保存不善而漫灭了。[66]

随葬品

关于墓葬的地理分布和类型已经有了丰富的例证，这让我们可以更好地理解随葬品变化的一般趋势和地区倾向性。此外，中国南方的许多西汉墓都出土了写在竹简或木牍上的遣册，但即使没有遣册，我们也可以清楚地看出随葬品中有一些是死者生前拥有的物品或者死后活人送的礼物，而另一些则是专门为墓葬而设计的。专为墓葬制作的器物可分为两种：一种是玉器——玉璧、组玉佩、玉覆面、玉衣，常常被放置在尸体附近或者覆盖在尸体上，从上文可以看出这与高级别的墓葬有关系；第二种被称为明器，通常是用黏土或木头制作的器物、动物和人体模型，造价较为低廉，所以在墓葬中的使用更为广泛。[67]

在死者生前拥有的物品或者死后活人送的礼物中，有些是非常普通

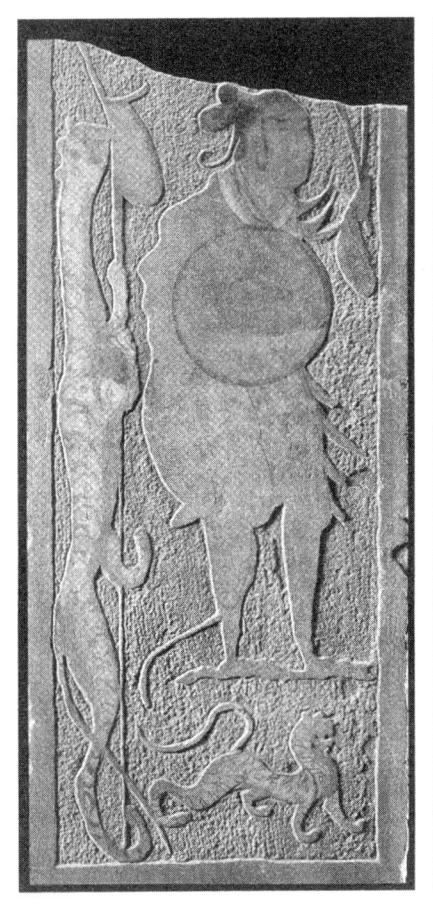

图1.38 彩绘石门柱。陕西神木大保当11号墓。东汉。左，69厘米 × 33厘米，蓐收（？）手持规，前有月轮，侧面和下面各有一虎。右，116厘米 × 33.5厘米，句芒戴冠，冠上插三根羽毛，手持矩，前有日轮，中三足乌，侧面和下面各有一龙。三足乌和兔子（或蟾蜍）分别是太阳和月亮的象征，规和矩各象征着伏羲和女娲

的日常用品，有些则是独特又制作精良的器物，为富贵人家所有。前一种包括成串的钱、度量衡器、农具、武器，有时还有铠甲；六博棋局、行乐钱和骰子也有发现。[68] 不少的墓葬还保存了写在丝帛、竹简或木牍上的文书（见下文第3章和第17章）。此外石砚、研石、笔和墨也有发现，有时候这些文具被装在装饰精美的漆盒里面（图1.39）。[69]

在汉代早期，漆器成为高等级墓葬随葬品中的新贵，其地位越来越重要。许多漆器上都写有文字，以表明是在哪里以及为谁而制作的。[70]

图 1.39 砚和研石。湖北江陵凤凰山 168 号墓

马王堆 1 号墓中共发现 184 件漆器，其中 90% 以上为饮食器。这座墓中只有一件青铜器，为一面铜镜。[71] 墓北厢中央一件屏风前放置着一套漆器，似乎正等待墓主人来使用。整套漆器包括一件漆案及其上放置的两个卮、一个耳杯、五个用来装食物的漆盘，还有一些竹签和一双筷子（图 1.40）。[72] 盘子上写有 "君幸食" 的字样，耳杯上写着 "君幸酒"。1 号墓中还有一些仿青铜器型的漆器，比如在边厢中发现的七个鼎、两个钟和四个钫（图 1.41）。整套漆器组合是墓主人身份和财富的重要象征。[73]

在马王堆 1 号墓中只有一件青铜器，这有些不太寻常，但即便在有些墓葬中发现的金属器较多一些，其质量也大大下降，与东周时期的墓葬，比如（湖北省）随县擂鼓墩曾侯乙墓等无法相提并论。[74] 从东周开始一直到汉代，墓葬中的青铜器组合有了很大变化，[75] 只有少数几种礼器器型（鼎和壶或钟）延续到了汉代。新器型出现，有些是模仿漆器而成，其他则是前代所没有的器物。然而，几座西汉早期的高等级墓葬出土了多个鼎，其数量可能标志着死者的身份，这和汉代之前一样。其中一个例子来自山东（济南章丘区洛庄），从一座墓葬的陪葬坑中出土了 19 件鼎，墓主人据信是某一代吕王，可能就是吕后的兄长吕台。[76]

满城的刘胜墓和窦绾墓更加典型，从中发现的青铜器——釜、盆、钵、杯、勺、甗、薰炉和灯 [77]——都具有实用功能而且大多数是素面

图 1.40　彩绘漆案及杯盘。马王堆 1 号墓。漆案尺寸为 60.2 厘米 × 40 厘米 × 5 厘米，盘子直径为 10.5 厘米

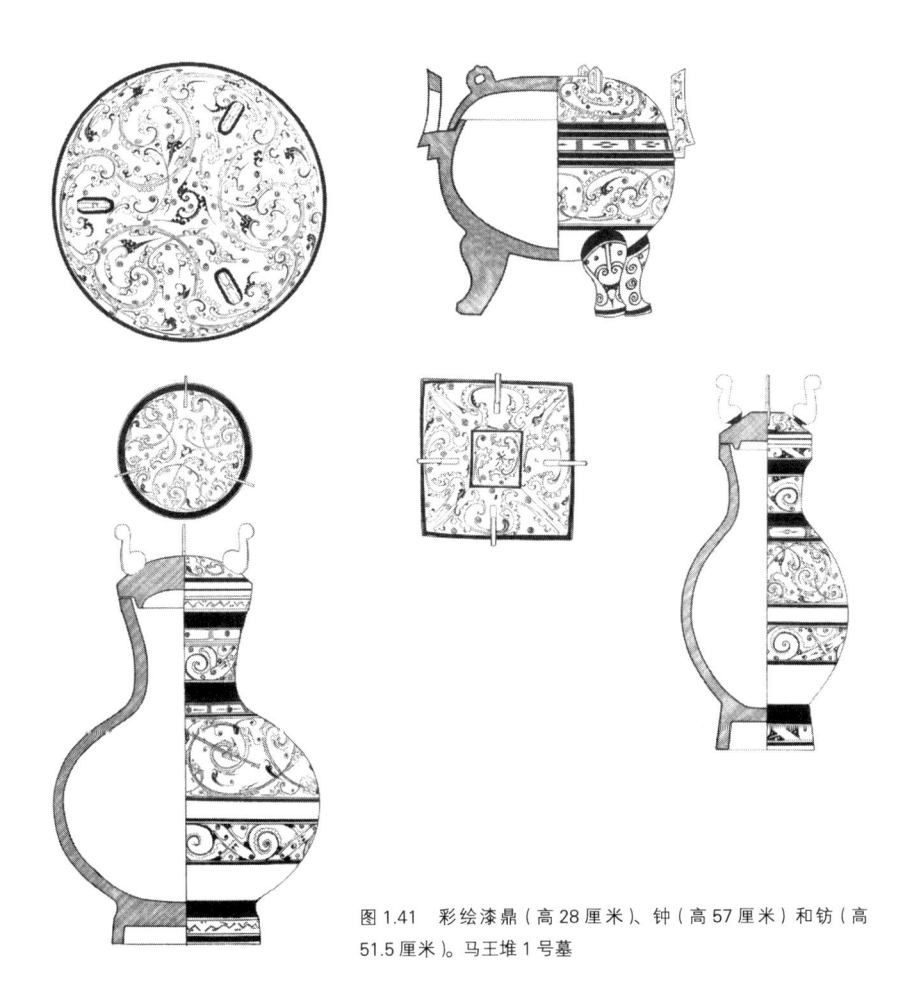

图 1.41　彩绘漆鼎（高 28 厘米）、钟（高 57 厘米）和钫（高 51.5 厘米）。马王堆 1 号墓

无纹饰的。刘胜墓仅配置了三件鼎，而窦绾墓中只有三件鼎的微缩模型（高8.2厘米），属于明器。同时，刘胜墓和窦绾墓还陈设着一些制作精美的青铜器，这些很有可能是他们生前使用之物，是他们高贵身份的象征。窦绾墓中的一件青铜灯就是一个例子，灯的样子为宫女跪坐持灯（图1.42）。灯上的一处铭文显示，这件器物原来为阳信家所有，其主人可能是公元前179年被封为阳信侯的刘揭，也可能是汉武帝的姐姐阳信长公主。[78] 刘胜的墓室里埋藏着四件装饰奢华的青铜壶，其中一件镶嵌着琉璃，上面的铭文显示它曾经是长安城长乐宫中所用之物（图1.43）。另一件饰有鎏金鎏银的蟠龙和云纹，上面的铭文说明其为楚国官府的一件酒器（"楚大官糟"，图1.44）。另外两件壶上用金银错出怪兽图案，上面的铭文为鸟篆（图1.45和1.46）。这些铭文没有反映出这些壶是为谁或者是为哪个官殿所制作的。[79]

刘胜和窦绾的墓中分别陈设着另外一种精美的青铜器，一种炉盖作博山状的熏炉，被称为博山炉。最早陈设这种熏炉的墓葬可以追溯到汉武帝时期，从那以后，博山炉在贵族墓中变得非常盛行，在整个东汉时期，陶制的这种熏炉的分布范围更大。[80] 窦绾墓中的博山炉发现于中室门道左侧，而刘胜墓中的那件——被很多人认为是西汉时期制作的最为精美的工艺品——发现于后室的侧室（图1.47和1.48）。只有汉武帝茂陵陵区一座墓葬的陪葬坑中所出的一件博山炉，在工艺水平上能与这件相媲美（图1.49）。[81] 这件鎏金鎏银铜熏炉坐于一个呈竹节状的长柄之上。盖上和圈足上的铭文标明了制作（公元前137年）和运输（公元前136年）的时间、重量，[82] 以及最初是未央宫中之物的信息。

一些汉代墓葬也出土了汉代之前以及来自异域或具有异域风格的器物。[83] 比如，西安东郊的一座西汉墓就出土了四件西周晚期的青铜器盨和一件甬钟，发掘人员认为甬钟的年代为春秋晚期或战国早期（图1.50）。[84] 其他的发现还包括一件鎏金青铜博山炉、两件铜祖和两件鎏金铜牌饰。这种带有熊捕食马图像的牌饰与鄂尔多斯地区有关，但相似的器物在整个汉朝范围内的一些墓葬中都有发现（图1.51）。[85] 这样的器物

1 汉代墓葬结构及随葬品 - 057 -

图 1.42 鎏金青铜灯。河北满城 2 号墓，窦绾墓。人物高 45.5 厘米。根据上面的铭文，这件灯具原先是窦太后（窦猗房，卒于公元前 135 年）长信宫中所用之物，后来大概作为礼物送给了窦绾。这件青铜灯的来历反映了奢侈器物的流转情况

图 1.43 镶嵌有琉璃的青铜壶。河北满城 1 号墓，刘胜墓，器皿高 45 厘米

图 1.44　鎏金鎏银蟠龙云纹青铜壶。河北满城 1 号墓，刘胜墓。高 59.5 厘米

图 1.45 错金银青铜壶。河北满城 1 号墓，刘胜墓。高 44.2 厘米。刘胜墓中还有一件（图 1.46），除了图 1.46 中那件少了最后四个字以外，两件的铭文一样。这些铭文体现了当时追求长寿和享乐的风尚：

盖圜四符
牺尊成壶
盛兄盛味
于心佳都
掮于口味
充闰血肤
延寿去病
万年有余

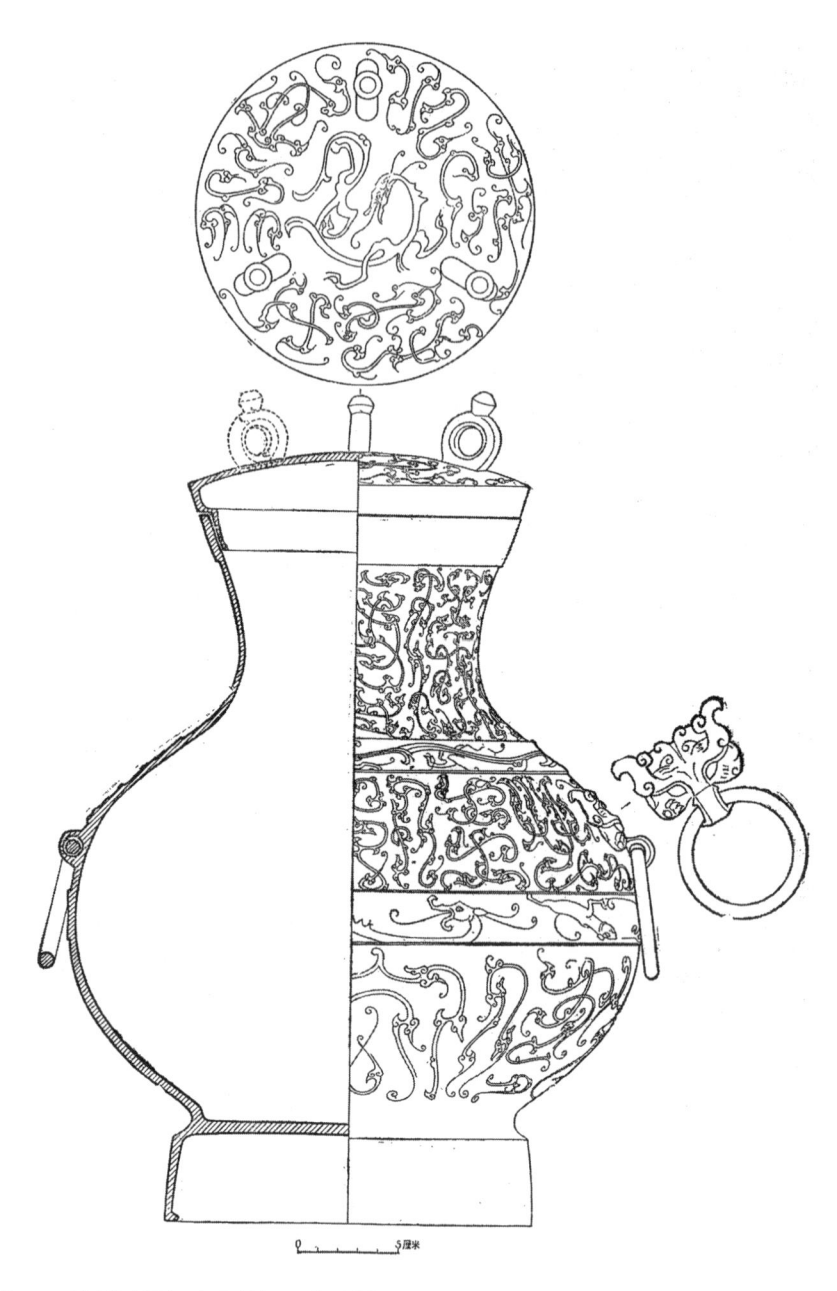

图 1.46 错金银青铜壶。河北满城 1 号墓，刘胜墓。高 40 厘米

图 1.47 青铜博山炉。河北满城 2 号墓，窦绾墓。在炉盖的博山上，有人兽相斗和动物互搏的形象。盖的下层内容为南方朱雀、西方白虎、东方青龙以及一只骆驼（代表北方？）。高 32.4 厘米

图 1.48 错金银青铜博山炉。河北满城 1 号墓，刘胜墓。这件铜薰炉用失蜡（*cire perdu*）法制作而成，虽说是件器皿，但更像是一件雕塑作品。炉盖上依山势而镂孔，山峦间神兽和人物出没，炉盘与炉盖的交界处隐蔽在不规则的波浪纹中。高 26 厘米

1　汉代墓葬结构及随葬品 - 063 -

图 1.49　鎏金鎏银青铜博山炉，出土于陕西汉武帝（公元前 140～前 87 年在位）茂陵陵区一座墓葬的陪葬坑。高 58 厘米

- 064 - 中华早期帝国

图 1.50 出土于陕西西安东郊一座墓中的西周青铜簋及其铭文拓片。口横 24.8 厘米。墓中出土的一枚银印证明死者名叫王许

图 1.51 鎏金铜牌饰,上有熊捕食马的图案,出土于陕西西安东郊一座墓葬。西汉。长 11.2 厘米

证实了汉朝与北方地区的联系，此外，它们应该和被发现的古代礼器一样，对其主人有特殊的意义或者证明了他们的地位。

墓中出现的乐器是墓主人尊贵身份的另外一个标志，和上面说到的列鼎一样，这也是从汉代之前延续下来的做法。考古工作者发掘了山东洛庄墓（见上文）旁边的一些陪葬坑，值得注意的是陪葬坑 K14，其中有超过 140 件乐器（图 1.52）。[86] 广东南越王（赵胡或赵眜，卒于公元前 122 年？）墓中出土的乐器也很丰富，乐器旁还有一具人的骨骸，应该是一名乐人。[87] 其他西汉墓中只有陶制的明器钟、磬、琴等，后来到了新朝和东汉时期，一些墓的壁画上有了描绘音乐表演的内容。[88]

一些高级别墓葬中存在殉葬现象——有不少是用人殉，更多的是用动物。[89] 洛庄汉墓陪葬坑中埋有多种动物：[90] 陪葬坑 K9 中有 7 匹马和 10 只犬；K34 中有 110 具猪、羊、兔、狗的骨骸；K11 中有 3 乘与实物同等大小的车，每车驷马。在河北满城刘胜的崖墓里有 6 乘车、16 匹马、11 只狗和 1 只鹿的残骸。[91] 山东和河北墓中的殉葬物看上去是在仿效皇家的做法。秦始皇帝陵区内有一些埋葬了很多动物的陪葬坑。汉昭帝（公元前 87～前 74 年在位）陪葬坑中的动物有骆驼、牛和马。[92]

小型的人俑（俑葬）和动物塑像以及各种日常用品模型的制作则要普遍得多。陶和木是首选材质，这与汉代之前的楚墓是一样的，但在某些场合下也会用到石材。明器的种类在西汉初期相当有限，在东汉迅速增加。马王堆 1 号墓（晚于公元前 168 年）中有几种明器，包括彩绘陶器，用来替代更为昂贵的漆器。钱币和金块的复制品是用黏土制作而成——40 筐泥半两钱，每筐 2500～3000 枚，以及 300 块其上刻有"郢称"的所谓"金"版。[93] 考古发掘人员还发现了用木仿制的 8 根象牙（长 25～38 厘米）、13 根犀角（长 15～19 厘米）、32 件玉璧（直径 15.4～31.5 厘米）和 162 件木俑。[94]

马王堆 1 号墓中出土的俑在尺寸和精美程度上差别很大。[95] 两件非常大的男俑（高 79 厘米和 84.5 厘米）和 10 件女俑（高 69～78 厘米）头部刻画细致，但穿有丝质衣服的躯干被制作得较为粗略。最大的男俑

图 1.52 陪葬坑 K14 局部和一件钮钟的细部。高 27.5 厘米，发现于山东洛庄吕王（吕台，卒于公元前 186 年？）墓陪葬坑。该陪葬坑的北部角落有 7 件瑟的残迹。在陪葬坑中央发现了打击乐器，包括一件建鼓；一组悬挂在架子上的乐器，包括錞于（高 49.1 厘米）、钲（高 30.2 厘米）、铃（高 7.5 厘米）等。在坑的南部发现了一组编钟（5 件甬钟和 14 件钮钟），六组编磬（四组 20 件的、一组 41 件的、一组 13 件的），8 件系在绳上的铜铃铛以及 8 件瑟钥。在坑中央还发现了代表乐人的 24 个木俑

戴着精美的冠，脚底刻有"冠人"两字（图 1.53）。另外一组 8 件坐着和站立的歌舞俑大多数只有身着丝质衣服俑一半高（高 32.5～49 厘米），最初也穿有衣服，但有 5 件乐人身上带有图案的衣服是用颜料画上去的（图 1.54）。俑中数量最多的 101 件立俑很可能代表着家里的杂役奴婢，

图 1.53　刻有"冠人"的穿罗绮袍木俑。马王堆 1 号墓。高 79 厘米

图1.54 彩绘木乐人及其乐器，出土于马王堆1号墓。高32.5～38厘米。墓里所有俑中，唯有这些乐人的手制作细致，手臂从躯体分离并伸出。他们所使用的乐器也是木制的微缩模型

身上用彩绘表现出衣服的样式和花纹。最后这一群俑中有一些被制作得很精细，其他的则很平，像木片一样（图1.55）。此外，1号墓中还有36件相当小的俑，制作粗糙（图1.56）。在第三层（红色）棺和最里面的棺之间间隔的东、西、南三面发现了三件丝麻衣小木俑。在内棺足部①，另外有33件桃木俑（可能是因为桃木有辟邪功能），乍看上去像是编结在一起的木简，眼和口用墨点出。这种制作粗糙的木俑可能与楚地葬俗有关。（见 WW 2007.9, 88–92。）

西汉其他墓葬在随葬品上表现出不同的偏好。绵阳（广汉郡，今四川境内）双包山一座公元前118年以前的木椁墓中有300件陶器，1件原始瓷器，500多件漆器，300多件木器，20件铁器，青铜器、玉器、骨器等10余件，还有木质和陶质的明器；[96] 另有3件陶俑，以黑漆髹发，

---

① 据《长沙马王堆一号汉墓》，应该在内棺盖板上帛画的右下方。

1 汉代墓葬结构及随葬品 - 069 -

图 1.55 彩绘木俑。马王堆 1 号墓。高 46.5 厘米

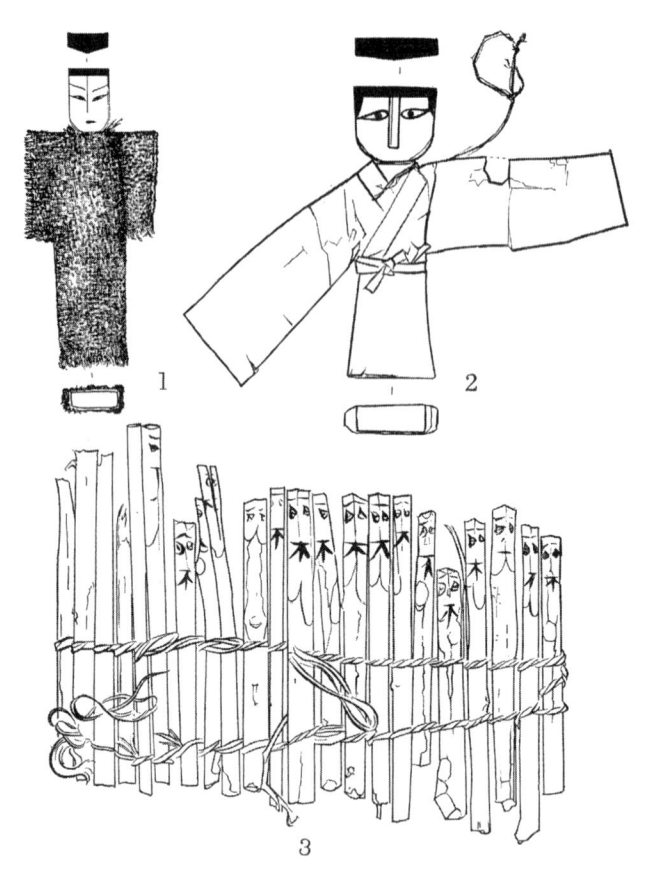

图1.56 着丝麻衣木俑（左，高11厘米；右，高12厘米）和一组桃木俑（高8～12厘米，宽2.5厘米，厚1厘米）。马王堆1号墓

以及陶制的7件钮钟和5件编磬（图1.57）。在众多木胎漆器中还有100匹马、20乘车和1件（迄今为止独一无二）身上绘有数道红色线条的漆雕木人，红线应该代表着人的经脉，与医术和保健锻炼有关（见下文图15.2）。[97] 绵阳出土的木器包括56件立俑（高35～54厘米）、11件用于安插在固定物上的插俑（高37～41.5厘米）、23件跪坐俑（高27厘米）、37件双腿弯曲的骑马俑、29件牛（高24厘米）、2件井和1件灶（图1.58）。墓中还有9件长方形玉片，玉片四角有孔，孔里留有银丝，这说明墓里曾经有玉衣，可能是全身的，也可能是局部的。[98]

1 汉代墓葬结构及随葬品 - 071 -

图 1.57 彩绘陶俑（公元前 118 年之前）。四川绵阳永兴双包山 2 号墓。高 37.5 厘米

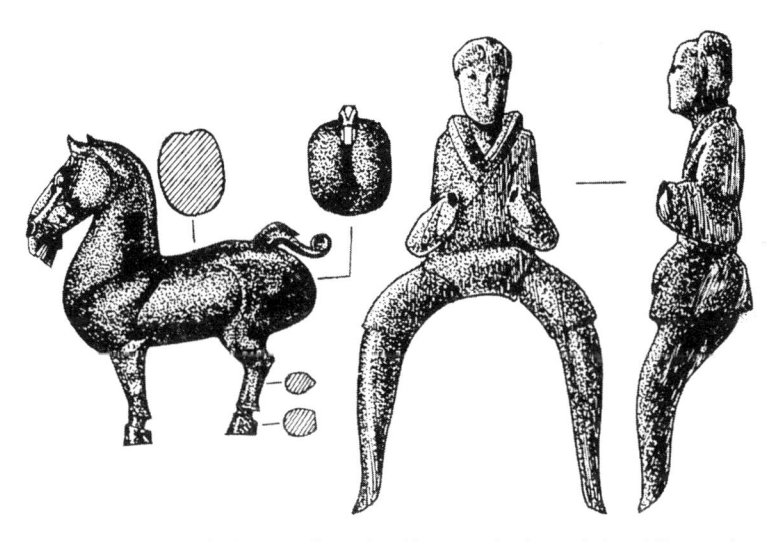

图 1.58 木马和弓形腿骑马俑（公元前 118 年之前）。四川绵阳永兴双包山 2 号墓。马：高 72 厘米；骑兵：高 50 厘米

江苏北洞山崖墓的时代大致相当，墓中有422件俑，全部为陶制，[99] 包括3件乐俑、61件男侍立俑（高50～54厘米）、136件女侍立俑（高29～51厘米）以及222件仪卫俑。许多俑身上还保留着表现人物面部特征和穿着的细致彩绘。俑表面另外涂有颜料，用来代表悬挂着印章的绶带，印文表明了他们的身份，比如"郎中"（图1.59）。

这里所讨论的高等级墓葬中的俑，在尺寸和类型方面都和帝王陵墓中所发现的类似，汉景帝（公元前157～前141年在位）的阳陵（今陕西境内）就是一个例子（图1.60）。[100] 然而不同寻常的是，在阳陵附近丛葬坑中发现的陶立俑，不管男女都有着逼真的生殖器官。此前所有的这种俑都发现于西汉都城周边帝陵的陪葬坑中或者相关作坊或窑址中，直到最近才在河南芒砀山柿园的一座墓中发现了非常相像的俑，墓的主人应该是某一代梁王的妃子。[101] 在该墓的墓道中发现了4件女立俑和40件男骑马俑（图1.61）。[102] 这些骑马俑与在阳陵所发现的相似，但没有生殖器官。这种俑出乎意料地出现在帝陵之外，目前还没有合理的解释。

汉朝其他地区的墓葬明显存在截然不同的俑的用法。在河南郑州和洛阳地区的一些西汉早期墓葬中，显然用俑头来代表整个人。[103] 洛阳的一座砖墓中有几件俑的肩部以下被截去而形成半胸像，不仅如此，还有一些单独的俑头，它们并没有配套的俑身（图1.62）。随葬品中有时还用马的头和脖子来代表整匹马（高8～8.4厘米）。[104] 但在四川东汉时期的墓葬中，不管是从陶俑还是石俑身上，我们都可以看到另外一些尺寸和风格上的特别之处。这些俑通常都很高大，体形丰满、表情欢悦，与其他地区的颇为不同（图1.63）。从高度上来说，截至目前在四川出土的俑或者就这一点来说在所有汉墓中出土的俑，都不能和秦始皇帝陵陪葬坑中的俑相比，后者的俑与真人同大，包括几千件兵俑和最近发现的较为少见的种类（图1.64）。

整个汉代，特别是在东汉时期，越来越多居家生活中的器物被仿制成墓葬中的明器，其中有微缩的灶、圈栏、仓、望楼，还有与原物同大

图 1.59 带有"郎中"印文的彩绘男陶俑,出土于江苏徐州附近北洞山崖墓(约公元前 128 年)墓道中段西边第 2 龛。高 50.4 厘米。俑没有配备微缩兵器,而是在身上画出一把剑的样子,背后有一只箭箙

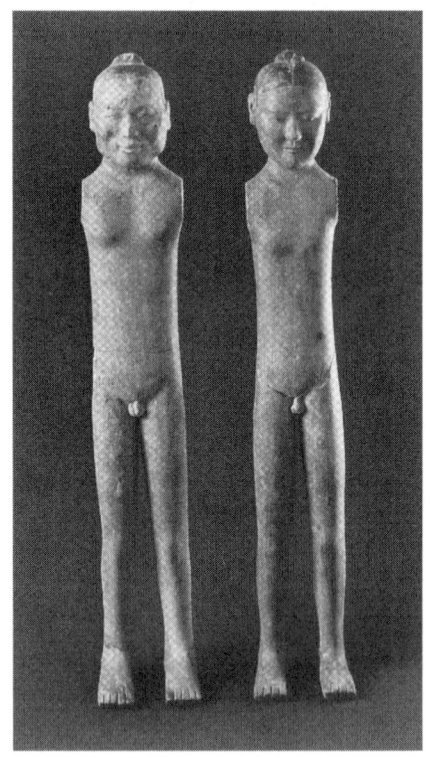

图 1.60 彩绘陶立俑（高 59 厘米）以及骑兵俑出土原状。陕西汉景帝（公元前 157～前 141 年在位）阳陵丛葬坑出土。俑身上的衣物铠甲以及他们的木质兵器已腐朽不存

1 汉代墓葬结构及随葬品 - 075 -

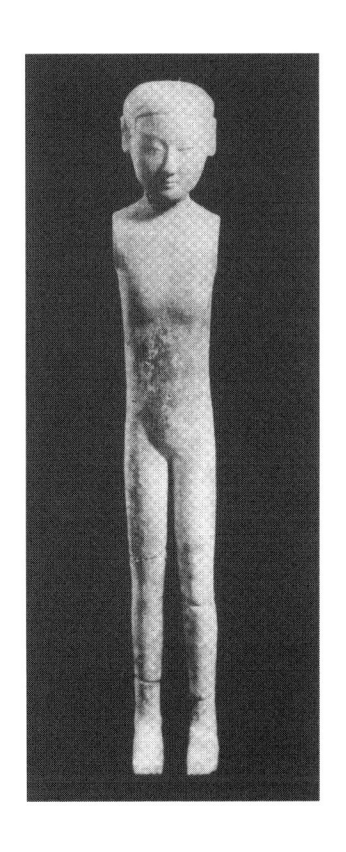

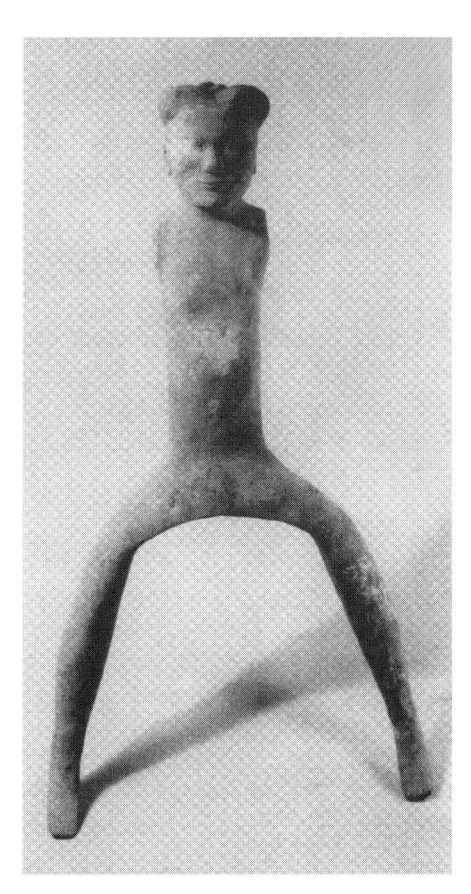

图 1.61 陶女立俑（高 53 厘米）和男弓形腿骑士俑（高 51 厘米）。出土于某代梁王妃子之墓的墓道内。河南芒砀山柿园墓

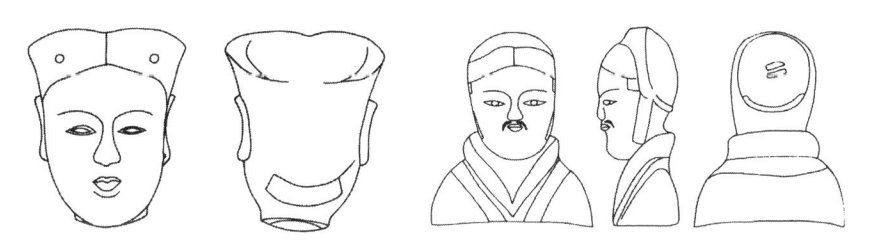

图 1.62 彩绘女陶俑头（高 14.8 厘米）和男半身俑（高 10.5 厘米），出土于河南洛阳东郊一座空心砖墓（C8M574）。西汉早期。请注意女俑在脖颈本该延伸之处的平面

图 1.63 持箕持锸男性陶俑,发现于一座崖墓。四川新都县(今成都市新都区)马家山二号墓。东汉。高 106 厘米

的灯具。(关于密县后士郭 1 号墓出土的仓,见下文图 2.15。)¹⁰⁵ 这时的明器中没有马,而有家畜和宠物,特别是狗。有些工艺品被置于墓葬的场合就比较令人费解。在中国西南地区,特别是四川,一些东汉墓中陈设着一种物品,考古人员称之为"钱树"或"摇钱树",这种器物在活人世界里明显没有什么实际的功能(图 1.65)。¹⁰⁶ 摇钱树的树枝和树尖装饰着墓葬中常见的形象(神、诸如西王母之类的仙人以及其他祥瑞

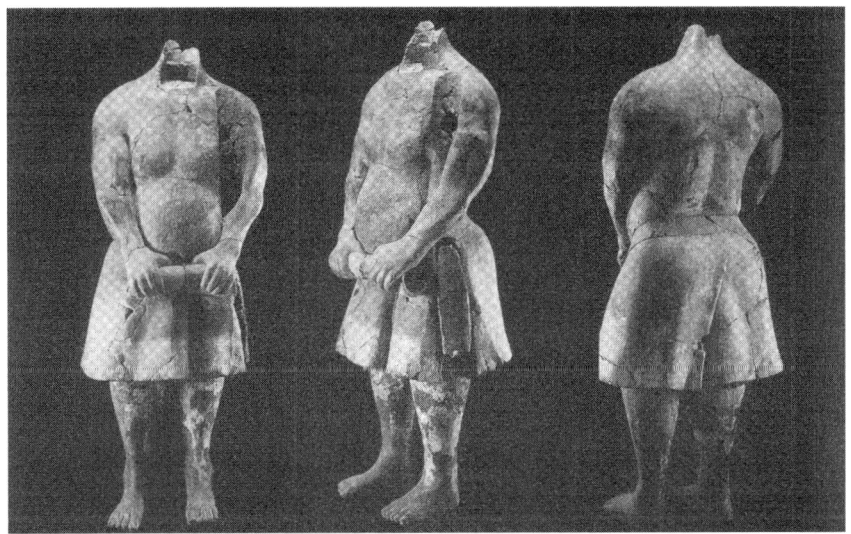

图 1.64 陶俑（上：高 180 厘米；下：高 172 厘米）。陕西临潼秦始皇帝陵东南，内城和外城之间，陪葬坑 K9901

图 1.65 青铜摇钱树（高90厘米），带陶底座（高45.3厘米），出土于四川彭山县（今眉山市彭山区）双江乡一座东汉崖墓。铸铜，结构为树枝悬挂着钱币。摇钱树直立于石质或陶质底座上

图 1.66 摇钱树树干局部（长76厘米），上有佛像（高6.5厘米），出土于四川绵阳何家山1号崖墓。东汉

动物），正像在彭山县（犍为郡，今四川境内，眉山市彭山区；图 1.65，细部）双江乡的一座崖墓中所见到的一样。"摇钱树"不见于任何汉代文献的记载，但其结构和所选图案与"神树"相似，根据《山海经》和《淮南子》，神树是通往高于人间所在的通道。[107] 一些摇钱树上有一种形象，经辨认为佛像（图 1.66），这也很有意思。正如下文第 18 章中所说（见图 18.1a），古人选择这种形象是因为它是力量的象征，并不是为了表现对佛教的笃信。

还有另外一些象征力量的器物与此相关：陕西和河北的几处西汉墓葬出土了几件金属阳具，我们现在还不清楚这些器具是专为墓葬准备的还是曾为活人所用。比如，在满城刘胜崖墓中室里发现了两件"V"形的青铜器具，器具的两头为阴茎的形状（图 1.67）。[108] 刘胜墓中还出土了一件已残的银祖（长 16.5 厘米），考古报告形容其中空，根部有套环。[109] 此外，还发现了管状的骨质器具，可以套在阴茎上，中国的考古工作者推测这些是为了增强女性的性快感。无论怎样，这些器具都让人想起了

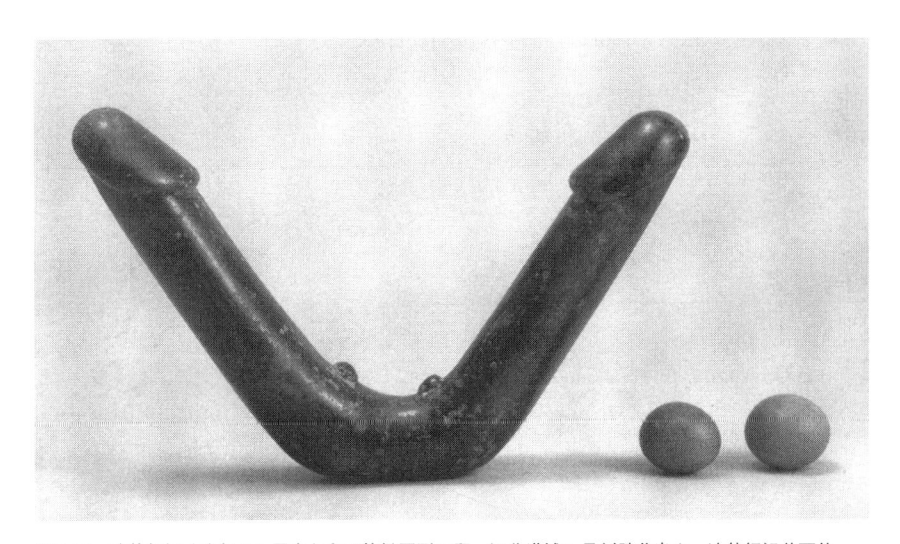

图 1.67　连体铜祖（直径 2.3 厘米）和两枚椭圆形石卵。河北满城 1 号刘胜墓出土。连体铜祖共两件，一件在中室中部，图中这件在同一墓室右侧前部，与两枚椭圆形石卵被放在一起。另有一件单体的银祖（长 16.5 厘米），中空，根部有套环，出土时已残，发现于墓中室，发掘报告并没有说明其具体位置。在陕西西安郊区也发现了一些青铜祖

在其他东汉墓葬中发现的一些两性相拥或者交媾的形象。山东安丘（北海国？）东汉晚期墓中发现的两根柱子就是一例，柱子上的装饰为交错的人物（穿衣或者可能是裸体）和动物，其中有些似乎正在性交。[110] 在四川发现的形象更加露骨，出现在新龙乡（广汉郡，今成都市新都区）出土的批量生产的墓砖上，也出现在三台县柏林坡公元2世纪早期的1号崖墓壁画上（见图10.8c）。[111] 除了模糊地指向繁殖能力和健康（见下文第15章），目前还没能对这些物品的作用——特别是那些四川画像砖上的滑稽场景——提出令人信服的解释。

通过上面的讨论我们可以清楚看出，汉代的墓葬作为死者的驿站，吸纳了地上世界的元素——不光是活人所用的建筑方位，还有许多日常生活中的器物。一些陪葬品，比如玉衣、玉面罩等，却被严格地用于墓葬。墓葬中的各式随葬品——有一些明显是地位的象征，其他的则可能与死者的特殊选择和爱好有关——都可以归为几个基本的类型，尽管有些器物看上去比较独特。观念上和实际中的限制当然会影响到墓葬的建筑结构、布局和陈设，而物品保留难易程度的不同以及无孔不入的盗墓贼会妨碍我们获取足够的信息，从而无法对早期丧葬习俗提出合理猜测。以上这些对于墓葬及随葬品的观点尽管是模糊和有瑕疵的，却能让我们理解准备死者后事的种种方式，而后事被当作生前生活的延伸。

注释

1　Liu Qingzhu, "Qin Han kaoguxue wushi nian" (1999), 807.
2　关于砖的制作，见 Kerr and Wood, *SCC*, Vol. 5: *Chemistry and Chemical Technology*, Part 12: *Ceramic Technology* (2004), 415–23。关于古代中国铁的生产的综合考察，见 Bai Yunxiang, *Xian Qin Liang Han tieqi de kaogu xue yanjiu* (2005)。
3　关于汉代以前及汉代儿童瓮棺葬的情况，见 Bai Yunxiang, "Zhanguo Qin Han shiqi weng guanzang yanjiu" (2001), 305–34（英文节略版见 *Chinese Archaeology* 2 [2002], 33–9）。
4　*Changsha Mawangdui yihao Han mu* (1973), Vol. 1, 3–5（以下作 *Mawangdui yihao*）。

5 当时单字的人名少见，因而采用此说。（然而汉时单字人名并不少见，且确有单字名和复字名的变化，可能作者理解有误。——编者注）

6 WW 1980.3, 1-10, Fig. 1.

7 *Beijing Dabaotai Han mu* (1989), Figs. 9, 13.

8 关于在北京附近发现的可能是公元前 117～前 80 年燕王刘旦王后墓中的这种结构，见 *2000 Zhongguo zhongyao kaogu faxian*, 72-7。关于墓主人面部特征的重建和 DNA 分析，见 *WW* 2004.8, 81-6, 87-90, 91-6。

9 WW 1999.12, 4-18, Figs. 3, 5.

10 见 *WW* 1997.2, 4-21 and 26-43; and 1973.4, 21-35。

11 截至 20 世纪 90 年代中期这种墓葬的列举情况，见 Huang Zhanyue, "Handai zhuhou wang mu lunshu" (1998)。关于徐州楚王崖墓的时代排列顺序，见 Liang Yong, "Cong Xi Han Chu wang mu de jianzhu jiegou kan Chu wang mu de pailie shunxu" (2001)。

12 关于这种观念，见 Rawson, "The Eternal Palaces of the Western Han: a new view of the universe" (1999); Thorp, "Mountain Tombs and Jade Burial Suits: preparations for eternity in the Western Han" (1991); and Thorp, "The Qin and Han Imperial Tombs and the Development of Mortuary Architecture" (1987)。

13 *Mancheng Han mu fajue baogao* (1980)（以下作 *Mancheng*）。

14 *WW* 1972.5, 39-54, Figs. 1, 2 (tombs 2-5); and *KG* 1997.3, 193-201, and 218, Fig. 2. 另见 Beningson, "The spiritual geography of Han dynasty tombs" (2005)。

15 在徐州进行的考古工作将会为这种类型的墓葬提供更多的实例。狮子山的第二座大型崖墓还未被发掘。2003 年在狮子山以东的翠屏山发现了一座西汉早期崖墓，为竖穴墓，由两层石块垒砌的墓垣包围，表现出了对崖墓基本结构的改进。在这座墓中发现了一枚玉印，印文中有"刘治"的字样（见 *KG* 2008.9.779-792, "Jiangsu Xuzhou shi Cuiping shan Xi Han Liu Zhi mu fajue jianbao"）。

16 *Xuzhou Beidongshan Xi Han Chu wang mu* (2003)（以下作 *Xuzhou Beidongshan*）; *WW* 1988. 2, 2-18, 68, Figs. 37-8; Li Yinde, "The 'Underground Palace' of a Chu Prince at Beidongshan" (1990)。

17 *Mangdangshan Xi Han Liang wang mudi* (2001)（以下作 *Mangdang*）。

18 Zhao Zhiwen and Jia Lianmin, "Yongcheng Bao'an shan er hao mu wenzi shixi" (1999)。

19 *Huaxia kaogu* 1998.4, 34-40.

20 *Yongcheng Xi Han Liang guo wangling yu qinyuan* (1996); and Han Weilong and Zhang Zhiqing, "Yongcheng Xi Han Liang guo wangling lingqin jianzhu shi xi" (1999)。

21 关于东汉晚期洛阳西边一组类似的墓园建筑，见 *KGXB* 1993.3, 351-80。关于河北抚宁邴各庄汉墓地上建筑的情况，见 *Wenwu chunqiu* 1997.3, 27-34, 45。

22 Luo Erhu, "Sichuan yamu de chubu yanjiu" (1988)。另见 Zhou Junqi, "Lun Leshan shi Dong Han yamu de yanjiu" (1997)。

23 Luo Erhu, "Santai xian Qijiang yamu chubao" (1988a); Sun Hua, "Santai Qijiang yamu suojian Handai jianzhu xingxiang shulüe" (1991); Zhong Zhi, "Sichuan Santai

Qijiang yamu qun 2000 niandu qingli jianbao" (2002); Erickson, "Eastern Han Dynasty Cliff Tombs of Santai xian, Sichuan Province" (2003).

24　见 *WW* 2005.9, 14–35, Figs. 12–30。关于中江县一座壮观的东汉中晚期崖墓的情况，见 *WW* 2004.9, 4–33。

25　关于早期楚艺术，见 So, "Chu art: link between the old and new" (1999), 40–6; and Salmony, *Antler and Tongue: An Essay on Ancient Chinese Symbolism and Its Implications* (1954)。关于 1993 年的发现，见 Qiu Donglian, "Changsha Xi Han 'Yu Yang' wanghou mu 'ouren' ji xiangguan wenti" (1996) Fig. 1; Song Shaohua, "San ci bei dao, you you jingren faxian de wanghou mu – Changsha Yu Yang mu de faxian yu fajue" (2002)。关于在广州南越王宫（西汉早期）发现的类似风格的铜偶人（高 13 厘米），见 *WW* 2000.9, 4–24, Fig.28。最后，关于其他保存状况不佳的偶人，见 *WW* 1979.3, 1–16; *KGXB* 1981.1,111–30。关于这些黄肠题凑墓的年代（可能是西汉早期），见 Song Shaohua, "Lüelun Changsha Xiangbizui yihao Han mu Doubishan Cao Zhuan mu de niandai" (1985)。宋少华认为渔阳王后是一位汉朝宗室之女，嫁给了长沙王吴芮（卒于公元前 202 年或前 201 年）或其子孙，时间在公元前 157 年长沙国灭亡前。但两位编者均找不到"渔阳"是其封邑的任何证据。

26　He Jiejun, ed., *Changsha Mawangdui er, sanhao Han mu* (2004), Plates 3.2, 4.1–4.2, 15.

27　彩色插图见 Fu Juyou and Chen Songchang, *Mawangdui Han mu wenwu* (1992), 35，此处将该画（长 43.5 厘米，宽 45 厘米）称作"社神图"。另见 *CHOAC* 870–1，书中把图中的形象识别为特定的神祇，其中包括太一。

28　*Chengdu kaogu faxian* (2002), Fig. 13. 关于另外一件类似的人兽混合形象的俑，见 Yang Xiangmi, "Luquan shi faxian Dong Han shi diao" (1999)。

29　*KGYWW* 1997.2, 1–7, Figs. 2.9, 4. 其他例证见 *Wenbo* 1997.6, 3–39, Fig. 6.10; Wang Guangyong, "Baoji shi Han mu faxian Guanghe yu Yongyuan nianjian zhushu taoqi" (1981)。

30　*Huaxia kaogu* 1987.2, 96–159, 223, Fig. 16.1.

31　*Mancheng*, Fig. 159. 考古人员在徐州狮子山另发现了一件镶有玉器的棺，见 Li Chunlei, "Jiangsu Xuzhou Shizishan Chu wang ling chutu xiang yu qiguan de tuili fuyuan yanjiu" (1999)。

32　*Xuzhou Beidongshan*, 102, Fig. 85 and Plate 43.

33　*KG* 1998.12, 1133–42; and Pirazzoli-t'Serstevens, "Sichuan in the Warring States and Han Periods" (2001).

34　见 Luo Erhu, *Handai huaxiang shiguan* (2002); and Gao Wen and Gao Chenggang, *Zhongguo huaxiang shiguan yishu* (1996)。

35　*WW* 1998.12, 17–25, 图 20 及封三彩图；*WW* 1977.11, 24–7 卷首插画和彩图 1；Liu Jiaji and Liu Bingsen, "Jinqueshan Xi Han bohua linmo hou gan" (1977)。

36　不同的解读见 Loewe, *Ways to Paradise: The Chinese Quest for Immortality* (1979),17–59, and Wu Hung, "Art in a Ritual Context: rethinking Mawangdui" (1992)。

37　*Mawangdui yihao*, Vol. 2, Plates 67–70; and *WW* 1975.9, 1–8, 22, Fig. 5.

38　有报告称发现了一枚印章，证明墓主人叫凌惠平，尽管此报告未经证实，但这是其身份的唯一线索。见 www.stdaily.com/gb/misc/2003-06/18/content_104885.htm；英文见 www.chinacov.com/EN/displaynews.asp?id=102。

39　见 Brown, "Did the Early Chinese Preserve Corpses? A reconsideration of elite conceptions of death" (2002)。

40　Li Zhongyi, "Juandi changshou xiu canpian wenyang ji secai fuyuan" (1996); and Wu Kerong, "Shixi Donghai Yinwan Han mu zeng xiu de neirong yu gongyi" (1996). 有关山东西汉中期到晚期墓中发现"大量完好的带有刺绣图案的丝织品"的报道，见 *2002 Zhongguo zhongyao kaogu faxian*, 75–80。汉代纺织品的彩色照片见 Zhao Feng, *Treasures in Silk* (1999)。

41　*Xi Han Nan Yue wang mu*, Vol. 1 (1991), 91–2, Figs. 56.2–56.3（以下作 *Xi Han Nan Yue*）。

42　*WW* 1987.1, 1–19, Plate 3.1。

43　见 Gao Wei and Gao Haiyan, "Handai qi mianzhao tanyuan" (1997); *KG* 1962.8, 400–3, Fig. 2.7 and Plate 5.9; *KG* 1980.5, 417–25, and 405, Figs. 2, 3, 4–left, and Plate 11.1; *KG* 1982.3, 236–42, Fig. 1 and Plate 4.5; *KG* 1986.11, 987–93, Fig. 8.13; *WW* 1987.1, 26–36, Fig. 2 and 6.1; *Dongnan wenhua* 1988.1, 59–67, Fig. 8; and *KG* 2000.4, 338–53, Figs. 18–19（残缺的一张彩图见 *Han Guangling guo qi qi* [2004], pl. 93）。关于在安徽所发现的，见 *WW* 1993.9, 1–31, Fig. 63。

44　*WW* 1988.2, 19–43, Figs. 26–8, and Plate 4.2。面罩长 58 厘米，宽 38 厘米，高 34 厘米。

45　*WW* 1996.8, 4–25；另见 *WW* 1990.4, 80–93, and 58, Fig. 1 (no. 27)。

46　关于玉覆面及玉衣的研究，见 Yang Hong, "Jade suits of the Han dynasty and painted pottery figurines of the Tang dynasty: reflections of Han and Tang aristocratic burial practices" (2004); Lin Cheng-Sheng, *Han Burial Jades: The Role of Jade in the Han Dynasty Tombs (206 BC–AD 220)* (2002); Lu Zhaoyin, "Nan Yue wang mu yuqi yu Mancheng Han mu yuqi bijiao yanjiu" (1998); Li Yinde, "Xuzhou chutu Xi Han yu mianzhao de fuyuan yanjiu" (1993); Gong Liang, Meng Qiang and Geng Jianjun, "Xuzhou diqu de Handai yuyi ji xiangguan wenti" (1996); and Kao and Yang Zuosheng, "On Jade Suits and Han Archaeology" (1983)。

47　Wang Tao and Liu Yu, "The Face of the Other World: jade face-covers from ancient tombs" (1997); and Xu, "The Cemetery of the Western Zhou Lords of Jin" (1997)。

48　*Wenwu ziliao congkan* 1981.4, 59–69, Figs. 9, 36。墓中另有一件玉枕，长方盒形，底空（见图 39）。

49　*KG* 1997.3, 193–201, 218, Fig. 8.4 and Plates 2.1–2.2。棺内还有一件玉枕、五件玉璧、猪形手握和九孔塞。

50　关于拖龙山 1 号墓出土的类似器物，见 Gong Liang, Meng Qiang and Geng Jianjun (1996), 29。

51　*WW* 1993.4, 29–45, Fig. 29.4–11, and 32。此面罩的复原见 p.48，Fig。

52　Yang Hong (2004), 348–9 在 "Jade suits of the Han dynasty" 中列举了发现的可能

是玉衣或局部覆盖物的玉片，更全的墓葬所出土玉覆面、玉衣及玉器目录见 Loewe, "State funerals of the Han empire" (1999b); Shi Rongchuan, "Liang Han zhuhou wang mu chutu zangyu ji zangyu zhidu chutan" (2003); Lin Cheng-Sheng (2002), Tables 3 and 4。

53　*WW* 1980.2, 96; and *KG* 1980.6, 493-5, Fig. 3 and Plates 4-5。

54　此外，我们在一些玉版上还可以看到刻画的图案。有一些装饰过的琉璃板的角部有孔，可能是为了便于缀连在一起。有关河北、山东和江苏出土的例证，见 *KG* 1980.5, 403-5, Plates 6.1 and 6.4; *WW* 1987.9, 76-83, Fig. 22; *WW* 1991.10, 39-61, Fig. 3; and *Wenbo* 1997.6, 3-39, Fig. 21。

55　Sui Wen and Nan Po, "Jiangsu Suining xian Liulou Dong Han mu qingli jianbao" (1981)。

56　Sui Wen and Nan Po (1981), Fig. 8。

57　关于枕的讨论见 Wang Yongbo and Liu Xiaoyan, "Handai wang hou de lingqin yong zhen" (1998)。

58　Lam, *Jades from the Tomb of the King of Nanyue* (1991). 关于一些组玉佩中的舞人，见 Erickson, "'Twirling their Long Sleeves, They Dance Again and Again': jade plaque sleeve dancers of the Western Han dynasty" (1994b)。

59　*WW* 2004.6, 4-21, Figs. 9-39. 青铜印和青铜器上的铭文证实了这些饰品为窦氏家族所有。

60　*Mangdang*, 236-9。

61　见 Shen Tianying, "Luoyang chutu yipi Han dai bihua kongxinzhuan" (2005), Figs. 2-9; *KGXB* 2005.1, 109-26, Figs. 3-6, Plates 7-21; *Luoyang Han mu bihua* (1996); He Xilin, "Luoyang beijiao shiyouzhan Han mu bihua tuxiang kaobian" (2001); *2003 Zhongguo zhongyao kaogu faxian*, 99-103; He Xilin, "Liang Han mushi bihua yanjiu suixiang" (1996), Figs. 2-6; and Li Houbo, "Han Dynasty Tomb Murals from the Luoyang Museum of Ancient Tomb Relics" (1994)。

62　在辽宁所发现的见 *Xingyuan Dong Han mu bihua* (1995)。在内蒙古所发现的见 Wei Jian, *Neimengguo zhongnanbu Han dai muzang* (1998), 161-75; *Helinge'er Han mu bihua* (1978)。陕西墓葬见 *KG* 1975.3.178-81, and 177; *KGYWW* 1990.4, 57-63; and *2003 Zhongguo zhongyao kaogu faxian*,104-8。在山西所发现的见 *Wenwu jikan* 1997.2, 5-11, Figs. 2 and 4; and *WW* 1994.8, 34-46。在甘肃所发现的见 Dang Shoushan, "Gansu Wuwei mozuizi faxian yi zuo Dong Han bihua mu" (1995)。

63　关于在河南发现的另外一座公元176年的墓，可见 *Anping Dong Han bihua mu* (1990)，其中有一个坐在华盖下的高大人形，应该就是死者的肖像。

64　*Zhongguo huaxiang shi quanji* (2000)。

65　*Shenmu Dabaodang: Han dai chengzhi yu muzang kaogu baogao* (2001); and *Shaanxi Shenmu Dabaodang Han cai huihua xiangshi* (2000)。

66　见本章注释24和注释25。其他一些值得注意的浮雕和壁画上残留的颜料出自四川崖墓。

67　关于这个术语，见 Giele, "Using early Chinese manuscripts as historical source materials"

(2003), 431-3. 亦见 Maspero, "Le Mot *Ming* 明"(1933)。荀卿（约公元前 335？～约公元前 238？年）做了细致的论述，他说："丧礼者，以生者饰死者也，大象其生以送其死也。故如死如生，如亡如存，终始一也。"见《荀子·礼论篇第十九》第 267 页；英文译文见 Knoblock, *Xunzi: A Translation and Study of the Complete Works*, Vol. 3 (1994), 49-73, especially 67。

68　有关一枚铜骰边发现的行乐钱，见 *Mancheng* Vol. 1, 271-2, Figs. 183-6。

69　关于装在漆盒中的博局、棋子和骰子，见马王堆 3 号墓：Fu Juyou and Chen Songchang (1992), 76。关于一套文书工具（砚、研石和墨），见 Zhong Zhicheng, "Jiangling Fenghuangshan 168 hao Han mu chutu yi tao wenshu gongju" (1975), Plate 2。一块东汉时期的墨（恐不确，所引文献中标为"新莽松塔墨"——译者按），见 *Wenwu kaogu gongzuo sanshi nian 1949-1979*, 157, Fig. 5。笔和笔套见 *WW* 1996.8, 4-25, Fig. 39。

70　Zhou Li, "Handai Jiangnan qiqi zhizao ye chutan" (1996).

71　关于 1 号墓中的漆器，见 *Changsha Mawangdui yihao Han mu*, Vol. 1, 76-96（英文版见 Waley-Cohen, trans., *The Lacquers of the Mawangdui Tomb* [1984]）。

72　Pirazzoli-t'Serstevens, "The Art of Dining in the Han Period: food vessels from Tomb No. 1 at Mawangdui" (1991b).

73　Pirazzoli-t'Serstevens (1991b), 215.

74　*Zeng hou Yi mu* (1989).

75　Rawson, "Ritual Vessel Changes in the Warring States, Qin and Han Periods" (2002b), 19-22.

76　*KG* 2004.8, 675-88.

77　*Mancheng*, Vol. 1, 38-81 and 246-67.

78　Barbieri-Low, *Artisans in Early Imperial China* (2007).

79　这些器皿上鸟篆的译文见 Louis, "Written ornament - ornamental writing: birdscript of the early Han Dynasty and the art of enchanting" (2003)。

80　Erickson, "*Boshanlu* - mountain censers of the Western Han period: a typological and iconological analysis" (1992). 关于汉代之前其他类型的薰炉，见 *KGXB* 1985.2, 223-66, Fig. 16。

81　*WW* 1982.9, 1-17. 对于铭文的解读，见 Feng Zhou, "Zai lun Han Maoling 'Yangxinjia' tongqi suoyou zhe de wenti" (1989)。

82　关于皇家作坊，见 Pirazzoli-t'Serstevens, "Workshops, patronage and princely collections during the Han period" (1991a), 417-29. 关于皇家漆器作坊，见 Barbieri-Low (2007); and Barbieri-Low, *The Organization of Imperial Workshops during the Han Dynasty* (2001)。

83　汉代之前青铜器的例证还包括几件秦国青铜器，见 Xu Longguo, "Shandong Linzi Zhanguo Xi Han mu chutu yinqi ji xiangguan wenti" (2004)。

84　Zhu Jieyuan and Li Yuzheng, "Xi'an dongjiao Sandian cun Xi Han mu" (1983), Fig. 2 and Plates 5.2, 6.4. 从墓中出土的五铢钱来看，该墓的时间在昭帝（公元前 87～前 74 年在位）或者宣帝（公元前 74～前 49 年在位）时期。这几件带铭文的盨与在扶风县

云塘村 1 号窖穴发现的青铜器有关系，见 *Shaanxi chutu Shang Zhou qingtongqi*, Vol. 3, Plates 86–91。

85　关于发现于江苏的类似牌饰，见 Zou Houben and Wei Zheng, "Xuzhou Shizishan Xi Han mu de jin kouyaodai" (1998) and *WW* 1997.2, 4–21, Fig. 37；发现于广东的见 *Xi Han Nan Yue*, Vol. 1, Figs. 137.1 and 150；发现于重庆的见 *KG* 2004.10, 911–25, Figs. 7.13 and 7.16。

86　*KG* 2004.8, 675–88; Cui Dayong and Fang Daoguo, "Lü da guan cheng de jiachu he yuegong: Luozhuang Han mu xin fajue san zuo jisikeng" (2002); and Wang Zichu, "Luozhuang Han mu chutu yueqi shulüe" (2002). 另见 Wang Qinglei, "Zhangqiu Luozhuang bianzhong chuyi" (2005)。

87　*Xi Han Nan Yue*, Vol. 1, 39–46 and 64; Vol. 2, Plates 12–14。

88　关于西安一座从中发现了许多陶制乐器明器的西汉早期墓葬，见 *Xi'an Longshouyuan Han mu* (1999), 112–24, Plates 36, 38。关于汉代及以后钟的名录，见 Falkenhausen, *Suspended Music: Chime-Bells in the Culture of Bronze Age China* (1993b), 369。

89　人殉的例证见 *Guangxi Guixian Luobowan Han mu; Xi Han Nan Yue wang mu*(1988); *KGXB* 1998.2, 229–64 (Songzui, Hubei Province)。

90　*KG* 2004.8, 675–88; Cui Dayong and Fang Daoguo (2002), and Beningson (2005), 9–10。

91　*Mancheng*, Vol. 1, 24. 窦绾的 2 号墓中有 4 乘车和 13 匹马，见 *Mancheng*, Vol. 1,228。

92　关于秦始皇陵陪葬坑的情况见 *Qin Shi Huangdi ling yuan kaogu baogao 1999* (2000)；关于汉昭帝陵陪葬坑的情况见 "Juxing dongwu peizang shaonian tianzi" (2002)。考古人员在一些零散的地方也发现了动物骨骸（作为殉葬品？），与东边内藏坑和外藏坑之间的鸟兽坑不同；另见 *WW* 2005.6, 16–38，陪葬坑内有青铜水禽。

93　*Mawangdui yi hao*, Vol. 1, 119–20; Vol. 2, Plates 226–7. 一个时间较早但仍有价值的关于西汉陶器的类型学研究，见 *Luoyang Shaogou Han mu* (1959)。陶器表面也会施有一层铅釉，以仿效青铜器的光泽；同样的，陶器上也会附着一层锡——或是锡箔，或是涂层。后一项技术的例证在长沙汉代之前和汉代的墓葬中均有发现。见 Li Jianmao, "Changsha Chu Han mu chutu xitu tao de kaocha," Plates 8.6-7。关于用泥制的假"金"版，见 *Mawangdui yi hao*, Vol. 1, 126; Vol. 2, Plates 226, 255。

94　*Mawangdui yi hao*, Vol. 1, 119–20, Figs. 104–5; Vol. 2, Plates 224–5.

95　*Mawangdui yi hao*, Vol. 1, 97–101。

96　*WW* 1996.10, 13–29.

97　Ma Jixing, "Shuangbaoshan Han mu chutu de zhenjiu jingmai qi mu renxing" (1996); He Zhiguo and Vivienne Lo, "The channels: a preliminary examination of a lacquered figurine from the Western Han period" (1996).

98　Tang Guangxiao, "Shi xi Mianyang Yongxing Shuangbaoshan Xi Han erhao mu muzhu shenfen" (1999).

99　*Xuzhou Beidongshan*, 61–100.

100　*Han Yangling* (2001), Plates 52–66.
101　关于在茂陵附近发现的女俑，见 *Zhongguo wenwu jinghua* (1992), Plate 141；在杜陵附近发现的俑见 *Han Duling lingyuan yizhi* (1993), Plate 121。另见 Wang Xueli, "Zhuo yi shi mu bl taoyong de shidai yiyi" (1997); Zhou Suping and Wang Zijin, "Han Chang'an cheng xibeiqu taoyong zuofang yizhi" (1985); Bi Chu, "Han Chang'an cheng yizhi faxian luoti taoyong" (1985); *KG* 1991.1, 18–22; *KG* 1992.2, 138–42; Wang Changqi, "Xi'an faxian de Han, Sui shiqi taoyong" (1992), 33–5, Figs. 1–2; *KG* 1994.11, 986–96; and *KGXB* 1994.1, 99–129。
102　*Mangdang*, Figs. 82–3; 85–8, and Plates 37–44.
103　*WW* 2004.11, 33–8, Figs. 4.5–4.6.
104　*KGYWW* 2002.5, 7–11.
105　关于望楼的意义，见 Han Zhao, "Gudai quemen ji xiangguan wenti" (2004)。
106　Erickson, "Money trees of the Eastern Han dynasty" (1994a)；见第 38—41 页的图表和地图。仅在重庆丰都的一座墓葬中（9 号墓）发现了一件带有纪年的摇钱树（公元 125 年）。见 Lee Jung Hyo, "Zhongguo neidi Han Jin shiqi fojiao tuxiang kaoxi" (2005), Fig. 4.2。（湖北）荆州天星观的一座墓出土了一件髹漆木树（约公元前 350～前 330 年），可能与青铜摇钱树有关或者是其早期形态，见 *Jingzhou Tianxingguan er hao Chu mu* (2003), Fig.156, Plates 67–73。
107　《山海经》卷 13《海内经》，第 445 页；*HNZ* 4.4a.; Erickson (1994a), 33–7。
108　*Mancheng*, Vol. 1, 100, and Vol. 2, Plate 61.2. 有两件铜祖，一件位于中室中部，另一件在同一墓室的右侧前部，与两枚椭圆形石卵被放在一起。这两个物件象征着刘胜出现在中室或者象征着他或他祖先的生殖能力。据记载刘胜有 120 个子女（见 *BD*, 354），这证明了他的生殖能力。
109　其他所有考古期刊中所见的祖都发现于西安周边：在东郊发现了两件中空的青铜祖；2002 年在北郊发现了四件青铜祖，位于死者棺内。见 Zhu Jieyuan and Li Yuzheng, "Xi'an dongjiao Sandian cun Xi Han mu" (1983), Plate 7.5 (l 15 and 17.5 cm); *KGYWW* 2004.2, 15–19; and Chen Hai, "G-dian yu Xi Han nü yong xing wanju kao" (2004)。
110　Zhang Xuehai et al., "Shandong Anqiu Han huaxiang shi mu fajue jianbao", *WW* 1964.4.30–40, and *Zhongguo huaxiang shi quanji*: Vol. 1: Shandong (2000), 128–31; *Anqiu Dongjiazhuang Han huaxiang shi mu* (1992).
111　新都县（今成都市新都区）所出画像砖见 Bagley, *Ancient Sichuan: Treasures from a Lost Civilization* (2001), 293；三台县壁画见 *WW* 2005.9, 14–35, esp. 24, Fig. 27。

2
两处东汉墓葬：打虎亭和后士郭

毕梅雪（Michèle Pirazzoli-t'Serstevens）

由玛格丽特·麦金托什女士（Mrs. Margaret McIntosh）译成英文

科学的考古学要依靠保存完好的遗址的大量成组数据。不幸的是，大多数汉代墓葬在古代和现代遭受过盗扰。我们之所以在本章把注意力集中于一小批被盗扰过的墓葬，首先是因为其建筑结构、图像和风格上的一致，其次是因为这批墓葬在某些方面与众不同，而在其他方面又合乎标准，是东汉晚期富裕地主家族墓地的典型代表。

1960～1977年，考古人员在距河南密县（今新密市）新城几公里远的打虎亭村周围发现并发掘了大约十五座墓葬。县城地处一大片谷地之中，河流纵横，周围山峦起伏，西南距今天的郑州约45公里，在东汉时期属河南尹管辖。十五座墓葬中有五座已经公布了发掘报告，其中最大的两座——打虎亭1号墓和2号墓（1960年发掘）——结构最为完善，装饰最为华丽。所以自然而然，一批以它们为主题的文章涌现出来，并由主持发掘的考古学家安金槐（1921～2001年）编写了一份详细的考古报告。[1]1963年和1970年，在打虎亭东北方向的后士郭村发现的另外三座墓葬的情况也被发表在了几篇文章中。[2]打虎亭墓群在1988年被整体列为全国重点文物保护单位。

这些不同的墓葬共享同一套伴随着一些变化的结构和装饰风格。由于其时代大致相当，故考古工作者推测它可能是一个家族墓地。这几座墓葬都被盗过，部分或全部随葬品遭到劫掠（两种情况分别见于后士郭

1号墓和2号墓以及打虎亭1号墓和2号墓）。尽管如此，已公布的五座墓葬（特别是打虎亭1号墓和2号墓）仍证实了一些大庄园中的活动，揭示了墓主人生活和信仰的某些方面，展现了这一地区豪强家庭墓地的结构和装饰。这些墓葬都距京城洛阳一百多公里，时代为东汉末期。从这五座墓葬中获取的信息可以互补，从而使对整个墓葬群的更为彻底的研究成为可能。

墓葬结构

这一组墓葬都用石块和非常大的青灰砖筑成。十五座墓呈南北向排列，通常东西两座为一组。每座墓上都有用一层层夯土筑成的圆形坟冢。打虎亭1号墓（以下作"DHT1"）的土冢约有15米高，周长约220米，保存最为完整。封土冢下部用凿制规整的石块砌成围墙。在DHT1（图2.1）中，外墙和券顶最外面两层用砖砌成，墓墙和券顶的内面用石块砌成，使得整个墓葬看上去都是用石材筑成的。在打虎亭2号墓（以

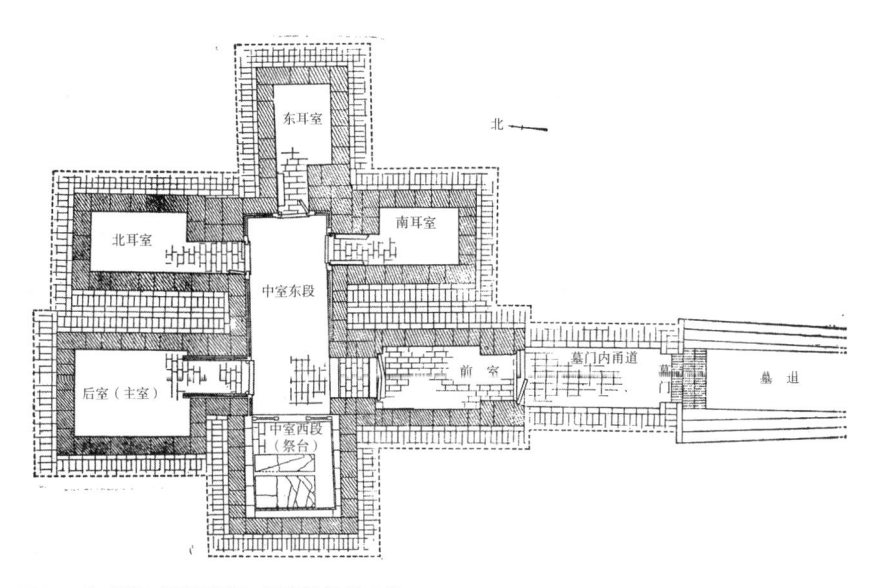

图2.1 打虎亭1号墓平面图，现存总长24.2米

下作"DHT2")中，只有后室的券顶、中室西边的墓壁和券顶用石材砌面；墓葬除了门是用石材做成，其他部分用砖砌成（图2.2）。在后士郭1号墓和2号墓（以下分别作"HSG1"和"HSG2"）中，主要的墓室（后室和中室西部）用砖石砌成，这些主要墓室和左厢房的门使用的是

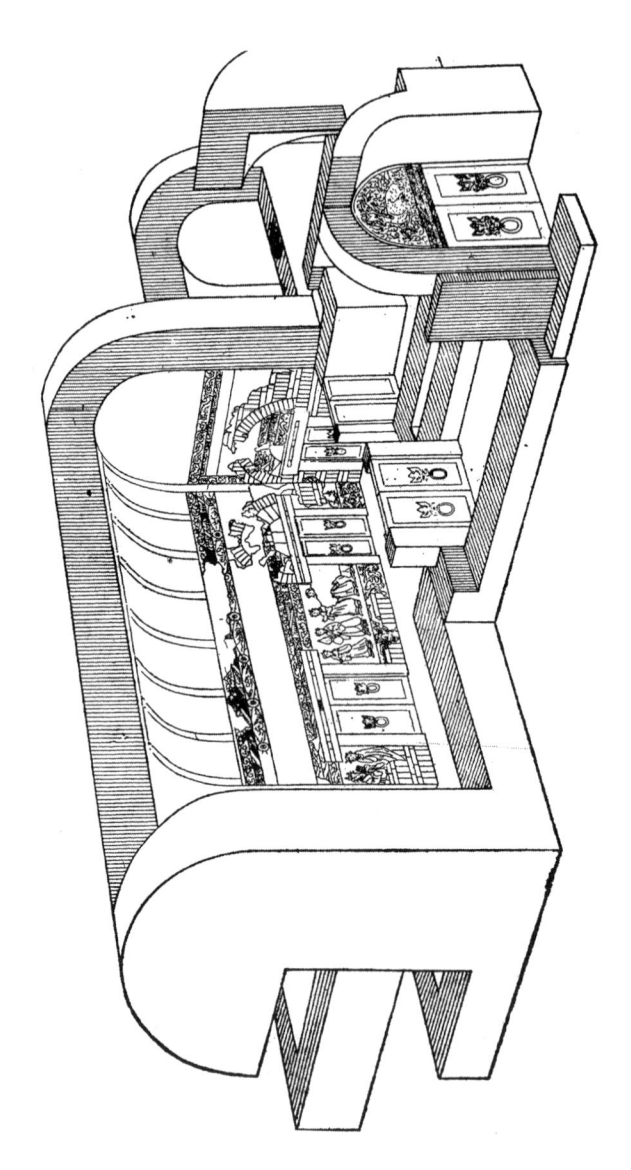

图2.2 打虎亭2号墓复原图。打虎亭宏伟墓葬群的修建中使用了石块

表 1　密县打虎亭汉墓和后士郭汉墓（DHT1, DHT2, HSG1, HSG2, HSG3）

墓葬	内部长度（米）	前室门	前室顶+墙	中室门	中室西段顶+墙	中室东段顶+墙	后室门	后室顶+墙	北耳室门	北耳室顶+墙	东耳室门	东耳室顶+墙	南耳室门	南耳室顶+墙
DHT1	25.16	石刻图像（除北侧外）①	石刻，藻井	石刻	木（未加工石面*）	木（未加工石面）	石刻（除北侧外）③	甬道木板，室内帷幔(?)（未加工石面）	石刻，藻井	石刻	石刻	石刻	石刻	石刻
DHT2	19.14	石刻图像（除北侧外）②	砖壁绘画，藻井	石刻	木（未加工石面）	彩绘砖壁，藻井（彩色）	石刻	木板（未加工石面）	石刻	砖壁绘画（黑白）	石刻	砖壁绘画（黑白）	石刻（门扉尚未完成）	砖壁绘画（黑白）
HSG1	15.34			石刻	砖	砖石彩绘	石刻（门柱、栌斗、门额）	砖石	石刻，木门扉	砖	木	砖	木	砖
HSG2	15.65			石刻	砖石（粉白，无绘画）	砖石绘画+粉白砖壁	石刻（门柱、栌斗、门额）	砖石（木板覆盖?）	石材雕刻和绘画（无门扉）	?	木?	?	木?	?
HSG3	?			石刻（门柱、栌斗、门额）	砖壁绘画（彩色）	砖壁绘画（彩色）	石刻（门柱、栌斗、门额）							

* "未加工石面"指木板表面或帷幔下面的材质。
** 表中①②③均为与发掘报告不符，不详所据。

石材，其他的门似乎是用木材制成的。后士郭3号墓（以下作"HSG3"）用砖更多，而后士郭的三座墓都用大块的砖来铺地。

这些墓葬中每一座都有数个墓室，其中最大的一座是打虎亭1号墓，它是迄今为止被发掘的最大的东汉墓，墓室内部南北长达25.16米，最高处达4.84米。其他几座略小（见表1）。所有这些墓葬的构造大致相同：先是一条长墓道和一个砖砌的墓门，然后是墓门内甬道、一个与中庭相连的前室、象征着堂的中室和放置棺椁的后室或主室（所谓的寝，安放墓主人之处），最后是三个侧室，其中北侧室相当于女眷的卧室（房），东侧室相当于厨房，南侧室相当于车房、马棚和仓房。在打虎亭墓中，每一个墓室前都有一条甬道。打虎亭和后士郭的五座墓中，中室分为东西两部分，西边包括一个摆放祭品的平台。打虎亭和后士郭的五座墓仅有的主要区别是，后士郭墓葬中没有墓门内的甬道，前室变成一个简单的甬道，各个甬道简化成门洞。此外，后士郭墓的石门有门柱，打虎亭墓的没有。

墓葬装饰

通过比较我们现在可以清楚地看出，这些墓葬的等级不仅仅建立在墓葬的大小、所用材料和结构上，也体现在其装饰的部位和方式上。此外，由于在每一个墓室的装饰上所花费的心血和钱财不同，墓葬的等级区别也随之持续强化。

密县五座墓葬内部的墓门、墙壁和券顶都装饰着图案，相对而言，图案差异比结构差异要重要得多。DHT1除了中室和后室之外所有内面都装饰着雕琢过的石板，中室和后室的石板没有装饰，凿制粗糙。中室东部很有可能镶嵌有木板墙面（墙壁上雕刻的凹槽中残留的木质灰痕可以作为证明，凹槽距墙壁底脚6厘米）。中室西部很可能是用帷幔装饰的，因为这里既没有凹槽也没有任何木构件的痕迹。后室的甬道镶嵌有木板，后室本身用帷幔装饰。墓门后的甬道用砖砌成，在白灰面墙皮上涂有黑色颜料。其他地方的图案都是刻在料石上的，一些石材上还保留着当时用来指导雕刻的墨线底稿。雕刻的手法共有三种：高浮雕用于门上的铺首，浅浮雕（2~3厘米深）用于两扇石门上的图案，薄浮雕（1~2毫米）用于图案的其他部分（图2.3）。图案内部的细节是被划刻上去的。

在这些墓葬的主要墓室中没有发现原来可能为丝质帷帐或帷幄的残迹，[3] 然而有不少文字记载提到帷幄、屏风和帷帐可见于上层人物的宫殿和房屋中，在此象征着权力和地位。在皇宫中帷帐可能是用于把皇帝和其他人分隔开的，其他人用帷帐则很可能是一种特殊的荣耀，而这种荣耀仰仗皇帝的赏赐。[4] 因此那些在现代观者看来最简单的墓葬，可能

图 2.3　带铺首的石门，打虎亭 2 号墓

在汉代人眼中却是装饰最为豪华的。这些可能存在过的帷幔都消失了，因而不管是绘制品还是刺绣品，我们都已经无从知道它们的主题或样子，甚至没法知道其图案是不是和已知其他材质上的图案相似。

再来看DHT2，我们看到现存的装饰包括墙壁和砖券顶上绘制在打磨光滑的白灰面墙皮上的壁画、石门上的雕刻以及中室（西段）和后室连同后室甬道中镶嵌的木板壁。中室东段的壁画为彩色（主要颜色为多种褐色、红色和白色，间有多种绿色、蓝色和黄色），其他各室为白底墨绘。有时（并不总是）彩色和墨绘两种壁画中均会勾勒出图案轮廓。

在HSG1和HSG2中，画像石只见于中室的石门以及后室门和北耳室门的局部。有人推测其他的门都是木质的，又鉴于中室的东段除券顶外都绘有壁画，推测中室的西段（用砖石筑成）原先应该镶嵌有木板壁。HSG3——被毁坏得更为严重——似乎装饰风格与HSG1和HSG2一样。只有一点不同，即HSG3中室的两部分的砖墙上都有彩绘壁画。

图像的布局

DHT1和DHT2整体都有装饰，HSG1、HSG2和HSG3似乎也一样，只不过要简单一些。整个DHT1在装饰时浑然一体，主要的图像场景在不同的墙壁空间互相对应、前后相连。其他四座墓葬装饰残缺，但看样子在这方面也是一样的。幸运的是，DHT1中的图像完整地存留了下来——除了在中室东段，推测可能遮盖过墙壁和木壁板的帷幔以外。从DHT1中我们推测，这些装饰包括边框图案（几何纹和卷云纹）、制成长壁画（frieze）的主要场景以及在门和券顶的云纹中点缀着的动物和神仙形象。与此同时，DHT2使得我们可以复原很可能是画在木板上的图案。只有后室的装饰图案没法复原，因为在所有情况下，后室都镶嵌着木板或悬挂着织物。

DHT1的长壁画从前室开始，是一组高大的男人画像，大多为立姿，手中持物，向墓的里面移动（图2.4）。该场景描绘了客人携带礼物来拜

图 2.4　石刻画像，打虎亭 1 号墓前室西壁。密县墓葬中的高大人物形象的底色为黑色，在白色背景的衬托下人物形象更加突出，这也是大多数汉代画像石墓中的通常做法。人物位置精确，身上的宽袍为人物形象增添了立体感

见主人，主人在院中迎宾的情景，中室里绘有其夫人的形象。[5] 长壁画随着六个走向中室的仆人形象在甬道中延续。南耳室及其甬道表现了几种不同的载具（没有车轮和挽具）、马槽前的马匹、一幅堆着谷物与佃农收成的收租图（南壁）（图 2.5）、几辆马车、圈栏中的一头牛、几只鸡、一口井，以及存放着车马用具的储藏室（北壁）。

通往北耳室的甬道内刻有高大的侍女形象，她们手持物品或盘盂，正在进出北耳室。该室西壁上主要为有许多侍女侍奉的宴饮场景（图 2.7）。（关于南耳室的装饰见上文。）与此类似，通往东耳室的甬道内呈现的是儿童和大人手持放满食物、罐子、小盘或其他器皿的大盘离开房间的情景。北耳室本身呈现的是庖厨的情景（图 2.6）；关于食物的进一步细节，见页边码第 107 页及以后各页。

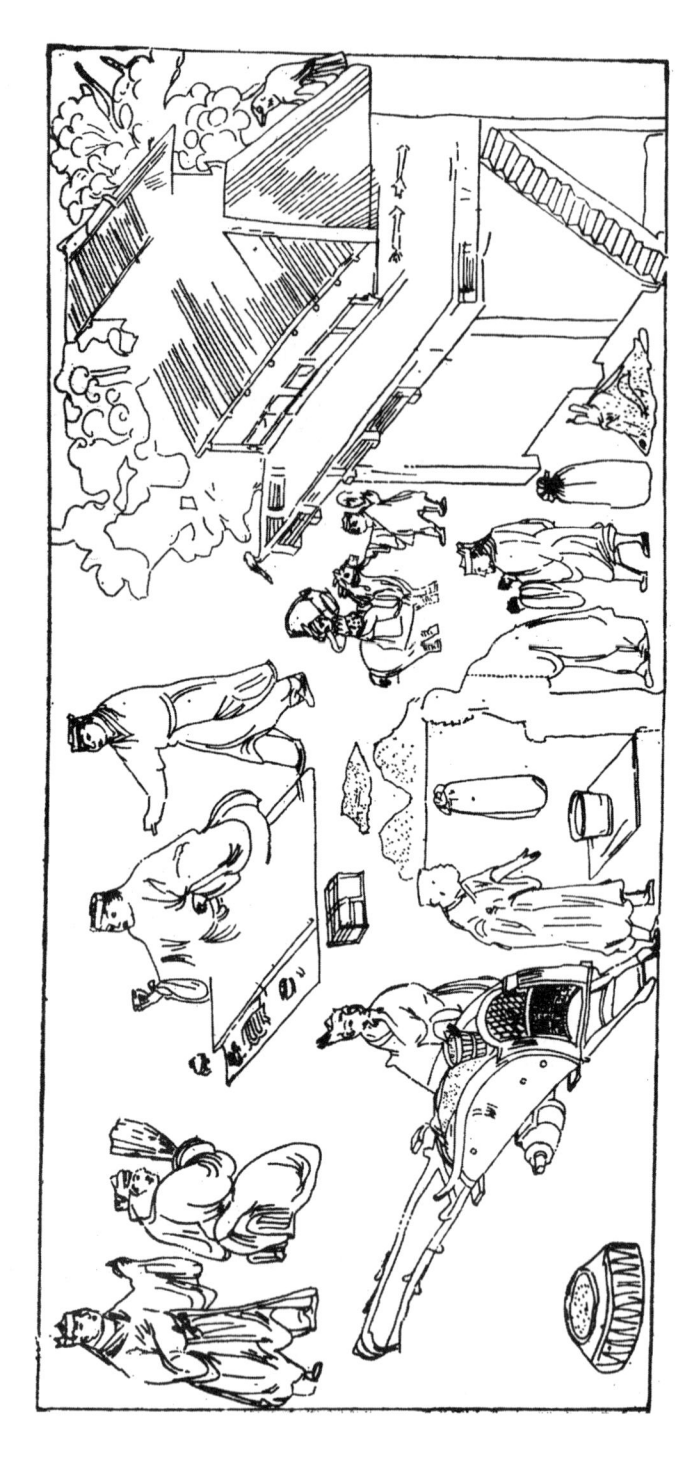

图 2.5 收租图：来自打虎亭 1 号墓，南耳室，南壁，石刻长壁画

图 2.6　庖厨图；打虎亭 1 号墓，东耳室，南壁（西幅）；95 米 × 1.20 米。该图被暂时确定为制作豆腐的场景

DHT2 中的绘画在图像编排上和 DHT1 相同，并完成于中室东段，图画描绘了拿着礼物的男女侍者（在南壁、北壁和东壁），由随从骑马陪同的乘车的、正迎接众多宾客的墓主人，由随从骑马陪同的乘车的宾客（南壁之上），以及由乐人、舞者和杂耍艺人助兴的盛大宴饮场面（图 2.8）（通往后室门的北壁之上）。DHT2 各个耳室中的墨绘壁画似乎和 1 号墓中的场景相对应，也可能因之得以复原。在所有这些墓葬中，主要的长壁画装饰都由云纹做边框（图 2.4）。

除了长壁画以外，墓葬装饰中内容最为丰富的要属同样也被安排为一种单一层级结构的墓门雕刻了。最重要的墓门，特别是前室或中室的门（后一种情形是在没有前室的情况下，比如后士郭的墓葬），其南面的门楣石上刻有一只卧伏的大鹿，有时是被一群小鹿所围绕（图 2.9、2.10），或者刻有一只麒麟和一只凤鸟。石门额、石门框柱以及门扉上有

图 2.7 宴饮图: 打虎亭 1 号墓, 北耳室, 西壁; 1 位女主人, 8 位宾客

图 2.8 宴饮图壁画；打虎亭 2 号墓，中室东段，北壁。见彩图 10

图 2.9　前室门，南面；打虎亭 1 号墓

图 2.10　被小鹿所围绕的吉祥鹿（门楣，如图 2.9）

真实或想象的动物图案，还有穿插于云纹中的仙人。门扉上的石刻最为精美，在高浮雕的铺首周围分布着各种图案，种类最为繁多。

在各室和各甬道的券顶上也有精美的图案组合。在几处墓室（DHT1 和 DHT2 的前室和北耳室以及 DHT2 中室东段）券顶的最高处有盛开的莲花形与规矩形交错的藻井（图 2.11），这种风格在东汉大型墓葬中最为流行，[6] 同样是模仿自宫殿的建筑。[7]

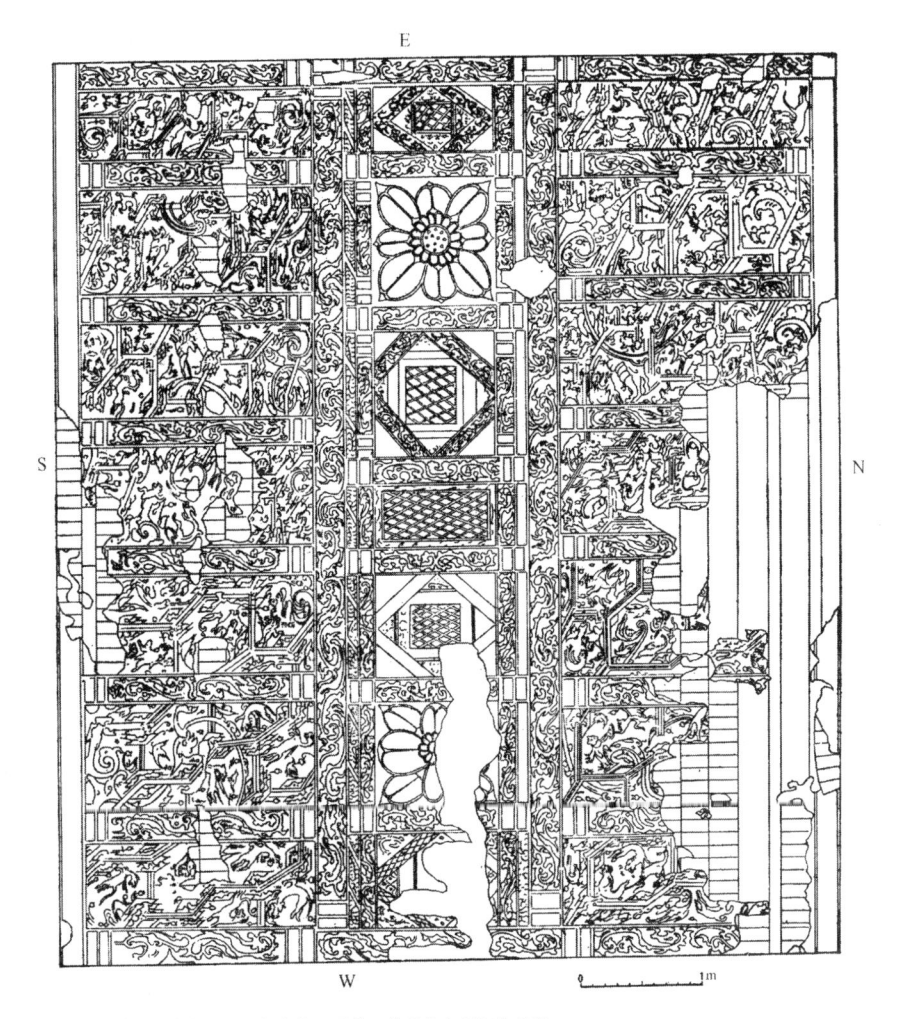

图 2.11　壁画，中室券顶：打虎亭 2 号墓，莲花纹和规矩纹藻井

随葬品和被遗弃的残块

我们所讨论的五座墓葬全部被盗过（大多数不止一次），只有 HSG1 和 HSG2 保留了一部分随葬品——可想而知是一些最不值钱的物件，被盗墓贼所遗弃，而且这些器物应该已经不在原来的位置，大多数也已残缺不全。考古人员在 HSG1 中发现了大约 233 件文物，在 HSG2 中发现了 240 件。其中包括陶器（各种常见的容器、陶灯、瓦当、明器模型和小塑像）、铜器（车马器配件、兵器〔如 HSG1 中所见〕、衣物配件和个人饰品、铜钱）、铁器（包括 HSG1 中的一柄铁剑、工具、铁灯、容器、铁镜和铁钉），此外再加上几件玉质和石质雕塑、大型石案（在 HSG2 中室西段和 DHT1 和 DHT2 中），还有一些玛瑙饰品、云母片和漆器残件。

通过将这些随葬品与其他墓葬所出相比对，我们可以确定整个墓群的时代，这在下文会有讨论。一些特定器物为我们带来了关于死者的信仰和日常生活的更多信息，我们下面也会再回头考察。

DHT1 和 DHT2 的墓道填土中填埋着不少石雕残块，在 HSG1 和 HSG2 中也是一样，只不过数量较小。这些残块雕工精美，但与墓葬本身石材上的雕刻技法不同。考古工作者们认为它们可能是在雕刻过程中被遗弃的废料，或者是石庙、石阙建筑的残块，又或者可能是为墓园制作的雕塑的遗留物，这些都用来填埋墓道。[8] 陶片、砖瓦残块、木炭、残币和铁工具有时也被用来填埋墓道。

墓葬的等级结构

通过对比已公布资料的五座墓葬我们可以发现，修筑者注重两种价值标尺：第一，各个墓室之装饰的尺寸与规模，这标志着各个墓室不同的重要性；第二，修建每座墓葬的开销和所花费的时间。就已经掌握的情况来看，对于汉代墓葬的类似研究很少，尽管有待于其他墓葬资料来证明，但下面的结论应该适用于同一时期的许多墓葬。

正如所料，对一系列指标（比如券顶的高度，装饰所用的材料、技术等）的考察表明，每座墓最重要的区域是中室西段和后室，其次则是中室东段。就其他墓室而言，北耳室和前室（如果有的话）的地位明显要高于南耳室和东耳室（见上文表1）。打虎亭和后士郭的证据表明墓葬中存在一种价值等级结构，这种结构建立在装饰所用材料的贵贱和装饰技法的高低之上。在这个等级结构中，似乎用帐幔来装饰整个墓室为最高等级，下面依次是镶嵌的木壁板（其上可能髹漆并画有彩绘）、石刻画像、彩绘砖石墓壁，最后是墨绘砖壁。与之形成对比的是，对墓门来说，带有雕刻的石门要比木门为优。而且彩绘砖壁似乎可以替代木板上的装饰，而墨绘砖壁看样子是石刻画像的廉价替代品。

如果心中带着这些标准再来审视这些墓葬的话，我们会发现最大的、被修筑得最好的DHT1中的装饰也最为精美。与之相比，DHT2较小，只有部分装饰，装饰造价也略为低廉（或者制作得较为仓促）。在DHT2中，木板替代了帷幔，彩绘砖壁画替代了木板，墨绘砖壁画替代了石刻画像。石刻画像仅见于墓门，以及在意料之中的是，石刻的制作也较DHT1的粗糙。此外，各个耳室门上的装饰有时会简略、不完整（如南耳室）或被倒置（如东耳室门南扇背面）。一个人可以对这些情况有两种不互斥的解读。要么工程的主家较不富裕或者当时的社会经济状况较为困难，要么出于某种原因工期缩短，工匠们时间不充裕，无法好好刻制。（换句话说，因为时间匆忙而不得不用绘画代替石刻，这也是有可能的。）HSG1和HSG2比DHT2略小，但与上述的等级标准相一致。[9]正如我们已经说过的，HSG1和HSG2与打虎亭墓的主要区别在于缺少了墓门后的甬道，又减小了前室和各个甬道的尺寸，以及简化了内部墓门的建造。在后士郭墓中，只有作为墓入口的中室门与打虎亭墓的相同，尽管装饰较少。[10]就我们目前所掌握的情况来看，很难说这种差异仅仅反映了墓葬造价，还是同时表现出时代上的变化。

墓葬年代和死者身份

考古工作者在密县这几座墓葬中没有发现铭文，所以只能通过与其他墓葬的比较来确定墓葬的时代，包括两个方面：第一是所有墓葬的结构和装饰，第二是 HSG1 和 HSG2 所出的随葬品。[11] 通过对比洛阳烧沟汉墓和河北望都汉墓，[12] 我们可以知道密县墓群的时代应该在东汉末期，更精确地说是在公元 160～190 年。考虑到修筑和装饰这些墓葬所需要的时间和技术能力，我们很难想象它们修筑于公元 2 世纪最后 10 年到 3 世纪最初 10 年的战乱中，因为洛阳及其周边的河南地区就毁于当时。[13] 如果密县整个墓群的时代在那 30 年之间，考古人员有理由认为 DHT1 的时间略早于 DHT2，而 HSG1 略早于 HSG2。

打虎亭 1 号墓和 2 号墓似乎在由郦道元（卒于公元 527 年）撰写的《水经注》中有记载。书中准确记录了密县的山川地势，提到在绥水南岸有汉代弘农太守张伯雅的墓。[14] 书中所记载的墓葬位置和墓冢由石垣围绕的情况与 DHT1 完全符合，所以我们有充分的理由相信这种推断。在《水经注》被撰写时，墓茔内仍有两个石阙，阙下有一对石兽，在墓冢前有一座石庙，而且排列有三通石碑，其中一通上写着"（张）德字伯雅，河南密人也"。《水经注》记载，除石碑外，还有两件石人、几件石柱和石兽。

现存的汉代文献中没有关于弘农太守张伯雅的记载，弘农郡辖境相当于今河南西部和陕西东部。《密县打虎亭汉墓》的作者认为张伯雅可能的确曾被任命为弘农太守，但由于时局混乱没能上任，死在了密县家中。[15]DHT1 和 DHT2 距离不远，其排布方式和相似程度都表明两座墓葬的主人可能是夫妻，HSG1 和 HSG2 可能也是一样的。HSG2 中不见兵器，说明可能是女性的墓葬。

葬俗和来生信仰

　　据说在汉代晚期的富裕阶层之中流行厚葬，密县的几座墓可以让我们考虑一下厚葬对资源的花费程度。这种规模的墓葬——到 1999 年认定的汉代墓葬共有 3 万多座，这种规模的只占很小一部分——正是为东汉一些学者所诟病的那种。[16] 考古工作者曾问过当地的制砖工人和石匠，让他们来估计准备打虎亭两座墓用的砖和墓门石刻所需要的工时，他们的证词值得一提。修筑这两座墓共需要超过 1.2 万块砖，制砖需要超过 3000 个工作日，烧制需要大约 2500 个工作日。石匠们根据图案的复杂程度，预计雕刻一扇门的一面需要 40～50 天。这样的话，DHT2 全部 6 个门在现今工作条件下就需要大约 1200 个工作日，2 世纪时的劳动条件普遍不能和现在相比，那需要的时间也可能会翻倍。在此基础上，我们还应该加上在山里采石场开采石材的时间和把石材运送到工作现场的时间。如果我们假定石材制作地离墓不远，那么小石材的运输距离可能会有 5 公里，大一些的有 20 公里。再加上修筑墓葬本身所用的时间和人力：砖墙的粉刷和绘制、石材的切割和打磨、墙壁和券顶的雕刻。最后还有随葬品的准备，尽管其中一部分由死者的亲戚和门徒赠送，但这些东西有一天会在类似的场合下由户主回赠出去。如此来看，打虎亭和后士郭的几座墓葬造价不菲，其装饰本身也表明当时存在重要的制砖、石作、雕刻和绘画作坊。

　　这些墓葬也提供了一些死者家庭（或家族）所采用葬俗的信息。这些墓中放置棺椁的后室面积并不大，看上去每座墓只能埋葬一位死者。然而，西汉晚期以后的通行做法是夫妻合葬于同一墓中。此外，到 2 世纪末，将同一家庭的几位成员合葬的风俗也已经传播到了一些地区。采取合葬，就必须在埋葬后来的死者时把墓再重新打开。就我们目前所掌握的知识来看，还无法搞清楚密县墓主人家属做出这种选择是出于家族传统，还是因为和朝廷的特殊关系而出于某种原因保持了古代的葬俗，又或者是考虑到几位墓主人去世时这一地区动荡的局势。

后士郭墓中出土了和两种丧葬习俗与礼仪有关的遗物：石羊头和带有文字的陶罐。HSG1 中出土的 5 件石羊头，制作简略，下有方座。HSG2 中也同样也发现了 5 件石羊头（1 件在后室，其他几件似乎在中室东段）。[17] 这些石羊头（高 21～33.5 厘米）有辟邪的功能，[18] 和许多汉墓中通常出现在墓门上面的雕刻或绘制的羊头有关。

HSG1 中发现的 8 件带有文字的陶罐，分布于不同墓室。所有陶罐的形状和大小大致相同（高 14～19 厘米）。陶罐为灰陶，上有朱书或墨书文字，有的书写在陶面上，有的书写在涂抹的白粉上。有几件陶罐在涂白粉的某些部分保留着织物的痕迹，这些织物可能曾被用来包裹陶罐。罐上所涂的白粉通常都脱落了，上面的文字也随之消失。只有一件（见下文图 17.1c）上的文字（46 个字）保存状况良好，可以部分释读。文字内容强调死人和活人阴阳两隔，不能交通。（HSG2 中也发现了 8 件形状相同的陶罐，但发现时它们都已破碎，似乎上面也没有文字。）[19] 这些陶罐很容易被认定为镇墓瓶，镇墓瓶是在 2 世纪的一些墓葬中发现的辟邪用的瓶子或罐子，主要见于陕西和河南地区，但后士郭发现的唯一可以释读的陶罐文本，其中的内容只相当于镇墓瓶上文字格式的一部分。此外，镇墓瓶一般发现于比后士郭墓更普通一些的墓葬中。对罐上面文字的整体解读还有待研究。

打虎亭和后士郭的五座墓中最重要的与信仰有关的图案集中于各个墓门和券顶。在图案中，真实和虚幻的动物与凡人、异人、神人和天仙共同出现，他们或奔腾或飞翔或行进，一起出没于卷云之中（图 2.10、2.11、2.12）。在打虎亭墓中，灵芝与人物、瑞兽互相交错（图 2.12）。墓门上的图案被包围在边框之内，包含代表方位的四神形象（南朱雀、北玄武、西白虎、东青龙），其相互之间的位置也与代表的方位相适应，同样都掩映在云纹之间。发掘报告的作者认为墓门和券顶上的这些图案让人联想到死者将要攀升到的天国，是极乐世界的景象或者说是一个超现实的所在，体现了对来生神仙世界的信仰（图 2.13）。

所有尝试"解读"密县墓门的作者都重申这种宽泛的解释。我们并

图 2.12　后室门，东门扉表面；打虎亭 2 号墓

图 2.13 带铺首的墓门扉，后士郭 1 号墓

不质疑这种说法，但想要强调密县墓葬的几个独特之处。首先，在密县的几座墓中神仙的形象不多，同时西王母及其伴侣东王公的形象也很少见。神仙的形象大都出现在东边，[20] 西王母和东王公只出现过一次，位置在 HSG2 后室门的东扇（图 2.14）。这里在刻画西王母时略有强调，这和 2 世纪河南地区的其他主要墓葬相吻合，可能是这一地区墓葬图案的一个特点。与之不同的是，在山东和四川地区的墓葬中神仙的形象占据主要地位。相比之下，河南地区的墓葬中神仙形象较少。

另外一个特点也值得注意：狩猎场景特别多，可能与以狩猎为主要

图 2.14　栌斗画像石，北耳室门洞；后士郭 2 号墓

内容的传奇或神话故事有关。大多数异兽（通常为四足）和一些拟人形象有翅膀。这一 2 世纪中国各地宗教图像独具的特性，可以归功于对显现超凡与怪诞、颇具异域情调的草原母题的吸收，使得我们能够把神人和仙人与异人和凡人区别开来。[21] 各个墓葬的图案之间区别很小，只有一些细微的变化，比如有的有灵芝（打虎亭），有的没有（后士郭）。

尽管我们对密县墓中的宗教类装饰所知非常有限，但应该较为清晰的是墓门在这种类型的墓中（很有可能也在丧葬礼仪中）以及这一时期汉代社会对来生的信仰中起到关键作用。正如德拉默尔（Dramer）所说，东汉墓葬中的门和门道经过特别装饰，起到组织与调整丧葬礼仪以及转换生人与死者社会身份的主要作用。[22] 这些墓门，连同其装饰和在那里举行的仪式，使死者和生人身份的转变具体化，死者成为先人，丧主则承担起家长的角色，从而保证了这个"旅程"中双重典礼的顺利进行。

墓门上的图案安排以有辟邪功能的铺首为中心，这种母题在汉代非常流行，出现在从棺椁到各种器皿的盛物器上，也出现在各种门和陈设上。这些铺首（图 2.3、2.13）采用高浮雕的形式，说明这种图案在宗教上具有重要意义。依照见于汉初某些棺木的图案传统来看，铺首为云纹所围绕的神仙和禽兽，包括马王堆 1 号墓黑地彩绘棺上的图案（见上文图 1.18）。在密县，墓门取代了马王堆墓中套棺的辟邪功能。正是出于同样的驱邪目的，某些重要墓门的门楣石上有鹿的形象，（或许）也增添了重生的想法（见上文图 2.9、2.10）。

物质文化

大庄园中的经济、家庭活动和社会生活都在密县的几座墓葬中有所反映。经济生活中最为重要，也最能表明死者财富和社会地位的方面也许可以从收租和纳粮得到反映——这也是 DHT1 南耳室南壁画像（图 2.5）和 HSG1 一件彩绘陶仓（图 2.15）上的主题。[23] 这两处中的地主都坐在席上，DHT1 中的坐在一件低案后，旁边放有砚台。他面前有一人手持一束（木？）简跪在地上，这个人无疑是他的管家。背景图案是农民交租的场景。在 DHT1 中，图案的前景中有放在方席上的量具。左边有一个人正将量具伸进装满粮食的车（没有车轮）中取粮，量具右边的另一个人正在装粮入袋。再往右，有一堆谷物和另一袋等待收纳的粮食。在仓楼前面，一个儿童骑在由仆从牵着的马上，正拉弓对着落在仓楼上的麻雀。HSG1 的明器仓楼上除了收租场景外，还表现了仓楼外的楼梯、绘在仓楼前面的两头羊、两侧持械的护卫以及后壁的马与马夫（图 2.15）。（仓楼出土时里面还有粟壳。）另外一件明器仓楼出土于 HSG2，但上面没有彩绘图案。[24] 这两件明器都表现出中原地区典型的仓楼形态：两层结构，外部有楼梯通往上层，只有上层有窗（HSG2 的仓楼在二层有门，在屋顶开窗）。①

庄园经济的其他方面，比如说家畜的饲养，在密县的几座墓中也有刻画，在墓葬的装饰中专门为马匹保留了地方，这些马匹用于挽车，也用于骑乘。DHT1 中的马厩最为完整，表现了汉代马厩的实际情况，里面装满了马的挽具和马车，有的挂在墙上，有的放在地上；有 20 多个人在马棚、车房和仓房中穿梭忙碌。在 HSG1 中发现的青铜器中，车马器最多。在两座墓中，对马的醒目呈现表明墓主人及其所处社会环境对马的重视程度。[25]DHT1 南耳室画像中的马车没有轮子，有些考古工作者认为，这或许是因为某种宗教信仰或禁忌。可以想象，这也可能表明旧车厢在某些情况下可用于庄园的储藏。[26]

墓葬反映出密县地主的财富可能主要来自农业生产。无论如何，DHT1 的东耳室中绘有宴会之前食物的运送、准备和烹制的场景。[27] 其他主题包括酿酒、做豆腐（南壁西幅）（图 2.6）、拔鸡毛、切割宰好的牲畜并挂在钩子上以及收拾鱼的场景（南壁东幅）。南壁、东壁和北壁上刻画的是烹饪肉类（烤架串烤、烘烤、煮和蒸；图 2.6、2.16）以及

---

① 按发掘报告，HSG2 的仓楼为三层。

图 2.15　陶仓楼：密县后士郭 1 号墓，高 70 厘米、宽 52 厘米，侧面有守仓人。考古人员在仓楼内发现了粟壳。参见彩图 11

准备和烹制谷物的情形。最后，在北壁上，人们把食物装入碗、耳杯和盘。接下来这些食物出现在中室，甬道墙壁上的男女仆人将其送往宴会地点。

　　密县墓中制作豆腐的石刻画像同时典型地说明了考古工作对汉代食物知识的贡献及相关知识的局限。如果对这幅画像解读无误，这将是我们可知的中国在 10 世纪之前消费豆腐的唯一证据。这个画面尽管重要，但因为没有同出的文字说明，所以这种说法还需要进一步确认。对其他一些考古证据的全面解读还需要坐实，包括食物和含酒精饮料的残留

图 2.16　庖厨图；打虎亭 1 号墓，东耳室，南壁（东幅）

物，[28] 提及食材或烹制方式的遣册，药典与药方等文书资料，[29] 提及农产品和食品的陶器和漆器铭文，标明竹笥中内容的木签，墓葬墙壁上绘制和刻画的庖厨图和饮宴图，明器灶具，以及大量厨房用具、贮存器皿和餐饮用具，有些上面有铭文。还有各种农具的明器模型，也能反映出粮食加工的方式。

最近经考古发掘所发现的关于食物的资料很丰富，但同时常常是孤立的、片段化的或者没有经过充分研究，就此而言又难以把握。庖厨图和宴饮图主要来自有钱有地位人家的丧葬文化，因此主要表现的是节庆场合的饮食。虽然我们现在所能运用的关于汉代食物的资料非常多样，可被用来做系列研究和资料范围内的比较研究等系统研究；但遗憾的是，迄今为止只有对所消耗食材、小麦粉饼的出现（如萨班［Sabban］所揭示的）以及汉代庖厨图案的解读，除此之外，针对食品的制作和消费的专业性研究还相对较少。（如村上阳子［Murakami Yōko］所证实，在汉代的所有地区，蒸制各种谷物是通行的做法。）研究早期中国食物的学者仍然以林巳奈夫（Hayashi Minao）及余英时的著作和论文为基础。[30] 密县墓葬首先要表达的主题是丰富的食物准备过程，包括各种肉类烹饪的每一个环节。有的庖厨场景在室外，旁边是带有辘轳的水井；有的则在室内，室内还点有油灯。这些画像石揭示了相当多当时厨房的陈设、烹调用具和盘盏信息，整个展示看上去如此逼真。有一些工作由妇女完成，她们主要是仆人或奴隶，头发用方巾扎起。身份高一些的女性——女主人及其侍从——的头饰相当精美，头插发笄。这两种头饰又出现在北耳室画像石的女性头上，北耳室表现的是女人的房间，这里的画像与甬道和东壁上的一起，表现了仆人们进进出出，运送食品及物品的场面。在这个墓室的画像中有两个场景特别有意义：一个在北壁上，暂时被解读为整理物品的场景；另一个在西壁上，表现了一个小型宴会的情景，女主人坐在席上，面朝南，有屏风遮挡。她的面前有一个矮腿长几，几上放有一个圆盘，盘中又放有许多耳杯。她的两边有八位客人，除一位外全是女性，也坐在席上，由站着的仆人侍奉（图 2.7）。在画面最左边，由木板构筑的屏风和配套的屏风门将这一场景围挡起来。

在有宴饮图的墓室中，每一个不同场景的画像石上部都有由帷幔组成的边框。这是因为由绶带系起来的帷幔起着关键的作用，具有装饰功能的同时又是社会地位的象征，所以"帷幔"成为东汉画像石经典的边框图案母题，即便场景在室外。帷幔同时也被用来分割室内空间，就是那些拥有地位和财富的人家里也有可变动的空间和大型屏风，正像 DHT1 北耳室石刻画像所表现的那样。

DHT2 中室北壁的壁画再现了一个盛大的宴会场景。画中有两人，应该是夫妇，坐在一个朝东的帷帐下。两人前面有一张低矮的长几，几上放着两排共三十多件漆耳杯和漆盘。在两人前面的中轴线上，舞者和百戏表演者正在乐人的伴奏下表演。约四十位宾客相对坐在长席上观此妙景。DHT2 的中室也表现了宴饮和迎宾场面。DHT1 和 DHT2 还描绘了接受客人礼物的情景。从这些刻画中，我们清楚了解到墓主人所处的交往体系。从另一方面来说，这些墓葬中并没有任何对墓主人官宦生活的描摹，也没有出现任何历史和道德掌故，而是强调了庄园中的财富、乡里的融洽与社会的声望。

密县墓葬中的图像艺术

还没有学者从艺术的角度研究过密县的几座墓葬。这里我们仅呈现的些许技术和风格选择方面研究的提示，可让我们在当时的图像艺术框架中为密县图像找到位置。

多条线索证明，DHT1 和 DHT2 中的石材是事先在作坊里准备、刻制好后才在墓室中被组装的。[31] 除此之外，DHT1 中有几处，特别是在券顶上，刻有文字和标记，用来标识石材的位置；还有一些文字可能是石匠的名字。[32] 雕刻之前，图案设计者先用墨线描出图案的轮廓，然后剔去轮廓外的石面。打虎亭的作品通常都完成得很细致，极少出错。按该地区的惯例，石匠也有可能使用现成的图案模板，[33] 至少边框等特定的图案是这样的。最后一道工序是将细节刻在图案表面（图 2.17）。

所有密县墓葬壁画的绘制方法，都是先在砖壁或石壁上涂厚约 0.1～1 厘米的白灰粉，等全都抹平后用黑色或红色勾勒出图案的轮廓，最后在图案中涂矿物颜料。有些墨绘壁画的轮廓用极黑的线条强调，有些则没有。在所有情况下，图案中都会填充浓淡不同的墨色，再用白色勾勒细部，这和画像石中的线条刻画功能相同。[34] 在 HSG1 中，中室东南角的壁画剥离脱落，露出了另外一层壁画。[35] 这种被覆盖的壁画可能是因为工匠本人改变了主意或者是整个图案的安排发生了变化。用壁画取代石刻画像，这样造价比较低廉，也可能是由于主家想要降低费用或者是在葬礼前缩短工期。

在打虎亭我们可以看到两种截然不同的装饰风格，一种是见于长壁画中相对静态的场景，样式大气、疏朗，没有叠压；一种是墓门和券顶上的装饰，以"恐惧留白"（*horror vacui*）和动态为特征。主要场景

图 2.17 （a）门额画像石（下层画像），西门洞，后室，后士郭 1 号墓，其中有卷云纹、神兽和翼人；（b）后室中柱栌斗

　　的构图技巧高超，反映在对角色、面部朝向以及人物神态和动作的安排上，这些合在一起赋予了整个构图一种节奏感，巧妙指明了其解读方式，这样一来，各个不同场景就从一面墙壁延续到相邻墙壁之上。墓中也用了不同的手法来表现空间：比如 DHT2 中用鸟瞰图来表现宴饮场面或者用屏风或可以移动的帷帐从一角把场景截去（图 2.7），这种手法可能是在暗示屋子里还有更多房间。[36] 后士郭墓壁画中的半身像[37]（图 2.18）或斗鸡图[38]都是透过带有窗棂的窗户来看的。这是汉代艺术独有的构图方式。

　　密县的几座墓葬组成了东汉时期现存最为完整的图案组合之一，可能是因为距京城洛阳不远。下一步研究可能会让我们更好地理解打虎亭和后士郭风格上的细微变化，以辨认出不同工匠的印记；最为重要的是，给密县墓葬艺术在 2 世纪下半叶巨大的装饰潮流中找到合适的位置。实际上，打虎亭和后士郭的造型艺术和其他墓葬共享着东汉末期艺术中典型的成套母题样式和装饰语汇。遍布在密县墓葬中用来装饰图案

2 两处东汉墓葬：打虎亭和后士郭 - 117 -

图 2.18　窗格后的两个男性形象；后士郭 1 号墓，中室，北壁壁画；这两个窗格后的半身人像很罕见，可能是汉代艺术中的孤品

边框、墓门（或门柱）和券顶的动物或异兽身上的云气纹就是一个可用来说明的例子。正如上文所说，这是汉代一种非常古老的视觉修辞元素，[39] 其历史可追溯到汉朝建立之初。这种图案自然经过了长期的演化，到 2 世纪时，已成为陶器、漆器、青铜器和墙壁装饰主题必不可少的一部分。只需要把 HSG2 中的画像石、同一墓葬中的陶尊，[40] 与（甘肃）武威雷台汉墓中同属东汉晚期的铜尊（图 2.19）比较一下，[41] 就能发现其中显著的共同之处。只有通过这样的工作，我们才能还原器物流通、地方性改造或者不同制作传统的蛛丝马迹。但截至目前，还没有多少有关其中关联的研究拿得出手。

　　同样，对于其他同时代的墓葬或祠堂——如荥阳以及同一地区的安平（安平侯国，今河北境内）[42] 或者朱鲔石室（金乡，属山阳郡，今山东境内）的祠堂 [43]——所选择的装饰模式，不管是相同还是各异，也需要缜密的研究。朱鲔祠堂所在地和密县相距约 300 公里，其装饰与我们

图 2.19 甘肃武威雷台汉墓所出青铜尊。东汉晚期

这里讨论的墓葬有很多共同之处。[44] 两处遗迹同属一种贵族和大都市传统。然而，要像包华石（Powers）所做的那样，[45] 在一个"描述性传统"的框架内解释这种共性，在与当时士大夫的古典审美趣味相比之下，只会使人更加迷惑，根本无法阐明艺术范畴内的复杂性。如果我们要去理解2世纪多元的政治、经济和文化因素对东汉不同地区艺术表现的影响，还有大量的工作有待完成。

注释

1　*Mixian Dahuting Han mu* (1993)（以下作 *Mixian*）。
2　关于后士郭1号墓和2号墓，见 "Mixian Houshiguo Han huaxiangshi mu fajue baogao"（1987）（以下作 *Houshiguo*）。后士郭3号墓见 An Jinhuai, "Henan Mixian Houshiguo sanhao Hanmu diaocha ji" (1994a), 29–32。

3　关于遗留下来的帷帐构件，见 *Mancheng Han mu fajue baogao* (1980), 160–78。

4　*SJ* 48, 1960; 51, 1995; 112, 2957; *HS* 64A, 2806; 97A, 3952; *HHS* 11, 470; 17, 648; 29, 1022; *YTL* 6（第二十九，"散不足"），352。某些汉代绘画中的场景可能会让皇帝都引以为豪，见 Duyvendak, "An illustrated battle-account in the History of the Former Han Dynasty" (1938)。Jiang Yingju, "Guanyu Han huaxiang shi chansheng beijing yu yishu gongneng de sikao" (1998) 指出，已发掘的汉代诸侯王墓中还没有发现带有画像石或者壁画的。

5　*Mixian*, 49。

6　发现于荥阳（河南）的一座墓中关于这种藻井的例子，见"Henan Xingyang Changcun Handai bihua mu diaocha" (1996), Figs.16–18；沂南（山东）1号汉墓见 Zeng Zhaoyu et al., eds., *Yi'nan gu huaxiang shi mu fajue baogao* (1956), 6–9, 55–6, Plates 47, 72–4, 81；武威（甘肃）雷台的一座墓见 *KGXB* 1974.2, Pl. II/3；三台县崖墓群见 *WW* 2002.1, 16–41, Figs. 32, 39。关于汉墓中早期的藻井，见 Erickson, "Eastern Han dynasty cliff tombs of Santai Xian, Sichuan Province" (2003)。

7　如果说这种图案主题可能是模仿自汉代的宫殿建筑，那么它同时也可能吸收了西方的艺术形式——来自安息或中亚的艺术形式。见 Rhie, *Early Buddhist Art of China and Central Asia*, Vol. 1 (1999), 64–7。

8　An Jinhuai, "Mixian Dahuting Han mu mudao tiantu zhong can shike huaxiang tantao" (1994b)。

9　关于3号墓的已发表的资料不够详细，故这种解释无法得以证实；然而，似乎该墓也大体遵循着这种等级结构。

10　然而，铺首的环为铁制，并不是石刻浮雕，见 *Houshiguo*, 98, 102 (Fig. 5), 131。

11　见 *Mixian*, 340–9, *Houshiguo*, 158–9, 223。

12　*Wangdu Han mu bihua* (1955); *Wangdu erhao Han mu* (1959); *Luoyang Shaogou Han mu* (1959)。

13　关于公元190年洛阳大半毁于大火，见 *HHS* 9, 370, *SGZ* 1, 7; Bielenstein, "Lo-yang in Later Han times" (1976), 89。

14　《水经注》卷22第9页b。张德不见于其他记载。

15　*Mixian*, 357。

16　《潜夫论》卷3（第十二，"浮侈"）第134—137页。关于3万多座墓葬数量的推测，见 *KG* 1999.9, 39。

17　*Houshiguo*, 100, 129 and Fig. 23, 132–3, 145 and Fig. 46.

18　"羊"象征着"吉祥"。

19　*Mixian*, 235–6 (Figs. 185–6).

20　*Mixian*, 235–6 (Figs. 185–6)。神仙形象见于墓门东扇（DHT1 和 DHT2）、门楣东段（HSG2）以及中室东段券顶（DHT2）。

21　见 Pirazzoli-t'Serstevens, "Inner Asia and Han China: borrowings and representations" (2008)。

22　Dramer, "Between the living and the dead: Han dynasty stone carved tomb doors" (2002), 11.

23 高 70 厘米，宽 52 厘米；*Houshiguo*, 120-1；清晰图片见 *Henan chutu Handai jianzhu mingqi*(2002), Plate 18；另见 *WW* 1966.3, 6–7。

24 高 107 厘米，宽 54 厘米；*Houshiguo*, 151-2; *Henan chutu Handai jianzhu mingqi*, Plate 19.

25 到汉代晚期马匹仍然很昂贵，拥有大量的马是崇高的社会地位和巨额财富的象征。

26 *Mixian*, 359; Michael Nylan, personal communication, 2006.

27 对"民间"奢侈宴饮活动的详细批评，见 *YTL* 6（第二十九，"散不足"），351, 352。

28 比如南越王赵眜墓中所出，见 *Xi Han Nan Yue Han mu* (1991), 299; and Mawangdui M3 (He Jiejun 2004)；完整的科学分析结果还没有发布。

29 例如，马王堆 1 号墓和 3 号墓以及湖南长沙虎溪山所出简牍（*WW* 2003.1, 36–55）。居延和敦煌边塞发现的残简为我们提供了屯戍士兵的饮食结构、饮食习惯、食材价格等信息；见 Liu Tseng-kui, "Juyan Hanjian suo jian Handai bianjing yinshi shenghuo" (1999)。

30 这些证据还有待于系统考察。相关基础性研究见 Hayashi Minao, "Kandai no inshoku" (1975), and Yü Ying-shih (1977), "Han," 53–83。其他重要的著述有 Watabe Takeshi, *Gazō ga kataru Chūgoku no kodai* (1991), 148–71; Huang Zhanyue, "Cong chutu yiwu kan Nan Yue wang de yinshi" (1993)，内容是关于南越国食物情况的；Wang Renxiang, *Yinshi yu Zhongguo wenhua* (1994); Knechtges, "Gradually entering the realm of delight" (1997); Li Hu, *Han Tang yinshi wenhua shi* (1998); Sabban, "Quand la Forme transcend el'objet" (2000)，内容是基于小麦粉来讨论饼这种食物。Murakami Yōko, "Shutsudo shiryōkara mita Kandai no shoku seikatsu" (2005) 将考古资料与传世文献相结合，是最好的关于汉代食物的综合性研究。

31 *Mixian*, 336.

32 *Mixian*, 184, 188.

33 关于在中国华北，主要是山东地区，为小康之家装饰墓葬的石刻匠人的工作情况，见 Barbieri-Low, "Carving out a Living: stone-monument artisans during the Eastern Han dynasty" (2005), 485–511。

34 *Mixian*, 269.

35 *Houshiguo*, 99; An Jinhuai (1994a), 32.

36 关于后士郭 1 号墓的东耳室，见 *Mixian*, Figs. 99-100；北耳室，见 *Mixian*, Figs. 133, 147。

37 HSG1, 见 *Houshiguo*, Plates 6/3 and 8/2, 3。

38 HSG1, 见 *Houshiguo*, Plate 9/3。

39 Tsiang, "Changing patterns of divinity and reform in the late Northern Wei" (2002), 235.

40 见 *Houshiguo*, 135, Fig 30。

41 *KGXB* 1974.2 100, Fig. 11.

42 这座墓葬的时间为公元 176 年，见 *Anping Dong Han bihua mu* (1990)。

43 见 Wilma Fairbank, "A structural key to Han mural art" (1942), 52–88。

44 比如说整体构图、人物组合、他们衣服和发式的细节、会飞的神仙形象等。

45 Martin J. Powers, *Art and Political Expression in Early China* (1991).

3
出土文献：背景与方法

纪安诺（Enno Giele）

20世纪的考古工作及相关研究使我们得以比以往更加清晰地观察出土文献的背景，同时可以总结一些基本的方法论问题。下面的讨论涉及从公元前3世纪晚期到公元2世纪最为重要的发现，那就是用毛笔写在竹木简牍或丝帛上的文书。讨论不涉及先秦手稿或在公元3～5世纪才开始盛行起来的纸本文书。[1]

鉴于许多人持有相反的观点，这里必须强调说明，出土文献并不一定比传世文献更好（更加"科学"或可靠）。文献的价值取决于我们希望它们解决什么问题，以及不管是出土文献还是传世文献，是怎么置入其背景环境中的。在所有的考虑因素之中，出土文献的考古背景资料最为重要，因为它告诉我们文献的真实性和时代（如果墓穴未经扰动、墓主人身份可辨的话，遗址的时间通常就是其时代下限［*terminus ad quem*]）、文献传递的历史以及文本最初的用途。在某些情况下，考古资料也可以让我们重建零散文本的原初状态。[2] 这些信息都来自报道某个特定遗址的主流考古期刊。虽然有必要对这些考古报告的任何结论提出疑问，但要讨论出土文献的文本内容，就必须将这些基本的信息纳入考虑。下面给出的例子可以阐明这些观点。

真伪

　　1959年在磨嘴子（武威，今甘肃境内）18号墓发现了一件写在10枚木简上的文书。木简上标明的时间为公元72年，其内容是向70岁以上的老人授予象征荣耀的鸠杖。这件文书包含鸠杖授予记录和转述的两段圣旨，其中承诺鸠杖有破损时可维修或更换。这次考古的来龙去脉强有力地显示出此事确有发生，因为和文书同时被发现、置于墓中（看来未被扰动）棺盖上的还有两件木质鸠杖（一件残破一件完整）。³

　　遗憾的是，这组简在被发现时原有的编绳已经腐朽，遂呈散落状态，学者们争论正确的编连顺序，至少提出了9种不同的意见（见表2）。1981年在同一地区又"发现"了相同主题的另外一批26枚简。这些简上有编号，所以对其编连的顺序不存在异议，而先前10枚简的排序问

表2　甘肃武威磨嘴子18号墓所出"王杖十简"的排序

		简号排序								
1	《考古》(1960)	1	2	3	4	5	6	7	8	9	10
2	陈直 (1961)	1	2	3	4	5	6	7	8	10	9
3	武伯纶 (1961)	1	2	10	3	4	5	6	7	8	9
4	《武威汉简》(1964)	10	1	2	3	4	5	6	7	8	9
5	郭沫若 (1965)	9	10	3	4	5	6	7	8	1	2
6	大庭脩 (1975)	3	4	5	6	7	1	2	10	8	9
7	《汉简研究文集》(1984)	3	4	5	6	7	8	1	2	10	9
8	李均明、何双全 (1990)	3	4	5	6	7	8	1	2	9	10
9	冨谷至 (1992)	9	10	1	2	3	4	5	6	7	8

参考资料：
1. *KG* 1960.9, 15–28, Plates 4–7.
2. Chen Zhi, "Gansu Wuwei Mozuizi Hanmu chutu wangzhang shijian tongkao" (1961).
3. Wu Bolun, "Guanyu madeng wenti ji Wuwei Handai jiuzhang zhaoling mujian" (1961).
4. *Wuwei Hanjian* (1964).
5. Guo Moruo, "Wuwei 'Wangzhangshijian' shangdui" (1965).
6. Ōba Osamu, "Kandai no kesshihitsu: Gyokujō jūkan hairetsu no ichian" (1975).
7. *Hanjian yanjiu wenji* (1984), 34–61.
8. Li Junming and He Shuangquan, "Gansu Wuwei Mozuizi 18 hao Han mu wangzhang 10 jian" (1990b).
9. Tomiya Itaru, "Ōjō jūkan" (1992).

题似乎也可以被解决。但由于第二批简并不是出自一个被科学发掘的遗址，学者们对其真实性不断产生怀疑。实际上，缺乏出土地信息，再加上其他一些问题，足以引起一些学者的严肃对待，在讨论1959年的10枚简时不把1981年的简考虑在内。[4]

就在对这些简的研究还在继续进行时，另外一组内容相似的11枚木简重见天日。据称它们来自武威，尽管缺少发掘信息，这批简还是被香港中文大学购得，后来才得知其确系伪造。[5]虽然缺乏确定的来源并不一定意味着伪造，但对中国文献的研究和对其他文化的一样，在处理来源不明的材料时都要倍加小心。[6]

断代

像磨嘴子所出的诏令一类的官方文书一般都记有日期，通常能说明文件书写的时间，但有的文书上没有时间信息，这时通过对文书类型以及同一墓葬、同一地层或同一遗址所出其他所有器物的类型进行对比，我们就可以至少有一个大致的推断。

在银雀山（东海郡，今山东境内）1号墓中就出现了这种情况。这座汉墓不大，却是出土文献数量最多的早期墓葬之一，加起来总共有近5000支竹简。遗憾的是，没有一支简上标有时间——并不是因为绝大多数简已经残破或无法释读，而是由于文献本身的性质。这些简中包括《孙子兵法》[7]等兵书、《晏子春秋》[8]等政书，这两种著名的古籍都有传世版本。同一批的其他古书也全部或部分见于传世文献，但无法确定真伪（比如《六韬》和《尉缭子》）。[9]另有一些仅存书名，比如《孙膑兵法》。[10]① 同出的还有一些亡佚的古书、占候之书，以及可以和传世文献《管子》等对读的文献。[11]

这座墓中出土的铜钱给断代提供了可能。其中一种是三铢钱，最

---

① 疑有误。《孙膑兵法》出土时并不存在书名，线索仅为"孙子曰"，后结合提及事件时间被整理为《孙膑兵法》。

初发行于公元前140年，由此确定了墓葬可能的时代上限。此外，墓中有大量典型的西汉早期的半两钱，但明显没有五铢钱。五铢钱最早铸于公元前118年，而后很快成为主要流通货币。尽管并没有丧葬礼俗要求在墓葬中放置新铸的钱币，但由钱币划定的时间范围（公元前140～前118年）与墓葬中所出的器物类型高度吻合。[12] 其他的一些发现，比如王家台（南郡，今湖北境内）15号秦墓中出土的《归藏》残简和其他文献，其时代就是仅仅依靠陶器的器形来判断的。[13]

为了避免给人一种错误印象，有必要在此提醒一下，那就是出土背景在判断文献的时代时仅仅居于次要地位，只在文献本身没有标明时间的情况下才成为必要的手段。出土文献的时代不一定和其出土背景的时代相同。[14] 和在未经扰动的遗址中发现的其他所有器物一样，出土文献的时代有可能比遗址或地层本身要早很多——但绝不会晚。这样一来，把出土文献和其考古背景的时代分开考虑会很有启发意义。

20世纪90年代以后发掘的水井和地下储藏遗址中的发现就是个例子。考古人员在走马楼（长沙，今湖南境内）J22中的一层就发现了大量三国时期（公元220～280年）的文书档案，[15] 与此不同，里耶（洞庭郡，今湖南境内）古井J1[16]中可以至少清晰地分成20层，共有大约3.6万件行政文书，文书上标明的时间是从公元前222～前208年。根据报告，在上面两层中发现的一些先秦时期楚国（时代为公元前223年或者更早）的简，证明这些遗址是随意倾倒废弃文书的场所（图3.1、3.2）。[17]

完整和残损文本

发现文书的遗址千差万别，其中简牍从被精心摆放（如墓葬），到随意堆积（如垃圾堆）。20世纪初以来，对随意堆积的简牍已经有了不少研究。到现在为止，在所有的发现之中，被当作废物丢弃的材料仍然占绝大多数。然而，有两座宏伟墓葬中的发现最能引起学者和大众的注意。

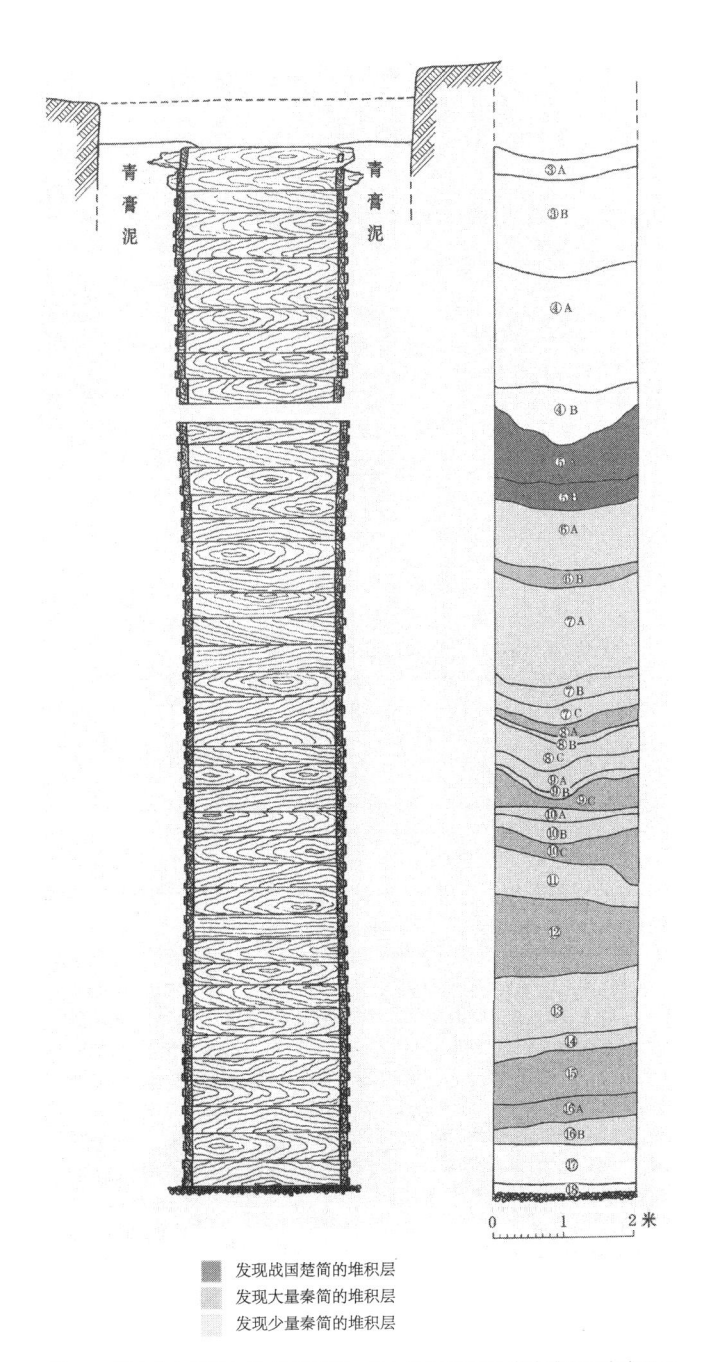

图 3.1 湖南龙山里耶古井 J1 横截面。考古工作者在 20 多个堆积层中发现了简牍文书，它们与植物残余、碎陶片、生活垃圾、兵器等夹杂在一起。请注意，时代最早的简牍发现于最上层，这与通常的堆积顺序恰好相反

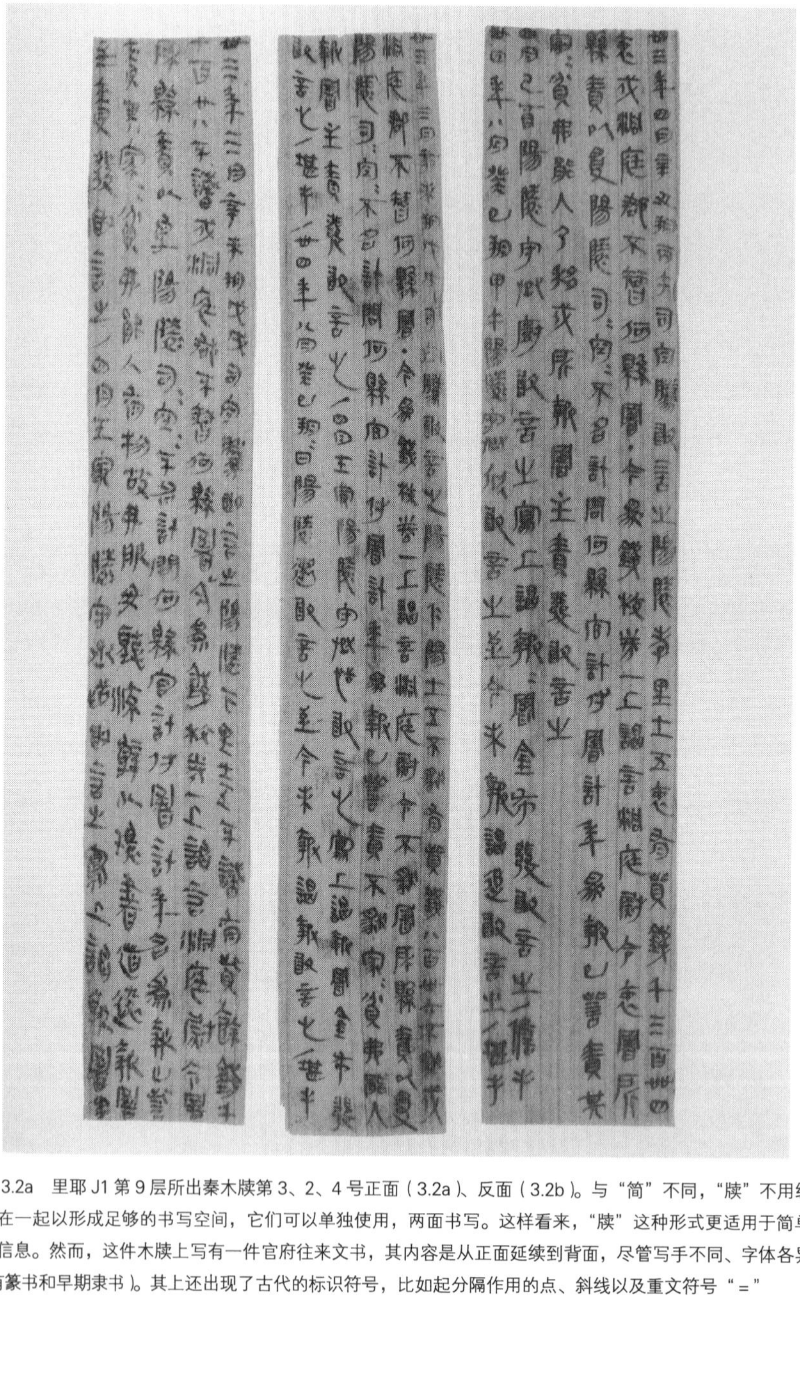

图 3.2a　里耶 J1 第 9 层所出秦木牍第 3、2、4 号正面（3.2a）、反面（3.2b）。与"简"不同，"牍"不用编连在一起以形成足够的书写空间，它们可以单独使用，两面书写。这样看来，"牍"这种形式更适用于简单的信息。然而，这件木牍上写有一件官府往来文书，其内容是从正面延续到背面，尽管写手不同、字体各异（有篆书和早期隶书）。其上还出现了古代的标识符号，比如起分隔作用的点、斜线以及重文符号"＝"。

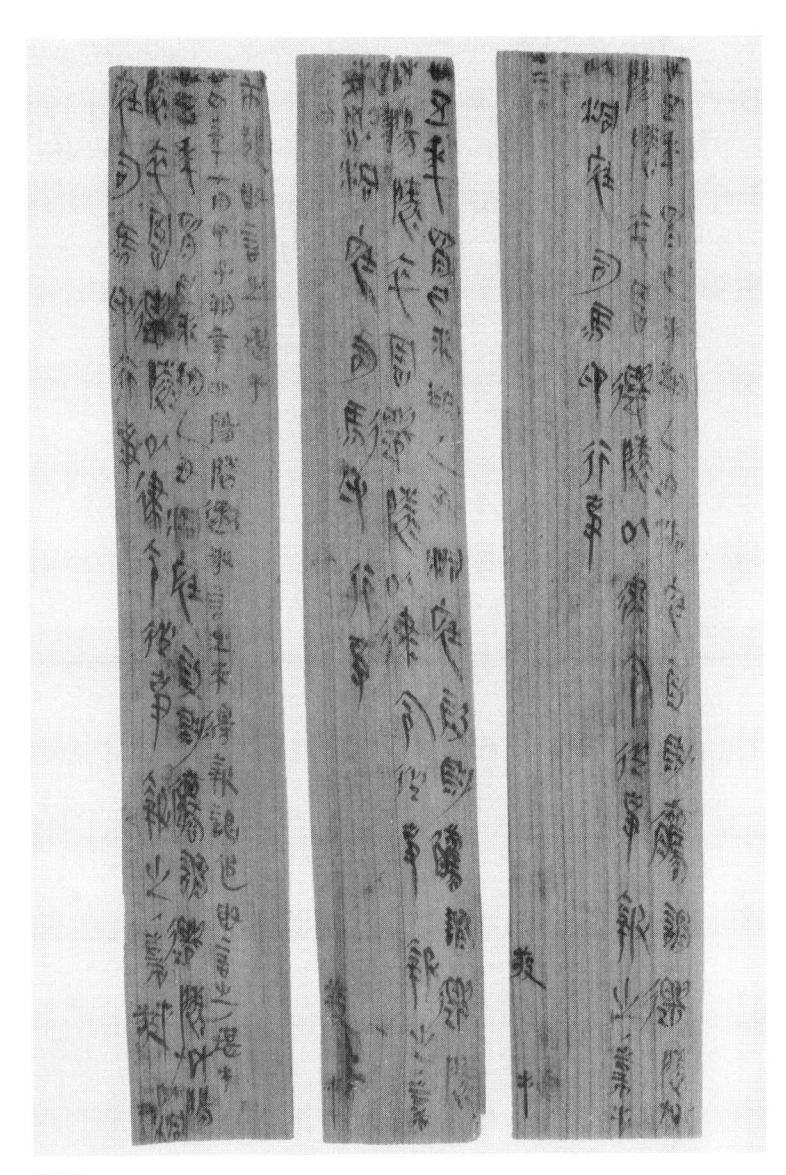

图 3.2b

1972～1973 年，考古人员在马王堆（长沙国，今湖南境内）发现了两座保存完好的墓葬，墓主人是軑侯[18]① 及其母亲，两人分别死于公元前 168 和前 165 年。軑侯墓（M3）中出土的随葬品包括写有两种《老子》的丝帛，其卷前或卷后附有短文，内容与一整套哲学观念相关。[19] 此外，墓中还发现了一种《周易》，[20] 两种被整理者命名为《春秋事语》和《战国纵横家书》的史书或伪史书，[21] 数种占卜和星象文图，[22] 医方、房中术和吉凶方，[23] 丧服图，[24] 导引图，以及楚地的地图。[25] 除了这些外，还有一件给阴曹地府的写在竹木简牍上的文书和随葬器物清册（遣册）。20 幅帛书和 600 多件竹木简牍在马王堆被发现，文字共有大约 12 万字，这座墓葬是西汉时代早期文献出土最多的单座墓葬，数量远超其他墓葬。因而关于这次发现的研究论文和专著多达约 1500 种，也就不足为奇了。[26]

其他帝国时代早期的王侯墓中所发现的简帛文献的数量和马王堆的没法相比，所引发的研究成果的规模自然也小很多，造成这种现象的原因通常是这些墓葬曾受过盗扰。盗墓者一般会攫取贵金属和由其他珍贵材料制成的器物，但他们只要进入墓葬就会最终危害简帛的保存，即便是那些仿佛没被扰动过的墓葬也一样，其主要原因是敏感的微生态环境发生了改变。墓葬中的文物还有可能被盗墓者的火把意外烧毁。定州（中山国，今河北境内）八角廊 70 号墓中发现的部分被焚毁的简牍就是例子，该墓的墓主人可能死于公元前 55 年。[27] 墓中发现了大约 1000 件带字残片，但其中大多数被严重烧焦。即使这样，墓中还是出土了《论语》残简、[28] 多种儒家言论[29] 以及《六韬》[30] 和《文子》[31] 的不同版本，同出的还有其他一些器物。这可以说明——至少在这一例中——墓葬已经遭受了很多无法挽回的损失。[32]

除了盗墓以外，还有其他因素会影响个别墓葬中所出文献的数量和保存状况。在虎溪山（武陵，今湖南境内）发现的沅陵侯吴阳（公元前 187 年封侯，死于前 162 年）墓没有经过扰动，在墓主的地位、保存状

---

① 根据发掘报告，墓主人为第一代軑侯利仓之子，但爵位不由此子继承。

况和时代这几个方面都可以和马王堆相提并论。据报道，考古人员在这座墓中发现了大约1500枚保存完好的简牍，主要包括官府簿籍、日书和美食方。³³像这样保存完好的墓中文书所遭受的损害（在一定程度上是不可避免的）是因为长期被埋藏于地下所造成的材质腐朽或者出土时及出土后的处理不当。虽然如此，在这些情况下，出土环境的相对完整让我们得以推断这些发现基本上是完整的。

另外，灰坑呈现给研究者的是一个完全不同的情景，正像斯坦因爵士（Sir Aurel Stein）、斯文·赫定（Sven Hedin）还有其他人在自1900年开始的30年间，从统称为敦煌（敦煌和酒泉郡，今甘肃境内）³⁴和居延（张掖郡，今甘肃和内蒙古境内）³⁵的一大批烽燧鄣塞遗址内发现的竹木简牍一样。居延所出的文书特别能说明清楚地理解出土环境的重要性。在20世纪30年代，1万多枚带字的竹木简牍（图3.3）及残片被收集起来并装入500多个带有编号的箱子，这就是所谓的居延"旧"简。到北平（今北京）开箱后，每一枚木简牍都被编上一个序列号，此后该枚简牍就用箱子的编号再加上它自己的序列号来标识。这批简牍在接下来四分之一世纪中，开启了一段历经香港、华盛顿，最后到达台湾的"奥德赛之旅"，³⁶在此期间记录了箱号和序列号的文件遗失了。过了很久，简牍之间的关系才得以复原。³⁷然而，最初的处理方法、有瑕疵的考古报告和之后的动荡，三者加起来使这些残简变成一个无法知道有多少缺失部件的巨型拼图。后果是，学者们现在还在徒劳地拼凑着在不同地点发现的残简。

从根本上来说，这个问题在敦煌出土的大多数木简以及在20世纪70年代和80年代在居延"旧"简的同一地点出土的大约2万枚"新"简上依然存在。只有一个重要例外，那就是20世纪70年代，在甲渠候官（张掖，今内蒙古境内）遗址内进行发掘的考古人员发现了一座小屋的遗迹（代号为F22），它可能是存放地方档案或者是堆放柴火的地方，房屋内堆满了由多枚木简组成的完整文书，大约70件。无比幸运的是，有一些文书还保持着原始状态，连木简上的编绳都保存完好（图3.4）。³⁸

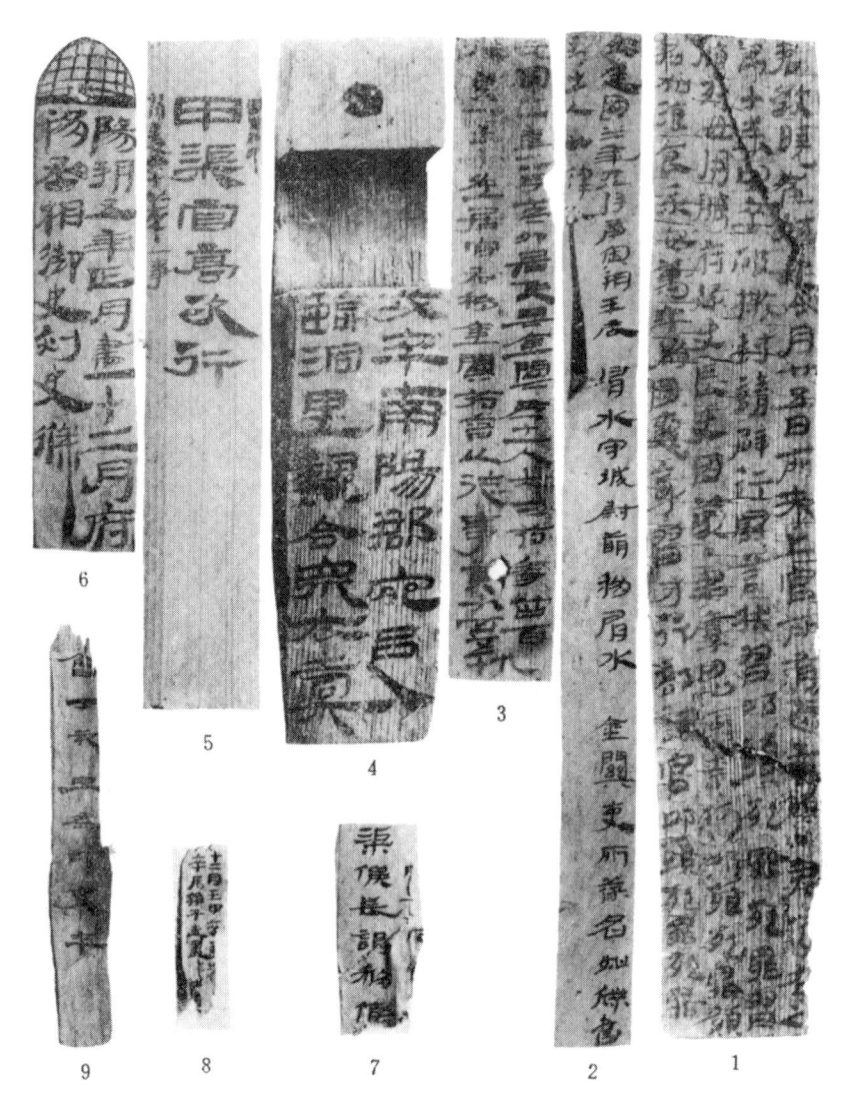

图 3.3 甘肃居延所发现木质文书的不同形态:(1)牍,(2)有两列文字的简,(3)符,(4、5)两种检,(6)楬,(7~9)三种残片(经鉴定为削衣)。所有文书上面都写着成熟的隶书

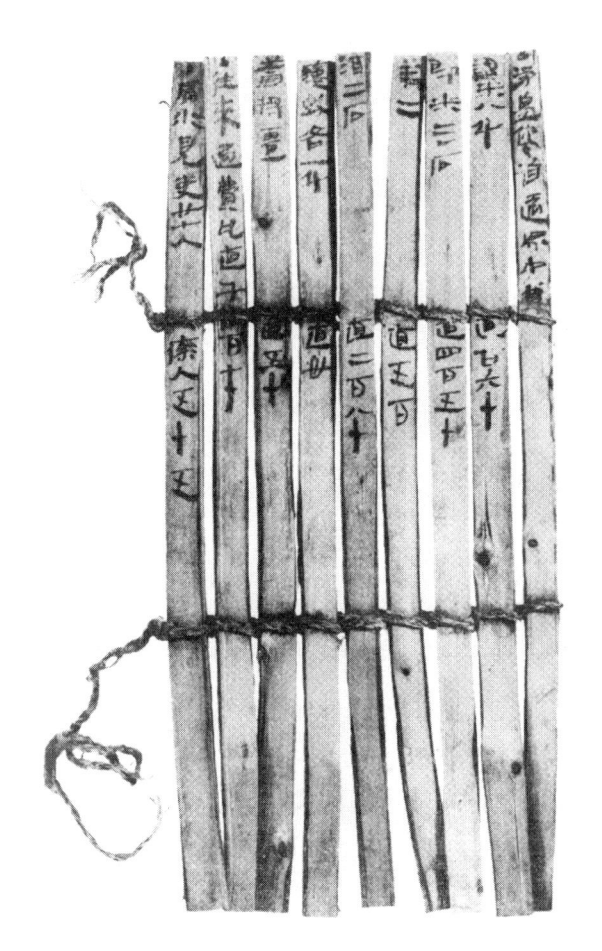

图 3.4 完整的木简文书（EJT21: 2–10），简上的编绳还在，这是在甘肃居延所发现的新简，长约 23 厘米（1 汉尺）。时间为公元 22 年，文书上的内容是在边境招待一名官员的费用清单

原始用途及二次使用

除甲渠 F22 之外，敦煌和居延所出土的汉代文书大部分散落于鄣塞遗址内或周围的大范围地域，其中包括大量从觚上削下来的削衣薄片，每片上有一个到三个——偶尔也会有更多——字。[39] 这证明了边塞吏卒以此达到一定识字水平。[40] 觚上被抄写的内容通常来自《苍颉篇》、《急就篇》等启蒙读物；当觚的四面或更多面上都写满了字，人们就会削去

觚的表面再重复使用。在木简、牍、检、楬和符上清除文字或修改书写错误也是用这种方法。

有意思的是，对这些文具的再利用并不只适于其原初目的，也会出于其他动机。从老鼠用削衣筑窝[41]到使用带字木简上厕所，[42]各种例子都有。如20世纪90年代早期悬泉置（敦煌，今甘肃境内）出土的2万多枚带字木简大多数发现于垃圾堆/坑中，和污泥、植物残余、动物骨骼、碎陶片等混杂在一起，反映出这是发现于边境鄣塞的文书的普遍规律而并非例外情况。[43]

出土环境的某些方面，比如墓葬中刻意安排的随葬品，为我们了解战国、秦、汉时期如何使用和看待文书提供了线索。尽管许多墓葬中的文献与墓主人的身份有关，但要区分放入墓中的文本是为了显示墓主人的博学（不管他生前是否对这些文本产生过兴趣），还是由于墓主人真正的（或出于职业的）兴趣而随葬，[44]有时并不容易。

睡虎地（南郡，今湖北境内）11号墓（未经扰动）的墓葬案例可能就属于后者，与之相关的学术研究成果的数量仅次于马王堆汉墓的。[45]死于约公元前217年的墓主人简直就是被"嵌"在了超过1000枚竹简中，它们主要是法律文书，[46]但也包括两篇关于官员职责的文章、[47]两种日书[48]和一篇编年纪（图3.5）。[49]

这些法律文献特别能补秦国及秦朝制度史之缺，尽管这无论如何都不是完整的秦律，而只是个人（很可能带着个人倾向的）对律文的摘抄，可能用于——若死者曾是教师或低级吏员——教学或参考。学者疑心墓主人是否违犯了围绕着他尸体的那些律条，因为在另外一处墓（龙岗6号秦墓；南郡，今湖北境内）中，遗骸的双脚处摆着更加零散的秦律，似乎正是这种情况。这座墓中不见墓主人的足骨，而出土的文书中包括一份判决书（可能是真实的，也可能是为了在阴间昭雪冤案而伪造的）。判决书要求截去某人（或许是墓主人）的肢体作为对他的惩罚。[50]①

---

① 与所引资料说法不同。

图 3.5　湖北云梦睡虎地 11 号墓。俯视图，显示了浸在水中的墓葬内部，墓主人的尸骸被"嵌"在竹简中。在这种发现中最初排列简序时出现的错误会对这些文本的研究产生长期持续的影响

简帛复原

使多枚简编连而成的文书的编绳一般都已不存,所以这些文书散乱且通常残缺不全。龙岗秦墓的发掘报告第一次提供了每枚简在出土时的原始分布图,且从几个不同的角度(不同分层横截面的俯视图)反映出其位置。[51] 事实证明这种图对于部分文书的复原有着极为宝贵的价值。

幸运的是,张家山(南郡,今湖北境内)247 号西汉早期墓的发掘中也采用了这种细致的做法(图 3.6)。与睡虎地和龙岗秦墓一样,这座墓中亦存有西汉早期律令选本,被称为《二年律令》,由 526 枚简组成。大多数学者认为这里的"二年"为吕后二年,即公元前 186 年。[52] 墓中还另外出土了 228 枚简,其内容是呈供上级官府裁决的一些疑难案例,被称为《奏谳书》,[53] 同出的还有以先秦时期吴国国王名字命名的兵书《盖庐》、[54] 医学论著《脉书》、体操手册《引书》、[55]《算数书》、[56] 一份历谱和一份遣册。[57] 除了遣册之外的所有竹简都被卷成捆塞在木椁的头箱中。虽然编绳已经腐朽,但我们从正式报告中公布的截面图可以看到,各捆竹简大体保持着原来的形状。

然而,有一些竹简被移动了位置,故要把同一条律文的不同部分组合在一起,再和写在分散竹简上的每个律名相对应并非易事,《二年律令》的研究正是因此受阻。此外,在各种论著中,简文和律名的对应关系以及各简中律文的复原顺序各不相同,使这种混乱的局面变得更加严重。遗憾的是,并不是所有的复原都能同等依赖竹简的横截面图。[58]

即使不涉及编连也会遇到类似的复原问题。敦煌(上文已述)悬泉置的墙壁上写有一系列出自公元 5 年诏令的诏条,后来墙壁坍塌,墨迹埋于其下。这些文字——分散于多个碎块上——因此被保存了两千多年。现场的考古工作者最终把这些碎块黏合在一起,使其达到一种近于平滑和完整的表面效果——与早先马王堆帛书的处理方法一致。对马王堆和悬泉置所出文书的修复方法是否正确,学术界仍然没有定论。[59]

3　出土文献：背景与方法 - 135 -

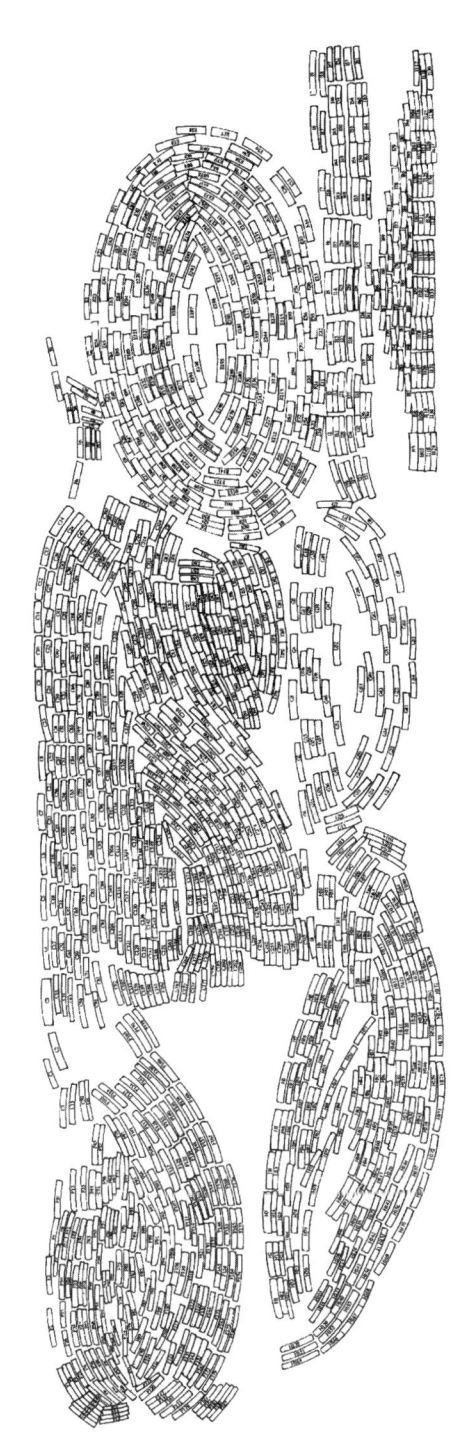

图 3.6　在湖北张家山 247 号汉墓发现的几捆竹简的横截面图。若此类报告准确的话，可使提出或排除文书的不同编连顺序具有坚实的科学基础

地区、时代、墓葬规模和题材

有简帛出土的中国早期遗址大约有150处，相关考古报告的范围和质量差距很大。此外，大多数发现来自抢救性发掘，有时会导向进一步偏颇的解读。[60] 出于这些原因，若依赖一系列随机因素的话，从一开始就将遗址的地理分布与其时代和规模或发现于其中的文书种类相整合，可能不会产生什么有意义的结果。这个基本情况与下面的讨论颇有关系。

最根本的区别在于墓葬和其他类型的遗址之间。后一种类别包括古井（截至目前只在湖南出土过）和建筑遗迹，遗存数量最大的是西北边地的鄣塞。大多数地上遗址发现于西北，这并不奇怪，因为这里气候干燥、人口稀少，自然很适合保存书写在易朽材料上的文书。相比之下，其他地方的建筑遗迹保存下来的可能性就要小得多，更不用说文本的保存了。西北建筑遗址的时代不会早于公元前1世纪早期，这也同样不奇怪，因为直到那时汉朝才进入到这一地区。

墓葬的情况要更复杂一些。在墓葬中放置简帛的做法可能始于公元前5世纪的楚文化区，或者说从目前的考古证据来看是这样。截至现在，所有先秦简帛文献都出自今湖北省以及相邻的湖南北部和河南南部。在这一区域内，江陵（南郡，今湖北境内）形成某种中心，其他墓葬聚集在其周围。这一系列的墓葬在规模上差别很大；简帛文本的内容差别也很大，主要是记录随葬品的遣册，[61] 另外还有占卜、哲学或文学的内容。在所有先秦早期墓葬所见的文书种类中，目前来看只有祈祷文、咒辞和牺牲记录没有出现在后世墓葬中，仅有这一种例外情况。[62]

就目前所知而言，江陵在秦至西汉初期仍然处于中心地位，一直到武帝即位（公元前141年）之初。大约从这时开始，在江陵之外的地方开始有零星发现，特别是甘肃南部。远至山西中部甚至广西南部也有发现。在截至目前仅有的几座已发掘的秦墓（数量太少无法概括）中，尽管大多数规模相对较小，但文本的体量并没有比其他时期的小多少。秦墓中都是些官吏可用来治理辖区的实用性文书：历书、日书、律令和日记，以及地图。还有一篇讲述起死回生的故事也值得注意，让人联想到后世很晚才出现的志怪小说；它发现于放马滩（陇西，后为天水，今甘肃境内）1 号秦墓，时代恰好在公元前 221 年之前[63]——这座墓在别的方面和同时代的其他墓葬相同，墓中所发现的简牍主要是日书[64]和几块绘制在木牍上的早期地图。[65]实用性文本也发现于西汉早期墓中，题材更加多样。其中有与五经相关的文本材料，还首次出现了写给阴司的告地书，而后这类文书越来越多，在高台 18 号墓（西汉早期，南郡，今湖北境内）中就有一例。[66]

阜阳（汝南，今安徽境内）双古堆汝阴侯夏侯灶（卒于公元前 164 年）墓的时代与马王堆汉墓（见本章上文及第 1 章）大致相当，发现的简牍有《诗经》、[67]《周易》、[68]启蒙读物《苍颉篇》、[69]史籍、[70]医方、[71]日书和占卜书以及文学作品。该墓中的文本无疑和马王堆几座墓出土的一样种类繁多，但遗憾的是保存状况差得多。[72]

从汉武帝统治时期开始，一直到公元 220 年东汉灭亡甚至更晚，发现的墓中文书在汉帝国范围内的分布更为均衡，出现了几个区域性中心。这些区域性中心似乎可以依照年代和墓葬类型或者当地葬俗再进一步细分为几组——当然，我们的研究假设可能同样不太成熟。

在这个时间框架内最早（约公元前 100 年）的一批墓葬位于山东南部银雀山及附近地区。一越过现在的省界，在江苏境内的一批墓葬就与之有着明显的区别。江苏的这一批墓葬有几个共同特点：大多数是西汉晚期的中型墓葬，呈东西向放置的外椁内有两具内棺（有一例为三棺）。可想而知，除了少数例外都是夫妻合葬墓。每座墓所出文本的数量都不多，内容则相当整齐划一，尹湾 6 号墓（东海，今江苏境内；见下文）除外。我们——在几乎所有墓中——第一次发现了名刺或名谒（图 3.7）。[73]我们还发现了赠钱的名籍和有关赠钱和财产的预期用途说明。胥浦 401 号汉墓（东海，今江苏境内）出土了第一份详细的遗嘱。[74]

图 3.7　江苏黄石崖 1 号墓所出木质名谒，西汉，长 21.5 厘米、宽 6.5 厘米。这种名谒似乎一般都作木牍形，两面书写。名谒被用来呈递到主人门前，也被放在墓中以体现墓主人的身份。这件名谒正面的文字为"东海太守宝再拜谒"，其左下角有男主人（墓主人）的名字——"西郭"

至少单从所出简牍来说，同属一批的尹湾 6 号墓有其特别之处。简牍上为约公元前 10 年的文本。[75] 除了名谒、两份历谱、一份日记、赠钱名籍以及占卜资料以外，我们还发现了可能是郡级上报于中央的年度统计（上计）材料。材料中包括一个武库兵车器清单，规模大得惊人。[76] 更加令人惊奇的是墓中还出土了一篇早期的赋作，题为《神乌赋》。[77]

除了上文提到的河北八角廊汉墓[78]之外，所发现的西汉晚期到东汉初的简牍集中分布于甘肃、青海东北部和陕西中部。然而，除了武威的一批时代在公元前20～公元88年（已见上述）的简外，其余的看不出有什么共同特点。有两个发现值得一提：上孙家寨115号墓（西汉晚期；金城，今青海境内）出土的兵法残简，[79]和旱滩坡（武威，今甘肃境内）一座信息不明的墓葬中所出的一套医方简，时代在公元25～88年。[80]

此后报道的简牍文本发现数量明显急遽下降，一直持续到东汉末，原因并不完全清楚。我们只知道东汉时期引入了新的葬俗，新出现的砖室穹窿顶墓结构可作为证明。这种墓葬形式可能不像此前流行的竖穴墓一样利于易朽材料的保存。墓葬中的文本——就现存记录来看——于甘谷（汉阳，今甘肃境内）刘氏家族墓中再次出现，时间为公元160年。[81]有意思的是，尽管间隔多年，墓葬中文本的内容依然延续了西汉晚期到东汉早期的趋势。甘谷汉简残损严重，其中包括一份宗正府卿申诉地方官吏侵害刘氏宗亲特权的奏章以及随之颁布的诏书，这让人联想到在武威发现的更早期关于优待老人的诏令。

问题与展望

未来的研究必将致力于把东汉墓葬的文本与同时出现的镇墓瓶和石碑上的文字做比较。最早被发现的简帛文本已经让学者提出了一整套引人沉醉的问题，这些问题直到现在才渐渐有可能被回答。这些问题并不是始于文本内容的解析，而是始于文本面貌和格式的分析。他们又进一步提出了关于文本生成和书写习惯、早期句读方式、[82]书面语和口头语[83]以及其他诸多方面的书面交流问题。[84]除此之外，国际学术界还把注意力集中于怎样在出版物中展示文本（特别是释文）才最好。关于先秦简帛文本的争论尤为激烈，[85]但这同样影响到秦之后文本的释读。总体上来说，参考资料的范围不断扩大，比如全文数据库、古文字字典以及互联网上可利用的各种报告,[86] 为学者们提供了极为丰富的资源,可使他们避开踩过的坑。

注释

1　关于所发现简帛的完整清单和一些参考资料,见 Giele, *Database of Early Chinese Manuscripts*(http://lucian.uchicago.edu/Glogs/earlychina/research-and-resources/databases,检索时间为 2009 年 6 月 16 日)。关于书写材料由简帛向纸张的转变,见 Tsien, *Written on Bamboo and Silk* (2004), Chapter 7; Wilkinson, *Chinese History* (2000), 448。另见 Pian Yuqian and Duan Shuan: *Ershi shiji chutu jianbo zongshu* (2006)。

2　关于对原始文本的质疑,见 Giele, "Using early Chinese manuscripts as historical source materials" (2003), 411-16;关于文本的复原参见本章下文。

3　考古报告见 KG 1960.9, 15-28, esp. 19,22-1, 27;简文见 *Wuwei Hanjian* (1964), and *Hexi jiandu* (2003), 134-7。另参见 Loewe, "The wooden and bamboo strips found at Mo-chü-tzu (Kansu)" (1965), 17-26。

4　*Hanjian yanjiu wenji* (1984), 34-61. 关于批判性的英语研究及翻译,见 Hulsewé, "Han China- A proto 'welfare state'? Fragments of Han law discovered in north-west China" (1987), 265-79。关于 10 支简的顺序和第二批简的真伪的讨论见 Tomiya, "Ōjō jūkan" (1992), 272-3。关于第三批写有类似诏书的残简,见 *WW* 1993.10, 28-33; Li Junming and Liu Jun, "Wuwei Hantanpo chutu Hanjian kaoshu; jian lun 'qiling' " (1993)。

5　Hu Pingsheng, "Xianggang Zhongda wenwuguan cang 'Wangzhang' jian bianwei" (1998). 不清楚这批简是何时在何种情况下出现的。

6　收录未知来源的汉代简牍最重要的著作是 Chen Songchang, *Xianggang Zhongwen daxue Wenwuguan cang jiandu* (2001b)。书中没有香港中文大学所收简牍中与鸠杖有关的简的照片。

7　*Yinqueshan Hanmu zhujian*, Vol. 1 (1985) (以下作 *Yinqueshan*), transcriptions, 3-44; Ames, *Sun Tzu: The Art of Warfare* (1993); Li Ling, *Sunzi guben yanjiu* (1995a)。

8　P'ien Yü-ch'ien, *Yinqueshan zhujian "Yanzi chunqiu" jiaoshi* (2000).

9　这种文献见 *Yinqueshan*, transcriptions, 77-86, 107-25, *WW* 1977.3, 30-6; Wu Jiulong, *Yinqueshan Hanjian shiwen* (1985)。

10　*Yinqueshan*, transcriptions, 45-76;Zhang Zhenze, *Sun Bin bingfa jiaoli* (1984); Lau and Ames, *Sun Pin: The Art of Warfare. A Recently Rediscovered Classic* (1996)。

11　*WW* 1976.12, 36-43; Wu Jiulong (1985), 242-43; Li Xueqin, *Jianbo yiji yu xueshu yuanliu* (2001), 349-50 and 395-7; Tang Zhangping, "Lun Tang Le fu canjian" (1990)。

12　见 *WW* 1974.2, 15-26, esp.19-20;Wu Jiulong (1985), 1-8。

13 《归藏》见 WW 1995.1, 43。另见 Lian Shaoming, "Jiangling Wangjiatai Qin jian yu 'Gui cang'" (1996); Wang Hui, "Wangjiatai Qinjian 'Guicang' jiaoshi (28 ze)" (2003); Li Jiahao, "Wangjiatai Qinjian 'Yizhan' wei 'Guicang' kao" (1997)。

14 例如见 Henricks, "The Ma-wang-tui manuscripts of the *Lao-tzu* and the problem of dating the text" (1979)。

15 通常说所发现的简牍有 10 万枚，但这个数字并不精确，而且已发表的简牍也只占其中一小部分，见 *Changsha Zoumalou Sanguo Wujian: Jiahe limin tianjia"bie"* (1999), Vol. 1, 7–9; and *Changsha Zoumalou Sanguo Wu jian Zhujian*, Vol. 1。关于在走马楼发现的汉代文书，见 Qiu Donglian, "Changsha Wu jian yu Lü Yi shijian" (1999)。

16 这些文书证明秦时设有洞庭郡，见 Li Xueqin, "Chudu Liye Qin jian" (2003), 76–7。

17 *WW* 2003.1, 7, 17–18。目前只发表了几件木牍。

18 关于长沙国相轪侯利仓（或黎朱苍）之子，见 *SJ* 19, 978；*HS* 16, 618。颜师古（公元 581～645 年）认为"轪"读作"大"或"第"。关于爵位"侯"（noble），见本书第 11 章。

19 关于这些文献的专门研究很多，其中的两种见 Henricks, *Lao-tzu Te-tao ching* (1989); and Yates, *Five Lost Classics* (1997)。

20 Shaughnessy, *I Ching: The Classic of Changes* (1996); Hertzer, *Das Mawangdui-Yijing* (1996); Li Xueqin, "Basic considerations on the commentaries of the silk manuscript *Book of Changes*" (1995).

21 Pines, "History as a guide to the netherworld: rethinking the *Chunqiu shiyu*" (2003); Fukushima Blanford, "Studies of the 'Zhanguo zonghengjia shu' Silk Manuscript" (1989).

22 Kalinowski, "The *Xingde* texts from Mawangdui" (1999); 另见 Chen Songchang, "Mawangdui boshu 'Wu ze you xing' tu chutan" (2006)。

23 Harper, *Early Chinese Medical Literature* (1998).

24 Lai Guolong, "The diagram of the mourning system from Mawangdui" (2003).

25 Cao Wanru et al., *Zhongguo gudai dituji: Zhanguo – Yuan* (1990), 4–17 and Plates 20–7.

26 Kondō, "Baōtai Kanbo kankei roncho mokuroku" (1997). 马王堆出土的包括竹简在内的大多数文献已发表于 *Mawangdui Hanmu boshu* (1980–) and in Fu Juyou and Chen Songchang, *Mawangdui Hanmu wenwu* (1992)。另见 *Mawangdui Hanmu yanjiu wenji* (1994)。

27 这座墓（也称定县墓）的墓主人被认为是中山王刘修，他死于公元前 55 年。

28 *WW* 1997.5, 49–61; Ames and Rosemont, *The Analects of Confucius: A Philosophical Translation* (1998).

29 *WW* 1981.8, 13–19; He Zhigang, "'Rujia zhe yan' lüe shuo"；Li Junming and He Shuangquan, *Sanjian jiandu heji* (1990a), 44–50.

30 *WW* 2001.5, 77–86.

31 *WW* 1995.12, 27–40; Ting Yüan-chih, *Wenzi xinlun* (1999). 另见 van Els, "The *Wenzi*: creation and manipulation of a Chinese philosophical text" (2006)。

32 关于这座墓葬（也称定县墓或定州墓）及未公布的古书，见 WW1981.8, 11–13。

33 WW 2003.1, 36–55; Liu Le-hsien, "Huxishan Hanjian 'Yanshi Wusheng' ji xiangguan wenti" (2003b)。

34 *Dunhuang Hanjian* (1991) 重新出版了斯坦因发现的以及截至 20 世纪 80 年代在同一地区发现的竹、木简牍。早期发现简牍的另外一套照片见 Ōba, *Dai Ei toshokan zō Tonkō Kankan* (1990)。

35 照片见 Lao Gan, *Juyan Hanjian: tuban zhi bu* (1957) 第一版或 *Juyan Hanjian jiayi bian* (1980), Vol. 1；释文见 Xie Guihua et al., *Juyan Hanjian shiwen hejiao* (1987)。照片和释文补正见 *Juyan Hanjian bubian* (1998)；英文研究见 Loewe, *Records of Han Administration* (1967)。

36 Shen Zhongzhang et al., "Qiangjiu Juyan Hanjian lixianji" (1986); Fu Zhenlun, "Diyipi Juyan Hanjian de caiji yu zhengli shimoji" (1987); Hsing I-tien, "Fu Sinian, Hu Shi yu Juyan Hanjian de yun Mei ji fan Tai" (1995)。

37 *Juyan Hanjian jiayi bian* (1980),Vol.2. Sommarström, *Archaeological Researches in the Edsen-Gol Region, Inner Mongolia* (1956–8) 几乎没有提供关于简牍的信息。

38 *Juyan xinjian: Jiaqu houguan* (1994). 另外大约五百枚木简见 Wei Jian, *Ejina Hanjian* (2005)。

39 参考 International Dunhuang Project 数据库：idp.bl.uk（检索时间为 2009 年 6 月 16 日）。

40 Hsing I-tien, "Handai biansai lizu de junzhong jiaoyu: du 'Juyan xinjian' zhaji zhi san" (1993)。

41 Sommarström (1956–8), Vol. 2, 260–1, 引用贝格曼（Folke Bergman）的见闻。

42 Shang Binghe, Xiao Ai, et al., *Lidai shehui fengsu shiwu kao* (1991), 289.

43 WW 2000.5, 9, 21–45; He Shuangquan, "Dunhuang Xuanquan Hanjian shiwen xiuding" (2000); Hu Pingsheng and Zhang Defang, *Dunhuang Xuanquan Hanjian shi cui* (2001). 关于在这一遗址发现的壁书，见本章下文。

44 关于在墓葬中放置随葬文书的可能原因，见 Giele (2003), 428–31; Nylan, "Toward an archaeology of writing" (2005), 34–5。

45 *Yunmeng Shuihudi Qinmu* (1981). 文本见 *Shuihudi Qinmu zhujian*(1990) 修订本；相关参考文献分类目录（超过 1000 种），见 Wu Fuzhu, "Shuihudi Qin jian wenxian leimu" (1994)。

46 Hulsewé, *Remnants of Ch'in Law* (1985), review by Yates, "Some notes on Ch'in law" (1987a); 另见 Yates, "Social status in the Ch'in: evidence from the Yün-meng legal documents. Part one: commoners" (1987b)。

47 Chung, "A study of the 'Shu' (Letters) of the Han dynasty" (1982), 413–17; Hulsewé, "The Ch'in documents discovered in Hupei in 1975" (1978), 183–7.

48 系统的概括见 Kalinowski, "Les Traités de Shuihudi et l'hémérologie chinoise à lafin des royaumes-combattants" (1986), and Poo Muchou, "Popular religion in pre-imperial China:observations on the almanacs of Shui-hu-ti" (1993)。日书见 Harper, "A

Chinese demonography of the third century B.C." (1985); and "Spellbinding" (1996)。另外一个主题见 Sterckx, "An ancient Chinese horse ritual" (1996)。

49 Mittag, "The Qin bamboo annals of Shuihudi" (2003).
50 Liu Xinfang and Liang Zhu, *Yunmeng Longgang Qinjian* (1997); Hu Pingsheng, "Yunmeng Longgang liuhao Qinmu muzhu kao" (1996).
51 *Kaoguxue jikan* 8 (1994), 93–5; Liu and Liang (1997), 12–16.
52 关于其他可能的说法，见 Hsing I-tien, "Zhangjiashan Hanjian 'Ernian lüling' duji" (2003), 2–3。另见 Li Xueqin and Xing Wen, "New light on the Early-Han code: a reappraisal of the Zhangjiashan bamboo-slip legal texts" (2001), 134–5, 138; and Miyake, "Chōkazan Kankan 'Ninen ritsuryō' kaidai" (2004)。
53 Li Xueqin, "'Zouyan shu' jieshuo" (1995); Peng Hao, "Tan 'Zouyan shu' zhong de Xi Han anli" (1993); and Peng Hao, "Tan 'Zouyan shu' zhong Qindai he Dong Zhou shiqi de anli" (1995). Lau and Lüdke 所作带注解的译文（英文和德文）即将出版；关于司法程序，见 Lau, "Die Rekonstruktion des Strafprozesses und die Prinzipien der Strafzumessung zu Beginn der Han-Zeit" (2002)。
54 Tian Xudong, "Zhangjiashan Hanjian 'He Lü' zhong de bing yinyang jia" (2002).
55 Gao Dalun, *Zhangjiashan Hanjian 'Maishu' jiaoshi* (1995a) and Gao Dalun, *Zhangjiashan Hanjian "Yin shu" yanjiu* (1995b). 相关内容见本书第 15 章。
56 Peng Hao, *Zhangjiashan Hanjian "Suanshu shu" zhushi* (2001); Cullen, *The Suàn shù shū*(算数书)(2004b).
57 这些内容全部发表于 *Zhangjiashan Hanmu zhujian (247 hao mu)* (2001)。
58 Ōba, "The ordinances on fords and passes excavated from Han tomb number 247, Zhangjiashan" (2001), 139–40; Chen Wei, "Zhangjiashan Hanjian 'Jinguanling' shema zhuling yanjiu" (2003), 30–3; Giele "'Yū' seikō" (2004), 212–15.
59 见 *Dunhuang Xuanquan yueling zhaotiao* (2001)，其中收录了复原不同阶段的照片。
60 Falkenhausen, "On the historiographical orientation of Chinese archaeology" (1993a).
61 遣册经常是所发现的唯一文本，如关沮（南郡，今湖北境内）附近的萧家草场 26 号汉墓；见 *Guanju Qin Han mu jiandu* (2001), 183。（此墓为汉墓，似与正文叙述无关——译者按）
62 简帛文献内容的分类，见 Giele (2003), 435–8。
63 见 Li Xueqin, "Fangmatan jian zhong de zhiguai gushi" (1990) 中有关于墓葬时代的讨论；及 Harper, "Resurrection in Warring States popular religion" (1994); 关于墓葬本身，见 *WW* 1989.2, 1–11, 31。
64 见 *Qin Han jiandu lunwen ji* (1989), 1–28; He Shuangquan, "Tianshui Fangmatan Qinjian zongshu" (1989d); Deng Wenkuan, "Tianshui Fangmatan Qinjian 'yueji' ying ming 'jianchu'" (1990); and Liu Xinfang, "'Tianshui Fangmatan Qinjian zongshu' zhiyi" (1990).
65 He Shuangquan, "Tianshui Fangmatan Qin mu chutu ditu chutan" (1989c); Cao Wanru et al., *Zhongguo gudai dituji*, nos. 4–19.
66 *Jingzhou Gaotai Qin Han mu* (2000), 222–9, color Plate 20, black-and-white 34. 这座

墓中所出的一件木牍上标明的时间为公元前 173 年。关于这类文书后来的发展情况，见 Seidel, "Geleitbrief an die Unterwelt Jenseitsvorstellungen in den Graburkunden der späteren Han-Zeit" (1985)。

67　Hu Pingsheng and Han Ziqiang, *Fuyang Hanjian Shijing yanjiu* (1988a)。

68　Han Ziqiang, *Fuyang Hanjian "Zhouyi" yanjiu* (2004); Shaughnessy, "The Fuyang *Zhou Yi* and the making of a divination manual" (2001)。

69　*WW* 1983.2, 24–34; Hu Pingsheng and Han Ziqiang, "Cangjie pian de chubu yanjiu" (1983); Greatrex, "An early Western Han synonymicon: the Fuyang copy of the *Cang Jie Pian*" (1994)。

70　Hu Pingsheng, "Some notes on the organization of the Han dynasty bamboo 'Annals' found at Fuyang" (1989)。

71　*WW* 1988.4, 36–47, 54, Plate 2；Hu Pingsheng and Han Ziqiang, "'Wanwu' lüeshuo" (1988a)。

72　关于墓葬及未公布简牍的简介，见 *WW* 1978.8, 12–31; *WW* 1983.2,21–3。

73　Liu Hongshi, "'Ye', 'ci' kaoshu" (1996). 在安徽南部、湖北东部和江西北部的许多两汉之后的墓葬中，除了遣册之外，发现的简牍文本只有名谒。参见如 *KG* 1980.3, 219–28, Plates 11–12。

74　*WW* 1987.1, 1–19; Chen Ping and Wang Qinjin, "Yizheng Xupu 101 hao Xi Han mu 'Xianling juanshu' chukao'" (1987). 英文翻译及讨论见 Hinsch, "Women, kinship, and property as seen in a Han dynasty will" (1998)。

75　见 *Yinwan Hanmu jiandu* (1997) 及 *Yinwan Hanmu jiandu zonglun* (1999)。

76　MG, 38–88. 另见 Liao Po-yüan, *Jiandu yu zhidu: Yinwan Han mu jiandu guanwenshu kaozheng*(1998); Hsing I-tien, "Yinwan Han mu mudu wenshu de mingcheng he xingzhi: Jiangsu Donghai xian Yinwan Han mu chutu jiandu duji zhi yi" (1997); Ji Annuo, "Yinwan xin chutu xingzheng wenshu de xingzhi yu Handai difang xingzheng" (1997)。

77　Van Ess, "An interpretation of the *Shenwu fu* of Tomb No. 6, Yinwan" (2003)。

78　见本章注释 27。在北京发现的另一座皇族墓的时代大致相当，墓中只发现了一枚竹简；见 *Beijing Dabaotai Han mu* (1989)，Plate 18。

79　*Shangsun jiazhai Han Jin mu* (1993); Chen Gongrou et al., "Qinghai Datong Ma Liang mu chutu Hanjian de zhengli yu yanjiu" (1987). 部分内容的英文译文见 Hulsewé, "Qin and Han legal manuscripts" (1997), 211–12。

80　*Wuwei Handai yijian* (1975); Zhang Yanchang and Zhu Jianping, *Wuwei Handai yijian yanjiu* (1996); Luo Fuyi, "Dui Wuwei Han yiyao jian de yidian renshi" (1973)。

81　没有已发表的发掘报告。关于简文的简介、录文及详细解释，见 Zhang Xuezheng, "Gangu Han jian kaoshi" (1984)。

82　Guan Xihua, *Zhongguo gudai biaodian fuhao fazhan shi* (2002)。

83　比较突出的有 Kern, "Methodological reflections on the analysis of textual variants and the modes of manuscript production in early China" (2002), and Venture, "L'Écriture et la communication avec les esprits en Chine ancienne" (2002)。

84　Giele, "Signatures in early imperial China" (2005).

85　Allan and Williams, *The Guodian Laozi* (2000); Richter, "Towards a profile of graphic variation: on the distribution of graphic variants within the Mawangdui *Laozi* manuscripts" (2005).

86　最全面的简帛释文全文资料库是 *Jianbo jinshi Database*，包括其参考文献。权威的古文字字典见 Chen Jiangong and Xu Min, *Jiandu boshu zidian* (1991)。两个比较活跃的网络论坛为 *Jianbo yanjiu* 和 *Jianbo*。

4
边远地区的考古发现[*]

艾素珊（Susan N. Erickson）、李成美（Yi Sŏng-mi）、戴梅可（Michael Nylan）

中国与亚洲其他势力的官方往来，大多始于公元前 2 世纪中期，随着汉武帝（公元前 141～前 87 年在位）时期国力逐渐强盛而展开；然而，人员、物品和观点的流动可上溯至几百甚至上千年以前。与中国考古工作所揭示的相比，"古代世界的互相交织确实要紧密得多"。[1] 举几个例子来说，马车是在公元前 13 世纪之前经中亚被引进到中国的；希腊织物至少公元前 3 世纪时就已经到达今天中华人民共和国境内的一些地方，而在南西伯利亚和地中海地区发现的中国丝绸也可大概定于此时。[2] 秦始皇吞并了周边强国燕、赵、齐、楚，使得秦在公元前 230～前 221 年与有着不同组织方式和丰富审美传统的其他社会有了直接接触。[3] 秦朝灭亡后，由冒顿创立的第一个匈奴政权（公元前 209～前 174 年）迫使汉朝与一个在各种资源方面足以和汉抗衡，且在整合各种血统的种族方面尤为成功的势力对峙。[4] 作为回应，在公元前 133～前 107 年以及之后的东汉前期几位皇帝在位时强硬政策的影响下，汉朝在今天属于朝鲜、越南和中华人民共和国几个自治区的范围内设置了官府。然后，魏（公元 220～265 年）、晋（公元 265～420 年）的统治者们都把这些广阔区域视作自己所继承遗产的一部分，试图尽最大可能保持对这些地区的影响，而后者还与北边的翟（或狄）和戎通婚。[5]

---

[*] 丁爱博（Albert E. Dien）对本章一些部分的撰写给予了慷慨的帮助，两位编者对此表示感谢。

虽然一些早期记载和现代资料从社会、政治、经济组织等方面强调中原地区前后接续的诸多政权与其周边政权的差别，但考古成果表明，频繁、多样、复杂和密切的相互交流存在于许多贸易通道上，这些贸易通道及其他周边区域现今被称为"丝绸之路"。[6]然而，在公元前3世纪各早期社会之间并不陌生这一点，无法解释在汉代人们无意于（对我们来说挺奇怪的）通过传统文献和视觉手段来强调民族身份，[7]也无法说明汉代贸易联系的建立和重建之快。[8]在此讨论的每个政体——包括战国时期的中原各国——似乎都在其领土范围内容纳了特别重要的经济、社会和种族的多样性以及把不同共同体编织成互相依存的网络的多样化的政治和商业安排。[9]这一时期的工艺品和建筑常常表现出一种超越对外来物的简单模仿以迎合本土异域风情审美的欲望，而想让部分外来文化的美学语汇融入鲜明的本地和本民族传统。[10]

　　本章采用汉代三种正史的编纂体例，考察了东北、西北、西南和东南四个主要区域考古工作的最新研究成果。遗憾的是，目前对这些地区进行整合性和理论性研究的条件还不成熟，其原因主要是每个区域内部种族、文化和气候的微观多样性；每一区域成套的大型数据的普遍缺失；比较不同地区、文化和时段所能用到的数据的巨大的数量差异；针对这些区域的大多数研究还十分初级（更不用说对特定遗址和器物的时代和属性存在激烈的争论）；[11]以及缺乏关于在远离早期帝国宫廷之地居住人群的社会组织的可靠信息。[12]

东北，以乐浪为研究重点

　　公元前108年，汉朝的水陆大军击败卫满之孙、卫满朝鲜（Wiman Chosŏn）的统治者右渠（Wugǒ）的军队；而后，汉朝在右渠旧地建立了乐浪（Nangnang）、真番（Chinbǒn）和临屯（Imdun）三郡。第二年，汉朝又在同样位于汉江北边的濊（Ye）设立了第四个郡玄菟（Hyǒndo）。[13]公元前82年，汉朝撤销真番和临屯两郡，使之分别并入乐浪和玄菟。公元前75年，玄菟的郡治迁到兴京，原来属临屯的地盘归乐浪管辖。大约公元204年，辽东公孙氏独立，在乐浪之南原属真番的地方新设立了带方（Taebang）郡。尽管这四个郡在表面上和汉朝统治下的其他郡相似，却保留了当地旧有的国邑或族邑、渠首或君长、俗律或纪律等统治体系。[14] 值得注意的是，汉朝统治者并未采取有时在其他地区施行的措施来强制要求这些郡的移民人口迁入或迁出。[15] 然而，玄菟和乐浪的汉朝官吏遵照汉朝的制度在当地设县并登记人口。[16] 上述这些统治措施变化的全部或部分可能是由"强盛而近乎自治"的高句丽（传统上认为存在于公元前37～公元668年）的扩张而引发的。[17] 乐浪郡存在了近420年，最终在公元313年为高句丽所攻下。大约在同一时期，带方郡消失，同时朝鲜半岛西南部的百济（传统上认为存在于公元前18～公元660年）向北扩张。[18]

除燕以外，与东北区域物质文化有关的考古和文献资料相当丰富。与文献资料相比，我们对乐浪历史和文化的理解更多地依赖新近的考古成果。从20世纪早期以来，学者们一直在试图确定汉朝乐浪郡治的确切位置。最近学者们一致认为乐浪郡治位于今平壤附近，在这里发现了铺有地砖的大型土城。[19] 在这一地区发现的2000多座墓葬也可以支持这种说法，考古人员从这些墓中发现了带有"乐浪富贵"字样的瓦当、上有"乐浪太尹"铭文的印章，还有一枚文字内容为"夫租长印"的铜印。[20] 在今天平壤附近出土的器物数不胜数，证明了乐浪郡的繁荣，看上去乐浪对中原文化向我们现称朝鲜半岛地区的传播一直发挥着作用。然而，在汉朝统治下的最初几个世纪的墓葬中，所发现的器物上还保留着当地人的文化特征。和中原地区典型的墓葬相比，乐浪的木椁墓出土的武器、车马器较多，而钱币、陶罐和陶俑较少；不光如此，考古工作者在墓中还发现了较为细长的铜戈和铜矛，其形状与乐浪郡设置前所使用的相一致。[21]

对于汉朝治下乐浪的墓葬结构所体现出的意义，现在还没有一致的意见。尽管有一定差异，但当时在乐浪主要存在两种墓葬结构，即中原的和当地的。有些学者在判断墓葬的时代时主要依赖所出的随葬品，而其他学者则认为，与墓葬的时代相比，墓葬中的器物和墓葬结构与墓主人身份的关系更加密切。[22] 尽管如此，许多学者还是认同下面的墓葬结构顺序，认为大体上接近墓葬时代顺序。[23]

1. 单葬木椁墓（*mokkwak-myo*）。先在垂直的土圹中放置由木板筑成的木椁，木椁内放木棺。随葬品被放在木椁内和木椁旁的墓穴中。

2. 不用木板而用三角形木料筑成的木椁墓（*Kwitŭl mudŏm*）。[24] 有时候这类墓为双人葬或三人葬。这类墓的时代被定为公元前1世纪后期，墓中来自中原的随葬品一般较多。

3. 砖筑坟（*chŏnch'uk-pun*）。这种墓的入口为半地下的水平或斜坡门道，有一个或两个墓室，一边或两边有侧室，穹窿形墓室顶。墓中的随葬品是用微缩的明器替代真物。尚不清楚这种墓出现的确切时代，但许多学者认为是在公元2世纪下半叶到4世纪中期。显然在乐浪消亡后这种墓还在继续修筑。

特定墓葬的时代上限可以由带铭文的随葬品来确定（见图4.1～4.6）。约67件乐浪所出漆器的铭文上的时间将墓葬限定在公元前85～公元102年。[25] 还有一些砖上铭文的时代在东汉末到西晋（公元265～315年）。这些墓中出土的汉代铜镜对粗略确定年代也有帮助，陶器器形的演变同样有此作用。[26] 一组精选的乐浪出土器物（见图4.1～4.6）可以体现出当地人在制作或获取金属器、漆器和水晶制品时对高标准工艺的期望。这些考古遗存表明在我们回顾的时代，亚洲大陆东部、中部，也许还有日本列岛之间已经很好地建立起了贸易联系。

前面的简单介绍回避了这样的问题，即乐浪的统治者（应该来自中原）和当地民众之间的关系到底是怎么样的。当地民众似乎曾经抗拒过中央政府施加的规范性统治结构。若非如此，很难解释该郡在统治监

图 4.1 镶嵌绿松石的金带扣。平安南道，大同郡，石岩里 9 号墓。长 9.4 厘米。据墓中漆器铭文可知其时代为公元 1 世纪早期。这件金带扣不同寻常，与其他器物一起出自 9 号墓，该墓为单葬的 *Kwitŭl mudŏm* 式墓。最初带扣上镶嵌有 41 颗绿松石，现在仅存 7 颗。其表面上精巧的龙的图案（1 条大龙、6 条小龙）是用焊珠掐丝工艺精制而成。如此高质量的金器在中原任何地方还没有被发现，而在新疆焉耆博格达老城发现的一件带扣与之相似。这座墓中的随葬品很多，墓主人可能是一位高级官员。

图 4.2 青铜博山炉。平安南道，大同郡，石岩里 9 号墓。高 20.3 厘米，直径 21 厘米。这件博山炉为典型的汉代中型香炉，有圆形承盘，炉柄为立鸟踏龟形。炉盖镂空，作博山形，博山为神仙所居

图 4.3　神仙瑞兽纹青铜镜。今平壤贞柏洞 3 号墓。直径 21.5 厘米，厚 0.5 厘米。这类铜镜出现于东汉，一直延续到晋朝。镜上铭文共 56 个字（见 Yi Yŏnghun and O Yŏng-ch'an, *Nangnang: The Ancient Culture of Nangnang*, 92）。乐浪出土的铜镜时代跨度大、种类多样，说明它们可能来自全国各地

管方面为适应当地而做出的调整，除非如研究证明的，乐浪郡最主要的价值不是军事或政治上的战略地位，而是通过贸易带来税收的能力。在乐浪墓葬中发现的汉代铜镜造型极为多样，显示出地方长官的富有与教养。特别值得一提的是，石岩里（Sŏggam-ri）9 号墓出土的漆器、铜镜和车饰，体现出的工艺水平与中原地区一些重要的墓葬不相上下，这些器物进一步说明了乐浪对京城风尚的认知度。上述事实让我们不禁要对大约生活于王莽新朝（公元 9 ~ 23 年）的石岩里墓主人的社会政治身

图 4.4 杏叶状动物纹银坠饰;共有 12 件,为马饰上的银坠。石岩里 219 号墓,该墓为 *Kwitŭl mudŏm* 式墓。长 13.3 厘米。公元前 1 世纪中期。坠饰使用了锤鍱工艺,形成浮雕的动物纹效果。最初每件坠饰在圆孔内镶嵌有 6 颗圆形玛瑙。与乐浪发现的其他图案一样,这种动物纹样证明了乐浪与匈奴或今中国东北地区之间的联系

图 4.5 "彩箧"。平壤附近南井里 116 号墓。箧盖尺寸：高 9 厘米，长 39.1 厘米。公元 3 世纪以后。这件异常精美的彩箧出自另外一座 Kwitŭl mudŏm 式木椁墓，这座墓现在被称为"彩箧冢"。"彩箧"最初被认为是东汉之物，现在根据同一墓葬出土的陶器来认定，时代要晚一些。彩箧上人物的动作、表情和姿态在各组人物之间营造出一种空间感，人物旁边的文字标明他们都是孝子的典范。人物身上的服装与同时期丝质衣服的样式相同。这件彩箧展现了这一时期最为精美的中原风格人物彩绘之一

份产生疑问。

无论如何，乐浪郡和带方郡存在了几百年，确保了中原和高句丽的文化互动即使在公元 313 年以后还在持续。安岳（今属黄海道）3 号墓可以提供一条证据，根据写在一面墓墙上的 68 个字的铭文，这座墓葬的时间可被精确地定在公元 357 年。最初墓主人被定为佟寿，为慕容鲜卑治下前燕（公元 334～370 年）的一位高级官员，后来逃亡到了朝鲜半岛，[27] 这一说法在其后十年间为许多朝鲜及韩国的学者接受。然而，自 1959 年，即该墓发现十周年之后，朝鲜学者更愿意把墓主人定为美川王（公元 300～331 年在位），而后又认为是故国原王（公元 331～371 年在位）。[28] 然而，这不能令人信服，因为安岳墓中壁画的特点与同时期的中原造型风格更为接近，而与其他高句丽墓葬的风格相去较远。[29] 安

图 4.6 石岩里 219 号墓出土的串饰，最大的一颗直径 2.1 厘米。公元前 1 世纪中期（？）。串饰中混合了水晶珠、玛瑙珠和琥珀珠。水晶珠被切割成 12 面体，其他材质的珠子大多数为圆形。在伽倻王国的几座墓中发现的水晶珠多于 12 个面，说明当时乐浪可能和现在朝鲜半岛的最南端存在联系

岳墓葬的墓主人肖像和安平县（安平国，今河北保定南部）逯家庄一座公元 176 年的墓葬中采用的风格相似。[30] 安岳 3 号墓位于旧带方郡境内，很可能是一位郡守的最后安息之地。[31]

西北

被认定所属为"匈奴"的遗址集中体现了西北考古的风险，也体现了其希望。学者认为属于匈奴的有四种考古遗存：普通墓葬，周围聚集着多达 250 座附属墓的匈奴贵族墓葬，带有版筑夯土墙的村落，以及军事要塞。鉴于中国正史中与匈奴有关的记载内容较为丰富，期待通过对这些遗址的考察能得出对于古老过去的新的重要见解。然而，目前考古

工作者和历史学者始终纠结着一个谜题：据说因为一系列自然灾害和匈奴的南北分裂（公元49年），在东汉最初几年匈奴势力大为削弱，而恰恰在这个时候最为宏伟的匈奴首领陵墓出现了，匈奴的金属加工工艺也达到高峰，或许匈奴城镇在当时也最为集中。[32]

无论其中的器物多么华美，匈奴遗址中的发现所带来的轰动远不如西北考古的"代言人"所带来的：今新疆维吾尔自治区尉犁县营盘附近的15号墓发现了部分干缩的男性尸体（彩图12），该墓地被普遍认为是20世纪罗布泊附近最令人兴奋的发现。死者身着双面罽袍（外为红地，里为黄色），双面均绣有成排的两两相对的裸人及动物图案；其肥大的绛紫色裤子上有精美的彩绣；面覆贴有金箔条的彩绘麻质面罩，头枕迷人的鸡鸣枕；双手套丝质的有羊毛衬里的袋子（金饰更多），脚穿精美毡袜；腰系帛鱼和香囊。尸体由黄绢包裹，置于绘有互相勾连交叉的花草纹的木棺中，棺外覆盖狮纹毛毯。因为尸体腐朽，无法确定身份，而当地的考古人员认为死者可能是一个"来自西方"的富商，年龄介于二十岁和三十岁之间。营盘曾位于沿塔克拉玛干沙漠北缘通往楼兰——自汉到魏晋西域的主要治所——的要道之上。15号墓中的随葬品有精美的服装、织物、珍珠和珠宝，但缺乏其他陪葬品，这使它与附近的贵族墓显得不同。[33]

15号墓是自1901年3月瑞典探险家斯文·赫定"发现"楼兰以来，在这一地区所发现的300多座保存较好的大型墓葬之一。在楼兰古城周边或者城墙之内，有一座官府岗哨、一座三间的房屋、平民住宅、一座早期佛塔及灌溉过的农田和果园遗迹。考古工作者在当地许多墓葬中发现了带有罗马、希腊、波斯和中国特征图案的织物以及被称为"波斯－安息"风格的玻璃器皿，这些物件都提醒我们古楼兰（在公元前78～前77年改名为鄯善）在公元前2世纪至公元4世纪是一个中心枢纽。[34]那么，这个繁忙的中心为什么突然就从史籍中消失了呢？1905年，美国探险家E.亨廷顿认为楼兰城的废弃是由于罗布泊缩小而不能再支撑这一地区所致。最近，王炳华把楼兰的消亡和人类活动的诸多因素联系起来，而这些因素结合在一起对环境造成了不利的影响：由军事屯田对当地资源的消耗引发的森林砍伐；在上游修筑的水库分流了古楼兰的水源；以及在公元4世纪时主要的商业和军事中心北移到了高昌（今吐鲁番），断了楼兰居民的财源，使得他们无法再维持其灌溉系统。[35]

在楼兰西南约510公里的尼雅为古精绝国遗址，精绝国在东汉为鄯善所吞并。此地曾经有郁郁葱葱的杨树、柳树和桑树的树林，从北到南将其分隔为六个区域，每个区域都有自己的居民区、手工作坊、窑炉或者冶铁作坊。精绝和楼兰一样，是"各种文化的交会点"，[36] 然而，在这里发现的文书中佉卢文[37]木简所占比例较高（有的封检还保存完好），这说明其与西亚的联系比与东亚的更为密切；尽管在尼雅发现了时间被定于约公元200年的织锦护臂，上面织有祝福语，用汉字直白地宣称"五星出东方利中国"（图4.7）。[38]

往西北方向，在今吐鲁番以西约10公里处，交河故城遗址——坐落于高原之上，俯瞰着两河交汇处，最初属姑师（后来分裂为车师八国），而后又属高昌——最终占据了一大片地盘（约22万平方米）（见图4.8）。交河城是用"减地法"构筑起来的，即从外部防御墙体的基部取土用于增高墙体。交河城易于防守，规划合理。宽阔的大街把城区划分为农业场所、商业场所、工场、手工作坊、宗教场所（共有约14处佛教场所，据信时代为东汉），还有官府等各自不同的区域。交河城的地理位置优越，水源充足，富庶繁荣，所以不可避免地成为汉与匈奴为了利益而控制贸易通道的必争之地，这就致使交河的统治者们别无他法，只能依附一方而和另一方对抗。[39]对交河的历史考察一番就可以发现，为了保护当地民众而采取的防卫措施，会把资源集中于一个孤立的区域，这就使其受到攻击时越来越脆弱。（交河城从汉到晋的富庶程度，从1996年在交河附近发掘的一座竖穴墓中可见一斑。该墓出土了许多令人惊叹的金、铜、铁等金属器物，据说为当地制作。[40]）

尽管《汉书·西域传》等文献资料把非汉民族描述为具有单一特征的种群，比如说"匈奴……无城郭常居耕田之业"，考古发现却证实了当地经济的混合特征，其门类有放牧、贸易、采集、定居的手工业和灌

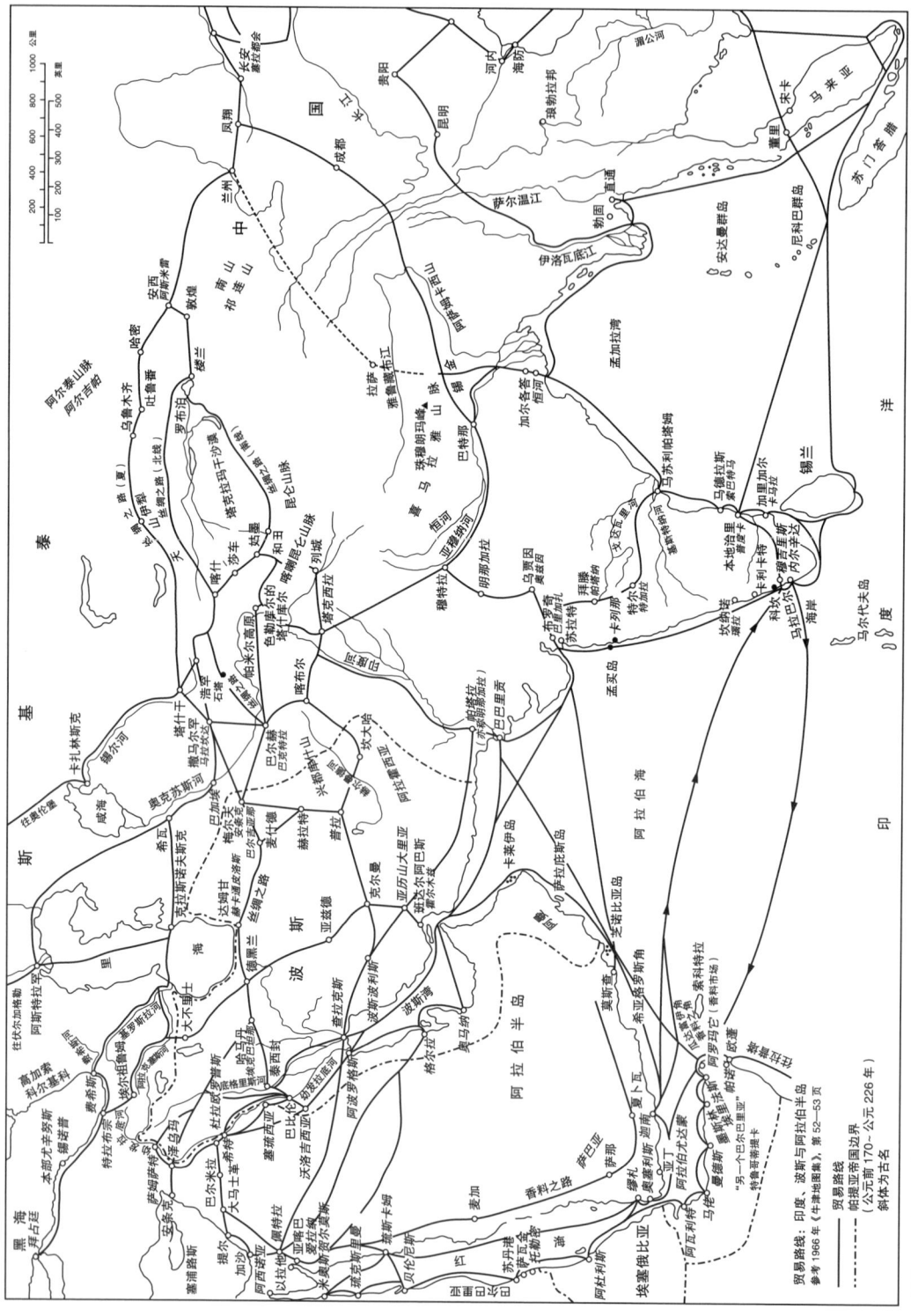

地图 1　亚洲贸易线路

图4.7 织锦护臂或臂章（？），织有文字"五星出东方利中国"。宽18.5厘米，长12.5厘米。西晋。民丰县尼雅8号墓出土。据《史记·天官书》第1328页，天的西方、北方为阴，东方、南方为阳，与中国相应[1]

图4.8 交河。关于交河的认定，见 Hulsewé, *China in Central Asia* (1979), 183, n. 619

---

[1] 所引《天官书》此处未见所谓天之阴阳划分。

地图 2 新疆交河故城，主要时代为汉到唐。该城毁于 1383 年

图 4.9 不明物品，所谓的"蛮币"（可能为金属饼或印信）。此物来自大英博物馆（伦敦），但在中国也发现了百十来件，其上通常有代表吉祥的龟、龙或马的图案。学界将它们与汉武帝（公元前 141～前 87 年在位）时发行的"白金"三品（银锡合金）相联系，因为它们的重量与记载中的这类货币大致相当，但大多数为铅制，少数为铜制。此外，铭文内容可能仿自汉武帝时期的希腊钱币，因为币面上的 basileōn（可能是套语 basileōs basileōn，即"万王之王"的缩写）也出现在阿富汗和巴基斯坦所发现的公元前 1 世纪钱币上，不过铭文中这种特定的弯曲铭刻和这个套语的组合要到公元 1 世纪才出现，那是汉武帝之后两百多年的事了。鉴于这些歧异之处，这些所谓的"钱币"也许是专为丧葬或祈福而制作的。此条说明在撰写时承蒙大英博物馆的乔·格里布的帮助。关于其他类型的例证和图形，见 Dang Shunmin, "Wai wen qianbing xin tan" (1994); and Zhang Liying, "Tan dui 'bai jin san pin' de renshi" (1994)

溉农业，这里列举的遗址中就可以看到明证（见图 4.9）。[41] 这样一来，认为汉文化圈对"蛮夷"单向施加影响，并使他们受益于定居农业和城镇发展这一假设已不再适宜，通过比对相关地区的墓葬中的壁画，就可以说明这一点。

西南

在中国西南地区（今四川、云南、贵州）的考古发现记录了当地的乡土风情和社会习俗，还证明了这一地区与更往南、西、西北和东北地区的联系，如其所示，其中包括东山文化和斯泰基（人）的世界。[42] 在过去的二十多年间，在中国主要的考古期刊上发表的大多数论文与云南滇池周围的汉代遗址有关，这些遗址被集体判归于滇文化。[43] 于 1959 年发表的惊人的石寨山考古发现引起了相当多的关注。[44] 2004 年在北京的中国国家博物馆举办的一场展览，同样聚焦来自滇文化墓葬的云南器物。[45] 截至目前我们所能看到的证据限于滇人墓葬中所出，所以我们对这种文化的认识还不完整。迄今为止，我们只知道滇人和中原人在很多方面都不同，但有一点非常相像：他们也会在墓葬中放满多种多样的物品，因此发掘的墓葬每有增加，都会让学者们对滇文化丧葬习俗的一些方面有更深入的理解。然而目前，即便是滇文化的时代都还是个有争议的话题，因为学者仍对哪种信息更加有效持不同的意见：是数量有限的碳同位素标本，还是器物的类型学和风格上的研究。[46] 当然，这些遗址的地理分布以及滇文化对周边地区的影响及其所受影响的程度依然有所记录。

因为滇文化没有自己的文字，对这些墓葬的解读在很大程度上依赖汉代这一地区居民的记载、汉代以后详细记录当地风俗的文献，以及现代田野考古。[47]《史记·西南夷列传》在开头写道：

    西南夷君长以什数，夜郎最大；其西靡莫之属以什数，滇最大；自滇以北君长以什数，邛都最大：此皆魋结，耕田，有邑聚。[48]

这段简略的描述已经被当地墓葬中的陪葬品所证实，其中包括同样发式的俑、丰富的农具和建筑模型，这样的组合反映了社会的分层和跨文化的交流。

晋宁石寨山 6 号墓中的陪葬品相当丰富，可能提示了中原与滇的相互交流情况，因为墓中发现的一枚金印——印文为"滇王之印"——看样子应该来自汉朝朝廷。[49] 此外，6 号墓中尸体由玉面罩和玉衣覆盖面部和胸部，类似于某些汉朝王侯尸体的衣着（图 4.10，可对比上文图 1.32、1.33）。在其他几座豪华的滇人墓葬中，尸体上也覆盖着由绿松石、玉、玛瑙或金珠做成的衣物，说明在滇人统治者中，用珍稀材料来装殓遗体是一种通常的做法，这或许是受了中原文化的影响。[50] 于许多

图 4.10 面罩及胸部玉柙。云南晋宁石寨山 6 号墓

豪华墓葬中发现的铜鼓和桶状贮贝器[51]在汉墓中没有被发现，但它们却与越南北部的东山文化有明确的联系。尽管早在公元前二千纪晚期就已经存在跨地区的贝币流通网（比如在四川三星堆遗址曾发现了贝币，那里距离海洋相当之远），但这些器皿无疑仍是特享物品。与汉墓中随葬青铜器数量的下降不同，滇人滇文化墓葬中持续保有丰富多样的青铜铸物。与汉人青铜铸工一样，滇人也用块范法和失蜡法铸造器皿，铸成后也同样使用錾刻、镶嵌、镀金等工艺。[52]

铜鼓和贮贝器的顶面装饰着异常细致复杂的立体人物形象。各种队列、典礼、狩猎、纺织生产等景象已被用来解读滇人社会中的声望和性别地位。[53]人物面部特征、发饰、衣服和饰品上精致细节的铺陈，为这一早期时段所独有。有一些场景也包含了建筑，比如石寨山12号墓中出土的贮贝器上（图4.11）：建筑由圆柱撑起，房顶呈陡峭的斜坡状，屋脊伸出墙面之外，这些都是该地区典型的建筑形式。伸出的屋檐遮住一排鼓，另外有几只大得多的鼓分布在房屋周围的人群之中。类似的场景揭示出在墓葬语境之外鼓的重要性，[54]也揭示出滇地正处于文化交流的节点之上。

2004年北京的展览中最受关注的是青铜器，包括兵器、农具等，同时也展示了一些银、金、漆木、髹漆陶器等材质的滇文化的精美器具（图4.12、4.13）。一些木质漆器在羊甫头（昆明）113号墓墓室下的腰坑中被发现。[55]有一件是一个头顶小型鼓形器跪在鼓上的女性形象（图4.14）。一只有蹄子的动物的腿从鼓后部凸出，正像一个把手。同类型的其他器物用动物（鸟、野猪、兔子或鹿）来替代带鼓女人的形象，有些还用阳具形的柄来取代动物的腿。发掘报告提示说这些可能是礼仪用具，这无助于阐明这些罕见器物的原始用途。可以理解的是，滇文化研究的一个重要方面集中于各式各样的表现动物互动与厮斗的图案（图4.11、4.12），[56]因为滇文化的图案和几种草原民族工艺品上的动物主题相类似，这让一些学者设想在这些遥远的区域之间有持续的（直接或间接的）联系。

图 4.11 青铜贮贝器，高 53 厘米。晋宁石寨山 12 号墓。房屋内有一个坐着的人物形象，比其他人大一些，是注意力的焦点。房屋周围有多种活动场景，包括屠宰动物、器乐演奏、盘在柱上的蛇，还有一个被绑在柱子上、可能即将被当作祭品的裸体男人

图 4.12 扣饰。晋宁石寨山 71 号墓。长 14 厘米，高 5.4 厘米。青铜鎏金，图案为两猛虎和一蛇在袭击野猪

图 4.13 扣饰。长 10.1 厘米，宽 4.2～6.1 厘米。晋宁石寨山 7 号墓。银错金，镶嵌琉璃和绿松石。该扣饰的主要装饰图案是一只翼虎

4　边远地区的考古发现 - 167 -

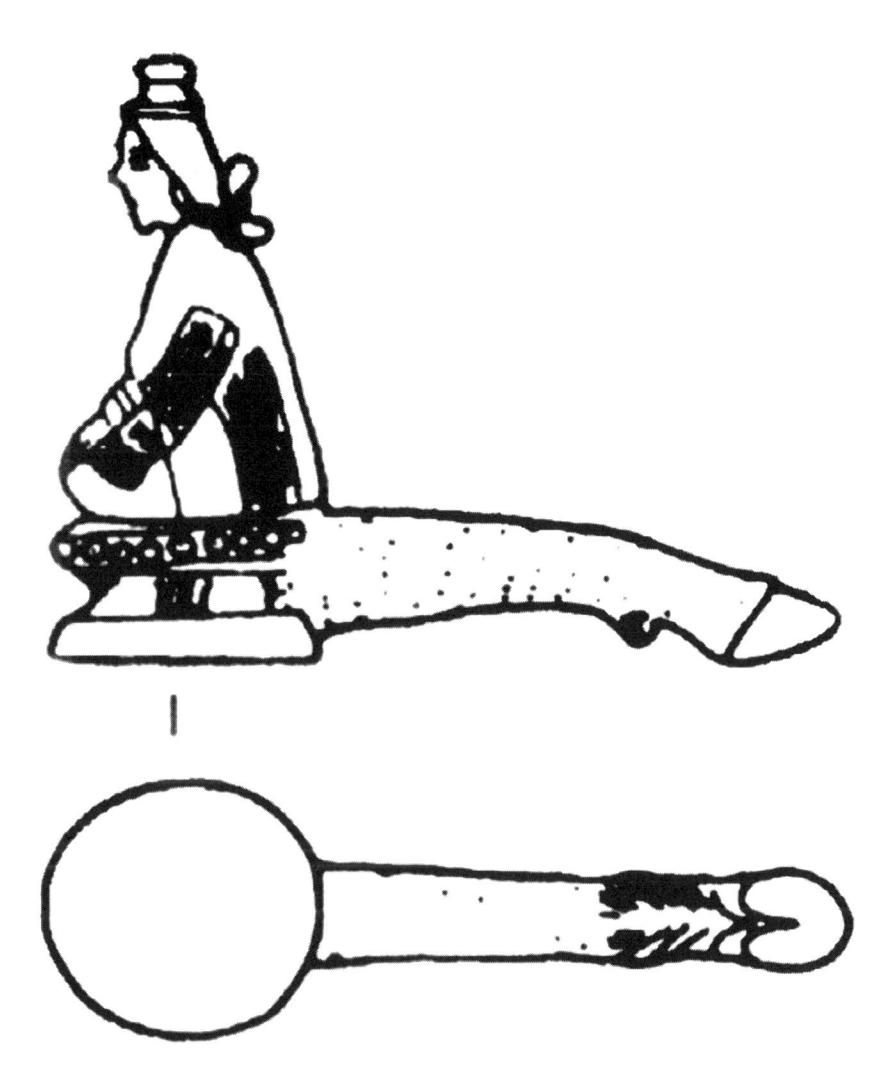

图 4.14　跪在鼓上的女人，侧视图；鼓柄作动物腿形，作用不明。昆明羊甫头 113 号墓。木漆器，长 24.8 厘米，高 18.8 厘米

图 4.14 续图

在这一点上可通过图片展示的物品数量不多，但仍然能体现出滇人墓葬出土物品的材质是多种多样的。滇人很明显和西北地区及中原地区的族群有联系，尽管如此，滇地出土的绝大多数器物显示着滇文化的鲜明特色。

东南

早期史书认为秦汉帝国的最南部是楚和越，这一地区后又被称为岭南（"岭"指从湖南衡山南麓东到大海的山脉）。[57] 在《史记》的作者看来，这一地区地广人稀，居民主要以稻谷和水产为食，可能还处于"火耕水耨"的阶段，不从事商业、金属制造或精耕细作的农业，没有太多的财富积累。[58] 在公元220年汉朝灭亡后不久，薛综，一个新兴国家吴国的官吏，在上疏中贬低这些南方人的生活方式和语言，说他们比之于人更类禽兽。[59] 现代考古学则呈现出比这复杂得多的画面。

秦朝在岭南设置了南海郡、桂林郡和象郡。[60] 从大约公元前210年一直到前112年，南越王国（公元前203～前111年）统治了岭南大部分地区；南越王出身于今河北的赵氏，其都城设在番禺（今广州）。[61] 北方帝国非常缓慢地意识到平定岭南所能带来的战略和经济上的利益，因为公元1～2年之前，在这一地区仅仅设立了9郡共55县。[62] 各郡所行使的权力必不能遍及全境。公元1～2年，汉朝派遣官吏控制了交通要道，设置两个盐官，还安排了两个负责准备珍稀食料的羞官。在东汉（公元25～220年）最初几十年中，苍梧和交趾的官员为讨好朝廷，将犀角、象牙、玳瑁、奇瓜异果等珍品送往洛阳——这些物品本身很稀有，同时也是汉朝统治的象征。[63] 可是，就我们所知的情况来看，北流（旧合浦，今广西境内）的一个冶铜作坊并没有反映出有汉朝所派官吏的监督情况。[64] 另外，有一处要塞被称为"王城"，其名字虽霸气十足，但实际上只是由墙围起来的一个很小的军事岗哨，它在汉代始终存在，最终于魏晋时期被废弃。[65] 北方政权从吴国开始加强了对南方的统治，这种统治在大概公元490年结束，当时设立了52郡，下辖188县。然而，北方政权派遣的官吏通常要面对当地居民对其"教化"的种种抵抗。其中最著名的是公元40年由交趾徵氏姐妹发动的起义，起义虽没有成功，但受其鼓动，后续在公元84～184年至少发生了8次起义。[66] 轻微的犯罪行为同样也很麻烦，比如说，直到公元378年，未归化的蛮夷仍在违法地熔化铜钱以制作华丽的铜鼓。[67] 还有，受北方移民影响而不得不进入更偏远深山的俚人和獠人，到了公元5世纪依然在不时地袭击汉人的据点。[68]

截至1999年，考古工作者在广州及其附近地区共发现约800座墓葬，但能确定属于秦的不超过两座。[69] 乐昌（桂阳郡）对面山共有207座墓，时代从春秋晚期一直到东汉早期，共有六种类型，其中第四类（窄型长方形竖穴墓）在西汉明显增多。[70] 我们在广西2000多座墓葬中可以看到类似的序列，共可分为四个阶段。[71] 在贵县①（合浦郡）的500多座墓葬中，罗泊湾1号墓和2号墓的规模特别大。

近年来，中国考古工作者的注意力都集中在岭南地区的一些遗址上，这也许并不令人感到意外，因为他们认为那些遗址可以证明汉文化对南方有着无法阻挡的影响。于是大量关注指向望牛岭（合浦郡）西汉晚期墓，墓主人可能是九真郡的太守；[72] 香港九龙的一座东汉多墓室砖墓，墓主人被认为是负责监督制盐的汉朝官吏；[73] 还有与孙权有关的一座墓，孙权自公元222年起为吴王，曾在武昌（今湖北鄂州）和建业（今江苏南京）建造自己的都城。[74] 在整个岭南最为引人注目的考古遗址依然是：第一，某代南越王墓；[75] 第二，孔望山（江苏）摩崖佛像（2世纪晚期或3世纪早期）；第三，广西贵县（古合浦郡）罗泊湾约500座汉墓中最大的两座（1号墓和2号墓）。[76] 这三处遗址都说明了成熟的岭南文化的混入对汉及汉以后的传统可能做出的贡献。[77]

迄今为止（截至英文版出版年2010年），在广州地区发现的2005年

---

① 今贵港市。

之前的大约 800 座墓葬中，最为奢华的是史书称其为赵胡（卒于约公元前 122 年）的南越王的墓，但墓中所出印信确认其为赵眜。[78] 尽管汉人的记载有时会把南越视作西汉的附庸，但在汉朝统治的最初一个世纪南越一直是个实力足以使汉朝廷和亲示好，且有缓冲地带相隔的独立政权。[79]

赵眜墓葬的三个重要特点可以体现出他对更高权力的觊觎。他的玺印自称为"文帝"；尸体用玉衣装殓，这是仅限于皇室和极少数其他权贵享有的特殊待遇；随葬品中有数量极多的上好玉器。

汉朝史书描述南越诸王"好为谩辞谢罪"，以辞令来维护其地盘及特权。可以肯定的是，赵眜墓的结构、墙壁装饰和随葬品体现了他们对涌入都城番禺的各种影响因素兼收并蓄；从诸多考古发现中可以看出，番禺在当时已经成为一个重要口岸，来自遥远的东南亚、印度和非洲的珍珠、犀角、玳瑁、水果和棉花都汇集于此。[80] 该墓葬的发掘报告称赵眜的墓葬布局更多借用了"楚而非汉"的风格，其前墓室（在墓葬中相当于宫殿前殿）墙壁上精巧描画的云气纹让人想起上好的楚漆器上的纤细花纹。然而，南越的统治者毫不犹豫地照搬照用了铜鼓，这是当地东山文化中首要的王权象征。负责为赵眜安排随葬品的人不光选择了一把楚文化风格的剑、一枚华丽的刻有经鉴定为楚系文字铭文的虎符仿品[81] 以及楚风漆器，还有镶嵌着玻璃珠的镜子（与内蒙古和宁夏匈奴墓葬中所出的镶嵌玻璃珠的带饰相类似），描绘近海甚至远洋船只的扣饰，一只波斯风格的银盒以及或许是最为显眼的，以楚、越和中原风格为原型制作的三种铜鼎（图 4.15a—c）。[82] 因而，这座奢华的墓葬，曾经被认为体现了汉文化对整个东南地区单方面不可阻挡的影响，[83] 现在则被看作由跨地区贸易、政治结盟和人口移动而引发的综合互动的典型（图 4.16）。[84]

这种互动并没有埋没东南和西南地区的传统上沿着长江和珠江水系的融合，这一点可以从罗泊湾墓群中看出，该墓群有超过 400 座墓葬——特别是其中的 1 号墓，鉴于该墓中有 12 间精美的独立墓室、双重漆棺以及尽管经过盗掘仍然遗留下来的丰富随葬品，墓主人应该是一个于公元前 111 年之前在南越任高级官员的北方人。[85] 1 号墓中的随葬品

图 4.15 南越王墓出土的鼎：(a) 楚式；(b) 越式；(c) 中原式。约公元前 122 年。广东广州

包括 50 多件陶器（其中有 10 件陶盒）；若干件青铜器，包括 2 件鼓、1 件锣、3 件大钟（有两式）；4 个桶；6 只鼎；1 只壶和 1 只钫（均为中原风格）；1 支上有漆画的竹笛；4 柄勺；1 盏灯；2 枚铜镜；7 件带钩；以及多种金属兵器，还有 2 件琥珀珠和 20 多只漆耳杯。[86] 在 1 号墓中，有一只小型的用于烤肉的案，其底是用一面有着东山文化元素的铜鼓的上部制作而成。[87] 在广西的这一遗址中，这只案与金属扣饰、陶盒和别具特色的各种兵器一样，反映了当地不同风格的融合。

岭南的海岸线和河流水系为新的宗教以及工艺品的传播提供了主要通道，这在孔望山的巨型摩崖石刻中可以看出。石刻中，在西王母（使人长生的女神）仁慈的目光下，在近西端有一尊立佛；中部区域有一尊坐佛；一巨幅涅槃图像（4.6 米 ×23 米）占据了石刻中央的主要位置，在图像中即将灭寂的佛陀由 57 个弟子陪伴；在其右部，另有一尊立像，更可能代表的是一尊佛，而非和尚（图 4.17）。[88] 尽管其他单个佛陀形象的时代要早于孔望山，但这里的涅槃主场景是以——比了解单个没有铭文的形象更进一步——熟悉佛陀故事为前提的。

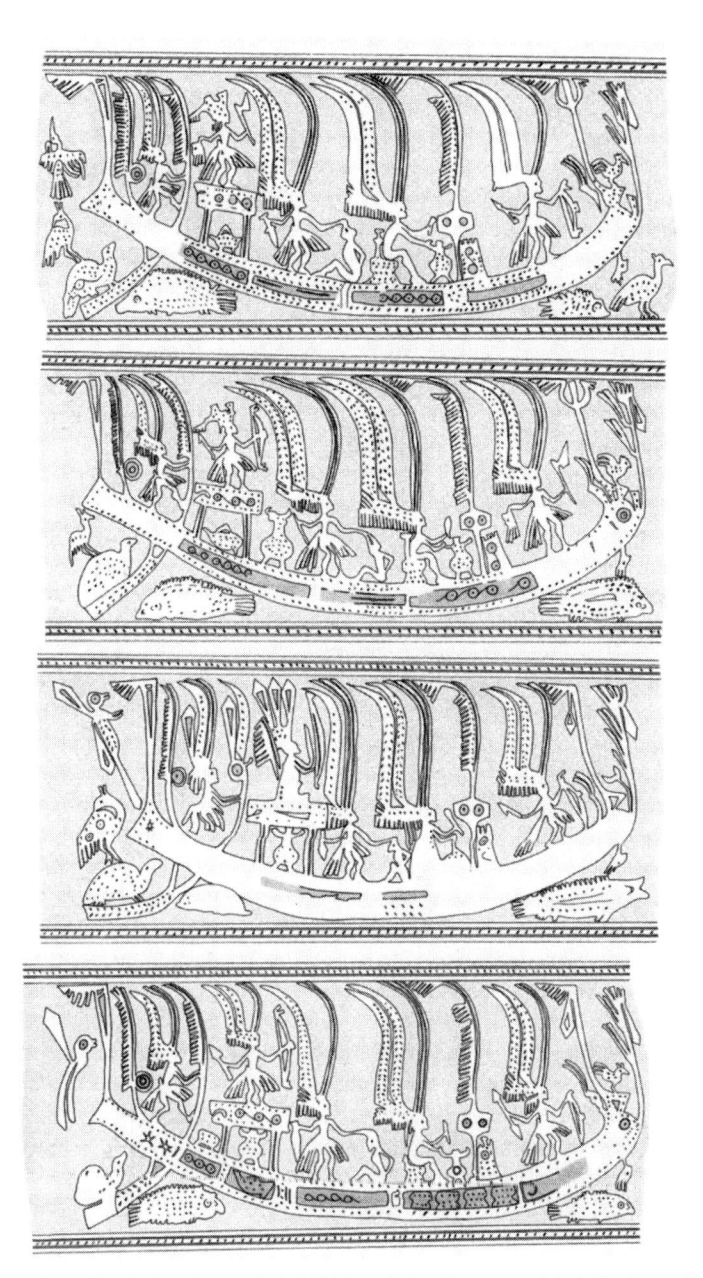

图 4.16 南越王墓东耳室出土的一只提桶上的线刻画。约公元前 122 年。广东广州。高 40.7 厘米，口沿直径 35.5 厘米。环绕器物的宽装饰带上刻画着四条船（木质？），每船乘 6 人，每条船的尾部都有一人戴头饰、执兵器立于高起的船台之上。船台之下，其他戴头饰、穿羽毛状裙的人则将手伸向坐着的裸体人物，这些人的手似乎被绑在身后。中国的考古人员认为这一图像描绘的是杀俘祭河神或海神或战船凯旋的情形

图 4.17 孔望山主要摩崖石刻线描图,在中央的被认为是佛陀涅槃图。江苏孔望山。东汉晚期或更晚

结论

　　本章考察的区域颇为辽阔,这些区域在某些情况下有自然的界线,但不存在人为的"边界"——不同部族、人群和官吏在其中生活着、游荡着、互动着,并且试图施加自己的影响。考古报告中极少把当地行政机构的特性考虑在内。在朝鲜半岛和岭南,汉朝行政官被派驻至哨所。在没有中原王朝派遣官吏的滇和夜郎,则由当地君长继续行使其权力,尽管政治环境已经或正在变化。在西北地区,中央政府管辖范围的扩大伴随着在朝廷任命的都护将军统治下对各个屯田地区进行协调的尝试。蜀汉(公元 221～263 年)时在郡级管辖之外,另设有县,置于一种被称为葆的特殊行政单位之中。在这些边远地区内部及各地区之间,多样化的政治安排是如何影响人群、物品和观念交流的性质与频率的,是考古学家和历史学家要着手解决的重大问题。

　　现在可以确定的是,从战国(公元前 481～前 221 年)一直到魏晋（公元220～420年），不同类型的文献对中原的政权与其周边地区的关系有不同的描绘。宇宙论的文章把天子的道德教化具体化，这种影响从天子之都向外散发；同时把皇帝置于数层同心区域的中心，居住在这些区域内的人群离中心越远就越蛮昧。坚持"有教无类"的道德说教与有关气候、土产和人之性情的民族志被一并考察，但前者主要聚焦大规模输入外来奢侈品的可行性与正当性。[89] 而勉强可以被算作过去见证者的物质文化，几乎无法告诉我们这些边民对于他们自身及其行为的看法。[90]

与此同时，考古工作确实证明了这些地区之间频繁的交流。不出所料，截至目前，启示着印欧与"中国"（曾被时间错置地说成西方和东方）之联系的干尸和独特纺织物吸引了学者和大众的主要注意力。[91] 在将来，最有可能得到重视的是涉及高档物品交换的区域性互动，基于它们能显示出社会阶层化和国家构成的细化及再分配机制和艺术创造的精致。[92] 在过去二十五年间，有关钱币、镜子、织物、食品以及其他可以体现种群特征事项的论著激增，这些证据积累起来易于培育有关中原王朝与其周边族群（这里讨论了其中的一些）之间交易的修正性解释。[93] 这些来得都不算太早。中古时期对古物的劫掠和历次毁佛运动，伊斯兰教的毁坏圣像运动以及20世纪初欧洲、美国和日本的探险者的"发现"，已经严重扰乱了西北地区许多遗址的地层。在这一点上，就像本章考察的其他三个地区一样，考古遗存的完整性现在依赖当地、国内和国际人士的决心，以抵抗为了推广常识、加快地方发展以及从当地旅游中得到最大效益而急切发掘的压力。尽管耐心等待保护技术的进一步发展这一规劝的理由很充分，[94] 但发掘竞赛已然开始。值得地方、国内和国际机构保护的遗址正日益遭受着环境和人类活动带来的伤害。幸运的是，考古学家和历史学家目前正在将一系列新技术（比如花粉、矿物颜色和DNA分析）和新假说引入研究，并且重新致力于国际的合作。[95]

注释

1 Barnhart, "Alexander in China? Questions for Chinese archaeology" (2004), 331, 340. 在 "Inner Asia and Han China: borrowings and representations" (2008) 中，Pirazzoli-t'Serstevens 指出，考古发现正迫使我们对外国人或其代表在中国所起作用进行重新思考。

2 见 Kamberi, "Discoveries of the Taklamakanian civilization during a century of Tarim archaeological exploration (ca. 1886–1986)" (1998), 798。

3 比如说，根据 SJ 110, 2885，燕国在大约公元前 280 年就和相当于今天中国东北和朝鲜半岛地区的人群有了接触。

4 Shelach, "Social complexity in north China during the Early Bronze Age: a comparative study of the Erlitou and Lower Xiajiadian Cultures" (1994) 认为一直到东周时期，中原政权和北方游牧民族的主要区别是人口密度和领地大小，而并不是社会组织水平的高低。在汉朝对中亚的几次战役之前，匈奴－塞种人（thc Xiongnu Saka）控制着主要的丝绸贸易通道。他们的人口只有汉朝的约十分之一，而他们的军队机动灵活，为汉朝所不及。匈奴墓地出土了大量的金器。关于在内蒙古发现的一批金银器，见 KG 1991:5, 405–8。

5 晁错在一篇奏章中的话与此有关，他这样形容汉朝的外交政策："夫卑身以事强，小国之形也；合小以攻大，敌国之形也；以蛮夷攻蛮夷，中国之形也。"参见 HS 49, 2281。

6 意见采纳自 Dien, "Western exotica in China during the Six Dynasties period" (2004), esp.377，该文涉及的时代较晚。正像 Pirazzoli-t'Serstevens (2008) 指出的那样，"丝绸之路"（Silk Road）这个术语不光减少了丝绸经行途径的数量（比如通过中国西南的陆路以及通过中国东南沿海的数条海路），还减少了漆器、皮毛、金属制品、玻璃等其他商品惯常经行的"替代线路"的数量。其他许多资料来源，包括 Rosen et al., "Paleoenvironments and economy of Iron Age Saka–Wusun agro-pastoralists in southeastern Kazakhstan" (2000)，阐述了亚洲温带经济活动的多样性。匈奴王子金日䃅曾在公元前 87 年汉武帝死后任辅政大臣，这仅是这种复杂关系中的一例，这种关系值得继续研究。"丝绸之路"这个术语晚近才出现。（本注释中作者关于"丝绸之路"的理解有望文生义之嫌。"丝绸之路"上的贸易并非只有陆上的，还包括海上的航运贸易；不同文化族群间的贸易不仅局限于丝绸，还有茶叶、陶瓷、香料、铁器等。——译者按）

7 Hsing I-tien, "Gudai Zhongguo ji Ou-Ya wenxian, tuxiang yu kaogu ziliao zhong de 'huren' waimao" (2000b), esp.6 指出在文字和图像中对匈奴和其他"外来"人群的外貌特征记录是何等简略；同时指出了确定哪个边疆区域是考古学上的"空白"（缺少

考古遗存）所具有的重要性。民族认同需要用同一祖先后裔的共同的神话传说来支撑。鉴于共同的语言和文化特征不能和种族特性相混淆，本章不讨论关于越人、粤人和越南人之间可能存在联系的语言学上的假设，Jerry Norman, *Chinese* (1987), Paul Benedict, *Japanese/Austro-Tai* (1990) 以及梅祖麟的著作持此说，见于 Peyraube and Sun Chaofen, *Studies on Chinese Historical Syntax and Morphology* (1999) 中所做的评论。

8　见 de la Vaissière, *Sogdian Traders: A History* (2005)。

9　一个更为复杂的模式可能更适合目前所讨论的区域，这是一种以宽阔而又不很清晰的过渡带"边境"为国界的"帝国"模式，见于 Parker, *The Mechanics of Empire: The Northern Frontier of Assyria as a Case Study in Imperial Dynamics* (2001)。

10　例如见 Wu En, "Lun Zhongguo beifang zaoqi youmu ren qingtong daishi de qiyuan" (2002), esp.68，其中的论述强调了这一点。在前印刷时代地域的特征可能流动性更强而非更弱。在任何情况下，考古学上的文化都不能和族群及其特征完全吻合。Ucko, *Archaeological Approaches to Cultural Identity* (1989), xvi 建议学者们"不要去寻找特定特征的有与无，而应该注意某种特征的流行程度和与其他文化特征的接合程度"。

11　例如见 Meng Fanren, *Loulan Shanshan jiandu niandai xue yanjiu* (1995)。

12　一些考古工作者会忘记考古文化的分布并不一定总是与地上的种族、政体和社会阶层相对应，这使得解读变得更加复杂。

13　*HS* 6, 194, 95, 3864–5；关于濊，见 *HHS* 85, 2817；Ki-baik Lee, *A New History of Korea* (1984), 19; Kim Chŏng-bae, *Han'guk Kodaesa Immun* (2006), 216–19。关于真番是在乐浪之南还是更北一些，还没有定论，见 Yi Hyŏng-gu 在 *Encyclopedia of Korean People and Culture* (1991), Vol. 21, 434 撰写的词条。关于公元前 18～公元 660 年朝鲜半岛的编年史研究，见 Jonathan W. Best, *A History of the Early Korean Kingdom of Paekche* (2007)，而本章撰写时还未见到。

14　Kwŏn O-jung, "Chungguk-sa esŏ ŭi Nangnang-gun" (2004)。

15　Kwŏn O-jung, "Nangnang ŭi yŏksawa kogo-hak" (2005), 11。

16　*HS* 28B, 1626–7 and *HHS*（志）23, 3529–3530 中记载两郡的县数在公元 1～2 年为玄菟 3 县、乐浪 25 县，公元 140 年为玄菟 6 县、乐浪 18 县；人口数不完全可靠，在公元 1～2 年为 60 多万人，公元 140 年为 25.7 万人（此为乐浪一郡的人数，计算时没有加上玄菟郡的人口数 43163——译者按）。

17　见 Byington, "Han's Xuantu Commandery and the emergence of the Koguryô state" (2001)。关于早期高句丽都城的尝试性识别，见 Li Wenru, *Zhongguo shinian bai da kaogu xin faxian* (2002), Vol. 2, 607–13。

18　Lee Ki-baik, *A New History of Korea*, trans. Edward W. Wagner with Edward Schultz, (1984), 20。

19　土城的照片见 Yi Yŏng-hun and O Yŏng-ch'an (2001a, b), 20–1。这本图录出版时，正值朝鲜和日本保存的乐浪文物被最为全面地展出之际，代表了乐浪研究的最新成果。

20　前两件文物的图片见 Yi Yŏng-hun and O Yŏng-ch'an, "Nangnang munhwa yŏn'gu ŭi hyŏnhwang gwa kwaje" (2001b), Plates 22, 16。Yi Pyŏng-do（李丙焘）和 Ki-baik Lee（李基

白）两人接受了这种意见，他们的论著目录见 Takaku Kenni, *Nangnang Kobun Munhwa Yŏn'gu* (1995), 23, nn. 18–19，对其评论的目录见 n. 20。

21　Kwŏn O-jung (2005), 11.

22　学者们对于这一话题的讨论以及代表他们观点的论著，见 Takaku Kenni (1995), 37–39。

23　见 Yi Yŏng-hun and O Yŏng-ch'an (2001b)。关于乐浪文化方面的研究现状和未来的任务，见 Yi Yŏng-hun and O Yŏng-ch'an, *Nangnang: The Ancient Culture of Nangnang* (2001a), 231。

24　这个术语由朝鲜学者用当地语言创造，没有对应的汉字。

25　两件漆器上的铭文标明的时间为公元 45 年和 69 年，例如见 Harada and Tazawa, *Rakurō, a Report on the Excavation of Wang Hsü's Tomb in the Lo-lang Province, an Ancient Chinese Colony in Korea* (1930), 36, 39, Plates xliii, xliv, lx。考古人员在被称为"彩箧冢"的墓中发现了始铸于公元 14 年的货泉；*Rakurō saikyō tsuka* (1934), 57。

26　在 Yi Yŏng-hun and O Yŏng-ch'an (2001a) 中有很多这些器物的彩图。

27　《晋书》卷 109 第 2815 页和《资治通鉴》卷 95《晋纪十七》第 3005 页（公元 336 年）简略提及佟寿。

28　关于朝鲜和韩国发表的与此相关的重要论文，见 Yi Sŏng-mi, "Pukhan ŭi Misulsa Yŏn'gu Hyŏnhwang: Kobun Pyŏkhwa" (1991), 324–7。

29　Yi Sŏng-mi (1991), 313–315.

30　见 *Zhongguo Meishu Quanji (Huihua bian)*, Vol. 12, Plate 15，"帐中人物"。

31　关于辽阳（今辽宁境内）魏晋时期的壁画墓，见 Liu Wei, "Liaoyang Han Wei Jin bihua mu yanjiu" (2004) and *KG* 1991.8, 673–703。

32　Szinek, "Les Relations entre l'empire des Han et les Xiongnu: Vestiges archéologiques et textes historiques" (2005), 221–33. Psarras, "Han and Xiongnu: a reexamination of cultural and political relations" (2003), esp.71 强调除了（青海）大通上孙家寨东汉墓之外，匈奴墓葬"看不出汉化倾向"。Minayaev, "On the origin of the Hiung-nu" (1985) 中对匈奴遗址的发现进行了很好的概括。关于中亚地区的相互交流，见 Harmatta, *History of Civilizations of Central Asia*, Vol. 2: *The Development of Sedentary and Nomadic Civilizations: 700 B.C. to A.D. 250* (1994)。

33　对比 *WW* 1999.1, 4–16（及卷首插图）和 *KG* 2002.6, 538–54。关于营盘出土的文书，见 Lin Meicun, "Xinjiang Yingpan gumu chutu de yi feng quhu wenshu xin" (2001)。关于营盘墓地出土的独具特色的漆奁，见 Li Wenru (2002), Vol. 2, 597。

34　An Jiayao, "Boli kaogu sanze" (2000) 认为即使在西汉时期，工匠在制作铅钡玻璃珠时就已在模仿腓尼基产品。

35　Wang Binghua, "Cong kaogu gu ziliao kan Takelamakan shamo huanjing bianqian yanjiu" (1996). 另外一种观点见 He Yuhua and Sun Yongjun, "Kongjian yaogan kaogu yu Loulan gucheng shuaiwang yuanyin de tansu." (2003)。

36　见 Yang Xiaoneng, *New Perspectives on China's Past* (2004), Vol. 2, 300，第 94 条，关于尼雅。

37 佉卢文可记录多种语言，包括相当于今印度西北部的人群所用者。

38 在楼兰，书写在纸上的汉文文书数量比写在简上和用佉卢文所写的文书数量更多。有人推测是因为再往西禁止使用纸，或纸专为贵族所用。林梅村的文章以及 T. Burrow, "Further Kharoṣṭhi documents from Niya" (1939) 列举了五种佉卢文文书：国王谕令；档案、账目；书信；法律文书，包括办案记录和契约；文学作品。

39 在 1949 年以后，考古工作者在交河城附近发现了旧石器时代的遗存。交河城的双重城墙至晚在公元 3 世纪就已建成，该城最终于 14 世纪被废弃，见 Li Xiao, *Jiaohe gucheng de xingzhi buju* (2003)。墓葬见 *Xin Zhongguo kaogu wushi nian* (1999), 495。

40 见 *Xin Zhongguo kaogu wushi nian* (1999)。

41 *HS* 94A, 3743. 对比 *HS* 96A 和 96B 对单个族群的记载与 Davydova, *The Ivolga Archaeological Complex* (1995–6) 等关于乌兰乌德（俄罗斯布里亚特自治共和国）附近的一处时代可能为公元前 2 世纪至前 1 世纪，筑有城防的匈奴居住地的记载，匈奴曾大规模从事农业活动得以被证实。*[Zhongguo Xinjiang]Shanpula: Gudai Yutian wenming de jieshi yu yanjiu* (2001) 的引言，特别是第 47 页中所列举的西汉随葬品包括木犁、铁镰以及玻璃、珊瑚珠、贝壳等外来物品。关于当地农业及佛教的影响，参看 Debaine-Francfort, "Agriculture irrigué et art bouddhique ancient du cœur du Taklamakan (Karadong, Xinjiang, IIe–IVe siècles)" (1994)。

42 这种融合并不是什么新现象，见 Falkenhausen, in *CHOAC*, 542; Davidson, "Archaeology in northern Viet-Nam since 1954" (1979); Dewall, "Local workshop centres of the Late Bronze Age in highland South East Asia" (1979); Dewall, "Tribal contact with Han Chinese civilization and sociocultural change in China's southwestern frontier region (late first millennium BC)" (1984); Higham, *The Bronze Age of Southeast Asia* (1996); Jiang Yuxiang, *Gudai Xi'nan Sichou zhi lu yanjiu (di er ji)*(1995); Tong Enzheng, *Zhongguo xi'nan minzu kaogu lunwenji* (1990); and Tong Enzheng, "Gudai Zhongguo Nanfang yu Yindu jiaotong de kaogu xue yanjiu" (1999)。

43 参见 *KG* 2001.12, 1085–1100; Tong Weihua, "Yunnan Shizhaishan wenhua zhubei qi yanjiu" (1999); *WW* 1999.9, 5–64; *WW* 2001.4, 4–53; Jiang Zhilong, *Biandi wenhua congshu: Dian guo tanmi- Shizhaishan wenhua de xin faxian* (2002); Li Kunsheng, "The Bronze Age of Yunnan" (1999); Wang Dadao, *Yunnan kaogu wenji* (1998) ("Yunnan qingtong qi," "Yunnan qingtong qi lun cong"); Zhang Zengqi, *Dian guo yu Dian wenhua* (1997); Zhang Zengqi, *Jinning Shizhaishan* (1998); Zhang Zengqi, *Dian guo qingtong yishu* (2000); *KG* 1984.3, 213–21; Xiao Minghua, "Lun Dian wenhua de qingtong zhubei qi" (2004); Yi Xuezhong, "Yunnan Jinning Shizhaishan yi hao mu zhubeiqi shang renwu diaoxiang kaoshi" (1988). 另见 Allard, "Stirrings at the periphery: history, archaeology, and the study of Dian" (1998), and Allard, "The archaeology of Dian: trends and tradition" (1999)。

44 见 *Yunnan Jinning Shizhaishan gu mu qun fajue baogao* (1959)。

45 见 *Yunnan wenming zhi guang – Dian wang guo wenwu jingpin ji* (2003)。

46 见 Pirazzoli-t'Serstevens, "A reassessment of the dating of two important cemeteries of the Tien culture" (1996–7); Psarras, "Rethinking the non-Chinese southwest" (2000)。

47 见 Lee, "Status, symbol, and meaning in the Dian culture" (2001); Peters, "Ethnicity

along China's southwestern frontier" (2001); Wang Ningsheng, "Ancient ethnic groups as represented on bronzes from Yunnan, China" (1989a); Wang Ningsheng, *Tong gu yu nanfang minzu* (1989b)。

48 *SJ* 116, 2991; 英文译文见 Burton Watson, *Records of the Grand Historian* (1993), Vol. 2, 253。

49 或者这枚印为当地制作，用于表现与汉朝的关系。这一地区于公元前109年首次并入汉益州郡，据《史记·西南夷列传》第2997页，这一年汉武帝向滇王颁发了一枚这样的印信。

50 例证见 Gu Fang, *Zhongguo chutu yuqi quanji* (2005), Vol. 12, 78（石寨山）; and *Yunnan wenming zhi guang*, 255（李家山47号墓）。

51 考古人员在石寨山和李家山最豪华的墓葬中发现了来自海洋的贝壳，说明这一地区与南亚或东南亚存在贸易关系。鉴于这些贝壳没有经过加工，Pirazzoli-t'Serstevens 认为它们可能并不是装饰品，而是地位的象征，见 Pirazzoli-t'Serstevens, "Cowry and Chinese copper cash as prestige goods in Dian" (1992)。

52 见 Murowchick, "The political and ritual significance of bronze production and use in ancient Yunnan" (2001)。

53 例如 Lee, "Material representations of status in the Dian culture" (1996); Rode, "The social position of Dian women in southwest China: evidence from art and archaeology" (1999); Rode, "Textile production and female status in Bronze Age Yunnan" (2004)。

54 关于铜鼓，见 Pirazzoli-t'Serstevens, "The bronze drums of Shizhai shan, their social and ritual significance" (1979)。

55 *WW* 2001.4, 4–53。

56 Chiou-Peng, "Horsemen in the Dian culture of Yunnan" (2004).

57 关于五岭的概念，见 *HHSJJ* 64.1a; and Loewe, "Guangzhou: the evidence of the standard histories" (2004b), 51。

58 *SJ* 129, 3269–70. *HHS* 76, 2462, 86, 2836 记载了西汉末至东汉初交趾太守锡光和九真太守任延的事迹，他们教当地人制作铁农具，开荒种田，接受汉人服饰和婚俗。

59 *SGZ* 53, 1251.

60 它们的位置很不确定，南海郡可能在今天的广东境内，桂林郡在广西，象郡则延伸到贵州。

61 Zhang Rongfang and Huang Miaozhang, *Nan Yue guo shi* (1995).

62 关于南越国的建立和汉朝的政策，见 *CHOC*, 451–3, Loewe (2004b), 52–4。汉九郡为南海、合浦、苍梧、郁林、交趾、日南、九真以及位于今海南岛的珠崖和儋耳，最后两郡于公元前46年被裁撤。

63 在交趾郡的一个县设立羞官，反映出汉朝对这类产品的重视程度。见 *HS* 28B, 1629; *HHS* 17, 659。具有很高商业价值的物品（比如合浦和海南岛的珍珠）有时可用来纳税。吴国似乎曾经尝试设立机构以控制奢侈品的生产和流通，这些物品的商业买卖有时会受到限制。见 *SGZ* 47, 1134 and 53, 1252。

64 *KG* 1985.5, 404–10.

65 见 "Guangxi Xing'an xian Qincheng Qilixu Wangcheng yizhide kantan yu fajue," *KG* 1998.11, 994–1007。

66 *HHS* 1B, 66; 24, 838; 86, 2836. 越南把徵氏姐妹视作民族英雄，声称她们的起义发动于日南（今越南境内）。

67 《晋书》卷 26 第 795 页。

68 《宋书》卷 97 第 2379 页；《隋书》卷 31 第 887—888 页。

69 *Guangzhou Han mu* (1981)，包括英文摘要；*Xin Zhongguo kaogu wushi nian* (1999),321；两座秦墓见 *KG* 2000.6, 487。

70 *KG* 2000.6, 39–41, 61; Müller, "Gräber in Guangdong während der Zhanguo-Zeit" (2004), 45.

71 *Xin Zhongguo kaogu wushi nian*, 340.

72 *KG* 1972.5, 20–30; *Xin Zhongguo kaogu wushi nian* (1999), 341. 可供比较的是，一枚上有"朱庐"字样的银印可证实海南存在汉朝官府。朱庐县归合浦郡管辖，有自己的都尉。见 *Xin Zhongguo kaogu wushinian* (1999), 353, citing Chen Gaowei, "Xi Han Zhulu zhi kui yin yin xiaokao" (1987)。

73 *Xin Zhongguo kaogu wushi nian* (1999), 512–13.

74 孙权在公元 220 年接受了曹魏政权所封的吴王称号，但于公元 229 年对外称帝。原始考古报告见 *KG* 1991:3, 206–15; Wang Zhongshu, "Lun Wu Jin shiqi de foxiang kuifeng jing" (1985); and Yang Hong, "Ba Ezhou Sun Wu mu chutu tao foxiang" (1996)。

75 见 Prüch and von der Schulenburg, *Schätze für könig Zhao Mo: das Grab von Nan Yue* (1998)。

76 He Yun'ao, *Fojiao chu chuan nanfang zhi lu wenwu tulu* (1993), 58 指出了孙吴时期的联系情况。

77 关于对这些贡献的总结，见 Berger, "'In a far-off country': Han dynasty art from South China" (1987), 27，作者认为和东山青铜文化的接触，可能刺激了西汉陶器制作形成一种"新的图案编排"。Earlier Rawson, "A group of Han dynasty bronzes with chased decoration and some related ceramics" (1973) 指出了在合浦青铜器上的所谓"绗缝图案"对汉朝陶器装饰的影响。关于浙江与中原地区随葬器物组合的重大差别，见 Liu Bo, "Zhejiang di qu Xi Han muzang de fengqi" (2000)。

78 考古工作者在遗址的 264 号井中发现了百余枚（尚未公布）带字的木简，其中有行政或法律方面的文书，见 *KG* 2006.3, 3–13。

79 *SJ* 113, 2967–70. Liu Rui, "Nan Yue guo fei Han zhi zhuhou guo lun" (2005) 认为长沙国作为刘汉宗室控制之外唯一的诸侯王国，是作为南越和汉之间的缓冲地带而被保留下来的。汉帝国将所有的王国都分封给刘氏宗亲，唯有长沙国是个例外，直到公元前 157 年刘发被封为长沙王为止。

80 见 *Lingnan Xi Han wenwu baoku: Guangzhou Nan Yue wang mu* (*Zhongguo kaogu wenwu zhi mei*, vol. 9); James K. Chin, "Ports, Merchants, Chieftains and Eunuchs: reading maritime commerce of early Guangdong" (2004)。截至目前，没有在南越王墓或者相关遗存中发现汉朝的钱币，但正如 Helen Wang, *Money on the Silk Road: The Evidence from*

Eastern Central Asia to c. AD 800 (2004) 所解释的，"货币制度"需要"标准的价值单位"，而不是铸造的金属，因而我们无须认为南越国的贸易仅采用物物交换或者上贡的形式。在广东五华县（南海郡）狮熊山发现的遗迹被初步定为南越王宫，报告见 *WW* 1991.11, 27–37。

81　*Xi Han Nan Yue wang mo* (1991), vol. I, 87, vol II Color Plate 20.

82　关于汉代广西的玻璃制作，见 Huang Qishan, "Guangxi gudai boli zhipin de faxian ji qi yanjiu" (1988)；关于南方的铜镜及其图案，见 *KG* 2001.10, 941-5。关于广东一个"造船工厂"的争论，见 Yang Hao, "Guangzhou zaochuan gongchang shiwei jianzhu yicun" (1997)。这只波斯风格的银盒令人联想到一些青铜碗，这些青铜碗发现于土耳其戈尔迪乌姆的弗里吉亚国王弥达斯的墓中，时代为公元前 700 年。

83　大体上来说，正如狄宇宙（私人通信，2006 年 8 月）所讲，"与假设汉文化的普遍传播相比，总的方向和新出现的问题都更加注重以当地为中心的交流和发展"。具体到对南越王墓的重新评价，见 *Nan Yue guo shiji yantao hui lunwen xuanji*, ed. Zhongshan daxue lishi xi (2005)。

84　关于汉武帝进入南越以后将当地官吏迁往"滇西"的情形，见 Xia Zengmin, "You Guangzhou Nan Yue wang fenmu suo jian wenhua yicun toushi Lingnan wenhua bianqian" (2005)，该文强调了因避秦而逃难到南越的人的数量（据估计为 1.5 万人）。考古工作者在广州的墓葬中发现了许多滇文化风格的器物。

85　*Guangxi Guixian Luobowan Han mu* (1988), 89-91. Lan Riyong, "Dongyang tianqi zhi mudu fawei" (2002) 把墓葬的时代定为公元前 187 ～前 180 年。

86　中国的考古工作者认为这座墓的主人是一位"与南方人相处已久"的北方官吏，因为墓中的物品包括具有东山文化风格的金属制品，而另外一些随葬品则明显属于北方风格。他们推测，首先，只有中原王朝的代表（"相当于中原诸侯"的郡守或郡尉）才能征调建造 1 号墓所需的资源，特别是该墓中殉葬的人数不少于 7 人（6 名年轻女性和 1 名少年男性）；其次，这一地区的"大部分"当权者应该来自中原，因为当地的经济相对"落后"（赵佗来自正定，今河北境内）。墓中任何非汉文化的特点都被看作他们来到南方以后对当地风俗（或许还有妇女）的接纳。见 *Guangxi Guixian Luobowan Han mu*, esp. 89–91, 96。罗泊湾 2 号墓的陈设几乎同样奢华，墓主人被认为是 1 号墓墓主人的夫人。

87　见 *Guangxi Guixian Luobowan Han mu*, 39 (Fig. 34)。

88　关于珠江三角洲地区考古的情况，见 Zhong Liqiang and Wu Chunming, "Zhujiang Sanjiaozhou quyu renwen lishi de xin shiye" (2002)。关于孔望山，见 Rhie, *Early Buddhist Art of China and Central Asia*, Vol. 1 (1999), *passim*。

89　这句话相传为孔子所说，对其征引见 *HS* 28B, 1645。Chin, "Savage exchange: figuring the foreign in the early Han dynasty" (2005) 认为汉代的民族志保留了多样化甚至是互相矛盾的声音，并未把所有外来的与"野蛮"画等号。这一方面是因为许多神仙据说都住在极远的地方，另一方面是由于像匈奴一样的非汉民族的祖先都被追溯到夏朝。同时还可以看到居住在边远地带的族群也认同自己是古代圣王和霸主（比如舜和文王）的后裔。见《孟子》4B/1；*SJ* 41, 1739 等。

90　在考古学上可以观察到的变化并不一定标志着不同的民族身份。

91　见 Wang Binghua, *Xinjiang gushi: gudai Xinjiang ju min ji qi wen hua* (2002)。王炳华在私人书信（2006 年 11 月 4～5 日）中认为对这一时期来说这种识别在时代上是错误的。

92　见 Byington (2001) 等。为了处理与匈奴政权的关系，汉朝采取了一系列的外交、军事和政治措施，包括战略性的和亲，这种方式通常意味着赏赐、朝贡、贸易往来、授予匈奴贵族封号，以及交换人质。关于匈奴的装饰传统，见 Jacobsen, "Beyond the frontier: a reconsideration of cultural interchange between China and the early nomads" (1988); Bunker et al., *Nomadic Art of the Eastern European Steppes* (2002)；等等。

93　见 *China Archaeology and Art Digest*, 4.1 (December 2000)，琐罗亚斯德教专集；以及 Wang (2004)。

94　关于唐代传奇女皇武则天和她丈夫唐高宗陵墓的争论，见 "Hands off Ancient Tombs"，*China Daily* (July 18, 2006, 4) 等。关于用考古来推进民族主义的一些目的，呼吁用"真实或想象的过去来支持新的结构"，见 Glover, "Some national, regional, and political uses of archaeology in east and southeast Asia" (2006), 17。

95　Zhang Yuzhong, "Xinjiang kaogu shulüe" (2002).

5
城市生活研究

毕梅雪（Michèle Pirazzoli-t'Serstevens）
由珍妮特·劳埃德（Janet Lloyd）译成英文

目前对于汉代城镇规划的研究以一系列物质遗存为基础：城墙、台基、建筑基础、砌墙面用的砖、屋顶用的瓦、排水体系、铺面道路，以及工业和手工作坊。这类构造中还可增添时代为公元1～2世纪的陶制建筑模型和绘制或刻画于墓葬墙壁上的建筑图像。这些遗存加在一起，才使我们对城市遗址的研究成为可能，也是对传世文献记载的补充。同样的，尽管在过去20年中对古代都城的发掘在汉代考古中占据了如此重要的地位，但我们对汉代城镇规划的认识还是很粗略的。[1] 主要原因是建筑的保存状况不佳，这些建筑并非由烧制的砖和石料建成，主要是土（土坯、木骨泥墙和夯土）结构。由于所使用的材料脆弱，大多数保留下来的建筑结构是从地下"掏"出来的，极少有直立的墙体或建筑装饰能够保存到现在。而第二个原因则更加受制于环境：在中国北方，淤积的堆积层和如今城市的发展严重妨碍了城区的发掘工作。而城市的发展正快速推进，在许多情况下，还未经初步发掘，古代遗址就这样被破坏了。在这样的条件下，大多数发掘工作不可避免地有了选择性。

从20世纪50年代以来考古工作者发现了近150座汉代城镇（自1980年以来有57座）——如果把北部边疆沿线的居住区算在内的话会更多。已经发掘的西汉城镇大多数位于淮河以北，这符合当时文献所记载的城镇分布图景。早期帝国最为城镇化的地区是咸阳和长安所在的都城地区（关中）以及黄河中下游河段沿线（关东）。[2] 在公元前 221 年秦统一之后，城镇的发展进入一个暂时的衰退期，部分是因为公元前 3 世纪后期频繁的战争；部分是因为汉代严格执行城镇等级制度，在这种制度下都城必须明显处于突出地位，要远高于郡国都城和县级地方中心，并为它们树立典型。在公元前 2～前 1 世纪的西汉时期，城市发展的速度加快，此后在公元 1～2 世纪的东汉时期变缓。这种变缓不光影响了所建城镇的数量，还影响了城镇的规模和人口。

考古工作揭示了我们的资料几乎无法证明的进一步发展：除了在北部边疆（包括今内蒙古、宁夏和辽宁的一片区域）创建的新城镇以及遥远的南方和京城长安附近的新城镇之外，大多数汉代城镇是在可追溯至春秋和战国时期（时代分别为前 770～前 481 年、前 481～前 221 年）的旧址上扩建而成的。[3]

到目前为止，考古调查、试掘和发掘工作的进行和成果发布都非常不均衡和不完整。今天我们知道最多的是与西汉都城长安（今陕西省西安西北）有关的遗址。长安城的发掘工作于 20 世纪 80 年代和 90 年代在刘庆柱教授的主持下开展。除了长安城范围内的遗址外，考古方面的工作还集中于北部边疆的遗址、中原的城镇和中国东南的大型城市。

城墙和城市空间

城墙是早期城镇的主要遗存。汉代城墙的设计较少出于抵御外敌的目的，更多是为了维持内部秩序。长安城的城墙从四面包围城市，有 25.7 公里长，12 米高，12～16 米宽。城墙之外由护城河环绕，护城河有 8 米宽，上面跨有木桥。县级和郡级主要城市的城墙周长从 1 公里到 5 公里不等，但有些城要大很多。拿建于前帝国时代的薛县（鲁国，今山东境内）的城墙来说，它宽 10～40 米，长约 10.6 公里。[4]

汉代的城垣通常用夯土筑成，向上明显收分，只有北部边城是用石块或者土石混合筑成的。到东汉晚期，城墙上部开始以砖壁保护，如在雒县（广汉郡，今四川境内）所见。[5]在内城门和外城门之间另外设计有门楼、角楼和瓮城。所有这些都是城市防御的典型特征，在此基础之上，汉代又加上了马面，尤其是在北部边境的驻防城堡上，用以加强城墙的防御并用作瞭望台。

城门外墙上有阙守卫，阙与防护墙之间由一段墙体连接，至少在长安城是这样。长安城的城墙上开有12个城门，城的四面各有3个（城墙内有36平方公里）。每个门有3条出入通道，各宽6～8米，每条通道都足以供3～4辆马车并排行驶。有4个城门与两个最大的宫殿群长乐宫和未央宫相连，另外8个门通向纵横于城内的大道。最长的大道有5400米，最短的470米。

汉代城内主道的宽度，小城镇为5～8米，中型城镇为8～15米，而长安城8条主道的宽度达45米甚至56米，每条大道都有3个车道。在长安城中，止中央最宽的一条车道为皇帝专用。道路表面为分土，有时上铺数层卵石。

废水是由沿着城市大道的明沟以及从城门和建筑下穿过的地下管道来排放的。有些上下水的渠道用石块建成，但大部分为陶制批量生产，井壁也是一样。

公元前4～前3世纪，王国的都城包括内城（小城）或宫城，外面或旁边是平民所居住的外郭（或大城），这两个部分都筑有防御工事。宫城在大多数情况下位于外城的西南部，其中包含官府衙门。在汉代，不只王朝都城，主要的城市和在北方及西北边境沿线兴修的城堡也都保留了这一古制，有内外两重城垣。[6]长安和宁城（在上谷郡，今河北境内）的布局也是这样。宁城是护乌桓校尉驻地，其城市布局可以从内蒙古和林格尔墓中室东墙上，时代为公元160～179年的壁画上看出（图5.1a、5.1b），在画中地方官府占据了城市的整个西南部。[7]然而，在公元1世纪之后，主要的或有战略意义的中心城市有把宫殿（或政府中心）移到整个城市北部的趋势。东汉都城洛阳就体现了这一趋势。但在中型的城镇中，含有官府的行政区域与居民区合并，这两部分由单层城墙封

图 5.1a 宁城图；内蒙古和林格尔墓中室东壁壁画细部，约公元 160～179 年

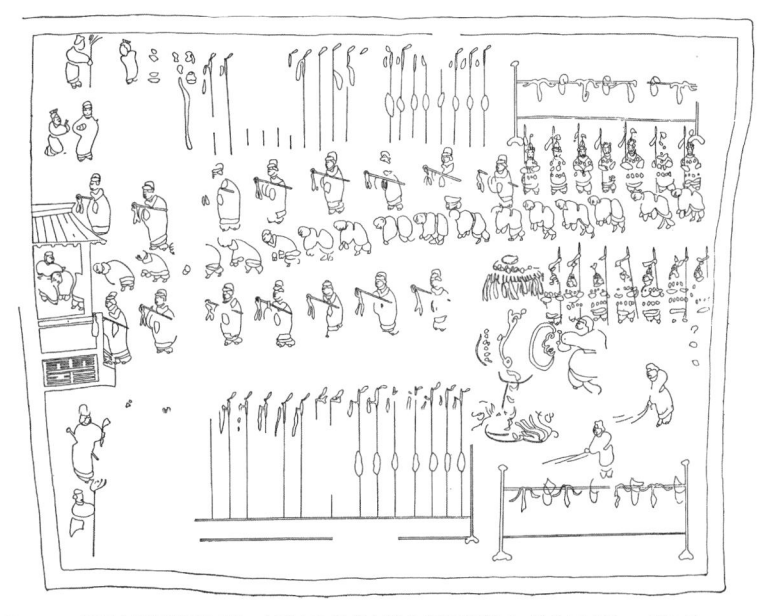

图 5.1b 展现宁城的壁画细部；内蒙古和林格尔墓中室东壁壁画，约公元 160～179 年

围，外面环绕着城壕。

大多数情况下城市的形状为正方形或长方形，呈南北向，就像长安和洛阳一样。汉代城市的另一个特点是在主城区周围创建了一个卫星城镇带。[8] 长安城仍然提供了范例，它有7个靠近帝陵的陵邑，全部都富庶且人口密集，其中5座在渭河以北，2座在渭河之南。[9] 这种模式在汉代所谓的五都中也可以看到，五都在前帝国时代都曾是王国都城：洛阳（今河南境内）、邯郸（赵国，今河北境内）、临淄（齐国，后为齐郡，今山东境内）、宛（南阳郡，今河南境内）和成都（蜀郡，今四川境内）。所有这些人口聚集的主要中心城市，和其卫星城镇一起，在汉代的城市体系和经济生活中起到了极为重要的作用。

长安和五都，根据近期的考古发掘所提供的证据

秦汉时期的三个王朝都城没有一个是"非人为"城市，即贸易和交通中心。秦咸阳和西汉长安因其战略价值而入选，[10] 而君王选择洛阳，根据思想观念上的标准，是一种推动回归周代理想政治制度的举措。这三座城市都发展成为王朝的统治中心，吸引物资、商品和人才向其流动。

长安在公元前202年被定为都城。作为其开端，汉朝的创立者修复了秦始皇（公元前221～前210年在位）的一座宫殿，并命名为长乐宫。公元前198年又修建了未央宫，此后的某个时间，长乐宫成为皇太后的住所。到了惠帝统治时期，在公元前194～前190年修建了城墙，然后在公元前189年修建了西市（图5.2）。然而在武帝（公元前141～前87年在位）统治时期，长安城的面貌才确定下来，当时在城墙内外都兴修和修缮了许多建筑，特别是在西部和西南部修筑的一些用于享乐的宫殿。[11] 正是武帝下诏在长乐宫以北修建了明光宫，在未央宫以北修建了桂宫和北宫。也是武帝扩充并完善了秦代的苑囿上林苑，又下令在西郊修建了建章宫，用复道与未央宫相连。复道系统仿效自秦旧都咸阳，在汉代被广泛应用于各个宫殿。

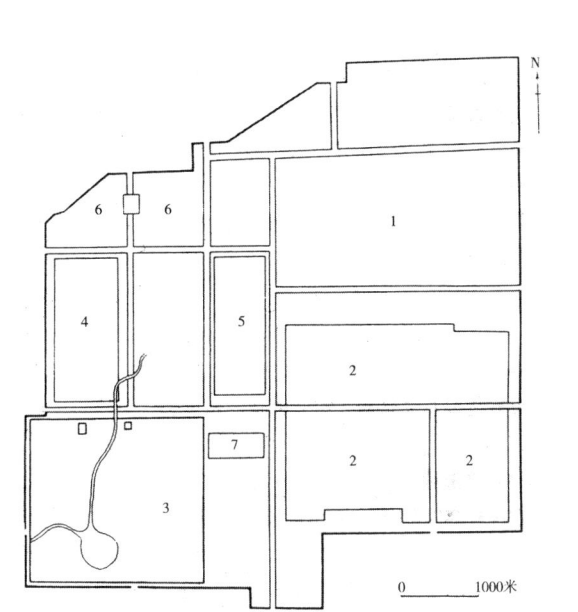

图 5.2 西汉长安城平面图,其中有宫殿、武库和市场区。汉长安城位于今陕西西安西北 10 公里处,距现在的渭河以南 2 公里。在现代西安城以东 13 公里有一座"常平仓"。1 明光宫,2 长乐宫,3 未央宫,4 桂宫,5 北宫,6 市场,7 武库

因此,西汉的长安城并非如《三辅黄图》(公元 6~8 世纪)所记载,是依照南斗和北斗之形状而事先规划后修筑起来的,[12] 其主要由以未央宫为中心的五座宫殿组成建筑群。这些宫殿占据了城区面积的三分之二,城镇正是在此基础之上逐步发展起来的,显然没有整体的规划。宫殿区和市场区最初发掘于 20 世纪 50 年代和 60 年代,是 1975 年以来调查和发掘的主要目标。这些工作让我们可以确定各个建筑群的准确位置和相互关系,明确各个区域的面积以及确认西市的确位于主要宫殿以北,和"面朝后市"的说法相对应。[13]

未央宫建筑群位于西南,是在一座秦宫旧址上修建起来的,占据了城市最高处,平面近正方形(2.15 公里 × 2.25 公里)。整个建筑群由一道夯土宫墙环绕,墙上开 6 门,每个角修有角楼;包括少府和沿着南北中轴线的前殿,以及皇帝寝宫和皇后所住的椒房殿。官府和宫寝都修筑于高台之上,这和战国及秦朝时期一样,建筑面朝南方。台基和其上的踏步由大型的砖铺面,砖上有模制的图案。官府遗址共出土了超过 6 万

枚骨签，上面大多有字，标明了各个作坊交付给中央官署的兵器和日常器物的名字。这些文书上记录了那些物品的名称、尺寸、制作日期，还有生产作坊、工匠和督造的名字。[14] 考古人员在未央宫西北寻找石渠阁或称天禄阁的位置，但还没有发掘，据说皇家印信、书籍、文书档案等储藏在那里。存有其他文件的承明殿和麒麟殿也没找到。这些遗址如果被发掘，届时会获得许多重要的信息。

20世纪70年代发掘的东部武库占据了未央宫和长乐宫之间的很大一块区域（710米×322米，为巴黎协和广场的近三倍）。这里包括7座库房，每座库房都存放着不同类型的兵器，主要为铁制；另有置于架子上的各种装备。未央宫以北为桂宫，桂宫自1997年以来成为中日两国发掘人员的焦点，他们认为朝西的一座建筑遗存曾经应该是仓储建筑。[15] 桂宫和北宫以北（自1994年起发掘），在一条南北向大道两侧的是两个市场（20世纪80年代和90年代发掘），被直接称为东市和西市。每个市场都有围墙环绕，每边各有两个门，通向东西向和南北向两条垂直相交的大道。两个市场中间的北部区域暴露出房屋基础，看上去应该是市场管理机构。在西市的环墙范围之内（东西550米，南北480米），发掘工作揭露了一座官营手工作坊群，包括21座专为帝陵烧制陶俑的座陶窑、一座冶铸作坊和一座铸币作坊的遗址。[16] 鼓风炉出现在京城，甚至靠近皇宫的这个现象令人惊讶（见下文）。在城墙之外，长安还有外城市场供应，大多数位于北部和西北部，在都城和几个陵邑之间。在此区域的豪族家庭处在圣上希望的方便而严密的监控之下。

墓地和祭祀中心位于城墙之外。城南的祭祀中心包括宗庙和官社，一度还有官稷。[17] 为恢复周代的信仰传统和从所谓的古代文献中找到自己的楷模，王莽（公元9～23年在位）建立起了一系列礼制建筑来实现这一情结。其中几座建筑的遗址已被发现：明堂、辟雍及11座长方形的基础，外加另一处建筑。其中9座或许可被认定为《汉书》中记载的王莽九庙。[18] 遗憾的是，虽然关于明堂和辟雍的文献浩如烟海，我们却无法确定其确切的构制和功能。

然而，另外一场争论激发了对汉代城市布局相当多的思考。20世纪80年代的考古发现引发了历史学家杨宽和考古学家刘庆柱对于长安城一些方面的激烈讨论。[19] 从根本上来说，这场讨论集中在三个问题上：长安城是一座宫城（内城）还是一座具有商业或手工业中心意义的"大城"；长安城是否有大面积的郊区；以及东市和西市的位置，特别是位于城墙内还是城墙外。杨宽认为汉长安城是一座宫城，以战国时期各国的都城为样板，其中主要包括官府机构和为宫廷服务的作坊。在他看来，长安城的大多数人口并不居住在城内，而是在城外北郊和东北郊，由渭河及其漕渠提供天然的屏障。刘庆柱的观点则不同，其认为西汉长安城是一座"生产型"城市，包含市场、手工作坊、贵族府邸和平民居住区。根据刘庆柱的看法，相对而言，郊区对于都城长安的生活并不重要，因为在长安城被发掘的30年间，那里没有发现任何郭城。刘庆柱由此认为所有160个里同东西两市都位于城墙之内（东市和西市在城西北角）；杨宽的意见则不同，他认定两个市场都位于城北郊。最终，刘庆柱的看法被考古发现所证实。两位学者尽管意见有所不同，但在一系列的问题上确实有共同的看法，特别在长安城内的空间布局不如后世都城的那么严整（如唐长安城或明清北京城）这一点上。

公元2年，京城地区的在籍人口据说按整数计有8.08万户，24.62万口。再加上没有登记在册的人口，长安的人口可能有35万～40万。[20] 现在，大多数的学者认同有20%～30%的人口居住在城墙内160个里中，基本上在京城东北部。[21] 最富裕阶层的宅第位于里外，但贵族府第和平民居住区之间并没有严格的区分，这与公元6世纪以后的都城不同。我们对城内各地区地块的确切布局一无所知，主要是因为几乎没有关于这方面的考古调查。

公元25年，东汉定都洛阳，从公元38年开始扩建现有的城池。[22] 初步的调查（1954年）和发掘（从1962年开始）集中于城市布局、城墙规格（周长13公里）、主道位置以及城东北部武库和太仓的分布。[23] 洛阳城遗址被破坏得很严重，这阻碍了对其遗存的解读，主要是因为该城址在公元 3～6 世纪被持续占用。[24] 洛阳北部背靠北邙山，南边以洛水为界。洛阳城只有长安城面积的一半多一点（9.1 平方公里），尽管作为都城，其宫殿的位置却有所不同：一座宫殿在城南（南宫），另一座在城北（北宫），两宫之间由复道相连（图 5.3）。城内的市场被称为金市，位于南宫西北。和长安城最终的布局一样，礼制建筑修建在城外，和太学一起，位于城南。[25]

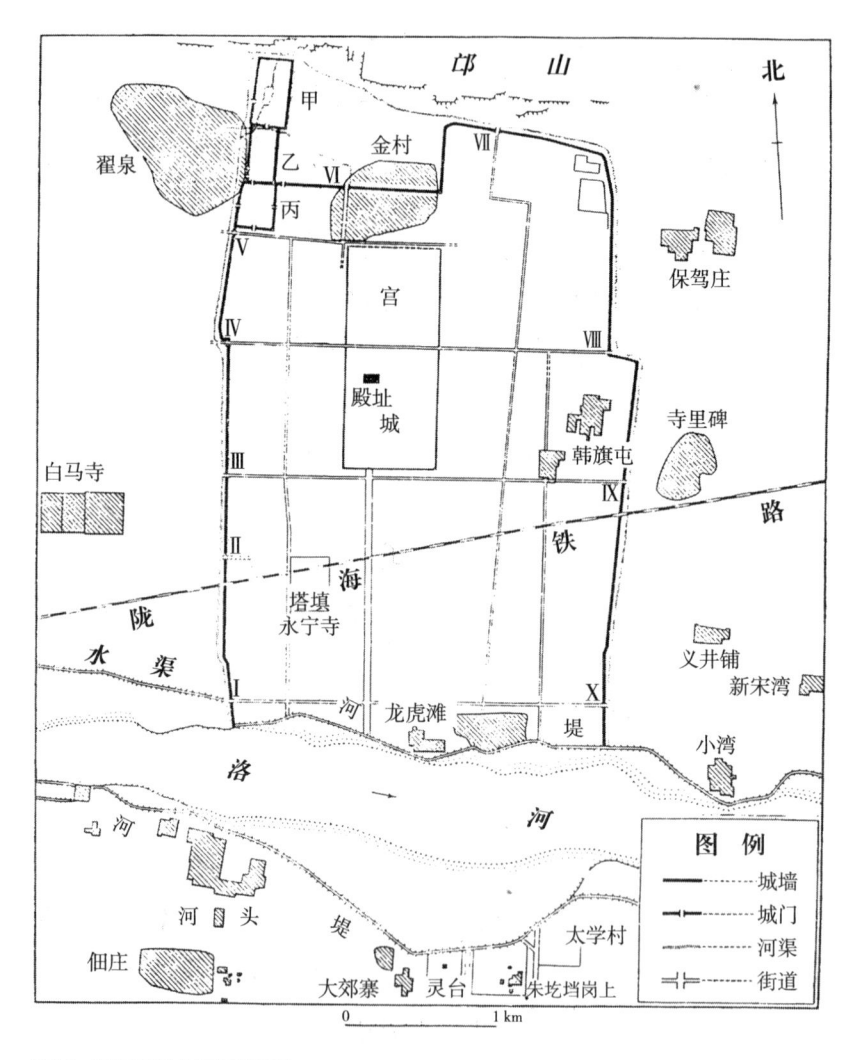

图 5.3　东汉及魏时洛阳城平面图

在中原地区的城市中进行发掘极为困难，因为要先清除层累得很深的沉积（比如说在邯郸可深达 8 米），才能下达考古遗存所在的地层。考古发掘在多数情况下不是集中于城墙遗迹，就是以工业和手工业设施为重点。在汉高祖治下的 10 个王国的都城中，临淄、邯郸和寿春（淮南国，今安徽境内）都仅仅占据了在战国时期曾分别为齐国、赵国和楚国都城地盘的一小部分。在汉代，临淄占地约为 18 平方公里，大致相当于公元前 4～前 3 世纪时外城的面积；该城当时又设置了铁官，铸铁作坊位于城内。[26]（还有其他一些冶铁作坊位于城外，看上去是从战国一直沿用下来的。[27]）汉代邯郸城占地约 16.7 平方公里，也位于战国旧城外城（大北城）城址上。如今古邯郸城的这一部分位于一面坡上，朝东俯瞰着河流冲积层。除了西边城墙很少几个部分今天仍然可以看到外，其他部分都被压在深 0.2～8 米的沉积层之下。由此造成的发掘困难又被现代城市在旧城上的叠压加剧。[28]汉代的寿春城则占据了战国古寿春城西北部宫城的位置。

宛，所谓的五都名城之一，在东汉仍为最富裕的城市之一。该城大致为方形（一边 1.4 公里），环绕的城墙根部为 6 米宽，在公元前 221 年秦统一之前很久便是一个重要的冶铁中心。在汉代，宛同样也设有铁官，在汉代宛城中部曾发现过冶铁作坊遗址。在冶铁作坊（约 2.8 万平方米）的东南和东北两侧有铸铜和制陶作坊。[29]随着南阳郡在公元 1～2 世纪农业生产和人口的繁荣，这一组工业作坊群有所扩张，这也由比早期更大更丰富的东汉地层所证明。

大规模的冶铁工业要么选址于城墙之外靠近城墙的地方，要么，甚至在许多情况下直接设在城墙之内（以及长安的情况是，距离宫殿相当之近），这仍然是个未解之谜。因为正如华道安（Donald B.Wagner）所说，这种安排有很多缺陷。[30]鼓风炉会消耗大量木炭，有可能会造成百姓所需的有限燃料的短缺。随之增加的污染、废料和爆炸的风险都可成为把此类工业迁出主要城市市中心的理由。在华道安看来，把生产的地点安排得如此靠近官府，其背后的原因是，官吏们希望对实行盐铁专营

（公元前 119 年）后的生产保持严密的控制。

考古发掘极少产出关于汉成都的城市信息，部分原因是现代新城覆盖了老城。与之相应，我们对于这座政治、工业和商业中心的认识主要来源于传世文献，尽管在巨大的交通和贸易网络中，成都无疑是一座把都城与帝国之外更远的东方各民族连接起来的主要城市。

城市民居和筑防的庄园

近年来，一些对城市居住区的发掘开始进行。比如对西汉洛阳城的一些房屋基础的发掘显示其平均占地面积为 22.77 平方米，而在东汉都城外的阳原（代郡，今河北境内），房屋面积——27.84 平方米——要大一些。[31] 这些发掘工作证明城区的房屋面积与战国时期的相当，也就是说大约在 70～80 平方米（包括院落和过道）。[32] 然而，迄今为止还缺乏对聚落的发掘，对房屋内部布局和房间安排也需进一步的研究。城区民居以里为组织单位，这构成了汉代城市（或村庄）人口最基本的行政单位。围墙中里的面积及其居民数量差别非常大。在富裕和高度发达的关中地区，一个里似乎可以容纳超过 50 户，或许将近 100 户。[33] 根据尹湾（在今江苏东海县）6 号墓发现的《集簿》所记录的约公元前 10 年东海郡共有在籍人口 266290 户，分布于 2534 个里中，平均每里 105 户。里由围墙环绕。[34] 至少在中国北方，许多房屋以土坯或砖建造，在砖砌的墙面和地面上经常会有某种覆盖层。许多木结构建筑的屋顶覆盖着半管状的筒瓦，边缘饰有瓦当。一些东汉时期的城市考古发掘揭示出砖被大量用于墙壁和地面、水井和下水系统以及宫殿、庙宇和墓葬。

房屋的各种表现形式在模制或印制的砖上以及汉代，特别是东汉墓墙壁上的石刻和画像砖上频繁出现（图 5.4）。然而，对这些建筑表现形式的许多鉴别是有困难的。我们无法辨别它们表现的到底是城市房屋还是大农场的田舍、庙宇、祠堂，甚至是宫殿的某些部分。因为没有标题或说明，所以对其的解释千差万别。其中最有意思的例子之一是，时

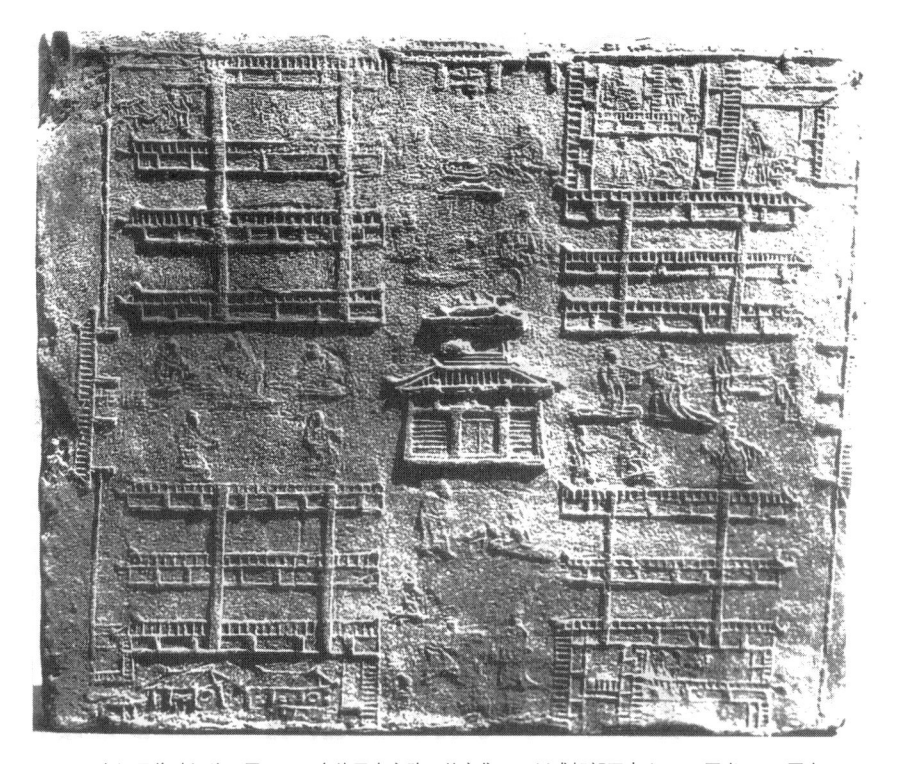

图 5.4　东汉画像砖拓片，展示了一个处于十字路口的市集。四川成都郊区出土。39 厘米 ×49 厘米

代为公元 176 年的安平（安平国，今河北境内）墓葬中室两边侧室之一中装饰的壁画（彩图 9，可比照下面图 8.5）。[35] 壁画表现了一个庞大建筑群的鸟瞰图，它可能是一个在城里或者大庄园里的富家宅第或是一个高级官员的官署。这个有围墙的建筑群由绕着院落排布的建筑组成，有些院落中种有树。其中一座后院中画着一个异常高的望楼，楼中有一面鼓，楼顶有一面测风旗。[36] 鉴于图中的望楼和墓葬的时代，一些学者认为这个建筑群可能是那种动荡年代里庄园主修建的设防之居所。多亏东汉末期许多地区的富人墓葬中放置的陶制模型，我们才得以了解庄园、田舍和独立的望楼。[37] 相当多带有壕沟或防卫设施的建筑模型在河南和广东[38]被发现。广东的模型在四角和大门的高墙上均有望楼。在防区内部，各个建筑出于防卫目的而紧密地排列在一起。这种另有许多不同变

化形式的筑防庄园模型，看上去和安平墓葬壁画所表现的宽敞的建筑布局颇为不同。

我们关于城市居所及其结构的信息还有些匮乏。到目前为止的考古工作所提供的资料还不足以区别地区性的差异，而这种差异应该不少。目前已知的建筑表现形式看上去更多地涉及对标财富、教养和社会地位的理想化都市典型，而较少与民间建筑相关。还没有人去做这项艰巨的工作，即排列全套出土材料——图像、壁画、画像砖和画像石，还有墓中的明器模型——并划分其类型，为批判性分析做好准备。[39] 但显然上面这些表现形式较少记录城市生活，更多体现的是农民和地主的农业经济和农业环境。与之相似的是，关于建筑装饰的信息所得很少，尽管一些相当零散的发现确实能让我们一瞥内部和外部装饰的可能的样子。[40]

对分散于边远地区遗址的研究

除了在中原地区汉代城址上所做的工作以外，过去 20 年的考古工作者还在北部边境确认了许多筑有堡垒的城镇，在福建和广东发现了南方几个王国的一些主要城市。

目前我们已经调查或发掘了北部边境长城沿线的许多驻防城镇、军营和防御建筑。仅在辽宁省和内蒙古自治区两个区域内，考古人员就勘察了超过 100 座遗址。筑有工事的城镇和村落、堡垒、城障、烽燧，与其军事哨所和残垣断壁标记出一条从青海和肥沃的河西走廊沿线的新聚落延伸到东北各省的边境线。这些防御性建筑主要由晒干的土坯筑成，间以芦苇或灌木束、夯土或偶尔的石条。外面也许还有由一排排木桩构成的屏障（虎落）来加强建筑防御。在内蒙古西北部发掘的鄣塞城镇数量尤多。这些鄣塞为方形，周长为 400～500 米，围墙上筑有角楼，一般在东边开有一门。城墙通常设有马面，即其中是空地（瓮城）的内墙和外墙。存在如此安排的瓮城，可使朝南城墙的一个或几个门受到保护。在一些筑防城址中，内城西南有由建筑组成的行政区（小城）。这些城市在边境线上相隔约 10 公里而建，标志着汉朝边防线南侧。[41] 在内蒙古东部和辽宁，边境的城镇要小一些，呈方形或长方形；城垣上只有一个门，通常在南边。不过稍大一些的边城有两个门，一北一南，皆有瓮城。考古工作者在吉林发现了几座修筑在山上的汉代鄣塞。这些发现每每都与林蔚（Authur N. Waldron）发表的关于秦汉防御工事的论文有相当大的出入。[42]

1980 年，在环境截然不同的南方，考古工作者开始了对崇安城（武夷山市城村，福建北部）早期城址的发掘。现在，对这处聚落的勘探仍在进行中，似乎可断代至公元前 2 世纪。最初学者们认为它是闽越的都城东冶，而现在更多地认为它是余善时期的政治和经济中心，余善曾被汉朝封为东越王。[43] 这座出土城址不仅是在福建北部发现的最大的汉代聚落，还是中国南方保存最完好的城址。该城的城墙由夯土筑成，包围着一个大型的不规则长方形城区，周长近 3 公里，城墙根部宽 15～21 米。城市中心被一些大型宫殿建筑群的基础所占据，像是仿照汉朝的模式而建。[44] 遗址中发现了大量刻有吉祥语的汉式瓦当以及许多印着与多个行政机构相关的铭文的陶器，这些都充分说明这座城非同一般。除此之外，一部分道路网络和下水系统以及城墙内外的一些区域——居所遗存、墓葬、4 座冶铁作坊和一个制陶作坊——也被发掘出来。[45] 附近还有 5 座面积小得多的聚落，应该是边防线上的军营，被指派阻击汉朝的行军。

1984 年，考古人员在今福建省福州北郊的新店发现了一座早期城市遗址。已经揭露的遗存看上去是闽越的都城冶或称东冶，于公元前 111 年闽越灭亡后成为汉朝的县治所在。[46] 福州北边的冶山和屏山地区的其他一些重要遗存证明了长时间统治的存在。据吴春明的说法，闽越国时期的地层可能来源于宫殿和贵族府邸，因为冶曾经是一座靠山的内陆港口。

再往南，在公元前 2 世纪南越国的都城番禺（位于今广州市中心）也有重要的考古发现。这里的发掘工作不仅专注于一些墓葬——最为著名的要数南越第二代国王赵眜（也称赵胡，卒于公元前122年）之墓了，[47]还关注城址本身。这一古城略呈方形，城墙周长大约5公里。20世纪70年代最初发现时被认作造船场，后来才发现是王宫中的一座建筑，坐落于木桩上。[48] 1995～1997年，对该遗址西南部的三次发掘发现了宫苑的一些遗存，包括一条砖石走道、一个原来上面应该有建筑的大水池（85米×65米），还有一条蜿蜒于宫苑之中的长石渠。这座宫苑的诸多特点（出土的瓦当等）与目前所知考古发现或文献材料中西汉早期长安城的苑囿一致。诚然，这里出土的瓦当和其他建筑构件与皇宫中所发现的一样，因而可以将其时代定为公元前2世纪。[49]

结语

在过去的30年间，对汉代城址的考古发掘工作是有选择性的，考古报告的水平也参差不齐。几乎没有哪个聚落经历过系统性的发掘，以及除长安城之外，几乎没有完整的考古报告可供参考。在许多情况下，仅发掘出来的城墙和一些基础让我们得以由此了解一部分官署或宫殿的布局以及部分道路网络和排水系统。虽然工业建筑或手工作坊的产品被认为非常重要，却极少有针对其本身的研究，而曾被研究过的那些一般是因为有明确的时间。关于城市与其环境，特别是河流之作用的研究，如果有的话，也是很少的。至于城市居所是怎么分布的，我们几乎一无所知。瓦当是值得系统研究的一个方面，首先因为它们通常是地面建筑唯一留存的建筑元素；其次，它们可构成建筑物时代和作用的绝妙指示。[50] 比如说，瓦当可以精确辨识从京城一直到地方层面的建筑物在多大程度上与惯例、禁奢规定和理想模型相符合，辨识建筑陶器供应作坊之产品的质量和种类，以及辨识官用和民用不同类型的建筑在装饰上的差别。

到目前为止，发掘工作确实可以让我们得出几点认识。首先是关于汉代城市在空间布局方面（例如城墙和城门的位置）受战国主要城市遗留——可能导致了汉代地区主要中心城市和都城在结构方面的一致性相对较高——的显著影响。与此同时，秦汉时期的城市和前帝国时代的聚落又有很大的区别。首要的在于，秦汉的城市无论是在地方还是在中央层面都是统治权之所在。换句话说，战国时的城市处于独立政体的管辖之下，而秦汉时期的城市作为地方政府中心所起的作用依赖中央权威。因此，这些城市都自然而然地采取了一种遵循城市权力等级结构的单一模式，其等级的高低取决于它对皇权的重要性。同样，这种中央集权的特征还反映在城墙功能的变化中，可想而知，与战国时期相比，秦汉城墙的防御功能除了用于边境沿线之外大大下降，城墙的作用更多地表现为维持对内部人口的控制。另外一个显著的变化是，汉代所有的主要城市（其中许多都比公元前4~前3世纪时的旧城要小）都把墓地迁到了城墙之外。目前，考古发掘所展示的汉代城市规划是一个略显单一的图景，如果真正的聚落考古在中国北方古代主要中心城市之外有所发展，那么这种单一的图景可能会有变化。

正像我们已经看到的一样，作为政治、行政和礼仪中心的长安，也许会被视为一座"寄生城市"的样本，因为尽管其中也有冶铁作坊等生产场所，但其人口构成主要是消费者——贵族、官吏、外族王子或偶尔觐见的访客、驻兵、城里有房的地主以及官私奴婢——其数量一直都只占人口总数的一小部分。甚至在一些工业和手工业繁荣的城市中，消费与生产的不平衡性仍然是秦汉城市的典型特征，居住区和市场区的严格分隔也依旧是一个不变的规矩。这种城市的政治性特征是持续性的，在汉代以后还延续了数百年，这或许也可以说明为什么除了带有墙垣的市场之外，城市中明显缺乏可供大众集会的大型公共建筑和广场或者其他场所。汉长安城就是最著名的例子，城中没有任何相当于公共广场、圆形竞技场或剧场的建筑，也没有赛马场、体育场或公共浴室。很明显，我们现在视为乐趣的许多城市生活，在秦汉时期城市规划者或修建者的心目中并不占据首要位置。

更多的考古发现，再加上对外来影响更充分的认识，只会改进我们对中国城市生活的理解。在接下来的几十年中，对城市生活的研究必须要寻求并达到一个更加完整的城市研究视野，而不是目前所允许的、相当狭隘地集中于大都市地区的研究。公元 3～6 世纪北方少数民族王朝——更别说中亚商人群体——对城市生活的影响还没有得到充分的评估，都城以外的城市空间也没有得到应有的重视。此外，在汉代以后的几百年间，公共生活大体上被限制在里坊的围墙之内，尽管在唐代（公元 618～907 年）有一定程度的放宽。一直到北宋（公元 960～1126 年）和南宋（公元 1127～1279 年）时期，随着经济的快速发展，里坊体系解体，城市生活才有了大的改观。然而，清朝灭亡后，官僚之外的群体才完全占据了他们所在的城市。

注释

1　关于对汉代城市研究的综合考察，见 Nakamura and Xin Deyong, *Zhong Ri gudai chengshi yanjiu* (2004)。

2　Zhou Changshan, *Handai chengshi yanjiu* (2001), 14–33. 关于 1956 年以来汉长安城考古工作的论述，见 *KG* 2006.10, 3–11, "Han Chang'an cheng kaogu 50 zhounian bitan"。

3　关于战国时期城市的发展情况，见 Wu Hung, "The art and architecture of the Warring States period" (1999), 653–65。

4　*KGXB* 1991.4, 449–95.

5　Zhou Changshan (2001), 40.

6　许多学者沿用刘庆柱的说法，不把长安城的宫墙算在内，认为长安是"大城"的一个例证，即其空间是一体的，只有一道外城墙。

7　*Helinge'er Hanmu bihua* (1978), Fig. 34, p. 17, Colour Plates 86–9; Zhou Changshan (2001), 45.

8　Zhou Changshan (2001), 27–8. 参见 Li Chuanyong, "Woguo zui zao de weixing chengshi – lun Xi Han Chang'an zhu lingxian" (2003)。

9　这些卫星城市在长安周围形成了一条防护带，其人口主要由政府迁徙而来。迁徙的人口绝大多数来自关东，包括贵族、官吏、富家望族和军队。迁徙人口这一举措有多种目的：加强关中和中央力量、削弱分裂势力、吸收长安因缺乏空间而无法容纳的过剩人口，以及防御匈奴。

10　关于咸阳，见 Wang Xueli, *Xianyang di du ji* (1999)。

11　关于公元前 2 世纪对长安历史的重建以及建筑选择背后的理念，见 Wu Hung,

Monumentality in Early Chinese Art and Architecture (1995), 143-87；关于汉长安城，也可参见 Steinhardt, *Chinese Imperial City Planning* (1990), 54-68。

12　关于这一讨论的进展，见 Nakamura and Xin Deyong (2004), 27-8, 66。关于《三辅黄图》，见第 6 章邢义田的部分及注释 19、89。

13　《周礼注疏》卷 41《冬官考工记下》第 25 页 a. 对比《独断》卷下第 21 页，作"前有朝后有寝"。

14　关于未央宫建筑群的考古发掘，见 *Han Chang'an cheng Weiyang gong: 1980-1989 nian kaogu fajue baogao* (1996)。关于骨签的发现，又见 Sahara Yasuo, "Kan Chōanjō Miō kyū sangō kenchiku ishi ni tsuite" (1991)。

15　见 *KG* 2001.1, 74-83。关于桂宫，见专著 *Han Chang'an cheng Guigong* (2007)，该书在本章完成后才面世。

16　见 Liu Qingzhu, *Gudai ducheng yu di ling kaoguxue yanjiu* (2000), 124-41，特别是关于市场管理机构，见第 128、168 页。

17　关于这些祭祀场所的建设，见 *HS* 12, 355; *HSBZ* 12.6b; *HFHD* Ⅲ, 76, n. 6.5; *HS* 25B, 1269。

18　关于在 1956～1957 年发现的王莽明堂和辟雍，见 Wang Shiren, "Han Chang'an cheng nanjiao lizhi jianzhu (Datumen cunyizhi) yuanzhuang de tuice" (1963); Yang Hongxun, *Jianzhu kaoguxue lunwenji* (1987)，其英文概要见 Wu Hung (1995), 176-87; *Xi Han lizhi jianzhu yizhi* (2003), 225-32。巫鸿指出（314, n. 195），王世仁和杨鸿勋所说的重建，尽管引用者很多，但"大部分是基于他们自己的观点"。关于九庙，见 *HS* 99B.4106; Yang Hongxun, *Gongdian kaogu tonglun* (2001); and Loewe, "Wang Mang and his forbears: the making of the myth" (1994)。

19　关于这场讨论，见 Yang Kuan, "Xi Han Chang'an buju jiegou de tantao" (1984); Yang Kuan "Xi Han Chang'an buju jiegou de zai tantao" (1989); and Yang Kuan, *Zhongguo gudai ducheng zhidu shi yanjiu* (1993); 另见 Liu Qingzhu in *KG* 1987.10, 937-44, and *Gudai ducheng yu di ling kaoguxue yanjiu*。还可见 Nakamura and Xin (2004)，尤其是第 27 页。

20　"五都"中一些城市的户数与长安城最大卫星城市的相近。西汉末，成都的户数是 76256 户，而最大陵邑茂陵的户数为 61087 户。

21　Zhou Changshan (2001), 122-3. 关于"里"，见本章下文及第 6 章（邢义田著的部分）。

22　在汉代文献基础上进行的对汉洛阳城的研究，见 Bielenstein, "Lo-yang in Later Han times" (1976)。综合研究见 *Han Wei Luoyang gucheng yanjiu* (2000)。

23　这里给出的汉洛阳城的尺寸有一些过时。现在对东汉洛阳城四墙的长度推测为：南墙 2460 米（因洛河改道而被冲毁），东墙 4200 米，西墙 3700 米，北墙 2700 米。

24　Qian Guoxiang, "You Changhemen tan Han Wei Luoyang cheng gongcheng xingzhi" (2003).

25　关于洛阳城明堂、辟雍和灵台的综合研究，见 Yang Hongxun (2001), 319-39。

26　Zhou Changshan (2001), 99.

27　Wagner, *The State and the Iron Industry in Han China* (2001), Table 2.

28 Zhou Changshan (2001), 93–5.
29 见 Zhou Changshan (2001), 101–2, and *Huaxia kaogu* 1994.1, 31–44。
30 Wagner (2001), 37–8, 64–5.
31 在洛阳发掘的西汉房屋基础的平均面积大于东汉，东汉平均为 20.28 平方米。但是，有些东汉房基的面积似乎达 49.2 平方米。
32 Zhou Changshan (2001), 122.
33 关于"里"的更多信息，见 Zhou Changshan (2001), 134–70（里墙见第 146 页）。
34 *Yinwan Han mu jiandu* (1999), 释文第 77 页；Xie Guihua, "Yinwan Han mu jiandu he Xi Han difang xingzheng zhidu" (1997), 44。
35 *Anping Dong Han bihua mu* (1990). 墓主人的身份还不能被确定，而他的爵位似乎是侯。
36 *Anping Dong Han bihua mu* (1990), 27, Fig. 41 and Plates 50–2.
37 关于汉墓内容物，见本书第 1 章。
38 见 *Henan chutu Handai jianzhu mingqi* (2002); *Guangzhou chutu Handai taowu* (1958)。
39 关于石刻和模制砖上的主题的搜集和分析，见 Finsterbusch, *Verzeichnis und Motivindex der Han-Darstellungen* (1966–2004)。
40 这些考古发现主要是在两汉的京城地区（分别在关中和关东）。关于宫殿装饰，见 Pirazzoli-t'Serstevens, "I Qin e gli Han" (1996), 171–3, 179–91。
41 Liu Qingzhu (2000), 201; Zhou Changshan (2001), 22–33; You Fuxiang, "Neimeng, Liaoning liang sheng changcheng yanxian Qin Han gucheng yizhi chubu yanjiu" (2004).
42 Waldron, *The Great Wall of China: From History to Myth* (1990).
43 关于余善，见 *BD*, 667–8。关于崇安，见 Wu Chunming, "Min Yue yecheng diwang de lishi kaogu wenti" (2000). 另见 Wu Chunming and Lin Guo, *Min Yue guo ducheng kaogu yanjiu* (1998)。
44 Yang Hongxun, *Gongdian kaogu tonglun* (2001), 313–18.
45 关于这座城址之中及周边发现的综合研究，见 *Wuyishan chengcun Han cheng yizhi fajue baogao* (2004)。
46 Wu Chunming (2000), 70–1. 见 *SJ* 114,2982。
47 见本书第 4 章。
48 Yang Hongxun (2001), 287–99.
49 Yang Hongxun (2001), 299–309; *2001 Zhongguo zhongyao kaogu faxian*, 92–5. 考古人员在 2000 年发现了一件木船闸，长 35 米；北边来的水流穿过这个船闸，往南流到珠江。
50 截至目前，研究主要集中在瓦当的类型学上，资料大都依照发现的遗址来发布。见 Zhang Wenbin ed., *Xin Zhongguo chutu wadang jilu* (1998)；关于长安宫殿，另见 *KGXB* 2004.1, 55–86。关于这一问题很好的集成研究和参考书目，见 Liu Qingzhu, "Zhanguo Qin Han wadang yanjiu" (1994)。

6
永恒之城与长安之城

卜瑞南（T. Corey Brennan）、邢义田（Hsing I-tien）

罗马来了个汉朝人（卜瑞南）

让我们假设一下，在公元前 44 年初，一个新奇的情报辗转到达了汉朝都城长安。西海彼岸那个强国——演说家西塞罗最近在访问长安时称之为家乡的那个"共和国"——的国王为了一雪将近十年前的败仗之耻，正准备东征敌国安息。[1] 当时在位还不足四年的汉朝皇帝（元帝刘奭）和他的大臣们都没有花心思想过边境安全问题，所以虽然冲突已经迫在眉睫，但朝中没有人过多重视这个消息——尽管商人们必须取道安息才能从陆路把汉朝的商品输送到西方的各大市场（见上文地图 1）。

然而让我们想象一下，在 5 月底朝廷不得不重新考虑一些外交事务，因为天空中出现了一颗彗星，异常明亮，白昼都清晰可见，一时间朝野上下人心惶惶。[2] 这是自公元前 48 年元帝登基以来第三次出现这么严重的灾异，它在朝廷重臣们的脑海中激起了一个可怕的景象：汉朝对这个西边的国家并不太了解，如果它打败了安息，会不会把目光转向大汉帝国呢？经过长时间的争论，朝廷决定派遣一个由学识渊博而又忠心耿耿之人组成的小使团去遥远的西方打探一番。在遴选成员时，皇帝特别重视他们的天文知识，同时也要——在那个未知国度他们肯定需要一些外交技巧——具备人文和地文（包括地理学、民族志和地质学）知识。使团将会觐见这个神秘的西方国王，并探明他的意图。

让我们再假设元帝让太子太傅韦玄成（卒于公元前36年）来领导这次危险的任务。韦玄成不太参与朝廷事务，然而到公元前51年时，他的地位已经相当高了，有资格参加石渠阁会议对"五经"难解段落的讲论。最近他在处理刘向难案时显示出了自己的气魄，刘向这个杰出的汉室宗亲企图抑制外戚势力，韦玄成主张惩治他。[3]

韦玄成的使团从长安出发，可能带了两年的给养。他们试图沿着一条约公元前110年，汉朝一位出使安息的使者曾经走过的老路行进。他们先穿过内地各郡到达西域，从那里开始旅途就变得极为困难——地形艰险，又有匈奴为患。[4] 他们经由商路到达大夏，然后又沿着霍拉山大道来到安息帕提亚（Arsacid Parthia）的腹地美索不达米亚平原。到达底格里斯河畔的安息都城泰西封时，历经磨难、幸存下来的少数使团成员得知最近没有发生外敌入侵。而此时韦玄成下决心要不折不扣地完成使命，便继续向西跋涉，一直到——如果必要——能和潜在的敌人在都城罗马面谈为止。

不久，这些使臣就获悉了关于这个西方威胁的更多详情。罗马的"国王"——独裁官盖乌斯·尤利乌斯·恺撒——刚刚集结了近10万步兵和1万骑兵准备远征安息，就于公元前44年3月被刺身亡了，时间就在彗星出现之前两个月。罗马现在正处于内战之中。但由于韦玄成无所畏惧，执意前行，安息国王奥罗德二世便为使团配备了精壮的骑兵护卫，把他们一直护送到泽乌玛的幼发拉底河渡口。他又特意做了安排，确保使团在途中可以看到卡雷附近的旧战场，公元前53年安息军队就是在那里击败了罗马军团。从泽乌玛起程，韦玄成和他的随从沿着幼发拉底河的西岸向南行进了几天，然后转向西南，途经耶拉波利斯、巴特纳和贝罗亚，到达罗马叙利亚行省的伟大城市安条克。

汉朝的使节自然很快就引起了罗马军事当局的注意。即将离任的指挥官昆图斯·玛尔奇乌斯·克里斯珀斯自作主张，要把这个疲惫不堪的使团带到罗马。但之前他先带他们参观了罗马亚细亚行省的一些主要名胜——包括罗德岛、哈利卡纳苏斯、米利都、以弗所、士麦那以及莱斯博斯岛——然后才横渡爱琴海,在雅典的比雷埃夫斯靠港。汉朝的使团从雅典经由希腊西部的佩特雷、亚得里亚海上的意大利港口城市布林迪西,最后走陆路到达罗马。到公元前43年12月中旬,韦玄成才进入罗马,这时他身边只剩下两名随从,而西塞罗已经死了。西塞罗被控制着罗马的三巨头——马克·安东尼、雷必达和恺撒的21岁养子屋大维剥夺了公民的法律保护权后被斩首。无从知晓在这种动荡的军事形势下如何才能安全返回汉朝的三位使者,只能老实待在罗马。韦玄成于是能够亲眼看到,屋大维是怎么在公元前31年成为事实上的唯一统治者,而后又成为"奥古斯都"的。

当然,这只是一段历史幻想。没有任何迹象表明汉朝在当时对罗马有直接的了解。即便是公元前44年恺撒集结军队的消息传到长安,也不可能让元帝——他一贯反对军事上的纠葛——派出使者。元帝把韦玄成留在长安,让他陪在自己身边,在公元前43年任命他为御史大夫,次年又升他为丞相。正是在丞相的任上,韦玄成系统改革了宗庙祭祀制度。鉴于有一些反对的声音,一些节制的建议在公元前38年前后得到了实施。

但人们很难不好奇,像韦玄成这样仔细的人,假如真的在他们的地盘上或者更好的情况是在他们的都城住下,和罗马人有了亲身接触,会有什么观察收获。为了给这个旁观感受的演练增添实在的内容,我们自然会把目光转向一些相关的资料,即希腊东部不多的几个作者留下的对罗马的描述。[5] 凑巧的是,正好是在秦(公元前221~前210年)和西汉的头一百年,大约在司马谈和司马迁忙于其巨著《史记》的同时,罗马共和国的形象变得鲜活起来,这主要归功于希腊政治家波里比阿(约公元前200~前118年)撰写了一部通史。波里比阿把公元前220年作为他著作的真正起点,对前事只略加概述。他告诉我们,这么做的一个原因是,在那之前没有罗马人不辞辛苦地书写自己的历史,所以在那个时间点以前的所有记录均属传闻。[6]

波里比阿并不是第一个讨论罗马的非罗马人。事实证明,早在公元前5世纪后半叶，希腊人就对罗马建城的神话产生了兴趣。公元前4世纪中期，一群赫赫有名的学者（包括亚里士多德）便关注了这座城市及其兴衰变迁。[7] 希腊之外的人对西边这个崛起的国家也颇有兴趣，正如《马加比书》中一段著名的——也是高度理想化的——描述（1 Macc. 8:13–16）所表现的那样。那篇文章可能写作于波里比阿死后几十年，除了说那儿有个元老院外，对罗马城里的事只字未提。波里比阿也一样，他在讨论罗马的生活时，集中于政治和社会特征，几乎没有告诉读者这座城市的地形和重要建筑，尽管他提到了位于卡比托利欧山的公共仓库，说那是个储存重要文件的档案馆。

两位来自罗马元首制统治初期的作者提供的信息要明显丰富很多：古董收藏家哈利卡纳苏斯的狄奥尼西奥斯（公元前1世纪晚期在世），和来自黑海南岸本都的阿马西亚地理学家斯特拉波（公元前64～约公元21年）。然而只有斯特拉波——他关心的主干问题是描述不同的地区、城市和遗址在其所处时代的状态——试图从物质方面对罗马进行概括性描绘。狄奥尼西奥斯对罗马的祭祀景观、行政区划的发展变化等话题更感兴趣。"为了罗马城如我生时那般恢宏和美丽地存在，"他说，"另找时机会更加合适。"[8] 但是，狄奥尼西奥斯从未找到或者说他从来没想去找那个时机。要想评估奥古斯都之都铸就的从砖头之城到大理石之城的蜕变，对同时代的任何一个作家来说，都是令人生畏的命题。[9]

由于我们无法得知罗马城在形态的哪些方面抓住了波里比阿的眼球，又因为狄奥尼西奥斯明确放弃了对这座城的详细描述，所以我们主要靠斯特拉波的叙述去想象罗马的城市构造会给一个外来者——比如这个我们虚构的来自伟大长安的访客——留下什么样的印象。不过，先来回顾一下大汉原样书写的希腊和罗马文化可能会有所帮助。

遗憾的是，张骞作为汉朝第一个出使西方的使节，在中亚停留了那么久，只看到了亚历山大大帝的继承者们创造的希腊化文明的残迹。虽然纪年无法确定，但很有可能的是，当公元前130年前后张骞到达大夏时，入侵的月氏人已经摧毁了艾哈努姆（奥克苏斯河畔的亚历山大城？）

这座宏伟、希腊风格的城市,同时摧毁了标志城市生活的希腊机构。张骞在公元前125年前后向长安朝廷上奏的一份奏章中,记录了自己的见闻,[10]其中主要强调了对大宛与大夏(奥克苏斯河的对岸),还有印度各王国、安息和美索不达米亚进行军事征服并打通商路的可能性。很少有关于物质文化方面的详细信息——涉及的地区有没有城市、城墙和先进的兵器?——尽管在其他奏章中特别提到了可能位于大夏的繁荣的市场以及一枚硬币、饰有多个人头和一个配得上特别提及的骑士。[11]即使如此,这已经足以让汉武帝(公元前141~前87年在位)的朝廷群情激奋,引发了派出一批又一批的使节的浪潮,这些使节最远可能到达塞琉古的美索不达米亚行省。[12]

然而,直到大约两百年后一些事件的相关记载中,我们才第一次看到"大秦"被提及,这个名词似乎是指罗马世界的东面。根据《后汉书》,在公元97年,西域都护班超先是在里海和安息境内发动了一次大规模进攻,而后又派下属甘英出使于更西边的地方,其中就包括大秦。[13]毫无疑问,甘英最远到达了波斯湾口,在得知继续渡海前行的艰险后返程——走之前记录了大量关于那个本应一睹之地的传闻。[14]这些记录——以及实际上所有保留下来的关于大秦的记载——是借由汉代以后的副本流传至今的,[15]其中的描述和详细半点也不沾边,甚至根本没法和《马加比一书》中明显幼稚的描写相比。尽管如此,包括《后汉书》在内的一些资料都明确地记载,直到公元166年才有了汉朝与大秦的第一次也是唯一的一次直接交流——在中国的土地上,应该是在洛阳,当时一群人自称是安敦王(罗马的马尔库斯·奥瑞里乌斯·安东尼努斯?)的"使者",来到汉帝国的朝廷,带着礼物,抢占先机地抱怨说安息人阻隔了大秦,使他们没法直接买到汉朝的丝绸。[16]遗憾的是,关于在这个场合中这些罗马人是什么样子以及他们怎么描述自己都城的,史书上没有记载,即便是简略的描述也没有——只说起他们的贡品中没有什么珍异的东西。这很有可能并不是罗马帝国官方派出的使团,而只是一批民间的商人——罗马人?——想对中国朝廷申说自己的主张而已。

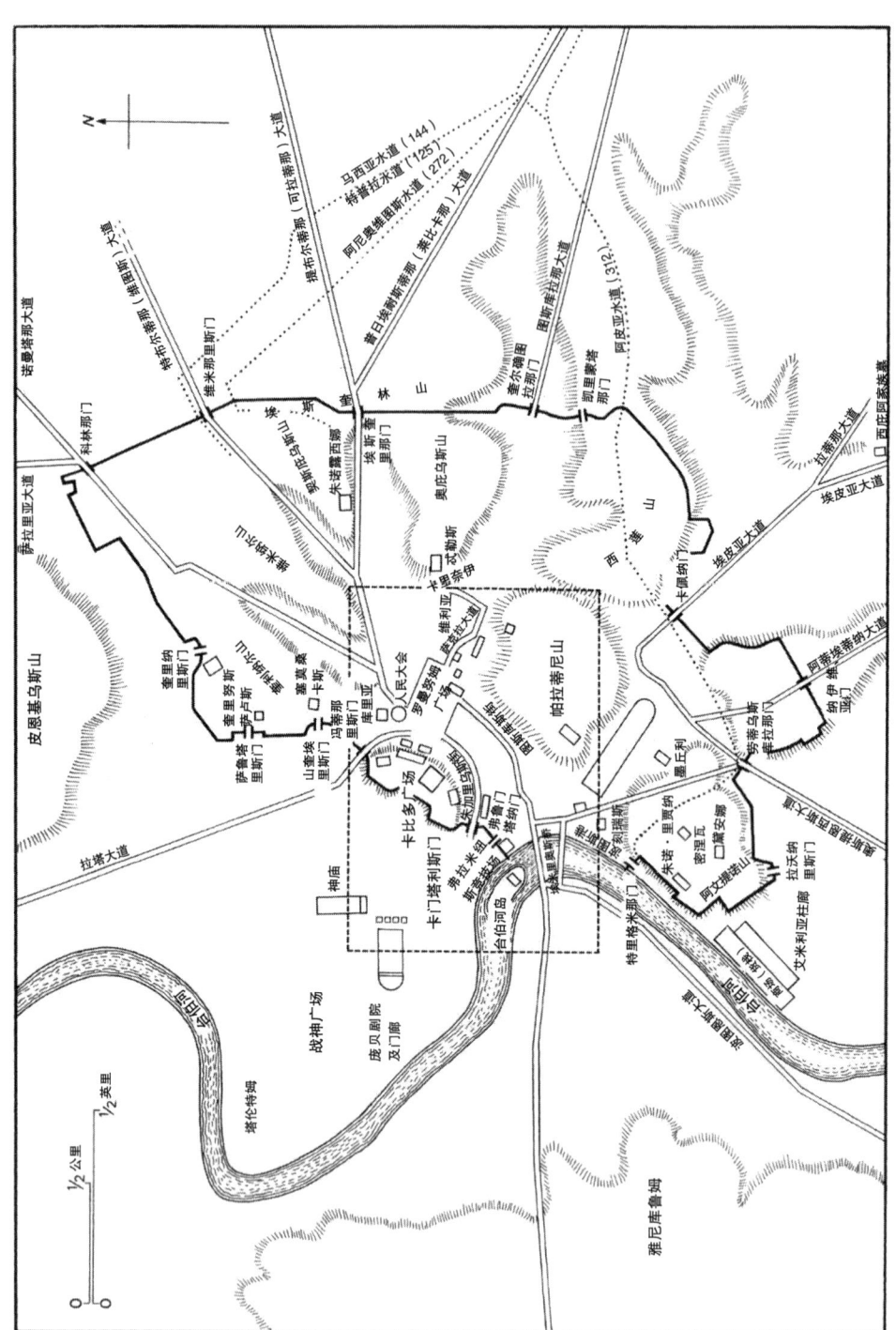

地图 3 共和国时期最后两个世纪的罗马城

6 永恒之城与长安之城 - 209 -

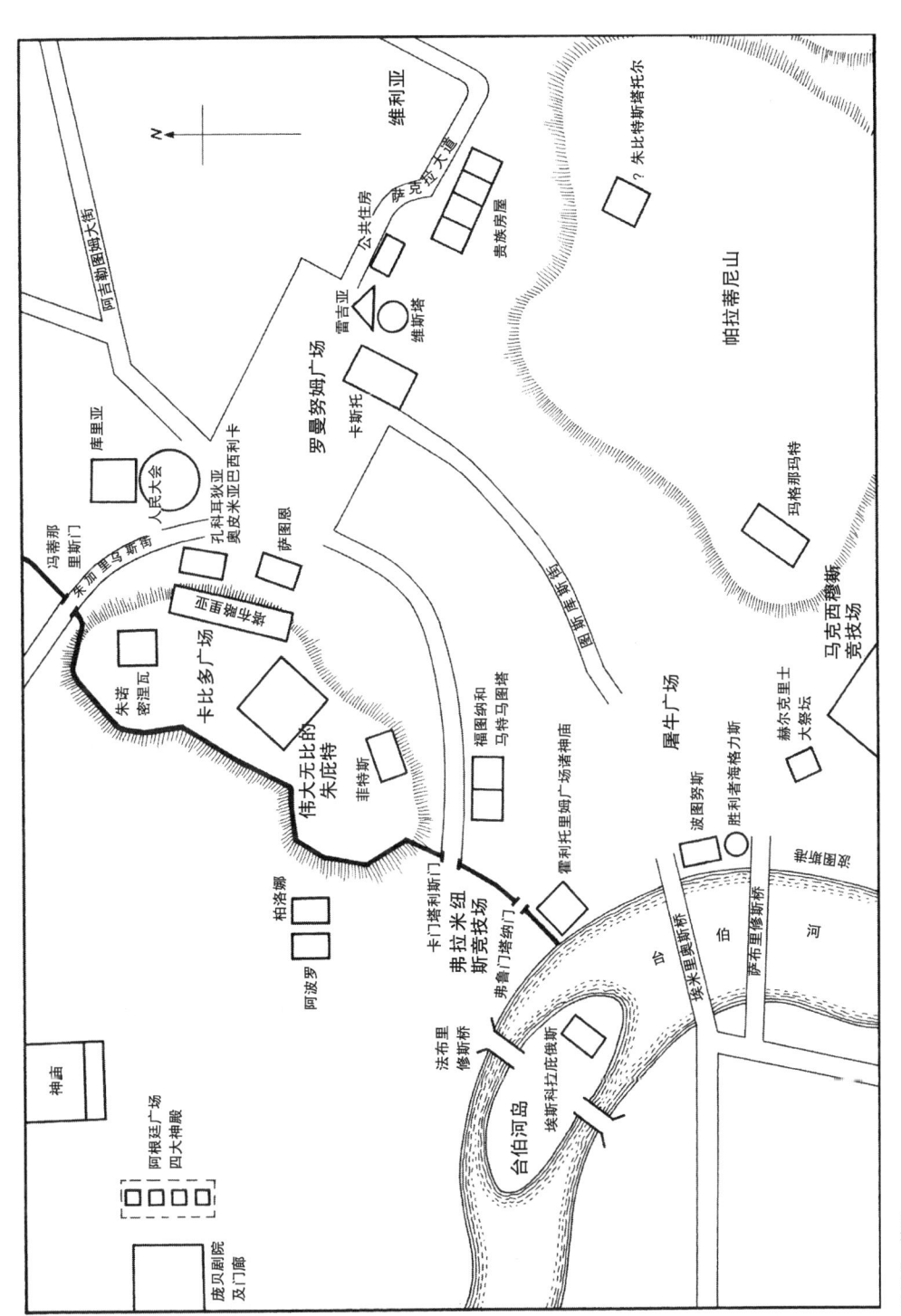

地图3 续图

这样，面对关于汉朝对罗马西部之认识的有用证据几近全无的情况，就让我们自己动手把韦玄成安排在公元前 43 年末的这座永恒之城中吧。在那里，剥夺公民法律保护权可能会引起不愉快的记忆，让人想起发生在长安的类似事件，比如说在公元前 66 年为了惩罚霍氏家族及其同谋而采取的残酷措施。然而，韦玄成应该还是看到了很多让他惊讶的事情。早在到达罗马之前，他应该已经惊叹于庇亚大道两旁为死者修建的越来越精致的纪念碑了。在公元前 48 年的长安，御史大夫贡禹抨击皇家丧葬仪式的铺张奢靡，在朝廷引起了不小的震动。从各方面来看，在礼仪上节俭的主张在罗马得到采纳的可能性会更小。

韦玄成可能会震惊于他们能轻而易举地进入罗马城，城东南的卡佩纳门前没有任何卫兵；而且不用出示什么通行证。城墙本身也很不起眼，这同样出人意料。后来可能有人会告诉韦玄成，罗马人为了在他们山丘上的城市筑防，修建了一道大约 11 公里长的城墙，[17] 这个工程从王国初期开始，零敲碎打地进行了差不多两个世纪。[18] 与之相对比的是，汉朝第二位皇帝惠帝（公元前 195～前 188 年在位）在 4 年之内就为长安城修建了大约 25 公里长的城墙，利用法律规定的徭役，每月一轮，参与的人数比整个罗马王国的人口总数还多，公元前 192～前 190 年的征调人数达到约 14.5 万人，其中还包括妇女。[19]

韦玄成一进罗马城门应该就会注意到，除了无数用栅栏围起来的带有祭坛的空间外，还有配备了扫帚的侍者维护着大大小小的用石头修筑的庙宇，这些庙宇令人眼花缭乱，有各式的柱子、屋顶（包括穹顶）以及内部空间，包含各种雕像、圣坛和大理石贴面的墙壁。在这些庙宇中，男男女女们举行着献祭仪式，贡献着祭品，看上去不计较花费。即便作为外国人，韦玄成也可以自由出入这些庙宇，只有公共广场的一座圆形寺庙除外，那是维斯塔女神庙，两个激动的女祭司把他挡在门外。在长安，纪念性雕像很罕见，但在罗马市中心，韦玄成随时都能看到昔日男女英雄人物的雕像，然而数量比罗马亚细亚行省海滨城市和雅典所见到的表彰当代罗马主妇的雕塑要少得多。每过几天，举行葬礼的队伍就会占据罗马的各条中心街道，其中有戴着逼真面具和长官徽章的演员。

韦玄成刚到罗马没几天，就见证了一场几乎全城人都穿着最好的衣服，兴高采烈地聚集起来观看的凯旋仪式。12月29日，人们攀上在公共广场旁马戏场上临时搭建的脚手架或者其他任何便于观看这场盛大仪式的地方。每一座庙宇都装饰着花环，大门敞开，浓烈的香烟如积云滚滚飘入寒冷的空气中。侍奉的官吏——甚至那些可怖的执法侍从，带着他们的束棒（fasces）——费劲地为凯旋仪式保持街道的通畅。[20] 整个队伍庄严肃穆，由治安官和元老率领，后面是号手，装满来自拉蒂的阿尔卑斯高山战利品的马车，祭祀用的动物，蓬头垢面的俘虏，然后是拿着束棒和斧子的执法侍从，最后才是指挥官卢修斯·姆纳蒂乌斯·普兰库斯，他衣着华丽，身穿绣金的紫色托加长袍，头戴桂冠，乘一辆四匹马拉的奇异的圆形战车。后面有一长列军团跟随，许多士兵奇怪地嘲讽着他们的统帅。这支特别的队伍逆时针缓缓行进，从战神广场开始，穿过屠牛广场，绕过帕拉蒂尼山，然后沿着神圣大道通过公共广场的中心。最后在卡比托利欧山脚下，普兰库斯下了战车，从一个狭窄的通道走进朱庇特神庙，在那里献上一头被精心挑选的白牛。对我们的汉朝使者来说，普兰库斯最接近他想象中罗马国王应有的样子。但就在两天以后，另外一个统帅，马尔库斯·埃米利乌斯·雷必达就以同样的凯旋仪式入城，以庆祝在西班牙的胜利，我们可以想象韦玄成当时会多么惊讶。他由此开始体会到了由卡比托利欧山和朱庇特神庙所占据的礼仪空间的神威。

特别让韦玄成感到稀奇的是，罗马人在众多节庆活动中也允许一些出身最低的人——甚至是奴隶——参加他们纵情热爱的体育和娱乐。几乎每周一次，在帕拉蒂尼山和阿文提诺山之间的赛车竞技场（马克西穆斯竞技场）中，成千上万的观众挤在一起——男人挨着女人，城里人挨着乡下人，罗马人挨着外国人。实际上，韦玄成很难辨别出谁是"公民"（cives）——并不仅仅是因为对他来说"公民"可能是一个完全陌

- 212 - 中华早期帝国

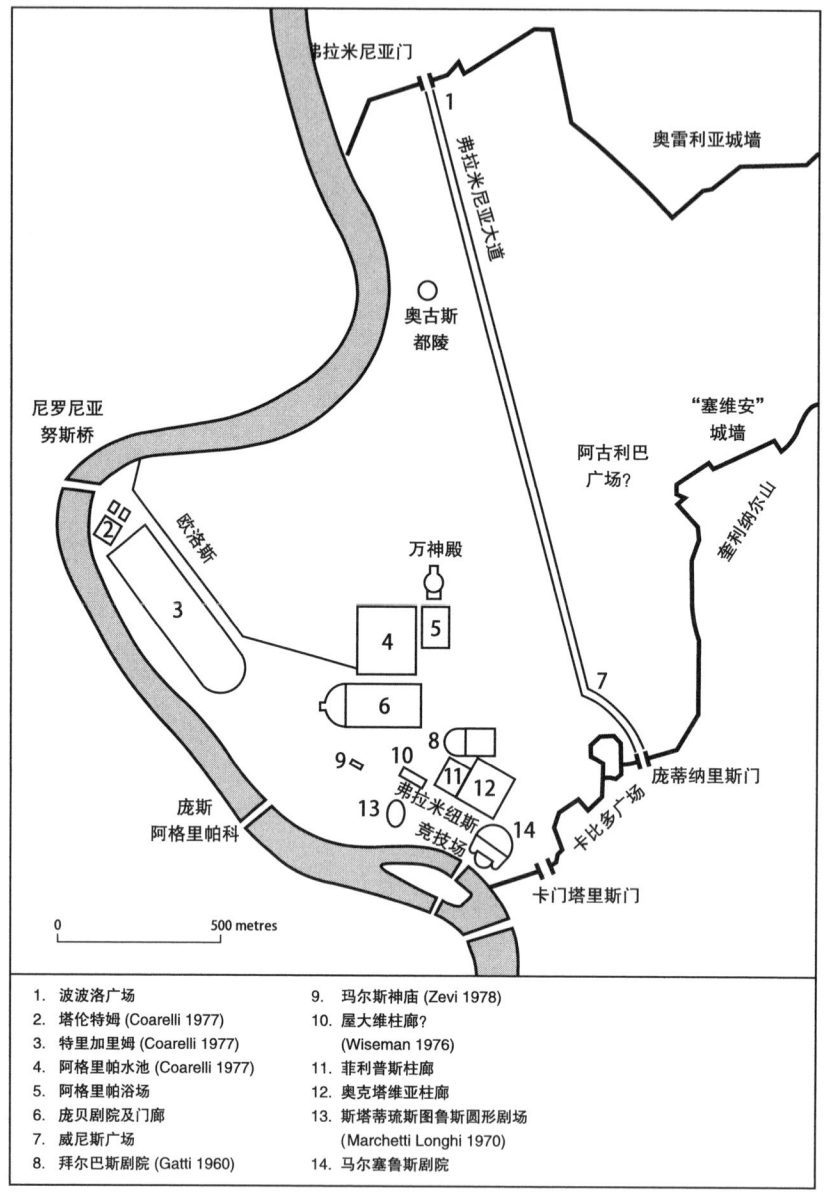

1. 波波洛广场
2. 塔伦特姆 (Coarelli 1977)
3. 特里加里姆 (Coarelli 1977)
4. 阿格里帕水池 (Coarelli 1977)
5. 阿格里帕浴场
6. 庞贝剧院及门廊
7. 威尼斯广场
8. 拜尔巴斯剧院 (Gatti 1960)
9. 玛尔斯神庙 (Zevi 1978)
10. 屋大维柱廊?
    (Wiseman 1976)
11. 菲利普斯柱廊
12. 奥克塔维亚柱廊
13. 斯塔蒂琉斯图鲁斯圆形剧场
    (Marchetti Longhi 1970)
14. 马尔塞鲁斯剧院

地图 4 战神广场

生的概念。不是所有的罗马男人都愿意麻烦地穿上他们造价昂贵、可彰显身份的、上有繁复褶皱的白羊毛托加长袍。[21]

在竞技场中，人们拥挤在一起，整日观看出身卑贱的莽汉驾着二马或四马战车比赛，间以狩猎表演。韦玄成好奇是谁监督了这座庞大竞技场的建造和修缮工程，他听说在这里——如此辉煌的地方——官员们用便宜的白垩画终点线，就是那种用来在拍卖会上于奴隶脚上做标记的白垩。他听说罗马巨头庞培在公元前48年被谋杀之前，已经出了钱，准备新修建一个石质剧院，位置就在被称作战神广场的地方，以莱斯博斯岛的米蒂利尼的剧院为原型。但在长安城中，韦玄成自己的皇帝通常喜欢挑人来观看类似的表演，有时为了炫耀，会邀请在长安逗留的外国权贵参加。然而让这位汉朝使臣感到最为惊奇的是，罗马城中竟然有廉价的公共浴室供男女洗浴——罗马人赤身裸体地泡在里面，享用着加热的澡池、能控制温度的房间和紧挨着的覆有大理石之盥洗室的这一复杂的系统。在许多家境殷实人家的私宅里，在图案鲜明的马赛克地板下面设有火坑式供暖系统用以驱除换季的寒冷。另外，亚麻——在汉朝根本没听说过——显然相当便宜，罗马人用它做手巾。

然而，在有一点上罗马和长安无疑是一致的，那就是巨大的贫富差距，最穷困的人住的地方"密如梳齿"。[22] 长安的居住区被仔细地规划为网格状布局，其中分布着直线排列的各个城门，而罗马城区的四个部落又细分为各个小的街区（vici）——每个街区由四个行政官管理，行政官每年一选，经抽签决定——因而对访客来说看上去杂乱无章。[23] 韦玄成也没法说清楚城市的边界在哪里。长安城四周有城墙，城墙外围着城壕，[24] 界限分明，但在罗马就不是这样。经过仔细观察和反复询问，韦玄成才知道军民之间的实际界限——"神圣边界"（pomerium）——并不是一个实体结构；它只存在于观念之中，靠一套精细的预测系统（被称为占卜法）来维持，用来保证罗马城具有法律效力，并确保法律权力只来源于在有序整体中的罗马城和其人民。通过元老院的投票，罗马指挥官可以通过城墙上一个特殊的门——凯旋门（the Porta Triumphalis），[25]

其本质是在占卜空间中只开一天的门洞——进入城市，让他能在朱庇特神庙中感恩祭献。[26]

为使借韦玄成之眼重建的罗马更加有血有肉，去看一看斯特拉波可能写于提比略元首统治时期（公元14～37年）的对这座城市的简要描述可能会有所帮助。[27] 除了当时完全在罗马神圣边界之外的战神广场，他对这座城市描写得极少。[28] 按斯特拉波的说法，罗马城的建立和早期的历史，其背后的原因与长安的大不相同，长安城址的选择"一部分是出于战略和经济的考虑，一部分是想把皇室和中国历史上更早的一些事件联系起来"。[29] 斯特拉波说，作为台伯河上唯一的城市，罗马"建在那里是一种必然，而不是一种选择的结果；以及……即便是那些后来增加了一些特定区域的人……也得像奴隶一样使自己适应已经建成的东西"。[30]

斯特拉波把罗马人说成是他们城市选址的"奴隶"，[31] 为了阐明这一点，他又对城市防御工事——塞尔维乌斯之前及当时修建的城墙（公元前6世纪）和阿格防御土丘的建设——进行了一番历史考察。斯特拉波又大胆提出了自己的看法，认为罗马最初的奠基者及其继承者们对这个城址是满意的，他们认为"不是墙来保护人，而是人来保护墙"——两个国家都相信这一点。[32] 斯特拉波继续说罗马城能够长久存在，不但要归功于其英勇气概，还应该归功于取之不尽的矿产和木材以及水运的便利。由于房屋的破败、焚毁和反复买卖，且房子倒手以后，买家会拆旧建新，以更好地"适合自己的心意"，所以房屋的修建"持续不断地进行着"，[33] 这导致了罗马城对建筑材料的大量需求。和同时代的长安城一样，罗马的大部分房屋——特别是那些私人住宅——建筑水平并不高。[34] 鉴于房屋频繁损毁，奥古斯都亲自采取措施，包括设立防火队和立法限制房屋高度，但都不起作用：有一个斯特拉波仰慕的同时代哲学家，在多次罗马内战中都幸存下来，却在一天晚上由于房屋倒塌，死在了都城家中。[35]

"罗马已经受到上天（*physis*）如此丰富资源的眷顾，而又因罗马人远见卓识（pronoia）下的成果增色不少。"[36] 对斯特拉波而言，自然造化和远见卓识的协同作用对宇宙秩序是绝对关键的。[37] 然而在整部著作《地理》中，在这两方面都受益的城市，他明确写到的只有三个：罗马肯定是一个，还有黑海之滨本都的锡诺普和斯特拉波的家乡阿马西亚。[38] 在斯特拉波看来，希腊人在建城时看重风景秀丽、易于防守、拥有港口、土地肥沃等有利条件，"但罗马人在希腊人忽视的方面最有眼光，[39] 比如说道路和高架渠的修建以及可以把城市污秽冲刷到台伯河里的排污渠"。

罗马的货物运送用船比用运输马车更好——即使要穿过拱形地下排水道。接着，似乎是为了强调罗马的供水能多么好地满足城市需求，斯特拉波继续说道，水源通过高架渠被引入城市，水量非常充沛，以至于河流流过城市及排污渠，几乎每一座房屋都有蓄水池、供水管道（siphonae）和许多喷泉。[40] 斯特拉波所著的地理书中所描述的城市，再没有哪一座拥有类似的基础设施，特别是通向私人住宅的水管（siphonae 或者 fistulae，仅见于此处这位作者的作品）。他显然希望给读者或许甚至想给罗马人留下深刻印象，[41] 因为在共和时代晚期，老普林尼（卒于公元 79 年）在谈论罗马时曾说道，其上层公民仍然对排水系统惊叹不已，普遍认为这套网络是最为卓越的成就。城市建造的过程中山丘被挖出隧道，罗马是座"桩子上的城市"，马库斯·阿格里帕当市政官时，人们还可以在其下行船。[42]

当斯特拉波和老普林尼谈到罗马的排水道时，他们可能最先想到的是大排水渠（Cloaca Maxima，公元前 5 世纪?），水从埃斯奎林山、奎里纳尔山和维米纳尔山，穿过公共广场，被送入台伯河。老普林尼讲述了国王塔魁尼阿斯的老故事，讲他如何不得不逼着罗马平民去修建，当发现他的公民-劳工以自杀来逃避劳役时，首创了把自杀者钉上十字架的做法。[43] 到我们假设韦玄成到达罗马的时候，大排水道正需要清理和修缮，因为在公元前 33 年，阿格里帕在一番面面俱到的城区翻修（包括街道和高架渠）后，乘船通过罗马的排水道到达台伯河，以确证这套地下通道状况良好。[44] 罗马的引水渠甚至供水管道（fistulae）在老普林尼和其他人笔下都有同样辉煌的描述。[45]

高效的排水设施是韦玄成自己的都城长安最鲜明的特点之一，范围从皇宫屋顶排列巧妙的筒瓦（见下文图 6.1），[46] 到皇帝专用驰道上中央车道两旁近 1 米宽半米深的排水沟（见下文图 6.2）。韦玄成一直没弄明白这些设施是全城都有还是只存在于宫城区域。排水系统在罗马的受益范围可能更广泛一些，尽管斯特拉波在说"几乎每座房屋"都有蓄水池、自来水和喷泉时，想到的当然是那些有一定地位的罗马人。

在斯特拉波对罗马外在特征的叙述中，他强调这座城市早期的居民优先考虑实际问题，所以美化风景的任务就落在后来的罗马人身上。与这位地理学家同时代的掌权的男女"在对建筑的热衷和所费花销上超过其他所有人"。实际上，从公元前 2 世纪和公元前 1 世纪初期开始，罗马人早已习惯罗马政治家之间，因欲铸就一座不朽的丰碑之城以使自身和家族不朽而进行的激烈竞争。战神广场是给自己打广告的最佳场所，因为罗马人在此投票选出主要的行政官和公共政策，[47] 而且斯特拉波既直白又含蓄地肯定了当时王朝的这项功绩：

> 确实，这座广场面积非常大……因为它不光为战车赛和其他所有马术运动，同时也为众多打球、滚环和摔跤的人群，位于战神广场周围的艺术品，终年覆盖绿草的地面以及如舞台画般呈现于眼前、出于河流之上一直延伸至河床的山丘之顶提供了毫无阻碍的空间。所有这些，我想，形成了一种奇特的景观，让人流连忘返。[48]

显然，因为文中提到了非正式的马车比赛和其他的一些马术活动，[49] 我们可以得知战神广场——所有古代城市中唯一一处已知带有草地公园的地方——的风景美得摄人心魄，面积大得足以容纳所有的娱乐活动。从某种意义上来说，它就是罗马的上林苑。上林苑位于长安城外，秦代就有，在西汉中期被大规模扩建，囊括了近 100 公里（约 200 里）的狩猎场地，其中豢养着珍禽异兽，可能还有一处宫殿建筑。正像韦玄成可能注意到的那样，汉朝苑囿和罗马公园的一个重要区别是，战神广场完全是公共性的。[50] 我们读到：

> 在这个广场附近另有一座广场（未命名，难以确定），被众多柱廊环绕，加上教区、三座剧场、一座圆形露天竞技场以及一座接一座造价非常昂贵的寺庙，给你一种某种程度上，试图宣布城市其他部分都只是附庸的印象。因此罗马人相信这里是最神圣的地方，所以才把他们最为卓越的男人和女人们的墓碑竖立在这里。[51]

与这些著名的男女有关，斯特拉波的确特别描写了一个来自长安的客人可能会欣赏的遗迹，那就是奥古斯都陵墓，修建于公元前28年，在韦玄成死后不久（公元前36年）。我们今天仍然可以看到陵墓的大部分，位置在战神广场北边，和最奢华的汉朝墓葬很相似，有一个人工坟丘。[52] 但我们读斯特拉波的作品越多，就越会看到这种浪漫的描述是一种固定的套路，因为他还饶有兴味地提到了在罗马广场的角斗表演中处死一个西西里造反者的荒唐场面。[53] 这种"夺命把戏"（fatal charade）（在帝国其他地方都能得到充分的证明）是为了展示中央政府的权威和面对反对者时的冷酷无情。这个方面或许可以和长安城里的公开行刑相比较，比如说公元前66年韦玄成还在世时，霍光之妻霍显被以谋反罪处死。[54] 装点着都城的那些奢侈的工艺品来自如科林斯或埃及的东方世界这一点，他的希腊读者也绝不会落下。[55] 毫无疑问，这座西方的永恒之城有很多让人震惊的地方，不光对感性的人如此，对理性的人也一样。然而，韦玄成可能会急欲通过学习罗马的历史、政治、法律体系以及宗教习俗而把自己的经历与当下情景联系起来。随着探究范围的扩大，他会意识到长安和罗马的城市状况间的主要交叉点和分歧点变得越来越突出。

作为都城，长安和罗马面临同样的根本性难题。两座城市都必须彰显各自帝国的辉煌，又要为城市人口提供适宜居住又秩序井然的空间，且城市的人口可能会增加得太多而难于管理。两座城市都必须满足大量、持续的粮食和饮用水的供应，也必须保证公众的健康，预防火灾和建筑坍塌以及规范交通，这一切都处在我们今天可能会称之为历史遗迹保护的大背景下。在这些基础而重要的功能方面，长安和罗马显然都做得很成功，几乎确定甚于任何早期近代之前的大型中心城市。[56]为了维持秩序，两座都城都设置了互相大不相同的界限。即使在还没怎么靠近汉长安城之前，边境上就设有关卡。然后，长安城有城壕，还被矗立的敌楼、开有城门的高耸城墙包围。城市内部设有宿卫军营房及更多的围墙，隔断绵延的宫殿群、闾里居住区，甚至市场。这种令人生畏的、以有形手段管理民众的防护措施在回看罗马时要少得多。但相同的是，它也长期维持了一种强大的观念上的界限，即神圣边界，这种边界也有实际上的作用，不光划定了高级政治官吏的范围，也圈定了较大的城区住宅类型的范围：哈利卡那索斯的狄奥尼修斯[57]在帝国早期的作品中还会说："比之更远之处，（有墙的）城市建筑还没有发展起来，因为他们说神还未准许。"还有概念体系，比如说把罗马城的人口分为不同部落，使得能够有序地维持某些措施，例如发放城市救济粮至具资格者手中成为可能；罗马皇帝通常会在硬币上宣扬这种为人所珍视的开销。

　　在研究了罗马创建的情形，特别是超过四个半世纪的共和政府以后，韦玄成也许会理解为什么城市规划的举措在这里完成得如此断断续续。罗马共和国的政治制度建立在一个年度轮换的执政官制度之上，如果执政官将注意力放在建筑或公共空间上的话，他们大多首要关心的是给自我及其家族增添财富或提高地位。这种类型的政府在应对影响罗马城市构造的大型事务时显得力不从心。要彻底改变城市面貌，需要一个拥有全部权力的专制者，而长安的汉朝皇帝们（特别是早期的几位）一直渴望扮演这种角色。奥古斯都自诩改变了罗马的城市构造，这只是他在城市发展中所起决定性干预作用的一个方面，而且在自由的共和时期这也是不可能的。

长安来了个罗马人（邢义田）

公元前 49 年 1 月 11 日，恺撒率领军队跨过卢比孔河，庞培派的成员西塞罗（公元前 106～前 43 年）预料到了这一举动，早已逃出了罗马。他往南奔向自己在福尔米亚的别墅，一路上不停地给他的朋友阿提库斯写信。在 1 月 11 日的信中他谈到了内战的可能性。3 月 1 日，罗马元老院命令尤利乌斯·恺撒放弃总督权力，由此交出军团指挥权。西塞罗马上又给阿提库斯写了信，担心庞培和恺撒之间会发生一场将毁灭整个罗马的战争。[58]

这个时候长安正在庆祝一场军事胜利。公元前 49 年 2 月和 3 月，正值农历年初，汉朝北边的主要对手匈奴的单于呼韩邪南下长安来朝觐汉宣帝（公元前 74～前 48 年在位）。[59]呼韩邪在两年前曾经如此入朝，和上次一样，这次也受到了非常隆重的接待。作为汉朝的贵客和盟友，汉宣帝特赐他赞谒时可以像藩臣一样称臣而不必用自己的名字。呼韩邪的随从护送单于从匈奴地界到汉朝京城，宣帝则派遣大量的骑士列于道旁护卫，并亲自从避暑行宫甘泉宫到离京城不远的渭桥迎接。许多高官显贵略带夸张地说，有好几万人——其中包括异族君长——夹道迎接。当宣帝登上渭桥时，众人山呼"万岁"。为了匹配匈奴单于的归顺，宣帝慷慨地赏赐了呼韩邪大量黄金、一枚玺印、车马、印信、冠带衣裳、锦绣、缯絮。宣帝又在建章宫宴请来宾，专门向他们展示了宫中的奇珍异宝。[60]呼韩邪的来朝标志着一个备受期待的盟约达成了。在经过了武帝（公元前 141～前 87 年在位）的统治，特别是对外战争的巨大花销后，汉帝国希望尽力恢复过去所有的辉煌。这次经过斡旋与帝国北边游牧部落之一达成的和平将会持续近五十年。

西塞罗在这一年晚些时候忧心忡忡地返回了罗马。自从公元前 48 年 8 月 9 日恺撒在法萨卢斯击败庞培后，西塞罗似乎对他在这座城市中的旧日盟友失去了信心。[61]设若他没回罗马，而是选择了另外一条路，即向东通往汉朝的路，在那里他能否说服当权者们起来反对恺撒呢？这种想法并不全然是无稽之谈。西塞罗就在一年前还是西里西亚的总督，深受当地民众爱戴。众所周知，罗马人非常抵触自己的事务受到任何外来干涉，但西塞罗本人可能并不反对为拯救罗马而寻求外援。他不可能去找罗马的死敌帕提亚，但如果他把目光投向更往东的印度甚至是赛里斯国①，那又会是一种什么情况呢？罗马的黄金每年源源不断地流向赛里斯国以换回丝绸，[62]商贾们应该知道通往这个东方神秘的产丝之国的路。如果西塞罗有这个打算，在西里西亚或小亚细亚找个向导并不难。

让我们想象一下，假设他的确找了一个向导，在继位者宣帝之子汉元帝刘奭（公元前48～前33年在位）统治初年来到汉朝边境上。那让我们来问一下，在他到达京城长安时什么会激起他的兴趣？什么东西会让他感到陌生？他自然会用罗马人的眼光来观察，我们也只能集中于他对整个城市可能会有的见闻与感悟。

经过无数的村庄、城镇、草原、荒地、沙漠和绿洲，穿越这条独特的丝绸之路，西塞罗要花掉成年累月的时间。他会通过边境上的关卡，可能是敦煌附近的玉门关，一座有着坚固夯土城墙的军事重镇，城墙上分布着烽燧，一直延伸到远方。[63]在这儿，他应该获得了继续往长安走的通行文书。作为一名经验丰富的演说家，只要他的译员水平足够好，西塞罗无疑会凭着他的口才办妥那些手续。通行证称为"传"，用木片制成，上面有他的名字、家乡、爵位、肤色、身高和其他外形特征。他的旅行文书中应该有一份清单，包括他的随身物品、随行人员的名字以及携带的武器、交通工具和马匹。通过译员，西塞罗的辩才可能也会保证他自由通过后面的关卡或者免费享用食宿。

在敦煌的官府驿站中，他可能会遇到一些来自西域的商人，他们中的一些人假装成有朝贡关系的远方君长的使节。可以想象，自称是罗马使者会给他带来很多便利。只要他知道怎么称呼！从事贸易的中间人

---

① 古希腊和古罗马称当时的中国及其附近地区为 Seres，意为丝绸之国。

并不太希望汉朝和罗马建立起直接的联系，很可能会尝试阻止他继续前进。但西塞罗才不傻呢。

从敦煌走到长安要穿过今天的河西走廊，全程有 1200 多公里，在路上西塞罗会发现道路系统不错，也相对安全，沿途有供邮人和官吏使用的驿站，尽管比起汉朝的夯土路面，他可能更喜欢罗马的石砌道路。他也许还会发现，虽然在赛里斯有很多界标，但罗马道路上相当常见的里程碑在这里则闻所未闻。向东往长安走，沿途不见类似于通往罗马的阿庇亚大道旁排布的那种精致的死者纪念碑，这一定会让西塞罗吃上一惊。快到长安时，他不由得会注意到渭河北岸那些巍峨的陵墓，有人告诉他那是汉朝先帝高祖、惠帝、景帝、武帝和昭帝的安息之地（见下文图 7.1）。[64] 对西塞罗来说，最壮观的要数汉武帝的茂陵了，[65] 这座陵墓每边长 230 米，高 46.5 米，四周的围墙边长各 430 米，中间各有一门。[66] 他们说，汉武帝死后被他的妻妾、亲眷、侍臣和高官的陵墓所围绕。[67] 西塞罗听说，皇帝的陵墓通常会在皇帝在世时修建。大约一百年前，公元前 137 年，朝廷曾下诏将郡国豪杰以及财产在三百万以上的富人迁徙到茂陵陵邑中，目的是强化中央力量，防止地方坐大。[68] 这些显赫人物聚集于陵邑，可以增加这些地方的祥瑞之气，从而推动王朝的繁荣。[69]

毫无疑问，西塞罗应该还注意到路旁没有石头修筑的房屋。木材和夯土看上去是最受欢迎的主要建筑材料，然而有时木材也会被涂上各种绚丽的红色和绿色。放眼望去，看不到一棵橄榄树，但他听说周边种有葡萄。[70] 取而代之的是无尽平原上满满的小麦和黍子，中间有零星散布的被夯土墙或壕沟环绕、由十来户人家组成的村庄。一直到长安城郊他才看到了拥挤的居民区。

长安：围墙之城

西塞罗穿过长安城（见上文图 5.2）的城门时肯定会为之动容。城墙——更不用说其上高耸的城楼——的规模之大是他平生所未见的：超过 12 米高，基部厚 12～16 米。译员们又给他说起了城墙令人难以置信的长度：东边长 6000 米，南边长 7600 米，西边长 4900 米，北边长 7200 米，围成了大约 36 平方公里的区域。整个城内的区域被规划为非常规整的网格结构，[71] 由带围墙的宫殿群、市场区和里坊构成，算上游民和流亡人口、官奴婢和卫兵、临时居住在城内或郊区的商旅以及安置于特定区域的外国宾客，城中人口数量与罗马大致相当。[72]

验过了他的文书，西塞罗应该会被带到专为外国宾客所设的蛮夷邸中。但在罗马那么常见的雕塑都到哪里去了？没有这样便利的地标，人们怎么才能在这迷宫般一重又一重的城墙中——城墙里是座座的宫殿和官府——面积占全城的三分之二找到自己的路呢？有些墙面砌有砖石，

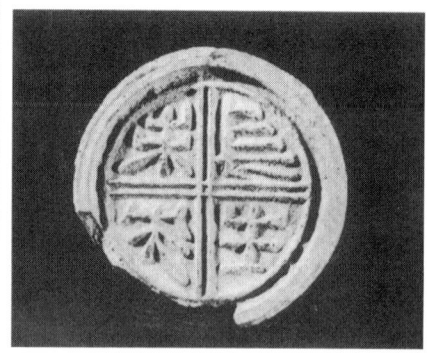

图 6.1 瓦当，铭文为"千秋万岁"和"长生未央"

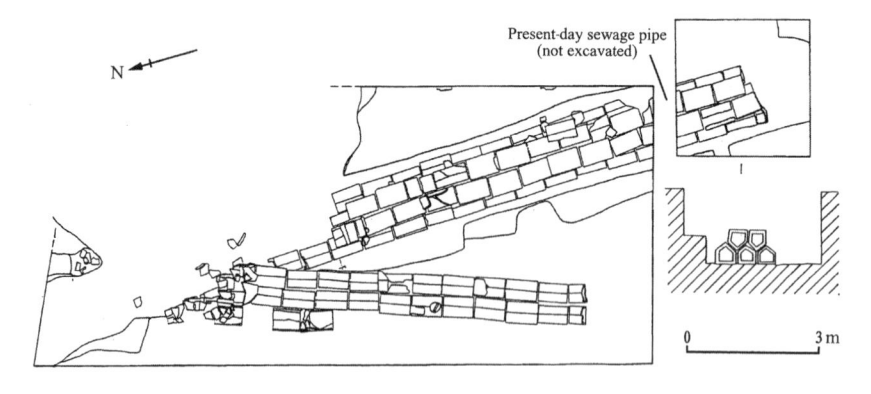

图 6.2 排水管剖面图。这种排水管为一个复杂的东西向排水系统的一部分，据信曾用于长乐宫建筑群。西汉。与当时罗马的排水系统不同的是，汉长安城不把废水直接排入附近的河流中。因为该排水系统部分损毁，排污的许多细节我们仍不清楚

有些涂着鲜亮的颜色，有些刷白，那么这些和素面的墙又有什么区别呢？此外，尽管农夫和商贾穿着麻制的衣裳，在京城中还是有那么多人身穿颜色和图案都精美绝伦（特别是和罗马比较时）的丝绸。这里还有市场（见上文图5.4），他第一天晕头晕脑的，只匆匆看了一眼。

西塞罗要求会见皇帝，汉朝人把这理解为请求朝拜，朝廷要花一些时间权衡，因为汉朝每次都要以大量赏金酬谢这种"朝拜"。他听到风声，说朝廷正在讨论减少官内开支，但他希望能受邀参加传说中的官廷宴会，希望见识一下那些助兴的舞人、歌女、乐人、兽戏、杂技等，这样他就可以和罗马的场面比较一番。然而，他已年过六旬，怎么样才能坐在席上优雅地啜饮，又怎么样才能习惯用筷子呢？在等待期间，西塞罗应该会抽空在城里到处走走。恺撒善于向罗马公民汇报外国人的情况，因而得到高卢征服者的称号。西塞罗心里清楚，如果要想得到塞里斯统治者的支持，他必须做得比恺撒更好。

离开邸舍，西塞罗和路上结识的旅伴们沿着衡门大街或者厨城门大街向北走到市场，这里售卖的是日常用品和其他商品。大街有45米宽，由排水沟隔成三条平行的车道，中间一条最宽，为皇帝专用。[73]在外道上，榆柳成荫，西塞罗会怡然漫步其上，可能会碰到平民打扮的路人或者骑马的官吏。在一两次这样的闲逛中，他遇到了因被刺字或缺只手少条腿而形象受损的男女。有人告诉他，这些人都是罪犯，受到了相应的惩罚。西塞罗喜欢端详市场上售卖的商品和食物（他不得不说，许多东西看上去没法吃，除了他最喜欢的大蒜）。除了奇瓜异果之外，市场上还有做好的餐食和腌菜、精美的丝帛、皮毛和毛毡、镶嵌着金银的餐饮器具、帷幔和画屏、车马配饰及上好的肉食和熟食。[74]看上去为了保证京城的食物充足和生活用水供应，汉朝的皇帝真是不计花费。在长安附近建有常平仓，这是官府的仓储设施，里面保存着数十万斛的粮食，以低价时买进、高价时卖出。的确，长安没有高架水渠，但有大大小小的水井、水库、人工池塘和表面砌石的沟渠，用以缓解用水短缺并预防火灾。人的粪便会被迅速运往城外当肥料，而不是冲到当地的饮用水源中去。

　　虽然这座城给他带来了很多乐趣，但西塞罗在等待皇帝召见时也不免心里焦急。有几次他都想贿赂那些据说和朝廷有联系的人——或者甚至找人占卜一下了。他知道在市场中有占卜者，但不确定自己是不是相信那些带有东方迷信色彩的复杂的图形和计算过程。此外，在等待召见的时候，西塞罗有足够的时间去打听这座城市的历史。长安城的修建经历了三个阶段。第一阶段，汉高祖（公元前206～前195年在位）听从了大臣的忠告，把都城定在长安，尽管这里离他在南方的老根据地很远。他对仅存的一座秦代宫殿兴乐宫进行了扩建，改造成长乐宫；然后又在长乐宫西边修筑了未央宫和北宫，另在两宫之间修建了武库。第二阶段是在汉惠帝（公元前195～前188年在位）时期，修建了城墙。第三阶段在汉武帝时，又在未央宫北边修建了明光宫、桂宫，在城西修建了建章宫。[75]

　　北边的北宫和桂宫之间的府邸是朝贺的贵族、高官和皇室外戚所住的地方。[76]皇帝为外戚专门设有"戚里"。[77]其中有些人受到特殊恩宠，可以把宅第的门直接开向大街。[78]外国宾客被安置在附近，为的是让他们充分感受京城中最显赫人物的富有程度，在回去汇报时可以多加渲染。

　　当他最终获准觐见，西塞罗急匆匆地赶往京城西南角的未央宫，皇帝一般会在这里召见侍臣、官员和外国使节。西塞罗会发现这座宫殿比他想象的要大得多，它占地约5平方公里，约是整个城墙内区域的七分之一。[79]宫殿略呈方形，周长约8000米，每边长从2033米到2190米不等，每边有一门，四角有角楼。除了大殿以外，未央宫建筑群中还有一些官署，包括少府，保存典籍的石渠阁、天禄阁和麒麟阁，还有许多供应宫中日常所需和奢侈用品的作坊。

　　西塞罗可能已经请求参观一下那些典藏之府，但如果他这么做了，应该会被婉言谢绝。这些典藏机构只允许很少一部分人进入，比如丞相、皇帝的秘书和近臣以及获得特别许可的鸿儒和高官。刘向就是一个

图 6.3 （a）桂宫基础，长安，从西南往西北看；（b）长乐宫基础，从西往东看

例子,他是当时最博学的学者,也是汉室宗亲,涉猎的领域有炼金、占卜等方术,而后受命编订皇家藏书目录。[80] 西塞罗不可能唐突到请求去北宫和桂宫的皇家禁地去看一下,更不用说皇太后居住的明光宫和长乐宫了。他倒是被带到了未央宫北门,在进门处他们的证明文书和人身均接受了汉朝官员的检查,人身检查是怕藏匿兵器。

西塞罗被护送着步行进入未央宫(在宫墙之内不可乘轿),这里到处都有卫兵巡逻,统领他们的是光禄勋、卫尉或城门校尉——他们负责未央宫每座城门、四角的角楼和城墙上十二个阙楼的安全。[81] 北墙内侧有一排军营,为卫兵的驻地。[82] 这种做法是绝对违背罗马传统的,罗马传统禁止军队进入神圣边界之内,西塞罗永远不能原谅也不会忘记恺撒最近把军队开进罗马的鲁莽——不,简直是亵渎——行径。他听说,百姓会被征发到城中服一年的卫兵兵役。那么,怎么管理,又怎么不让他们落到政敌手中?他们是不是比罗马士兵更爱惹麻烦?经过询问,西塞罗得知这并不复杂,采用的是分而治之的老办法:卫兵们分别由不同的将领管理,将领们由皇帝直接任命,从外戚中遴选。于是卫尉一职在公元前 48~前 43 年由王接担任,从公元前 36~前 32 年由王凤担任。西塞罗可能会感到疑惑,野心勃勃的王氏手中集中的权力是否太多了。他被带着越过宫殿区,这里看上去尽是各式各样的堂、亭、仓、园、池、溪,甚至还有木垛——所有这些都由良家子组成的侍臣看管。[83] 正如晚些时候的一篇赋中所写:

(未央宫)
徇以离宫别寝,
承以崇台闲馆,
焕若列宿,
紫宫是环……

闺房周通,

门闼洞开。
列钟虡于中庭，
立金人于端闱……

因瑰材而究奇，
抗应龙之虹梁……

雕玉瑱以居楹，
裁金璧以饰珰……

屋不呈材，
墙不露形。
裛以藻绣，
络以纶连……

于是
玄墀扣砌，
玉阶彤庭，
碝磩彩致，
琳珉青荧。
珊瑚碧树，
周阿而生。[84]

西塞罗走进美轮美奂的皇家宴会殿堂时，可能会更加震惊。财富和权势在这里得到充分的展示，其富丽堂皇无与伦比。他听说，有时一起受邀参加宴会的宾客会有几千名，宴席上的菜肴一道又一道，宾客可以把席上所用的各色精美漆盘作为礼物带回家。[85] 然而，他，西塞罗，虽然称自己是世界上能与汉朝匹敌的最强大帝国的使节，却并没有足够的幸运享受到这份荣光。他的陪客太少，很令人扫兴。那天晚上草草收场，娱乐活动也相当敷衍（没有斗兽，没有莽士或角斗士）。尽管座席安排尴尬而且没有合适的餐具，但他没有让自己丢脸。西塞罗设法得到的唯一殊荣是获准参观太学，这是人们遵循传统练习书法和写作的地方。另外，西塞罗很想看一看汉朝的"甲科"策士和受过希腊拉丁文训练的顶尖学者相比孰优孰劣。在那里，作为一名本国经典的专家，他可能会从异国同辈那里学到一些参与这座都城形成的历史、神话和传说。

在所有见闻中，西塞罗最想转达给阿提库斯的，可能就是这座城市令人不可思议的辉煌了，城墙和诸多建筑为彰显皇帝的权威和财富而建造。但他的羡慕可能略带一些对这些"东方人"浮华作风的怀疑——正如与他同时代的青年贺拉斯（公元前 65～公元 8 年）所说的那样："孩子，我痛恨波斯的奢侈（Persicosodi, puer, apparatus）！"[86] 在君士坦丁大帝（公元 306～337 年为罗马皇帝）建造其都城之前的地中海世界里，无论是罗马共和国的公民还是罗马皇帝的臣民可能都从来没有见过这种对权力的刻意渲染。长安城中没有一个公认的，可供位高权重者聚集在一起共商国是之处，这会让西塞罗感到不安，他本人曾经担任过执政官（公元前 63 年），在这种聚会中起到的作用不可小觑。

但至少在太学中，西塞罗可能不会感到拘束。在那里，学士们非常自豪地向他展示汉文书籍中的珍品——在丝帛中整齐卷着的手卷和一捆捆简牍。西塞罗很可能会为《史记》浩瀚的篇幅和复杂的编排赞叹不已，罗马人所知的希腊著名史书，如希罗多德、修昔底德等人的作品都没法与之相比。他可能会觉得赋中所用的韵律很难把握，而接待他的人可能也根本无法理解他所说的六步格诗韵。西塞罗曾当过占卜官，他肯定会向学士弟子询问他见到的龟卜蓍筮以及专家们在占卜过程中参阅了什么书籍。得到的回答可能会加深他对这些做法的严重怀疑，他曾在和他兄弟昆图斯的交流中表达过这样的看法。[87] 西塞罗可能会认为著名史学家司马迁（公元前 145？～前 86？年）的看法比较允当，司马迁说："君子谓夫轻卜筮，无神明者，悖。背人道，信祯祥者，鬼神不得其正。"[88]

我们或许可以确定，在西塞罗逗留长安期间，接待他的官方人员可能会非常谨慎，只让他看到他们城市高贵且令人骄傲的一面，而不愿让他看到他们羞于让人看见或令人忐忑不安的地方。尽管设置了种种预防措施，西塞罗也许还是躲过了监视他的人，得以进入长安城不太光鲜的部分。这里的小巷、房舍和棚屋中看不到任何奢华的迹象，只有肮脏破败。居住在这里的人穷愁潦倒，饱受饥饿和疾病困扰，又经常被有钱的商人或冷酷的官吏欺压。在这些地方，西塞罗很可能会想起在罗马许多地方普遍存在的，韦玄成也许没能看到的类似情形。西塞罗会不会也像我们一样提出疑问，在两座城市的哪一座中，那些低贱贫乏的人从物质方面来讲过得更好？在哪座城市中他们有更多的机会去申说自己的疾苦，为他们受到的压迫寻求纠正？是在永恒之城呢，还是在长安之城？

附录：研究长安城的主要资料

研究长安城的资料有两种：从汉或汉代以后一直流传至今的文献以及考古资料。过去几十年间的考古发现令人目不暇接，吸引了近来学术界主要的注意力，与此同时，一些传世文献的重要的新版本和新研究成果也已面世。1995 年和 2005 年，何清谷出版了长安城研究最重要的文献资料《三辅黄图》的两种新版本，反映了前贤的研究和最新的考古资料。[89]《三辅黄图》据说最初编纂于公元 3 世纪，未标明作者。该书和其他相关文本的佚文，如《三辅旧事》、《三辅故事》、《关中记》等，为程大昌（公元 1123～1195 年）所纂辑。[90] 这些文献成书于宋代之前，其中的记载在通常情况下都会得到证实，尽管长安城的考古发现也揭示了其中一些不准确的地方（比如说城墙的尺寸、武库的位置等）。关于蔡邕（公元 133～192 年）《独断》的新研究成果也为我们提供了长安城的结构、宫内的官吏运作等许多方面的信息。[91]

描写西汉都城和皇家苑囿的赋对研究汉长安城同样重要，其中包括西汉的司马相如、扬雄以及东汉的班固、张衡等人的作品。这些赋被收录在《文选》中，其辞藻华丽、风格夸张，但可以作为某些方面的佐证，也可以提示一些主要建筑修建背后的动机。1982年，康达维（Knechtges）出版了《文选》英文版三卷本中的第一卷，其中包括这里所引用段落的译文。1993年，费振刚等人推出了《全汉赋》点校本，体现了很高的考订水平。[92]

在中国社会科学院考古研究所和陕西省及西安市的考古工作者的共同努力下，拖延多年的发掘报告最终得以出版，其中有的发掘工作已经过去五十多年。《考古》杂志发表了三篇关于中日联合考古队在桂宫的发掘成果文章。[93]2003年又有两个综合性发掘报告面世，第一个是关于长安南郊的一处礼制建筑，第二个关于甘泉宫——位于长安城西北的皇帝行宫。[94]考古工作者在上林苑中又发现了钟官铸钱遗址，并在2004年及时发表了发掘报告。[95]中国社会科学院将许多建筑遗址的原始发掘报告汇集成《西汉礼制建筑遗址》，方便学者参考。

在过去二十多年间，长安城本身的发掘工作一直在继续，更多的考古遗存重见天日，其中包括宫殿、道路、仓储和官府建筑、手工作坊、至少一处铸钱遗址[96]以及一座陶窑。考古工作者还发现了大量的文物，包括木简和骨签。木简和一小部分牛骨签上的内容发表于1996年的未央宫考古报告中。[97]在未央宫附近发现的烧焦的木简文书上几乎全部是王莽新朝（公元9～23年）的祥瑞记录。[98]一座武库遗址出土了超过5.7万枚骨签，上有兵器质量以及负责制作兵器（包括弩在内）的官吏和工匠的人数、名字等信息。

注释

1　安息是"Arsak"的音译，即阿萨息斯王朝，见 Pulleyblank, "The consonantal system of Old Chinese, Part II" (1962), 228。

2 关于这一问题最好的讨论见 Ramsey and Licht, *The Comet of 44 B.C. and Caesar's Funeral Games* (1997)，该书同时关注了罗马和汉朝对这一天象的记录。

3 对韦玄成生平的简述，见 *BD*, 579-80。

4 汉代对西域旅途的描述（约公元前 25 年）见杜钦的说辞（不可否认有夸大的成分），*HS* 96A.12a-b，英文译文见 Hulsewé, *China in Central Asia, the Early Stage:125 B.C.-A.D. 23* (1979), 110-11。

5 关于现有（希腊语和拉丁语作家）资料的综述，见 Richardson, *New Topographical Dictionary of Ancient Rome* (1992), i-xxxiv。关于罗马与其环境的互不关联之细节的全部证据（以及现代的研究成果），下面两种由多人完成的巨著是必须要读的：Steinby, *Lexicon Topographicum Urbis Romae* (1993-2000；以下称为 *LTUR*)，以及 La Regina, *Lexicon Topographicum Urbis Romae: Suburbium* (2001-8)。*LTUR* 系列使我们现在能够对罗马的城市空间进行微观研究。

6 Polybius 4.2.3。

7 公元前 3 世纪，希腊世界对罗马的认识不断增加，关于这方面的速览，见 Forrest and Derow, "An inscription from Chios" (1982), 79-92; Manganaro, "Una Biblioteca storica nel ginnasio di Tauromenion e il P.Oxy. 1241" (1974), 389-409。

8 Strabo 4.13.5。

9 Suet. *Aug.* 28。

10 *HS* 61.2691-2; Hulsewé (1979), 214-18。

11 *HS* 96A, 3885, 3889; Hulsewé (1979), 106, 115, 116。

12 这里认为 "条支"（*HS* 96A, 3888）是 "塞琉西亚" 的转写，关于这一点见 E. G.Pulleyblank, "The Roman Empire as known to Han China" (1999), 73 ff；另见 Hulsewé (1979),113, n. 255。

13 *HHS* 88, 2918。

14 对这些资料的充分讨论，见 Leslie and Gardiner, *The Roman Empire in Chinese Sources* (1996), 141-8。

15 见 *CHOC*, 819，and 460-462。

16 *HHS* 88, 2920。

17 Dion. Hal. 4.13.2-4。

18 事实上，考古证据提示 "塞维安城墙" 作为一道整体的闭合墙体，时代不应该被定在公元前 6 世纪，而应该为公元前 4 世纪，见 Andreussi s.v. "'Murus Servii Tullii': Mura republicane," in *LTUR*, Vol. 3 (1996) 319-24。

19 有种传统的说法（时间为公元前 3 世纪晚期），认为在驱逐国王之前，罗马只有 8 万多名（成年男子）居民，这个数字应该大大增加：Ogilvie, *Commentary on Livy Books 1-5* (1965), 177-8。公元前 194～前 193 年（Liv. 35.9.1），长安正在修建城墙时，罗马人口调查所得注册人口数字是 243704 人。关于长安，见 *CHOC*, 131；第一次征发徭役是在公元前 194 年，最后一次是在公元前 190 年（在公元前 192 年另外征发 2 万刑徒）。《三辅黄图》的编撰时间可能是公元 6～8 世纪（没有著录编撰者的名字），书中可能有来自不同时代的文本，《四库全书总目提要》（卷 68《史部·地理类一》，第 1454 页）的编纂者已指出其误。关于妇女筑城，见 *HS* 2, 89, 90。

20 这些细节可参见 Plutarch, *Aem. Paull.* 32。

21 托加长袍是罗马公民身份的象征，罗马公民均为男性。（然而，违背常理的是，妓女注册以后也穿托加长袍。）女性不能成为公民，无论她的出身多么高贵，女性也没有选举权。对妇女在罗马政治活动中的看法的讨论，最好以《民法大全》(*Digest*) 作为出发点，比如说其中有公元 2 世纪的法学家乌尔比安对妇女在罗马公共生活中状况的简要概括："妇女被排除在所有民事和公共机构之外"，因此她们不能当法官，"不能担任行政官，不能提起诉讼，不能介入他人的审判或在审判中作为其代表"（*Dig.* 50.17.2, pr.）。然而，乌尔比安在《民法大全》的其他地方讨论了前执政官夫人身上的准行政特权，这让情况变得复杂了（*Dig.* 1.9.8-9）。从资料来看，一般不批评值得尊重的女性从事由传统家庭作用伸延出来的事务：持家、照顾小孩、为配偶分忧。然而，有权势的女性对公共生活施加更多直接影响的企图不怎么受欢迎。另外，被认为有影响的高级妓女一般都会受到最强烈的谴责，可能是因为她们被看作"自由工作者"。在帝制时代，政府与皇室之间的界限更难划分。

22 Loewe, *Everyday Life in Early Imperial China during the Han Period 202 BC-AD 220* (1968), 137-144 把公元前 81 年的盐铁会议置于大的背景下讨论，这次会议由汉朝调查民间疾苦所引发。

23 奥古斯都后来把罗马分成了 14 个区，新组成区（*vici*）的数量达到 424 个。

24 关于长安城城墙（长 25.7 公里），见本书第 5 章页边码第 174—175 页；另见 Hotaling, "The citywalls of Han Chang'an" (1978), 1-46, esp.36。

25 关于其位置的讨论（不确定，有争议），见 Haselberger, *Mapping Augustan Rome* (2002), 200。

26 Brennan, "Power and process in the Roman 'Constitution'" (2004), 39. 在共和时代晚期，将领们为了得到这种荣耀和它所带来的终身地位，可能会在罗马之外等待五年之久，而非常奇怪的是他们的行政权依然有效。这种控制成功将领的神学机制在元首制建立后就成了一种闹剧，特别是在推翻朱利奥-克劳狄王朝之后（公元 68 年），军事权力本身就足以带来绝对统治权；见 Tacitus (*Hist.* 1.4)。

27 Strabo, 5.3.7-8。

28 Coarelli, "Strabone: Roma e il Lazio" (1988), 89-91 中有斯特拉波文章结构的梗概，简要的评述见 Biffi, *L'Italia di Strabone: testo, traduzione e commento dei libri V e VI della Geografia* (1988)。似乎是克劳狄第一个把神圣边界延伸到战神广场的，他仅仅在神圣边界内引入不规则的部分。见 Haselberger (2002), 74, s.v. Campus Martius。

29 Loewe (1968), 129。

30 Strabo 5.3.7。

31 "奴隶"这个比喻仅见于 2.3.7 和 15.1.68；斯特拉波在这两处都引用了另外一位作者的严厉批评文章。

32 关于希腊的参考资料，见 Biffi, *L'Italia di Strabone: testo, traduzione e commento dei libri V e VI della Geografia* (1988), 275, n. 314, and Alcaeus (seventh century) fr. 110 Lobel-Page edition 和 Thucydides 7.77.7 等；关于中国的文本资料，见《说苑》卷 8 第 6 页 a

和《韩非子·十过》第 71 页，后者提到一位谋臣对君主说："圣人之治，藏于臣，不藏于府库，务修其教，不治城郭。"

33　相关资料见 Mayor, *Thirteen Satires of Juvenal* I (1892), 172。
34　Loewe (1968), 132–3.
35　Strabo 14.5.4.
36　Strabo 5.3.8.
37　见 Strabo 关于这一问题的论文，在 17.1.36，并参照 4.1.7。
38　Strabo 12.3.11 and 12.3.39.
39　他又用了 "*Pronoia*" 这个词的动词形式。
40　阿格里帕的相关建筑活动，见 Biffi (1988), 275, n. 318。
41　Coarelli (1988), 89–91. 关于罗马其他巧妙的水利设施的言论（曾在罗马见到一座为鳄鱼表演修建的人工水池），见 Strabo 17.1.44。
42　Strabo 36.104. 作为未来奥古斯都的左膀右臂，阿格里帕在公元前 33 年担任了这个中级城市的行政官。
43　Strabo 36.105–8, esp. 107–8.
44　Dio 49.43.
45　关于罗马的供水系统有一个重要的技术资料，其中建筑师维特鲁威（公元前 1 世纪晚期）和于公元 97～98 年被任命为罗马水务专员（*curator aquarum*）的弗朗提努斯二人之贡献特别重要。
46　Loewe (1968), 132–3; 关于这些筒瓦末端的瓦当，见第 5 章页边码第 184 页以及图 6.1。
47　Coarelli (1988), 89–91. 斯特拉波可能是在迎合希腊精英读者群，他们中的许多人在自己国家的地位恰将归功于斯特拉波在其叙述中所指出的罗马王朝的影响。
48　Strabo 5.3.8.
49　参照 Wiseman, *Roman Studies Literary and Historical* (1987), 164–5（最初出版于 1979 年）。这里所说的不可能是马戏场——在罗马的这个部分从来没有这种建筑——中有组织的活动，而必定是指罗马人个人的骑马娱乐和非正式的赛马。斯特拉波笔下罗马人从事的马术运动和其他的体育项目——打球、滚环和摔跤——不见于他作品的其他地方。尽管斯特拉波在他的 17 本著作中有充足的机会去讨论体育，但据我所知，罗马人是他特别描述的唯一参与无组织体育运动的人。
50　曾有人呼吁向臣民开放上林苑，但记载不详。
51　Strabo 5.3.8. 这些建筑中有的修建于公元前 38 年以后，即公元前 11 年之前修建的庞培剧场、巴尔巴斯剧场和马切罗剧场以及公元前 29 年修建的斯塔蒂里乌斯·陶鲁斯圆形露天剧场。
52　建成后，奥古斯都把这座陵墓的地面层开放给公众使用，该墓修建于公元前 28 年，是一座王朝墓葬（Suet. *Aug.* 100）。斯特拉波特别强调了在这个区域散步带来的喜悦之情。
53　Strabo 6.2.6.
54　Coleman, "Fatal charades: Roman executions staged as mythological enactments"

(1990), 53-4 提出"埃特纳"（Aetna）的处决时间为公元前 35 年。关于霍显之死，见 *HS* 68, 2956。

55　参见 Strabo 8.6.23。这些物品可能来自公元前 146 年陷落的科林斯。

56　这种关注是普遍性的，例如见 T. Hall, *Planning Europe's Capital Cities: Aspects of Nineteenth-Century Urban Development* (1997) 中的个案研究（有十几例）。

57　Strabo 4.13.2-4.

58　Cicero, *Letters to Atticus*, BK Ⅶ. no. 13.

59　*HS* 8, 271, 273; 94B, 3798.《汉书》对单于第二次朝见的细节记载很少，只明确地说公元前 49 年的这一次和前 51 年所采用的礼节相同。关于宣帝的统治，见 Loewe, *Crisis and Conflict in Han China* (1974), 151-3；关于与蛮夷领袖的关系，见 *CHOC* 395-8, 411。

60　*HS* 8, 271; 94B, 3798.

61　Everitt, *Cicero* (2001), 202-50.

62　据老普林尼（公元 23/24～79 年）说，在他的时代，每年都有大量黄金流向印度和赛里斯以购买丝绸；见 Pliny, *Natural History*, Ⅻ.41.83. 因为这种贸易的代价太大，提比略·恺撒（公元 14～37 年）禁止妇女穿着丝绸。关于黄金问题，见 *CHOC*, 590, note 82。

63　关于烽燧中出土的简牍，见 *RHA*。

64　关于这五座陵墓的位置，见本书第 7 章。汉文帝（公元前 179～前 156 年在位）的陵墓位于南边。

65　距长安城 70 里；关于 EPT 59:582，见 *Juyan xinjian* (1994), Vol. 1, 174, Vol. 2, 389。

66　Liu Qingzhu and Li Yufang, *Xi Han shiyi ling* (1987), 48-68.

67　已经辨识出的陪葬墓有 12 座，包括在汉武帝陵西北 525 米处的李夫人墓。

68　*HS* 6, 170, 64A, 2802.

69　*HS* 28A, 1547. 到公元 2 年，茂陵陵邑的在籍人口已增至 61087 户、277277 口。

70　葡萄约于公元前 100 年被引进中原，并在皇家苑囿中大量种植；其他地方有无种植还不清楚。Hulsewé (1979), 52, 92 n. 128, 106, 136, 199.

71　对于里坊和市场的规模、形状和修建方法，尚没有确凿的证据。

72　*HS* 28A,1543 记载，公元 2 年京兆尹治下的在籍人口共 195702 户、682468 口，京兆尹所辖区域包括长安及其附近 11 个县，其中仅长安的在籍人口就达 80800 户、246200 口。这些数字仅包括在籍人口，整个城市的全部人口数量要多很多，但无法确定多多少。（在汉朝，这样规模的城市并不只有长安一个，成都也与之相当。）不清楚这些数字里面是否包括奴婢，据贡禹的说法，其数量有 10 万人之多（*HS* 72, 3076），但这个说法有夸大的成分。这些数字不可能包括亡命者、流民或应征的在城市服役的士兵，因为他们的数量难以确定。公元 2 年其他不超过 9 个县的户数也有记载，最低为 40196 户（彭城），最高为 76256 户（成都），两地均未给出人口数。茂陵的人口数最多（61087 户、277277 口）。关于奴婢，见 Wilbur, *Slavery in China during the Former Han Dynasty, 206 B.C.-A.D. 25* (1943), 169-77; Fu Juyou, "Cong nubi bu ru huji tandao Handai de renkou shu" (1983), 148-50, 151-61。

73 《三辅黄图》卷 1 第 6 页 b（关于此文本，见本章注释 89）。东汉末年，曹操的儿子曹植因为违反这一禁令而被剥夺了继承权；Cutter, "The incident at the gate: Cao Zhi, the succession and literary fame" (1985)。

74 *YTL* 6（第二十九，"散不足"），350-2。

75 这座宫殿修建于公元前 104 年，即改历后的太初元年。*HS* 6, 199; Loewe (1974), Chapter 1。"建章"这个词的含义不清楚，比较令人费解，字面意思是"建立权威和功业的象征或标志"。关于桂宫，见 *Han Chang'an cheng Guigong; 1996-2001 nian kaogu fajue baogao* (2007)，该专著在本章完成后才出版。

76 *HS* 41.2079。这一区域有时被称作北第（*HS* 41, 2079）、甲舍（*HS* 67, 2912) 或东第（*SJ* 117, 3045）。

77 *HS* 46, 2193。

78 张衡（公元 78～139 年）：《西京赋》，收入《文选》卷 2，第 61 页。英文译文见 Knechtges, *Wen xuan or Selections of Refined Literature*, Vol. 1 (1982), 201, lines 319-20。

79 Wang Zhongshu, *Han Civilization* (1982), 4。另见本书第 5 章页边码第 175 页。

80 *HS* 10, 310。约公元前 33～前 26 年，刘向（公元前 79～前 8 年）受命校书，并对皇家藏书进行修订、编目；其子刘歆（公元前 46～公元 23 年）在这项工程中也起到了重要的作用。

81 刘庆柱强调，迄今为止只在长安城东边的三个门发现了阙楼遗址；他认为这三个门与其他门的形制有所不同，其他九门可能根本就没有阙楼。见其著 *Gudai ducheng yu diling kaoguxue yanjiu* (2000),124-41。

82 《汉官解诂》第 2 页 b。

83 这些侍臣被称为"郎"，总数有时可能会上千。除郎以外，其他卫士都是从京畿征召的服役人员，一年一轮换。作为一项厉行节约的措施，皇帝曾在公元前 46 年下诏罢除甘泉宫和建章宫的卫士。见 *HS* 9, 284。

84 班固（公元 32～92 年）：《两都赋》，收入《文选》卷 1 第 11—13 页。英文译文见 Knechtges (1982), Vol. 1, 119-25, lines 162-5, 156-7, 147, 150-1, 190-1, 199-205，前后顺序经过重新调整，另加上了未央宫的名字。

85 *YTL* 6（第二十九，"散不足"），351。

86 Horace, *Odes* 1.38。

87 Cicero, *De divinatione*, 可能完成于公元前 44 年后。

88 *SJ* 128, 3225。

89 He Qinggu, *Sanfu huangtu jiaozhu* (1995). 对此书现存版本的真实性有相当多的质疑。有的学者将其时代定为 6 世纪，指出其中不见应劭（公元 140～206 年在世）、郦道元（卒于公元 527 年）或颜师古（公元 581～645 年）征引过的段落。《四库全书总目提要》（卷 68《史部·地理类一》第 1454 页）的编纂者认为它记载详备，但注意到其中兼采伪书，不免白璧微瑕。见 Zhang Xincheng, *Wei shu tongkao* (1957), 706。

90 这些佚文被保留在程大昌的《雍录》中，如卷 1 第 4 页 b；卷 2 第 14 页 b。该书的点校本见 Huang Yongnian (2002)。《三辅旧事》和《三辅故事》两书的作者和成书年代均不详，两书的佚文合集见 Zhang Shu(1821)，收入 *CSJC*。潘岳（晋代）对《关中记》的三段简短引文，见《说郛》卷 4 第 1 页 a、b，在《墨娥漫录》条目下。

91　Wang Guihai, *Handai guanwenshu zhidu* (1999); Giele, *Imperial Decision-Making and Communication in Early China: A Study of Cai Yong's* Duduan (2006). 另见 Koga Noboru, *Han Chōan jō to senpaku, kenkyō teiri seido* (1980)。

92　Knechtges (1982–96); Fei Zhengang et al., *Quan Han fu* (1993). 另见 Gong Kechang, *Studies on the Han Fu* (1997)。

93　*KG* 2000.1, 1–11; 2001.1, 74–83; 2002.1, 1–15. 完整的报告见 *Han Chang'an cheng Guigong: 1996–2001 nian kaogu fajue baogao* (2007)。

94　长安城南的礼制建筑群被发掘于 1958～1960 年，但正式报告直到 2003 年才发表。见 *Xi Han lizhi jianzhu yizhi* (2003)。从 20 世纪 50 年代到 80 年代的发掘工作概述见 Yao Shengmin, *Ganquan gong zhi* (2003)。

95　该铸钱遗址位于现兆伦村，发掘于 1994～1996 年，发掘报告见 Jiang Baolian and Qin Jianming, *Han Zhongguan zhuqian yizhi* (2004)。

96　*KG* 1995.9, 792–8.

97　*Han Chang'an cheng Weiyang gong: 1980–1989 nian kaogu fajue baogao* (1996).

98　Hsing I-tien (2000c). "Han Chang'an cheng Weiyang gong qiandian yizhi chutu mu jian de xingzhi"; Hu Pingsheng, "Weiyang gong qiandian yizhi chutu Wang Mang jian du jiaoshi" (2005).

7
皇家陵墓

鲁惟一（Michael Loewe）

皇帝和皇后的殡葬安排所起的作用有满足礼仪、按照正确的排序维持宗亲关系和增强皇权及在位皇帝的尊严。这些目标的达成，是通过吸取和改造战国时期（公元前481～前221年）已经存在的一些成例，而不是通过引进反映新信仰和新知识观念的革新措施。在四百年间其做法日趋复杂，但并未出现激烈的变化。在考古工作所提供的信息方面，西汉多于东汉，而文献提供的东汉丧葬礼仪细节更多。无论这些事务是由宫廷还是大臣掌握，礼仪在陵墓规划和殡葬实施中都占据主要地位。[1]

对秦始皇帝陵的辨别不存在任何问题。外围区域的发掘结果已经广为人知，但要证明《史记》中对它的描写，目前还没有任何证据。[2] 对于汉代皇帝陵的认识就要粗浅得多，其中无一经过完整发掘。郦道元（卒于公元527年）在《水经注》中描述了西汉十一座帝陵与渭水及郑国渠等水道的相对位置关系，还有别的地形细节特征和其他墓葬的位置。[3] 对这十一座矗立于地表之上陵墓的鉴别还没有达成一致意见，毕沅（公元1730～1797年）曾在陵前立了一系列石碑作为鉴定手段，他的看法尤其受到质疑。[4] 在有些情况下，比如说高祖陵和景帝陵，可以利用建筑瓦当或其他器物上的铭文进行确认，这里所采用的是通行的说法（图7.1）。[5] 关于东汉，两种残存的时代相同或相近的文献（《古今注》，伏无忌，活跃于公元130～150年；《帝王世纪》，皇甫谧，公元215～282年）描述了帝陵的位置，写明了其朝向、与洛阳之间的距离等数据。[6]

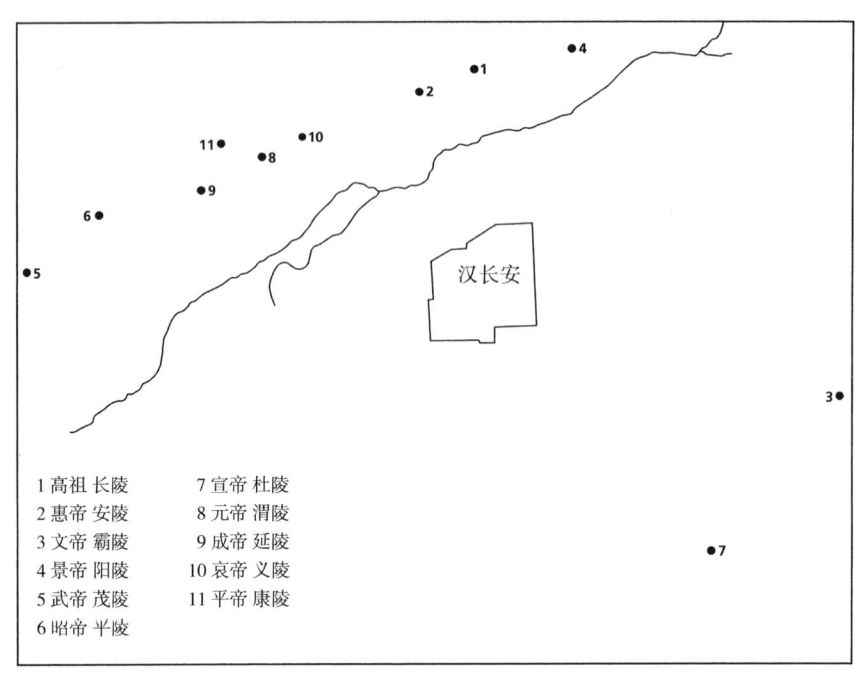

图7.1 西汉诸帝陵。长陵（汉高祖陵）在长安城正北，茂陵（汉武帝陵）在最西边（各陵规模见本章附录）

1 高祖 长陵　　7 宣帝 杜陵
2 惠帝 安陵　　8 元帝 渭陵
3 文帝 霸陵　　9 成帝 延陵
4 景帝 阳陵　　10 哀帝 义陵
5 武帝 茂陵　　11 平帝 康陵
6 昭帝 平陵

截至目前它们在地面上的位置还不能被确定。秦二世和王莽的陵墓也没有被发现。汉献帝死于公元234年，由曹魏以汉制埋葬。[7]

正史中保存了各个帝陵和一些后妃陵墓的名字。皇后陵一般位于帝陵东边，但汉元帝王皇后地位尊崇，一直活到公元13年，她的陵位于元帝陵西北方向。[8] 皇帝刚一登基，马上就开始陵址的命名和在将作大匠领导下的修建，葬礼所需的物资可能也是从这个时候开始收集。[9] 对于成帝陵陵址和名称的变化在下文会有说明（见注释12）；另外光武帝之父的陵墓，最初被称为昌陵，而后改为章陵。[10] 在一些记载中，我们看到负责管理陵墓及陵庙事宜的官员被称为令。[11]

陵墓的位置

看上去帝陵在选址时没有一套固定的体系或原则，有些学者认为可能是服从皇帝自己的决定。[12] 这种推测并没有排除一种可能，那就是在选址时把体现血缘传承顺序的需要考虑在内，可能遵循的是一套被称为昭穆的礼仪制度，这一制度得名于西周昭王和穆王的名号，两王在位的时间是从公元前977年（或前975年）到前918年。汉代文献中经常会提到昭穆制度，因而有必要对这种说法及其使用进行一番考察。

在两汉，昭穆体系最早用于已逝先人之神主的正确排序，随后是宗庙排位：应以本宗始祖为中线，在西侧和东侧交替摆放，直到总数达到七个，[13] 这被限定为天子的庙数。身份低的人为五庙或更少。当规定的庙数已满，本宗过世子孙的神主会被放入最后修建的宗庙中。他之前所有先人的神主都会上升一级，这样直到最后到达始祖本身的庙，始祖的神主也保存在这里。这套体系在保持连续性的同时保持着正确的先后顺序，使得每过一代，每一位前面的先人都会荣升一等，同时也把新的继承者纳入本宗，大概会永远延续下去。从最底下看，神主和宗庙表现后辈对先人的致敬，从顶上看，这位先人是在接受所有后辈的崇敬。

在汉高祖陵、惠帝陵和景帝陵的位置上也许能看出这种制度的一些迹象，且可以有多种解释方式。根据其中一种说法，高祖（公元前206～前195年在位）在中间面朝北方，在他两侧，他的儿子、继位者惠帝（公元前195～前188年在位）位于西方昭位，第三代继承人景帝（公元前157～前141年在位）位于东方穆位。或者也可以把高祖自身看作昭，西边的惠帝为穆，东边的景帝为昭。[14] 相似的安排也可以在元帝（公元前48～前33年在位）陵的位置上看到，他的第一代和第三代继承人（成帝，公元前33～前7年在位；平帝，公元前1～公元6年在位）的陵在西边，第二代继承人（哀帝，公元前7～前1年在位）的陵在东边。公元121年后的一份奏章中曾提到这种方式，即汉高祖和宣帝按照昭穆制度为其父安排陵园。[15]

有些学者怀疑这些陵园的位置是否受到昭穆制度的影响；[16]一个带有西周时代气息的制度还会在汉代的头几十年产生影响，这确实值得质疑。其更有可能显示权威之时是在越来越尊崇西周理念和做法的元帝时期及以后。文帝和宣帝都葬在都城南边，与他们前任的陵墓明显分开，并未按昭穆制度行事。其中原因可以用亲属关系的远近和需要体现辈分来解释。[17]无法断言昭穆制度是否确实影响了西汉帝陵的选址，也许有过遵循的尝试，但视必要的调整而最终决定。

东汉的帝陵位于洛阳东南方和西北方，距离不等。陵墓的位置似乎有意地按一定规律交替排列，比如光武帝陵（东南）、明帝陵（西北）和章帝陵（东南）的位置，从冲帝陵到灵帝陵的排列也大致呈现出这种规律，但不见于其他各帝陵。还没有有力的证据显示有一种如昭穆制的制度影响了东汉的做法（图 7.2）。

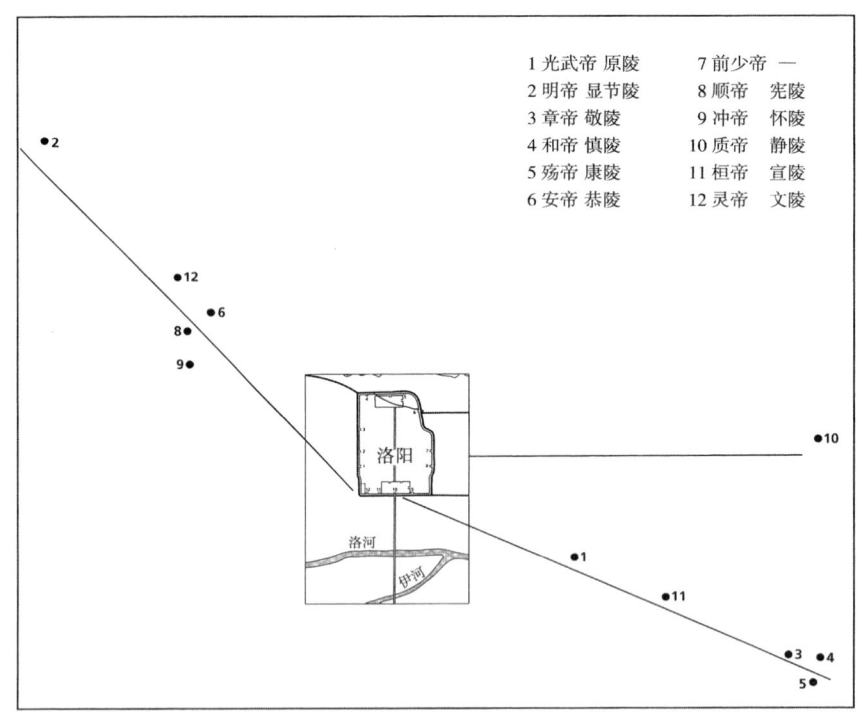

图 7.2 东汉诸帝陵。从图中我们可以看出原陵（光武帝陵）在洛阳东南方 6 公里，显节陵（明帝陵）在洛阳西北方 15 公里（各陵规模与距洛阳的距离见本章附录）

陵、庙和其他建筑

皇帝陵周围有夯土墙围成的广阔陵园，通常方向端正，四边各有一门。整个陵园的修建有时会需要大量的人力，比如说为了修建汉文帝陵曾调动了两批人力，分别为1.6万人和1.5万人。景帝陵附近埋葬的1万名刑徒可能曾参与陵园的修建。史书记载，为了从陆路给昭帝陵运送物资，曾雇用了3万辆牛车。[18]

皇后的陵独立而毗邻帝陵，通常位于帝陵东边。最初两座陵在一座陵园之内，从文帝开始各有单独的陵园包围。[19] 陵园内有时也有帝后的侍臣或仆从之墓，文献中提到过陵园附近有皇亲和大臣的墓。陵园面积有时可能会如宣帝的陵园一般扩展至4公里长3公里宽，里面容纳了至少62座其他墓葬；高祖陵园内也有多达63座墓葬。皇帝陵或皇后陵的封土可相当高大。除汉武帝陵外，要数汉高祖陵最高，直到现在，晴天站在未央宫遗址上还可以看到高祖陵的封土。[20]

帝陵、后陵本身处在自己的方形围墙之中，皇帝陵比皇后陵略大，可能位于整个陵园中央。在高祖陵、景帝陵和昭帝皇后陵遗址内曾发现过排水设施的痕迹。[21] 其中一些陵墓——比如高祖陵和景帝陵——朝向东方。陵园内的礼制建筑包括皇帝自己的庙（还没有被发掘），[22] 庙里放置一位或多位皇帝的神主，还有寝殿和便殿。[23] 历代皇帝都祭祀其始祖庙以表达敬仰之情，并昭告承继大统。[24]

在这三种建筑中按时祭祀，皇帝无须亲临，每日一祭于寝，每月一祭于庙，每季一祭于便殿。再加上各个郡国庙中的祭祀，一段时间以后祭祀次数增加到一种可怕的程度，一年中有近2.5万次。这大大增加了物力和人力负担，是否应拆除其中一些庙的问题随之被引出。[25] 在东汉实行了一种合祭先帝的做法，祭祀频率也有所减少。

蔡邕（公元133～192年）在其关于本朝典范礼仪制度的札记中写道：

宗庙之制，古学以为人君之居，前有朝后有寝。终则前制庙以象朝，后制寝以象寝。庙以藏主，列昭穆，寝有衣冠几杖象生之具，总谓之宫。[26]

把"寝"解释为"寝室"，是基于这个字有"睡眠"的意思，以及可以将它解释为供休息的建筑或房屋。[27] 同时，它也被视为庙的一部分，[28] 另外有些人可能采用了蔡邕的说法，把它看作储藏衣冠的地方，地位低于庙本身。[29] 下文中我们将会看到，似乎在建造宣帝陵时，在寝后另有储藏器物的建筑，考古工作者将其认定为便殿。寝或许可以解释成，从丧礼开始到下葬之间最多可达100天的时间内，皇帝的遗体安放或者说"睡眠"的地方。[30]

寝是为死者献祭的厅堂，其中陈设编钟，在寝中会表演文始、五行等舞蹈。[31] 在所有陵墓中的祭祀场所里，寝中的祭祀最为频繁，每天要上食四次。[32]

已知从商代就有在坟墓祭祀死者的习俗。在战国时期这种祭祀可能是在墓冢上建的厅堂中举行，比如约公元前300年为中山国（今河北境内）国王𰯲的陵墓所规划的那样。[33] 秦始皇的陵寝位于陵墓南边，高祖、吕后和高祖太上皇的陵寝可能被包含在陵墓中，位于北边。也许是从景帝陵开始，寝建在紧邻陵区的外侧，或许可以从如稍晚些的杜陵的发掘中看出。考古人员所确定的该陵（陵主人为宣帝，卒于公元前48年）寝的尺寸和细节见下文。

瓦当等器物上出现的"便"字表明这些遗址可被鉴定为便殿。蔡邕没有说明其功用。[34] 从杜陵（宣帝陵）中确定为便殿的遗址里我们可以看出，便殿似乎和寝毗邻，有许多房屋或院落，为吏员提供住处，储存寝所需的物资、陈设和器具。宣帝陵的便殿中储存了大量谷物，可能为了同时满足祭祀需要和从事祭祀活动的人员日常所用。这里还有动物骨骼的遗迹。其他房间可能还存放着蔡邕说到的摆设和皇帝的衣冠，衣冠每个月都要巡游一次，隆重地从寝传送到庙中。[35]

史书中保留了一些陵庙的名称，其中两座的痕迹可从昭帝陵和元帝陵中辨别出来。[36] 陵庙有自己的院落，四周有围墙，四边各有一门，门有时带双阙。在昭帝陵庙和元帝陵庙遗址中发现的砖和瓦当上的图案，可能意味着从西汉中叶起，四神（青龙、朱雀、白虎、玄武）图案已被用来表示建筑的不同方位了。

庙主室的内壁上装饰着木雕图案，这里不只安放已逝皇帝的神主，也举行一系列时节祭祀活动，比如七月三伏天祭祀。[37] 神主用栗木做成，长8寸（汉制，约合18.5厘米），前方后圆，周围1尺（23厘米）。[38]

已发掘遗址

汉景帝阳陵的发掘主要集中于其所在的陵区，阳陵本身没有被发掘。整个陵区呈不规则形，东西长6公里，南北宽1～3公里。陵区内有景帝皇后陵，还有一些其他墓葬，其中包括上面提到的刑徒墓。[39] 景帝陵上的封土为常规高度（32米），陵墓大致位于整个区域的中心，面朝东方，皇后陵在其东，有独立的陵园。帝陵所在的陵园方位端正，面积418米见方。园墙距陵墓120米，四边中央各辟有一门，只有南门被发掘。4条墓道通向陵墓，东边的一条最为重要，长度达69米，其他各边的墓道长度为17米到21米不等（图7.3、7.4、7.5）。

4条墓道的两侧共分布着86个窄长的丛葬坑，从陵的各边辐射出来，每边有19～21个，长度从4米到100米不等，一些有木质的框架和地板。[40] 考古工作者对东边第11号、第13号和第19号丛葬坑试掘，出土了陶质骑士俑、步兵俑、动物和器物模型，还有一些兵器和青铜马具；另外还有一些木质的马和马车。第13号丛葬坑中发现了不少于235件陶羊和458件陶狗，许多被着色。在陵园南边的发掘有一部分被补建过，据史书记载公元前114年这里曾发生火灾，此处的补建应该是在火灾之后。[41]

这些特征也见于景帝皇后陵，后陵规模略小。陵区的两座建筑被认为是皇帝和皇后的寝殿。与在杜陵发掘和确定的寝殿（见下文）不同，

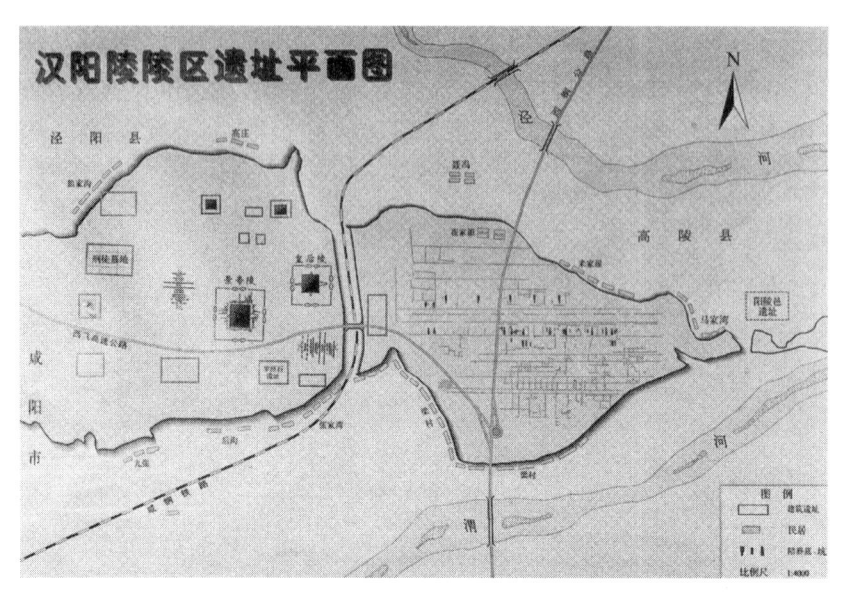

图 7.3 汉景帝陵，阳陵，陕西咸阳附近。东西长 6 公里，南北宽 1～3 公里

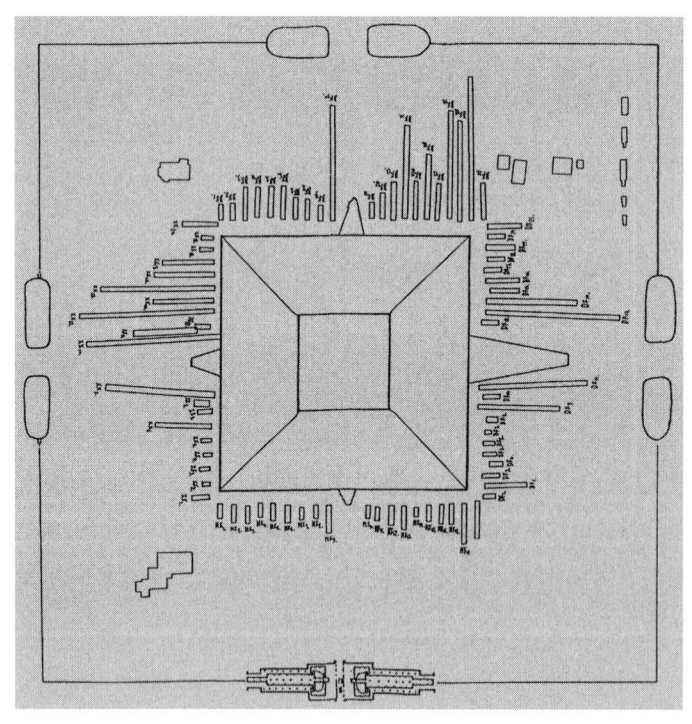

图 7.4 汉景帝陵园，四周有夯土围墙。阳陵，陕西咸阳附近。418 米见方；东墓道长 69 米

图 7.5 第 13 号丛葬坑，汉景帝陵，有木质地板。阳陵，陕西咸阳附近。92 米 × 3 米 × 3 米

这两座并未修建在紧邻两座陵园的地方。

帝陵东南方有一处遗址，面积 260 米见方，其中有一个特别的发现，考古工作者称之为"罗经石"。这是一块凸出地面的黑云母花岗岩，长 183 厘米，宽 180 厘米，厚 40 厘米。上面刻有一个圆盘（直径 140 厘米），圆盘上刻有十字槽，槽宽深均为 2.3 厘米，十字槽精确地指向东西南北四个方向。这应该是修建时所用的测量标石（图 7.6）。

关于皇家陵园某些部分的建筑方式，现有的最详细信息来自汉宣帝杜陵的发掘工作。[42] 宣帝陵位于 433 米见方的陵园中央，围墙由夯土筑成，四面各辟一门。在陵园东南角外有一个院落（174 米 × 120 米）与之毗邻，院落中的建筑遗迹经鉴定为寝殿和便殿。其北墙利用了陵园本身的南墙。陵园东墙向南延伸形成院落的东边边界。两组建筑中，寝殿及其院落在西，较大，东西长 116 米。由砖和卵石铺成的走廊把两组建筑群及其各个组成部分隔开，廊壁壁柱的础石为圆形或椭圆形。寝殿位

散水石

散水石

罗经石

壕沟 壕沟

(a)

(b)

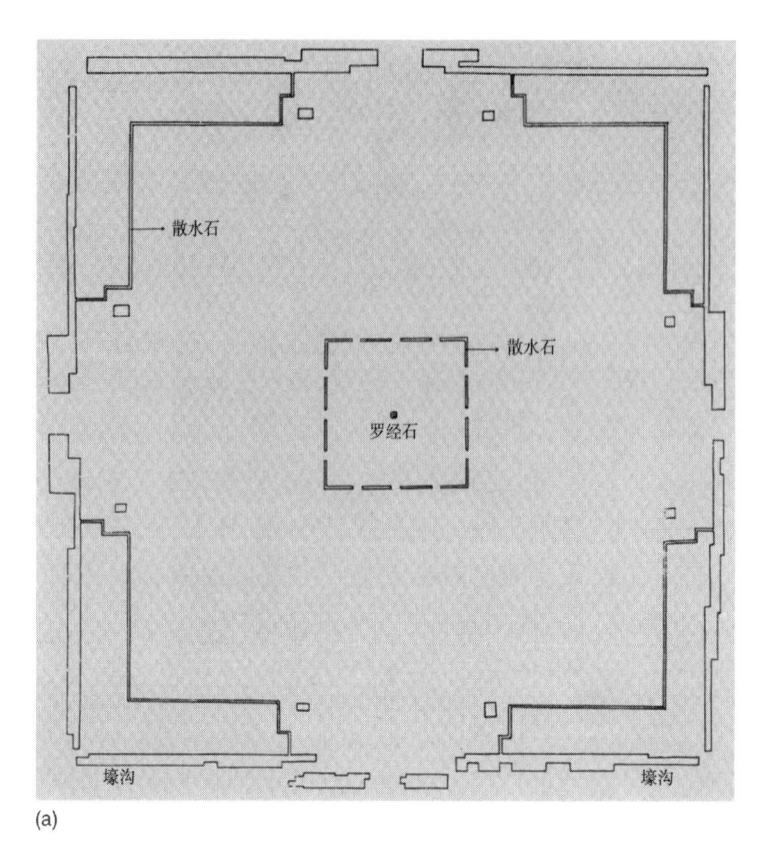

图 7.6a,b 罗经石，黑云母花岗岩，景帝陵东南。阳陵，陕西咸阳附近。1.8 米见方；圆盘直径 1.4 米

于一个台基之上，便殿建筑群由 9 座独立的殿堂和 16 座较小的室组成。有一个砖砌的排水系统，一部分由五边形的砖面铺就。窖穴中有动物骨骼（牛、猪、羊、狗、水禽和鳖）（图 7.7、7.8、7.9）。

宣帝皇后陵位于帝陵东方，略微偏南，陵上有覆斗式封土，比帝陵略小；陵园面积 335 米见方，四面各有一门。寝殿和便殿紧邻陵园东南角，和宣帝陵寝殿和便殿的位置相应。两处院落合在一起东西长 129 米，南北宽 86 米。寝殿自成一个院落（90 米 × 86 米），坐落于一个台基之上。考古人员对其东边的便殿遗址试掘，发现了一些建筑遗迹。

现在还没有关于东汉帝陵的考古资料，但对其特征的书面记载在对佚文的引用中保留了下来，[43] 每座帝陵的面积、封土的大小和高低、相对洛阳的方位与距离等都有记载。[44] 除了光武帝陵以外，陵园只用木栅（行马）和周围隔开，行马有四个出口，出口处有门，由司马掌管。在大多数情况下，陵园内有石殿和钟虡。东边也有寝殿和园省。

没有确凿的证据可以阐明皇帝的陵墓是怎么设计和建造的。但皇帝陵墓的样式万不可能次于身份较低之人的墓葬，因而身份仅次于皇帝的诸侯王及王后的墓葬就可以作为一个指标，如梁王刘武（公元前 168～前 144 年在位）墓和中山王刘畅（公元 141～174 年在位）墓。[45] 在关于霍光（卒于公元前 68 年）葬礼的诏令中也有相关的说法，大意是要"皆如乘舆制度"。[46] 一些诸侯王墓中的确具备了诏令中所说的一些特点，比如中室周围的黄肠题凑和葬具中的温明。[47]

大体上来说，我们已经确定的诸侯王墓有两种类型：要么结构非常复杂，规模庞大，会有多达 30 个墓室，以芒砀山墓葬为例；[48] 要么像大葆台 1 号墓，该墓为长方形土圹木椁墓，墓主人为广阳王刘建，死于公元前 44 年。汉景帝陵（阳陵，公元前 141 年）的时代比已知的汉代诸侯王墓都早，因为发掘范围有限，我们还无法揭示出汉景帝陵与这两种类型墓葬中的哪一种有相似的迹象。

因此，我们要等待考古发掘的成果来证实西汉 11 座帝陵是如何被规划的，但与此同时或许也有理由确定，帝陵的建筑规模和其中埋藏财

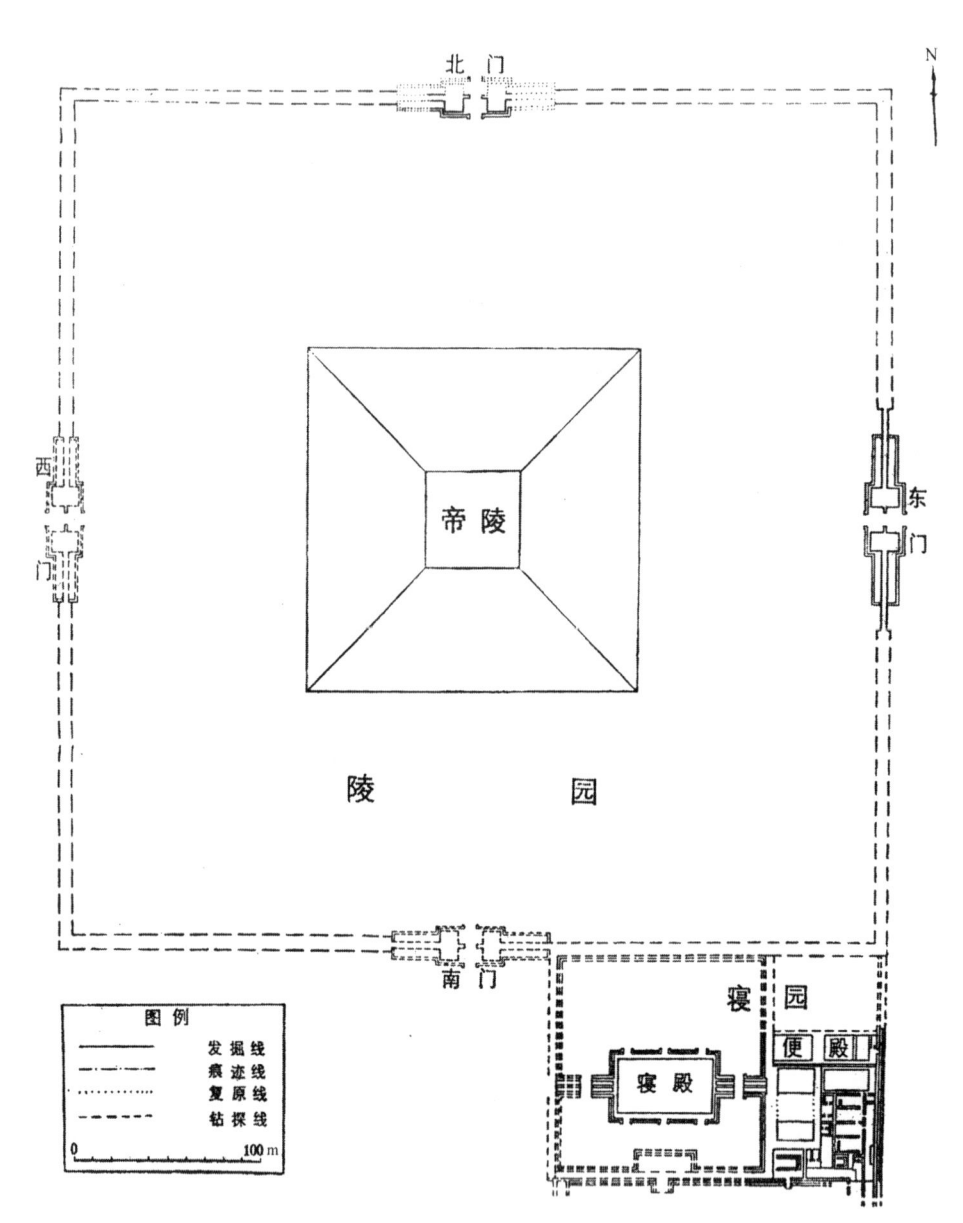

图 7.7 宣帝陵，位于景帝陵东南方；陵园 433 米见方，四周有夯土围墙，南边有寝殿和便殿（174 米 × 120 米）。杜陵，陕西西安附近

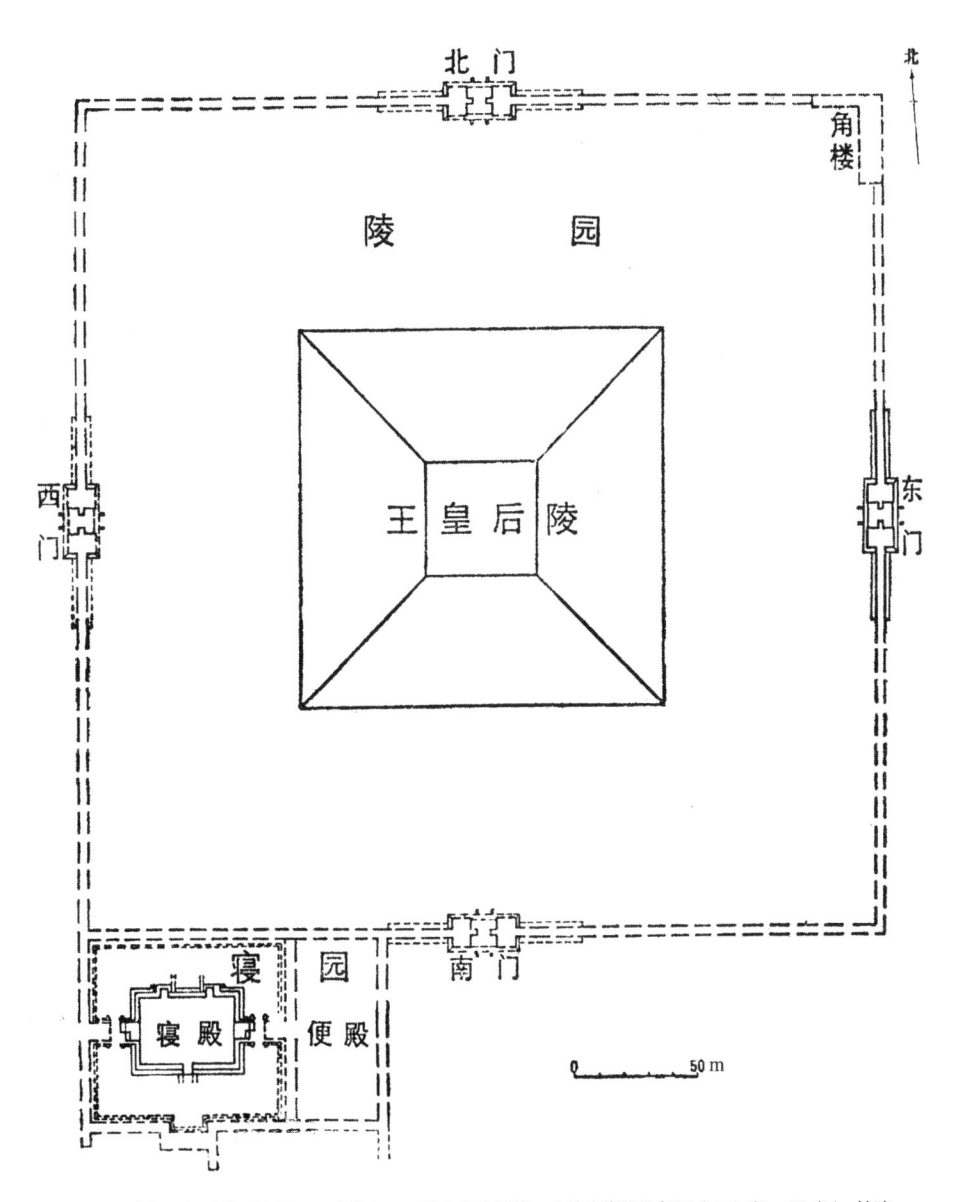

图 7.8 宣帝王皇后陵；陵园 335 米见方，四周有夯土围墙，南边有寝殿和便殿（129 米 × 86 米）。杜陵，陕西西安附近

东南—西北

图 7.9 宣帝陵便殿。杜陵，陕西西安附近

宝之丰富绝对不会次于诸侯王墓。说到这里应该注意的是，为了构筑 15 米长、8 米宽、2.7 米高的黄肠题凑，大葆台 1 号墓用掉了 1.5 万根 90 厘米长的木料。还有另外一个例子，即位于北庄的中山王刘焉（卒于公元 90 年）墓，由于找不到足够的木材，墓墙用 4000 块石材筑成（图 7.10）。这可能是所有已发掘汉墓中最宏伟的一座，有一系列砖砌墓室。[49] 为修筑这座墓，花费了巨额的财富，召集了大量的人力，这些在史书中均有记载。[50]

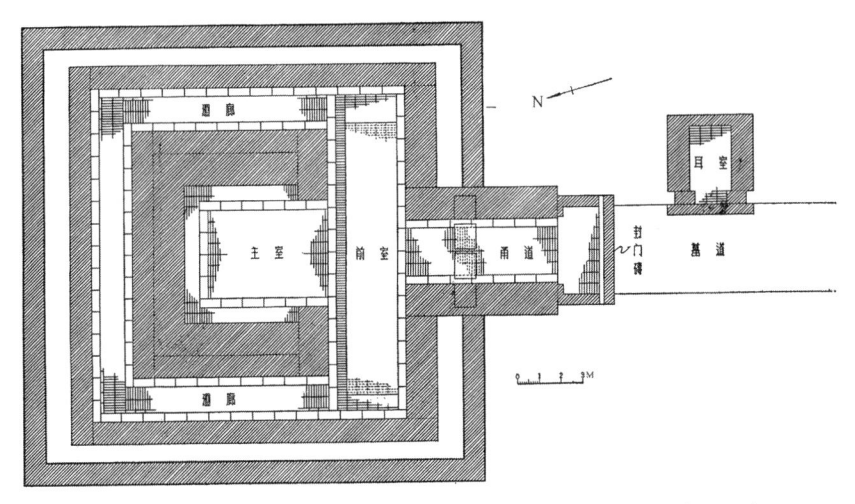

图 7.10　中山王刘焉（公元 41～90 年在位）墓。北庄，河北定州附近。石砌。26 米 × 20 米

附录：两汉帝陵

（1）西汉帝陵

尺寸采用 Liu Qingzhu and Li Yufang (1987 或 2001) 中的数据（以米为单位），按阳陵和杜陵考古报告进行过修订。

帝陵、后陵	陵园边长	封土 底部 东西	封土 底部 南北	封土 顶部 东西	封土 顶部 南北	高度	后妃墓（合葬）	墓主人
太上皇（高祖之父）		68	68	68	68	17	昭灵皇后	
高祖长陵	780	153	135	55	35	32	吕后	
惠帝安陵		170	140	65	40	25	张嫣	
文帝霸陵							窦太后	
景帝阳陵	418	167	168	63	56	32	王娡	
武帝茂陵	430	230	230	40	40	46	李夫人	
昭帝平陵	370	160	160	49	49	29	上官皇后	
宣帝杜陵	433	172	172	50	50	29	王皇后（2）	
元帝渭陵	400 × 410	175	175	50	50	25	王政君	
成帝延陵	382 × 400	173	173	51	51	31	（不明陵冢）*	

续表

帝陵、后陵	陵园边长	封土 底部 东西	封土 底部 南北	封土 顶部 东西	封土 顶部 南北	高度	后妃墓（合葬）	墓主人
哀帝义陵	420	175	175	55	55	30	傅皇后	
平帝康陵	420	216	209	60	60	26		
昭灵皇后		—	—	—	—	—	—	高祖之母
吕后		150	130	50	30	30		
薄皇太后南陵		140	173	40	55	24		文帝之母
张嫣		60	50	20	20	12		惠帝皇后
窦太后		137	143	30	35	19		文帝皇后
王娡	320	160	160	45	45	26		景帝皇后
李夫人英陵		90	120	19	19	24		武帝夫人
钩弋婕妤云陵	282×331	135	143	46	52	25		昭帝之母
上官皇后		150	150	25	30	26		昭帝皇后
王皇后（2）	335	148	148	45	45	24		宣帝皇后
王政君	300	90	90	36	36	13		元帝皇后
傅皇后		100	85	30	17	19		哀帝皇后

* 延陵旁边的一个陵冢可能是宣帝许皇后陵。

（2）东汉帝陵

尺寸（以米为单位）采用 Bielenstein, "Lo-yang in Later Han times" (1976), 83-6 中的换算结果，以 HHS（志）6, 3149-51 中引用的《古今注》和《帝王世纪》为基础。

皇帝	相对洛阳的方位和距离（公里）	封土 面积	封土 高度	陵园面积（公顷）	边界	后妃墓（合葬）
光武帝原陵	东南 6.2	447	15	58	围墙	阴丽华
明帝显节陵	西北 15.4	415	18.5	342	行马	马皇后
章帝敬陵	东南 16.2	415	14.3	118	行马	窦皇后
和帝慎陵	东南 17	526	23.1	144	行马	邓绥
殇帝庚陵*		288	12.7	61	行马	
安帝恭陵	西北 6.2	360	34.7	67	行马	阎姬
前少帝** —						
顺帝宪陵	西北 6.2	415	19.5	84	行马	梁妠

皇帝	相对洛阳的方位和距离（公里）	封土 面积	封土 高度	陵园面积（公顷）	边界	后妃墓（合葬）
冲帝怀陵	西北 6.2	253	10.6	27	行马	
质帝静陵	东 13.3	188	12.7	58	行马	
桓帝宣陵	东南 12.5	415	27.7	—		窦妙
灵帝文陵	西北 8.3	415	27.7	—		何皇后

* 也称为康陵，不过庚陵可能更为准确；见 HHS 5.2a,b note; Bielenstein (1976), p.118, note 389。该陵位于慎陵西南偏西（庚位）。

** 以诸侯王礼下葬，见 HHS 6, 251。

（3）诸侯王和王后墓（带"*"的表示对该墓的认定可能有疑问）

诸侯王

刘武（2），公元前 168～前 144 年为梁王；河南（梁国）芒砀；《芒砀山西汉梁王墓地》和《永城西汉梁国王陵与寝园》。

刘道（1），公元前 150～前 128 年为楚王；江苏（楚国）北洞山。

赵胡（眜），公元前 137～前 122？年为南越王；广州（南越国）象岗；《西汉南越王墓》；*BMFEA* 71, p. 23。

刘胜，公元前 154～前 112 年为中山王；河北（中山国）满城；《满城汉墓发掘报告》；*BMFEA* 71, p. 23。

刘延寿*，公元前 100～前 68 年为楚王；徐州（楚国）；*WW* 1984.11, 22-40; 1998.8, 31。

刘庆忌*，公元前 88～前 51 年为鲁王；曲阜（鲁国）；*WW* 1972.5, 39-43, 54; *KG* 1981.4, 336-8; 1989.10, 63。

刘建，公元前 73～前 44 年为广阳王；北京西南（中山国）；《北京大葆台汉墓》。

刘兴*，公元 23～28 年为中山王；河北（中山国）定县；*WW* 1976.7, 57-9; 1981.8, 1-10。

刘焉，公元 54～90 年为中山王；河北（中山国）定县；*KGXB* 1964.2, 127-94; *WW* 1989.10, 61。

刘畅，公元 141～174 年为中山王；河北（中山国）定县；*WW* 1973.11, 8-20。

王后

李太后，梁王刘武王后，死于公元前 125 年或前 124 年；《芒砀山西汉梁王墓地》，第 40—75 页。

窦绾，中山王刘胜王后，死于公元前 112 年之后；《满城汉墓发掘报告》。

广陵王刘胥（公元前 117～前 54 年在位）王后；《文物考古工作三十年》，第 109—110 页；《文博通讯》，1980 年，总第 32 期，第 36—38 页。

公元 161～221 年某代任城王的后妃；*KG* 1994.2, 127-34。

关于梁王墓群和楚王墓群，见《芒砀山西汉梁王墓地》（也见于《永城西汉梁国王陵与寝园》）和 *WW* 2001.10, 71-84。

注释

1　见 Loewe, "The imperial way of death in Han China" (1999a), 103-9。
2　*SJ* 6, 265, *HS* 51, 2328; 发掘情况见 *Qin Shi Huangdi lingyuan kaogu baogao* (1999); Ledderose and Schlombs, *Jenseits der Grossen Mauer* (1990), 250-71。先秦时的秦公墓见 Ma Zhenzhi, "Shi lun Qin guo ling qin zhidu de xingcheng fazhan ji qi te dian" (1989)。
3　《水经注》卷 19 第 13 页 b—第 19 页 a。
4　见毕沅《关中胜迹图志》卷 8（序言作于 1781 年）第 8 页 a—第 19 页 b；对于其认定的质疑，见 Liu Qingzhu and Li Yufang, *Xi Han shiyi ling* (1987), 5（高祖和吕后），120-2（安帝）。
5　如 Zhang Zaiming, *Zhongguo wenwu ditu ji* (Shaanxi ce) (1998); and *Han Duling lingyuan yizhi* (1993)。
6　这些段落见于 Bielenstein, "Lo-yang in Later Han times" (1976), 83-7，出现在

HHS（志）6, 3149 的附注中。伏无忌见 *HHS* 16, 618 和 26, 898。《帝王世纪》的辑佚见 Xu Zongyuan, *Di wang shi ji ji cun* (1964)，帝陵见第 112—113 页。

7 *HHS* 9, 391; *SGZ* 3, 101-2 and note.

8 元帝陵东边的墓葬残迹可能是傅昭仪墓的一部分，该墓后来被王莽下令摧毁。宣帝许皇后（被杀害）陵、赵飞燕（成帝皇后，后被迫自杀）陵和班婕妤（班彪之姑，成帝之妃）墓可能都距成帝陵不远。

9 《汉旧仪补遗》卷下第 7 页 a。汉景帝陵的修建开始于公元前 152 年（*SJ* 11, 443; *HS* 5, 143）。另见 Loewe (1999a), 87, n. 16, and *Divination, Mythology and Monarchy in Han China* (1994a), 286, n. 68。所需的装备和物资可能保存于便殿（详见下文）。

10 关于将作大匠在献帝陵建造中的分工，见 *HHSJJ* 9.12b, note；章陵见 *HHS* 14, 562 and 55, 1804-5; *HHSJJ* 14.10b and 55, 5b。

11 公元前 33 年，冯参任渭陵食官令，而后为寝中郎（*HS* 79, 3306）。为守护光武帝父亲的昌陵曾专门设置了陵令（*HHS* 14, 562），顺帝宪陵设有园丞（*HHS* 65, 2145）。汉高祖高庙令和光武帝世祖庙令官秩为六百石（*HHS* 志 25, 3573, 3578）。

12 Huang Zhanyue, "Xi Han ling mu yanjiu zhong de liangge wenti" (2005), 70。关于成帝陵陵址的变更，见 *HS* 10, 305, 316, 317；以及 Loewe, *Biographical Dictionary* (2000), 53 中有关淳于长的内容。

13 关于由地位和昭穆制度所规定的宗庙数，见《礼记·王制》第 13 页 b；昭穆制度见 Li Hengmei, *Lun Zhaomu zhidu* (1992)。

14 见《周礼》卷 22《冢人》第 1 页 a；*HS* 73, 3118; Liu and Li, 147; Li Yufang, "Xi Han di ling fenbu de kaocha" (1989)。

15 *HHS* 55, 1804.

16 Liu and Li, 147, in *Zhongguo wenwu ditu ji*; and *Han duling lingyuan yizhi*, 6 接受了这一原则，关于对其看法的驳斥，见 Huang Zhanyue (2005)。

17 惠帝的下一辈继任者的墓应该位于惠帝墓并排的东边，但文帝作为惠帝的异母兄弟，这个位置对他而言就不合适了。与此相似，宣帝是武帝的曾孙，而昭帝是武帝的儿子，把宣帝安排到仅次于昭帝的位置也不合适。严格说来，平帝的墓也不应该和哀帝的并排，他们都是元帝的孙子，属于同辈。

18 *HS* 90, 3665.

19 战国时期的王后合葬，见 Liu and Li, 155。

20 Liu and Li, 6.

21 Liu and Li, 8, 36, 72.

22 在这里使用"庙"这个字，以与佛教及道教的寺和观相区别。

23 在秦始皇帝陵、汉景帝陵、武帝陵、昭帝陵和元帝陵的陵园中所发现的一些建筑遗迹经鉴定可能是寝和庙。*Qin Shi huangdi lingyuan kaogu baogao*, 10-12; Liu and Li, 43, 51, 72-3,109；宣帝陵的寝庙更为确定一些（详细分析见下文）。

24 *HHS* 5, 240；见 Loewe (1999a), 92, n. 37。

25 *HS* 73 中记载了这一争论，其中韦玄成起主导作用。见 *DMM*, Chapter 5, 285；所花销的数字见 *HS* 73, 3116。

26 《独断》卷下第 5 页 a，由本章作者译成英文；另见 HHS（志）9, 3199 note；以及 Loewe (1999a), 91–2。

27 《周礼》卷 6《官人》第 6 页 a 郑玄（公元 127～200 年）注；见 Liu and Li, 184–94。

28 《礼记·月令》第 6 页 a 郑玄注。

29 如《礼记·月令》第 6 页 b 孔颖达（公元 574～648 年）疏。

30 其中的时间间隔从 5 天到 103 天不等，见 Loewe (1999a), 109。

31 HHS（志）4, 3103. 高祖庙中所用的舞蹈，见 HS 5, 137. 关于为章帝（卒于公元 88 年）歌功颂德的武德舞，见 HHS 4, 167。

32 关于杨宽的不同看法，见 Liu and Li, 187, n. 1 中所引。

33 KGXB 1980.1,104; Liu and Li, 191。

34 关于便殿，见 Liu and Li, 194–5。

35 《独断》，征引于 DMM, 282；这套仪式见 DMM, 283。

36 关于陵庙，见 Liu and Li, 196–203; DMM, 281。关于有名称的文帝庙、景帝庙、昭帝庙、宣帝庙、元帝庙和成帝庙，见 HSBZ 4.12b 和 6.6b 注释。

37 见 HS 73, 3116, n. 4 所引晋灼（活动于公元 208 年）注。关于伏节中"伏不治刑狱"，见 Bodde, Festivals in Classical China (1975), 317–25; and Zhangjiashan（《奏谳书》）简 128。

38 《汉旧仪补遗》卷下第 6 页 b—第 7 页 a。关于神主在庙中的位置，见 Loewe (1999a), 108。

39 关于对丛葬坑的研究，见 Jiao Nanfeng, "Han Yangling congzang keng chu tan" (2006)。

40 关于修建方法，见 Han Yangling (2001), description 3(Chinese),2 (English)。

41 HS 6, 183。

42 见 Han Du ling lingyuan yizhi。

43 HHS（志）6, 3149–51；见页边码第 213 页。

44 Bielenstein (1976), 86；概要见下文附录。

45 截至目前已确定的墓葬列表见下文附录。

46 HS 68, 2948。

47 关于这些特点，见本书第 1 章。

48 比如保安山 2 号墓，墓主人被确定为梁孝王刘武的王后，时间为公元前 125 或前 124 年；见 Mangdangshan Xi Han Liang wang mudi (2001), 40–3，以及上文图 1.8。

49 说明见 KGXB 1964.2, 127–94。

50 HHS 42, 1450. 关于黄肠石及其上留存的铭文（包括一些可能是为安帝陵或者更有可能是为顺帝陵所准备的），见 Loewe, "State funerals of the Han empire" (1999b), 42–4 and Figure 9。

8

中国考古：一个局外人的看法

草安敦（Anthony Snodgrass）

在本章开头，我应该首先强调一下为整章划定整体轮廓的标题后半部分。两位编者找我的动机，并不是想利用任何关于中国和古典世界交会的经验：与罗界（Geoffrey Lloyd）不一样，我不能像精英古典学者那样对中国文化有精深的比较知识。他们请我做的是"写一章关于一个局外人的看法"，更确切地说是一个"不得不面对比较两种证据（文献和考古资料）这一固有问题"的人的看法。这就是我能提供的全部，我希望读者在评价我可能会显得肤浅、孤陋寡闻、被误导或者甚至是狂妄的判断时能想到这一点。

我的研究领域和研究经历局限于希腊、罗马及其在铁器时代的近邻，比如腓尼基和伊特鲁里亚，我对亚述、以色列和埃及也有一些间接的认识。我第一次真正接触中国考古是在 1965 年威廉·沃森（William Watson）于爱丁堡的莱因德讲座（Rhind Lectures）上。[1] 我从这些讲座中学到不少知识，其中就包括史前西亚甚至是东欧与中国商周之间在地理上的交流屏障，说到底并不是密不透风的，产生的影响也没有让双方疏远。金属工艺是我的兴趣之一，我发现熟悉的青铜器类型往东的分布，和源于中国的器型往西的传播交融，延伸之远出乎我的意料。[2] 我又进一步观察到希罗多德笔下的斯基泰人，与晚些时候中国文献中的匈奴和其他游牧民族之间无疑有许多相似之处。[3] 但是，文化传播论者对这些现象的浮夸解释已经不再流行，而西方关于中国考古的知识还没有扩散到一个专门的圈子之外。我自己在这一方面的无知，总体上来说，一直持续到最近为了写这一章而进行的沉心钻研。

尽管基于这种单方面的视角，但只要将其限定在考古证据的属性、潜力、局限等广泛的问题之中，这种比较研究仍可具有一定的价值。我认为在这些问题中，最中心也最迫切的要算这个已被略加提及问题：考古发现和文献资料的关系。在此可利用一些上面提到的每个地区的最新考古进展——其影响大不相同。在探讨这些影响所起的作用时，我们应该牢记考古证据对有历史文献记录的文化所起到的三个主要作用，用我们的编者的话来说，那就是"证实、补充和推翻"。不过，首先我要汇报一下最近从对中国历史和考古的研读中获得的感悟。

在我看来，从秦汉时期流传下来的文献记载在几乎所有方面都优于任何上面罗列的同时期或稍晚的铁器时代文化的文献，至少从对考古发现的实用性来说是这样。"官方"遗迹可因此得以辨识，进而给出确切年代，这种被辨识出来的频率与在罗马或埃及的一样，超过在希腊或亚述，远超过在以色列；再者，也可以和王朝政治事件建立明显的，即使没那么确切的联系，频率和可靠性至少和西方相当。与希腊化时代的希腊或帝国时代的罗马相比，就金属钱币和石刻铭文的丰富类型和研究价值而言，中国可能永远无法相提并论，但写在其他材质上的存世文书足以弥补这个缺陷。中国的碑刻在社会阶层方面倾向于官吏和其他地位高的人群，内容也在理念上倒向规范性一端，而不是描述性一端；然而，西方的碑铭也没有多少能完全消除这些偏颇之处。中国在这一时期的历史纪年非常精确，从这一点来看只有后来共和时代的罗马才能与之媲美。这些丰富的文献材料给中国考古工作者提供了一个可用来解读他们的发现的框架，令人羡慕。

我的第一个，也是最重要的问题就直接由这一点引发。那是不是意味着要冒着一种风险，即由于有了如此丰富的文献材料，考古工作者会不会过于推崇而不愿意违背其所构建的框架？对我来说，如果直接通过中国考古来处理这一问题乃狂妄之举，所以就让我通过给出一些上面提到的，各个西方文化考古中相当有名的相关例证，来描摹这种风险的各个要素。

第一个例子，以普鲁塔克的《格拉古兄弟生平》[4]和阿庇安的《内战》为主的传世文献[5]告诉我们，公元前133年提比略·格拉古土地改革的中心目的是在意大利重新安置罗马的无地公民。普鲁塔克提供了一个更为具体的诱因，根据格拉古四年之前一段途径伊特鲁里亚的经历，他发现那里的许多土地都已经被合并成大型农庄，其上有被雇用的奴隶进行劳作，而以前的小农则失去了产业，聚集在城镇中，贫困而没有生计。然而碰巧的是，伊特鲁里亚（特别是南部）在过去50年间受到了考古学家如此多的关注，以至于如今已是整个地中海盆地受调查最多的地区之一。这些大量的考古工作所提供的证据可以互相印证而且确定无疑的是：在格拉古立法改革之前，伊特鲁里亚区域的小农场至少和历史上的其他时期一样分布密集。在意大利半岛的其他一些地方（尽管不是全部）的调查工作也与这一情形相符。对这种情况最合理的回应就是去重新检视文献记载而不是考古资料。阿庇安（约公元90～160年）和普鲁塔克（约公元42～120年）二人的写作时间都已在其所述事件发生的两百年或更久之后。普鲁塔克所写轶事的来源是提比略·格拉古的弟弟盖约发布的一本应该是为维护他哥哥过去（以及他自己将来）的行为而以偏袒为目的的小册子。这可能是一个带着偏向的声明。[6]

下一个例子，第二十六王朝的建立是埃及一段相对较晚的历史，该王朝由开国法老普萨美提克一世于公元前664年创建，毫无疑问受到了希腊和其他外国雇佣军的支持。这一王朝持续了一个多世纪，在王朝存续期间，据说希腊人及其他人持续得到军事雇佣和其他方面的优待以作为其早期协助的回报。这段历史在希罗多德（约公元前490～前425年在世）《历史》第二卷中的叙述最为详细。他所描写的事件里，最初的雇佣军被安置在尼罗河支流培琉喜阿河上被称作斯特拉托庇塔（Stratopeda）的两座要塞中，以及很久以后被法老雅赫摩斯（公元前570～前526年）调至当时的都城孟菲斯；[7]在这两个事件之间，发生了

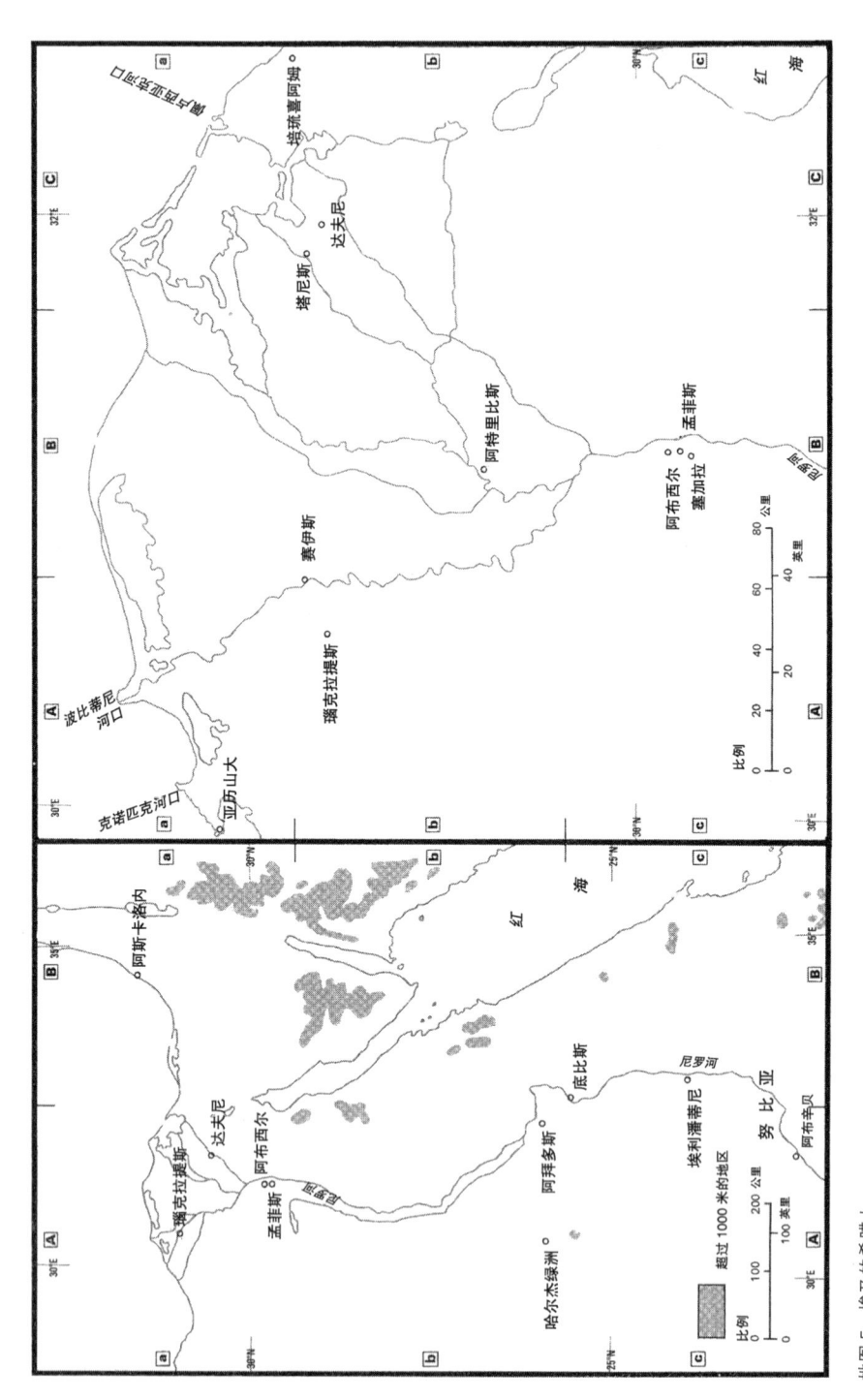

地图 5 埃及的希腊人

普萨美提克二世（公元前593～前587年）对埃塞俄比亚的进攻；[8]最后是雅赫摩斯把大量希腊平民安置到了尼罗河支流卡诺匹克河上的瑙克拉提斯。[9]从考古工作对这些资料的验证得出的结果比较复杂：从好的一面来说，尼罗河中部的阿布辛贝神庙中的以希腊文和用其他文字刻下的铭文，给了普撒提克二世对埃塞俄比亚远征的一个相当漂亮的确证。

雇佣军在尼罗河三角洲东部的安置，他们在孟菲斯的存在和希腊人在瑙克拉提斯的安置，这些事件都已经被考古发现所证实，又被碑铭再次确认。但这三个事件本身，主要以希腊陶器类型为依据，甚至它们之间的相对顺序都看上去和发掘的结果相矛盾，相关发掘工作是在疑似斯特拉托庇塔遗址和被证实的孟菲斯和瑙克拉提斯遗址上进行的。然而，事情没有这么简单。一些考古学家开始再次对希罗多德描述中更为详尽细节的依据提出疑问，同时其他人试图重新评估考古年表，至少有一位学者已经开始质疑，陶器类型所提供的证据和历史叙事之间是否可以建立如此紧密的关联。[10]

第三个相对简单的例子，是关于腓尼基人在西西里岛沿海地区的殖民地问题。同样，这次也涉及一个历史学家写于事件发生一段时间（在这一例中为三个世纪）后的叙述。在修昔底德（约公元前470～前400年）笔下，希腊人从公元前735年开始在这一区域定居，而他说在此之前"腓尼基人已经遍布西西里，他们居住在许多离岸岛屿和海角上"。[11]在这里，长年的考古调查还是没有能够证实这种说法及修昔底德接下来描写的细节，他说从此以后腓尼基人向他们在西西里岛最西端原有的殖民地聚集。这一次，不用多言，大多数学者确认修昔底德或他采信的资料是错误的。

再下一个例子是近期希腊考古的一个大发现，也许可以被拿来和中国考古相比较，即现位于皮埃里亚地区（马其顿南部）的维吉纳发现的"腓力墓"（图8.1）。所有古代的资料（依然包括普鲁塔克的说法）[12]一致认为，在任何时期，马其顿国王都埋葬在爱琴古城。这是马其顿人"最初"的都城，当都城迁到别的地方以后，这里仍然保持着其作为王

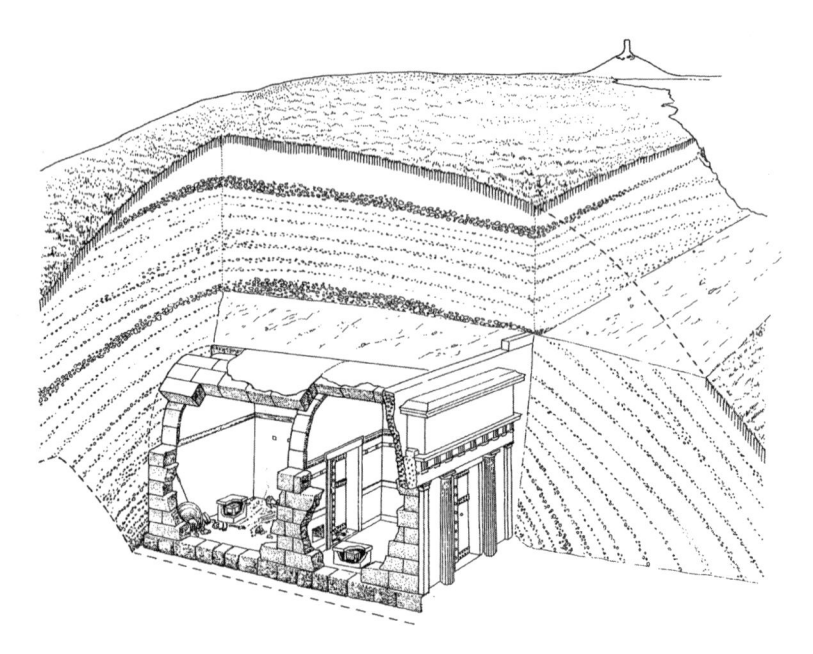

图 8.1 维吉纳大墓 II 号墓（"腓力墓"）复原剖面图

室成员安息之地的功能。因为古代作者记载得不准确，爱琴的位置长期以来都是个问题。又是希罗多德提供了最早的证据，他说这个马其顿王国"最初"的核心区域在"柏尔缪斯山下"，位于波提阿埃亚地区，[13] 即皮埃里亚以北、宽阔的哈利阿科门河对岸。后来（公元前1世纪）的历史学家狄奥多罗斯也确认这就是爱琴建立的地方。[14] 罗马晚期的作家贾斯廷仅仅摘录了早期罗马历史学家庞培·特洛古斯的作品，他断然认为爱琴就是古埃泽萨，[15] 一座被明确记载位置再稍稍往北一些的城市。托勒密（约公元120～170年）在他的《地理学》中，同样把爱琴列在位于波提阿埃亚广阔区域内，也就是皮埃里亚以北的11座城市之中。尽管有这么多证据，由于1977年这座墓葬的发现，爱琴就在皮埃里亚这种说法才突然有了强力的支撑。如果它真的是绝大多数学者认为的腓力二世墓，甚至如果像一小部分学者所主张的那样，虽然时代稍晚，但仍然是一座王室墓，那么，这就把整个古代关于爱琴位置的说法全部推翻了。[16]

为了进一步说明问题，我接下来转向圣地耶路撒冷的考古，在这里问题变得更加微妙，因为背上了宗教的考虑和现代民族主义的负担，引发了考古学界内部以及文献研究和考古研究之间的学术争论。过去有一个著名的例子，涉及对美吉多"所罗门王的马厩"的解读问题，芝加哥东方研究所（Oriental Institute of Chicago）在 1925～1939 年的竞争中发掘了这个遗址，并用《旧约全书》认定，[17] 但在 40 多年前有人主张（被广泛接受）其时代大约在所罗门的一百多年以后。所谓瓦迪阿拉巴的"所罗门的宝藏"以及"所罗门的以旬迦别港"也遭受了同样的命运，它们由美国东方研究院（American School of Oriental Research）在 20 世纪 30 年代发现并认定，同样参考了《列王纪》9:25-8，但后来被发现是来自犹太人时代以前的活动遗迹。[18] 这些例证可以说明《圣经》文本的权威性给考古学家带来的压力，这种压力鼓励一致的说法或者至少打击相左的解释。

也许巴勒斯坦考古的例子已过去多年，但其铺垫的态度一直存在，且以变体的方式一直延续到今天。或许对于考古发现来说，从其本质中经常会显示出一种不与历史叙述恰好吻合的倾向——这一点现在已经得到了更广泛的认识——但为了迎合读者已有的观点而抬高《圣经》或其他文本的权威，其潜在的推动力还会持续下去，不仅甚至也不主要存在于以色列学者中间。这和其他一些因素一道，被当代政治上的压力与经济上的获利欲望一同驱动着，导致了考古上的造假风潮。[19] 巩固现有的态度是其固有目的，这本身并不是什么不光彩的事。

近期有一场考古学上的争论，表面上看是关于考古地层的，发掘地点是亚实基伦和以革伦，即《圣经》中所说的非利士五城中的两城。[20] 非利士遗迹在某些方面为巴勒斯坦考古提供了相对牢固的基础。非利士人社会的地理环境、独特的物质文化以及某种程度上的年表，现在都已经成为广泛的常识。一度出现了一个问题，那就是他们最初在物质文化上的显著特征似乎在晚些时候逐渐消失，然而从文献资料来看非利士人的城市依然繁荣。但最近的研究成果去掉了这种明显的矛盾，显示这些城市一直存续并发展，直到公元前 7 世纪末最终毁于巴比伦人之手。

这里分歧的焦点是以革伦最后两期地层 IC 和 IB 的确切断代（斯塔格［Stager］认为两期的时间都较晚，在大约公元前 640～前 604 年，而以革伦的发掘者之一格廷［Gitin］认为地层 IC 的时间在公元前 701～约前 623 年，地层 IB 的时间大概在公元前 623～前 604 年）以及关于在这两个地层的时代中相应的以革伦政治特别是经济状况的解读。这两种互斥而又都很精确的断代与考古地层学的格格不入，对我来说，传达了这场争论的核心因素：两位参与者都毫不犹豫地站在历史文献的基础之上——就斯塔格而言，主要是基于巴比伦和埃及王朝的编年史；对格廷来说，是关于较早期亚述国王赛纳克里布、以撒哈顿和亚述巴尼拔的文献，他们的统治时间合起来大致涵盖公元前 705～前 627 年。这场争论就是关于以革伦的地层怎么对应上这些统治者所声称的接连的征服。对于这两者无论如何必须互相对应这一点没有人提出异议。

然而，正如许多汉学家都知道的，在处理王朝编年史这类文献时必须加以小心。经常可以看到这些材料中出于自我吹捧目的的夸大或者是出于简洁目的的简化。在缺乏类似于中国相当常见的官印等证据的情况下，除非很幸运地发现铭文，在一个特定的考古地层的物质记录中，很难去鉴别任何外部控制的政治来源，而要去辨认这种控制的经济后果，那就是更没有把握的一种推测了。这个问题当然在更早的时代表现得更加突出，特别是关于商以前的考古证据是否可以联系到夏的问题。

在这个具体的问题背后，无论怎样都潜藏着一个更宽泛的问题，那就是种族特征和将其侦测出来的考古能力——在这里，这个问题同样适于中国。对研究非利士来说，正像上面提到的，这个问题相对来说不成问题。他们可用与《圣经》或其他资料所预期的大致相同的时间地点去认定。但是，对研究这一地区和时段的其他种族来说，就给出合理解释这一点我们就没那么有信心了。如果没有《旧约全书》的权威记载，对这些特征的区别会是极为荒谬的。在处理工作中的种族问题时信心不再的其他文化的考古学者，也对这个问题的普遍性开始产生怀疑。即便是在有关《圣经》研究的范畴内和巴勒斯坦考古界内部也可以听到不同的声音。[21]总的说来,迦南人、以色列人自身以及西亚这一地区其他民族的物质特性,都是简单地取自文献记载,而后被戳印在合适的时间和地区的物质遗存之上的。

以上所有这样那样的例子都是为了说明,文献记录的历史证据也许会很难和考古发现相一致。两者之间总会出现矛盾之处,但根据各种特定的场合,对于这种矛盾的适当反应可有所不同。在最近一些年,特别是在年轻的考古学家之中,他们对自己学科的学术独立之信心的增长,意味着对文献资料的可靠性提出疑问或至少要求对这些资料进行重新评估是再常见不过的反应了。与这种趋势相适应,我要指出一个在几乎全部所见案例中都很常见的特征。上面提到的文本或铭文的作者,无论是从地理还是文化上来说,几乎都是所述之地的外人。像普鲁塔克和阿庇安都讲希腊语,他们并不是意大利原住民;对希罗多德来说,埃及既遥远又是外邦;腓尼基的西西里对于修昔底德也是一样。现存提到爱琴文本的作者没有一个是马其顿原住民,亚述、巴比伦和埃及王国在语言及其他方面都与巴勒斯坦有一定的距离。因而他们的记录大致可以和汉朝官员的叙述相比较,这些叙述后来被收入《汉书》关于中亚非汉语聚落的内容之中。

就巴勒斯坦考古的问题而言,《圣经》文本的情况有所不同。这里的问题不再是地理上的,而是时间上的。在所罗门的例子中,无论怎么说,我们都是在处理事件(在公元前10世纪)和文献(本例中为《列王纪》,该书最终定形于至少400年以后)在时间上的差异,与见证人普鲁塔克、阿庇安、希罗多德、修昔底德或马其顿相关书写者的200年或以上相比,其跨度甚至要更长一些。在研究历史考古学时,我们受限于两种最为显著的比较文本类型——官方的编年史和史学家的叙述,但不应该因此而忽略物质文化的那些不太显著的历时性特征以及其他颇为不同却有助于研究的文本资料,如有关哲学、政治理论、宇宙论等。比如说统治家族祖先神灵威严之衰落这样的根本性变化,就有望在物质文化中找到反映。[22]

对那些等不及把从案例所学用于秦汉考古的人来说，仍有更进一步的调整要做。但这种尝试不能再被拖延下去了。这个时代纯粹的物质记录所表现出的一些熟悉的特征令人鼓舞。一方面，已经被发掘的汉代墓葬十分丰富，这增加了一种希望，即可以对级别、空间分布、人口统计、身份和来生信仰的象征等方面做系统的分析，就像古典世界曾经尝试的那样。[23] 的确，出版于将近五十年前关于洛阳附近烧沟墓地（地图6）[24] 的专著，为细节阐释提供了一种，举例来说，与雅典凯拉米克斯墓地（公元1939～1990年）相关出版物的品质相类似的基础性成果，后者对莫里斯（见本章注释23）的研究工作起到了核心作用。另一方面，有一种观点认为，中国的视觉形象，特别是墓葬中的陶俑，并不仅仅是各种象征，还在许多重要的方面等同于其主题——最近学界对古典时期希腊的视觉形象有着类似的理解，所使用的例证就与之有很紧密的对应关系。[25]

我曾经通过强烈的暗指，呼吁致力于西亚和地中海部分或全部历史时期的考古工作者应锻炼得更独立、更自信。借一位曾指导过我研究的学者之言："只愿接受考古资料所支持文献部分的历史学家，是个仍然在这个学科中作祟的幽灵；就像搞语言的人认为所有的图画都在阐释文本一样。"[26] 假使有时是出于误解，我们引用最多的两个希腊历史学家，也是两种关于共和时代晚期罗马的主要资料来源，关于马其顿地形的一个特定问题的所有权威说法、三种东方帝国的编年史及犹太教和基督教的奠基文本的表述，看上去都没法做出它们与考古发现相一致的陈述；在刚刚发现了这一点之后，我们希望现在和未来的考古工作不只是产生一些适配"幽灵"的对手，而且要创立独立于历史预测的解读。

尽管我对中国考古只是泛泛而读，但仍然碰到了看上去同样的例证，即历史文献的证据不能和考古发现准确契合。西汉都城长安的发掘揭示了一些《三辅黄图》记载中不确切的地方，即城墙的尺寸和武库的位置。在另一种文献中，两宫之间的距离被严重低估。[27] 这些可能不是特别严重的错误，部分被其他文献以及后世评注中一些明显正确的说法

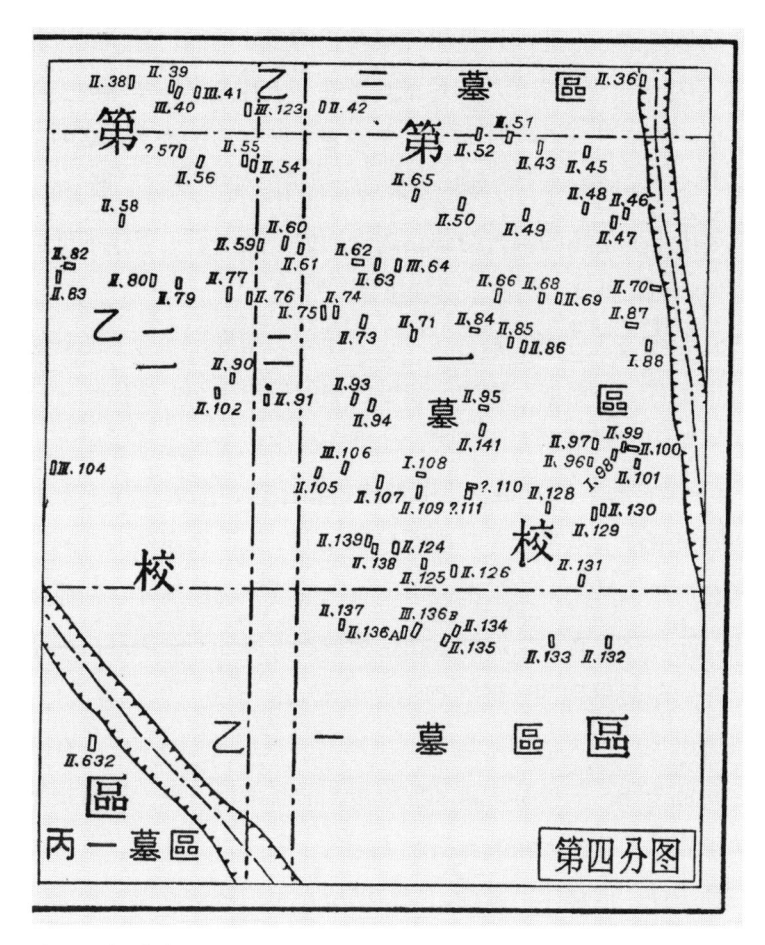

地图6 烧沟墓地，第4墓区

所抵消，至少在这里的第一个问题中是这样；但假如在发掘时把这些记载当成实录完全相信，又或者假如没有其他材料可供校正，你就想一下可能的后续吧。最坏的结果可能是，城墙被认定错误以及早早放弃了寻找武库。

这些可能是比较狭隘和具体的问题，但这意味着它们能够更好地检验古代文献中或多或少经过了明确叙述的讹误。以司马迁和他的《史记》为例，我注意到除了批判性的立场外，他写作时还处在一个有利的位置上，和我这里提到的所有西方文献相比，不管在时间上还是在文化上，他都与自己描述的许多事件要接近得多。然而，具体到丧葬问题上，"理论及中国史学家们心目中的典范在多大程度上和实际的安排相对应，还是一个可以讨论的问题"。[28] 不难看出，把马王堆 2 号墓的主人定为轪侯利仓（或黎朱苍）以及把墓葬的年代相应地定为公元前 168 年，[29] 其证据要比上面提到的维吉纳碑铭离奇缺失、其中所见年代证据也互相矛盾的"腓力二世墓"的例子更加可靠。[30]

1963 年考古工作者在嘉祥（今山东境内）南发现了一座墓葬，其发掘报告中还有一个更加有趣的，和维吉纳的争论相类似的例子。墓中发现的一枚铜印表明墓主人是范式，他是一名由于身份足够重要而被列入《后汉书·独行传》的官员，史书说他祖籍山东，最后在往南千里的庐江（今安徽境内）当了太守，最终死于任上。人们会自然而然地推测他将会葬在那里，然而，文献记载中也有把重要人物的遗体运回原籍安葬的做法，无论路途有多么遥远。在这种情况下另外一个因素出现了。据记载，几百年后发现的一通石碑上刻有范式的名字，该石碑现已遗失，不过仍曾出现于今天的山东境内，距离嘉祥很近（图 8.2）。[31] 看来要在两者之间做选择，一种是认可《独行传》的权威性，另一种是接受考古发现的可靠性和碑刻传闻的真实性。作为一名考古工作者，我自然倾向于第二种选择，但总体上来说，维吉纳所采用的做法应该才是更恰当的回应：重新核实文献材料，更加细致地审察考古证据，分别评估两种证据，最后再做出判断。

现在可以对以上这些比较所传达的信息总结一番了。在文献和考古材料存在明显冲突时，下面几种情况优先考虑考古材料更为合适：分歧是由现代基于文献的合理推断而不是书面的直接陈述导致的，就像范式墓的情况，也许从某种程度上来说，还有较早的伊特鲁里亚和格拉古兄弟的改革的例子；或者书面材料从类型上来说看上去是规定性和概括性的，就像司马迁笔下的汉代丧葬制度；以及有歧异的记述，如《三辅黄图》中的长安，被其他证明为更加可靠的资料推翻时。然而，在更多的时候情况要更麻烦，这种冲突并不是直接的：或者有一定的余地，可

图 8.2 范式碑；从最右边看（第 8）；残存尺寸宽 102 厘米，厚 29 厘米，高 157 厘米。在 WW 1972.5，63-4 山东嘉祥纸坊村附近大鼎山的一座汉墓的发掘报告中讨论了范式的印信和碑。墓葬中发现了两枚铜印，其中一枚（方形，约 2 厘米 ×3 厘米 ×2 厘米）印文为"范氏之印"，另一枚印文为"范式印信"。碑额内容为"故庐江太守范府君之碑"

以寻求可能的方式来调和两类证据（就像希罗多德笔下的埃及第二十六王朝）；或者是由于文献材料缺乏，而并不是陈述错误。最后这一点可能是从事历史时代考古的学者最常碰到的情况，下面要提到的中国区域考古的几个事例就是其典型代表。我想冒昧制定的唯一一条不变的法则是，在讨论中引入任何有潜在分歧的或者甚至能坐实考古发现的文献材料之前，必须首先按考古成果自身的正当性与标准来对其进行解读。

　　自始至终，我都把所举的例子限制在有文献记载，大约与中国秦汉同时的历史时期，或者实际上就取自中国秦汉时期，这样做回避了在史前考古中必然出现的更无边际的争论。但应该如何建立起考古叙事这个更为广泛的问题，同样在历史分期中被提出。区域性是这里一个重要的问题。在希腊和意大利考古中，过去的研究都主要集中于各个主要的、大都市的和"重要的"文化中心——同时在古代文献中也有更详细的记载。只是在最近，区域性差别的多样性和规模才开始受到关注，随之而来的是那些根本无法套用希腊和罗马中央化叙事的区域范围。这本身就带来了一种倾向，那就是远离对文献的依赖，从而更加依靠考古证据。这个过程已经影响了几乎所有的研究，范围从雕塑、建筑、陶器、碑铭到聚落形态、墓葬形式等传统课题。[32]

空间焦点上的变化带来了态度上的变化。在中国也是一样，我们或许可以戴梅可最近在《古代四川》（Ancient Sichuan）中发表的一篇关于成都平原的文章为例，这篇文章对传统研究中的"都城中心叙事"发起挑战，而且把挑战的目标扩大到了由来已久的考古学"文化"概念上，这个概念等同于一个固定的族群——一个在两代人之前的西方史前考古界很受欢迎，但现在已经完全被抛弃和摧毁了的概念。[33] 到了更晚一些的时候，在东汉时期会有令人注目的发现，那就是摇钱树在四川的分布特别密集，甚至因此判断四川可能是摇钱树的制作中心，而这种独特的汉代工艺品几乎没有传播到帝国的中心地区。[34]

这种区域性的方法显然同样需要在中国的考古研究中得到支持，就像他们最近从古代地中海地区的考古中受到启发一样。我们可以看看最近几年福建崇安遗址的考古发现，或可作为这种方法之成果的例证。[35] 这一省份相对偏远，1959 年比伦施泰因（Bielenstein）在一项研究中穷尽文献资料，做出了大致否定秦汉时期这一地区帝国介入的描述：除了武帝（公元前 111 年）时期，一直到东汉末期，在此地似乎看不到有关移民、定居或中原王朝施加政治管理的任何证据。公元 2 年和 140 年的在籍人口统计未能计入福建的数据，这让比伦施泰因得出结论，即"在那个时代没有中原人定居福建"。[36] 然而，在崇安发掘的城址已经展示出，在西汉的主要发展期，这里已经具备了汉朝城市的许多特点。我们在崇安得到了一个清晰、确定而令人惊诧的考古发现，主要是因为它很难和书面记载相一致。

另一个比较的结果却揭示了一种差别。最近一些论著开始强调，说汉代墓葬的建筑或有时候在其中发现的陶制模型（图 8.3，另见上文图 5.4）可为同时代民居建筑提供直接证据的假设是不可靠的。[37] 但另一方面，早期希腊也同样发现了大量的建筑模型，但结果是这些模型相当精确地反映了当时的寺庙或民居。[38] 这种差别当然一部分是由于出土的汉代房屋太少，没法做必要的比较，而早期希腊的居室建筑现在还可大量觅得。

是时候用一些诚恳或者说是冒昧的建议来总结一下了。在距离（比如说）一本关于雷达遥感技术应用的书在中国面世了很多年之时，[39] 向中国考古工作者讲述任何考古技术甚至是这种念头都是不合时宜的。然而就汉代考古来说有一些至今有时仍被视作遗憾之处的特征，但似乎对我来说，这反而提供了鼓舞的源头。我所说的那些特征是指，墓葬发掘以及紧随其后基于文物的传统考古学占据统治地位局面，压倒了对各种聚落以及与之紧密联系且更为广泛的历史问题的探索（在这一点上可比较刚刚提到的关于房屋模型的观点）；或者集中于所谓的高端阶层的聚落；或者还有在西方我们称之为抢救性考古学的广泛盛行，以牺牲由研究驱动的发掘工作为代价；或者能感受到一种倾向，即发掘报告无一例外展示的都是资深人士的观点，这让局外人很难看出到底是否存在一种真正的共识。在我看来，这些特点说明中国的考古学还处在一个年轻气盛的阶段，这是一个有利的出发点，未来的道路可以自由选择。现在仍然可以做出抉择：或者采用类似于圣经考古学中占支配地位的途径，在这种考古学中，即便不考虑宗教或政治上的权威，与《圣经》有关的文献仍然被普遍看作一种框架，就像铁器时代的巴勒斯坦考古必须在这个框架中开展一样；或者采用直到最近一直在埃及学中追求的途径，以法老及其贴身侍从的墓葬和寺庙为中心；又或者，从另一方面来说，采用与最近许多其他地中海地区历史时期考古相一致的途径，至少享有一些独立于古代史书和文献资料之外，有限度的独立性，最显著的就是设定自己的田野工作议题，经常有意识地聚焦那些资料没有涉及的方面。现在已经很清楚了，我正积极倡导最后一种途径。

图 8.3 广东汉墓中的两种房屋模型。汉代。尺寸不详。这两件模型比与希腊最相似的同类器物更加繁复，没有多少学者认为它们真实地表现了同时代的家居建筑类型

本文局限于一些小范围的问题，这些问题在对不同传统考古学的比较中出现，或大或小。我一直呼吁应该在考古学思维方面有更大的独立性，但这一点必须被仔细斟酌，以适应中国在非考古学证据质量和数量上的显著优势。我们最不应该做的就是阻止在历史的（或者，甚至在有些情况下是"历史的"）证据中寻求帮助的举动。因此，希罗多德的叙

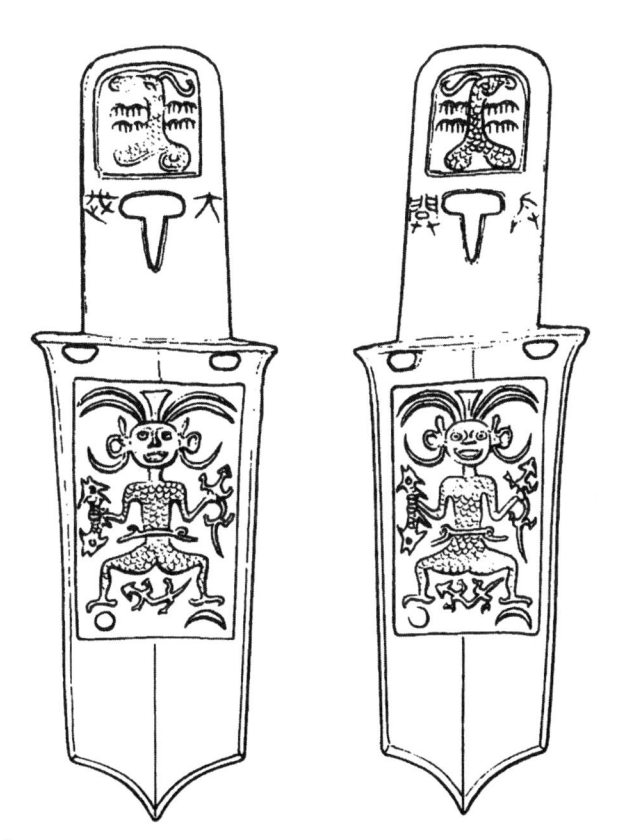

图 8.4 玉人①，湖北荆门车桥出土。战国晚期。长 21.7 厘米。1900 年被发掘，尽管最初它被和与周又土相关的大（或太）武舞相联系，但还是有一些学者暂且将其认定为太一神，因为郭店楚简中有"太一生水"的内容。上面的铭文中确实有第一个"太"字，字体与楚占卜简上的类似。鉴于玉人看上去穿着铠甲，手中持有龙或者蜥蜴，而且玉人身体下方也有这样的动物，有些学者推测这件玉人起到了抵御军队或兵器的作用。这件器物被描述为"戈"，见 CHOAC, 870, 872。关于郭店楚简"太一生水"，见 *Guodian Chu mu zhujian*, 释文 125

---

① 此处及以下各处均有误，此物件质地为青铜，对它的性质和作用还有不同的意见。

图 8.5 墓中室壁画。河北安平。东汉晚期。汉代的修辞把高度和地位相联系,瞭望楼则是谨慎的典型象征。真实的汉阙远不如随葬的明器高。这幅壁画可能表现的是一座城市或带有围墙的宅第。参见彩图 9

述在理解整个早期希腊－埃及的联系以及由此引发的如希腊石刻的兴起等方面有着巨大的价值;同时,修昔底德对早期腓尼基聚落的描写也促成了对它的辨认,这些聚落不晚于他所说的时间,在西西里最西部和别的地方(撒丁岛、西班牙南部)都有。我们从已经考察过的例子中学到的,在我看来,一定是应该避免把书面或文献材料作为考古学解读的起点。

注释

1 讲座内容可见 Watson, *Cultural Frontiers in Ancient East Asia* (1971)。在撰写本章时承蒙罗森（Jessica Rawson）和两位编者给予建议和帮助，谨致谢忱。
2 Watson (1971), 38–45, 51–66，书中图23和图26展示各式管銎斧、矛和刀的分布地图。
3 关于这种相似性在物质上的关联，我会以"斯基泰式"箭镞为例，插图见 Wang Zhongshu, *Han Civilization* (1982), 19, Fig.18, 最上面一排左边第二个——这对于一个考古工作者来说是老相识了，因为本人曾在西边6000多英里外的西西里亲手发掘过许多相似的器物。
4 Plutarch, *Tiberius Gracchus* 8, 2–4.
5 Appian, *Civil Wars* 1, 8.29–9.36.
6 Frederiksen, "The contribution of archaeology to the agrarian problem in the Gracchan period" (1971).
7 Herodotus, *Histories* ii. 154.
8 Herodotus, *Histories* ii. 161.
9 Herodotus, *Histories* ii. 178.
10 对这场争论的最新概述，见 Bowden, "The chronology of Greek painted pottery: some observations" (1991)。
11 Thucydides, vi. 2. 6.
12 Plutarch, *Life of Pyrrhus*, xxvi. 6.
13 Herodotus, *Histories* viii. 138.
14 Diodorus, vii. 6.
15 Justin, vii. 1.10.
16 Ptolemy, iii. 13–39. 自1977年以来，对这一问题的争论就几乎没有停止过。全面的讨论（及其结论相当奇特）见 Faklaris, "Aegae: determining the site of the first capital of the Macedonians" (1994)。
17 1 Kings 9:15–19.
18 分别见 Yadin, *Hazor* (1972), 150–64 和 Kenyon, *The Archaeology of the Holy Land* (1970), 256–8, 346。
19 据 Rachel Shabi 发表于 *The Guardian*, 20 January 2005, G2, 1–3 的文章。
20 见 Stager, "Ashkelon and the archaeology of destruction" (1996); Gitin, "Neo-Assyrian and Egyptian hegemony over Ekron in the seventh century BCE: a response to Lawrence E. Stager" (2003)。
21 格廷在别处有一个长的脚注（"The Philistines: neighbors of the Canaanites, Phoenicians and Israelites" (2004), 77–8, n. 1)，在严厉批评这些"外围团体"工作成果的同时，也

有效地概括了他们的发现。

22　相关讨论见 Rawson, "Cosmological systems as sources of art, ornament and design" (2000) 的开头几页。

23　关于差不多同时代古典世界丧葬方面的类似研究，例如见 Morris, *Death-Ritual and Social Structure in Classical Antiquity* (1992)。

24　*Luoyang Shaogou Han mu*: see Loewe, review article of Wang Zhongshu, *Han Civilization* (1983), 336.

25　比较 Rawson, "The power of images: the model universe of the First Emperor and its legacy" (2002a) 与 Schnapp, "Why did the Greeks need images?" (1988)；或 Frischer, *The Sculpted Word: Epicureanism and Philosophical Recruitment in Ancient Greece* (1982) 中关于物神崇拜和视觉形象的部分。

26　Boardman, "Classical archaeology: whence and whither?" (1988), 796.

27　见 Wang Zhongshu (1982), 2, 5, 10。关于《三辅黄图》，见本书第6章卜瑞南所著部分注释19；另见第6章附录。

28　Loewe, "State funerals of the Han Empire" (1999b), 5.

29　见 Pirazzoli-t' Serstevens, *The Han Dynasty* (1982), 41–60。

30　有考古证据表明这座墓的时代要更晚一些，见 Faklaris (1994), 611 和注释20中罗列的权威说法。

31　传见 HHS 81, 2676-9；在《水经注》卷8第22页a和赵氏注中提到了这通石碑；关于这一问题的讨论，见 Shi Zhecun, *Shuijing zhu bei lu* (1987), 70-2。关于范氏之印的发现，见 WW 1972.5, 63-4。

32　关于最近在希腊这一方面工作的概述（以及继续研究的劝诫），见 Osborne, "Greek archaeology: a survey of recent work" (2004), 88–90。

33　Nylan, "The legacies of the Chengdu Plain" (2001c), 309-25.

34　Erickson, "Money trees of the Eastern Han dynasty" (1994a), 8.

35　见本书第5章页边码第183页。

36　Bielenstein, "The Chinese colonization of Fukien until the end of T'ang" (1959), 99.

37　例如见本书第10章注释4引用的 Candace Lewis, "Pottery towers of Han dynasty China" (1999)。

38　见 Schattner, *Griechische Hausmodelle* (1990)，尤其是他的结论，第219页。

39　Guo Huadong, *Radar Remote Sensing Applications in China* (2001).

第二部分

行　政

9
《二年律令》与《奏谳书》

鲁惟一（Michael Loewe）

秦汉的"法律"既不是来自神的启示，也不是来自某位神话英雄的馈赠，而是由统治者和他的谋士基于现实考虑而非知识观念而制定的管理土地及其居民的各种措施。尽管秦汉的"法律"并不主张权利、义务等原则，也不作为一种反对压迫的方式，仍会有一些可呼吁道德价值或者加强亲属关系的规则和义务被制定；但不能因此而假设是出于那些考虑。

没有证据可以证明在早期帝国时代出现了建立在那些公认原则之上的"法律"的概念，这些原则包括限制君权、约束权威机构的强制力、保护个人"权利"等。我们也没有足够连贯的文献来确定在此方向上是否有任何进展。《汉书》卷23《刑法志》叙述了在前帝国时代和帝国时代规范和约束百姓的措施，其中包括官吏可以使用和应该使用的惩罚措施的细节和准则。何四维教授（Professor Hulsewé）展示了这些规则的执行是如何受到两个原则影响的：与宇宙进程及运行保持和谐的需求，以及通过制裁和惩罚来消除犯罪行为之影响的需求。[1]

我们手头确实有两套法规的部分内容以及其他法规的一些片段，帝国官吏即在这些规定的指导下履行自己的职责。这些相互独立的指令中的的确确含有一些针对特殊需求的条款，包括对寡妇等特定人群的保护、对罪行判决的申诉机会等。但这些对特定状况和问题的认识，并不能被看作根据公认原则建立将采取的合法行为规范的这种系统性尝试的一部分。我们有的仅限于手里文献呈现的政府权宜对策的片段，我们只好有所保留地使用"法律"或"合法"，而把皇帝颁布的具体指示称为"律"或"令"。这些政令处理特定的、具体的状况，并不阐述或援引通行的原则。并没有一种带有和"查士丁尼法典"、"教会法"、"美利坚合众国法律"等法典同样含义的"汉代法律"概念。

2001 年发表的出土于张家山（南郡，今湖北江陵）247 号墓的 1236 枚简的照片和释文，披露了大量关于早期汉帝国社会阶层、政府运作、法律制定等方面的新信息。[2] 除了与算术和医药有关的文书以外还有法律资料，其中包括写在 526 枚简上的 27 条律和 1 条令以及记录在 228 枚简上的诉讼程序，涉及 22 个因对适用的律令有疑问而提请上级裁决的事例或案件（《奏谳书》）。[3] 学者把这些文书和睡虎地（南郡，今湖北云梦）所出秦代（公元前 217 年）类似文书紧密地结合起来研究。睡虎地秦简包括三种类型的法律文书，即《秦律十八种》201 枚简，《效律》60 枚简，《秦律杂抄》42 枚简；以及写在 98 枚简上的 25 条程序性的规则和假设的法律问题（《封诊式》）。另外还有一系列简是关于律令解释和运作的问题及其答案（210 枚简）的。[4]

这组律令上标明的时间为"二年"，通过其内部的线索，比如赋予吕氏家族的特权等，[5] 我们可以把在张家山发现的律令的抄写时间定在公元前 186 年（吕后二年）。现存的汉律片段或残篇都没有标明时间，其时间范围可能会是两汉的整个四百年间，而时代这样精确的几乎绝无仅有。《奏谳书》中记录的三个案例的时间是在秦统一之前（有一例为公元前 241 年），其他的时间在公元前 220～前 198 年，还有一些没有标明时间。律令中提到的"相国"这一称谓，说明其中包含了公元前 186 年之前的资料，因为这一称谓被使用的时间为公元前 196～前 189 年。[6]

这些律令条款复杂而详细，其中规定的惩罚非常严厉，这证明了政府的法典编撰和运行所达到的高标准。可以看出，在秦朝建立之前施行的某些条款在框架上而非全部细节上被沿用下来，比如说公元前 309 年秦国的《田律》，也出现在《张家山汉简》中。[7] 有一种说法认为汉朝采取的第一个措施就是精简秦朝法律，将之削减为三章。在张家山发现的证据驳倒了这种看法。的确也有一些西汉官吏认识到，这种说法仅仅是一种虚夸或谣言。[8]

《左传》中提到过尝试把法律永久记录下来的做法。公元前536年和前513年，郑国和晋国把这些文书铸在了铁器上。[9]据说在魏文侯（公元前445～前396年）时期，李悝曾汇集各国法典，共编为6篇。[10]商鞅约从公元前359年起任秦国大良造，这6篇法经由他接手，后来又被新兴起的汉朝所继承。萧何（公元前198～前193年任相国）增益了3篇。叔孙通又另外增加了18篇，他从公元前200年到前198年，又从公元前195年起任奉常，死于公元前188年，以熟悉礼制而著称。在汉朝稍晚一些时候，张汤又增加了27篇，他是一位性格严苛的法务专家，公元前126～前120年任廷尉，死于公元前114年；公元前120～前109年任廷尉的赵禹又增益6篇，因而总篇数达到60篇。接下来我们又知道应劭（约公元前140～前204年之前）经手过编纂，总篇数不低于250篇。我们还得知有一些大型的编纂活动，以章句为主要形式，即对法律文书和程序逐字逐句注解，据说总数达到了26272条，共700多万字。鉴于章句的规模过于庞大，朝廷曾下令只采用郑玄（公元127～200年）的解释。[11]在所有这些说法中，我们不清楚《二年律令》在多大程度上来自萧何或叔孙通的手笔。

如我们所见，现在掌握的两组秦汉律令的时间间隔不超过30年。两组律令所包含的内容不同，但有一些同一律名的条文同时出现在两组文书中，在有些情况下，条文的内容完全或几乎相同。从一些散存片段中可以搜集到其他律令的名称，[12]这次新发现的内部线索提供了更多其他不见律文的律令名称。[13]我们所能利用的只是全部法律文书的一小部分，不得不说，以我们所能见到的律文来看，其编排根本不成体系。即使在被保留下来的小部分中也可以看到一定数量的重复现象，比如说，在睡虎地所见的标题为《效律》的9条律文也出现在于同处发现的《秦律十八种》的主体内容中。关于谷物运输和储藏的规定在公元前217年的秦律中出现了三次。[14]

曹魏建国后不久（公元234年），朝廷任命了一班大臣准备重修律法，这些人的陈述被帝国执政初期出现的混乱状态所印证。[15] 在剔除了律文的重复和矛盾、纠正了一些与名称或类别不相符的律文后，他们显然注意到了从李悝以来法律条文的大量扩充以及注解文本的卷帙浩繁。有几个例子可以说明这些他们清楚意识到的困难。[16]

新发现的法律文书至少可以略微展示出秦代律令是如何存续到汉代及以后的，以及同一条规定是怎么出现在不同名称的律文中的。公元前217年的秦律禁止在二月砍伐木材和壅塞水泉，同样的规定出现在张家山春夏两季的禁令中，在两组法律文书中这条规定都属于《田律》。[17] 然而，公元234年的受命大臣们发现，它与杀死或伤害他人畜产的行为一起，被包含在流传下来的《贼律》中。[18] 伐木和壅塞水泉的禁令也同样出现在张家山的《贼律》中，[19] 但张家山汉律中，对官有牲畜造成实质性伤害的处罚由《金布律》处理。[20]

这班大臣还提及丢失官印的规定见于汉《贼律》中，现在或许还可在此律中看到。[21] 作为他们工作的一部分，公元234年的班子又把砍伐木材、伤害畜产和丢失官印分离出来，另组成《毁亡律》。他们还把损伤或丢失"县官财物"也划入这一律名之下，并说这些规定曾属于汉《金布律》，也确实在那看到了。[22]

在解释睡虎地秦简和以前从其他资料得知的律文片段时出现的一些问题，可因张家山汉简的发现得到澄清。比如说，根据《晋书》，汉代的《盗律》中包括了针对"和卖买人"的规定，即以"和"的方式买卖人口，意思是买卖双方达成一致。这就很令人费解了：在当时允许买卖奴隶，为什么"和卖买人"的行为值得一提而又可能会被视作犯罪？这说明文本可能有讹误。张家山《盗律》中的一枚简上有"智人略卖人而与贾"，这是出于经济原因的犯罪行为提示我们，《晋书》中的"和"字或许应该为"知"字。[23]

张家山汉简中还有一例，也许可以解释在睡虎地的案例中看到的一个问题。在该案中，一名怀孕六个月的妇女和邻居争斗，结果造成了流产。[24] 然后她提交文书自告并告发攻击她的人。假定张家山汉简的内容源自秦代的律令，张家山汉简的一些律文或许可以提示，为什么在冲突中受伤的一方觉得有必要或者说情愿让自己面对诉讼。[25] 其中有一条律文说明，如果孕妇与人打斗而流产，即便流产是由对方的击打所致，这位妇女本人也要被罚金四两。[26] 张家山汉律的其他条文规定，在特定的案例中，自告可以减轻处罚；[27] 可以推测那位妇女的做法可能是出于这种考虑。

有两个例子提醒了我们，传世文献中可能有与这些律令相同的语句，但没有注明出处。第一，《具律》规定对特定的个人及其家属应该减轻处罚，不论男女；而在汉惠帝于公元前195年登基时颁发的诏令中也可以看到几乎相同的内容。[28] 第二，《盐铁论》中有出自御史[29]的一段话，其中包括"伍"（连坐组织）之组成的表述，说"伍"的成员自关内侯而下，担负互相监督不法行为的责任。张家山《户律》中的一枚简所记载的内容更为完整，是略有一些区别的律文成文。[30]

迄今为止，还没人提出见解来解释律和令之间存在的区别，而"科"的含义又给人带来疑惑。我们现有的律和唯一的令都涵盖了一定范围的条款，有时相互联系，有时互不关联，令中有的条文会有编号，至少达到23号。然而，有一点区别，仅见于一例，但可能具有重大的意义。律规定了最终确定的行为规则，而令记录了规则形成的过程；换言之，即出现问题、提出请求、建议解决方案和授权颁布的环节。这条证据提示说这一类型的条款形成"科"，按何四维的解释就是"获得了法律强制力的决定"。[31]

从有爵位者特权的不同[32]以及根据这种不同对特定犯罪行为行使不同级别的处罚中可以看出，许多规定的设立就是为了维护等级差别。也许出于美好的想象，人们认为商鞅制定了一条原则，即法律及其处罚措施应该适用于世上所有的人，王子犯法与庶民同罪；但这些条款或许和这种原则相矛盾，[33] 法律要求人人必须登记个人信息、家庭成员和财产，还要求人们纳税,这体现了对个人义务的规定。从严厉处置违反孝道的行为以及特别处罚弑亲和乱伦的行为中,我们可以看到注重家庭关系和提倡亲情或许对这些事项产生着影响。[34]有些行为被贬斥为"不直",意为"不正确"甚至是"不正当",也会受到应有的惩罚。[35]在一些情况下,律文反映出一种恻隐之心,表现为对年老者或患病者的特殊待遇。[36]有些条款准许对嘉奖或规定的待遇做替换的请求,比如说接受现钱以代替赏赐的棺椁(简289)、把免除徭役的奖励转给他人(简262)或者为了立户而把土地分割给亲属(简340)。

许多律文的形式是先陈述一种犯罪行为,然后是其所受的惩罚,比如说擅自征发赋税,罚金四两(简185);从徼外来做强盗者,处以腰斩(简61);或者是私自铸钱,可以判处黥城旦舂,即黥面再加五年徒刑,不论男女(简208)。偶尔会有律文对某种行为给出明确的许可,比如诸侯王可以拥有姬妾的数量(简221),紧接着与之相应的,就是一条否定性条款,规定诸侯王的女儿不可被称为公主。给出名称的犯罪或过错行为有,官吏玩忽职守或擅离岗位,以及未能上报突发状况或按时完成例行的登记。贿赂、伪造文书或印信以及在上书中弄虚作假会受到惩罚。暴力犯罪的典型类型有伤害、谋杀、抢劫(不管是单独作案还是五人及以上团伙作案)、拐卖和强奸。对于损害官有房屋或他人畜产的行为、未经特别许可而持有毒箭镞或毒药、通奸、叛投诸侯王或充当其奸细、流通非法货币、把黄金输送到徼外等行为都有相应的惩罚。[37]唯一一条与各个关口的控制有关的《津关令》,制定了一些措施以预防未经许可进出皇朝疆域的行为,不分男女老幼。还有一些规定与拥有、获取和转移马匹、车辆及其他财产有关。

鼓励维护法律的条款包括奖励提供犯罪活动信息或者抓捕甚至杀死罪犯之人。这些赏赐采取爵位、财物、赦免将来的罪责等方式。在特定情况下,这些赏赐也可以被转移给别人或者几个人共享。

总体上来说,刑罚的级别有死刑、徒刑、残毁肢体、损坏容颜、罚金、流放等。这套体系在以后的几十年中还在使用,只不过在公元前

167 年废除了一些肉刑。死刑可能包括进一步的侮辱，比如暴尸、当众处决或腰斩。徒刑的刑期从一年到五年或许六年不等，[38] 可以附加也可以不附加肉刑（比如劓、斩单脚或双脚、黥刑或者宫刑）。可从葬于汉景帝阳陵附近，应该参与了陵墓修建的一万多名刑徒身上看到这些刑罚的实证。从遗骸中我们能发现一些被处死的刑徒尸体，有些尸体上还明显带着最初的刑具。[39]

罚金直接用金的单位（两）来计，不像秦代用甲或盾的等值来计算。罚金数额从一两（625 钱）到偶尔见有一斤（16 两或 1 万钱）不等，前者针对用人粮喂牲畜（简 253），后者涉及商贩隐匿租税等行为（简 260）。大多数罚金是二两或四两，比方说官吏未能正确履行职务。流放有时伴随着其他判决。此外，也可以用笞、戍边、夺爵、禁锢等来惩罚犯罪行为。[40] 有时候官府会把罪犯的家属"收"公，让他们"作官府"（做一些私密的任务），他们可能会被称为"隐官"（官方监视下的监禁）。[41] 许多判决都可以通过缴纳赎金来减轻处罚，但赎金的标准极高，非大富人家不能承担。赎金级别从迁刑 5000 钱一直到死刑 2.5 万钱（简 119）。

《奏谳书》[42] 的 22 篇案件记录解释了调查罪案、得出判断和决定判决的完整程序。[43] 在采取这些措施之前的流程有接受口头陈述（辞）、书面陈述（爰书）[44]、举报（告）、指控（刻或劾）或者自告文书。有时候会有对事实或声称事实的书面证明（证）。递交虚假信息会受到处罚，[45] 匿名递交文书（投书）或冒名递交文书同样会受到惩罚，且此类信息不予采纳。[46]

在接受告以后有四个步骤：（1）讯，即讯问当事人，可能会要求他们供述（称作"辞"）以确证所言属实；（2）诘，在这一阶段中要求被讯问的人为其行为提供解释（称作"解"）或者认罪——在有些案例中这一程序反复多次；（3）问，从案件其他各方或目击者那里获得对指控事项的证实或驳斥，从而确定案情已经过坐实（称作"审"）；（4）鞠（或鞫），如果有罪的话，调查犯罪的性质，并综合考虑前三个步骤，确定在哪些方面适用律令。官吏们可以用笞掠的手段来获得供词，但这只能被作为一种低级的辅助手段，在通过"诘"发现当事人说谎或者与之前供述不同时可以使用。[47]至少从一个案例中可以看出，这些程序可能由不同的人来实施。在此案中，实施第（3）项"问"程序的人很显然并不知道已经讯问过的某个人受了肉刑。[48]存疑案例的处理会拖很长时间，其中一个案例的记录表明这个过程一直持续了469天，而判决本身只用了18天。[49]在东汉明帝时（公元57～75年）还存在拖延更久、更加混乱的情况，为此陈宠编纂了一套文书，试图建立起一套诉讼制度和秩序以备不时之需。[50]

在特定案例中，已定罪的犯人可以提出上诉。[51]如果上诉没有得到支持则会加重罪责。被判处死刑的罪犯必须在判决宣布后一年之内，由其直系亲属提出上诉。县令聆听上诉，然后可能会递交给郡守，[52]也有可能一直到中央政府的廷尉。

进一步的发现可能会让我们更加理解前帝国时期和早期帝国时期法律和司法的程序，也许会澄清秦汉政府在多大程度上沿用了前代的做法，以及汉朝建立后几十年间这些做法又有多少发展。对于以后的时期，我们的知识主要依赖《晋书·刑法志》中的记载和公元653年①为唐代皇帝所采用的唐律。我们无法得知实际上由房玄龄（公元578～648年）等人编纂的《晋书》能在多大程度上代表晋代（公元265～316年及公元317～419年）法律的原貌；隋唐的皇家法典又在多大程度上顺应了当时的社会和政治状况，而当时的社会和政治状况已与秦汉时期的大有不同。魏晋到隋唐的法典多大程度地继承了公元前217年的秦律和公元前186年的汉律以及在哪些方面修正了其条款，应该是值得研究的课题。[53]

---

① 应为公元651年（唐高宗永徽二年）。

附录：法律文书

一、张家山 27 种律和 1 条令

（在以下清单中，带"*"的表示在公元前 217 年的睡虎地秦律中也有名称相同的律文，这些律文见 RCL）

1. 《贼律》简 2—54：降诸侯，诸侯人来攻盗不能坚守，纵火，淹死人畜，伪造、遗失或损毁官印或文书，矫制，谋杀、杀人、贼伤，流产，伤害官吏，伤害、致死牲畜。

2. 《盗律》简 55—81：盗窃财物，谋盗，贿赂，徼外人来入为盗，群盗，伤人肢体，匿名控告，恐吓以攫取财物，盗墓，假冒官吏，明知而买卖人口，盗运物资出关徼，输出黄金。

3. 《具律》简 82—125：刑罚的等级根据爵位有所变化，[54] 吕氏家族的待遇，肉刑的等级，未完成的判决，判案权，对犯罪判决的上诉，偿罪赎金的等级。

4. 《告律》简 126—136：诬告，谋杀人自告，伤大父母或（奴婢）伤主，子告父母或奴婢告主。

5. 《捕律》简 137—156：抓捕罪犯，抓捕失败，未能觉察犯罪活动，未能上报犯罪活动，抓捕或杀死罪犯或诸侯奸细，推迟上报、未能上报或隐瞒犯罪活动。

6. 《亡律》简 157—173：对逃亡者的处罚，审判逃亡奴婢，解放奴婢，减轻处罚，对舍匿罪人的处罚，与逃亡者结婚，雇用逃亡者而不知情。

7. 《收律》简 174—181：把罪人家属、奴婢、田宅罚没充公，某些情况下可减轻刑罚；应递交县廷的罚没和封存财产清单。

8. 《襍律》简 182—196：擅自越界，破坏门道以便出入，搜寻受征召者，高利贷，擅自赋敛，在博戏时夺人钱财，收债，奴役奴婢子女，处死奴婢，和奸，强奸，拐卖妇女。

9. 《**钱律**》简 197—209：使用破损钱币，销毁钱以为铜，私铸，流通假钱，抓捕盗铸者。

10. *《**置吏律**》简 210—224：举荐不力，要求辞职，享用官府交通工具的资格，对官员权力及使用兵卒和武器的限制，法定假期，除吏，从县级到丞相的事务呈递，诸侯王、贵族可以拥有的姬妾数量，对公主称号的限制。

11. 《**均输律**》简 225—227：以车船运输货物通过津关。

12. *《**传食律**》简 228—238：邮传对旅行者物资的发放，食物及马匹草料的供应标准，炊事安排，县道的食物消耗记录，官吏随员的配给，县道对官吏及其车马、皇帝近侍、休假或离职返乡官吏的接待。

13. *《**田律**》简 239—257：耕种地块大小，刍稾税，开垦土地和不可耕土地的范围、期限，可耕地的标准尺寸，农事安排，禁止伐材木、壅水泉、伤害动物、让牲畜食人庄稼，户赋、牲畜消耗饲料的年度汇报。

14. 《**囗市律**》简 258—263：禁止贩卖不足尺寸的缯布，未能自占市租，欺诈行为，剥夺市肆。

15. *《**行书律**》简 264—277：邮驿及邮人，传递的物品，邮驿炊事安排，邮人法定义务的免除，传递失期，遗失物品，滥用邮驿，传递时间要求，以次传递，毁封，郡县官方相付受财物。

16. 《**复律**》简 278—281：针对为官府工作的工匠。

17. 《**赐律**》简 282—304：赐织物、棺椁、米、豚、酒，以钱代替这些实物，不同爵位赏赐饭、肉、酒、盐的标准。

18. 《**户律**》简 305—346：伍的组成；罪人住在居民里中按逃亡论；门禁管理；有爵及无爵者的赐田标准；立户；赐宅；免租税；为户优先顺序；假冒田宅主人；买宅；田宅登记；登记年龄；年度检查；田地登记检查（八月）；五种簿籍，有副本；对文书的妥善处理；以遗嘱处分财产；对券书的要求；亲属间分配奴婢、牲畜、财产；

对祖父母的妥善安置；分田立户。

19. *《效律》简 347—353：官吏罢免及调动时对物资的核验，对与核验不符的物资的赔偿。

20. 《傅律》简 354—366：受米或高年受杖的资格，免除徭役，徭役减半，对多子家庭的优待，爵位继承，身高不足者或残疾者（？）的特殊情况。

21. 《置后律》简 367—391：爵位继承；无爵位者其后为公士；子女或父母继承；遗腹子的继承；异母亲属继承；代户；免奴婢继承财产；婢为其主生子，主死，免婢为庶人；寡妇继承田宅；对官吏的几种延误的罚金；有犯罪记录者不能继承爵位。

22. 《爵律》简 392—395：爵和赐的授予，爵和赐不予罪人，对假冒行为的处罚。

23. 《兴律》简 396—406：县道应向郡汇报的案件，躲避戍守或紧急情况下职责的处罚，未能按要求备好车牛，未觉察逃亡者的出入，未能保持烽火信号正常传递。

24. *《徭律》简 407—417：对年老者和有疾病者减轻法定徭役的条款，减轻运粮责任，对损害或拆改官府寺舍的罚金，对未按法律行事者的审判，每年上报应服徭役者的名字和已服徭役量。

25. *《金布律》简 418—439：为官府劳作者有得到衣服的权力，马和牛的粮草定量，允许以钱代替罚金、赎罪金，官府收钱的密封钱缿，擅用钱，每三个月上报一次金、钱数，拯救溺水者，拯救船只，亡、杀、伤官畜产，损坏官器物，对私人制盐（20%）、冶铸的赋税，制作器具，采铅和丹砂。

26. 《秩律》简 440—473：中央政府官吏以及给出名称的城、郡、县和道（县有蛮夷称为道）官吏的秩级，从二千石到一百二十石。

27. 《史律》简 474—487：史、卜、祝的训练与任用考试，掌握的特定文本和字体，卜者能力的实际证明，按现有官吏员额任命，应履行的职责，对失误的惩罚。

28. 《津关令》简 488—526：擅自出入津关，符传，输出黄金，允许通过津关，财物标记，死在徼外，拥有马匹和对马匹移动、登记和购买的管理以及官用马匹的分配，郡县之间被征召兵卒的转移，设置津关的请求。

二、《奏谳书》记录的案例

1. 简 1—7（公元前 196 年）：蛮夷男子出钱代替徭役。
2. 简 8—16（公元前 196 年）：一个婢女的逃亡。
3. 简 17—27（公元前 197 年）：一女子擅自出关，从王国迁徙到中央。
4. 简 28—35（公元前 197 年）：娶未登记的人（亡人）为妻。
5. 简 36—48（公元前 197 年）：在抓捕时官吏和亡奴受伤。要点：奴逃亡，致人受伤。
6. 简 49—50：奴隶死于笞打。
7. 简 51—52：贪污超过 660 钱。
8. 简 53：未能抓获擅越关塞的奴。
9. 简 54—55：官吏私用刑徒，虚假登记。
10. 简 56—57：同 9。
11. 简 58—59：无传乘文件而使用私马，图谋制作伪书。
12. 简 60：滞留邮书，作伪书。
13. 简 61—62：未能抓获罪人，受贿后又释放其已羁押的母亲。
14. 简 63—68（公元前 199 年）：藏匿未登记（无名数）的成年男子。
15. 简 69—74（公元前 200 年）：偷盗变卖官米，以及对一个官吏的处罚。
16. 简 75—98（公元前 201 年）：官吏因私怨计划杀人并由下属执行。
17. 简 99—123（公元前 220 年）：讲上诉自己无罪，未与毛合谋盗牛；上诉得到支持，证明毛说谎。
18. 简 124—161（公元前 220 年）：对攸令的审理和处罚，指控包括掩盖事实、官吏前后陈述不符、释纵罪人、遗失文书、畏懦。

19. 简 162—173：炙中有头发。

20. 简 174—179（先秦）：鲁君认可对盗窃和欺诈的判决。

21. 简 180—196（先秦?）：寡妇通奸案，（继承）优先权和不孝的处罚问题。

22. 简 197—228（公元前 241 年）：对一起抢劫伤害婢女案的侦查。

注释

1 见 CHOC, 522。

2 *Zhangjiashan Han mu zhu jian (247 hao mu)* (2001; 以下作 ZJS). 竹简的排序和标题都遵循该书编者所供；我对其中一些结论有疑问，理由见本书第 3 章页边码第 129 页。关于学界热切期盼的有关这些文书的几项研究中最早的一项，见 Lau, "Die Rekonstruktion des Strafprozesses und die Prinzipen der Strafzumessung zu Beginn der Han-Zeit im Lichte des *Zouyanshu*" (2002)。关于某些术语的解释，见 Zhu Honglin, "Zhangjiashan Han jian shicong" (2006)。

3 这套程序早在公元前 200 年就已下令施行；HS 23, 1106; Hulsewé, *Remnants of Han Law* (1955; 以下作 RHL), 343；另见 HHS（志）25, 3582。

4 这些文书见 *Shuihudi Qin mu zhu jian* (1990; 以下作 SHD)；以及 Hulsewé, *Remnants of Ch'in Law* (1985; 以下作 RCL)。《封诊式》中的人名用甲、乙等代替，并不用人名（就像《奏谳书》中一样），所以这些例子可能是假设而并非真实的案例。然而，有些例子在细节上非常丰富且精确（比如下面将要说到的流产的案例），说明其中有些例子可能来源于真实事例；见下文页边码第 257 页。

5 ZJS（《二年律令》）简 85。这些律的全部列举，见本章附录。

6 ZJS（《奏谳书》）简 102、219、494、496、500、502、504、509、512、513、516、518；丞相见于简 117、148、519、521—523；两者同时见于简 441、520；关于公元前 196～前 189 年这一时间界限，见 Bielenstein, *The Bureaucracy of Han Times* (1980), 7。

7 见 RCL, 211; KGYWW 1982.6, 62-4, 112; WW 1982.7, 83-5; WW 1982.10, 68-72; KG 1983.6, 545-8；以及 ZJS（《二年律令》）简 246—248。

8 指作为政府代言人的御史，记录于公元前 81 年的讨论中，见 YTL 10（第五十八，"诏圣"），594。

9 《左传》卷 43 第 16 页 a 和卷 53 第 11 页 a；见 Cho-yun Hsu in CHOAC, 584-5。

10 这些和下面的过程以及所给出的数据，见《晋书》卷 30 第 922 页。

11 《晋书》卷 30 第 923 页。

12 这些片段见 RHL, 32-46。

13 例如见 SHD（《秦律杂抄》）简 4、5、7、39 和（《效律》）简 45、50；ZJS（《二年律令》）简 169、172 和（《奏谳书》）简 157。

14 即 SHD(《效律》)简 27—38,(《仓律》)简 21—27,及(《秦律十八种·效》)简 168—170; RCL, 95。

15 这个班子工作的资料来自《刑法志》,见《晋书》卷 30 第 923 页。

16 见《晋书》卷 30 第 924 页。

17 SHD(《秦律十八种》)简 4, ZJS(《二年律令》)简 249。此外,龙岗(南郡,今湖北云梦)6 号墓出土的法律文书的时代可能在公元前 220~前 207 年,这批文书还需全面研究,其中一些没有名称的律文被包含在内,也见于睡虎地简,如简 77—83 和 SHD(《田律》)简 4—7;简 39 以及 SHD(《徭律》)简 117。释文和摹本见 Longgang Qin jian (2001) and 5。

18 《晋书》卷 30 第 924 页。

19 ZJS(《二年律令》)简 49。

20 ZJS(《二年律令》)简 433。

21 ZJS(《二年律令》)简 51。

22 ZJS(《二年律令》)简 434。

23 《晋书》卷 30 第 924 页; ZJS(《二年律令》)简 67。

24 SHD(《封诊式》)简 84—90, RCL, 205。在本案中有很多精确的细节,这说明它是一起真实的案件。

25 ZJS(《二年律令》)简 31。

26 当时一两重 15 克,值 625 钱。

27 ZJS(《二年律令》)简 127。

28 ZJS(《二年律令》)简 82; HS 2, 85。

29 一般用来表示御史大夫,指桑弘羊。

30 YTL 10(第五十七,"周秦"), 584; ZJS(《二年律令》)简 305 可能更为准确,彼处"关内侯"作"五大夫","五大夫"为二十等爵中的第九级。关于"伍",见本书第 11 章页边码第 304 页。

31 RHL, 49–51.

32 关于这些社会等级差别见本书第 11 章。

33 《战国策》卷 3《秦策一》第 15 页(国学基本丛书版)。

34 ZJS(《二年律令》)简 33—37、132、133、191。

35 ZJS(《二年律令》)简 93、112、113。

36 关于因到达免老或睆老年龄而减少老年人的义务,见 ZJS(《二年律令》)简 356—358、407、485;关于有疾病者,见简 286;对残疾者的同情见简 363。

37 关于把珠玉运送出关的惩罚,见 SHD(《法律答问》)简 140; RCL, 159。

38 六年或许是例外,见 ZJS(《二年律令》)简 90。

39 Liu Qingzhu and Li Yufang, *Xi Han shiyi ling* (1987), 43;刑徒墓地见本书第 7 章页边码第 217、220 页。

40 ZJS(《奏谳书》)简 66。

41 见 Loewe, "On the terms *bao zi, yin gong, yin guan, huan,* and *shou*: was Zhao Gao a eunuch?" (2005)。

42　见本章附录第二部分。

43　关于其中一些程序的陈述，另见 SHD（《封诊式》）简 1—7，RCL, 183-4。ZJS（《奏谳书》）简 63—68、69—74，而且特别是简 75—98 和简 99—123，是这些程序的典型表现，在最后一例中，一个人被控盗牛而乞鞫成功。

44　比如在 SHD（《封诊式》）简 8、15 中，等等。

45　ZJS（《二年律令》）简 110、111；SHD（《法律答问》）简 38—50。

46　见 SHD（《法律答问》）简 54；RCL, 134-5 以及 HS 76, 3200, HSBZ 76.2a。

47　SHD（《封诊式》）简 1—5，RCL, 183-4。

48　ZJS（《奏谳书》）简 28—35。

49　ZJS（《奏谳书》）简 124—161；关于这件文书中日期的精确性，见 Huang Yinong, "Zhangjiashan Han mu zhu jian 'Zou yan shu' ji ri ganzhi xiao kao" (2005)。

50　HHS 46, 1549.

51　即"乞鞫"，见 ZJS（《二年律令》）简 114。

52　关于雍（在汉代属右内史）的一个件案例参见 ZJS（《奏谳书》）简 99；关于对县级权力的限制，见 ZJS（《二年律令》）简 102—106。

53　关于从先秦到清朝中国法律的发展和演变，见 Bodde and Morris, *Law in Imperial China: Exemplified by 190 Ch'ing Dynasty Cases* (1967), 3-51。

54　爵位见本书第 11 章页边码第 297 页。

10
齐其家（齐怀必死）

戴梅可（Michael Nylan）

从战国晚期（公元前323年）一直到魏（公元220～264年）和西晋（公元265～316年）时期的言论都提倡欲治其国必先齐其家。孝是忠的基础，这种理念在《孝经》中被阐述得最为系统。其他材料中则构建出在"下"的家和在"上"的国之间的类比，与之相对的，把统治者和臣民的关系比作父母对子女或夫对妻的关系。[1]政治理想会把统治者塑造成那些缺少实际家庭单位之人的家长的形象，使"孤寡无告，获厚咸喜"。[2]甚至男女"适婚"的年龄也要由朝廷来决定。[3]在西汉早期，皇权试图在自身和小农家庭之间建立起牢固的联盟，以对抗地方豪强根深蒂固的势力，这种说法构成了这种联盟的基础。关于西汉中晚期这种联盟建立的程度，历史学家们有不同的意见，但东汉及以后朝代的官吏一直声称需要重新规范"公"、"私"之间的责任，以更加利于善政。

要假设在不同的时空之间或者不同风格的作品之间有切实的变化，历史学家必须采用不同时代、地区和作者的许多不同资料。目前可以利用的法律、礼书、史籍以及文学或哲学著作（见本章附录）无法让我们很确定地描绘这些变化。在地中海地区有许多石质住宅，与之相比，中国早期只有一处住宅保存了下来。[4]与女性信仰有关的资料只能说很少。[5]虽然我们知道安排每一个重要的家庭事件——包括生子、结婚、出门、选宅地和墓址——都需要参考技术性手册或咨询专业人士，出土不多的这种手册证明了地域性的做法（图10.1a、10.1b）。还有从单人竖穴墓到

图10.1a 产子运势图，出自《日书》甲种（睡虎地）。上图表现秋冬所产子，下图表现春夏所产子。产子的地支日在头者会有好运，夹颈者高贵，在双髀之间者富有，在腋下者爱，在手者为"巧盗"，在脚下者卑贱，在（手臂?）外者奔亡。妇女若在巳日产子则不再产子（"女子以巳字，不复字"）。生育能力和财富如同身体各部位一样，都和日期相关联。放马滩出土的另外一种日书，分为男日和女日

"合葬"这种明显的转变也需要解释，"合葬"使得夫妇（有时候还有子女和其他亲属）在来生仍能在一户之中。现在有些学者在重新评估许多传世文献的时代，这只是让问题变得更为复杂，因为从不多的证据中会出现一些貌似合理的说法。比如说，"反女性言论"的加剧，可能反映的是皇室妇女在"宫闱之内"通过自己娘家亲眷操控政局的日益盛行，而不是妇女地位在普遍下降。[6] 截至目前，关于家庭生活和性别的"常识"主要依赖意图表现或规定皇家情况的传世文献，尽管这些资料可能和早期帝国时代地位较低的家庭没有什么关系。[7]

因此，有关家庭与性别的许多话题的最权威的论述只有留待将来的历史学者来确定了。然而，通过对新出土材料和传世文献的重新审视，我们可以发现原来成年男性家长严格控制家庭的推断可能已经过时了，[8] 一部分是因为不同的家与国的模式至少为一些享有特权的男女展示出比之前所能想象的要复杂得多的选择（图 10.2）。[9] 如果说潜在的集权化措施倾向于强调对父亲和丈夫的严格服从，财产、离婚和继承方面的法律则承认女性为户主。此外，关于孝道与坚守原则的各种道德陈述之间差

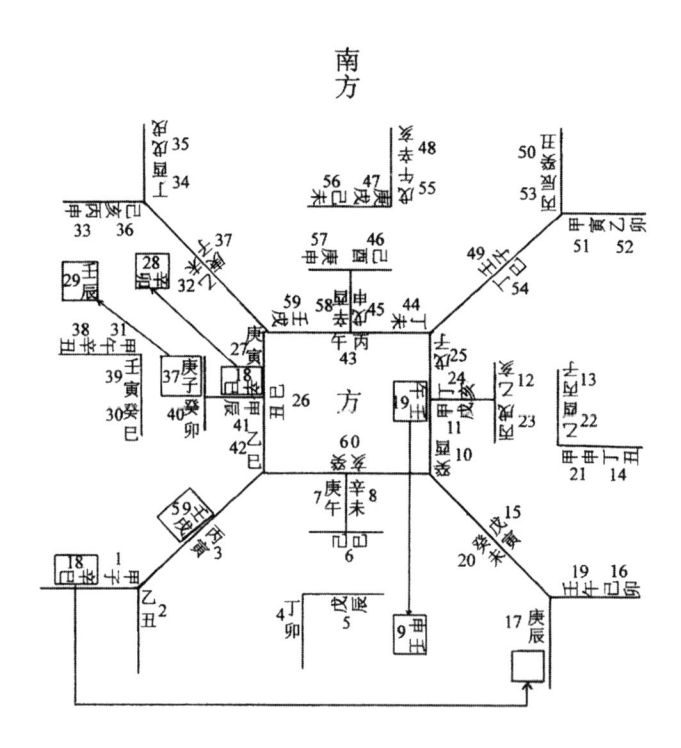

图 10.1b 娶妇嫁女占①，出自尹湾，其上独特的"TLV"形帮助我们将其断代为西汉或东汉早期。Zeng Lanying, "Yinwan Han mu 'bojuzhan' mudu shijie" (1999) 尝试对这种TLV 图案进行复原，但许多问题尚不清楚，比如怎么利用这种图案挑选吉日还无法确定。目前学者们认为这种图案与一种大众游戏六博有关

---

① 整理组定名为博局占，除了娶妇嫁女外，图下还有"问行者"、"问系者"、"问病者"、"问亡者"等。

图10.2　马王堆帛画丧服图（不晚于公元前168年）。有人试图仅仅把这幅图看作《礼记》所规定的"正统"家庭丧服制度的一种变化形式，这种看法不能令人信服。更好的做法是将其视为有不同版本的丧服制度存在的证明

异如此之大,以至于我们手头的材料所描述的社会关系经常表现出一种几乎是特例的性质。

继承、结婚与离婚

几乎所有关于家或户的文字资料都以"夫妻"开始,把父母、子女、兄弟姐妹和其他家庭附属人口看作该基本单元的附庸。[10] 在我们正讨论的整个时段中,每户的平均人数都不多(4～5人),三代同居一室的情况很少见。[11] 然而,在一些传闻中,分开居住的兄弟会共同分担农活,在遇到危难时,几百口相邻的家庭成员会被动员起来同心协力。[12] 在一些特定的地区,尽管有些人继续偏爱小型的家庭,但在思想观念支撑下的经济因素有利于富裕家庭平均人口的增加。在任何地方,高死亡率都会给每户家庭的稳定带来严重的威胁,有鉴于此,汉代法律通过继承法来延续户的存在,在没有更加合适人选的情况下,允许分开居住的儿子、"弃妻",甚至是家里的奴婢继承户主的地位[13](见下文第11章)。(汉代的法律也支持父母去世前通过协商分割家庭财产。[14])

母亲的身份是妻还是妾,兄弟中年齿的排序,父亲死的时候孩子所在的地方:这些都是最初在儿子中选择户主继承人的决定性因素。[15] 在没有儿子的情况下,法律规定财产应该首先归死者父母所有,接下来是寡妻,再下来是女儿,最后是在家最久的奴婢,无论男女。[16] 这样一来,四种社会身份下的女性可能会继承家长的最高权力。[17](汉代法律严禁妻妾自己立户。[18])在父亲死后分割遗产的做法似乎直到晋朝(西晋,公元265～316年;东晋,公元317～420年)才在精英统治阶层成为规范,这距汉朝已有数百年的时间。[19] 但是,在汉代,儿子们均分财产的故事十分常见。女儿可能会以嫁妆的形式取得自己的那份遗产。[20]

这个时期死亡率高,为了维持家庭内部爵位、户籍以及家族的延续,收养是一种被普遍采用的做法。出于家族原因,以前认为收养同姓是最佳的选择,但我们也能看到正式收养妻族的表亲或入赘的事例(至少在统治阶层中，表亲之间的婚姻并不罕见；[21] 见图 10.3）。穷人家可能会让健全的子女当三年的"赘子"以换取食物、衣物或现钱。[22] 当一个男人通过婚姻的形式进入债主家时会被称为"赘婿"，这个词中的"赘"字有着同样的喻义，隐含着法律和习俗上的劣势地位。[23]

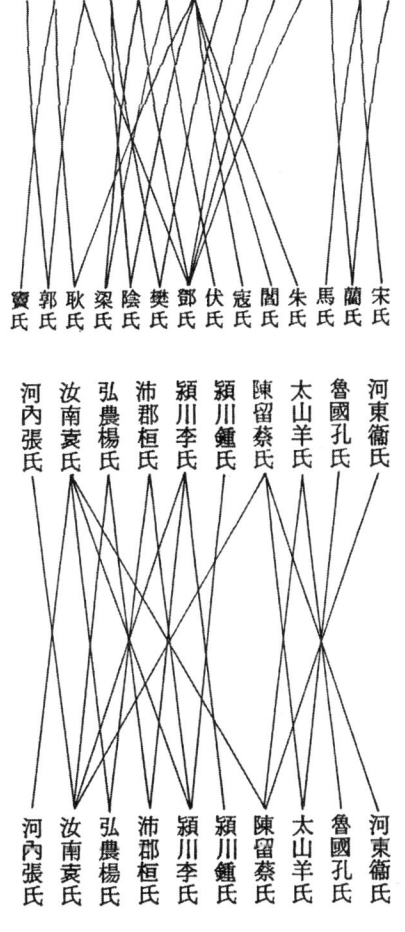

图 10.3　交叉表亲婚配图。由于婚姻将两个家庭绑在了一起，责任同时施加到夫妇两个家庭，所以收入稳定且地位高的人经常会选择交叉表亲婚配，这样做是想要加强现存的婚姻关系，并将与有服之亲以外的婚姻所带来的风险降到最低。东汉晚期所谓的"党人"只是基于很少几个频繁通婚之家族的一群人，包括汝南袁氏、弘农杨氏、沛郡桓氏、颍川李氏和颍川钟氏。上图表现的是皇家外戚之间的联姻，下图则表现高官之间的联姻

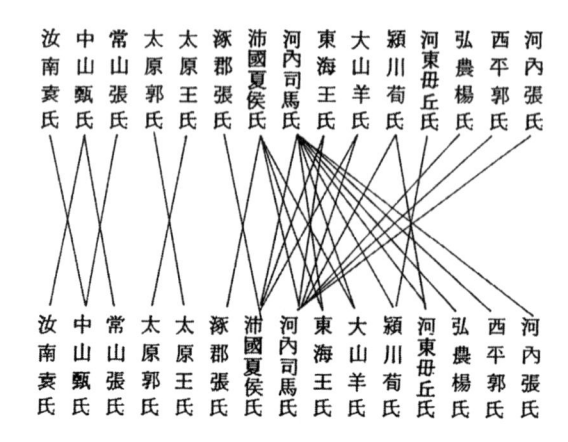

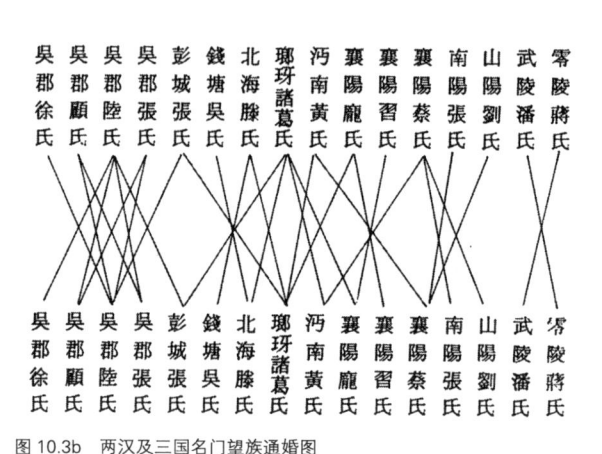

图 10.3b 两汉及三国名门望族通婚图

同居一处很明显是继承法中一个重要的考虑因素，对于判决连坐责任的案子来说很关键。一般说来，不同居的家庭成员不承担连坐责任，除非是特别恶劣的罪行（比如谋反、"不孝"或"不道"）。[24] 与此相反，在侵犯他人财产或人身的犯罪中，同居一处的家庭成员会被看作同谋，除非他们能够及时地向地方政府汇报——但子女告发父母会受到严厉的惩罚，妻子告发婆婆、奴婢告发主人或主人的近亲也是一样。[25] 法律还规定平民或有爵位者——不包括奴婢——可以自愿替代被处以隶臣妾、迁徙或死刑的近亲属。[26]（妇女在计算赎金、口粮和劳动量时似乎按"半个男人"算，但如果妇女经过训练而拥有刺绣等特殊技能，则和从事其他工作的男人完全等同。[27]）

晁错（卒于公元前154年）等政治家经常提出没有配偶的人"不能久安其处"。[28] 赋役方面的法律似乎鼓励结婚，至少在有些皇帝在位时是这样，[29] 尽管就我们所知，皇朝的恩典（比如赏赐丝帛、爵位或者是肉和酒）并不用于这一目的。在理想状态下，由双方家长为一对新人缔结婚约。[30] 习俗允许男子（在有些情况下也允许女子）选择自己的配偶，不过"贤淑"的年轻女子默认父母的选择，在失孤的情况下则遵照叔伯或兄弟的意见。只要在地方政府正常履行登记手续，婚姻就是合法的。[31] 然而，法律在同一时间只承认一个丈夫有一个合法妻子，又根据爵位高低规定男子可以拥有的妾室数量。[32]

妻妾和子女从来都不是男性家长可以随意处置的财产。[33] 不合法的两性关系，不管是男是女，都会受到政府的惩处，无论双方是否自愿。[34] 谋杀就是谋杀。杀婴甚至过失伤害胎儿都会受到法律的严厉制裁（尽管在这个方面法律可能与通行的做法有偏差）。[35] 作为普遍规律，法律规定针对家庭中尊长或丈夫的犯罪要受到比针对其他人的犯罪严厉得多的处罚。弑亲和弑母要在闹市被处决，杀害丈夫或公婆者也是一样。妻妾或子女（无论是否成年）如果以斥骂或其他方式虐待"天生"比他们地位高的人，都会被判处隶臣妾。[36] 与此同时，如果妻子强悍，丈夫可以殴打妻子，只要不动刀就行。[37]

按惯例，丈夫有七项正当的理由可以出妻，最重要的是无子、犯罪和不能与家人和睦相处。[38] 传统规定（如果不是法律规定的话）如果妻子满足三个条件中的任一项就不能被休：孝敬公婆，见证家里由贫转富以及在婚礼中正式祭拜过宗祠。[39]① 无论如何，认真履行这些规定都会大大降低离婚或出妻的数量。同时，礼经规定，除非丈夫攻击她的娘家人，否则妻子不能离开丈夫；已婚妇女逃亡会被烙印并耐为隶妾。被赶出夫家的妇女应该会回到娘家，双方同意离婚也是一样，她们显然会带

---

① 《礼记·内则》此处所引《大戴礼记·本命》："妇有三不去：有所取，无所归，不去；与更三年丧，不去；前贫贱，后富贵，不去。"

走嫁妆，有时甚至会带走孩子，这和帝制晚期的做法形成了鲜明对比。[40] 妇女生育后再走出婚姻可能会更为困难；但在任何时候，失去妻子的嫁妆都是一种切实的损失。离婚可能会威胁到家族之间的联系，这种联系由门当户对的家族形成，有时候是世代延续的。[41]

然而，在我们所看到的汉代社会最高阶层的人群之中，离婚和再婚——甚至多次再婚——都相当常见，很少或不会遭到指责。[42] 早期中国医学理论认为性行为对维持成年人的健康是有必要的。（出于这个原因，皇帝死后，他的嫔妃们有时会被遣送回父母家以便嫁人，除非她们生育了子女。通过这种方式可以避免"蛮夷"报寡嫂的习俗，也可以避免出现妻后母的乱伦局面。[43]）因此，寡妇或鳏夫为了死去的配偶守节被看作不正常的现象，尽管道德说教者对此表示赞许。[44] 再婚者不会有任何耻辱感，地位较高的男人也毫不介意和离过婚的女人或寡妇结婚，无论后者带不带孩子。[45] 只要获得了丈夫已经死亡的证明，从法律上来说，寡妇就可以根据自己的意愿在任何时间和任何人结婚。依照法律，寡妇可以仍然待在夫家（在公婆的监护下），回到娘家，独自立户或与新的伴侣另立新家。她甚至可以像男人一样"背叛她的丈（亡）夫"（有外遇）。[46] 但是，如果与寡妇有姻亲或血亲关系的男人觊觎她们的财产或儿子或者是希望缔结新的婚姻联盟，就常常会逼迫她们再嫁。[47] 为了抵消这种压力，汉代的统治者时常会奖励"贞妇"，但这种赏赐时有时无，似乎对整个社会来说并没有产生多少效果。[48]

除了执行法律上关于赋税和财产的规定外，汉代官吏在依法行政时，似乎一般不大愿意参与家庭的内政，除非家庭内的尊长受到了言语或身体上的冒犯或者家人对老人存在明显的怠慢。[49] 到晋代以后，对公的责任有取代"私家"义务的趋势，甚至在为父母服丧期间也是如此。[50] 此外，地方官吏一直都必须盘算，如果他们纠缠于家庭纠纷的话是不是会损害他们在地方上的声望。因而法律坚持：第一，在任何时候，每一个登记的户籍只有一个合法的家长；[51] 第二，除了得到豁免的贵族家庭外，所有按中国的算法在15～69岁的平民都是完全的法律实体，他们应该向政府缴税并服役，作为回报，他们可以得到保护；第三，尽管礼经中有规定，但法律——与道德相对——上对死去父母或配偶的责任不会延伸到坟墓之外。[52] 其结果是，子女如果连续三天不给老人吃饭会被处死，但没有义务祭祀死去的父母或者听从他们的临终教导。[53]

在真实生活中处理家庭关系可不是那么简单。在家庭中，丈夫和妻子的关系建立在两性纽带之上，这种纽带被认为是最牢固的，因而道德家们担心和谐夫妻之间的紧密关系会在兄弟姐妹之中引发忌妒之心，也会妨碍孝心，而孝乃所有善行之"本"。[54] 于是有了在住宅的公共空间中实行严格的性别隔离，尽管从同时代的视觉和文献材料来看（图 10.4a、10.4b），与后世相比，当时的男女之防执行得并不很严格。[55] 为了避免争执，在习俗上又对家务进行了严格分配，妻子负责腹中胎儿的"胎教"、幼儿的管教、管理家庭花销、对活人和死者的各种仪式，以及织布（见下文）。[56] 地位高的妇女还要料理祭祀、宴会和出嫁所需的物品。[57]

图 10.4a　宴饮图画像砖，出自四川。画面中男女一起宴饮，似乎全然不顾男女之防。（头上饰有缎带者为女性。）高 42.5 厘米，宽 47 厘米

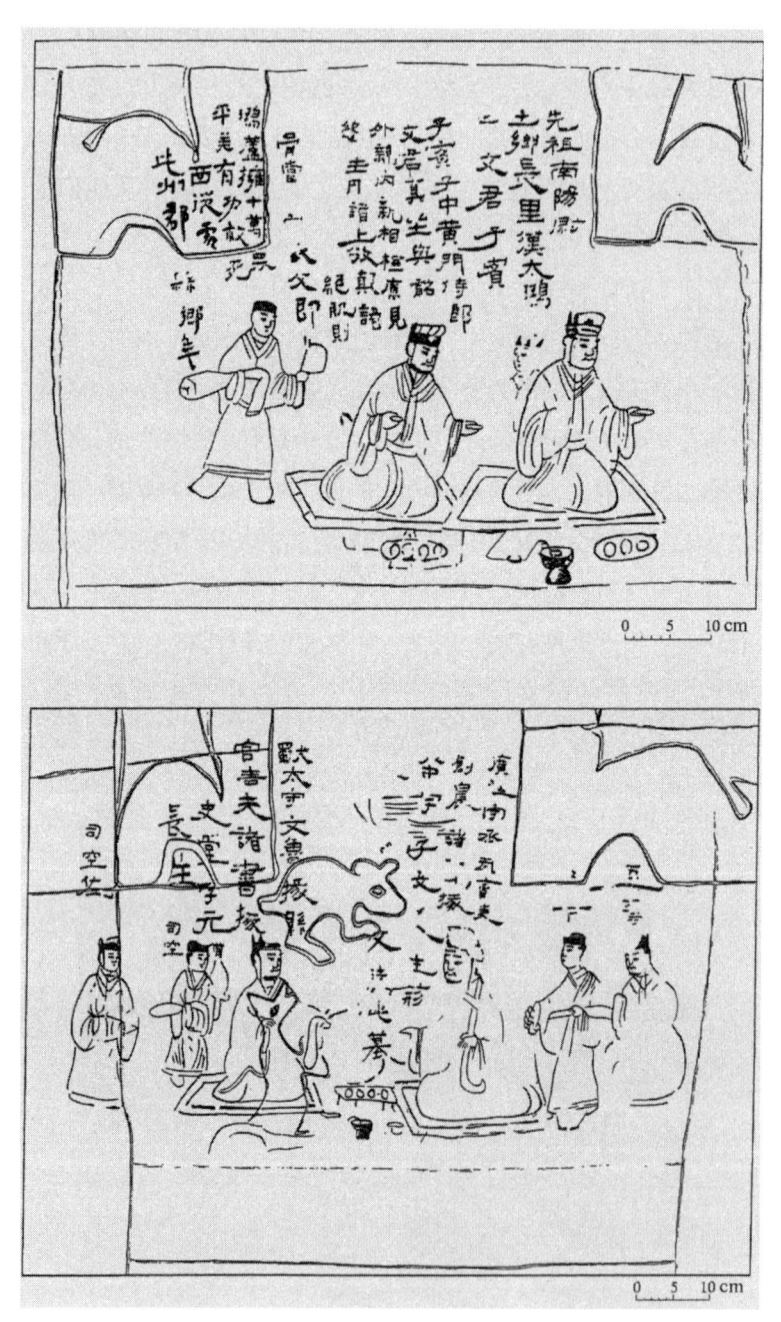

图 10.4b 罕见的带有墨书榜题的崖墓壁画。四川中江塔梁子 3 号墓,东汉中期到晚期,尺寸不详。榜题中提到的子宾可能是荆子安的家人,在另外一处榜题上有荆子安的名字,故此人应该是墓主人。榜题上还提到了墓主的先人(包括南阳郡尉,还有一位做过大鸿胪)、"内亲"和"外亲"(应该是指男方和女方的亲属)

应该"男不言内，女不言外……辨外内"，[58] 尽管母亲规劝做官的儿子也会得到高度赞扬。[59] 父亲代表家庭抛头露面，传统上要求他应该严厉，而母亲应该和蔼；所以普遍认为子女"天生"喜爱母亲而害怕父亲。[60]

所有的家庭成员——无论男女——都被教育要服从尊长。这种理念带来的一种后果是，成年女性通常会在下一辈的男女中享有较高的非正式权威，因为她们通常会比配偶活得更久。礼经中有一个这方面的线索，它规定说："子妇有勤劳之事，虽甚爱之，姑纵之，而宁数休之。"[61] 有一些故事也可以说明当男性户主不在家或去世时，大户人家的女性掌管着重要的家事，甚至参与官府事务。[62] 贫困家庭无力让别人替代，男人要定期服军役、差役、杂役等，经常让妇女在家自己处理家庭事务。（然而，成年女子有可能也要承担离家较近的某些力役、运粮，为役人提供食宿，等等。[63]）家庭内部这种权力体系的重叠必然会使日常决策和任务分配复杂化。要是说同居一室的子女应该服从父母，妻子应该服从丈夫，这没有问题，但他们又该怎么样在承担对家庭的尊长和实际家长的义务之间找到平衡呢？优先权冲突出现在几个著名的例子中，其中恩爱的夫妻被丈夫的父母强行拆散。如果说严格划定男女分工和对尊长的服从是为了促进家庭和睦，而在大家族中，让没有亲属关系的人取得类似血缘关系地位的这种趋势很可能会破坏内部的凝聚力。[64]

两性的不同角色又引起了家务工作与家外工作的话题。尽管我们知道一些由血缘或姻亲关系结成联盟的家庭之间存在紧密的合作关系，但想来每一个家庭通常都是一个独立的经济单元。[65] 常言道，"男耕女织"（北方织麻，而南方和西南有时织丝），供家庭自用、缴纳赋税和在市场售卖。[66] 然而，在许多农户中妇女应该也要帮着耕田（图10.5）；实际上新型的"双辕犁"需要两个成人才能操作。[67] 特别擅长针黹的妇女赚钱很容易，因为汉代法律规定她们的酬劳和壮年男丁相同。[68] 妇女甚至可以掌管父系之外亲属的资财，还有一些成为大大小小的商人和放贷者，巴寡妇清就是一个例子。[69] 许多女性在家庭之外从事各种职业，其中包括女巫、乳母、稳婆、卜者、方士、医生、经师和博经师，还有漆

图 10.5　妇女（裸胸者？）耕田，甘肃酒泉丁家寨 5 号墓，南壁；公元 304～439 年

工、地方治安人员和中央官府作坊的监工。有些妇女看上去也接受过军事方面的训练。[70] 然而，女性从事体力劳动的证据——对男子来说也一样——只能说是非常缺乏，因为这一时期的正史、碑铭和诸子材料都以朝廷大事为主。[71] 我们只知道有能力让女子待在深闺的家庭相对来说很少——富贵人家反而最可能产生强势的女人。

法律和视觉证据

所有的法律和视觉证据都能支持一种假设，即与后世相比，在我们所讨论的时代，不管是普通家庭还是富贵人家的妇女，她们享有的自由都要多得多。前面的内容试图重建当时的家庭管理，还未从流传的关于皇室成员的轰动故事中做任何推断。有一些传世案例可被称为"家庭法律",下面概述的其中五例就特别能说明问题。

案例 1

甲有一个儿子乙,乙被甲送给了丙。丙把乙抚养成人。一日甲酒后告诉乙,说乙是自己的儿子。乙怒不可遏,用杖打了甲整整二十下。甲因为乙本来是自己的儿子而愤愤不平,把乙告到了县官处。董仲舒决断这个案子,认为甲虽然生了乙,但把他送给丙时父子恩义已绝。乙"虽杖甲,不应坐"。[72]

案例 2

甲没有儿子。他在路边捡到了被抛弃的婴儿(乙)。甲把乙当儿子一样养大。乙成年后杀了人,他告诉了甲,甲隐匿了乙,这符合《公羊传》的主张,《公羊传》认为家庭成员间应该互相隐匿。董仲舒认为虽然甲不是乙的生父,但乙奉甲如生父。"甲宜匿乙,诏不当坐。"[73]

案例 3

甲的丈夫的棺柩在堂上,甲的婆婆还在哀悼儿子,而甲与别人在堂后的卧房通奸。甲最初被判完城旦舂,认为她的罪行比"不孝"轻一等(可能是因为这对夫妇不和丈夫的母亲同居一处,这会减轻甲的义务)。三十多个人经过讨论以后达成这一意见,参与讨论的包括廷尉和他的三位手下。而这个判决后来被一个低级小吏所推翻,他指出这与已有的法律规定不符,因为法律不惩处以下行为:(1)活人不听从死去尊长的遗嘱或教诲,(2)不祭祀死去的父母,(3)寡妇依照自己的意愿再嫁。[74]

案例 4

公元前 8 年,成帝以前的宠臣淳于长被判大逆(谋反)。根据连坐法，不光是他，他的父母、妻妾、子女、兄弟、姐妹都要被处死。问题是，他在谋反事发之前抛弃的六个小妾（有几个已经嫁人）应不应该被论罪？尽管有一些人反对，成帝最终还是采纳了廷尉孔光的意见，孔光说，（在案发之前）他们的关系已经断绝，"名不正，不当坐"。[75]

案例5

甲的丈夫乙乘船遭遇大风，船沉而乙溺水而死。尸体被水流冲走，从而无法安葬。四个月后，甲的母亲丙决定把甲另外嫁人。有人说甲的丈夫死而未葬，"法无许嫁以私为人妻"，甲应该被判弃市。董仲舒认为："夫死无男有更嫁之道也……甲又尊者所嫁，无淫行之心，非'私为人妻'也，明于决事，皆无罪名，不当坐。"[76]

上面征引的所有五个法律论辩中，法律专家们并不把家庭看作由"骨肉"亲情联系起来的永不可改的纽带，而是视作一种社会结构，可以因为有意识的行为而改变，并视居住情况而定。[77]这就是对于正当的婚姻行为和丧葬礼仪进行激烈辩论的背景，尽管假设中央帝国的婚丧传统比那些想象中的低等文明为优。[78]东汉一位思想家在一篇文章的开头说道：

五代不同礼，三家不同教，非其苟相反也，盖世推移而俗化异也。[79]

我们来看一下传世文献中的这个例子：山阳太守汝南人薛恭祖（东汉），在妻子死后"不哭"。临出殡，他俯身在妻子棺材上大声说："自同恩好，四十余年，服食禄赐，男女成人，幸不为夭，夫复何恨哉！"[80]应劭先批评了他的冷漠无情，又提到了三位同一地方的著名官员，他们在妻子丧事中的表现大为不同，这说明即使是在同一地区的同一社会阶层中，行为和思维方式也有很大的差异。据记载，早期帝制时代两个最受诟病的统治者秦始皇（公元前221～前210年在位）和王莽（公元9～23

年在位），大肆宣扬他们对"家庭伦理"，特别是对"贞妇"的推崇，但几乎没有人琢磨过这些记载可能具有的价值。[81]

考古发现的视觉证据，绝大多数并非来自皇帝陵墓，而是来自汉代或以后的贵族和诸侯王之墓。迄今为止，考古工作者在汉代诸侯王墓中既没有发现画像石，也没有发现壁画，也许是因为这些高级墓葬中使用了丝帛帷幔进行替代。[82]画像石通常为批量生产，上面的主题非常有限，同样出现在壁画中主题有日常生活场景，包括丧葬、宴饮以及各种经营活动。视觉上的双关喻义暗含着长寿、财富、生育儿女等意思。在合葬成为常态以后，墓中装饰的焦点大多是四分之三侧面的夫妇或者正面的男性姿态，他们衣着华丽，在观看者的注视之下掌管着家庭事务，支配着家中的奴婢（彩图10）。[83]有时一些道德典范人物也被刻画出来，男女都有，而且至少在一例中女性的数量超过男性。[84]（然而，用视觉表现形式来推断我们对过去事实的认识需要格外小心。）有一块单体的画像石（图10.6），描绘的可能是祠堂，但这块画像石的真实性曾受到质疑。[85]四个铭旌（两个出自马王堆，两个出自金雀山）和几幅墓葬壁画描绘了死者升仙的过程（图10.7）。[86]对已婚夫妇的这种描述，与文字上把家庭定义为"夫妻"和（其次是）对他们有人身依赖的人相吻合。极少数作品（大多数出自四川）公开表现了母子或夫妻之间的感情，或者性行为（图10.8a、10.8b、10.8c）。[87]截至现在，早期墓葬中还没有任何

图10.6 画像石，刻画的可能是汉代的祠堂。有人认为这块单件画像石（现藏于东京大学博物馆）表现出了汉代的风俗，但它的真实性存疑；约公元1907年发现于山东

图 10.7　卜千秋墓天界图，洛阳附近，时代初步被定在公元前 86～前 49 年。可比较下文图 16.3

图 10.7 续图

发现可与后世墓葬中或者顾恺之（公元345～406年）《女史箴图》（图10.9）（可能只能从后来的摹本中一睹风采）[88]中描绘的，具有社会心理细节的几世同堂的家庭生活场景相提并论。马王堆出土的公元前168年前后的丧服图是一个最好的说明，证明礼经承认存在两个"宗"——母系祖先和父系祖先，这与后世强调父系形成了对比。马王堆丧服图表现了其上标记的每一名男女亲属的丧服制度，完美展现了大家族中所谓的"外宗"——姻亲、血亲、姊妹——在更大家庭单元中的重要性。[89]这幅图反映了那个时期丧葬习俗的复杂性，即在当时的社会中，次子——甚至是女儿——而不是长子的后代被视为丧主；[90]还有，针对贵族之外家庭的继承法更偏袒户中其他成员，而不是父系的孙辈。

除了极个别可以辨认出的由死者或明确为了死者制作的"传记性物品"外，我们所见于前的大多数器物和建筑形式曾经是一些真实或虚构景象的一部分，设计这些景象是为了给个人一种感觉，一种拥有共同追

图 10.8a　哺乳俑。陶制。高 22 厘米。公元 1 世纪或 2 世纪。1987 年出土于四川德阳的一座墓葬

求且参与到共同体之中的感觉。皮埃尔·诺拉（Pierre Nora）曾指出，"历史本身和时间的延续性紧密地结合在一起"，而记忆大多"植根于各种事物，具体的东西，空间、仪态、形象和器物"。[91] 根据一些早期理论，景象可以通过创造出一些条件，暗示过去已成为人自觉身份认同的关键和令人愉快的部分。各种美好的形式，通过饱满的色彩、变化的形状和奢华的材料进行表现，让鲜明的图景对聚集的观众更具吸引力。[92] 如果我们可以对当时的礼仪活动有更深的理解，也许能够解开时间和机遇留给我们的看上去各不相同的"工艺"品之中密密麻麻的密码。实际上，我们只会注意到在墓葬中同时存在使用不同风格传统的器物，大概全部都是为了说明和强调每个家庭与其社会和宇宙体系的各种关系——真实的或理想的。

图 10.8b 包括一对接吻的夫妇的家庭场景；位于一块石棺板上。高 60 厘米，宽 62 厘米。公元 1 世纪或 2 世纪。1969 年出土于荥经郊区。关于把它解读为生离死别的场景以及半开或半掩之门的象征意义，见 Finsterbusch, "Zur Ikonographie der Östlichen Han-Zeit *Chaohun*, Pforte zum Jenseits, Symbole *für* Langleblichkeit und Unsterblichkeit" (2006), 57–60 and 70

图 10.8c 野合图画像砖。高 29 厘米，长 50 厘米。公元 2 世纪。1979 年出土于四川新都新龙乡

图 10.9　顾恺之（公元 345～406 年）《女史箴图》

普遍的假设和证明中存在的问题

　　几乎所有关于汉代家庭的论述都是以四个没有经过证明的假设为前提的：（1）在汉代，妇女总是被视为在社会地位和智力上劣于男人；（2）从西汉到东汉，社会变得更加"儒学化"，这不可避免地使妇女的处境恶化；（3）与此同时，"儒家的家庭观念"是平均家庭规模增大的主要原因；[93]（4）汉代以后普遍存在的混乱局面，再加上道教和佛教影响的加深，导致了向前儒学时代性别道德准则的"回归"，这种情况一直延续到宋代。[94] 一般认为这些概括受到一些宇宙观念（被时代错乱地称为"儒家的"）的支撑，即女人为阴，阴是卑下或者邪恶的，以及因此女人应该受到压迫。这个三段论忽视了许多东西。第一，"克制和教化是由上层社会首先施加给自身的。道德准则不是压迫或控制下层社会的一种手段"。[95] 第二，阴和阳这对术语是用来形容相互关系和过程而不是用来形容本质的，其结果是，在文献中男性（做官时）几乎和女性一样多地被与阴联系起来。[96] 在医学文本中，阴和阳也并不等同于女性和男性（在马王堆文书中把生殖器称为阴）。阴同时有积极的含义（收获、完成、安宁）和消极的联想。[97] 第三，在秦汉社会生活中，有一些惯常地贴以"儒家"标签的特征最初是由儒家的反对者所提倡的，特别是男女之别、孝道和寡妇守节。[98]

同样重要的是，在特定历史背景可以得到重建的情况下，许多适用于特定场合的概括乍看上去是关于女人带来的祸害：在朝中，害怕宫中的女人与宦官和外戚相勾结，以干扰皇位的正常继承或者绕开满朝大臣；在家中，害怕妇女在维护儿子或丈夫的权利时，可能会削弱家长的权威，造成家庭不和。[99] 鉴于外戚在西汉和东汉晚期的权势，这些担心不无道理。[100] 另外，人们想要儿子，因为女儿会出嫁，而且会像睡虎地所出的《日书》所说"必出于邦"。[101] 再者，不管是男人还是女人，只要他们是"贤人"并在有必要的情况下守节而死，就都可被称为"贞"（诚信而有节），"贞洁"一词的含义也不局限于"寡妇守身"[102]（图10.10a、10.10b）。

图10.10a　优雅对谈的贵族，来自被称为"羊头过梁"的额枋外侧，现藏于波士顿美术馆，据悉出土自洛阳附近的八里台。高73.3厘米，宽240.7厘米。

图 10.10b "羊头过梁"额枋（内侧）的"淑女图"细部。波士顿美术馆。虽然这幅图看上去出自另一个工匠的手笔，但这里的女性贵族和男性贵族的描绘风格基本相同。遗憾的是，先前的插图只包括表现男性贵族的那侧。见彩图 17

结论

我们看过去就像"镜中看夜月"。然而，关于家庭生活和两性关系的多种实践与理论模式（更不用说它们之间固有的一些矛盾），似乎使得家庭内部的安排比我们以前想象的更为复杂。从这一方面来说，有意思的是，我们会想到亚里士多德把斯巴达描述为一个 gynaikokratia（无视男性统治之"自然层级"而由女性统治的国家），因为在早期中国，如同雅典的这个敌人一样，妇女被允许拥有土地，能够在家庭中行使权力，对嫁妆也有相当大的控制权。[103]《盐铁论》中所说的是一种众所周知的理想状态："夫贵于朝，妻贵于室。"[104] 然而，鉴于频繁出现的太后听政和外戚专权现象，史学家们可能需要重新考虑，在这一时期的朝廷内外，由出身决定或由仕宦和联姻而获得的家庭地位，在多少情况下比性别更加重要。[105]

附录：材料来源

直到最近，传世文献（主要是正史和"三礼"）一直是我们研究家庭生活和性别角色的主要资料来源。每当学者们想要区分规定性或理想化的文本和似乎是直接或描述性的记载时，都会感到异常艰难。后现代理论造成了一种日益增长的意识，在此仅举三端，即意识到所有的文本都有其社会历史背景，所有的叙述都是为了在特定的时间地点说服特定的人群，表面上关于女性的故事通常也在暗地里谈论着男性。中国的考古学者仍然主要偏重于发表将相王侯以及那些名字见于史册之人的报告，而非大量其他各社会阶层之人的墓葬报告。尽管如此，最近的考古资料仍要求我们重新认识这些材料，去确认、修正或注意到其中的矛盾之处。

关于在睡虎地和张家山的发现对于法律史和社会史的重要性，鲁惟一在第 11 和第 12 章已有阐释，在包山、睡虎地、敦煌和居延的发现也已由鲁惟一、马克（Kalinowski）和纪安诺详细论述。（在包山简中有对法律案件的最早描述，可作为睡虎地秦简的补充，但案例过于简略，因而张家山汉简无疑会大大提高我们的认识。）没有这些新发掘的文书，就不会有对家庭生活和两性角色的研究。上述的这些重要发现与其他的一些遗址一道，还给现代学者提供了大量的文物，其价值难以估计。比如说，预测生子和婚姻的《日书》以及神化墓主夫妇的绘画（通常——可能是有意而为——与伏羲和女娲相混合）。[106]

三部关于汉代的正史——《史记》、《汉书》、《后汉书》——以及《三国志》和《晋书》中的一些卷，顺带讨论了一些关于家庭生活和两性地位的内容，但它们的主要作用是见证皇室及其最显要的支持者、行政和军事官僚机构中的助手以及境外同盟者（其中有些是靠不住的）的兴衰沉浮。这些正史中的两部——《汉书》和《后汉书》中都有皇后、太后和妃子的传记，史书对她们的处理方式与对男性人物的几无二致：把她们看作一股势力，对政策的制定和皇帝的个人典范形象有着或好或坏的影响。[107] 陈寿的《三国志》中也有类似的一卷（已译成英文）。[108] 在这些正史中，唯有《史记》为主政的太后（此处为吕后，高祖皇后及惠帝之母）立有本纪，虽然其他的太后在其父兄的协助下，实际上长时间地统治着帝国。[109]

正史的时代可以大致确定，而无法给出大多数被认为属于这一时期的传世文献的确切时间，这也是一个问题。此外，在古典时代对"趋势"的论述更准确地反映着已经传播的历史，而不是实际情况下的社会行为。有一些文本的时代最有可能比以前认定的要晚得多，其中包括《左传》《管子》以及《春秋繁露》。延斯·彼得森（Jens Petersen）、齐思敏（Mark Csikszentmihalyi）还有其他一些学者注意到了把许多语句随意归属于不同"作者"的现象。[110] 马克在一篇重要的文章中观察到，大量的校订工作都被认为是刘向（公元前79～前8年）在公元前26年前后完成的。[111] 汉代的"校订者"不会去尽量保持原作者的风格和论点，而只会在一位作者名下的许多作品中，严格地挑选他认为最有代表性的或最有用的作品。在有数据的几例中，只有十分之一的材料保存了下来。认为在印刷术出现之前的整个时期中，校订和认定作者归属的方式有很大的变化，这将是莽撞之举，因而尽管有最好的写手和学者们所做的努力，对文本的窜入、改写和其他形式的修改会越积越多。然而，如果没有通过宋代印本流传下来的丰富资料，我们将会无所适从。

常璩（公元291？～316？年）的《华阳国志》是现存最早的地方志，是仅有的几种可以同时比较男性和女性传记编撰体例的文献之一（卷10）。郦道元（卒于公元527年）的《水经注》也很有用，虽然不大可能像大多数人所认为的那样，是对地上遗迹的直接记录，而且书中的学术成果并没有"增加或'修正'个别的字词"，以便"符合当时的地

理知识"。¹¹²

在这里，我们不能忽视四种与道德教化有关的书籍，尽管它们都存在时代或解读方面的问题。它们是：（1）《礼记·内则篇》，规定了礼仪规范（看上去大多数是针对王和贵族的）；（2）刘向的《列女传》；（3）班昭的《女诫》，编撰于约公元100年；以及（4）张华（公元232～300年）的《女史箴》。（请注意，和《礼记》的许多篇章一样，《内则》也是由时代不确定的材料混合而成的。）后面三种道德教化性的书名经常被简单地看作女性行为的规范——第一种的撰写者是汉室宗亲，第二种是外戚，第三种的作者是受宠信的谋士近臣并与皇室有姻亲关系——更像是对外戚干政的隐晦警告。¹¹³ 关于对有些上层人物中两性关系资料之利用的严重不足，包括纬书（现在有中村璋八和安居香山的带索引的标点本）和京城流行的谣谚，串田久治对此有过长篇论述。¹¹⁴

视觉语汇并不比文字表达容易解读，尽管许多人认为它所要传递的信息是不言自明的。关于这种幼稚行为的种种危险，读者可参阅以下的优秀研究成果：草安敦（Snodgrass）的《荷马与艺术家：早期希腊艺术中的文本与图像》(*Homer and the Artists: Text and Picture in Early Greek Art*[1998]）以及哈斯克尔（Haskell）和佩尼（Penny）的《品味与古董》(*Taste and the Antique*[1981]）。

注释

1　比如 *HS* 36, 1957。"孝"的基本含义是赡养父母和崇敬祖先，也指在危难中维持和睦与亲情尽可能使家庭得以延续（见 *YTL* 5 [第二十五，"孝养"], 308）。

2　《逸周书》卷2《允文解》第2页b。可对照秦刻石，特别是公元前211年的会稽刻石（*SJ* 6, 262）。根据《管子》卷18《入国第五十四》第2页a，在理想的社会中鳏夫和寡妇会互相婚配，获赐所需田宅房屋，共同开始新生活。

3　《尚书大传》2/3—5中所说的适婚年龄为男三十女二十；参看《白虎通》卷9"嫁娶"，第453、491页。

4　见 Liu Haiwang et al., "Henan Neihuang xian Sanyangzhuang Handai tingyuan yizhi"

(2004)。更详细的发掘报告见"Henan Neihuang Sanyangzhuang Han dai tian zhai yicun", 100–4。从 Candace Lewis, "Pottery towers of Han dynasty China" (1999) 我们可以看出陶楼并未准确地再现真实的房屋,许多人倾向于夸大墓葬结构和布局对住宅特征的反映程度。比如说,东汉墓葬流行使用圆顶,不过没有理由认为地面上房屋也采用这种形式。

5 可对照 Kraemer, *Women's Religions in the Greco-Roman World: A Sourcebook* (2004)。

6 Lisa Raphals, *Sharing the Light: Representations of Women and Virtue in Early China* (1998a) 把反女性言论兴起的时间定在董仲舒时(约公元前179～前104年),见本章下文。外戚墓葬的奢华,见 WW 2004.6,4–21。提醒读者注意的是,制度经常要求特定类别的男性应该从属于特定类别的女性。

7 关于皇室的研究包括 Dull, "Marriage and divorce in Han China: a glimpse at 'pre-Confucian' Society" (1978), 23–74; and Nylan, "Golden spindles and axes: elite women in the Achaemenid and Han empires" (2000b), 199–222。有两本书认为道德的"平民化"(要求农民也遵守与统治阶层同样的道德准则)出现得很晚,一直到18世纪才出现,这两本书是 Elvin, "Female virtue and the state in China" occurred the state in China" (1984) 和 Sommer, *Sex, Law, and Society in Late Imperial China* (2000)。

8 Hajnal, "European marriage patterns in perspective" (1965), 101–43 把"东方模式"(错误地)认定为"严格的父系制度",以下面两个原则为主要特点,即财产仅在男性之间继承以及女性只对夫家而不对娘家承担义务。

9 关于把这种新习俗归功于周公(公元前1050年在世),见《白虎通》卷10"崩薨"(合葬)第558页,所引《礼记·檀弓》第4页a。关于合葬,见 Han Guohe, "Shilun Han Jin shiqi hezang lisu de yuanyuan ji fazhan" (1999)。合葬被用来指称两种现象:夫妻同茔异穴葬(通常有两个坟冢)和夫妻同墓合葬。

10 比如刘向《列女传》卷4《召南申女》第1页a,称"夫妇"为"人伦之始"。Lai Ming Chiu, "Familial morphology in Han China, 206 B.C.–A.D. 220" (1995), Introduction 指出许多户中包括一些家庭外的成员,但他们有时也被当作亲属看待(如奴婢和徒附)。方士折像的父亲折国有家僮八百,折像的具体生活年代不详,见 HHS 82A, 2720。颜师古(公元581～645年)认为同居"谓父母妻子(户的主要成员)之外若兄弟及兄弟之子等见与同居业者",比如 HHS 60B, 1980 中所见。"家"的概念可以一直延伸到郑玄在《周礼》卷11《小司徒》第4页a—b注中所说的"九等"。

11 HHS 60B, 1980 记载,乡党推崇"三世不分财"。

12 HHS 31, 1114 记载"宗族百余人"共同御敌;《说苑》卷2"臣术"第9页b 讲述了几百家协作的事情,但这种情况不会很常见。《荀子·性恶篇第二十三》第330页和 HHS 25, 886 以及 HHS 81A, 2684–5 中提出了相反的想法。Utsunomiya, *Kandai shakai keizai shi kenkyū*(1955), 405–15 给出了经典的论证,设想小家庭为汉代的常态。参阅 Makino Tatsumi, *Makino Tatsumi chosakushū*(1979–85) 和 Ochi Shigeaki, "KanRokuchō no kasan bunkatsu to nijū kasan" (1979), esp. 15。Li Qing, *Qin Han Wei Jin Nanbei chao shiqi jiazu zongzu guanxi yanjiu* (2003), 43–5 的结论是汉代只有5%的户是大家庭。

13 ZJS(《二年律令》)简337—343。

14　*ZJS* 简 334、340；关于公元 5 年的先令券书，见 *WW* 1987.1, 11–13 以及 Chen Ping and Wang Qinjin, "Yizheng Xupu 101 hao Xi Han mu 'Xianling quan shu' chukao" (1987); Hinsch, "Women, kinship, and property as seen in a Han dynasty will" (1998); 还可对照 Birge, *Women, Property, and Confucian Reaction in Sung and Yuan China (960–1368)* (2002), Chapter 1。

15　《二年律令》中有对成年儿子不与父母同居的规定；*ZJS*（《二年律令》）简 377—378；关于"同产"、"同居"、"出居"等不同用语，见 *HHS* 43, 1487 李贤注。

16　关于"弃妻"之子，见 *ZJS*（《二年律令》）简 368、378、381。不清楚 *ZJS* 中关于置后的规定是针对所有人还是只针对有爵位者。

17　*ZJS*（《二年律令》）简 380。女子为户无后而出嫁者，如果现居处与原田宅相比邻，只能与丈夫一起继承田宅（与可移动财产相对而言），甚至在没有更合适的继承人的情况下"弃妻"也可以继承家庭财产。*ZJS*（《二年律令》）简 387 似乎允许未嫁的寡妇在她愿意的情况下和她的儿子（应该已成年）分开单独立户；她会得到超出定额的田宅，但不能得到爵位。道德规范常常否认存在法律所保护的私有财产；《礼记·内则》第 11 页 b；Legge, *The Texts of Confucianism* (1885), 458。

18　*ZJS*（《二年律令》）简 345。

19　Yamada Katsuyoshi, "Chūgoku no kodai no ie to kinbun sōzoku" (1997), 235–62.

20　*Yunmeng Shuihudi Qinmu* (1981), 简 778—782（正面）（彩图 CXX）中规定了"分户"（分成独立的小户）的最佳日子，认为"离日""宜分异"；参阅 Yinqueshan, "阴阳时令占候"，简 0050、0862、0888、08922。关于先令券，见本章注释 14。

21　见 Tanida Takayuki, "Chūgoku kodai hahakata kurosu-cazun kon ni tsuite ichi kōsatsu" (1975), 1–16。

22　*HS* 64A, 2779; *HSBZ* 64A.4a notes; 关于秦统一前的情况，见 *HS* 48, 2244; *HSBZ* 48.18b。注释中提示儿童会被送到他们母亲的娘家劳作。

23　*SHD*（《为吏之道》）简 19（5）和 21（5）；关于赘婿见 *RCL*, 208–9, n.12。

24　公元 4 年，有诏书曰："妇女非身犯法及男子年八十以上七岁以下，家非坐不道，诏所名捕，它皆无得系。" *HS* 12, 356; *RHL*, 159. 这条诏令颁布于王莽执政时期，不清楚在东汉是否被保留下来。对"家罪"这一词语的理解并不透彻；见 *SHD*（《法律答问》）简 106；*RCL*, 149。公元 546 年，诏书明确废止除大逆以外父母和祖父母的连坐责任。见《梁书》卷 3，第 90 页。

25　*ZJS*（《二年律令》）简 133。

26　*SHD*（《秦律十八种》）简 61—62、155—156；*RCL*, 45, 83。替亲受刑的事例见淳于缇萦（*SJ* 105, 2795）。公元 120 年，有大臣呼吁允许母子兄弟相代死，而赦免所代者（*HHS* 46, 1557–67）。参见 *HYGZ* 10B（"广汉士女" 8), 593，此例妇女替夫而死；同上第 592 页，有年轻女子向新上任官员成功替父申冤的事例。

27　*SHD*（《秦律十八种》）简 110；*RCL*, 61。

28　*HS* 49, 2286。《内则》开篇语与之几乎相同。婚姻被理解成一种方式，通过这种方式可以把自己的家业传给后代，而使自己成为受祭拜的祖先。

29　*HS* 2, 91 记载，公元前 181 年，对年龄在 15～30 岁不嫁的女子征收五倍算赋。

我们不知道寡妇和离婚妇女是否算作"不嫁"。如果是，那么所有人都会有强烈的动机让寡居和离婚的女儿及儿媳再嫁。

30　ZJS（《二年律令》）简 158 说到"女子已坐亡"并受到处罚。

31　关于不顾家人的意见、礼数不全决不出嫁的女中"楷模"，见下面几处文献所记载的事例：《列女传》卷 4《齐孝孟姬》第 3 页 b；《韩诗外传》卷 1 第 5 页；Hightower, *Han Shi Wai Chuan: Han Ying's Illustrations of the Didactic Application of the Classic of Songs* (1952), 12; 以及 *HYGZ* 10。

32　见 Dull (1978)。Ch'en Tung-yuan, *Zhongguo funü shenghuo shi* (1965), 34 认为与帝制中国后期相比，当时拥有多个姬妾的达官贵人要少一些。

33　Hamilton, "Patriarchy, patrimonialism, and filial piety: a comparison of China and Western Europe" (1990) 指出，韦伯（Weber）及其拥护者认为中国与罗马、希腊和古代犹太一样，父亲对自己的孩子拥有生杀大权，这并不正确。在晋代（公元 265～420 年），杀子是死罪。见 Cheng Shude, *Jiuchao lükao* (1927), 260。

34　除非受到强奸，关于对非法的两性关系中妇女的处罚，见 ZJS（《二年律令》）简 190—191。另见 ZJS（《奏谳书》）简 180—196。

35　ZJS（《二年律令》）简 31。另见 Kinney, *Representations of Childhood and Youth in Early China*(2004), Chapter 4。关于对通奸的男女实行宫刑，见《尚书大传》55/51/8。

36　HHS 52, 1731（《崔烈传》，崔烈卒于公元 192 年）记载了父亲杖击成年儿子的事。在一篇关于家庭成员的重要文献中很切实地提到过"放"子，与"出"妇并列，这种现象可能比我们认为的更要加普遍；见《礼记·内则》第 9 页 b；Legge (1885), I, 456。

37　ZJS（《二年律令》）简 32："妻悍而夫殴笞之，非以兵刃也，虽伤之，毋罪。"

38　《列女传》卷 2《宋鲍女宗》第 6 页 a。

39　发迹的男子不能为娶少妻而休老妻。《礼记·内则》第 10 页 a—b 郑玄注；Legge (1885), I, 457 所引《大戴礼记·本命》列举了七出理由；《内则》本身也给出了出妻和不能出妻的规则。出妻的规则中的一条在 HHS 26, 905 中为宋弘（卒于公元 31 年之前）所征引。

40　比如《列女传》卷 2《陶答子妻》第 6 页 b 讲述了一位妻子离开夫家时带走幼子的情形。

41　在东汉晚期，官吏不与其他阶层的人通婚。见沈约《昭明文选》，讨论于 Ch'en Tung-yuan (1965), 63。

42　Lü Simian, *Qin Han shi* (1962), 479 给出了一些例证。在其中一例中，谷永劝汉成帝（公元前 33～前 37 年在位）纳曾经婚配并适宜生子的女子为嫔妃。见 Dull (1978), esp.32; and Tung Chia-tsun, "Cong Han dao Song guafu zaijia xisu kao" (1988)。

43　见 HS 76, 3227，记载了公元前 40 年以后母为妻的一个例子。关于中原与游牧人群（特别是匈奴）措辞的对比，见 Holmgren, *Marriage, Kinship, and Power in Northern China* (1995), esp. Chapter 2，其中列举了被归于北方游牧人群的其他陋习；另见 Pearce, "A response to Valentin Golovachev's 'Matricide during the Northern Wei'" (2003)。但汉朝公主刘细君遵照皇帝的旨意先后嫁给了祖孙二人，就没有回避乱伦的禁忌；见 HS 96B, 3904；Hulsewé, *China in Central Asia* (1979), 149。在 SJ 125 中，对

皇帝的同性性关系和异性性关系的处理方式几乎相同，但例证不足，无法归纳。

44 例如见应劭《风俗通义》卷 2《正失》第 128 页；*HYGZ* 10B（"广汉士女" 8），592–3 记载贞妇周度为了避免再嫁而自残。

45 比较 Ch'ü T'ung-tsu, *Han Social Structure* (1972), 42。秦始皇所立的一处刻石谴责"有子而嫁"，认为这种行为是"倍死不贞"（*SJ* 6, 262）。然而，在汉和三国时期，寡妇守节作为一种地位和财富的标志，并不是常态（见本章下文）。

46 见本章下文。直到唐代，贾公彦（公元 650～655 年为太学博士）在为《仪礼·丧服》作疏时，还说"自是贞女守志，而有嫁者，虽不如不嫁，圣人许之"。再嫁的妇女有时会与第一个丈夫合葬，见 Tung Chia-tsun, "Lidai jielie funü de tongji" (1979), 48。

47 *ZJS*（《奏谳书》）简 192 中说"夫死而妻自嫁，娶者无罪"。然而，关于逼迫寡妇再嫁的压力，例如见《潜夫论》卷 5《断讼第十九》第 236 页等。据 Lü Simian (1962), 478，亲属对寡妇再嫁施加的压力随着财产的数量而增加，因为再嫁的寡妇会被剥夺第一次婚姻的嫁妆。

48 公元前 58 年皇帝曾下诏赏赐"贞妇顺女"（*HS* 8, 264）；在公元 1 年，每个乡表彰一名贞妇。

49 *ZJS*（《二年律令》）简 21—38。

50 Kamiya Noriko, "Shin jidai ni okeru ōhō to karei" (1978); Nylan, "Confucian piety and individualism" (1996a)。

51 *ZJS*（《二年律令》）简 382（184）讲到以奴婢代户者，不能超过一人。格言说"天无二日"，这是每户只能有一个户主的规定在道德上对应的说法。

52 14 岁或 15 岁在法律上就被认为已成人，在家中承担扶老爱幼的责任。有些典故承认并不是所有的圣王都严格遵守礼制规范；例如见 *LSCQ*19（第三，"上德"），1255–6。

53 关于法律与道德上的义务，见 *ZJS*（《奏谳书》）简 180—196；Lau, "Die Rekonstruktion des Strafprozesses und die Prinzipen der Strafzumessung zu Beginn der Han-Zeit im Lichte des *Zouyanshu*" (2002); Hsing I-tien, "Qin huo Xi Han chu hejian an zhong suo jian de qin shu lunli guanxi" (2008); and Nylan, "Notes on a case of illicit sex from Zhangjiashan: a translation and commentary" (2006b) *EC* 30。礼经认为子女对父母的义务延续到死后。见《礼记·内则》第 2 页 a 及其后；Legge (1885), I, 475。

54 《白虎通》卷 6 "王者不臣"第 317 页讲夫妻为"一体"；可比较《白虎通》卷 9 "嫁娶"第 461—462 页。曾子是历史上最有名的孝子，据说他讲过"孝衰于妻子"。见《说苑》卷 10 "敬慎"第 4 页 a；《韩非子·备内》第 123 页。

55 关于宴饮，见 Lü Simian, (1962), 479, 483；男女一起宴饮的实例，可见 Pirazzoli-t'Serstevens, "La Musique des banquets en Chine au deuxième siècle de notre ère" (2002)。关于男女异路（公元 20 年，见 *HS* 99C, 4164。《孟子》4A/17 中较早提出了这种理念。但王充在 *LH* 17（第五十二，"是应"）750, 752 讥讽了过去实行的男女异路观念。

56 "分"是大哲学家荀子的思想核心。见《荀子·王制篇第九》第 110 页。《大戴礼记》（四库）卷 3 第 16 页 a、第 20 页 a、第 25 页 a 概述了"胎教"的原则；以及

Kinney (2004), 164–6。关于织布，见下文。

57　*LSCQ* 6 (第一，"季夏"), 312.

58　《礼记·内则》第 2 页 a—第 3 页 b 和第 19 页 b；Legge (1885), I, 449–50, 477。这种男女分工的理念在两种服饰上可以得到体现：（1）男子佩带个人书写用具（笔、刀），女子佩带线囊；（2）男子系革带，女子束丝带。

59　关于合适的男女人选对于善政的重要性，见《说苑》卷 7 "政理" 第 6 页 b。

60　例如见 *FY*4.20 ("问道") 89。

61　《礼记·内则》第 9 页 a；Legge (1885), I, 456。

62　Shi Zhecun, *Shui jing zhu bei lu* (1987) 第 199、203、205 条 (《水经注》卷 27 第 8 页 a；卷 28 第 5 页 a；卷 28 第 6 页 a) 提供了一些偶然的证据；*HYGZ* 10 也一样。施蛰存第 242 条 (《水经注》卷 31 第 7 页 a) 显示，在没有兄弟的情况下，继承家业的女儿们可能会被认为有责任为父亲建造特别雄伟的纪念建筑以宣扬他们的德行。

63　Ueda Sanae, "Kandai no katei to sono rōdō" (1972) 认为凤凰山出土的公元前 164 ～前 153 年的材料显示妇女和男子一样承担劳役；*WW* 1974.6, 44–6; Qiu Xigui, "Hubei Jiangling Fenghuang shan shi hao Han mu chutu jiandu kaoshi" (1974)。

64　比如见 *FSTY*3–5。

65　比如见 *HHS* 32, 1129。

66　*SJ* 6, 252; 参阅 *YTL* 3 (第十三，"园池")，172。

67　关于 "双辕犁"，见《周礼》卷 15 第 25 页 a 郑玄注；*HS* 24A, 1139; Swann, *Food and Money in Ancient China* (1950), 187, n. 259; Yoneda Kenjirō, "Gūkō sūgen" (1979); Hsu Cho-yun, *Han Agriculture* (1980), 123–4; and Bray, *Agriculture* (1984), 166。

68　见 *FY*2.1 ("吾子")，引《孟子》3B/3 (此处不详，法言中此页未见引孟子说法——译者按)。*SHD* (《秦律十八种》) 简 62 (*RCL*, 45) 说绣工有罪不能赎，可能是因为她们对国家有价值。

69　巴（四川东部）寡妇清继承了祖上的丹砂矿和放贷生意，受到秦始皇的表彰，"礼抗万乘"。见 *SJ* 129, 3260。

70　Gu Jiegang, *Shilin zashi chubian* (1963), 95.关于精通典籍的女性，见以下文献资料：Zhou Yiqun, "Virtue and talent: women and *fushi* in early China" (2003)；本书第 22 章页边码第 502 页；*HHS* 10A.418；以及《晋书》卷 96 第 2522 页。关于女博经师，见 *HS* 99C, 4170。关于战场上的女性，见 Wang Zijin, *Zhongguo nüzi cong jun shi* (1998)。关于女贤者，见 *LSCQ* 18 ("精谕")，陈奇猷校释第 1178 页，以及《列女传》各处。

71　见 Barbieri-Low, "The organization of imperial workshops during the Han dynasty" (2001); Tu Cheng-sheng, *Bianhu qimin: Chuantong zhengzhi shehui jiegou zhi xingcheng* (1990), 300。关于女稳婆和医生，见 Leung, "Women practicing medicine in premodern China" (2005)；女卜者（李南之女）见 *HHS* 82A, 2717。

72　Ma Guohan, *Yuhan shan fang ji yishu* (1853), 1a。

73　Ma Guohan (1853), 1a.关于汉代及以后对《公羊传》中这条原则的讨论，见 Li Qing (2003), 132。

74　*ZJS*（《奏谳书》) 简 180—196。注意这里用的是 "不孝"，而不是 "不敬"。其他

10 齐其家（齐怀必死）- 327 -

有意思的案例见 FSTY, 586-91 中的片段。
75　HS 81, 3355; RHL, 61-2.
76　Ma Guohan (1853), 2b（着重号为作者所加）。董仲舒这里可能暗指《春秋》（文公十八年）；可参照：《左传》卷 20 第 12 页 b；《公羊传》卷 14 第 17 页 b，Legge (1893), V, 282。
77　参照《说苑》卷 6 "复恩" 第 11 页 b，承认有 "不父" 的罪名，即没有尽到做父亲的责任，与 "不子" 并列；《墨子·兼爱中》第 64 页。关于这种讨论，见 Fujikawa Masakazu, "Gi Shin ni okeru mofuku reisetsu ni kansuru ichi kōsatsu" (1956); Kamiya (1978), 43-5。
78　例如见 FY 4.11（"问道"）(81) 等。
79　QFL 5（第十九，19 "断讼"），224. SJ 6, 254 所载秦丞相李斯的说法与此类似。
80　即薛勤，见 FSTY 3（"愆礼"），142。荀爽（公元 128～190 年）与薛勤是同时代的人，他有一部关于丧礼的著述（已佚），强调为妻子行丧。
81　关于秦始皇，见 SJ 6, 662；关于王莽在地方推崇 "淑女"，见 HS 99C, 4165, 4180。王莽还设置了 "宗师" 的称号。关于 "男女之别"，参见 SJ 68, 2234。
82　关于这一点，见 Jiang Yingju, "Guanyu Han huaxiang shi chansheng beijing yu yishu gongneng de sikao" (1998)。（与此不同，独立的南越王墓葬在前室有壁画。）鉴于许多已经发掘的多墓室合葬墓的规模——至少要打开两次以埋葬后死者——其装饰华丽的 "主殿" 一次可以容纳五十个或六十个观者。见徐宗幹《济宁直隶州志》（1859）"太子墓" 条，3 册，卷 5 第 31 页 b，第 61—62 页（中式页码），第 1058～1060 页（西式页码）。
83　请注意，在一些例子中只出现了男性死者，可能他的妻子被葬在别处或者他从未结婚。De Pee, *The Writing of Weddings in Middle-Period China: Text and Ritual Practice in the Eighth through Fourteenth Centuries* (2007), Chapter 1 说明至少在宋代墓葬中，刻画孝子形象的画像石与合葬墓相关联。
84　*Helin'ge'er Hanmu bihua* (1978), 138-9.
85　刘怡玮博士（Dr. Cary Liu）（普林斯顿大学艺术博物馆馆长，私人交流）怀疑这批山东画像石为赝品，因为刻画线条很浅。
86　其中最为著名的是卜千秋墓（时代初步被定在公元前 86～前 49 年），男女墓主人骑着麒，见 Huang Minglan and Guo Yinqiang, *Luoyang Hanmu bihua* (1996), 73, Plate 15, 资料来源于 WW 1977.6, Fig 33 and Plates 1 and 2；关于男女形象的识别，见 Meng Qingli, "Han mu zhuanhua 'Fu Xi, Nü Wa' kao" (2000)。
87　然而，山东一些墓葬中的柱子上刻画有扭曲的动物或人的形象并正在进行多重性行为。见本书第 1 章页边码第 81 页，以及 *Zhongguo huaxiang shi quanji*, Vol. 1 (Shandong), 28-31。
88　见 McCausland, *Gu Kaizhi and the Admonitions Scroll* (2004)。翠竹园墓地的一幅壁画上有母亲怀抱幼儿的形象（WW 2010, 1, 33）。
89　关于 "外宗" 一词，可比较 Lai Guolong, "The diagram of the mourning system from Mawangdui" (2003), 43-99 与李如圭（约公元 1200 年）《仪礼集释》卷 17 第 8 页

b；方苞（约公元 1700 年）《礼记析疑》卷 16 第 11 页 a；《白虎通》卷 8 "宗族"第 398～399 页；Moriya Mitsuo, *Chūgoku kodai no kazoku to kokka* (1968)。礼经中的规定并不一致，如《仪礼》认为应该为继父和养母守孝满三年（与父亲一样），而《礼记》认为对养母不用守孝这么长时间。

90　例如见 Ochi Shigeaki (1979) and Fujikawa (1956)，以及 Yang Shuda, *Handai hunsang li su kao*(1933)。

91　Pierre Nora, "Between memory and history: *Les Lieux de Mémoires*" (1989), 9, n. 16.

92　见《荀子·礼论篇第十九》，在 Nylan, "The politics of pleasure" (2001d) 中有相关评论。

93　Inaba Ichiro, "Kandai no kazoku keitai to keizai hendō" (1984) 支持这种说法，但不能让人信服。Moriya (1968) 认为大家庭相对少见，但汉代的家庭通常由三代组成（父母、已婚的儿子、儿媳和孩子，以及未婚的兄弟姐妹）。参照 Utsunomiya Kiyoyoshi, *Chūgoku kodai chūseishi kenkyū*(1977), 361–2。Koga Noboru 在"Thoughts on the understanding of the Han and Six Dynasties"(1977) 中对上述问题进行了概括。

94　例如见 Chen Dongyuan (1965), 63; Kamiya (1978), 39。

95　Elvin (1984), 122.

96　见 Rouzer, *Articulated Ladies: Gender and the Male Community in Early Chinese Texts* (2001), esp. 1–39。汉代用不同的宇宙构造来证明不同的观点。关于这些问题的许多方面，见 *BMFEA* 72 (2002)。

97　Li Ling and Keith McMahon, "The contents and terminology of the Mawangdui texts on the arts of the bedchamber" (1992).

98　比如说，秦始皇一块立石的铭文（*SJ* 6, 252）和墨家在《墨子·非儒》第 177—189 页批评了儒家的许多错误做法，其中最严重的包括浪费时间为许多亲属服丧、对妻子和对父母一样尊重。

99　《说苑》卷 10"敬慎"第 5 页 a 中说"妃妾不一"足以亡国；参照同上卷 10.6/78。*YTL* 2（第九，"刺权"），121 像谴责男人一样，谴责女人僭奢会危害"本业"。

100　极少有人注意到汉代和汉代以后女主在朝廷中掌权之频繁；见 Nylan, "'Empire' in the classical era in China" (2008b)。在北魏（公元 386～535 年）时，有的女主权势极盛，以至于有"女国"之称（《魏书》卷 1 第 10 页；卷 13 第 322 页）。Song Yanping, "Kongzi zhi wen shuo yu Handai wenjia tezhi" (2004), 222 把女子掌权追溯到公羊家"笃母弟"的原则。

101　*SHD*（《日书》）简 736（正）。

102　在当时的文本中，社会地位高（通常只被理解成一种美德）是"价值"的先决条件。见《说苑》卷 3"建本"第 7 页 b，文中否认寡妇"终身不嫁"为贞节。另外有一个词：根据田宅和继承方面的法律，女人总是要先后"追随"或"陪同"（从）其父、夫和子，但即便是那些妇女中的楷模也不总是"服从"他们（一般用"从"），这一点从《列女传》和《华阳国志》中的故事里可以看得很清楚。

103　Aristotle, *Pol.* 1269b12–1270a6 对其的讨论，见 Pomeroy, *Families in Classical and Hellenistic Greece: Representations and Realities* (1997), 42。

104　*YTL* 2（第九，"刺权"），121.
105　Nylan，"'Empire' in the classical era in China"（2008b）. 根据 Sommer（2000）的叙述，到帝制中国晚期，在法律上性别才变得比身份更为重要。
106　比如卜千秋墓，该墓发现于洛阳附近，时代暂定为公元前 86～前 49 年，见 *WW* 1977.6, 1–17。
107　见 *HS* 97A–B and 98；*HHS* 10A,B。另见 *HHS* 84。
108　Cutter and Crowell, *Empresses and Consorts: Selections from Chen Shou's Records of the Three States with Pei Songzhi's Commentary*（1999）.
109　Nylan，"'Empire' in the classical era in China"（2008）.
110　Kalinowski，"La Production des manuscrits dans la Chine ancienne: Une Approche codicologique de la bibliothèque funéraire de Mawangdui"（2003d）；另见 van der Loon，"On the transmission of Kuan-tzŭ"（1952）。
111　Petersen，"Which books did the First Emperor of Ch'in burn? On the meaning of 'Pai chia' in early Chinese sources"（1995）；Csikszentmihalyi and Nylan，"Constructing lineages and inventing traditions through exemplary figures in early China"（2003）；Nylan，"Textual authority in pre-Han and Han"（2000a）.
112　Wang Shouchun，"Lixue yanjiu de li cheng bei: ping *Shuijing zhu* yanjiu"（1986）. 吴天任在《郦学研究史》（1995）中提供了一些根据后世的地理知识而大规模改动以"修正"文本的情况。另见 Nylan，"Wandering in the land of ruins: the *Shuijingzhu* 水经注（Water Classic Commentary）revisited"（即将发表）。关于占卜墓穴，见《水经注》第 269、272 条（分别在第 425、第 429 页）。参看 Alain Arrault and Jean-Claude Martzloff，"Calendriers"（2003），81–123。
113　关于张华，例如见 J. Michael Farmer，"On the Composition of Zhang Hua's Nüshi zhen"（2004）。
114　Nakamura and Yasui（1972），6 vols；and kushida Hisahara，*Chūgoku no yōto yogen*（1999）.

11
社会区分、人群和特权

鲁惟一（Michael Loewe）

秦汉时期是如何组织和管理帝国内的居民，并且让他们安居乐业的，我们手头没有相关论著能给出一个合理的解释。如果有学者觉得可以从手头资料中梳理出一种系统的手段来达到这一目的，尽管想法大胆，但某些要素或许可以从如此做法中被辨识出来。这些要素包括一种常规地分配土地以提供生计并且为政府获得财政收入的手段，如此为之以激励效忠并很可能激发出一种帝国成员意识，以及在人口中设立基本的单位以分配这些福利，同时为政府定期承担义务。这些维持社会秩序和保障经济富足的规定，再加上遏制犯罪和保持家庭稳固的措施，体现在三种制度中：爵、户和伍。从某些方面来说，这些制度看上去似乎可以互补，但没有证据表明它们是故意出于这种目的而被设计出来的。

个人的身份特征

每个成年男女和儿童都被以姓名、地位、年龄、家乡和拥有的最高爵位进行区别。婴儿出生即有姓，三个月后取名，姓和名通常都是一个字。姓和名在后来都可以变更，或许是因为皇帝的恩赐，或许是为了保护自己而隐姓埋名。男子到了 20 岁取字，女子可能在 15 岁取字，这是准许婚配的年龄。朋友之间以字相称，字通常有两个字，有时是在家庭之中长幼顺序的反映，比如少卿、仲卿或长卿。小男、小女，未使男、未使女，使男、使女等称呼表示不同的年龄层次——分别为6岁及以下、7岁到14岁以及15岁及以上。这些区别与法定义务的年龄规定并不相应，法定义务的年龄通常是23～56岁，与其他一些针对老年人或青年人的特定法律规定也不相应。[1] "男子"这种称呼并不表明年龄。人的居处由里、县和郡或国的名字限定。[2] 年龄、身高、体貌特征等一些更为详细的信息需要在某些法律文书比如符传等上面予以标明。[3]

爵

和前面那些身份特征不同，爵，有时被称为贵族的等级，是由中央政府有意赋予个人的一种身份标志。这种体系很可能是为了传递一种处在有序共同体内的成员认同感，从而阐明并强调社会分层以及官吏对每个个体的管理。在睡虎地（南郡，今湖北境内）和张家山（南郡，今湖北境内）发现的新材料，加上新近在居延（张掖，今甘肃境内）发现的一些残简，更加清楚地说明了这种体系的重要性，对其运作模式也提供了新的信息。

自商鞅（约公元前385～前338年）时起，爵制在秦国和其他同时代的一些国家开始实行，在整个汉代又得到充分的发展，通常用来奖励功劳以及反映皇恩浩荡。汉代的二十等爵带有多种法律和其他方面的特权，如减轻处罚等。最早从公元前205年开始，一直到公元215年，普遍赐爵频繁进行，可能是针对户主，[4] 连续的赐爵可以让受爵者从第一级晋升到第八级（公乘）。第九级及以上的爵位被有选择地授予个人，一直到关内侯，最终到达最高一级——汉武帝之前称为彻侯，而后称为列侯。[5] 从其他方面来说，大体上汉初所用的爵名一直没有什么变化。[6] 此外，卿一般指从第十级（左庶长）到第十九级（关内侯）的爵。[7] 爵名如下：

1 公士　　　3 簪袅

2 上造　　　4 不更

5 大夫	13 中更
6 官大夫	14 右更
7 公大夫	15 少上造
8 公乘	16 大上造
9 五大夫	17 驷车庶长
10 左庶长	18 大庶长
11 右庶长	19 关内侯
12 左更	20 彻侯

鉴于对爵名的意义没有充分的解释，这里只对最高的两个爵级给出译名（"noble of the interior"［关内侯］和"noble"［列侯］）。下文着重讨论关内侯、列侯以及诸侯王的特殊地位和权益，而诸侯王的地位和级别仅次于皇帝。

在张家山发现的材料揭示了一些以前所不知道的问题：首先，拥有爵位者的范围比以前认为的广泛得多；其次，会根据爵位分配田宅。当有爵位的男子还没有指定嗣子时，他的一个或者有时两个儿子也会得到一个较低的爵位。[8] 此外，遗腹子可能也会获得爵位，刘昭（约公元510年）曾指出爵位可以转移给近亲。[9] 遭判决的罪犯会被剥夺取得或继承爵位的资格。[10] 鉴于普遍赐爵可能是针对所有的家庭，看来我们现在必须承认所有人口中的大部分男性成员都是受益者。这种滥授爵位可能会适得其反，特殊和稀有的荣耀本来能带来自豪感，而这么做会削弱这种自豪感。

第二件令人惊讶的事是，虽然有一组简文中规定了对自关内侯以下爵位的田地分配方案以及对自彻侯以下爵位的宅地分配方案，但我们仍然无法理解其全部含义。控制这种分配的条件不详。授予田地的面积按爵位高低从 1 顷到 95 顷不等，爵位越低可获得田地的面积越小。[11] 现在仍不清楚，这样的土地分配制度在多大程度上影响了土地的自由买卖且限田措施。[12] 持续赐爵是不是一定带来更多的授田，我们现在也不确定。

其他赏赐布、衣、棺或一定量饮食的规定，同样也遵循着严格的等级。有时普遍的赏赐也伴随着授爵。[13] 最后，在一些特定情况下，爵位可以传给女性。

即使是拥有最低两级爵位的人以及他们的妻子和其他亲属，在犯罪后也可以减轻处罚。但有一条律文规定，如果官员监守自盗，则不能因此减刑，也不能利用豁免或缴纳罚金来避免处罚。就目前所知，至少在一个人身上使用过这条规定，他的爵位是第十级左庶长。[14] 殴打及打伤比自己爵位高的人以及官吏殴打或辱骂第九级爵及以上者，都会受到严厉的惩罚。谎称自己拥有爵位以试图获得减刑可判处5年徒刑。[15] 在时代大大晚于张家山汉简的文书上，我们可以看到因特定功劳而授予爵位的例子，同时也有因为不明原因被剥夺爵位的例子。[16] 在张家山发现的一枚残简表明，妻子或前妻杀死或殴伤丈夫的，可能会被剥夺因其丈夫的爵位而应该享受的减刑权利。[17] 在一些案例中，应该被授予爵位的人可以请求以爵位来免除他人的犯罪处罚。[18]

无爵者与继承

二十等爵的最低一级为公士，其下为公卒，这种称谓不见于史载，其含义还有待进一步解释。[19] 公卒的身份在士五（或伍）以上，士五可能包括被剥夺爵位和从未获得爵位的人。[20] 还不清楚士五是不是包括那些为了给自己或他人赎刑而归还爵位的人。

"百姓"——这种称呼在睡虎地秦简中可以看到，但不见于张家山汉简——可能是指所有的自由人，不论爵位高低和财富多寡。[21] "庶人"在睡虎地秦简文书中不多见，意思似乎和百姓相同，其中包括一些特殊的例子，比如获得赦免的群盗成员，[22] 以及以前的主人死亡或犯罪后获得自由的奴婢。[23] 还有为主人生了孩子的婢女，也获得自由而成为庶人。[24] 这一阶层之人的地位低于士五，但高于服两年徒刑的司寇和被关押的隐官。[25]

张家山汉简《二年律令》规定了如何确定继承人，有时采取遗嘱（先令）的方式。[26]如果一位父亲因公受伤，当时或者在二十日之内死亡，他的一个儿子可以继承爵位；如果父亲无爵，儿子会获得最低的一等爵，即公士；如果该父亲没有儿子，爵位可以依次传给女儿、父亲、母亲，然后是同产兄弟、同产姊妹，最后是他的遗孀。如果所有以上亲属都无，爵位可以依次由祖父和祖母继承。[27]同产兄弟可以互相继承，但同居一处者优先，年长者优先。异母兄弟即便年长，也要让同母兄弟优先继承。[28]关于户的继承规定与此类似，将在下文讨论，其中额外规定，弃妻的儿女无权对后任妻子儿女的代户权提出异议。[29]如果女儿是父母的继承人，在结婚时，丈夫可以用她的土地和住宅来补充自己的田宅，条件是田宅必须毗邻或邻近。被遗弃的妻子或寡妇有权要回上述财产自立为户。弃妻的财产要归还给本人。[30]

罪人与奴婢

庶人之下是各种身份卑贱的人，包括被判处徒刑的罪犯、受羁押的人和奴婢。除了各种残酷而耻辱的死刑外，徒刑是最重的惩罚。比徒刑轻的惩罚包括肉刑、降低身份、迁刑、罚金和笞刑。有关刑期的一些术语（比如"城旦"、"舂"等）表示从一年到五年不等的徒刑，但可能未必意味着这些男女罪犯会一直从事这样的劳役。[31]附加在这些刑罚之上的还有残毁身体或面容的肉刑，也就是那些有犯罪记录的人将被打上无法消除的印记，以防止他们躲避身份识别。[32]缴纳赎金或等值的钱可以赎这些刑，但代价非常高。[33]

在秦朝，刑徒的衣食由官府提供，配额则根据他们的工作类别和健康状况而定；如果官吏分发物资时超出规定，就会受到处罚。[34]季节不同，配发的衣物也不同，如果以现金代替实物，那么发放的钱数也不同。[35]服三年刑的隶臣妾，如果遗失官府的工具或牲畜，会被减少食物和衣物配给。[36]在汉初，刑徒如果不受监管，像平民一样生活，会受到和逃亡者一样的处罚。[37] 刑徒如果殴伤庶人，会被处以更长的刑期和黥刑。[38] 官吏在工作中笞打刑徒至死，可以赎死罪。[39]

对于服刑期满而回归正常生活的刑徒，我们对他们法律层面和社会层面的地位一无所知。如果他们可以回到原来的居住地，很可能会投奔在世的最亲近的亲属，但我们不知道他们是否会被重新纳入承担赋役的户中。问题是这些家庭是不是愿意接纳这些原先的成员并负责养活和照顾他们，特别是在假如他们被斩断一只脚，几乎丧失了劳动生存能力的情况下。他们如果不被接纳，有可能会变成流民，即脱离了编户名籍的人，可能会被当成逃避法定义务的逃亡者而受到惩罚。

"收"和"隐官"代表另外一种受控制的人群。秦汉之前就有收押特定罪犯的近亲并对其进行严密控制的惯例，这种程序被称为"葆"。[40] 汉朝政府采纳了这种做法，称之为"收"。张家山汉简显示，依照这一规定，罪犯的妻子和孩子会被收押。[41] 张家山汉简还提到了一类被称为"隐官"的人，其身份低于受处罚最轻的刑徒司寇。[42]《法律答问》中的一条可以用来解释犯什么样的罪应当被判处隐官，但给出的答案并不足够清晰。[43] 也有被豁免或免于处罚的人成为隐官的例证。[44] 奴婢已获自由而得到庶人身份，如果犯罪，则会被判处为隐官。[45] 隐官似乎甚至很可能和葆一样也包括已被收监的犯人家属，但关于这一点并未有明确的说法。这种羁押的情形如何，以及被羁押的人是否要从事任何种类的劳作，我们无法给出确切的说法。此外，隐官也被解释为已经受"保护"或监管，然后通过提供劳役而得以减免刑罚的人。[46]

和隐官有所不同，还有一种被强迫服役的人，他们按照指令劳作以偿还所欠官府的债务，一般被称为居、居作或居赀。这样的处罚可能是直接因为债务或者罚金，又可能是为了偿还从官府领取的衣食的费用。秦代律令中有一条律文规定，一天的劳作可以抵偿8钱。[47]

出土文献为我们提供了关于奴婢的一些新的详细信息，奴婢地位低于罪犯。主人可以让表现不错的奴婢获得自由，也可以自己处罚重新抓获的逃亡奴婢，而不是把他们交给相关的官吏。⁴⁸ 韦慕庭（Wilbur）在相关专论中推断，在唐代之前，已知的法律中没有针对自由人和奴婢之间婚姻的限制，他还探讨了婢女所生孩子的身份和地位问题。⁴⁹ 张家山《二年律令》规定，奴与主人的女性亲属结婚或发生性关系会被处死，在一些特定情况下，奴婢与庶人结婚生下的孩子应该交还奴婢的主人，不过这些规定还并不完全明确。⁵⁰

户

汉朝的律令规定着个人、户和伍的程式，但通常并不承认家是一种社会或法律上的单位。从汉初开始，户成为人口的基本单位，组织人口以从事耕作和登记人口以承担赋役都是以户为单位的，但在汉代之前情况可能并非如此。⁵¹ 从史书和保留下来的文书可以看出，这种人口单位在整个两汉都一直存在，一般包括4～5人。⁵² 户与家不是一回事，众所周知家这个概念很难界定。商鞅曾限制两个或两个以上的成年男性必须分异，不清楚这个限令所指的是户还是其他的单位。⁵³

耕地可以由个人持有（自田），也可以通过分配由户所控制（户田），⁵⁴ 但在第二种情况下，把耕地说成是户的财产可能并不妥当，毋宁说它是由官府批准，通过正常的登记，由户使用的耕地。户主及其职责可能通常（或许固定地）父子相传。⁵⁵ 当户主没有儿子来继承时，户主会按顺序传给他的父亲、母亲、遗孀、女儿、孙子、重孙、祖父母，然后是同产兄弟的儿子。当孙子是户主时，他死后（应该是在他自己的父亲和祖父死后）户主会传给他的母亲。⁵⁶ 这个先后次序和爵位继承的次序不同（见上文）。户主也可以传给获得自由的奴婢。不能继承户的寡妇可以自己立户，其田宅的来源不详。希望从现有的户中分离出来的人可以另立新户，先令中可以包含分户的条款。

户制的实行并没有阻止大庄园的发展，它们由私人通过买卖而获得，关于这一点，从限制土地买卖的各种措施以及控制私有土地规模的

1. 黑地彩绘棺头挡右上部细节。马王堆 1 号墓

2. 朱地彩绘棺头挡。马王堆 1 号墓

3.T形帛画。总长 205 厘米，顶宽 92 厘米，底宽 47.7 厘米。
马王堆 1 号墓

4. 带有神仙形象的刺绣丝织物的细节（缯绣衾被，局部）。江苏尹湾2号墓

5. 带有印花图案的织物。马王堆1号墓

6. 彩绘云气鸟兽人物纹漆面罩，与头冠平行的罩板外部的细节。江苏扬州平山雷堂26号墓。西汉晚期。长58.4厘米，宽30.5厘米，总高31.5厘米。罩板"窗口"两侧均有仙人把守，上方有朱雀，下方有玄武。整个表面覆盖云气，小鸟小鹿穿插其间

7. 彩绘石门柱。陕西神木大保当 11 号墓。东汉。左，69 厘米 × 33 厘米，蓐收（？）手持规，其前面有月轮形象；侧面和下面各有一虎。右，116 厘米 × 33.5 厘米，句芒戴冠，冠上有三根羽毛；手持曲尺形矩；其前面有日轮，日轮中有三足乌；侧边和下面各有一龙。三足乌和兔子（或蟾蜍）象征日月，规和矩象征伏羲和女娲

8. 彩绘云纹漆鼎，高 28 厘米。马王堆 1 号墓

9. 绘于砖壁上的建筑群壁画，安平墓中室右侧室北壁。公元 176 年。河北安平县

10. 绘于石壁上的宴饮场景，中室北壁（东段）。打虎亭 2 号墓

11. 仓楼，陶制。后士郭 1 号墓

12. 包在丝织物里戴面具的男尸。1995 年发掘于营盘 15 号墓，新疆维吾尔自治区尉犁县

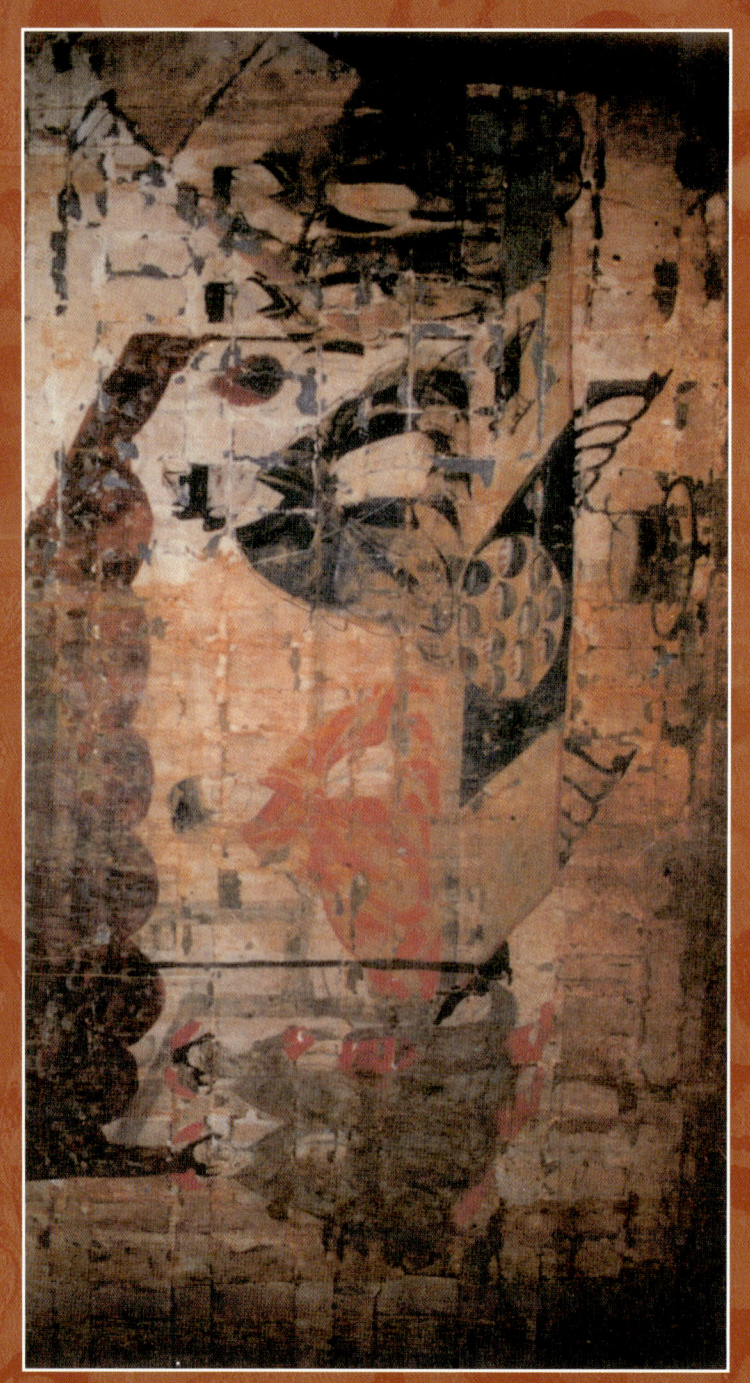

13. 北壁夫妇宴饮图，描绘的可能是墓主人准备迎接贵宾的场景。高1.46米，长2.5米。东汉晚期或曹魏时期（公元3世纪早期）。1991年发掘于河南洛阳朱村

14. 九宫宁宙图式，下面为北方，出自湖南长沙马王堆 3 号墓帛书《刑德》乙篇；时间下限为公元前 168 年。帛书《刑德》乙篇长 84 厘米，整件宽 44 厘米；图式自身长 30 厘米，宽 32 厘米。这一图式用于天文历占中刑德一派的语境里，用五种颜色表示，对应五方，或许还对应五行。见第 14 章附录 1 第 17 项

15. 玉覆面，济北王刘宽（卒于前87年）墓。山东长清县双乳山1号墓。长22.5厘米，宽24.6厘米。除鼻部有古雅的图案外，其他各片均无修饰，这种图案可能是对汉代之前器物的一种体现

16. 刻有"冠人"的穿罗绮袍的木俑。高 79 厘米。马王堆 1 号墓

17. "羊头过梁"额枋（内侧）的"淑女图"细部。波士顿美术馆。虽然看上去出自另一个工匠的手笔，但此处女性贵族的描绘风格和男性贵族的基本相同

无谓尝试中就可以得知。[57]

乡制作五种簿籍，经过抄写，其中一份被呈送至县。从理论上来说，这些文书应该含有各个年龄段全部人口（包括儿童）的真实详细的信息。[58] 被安置在新开辟土地上的户数由县级政府汇报给上级政府——应该就是郡级机构。[59] 把土地登记在他人名下会受到处罚，这被视作弄虚作假。[60] 卿以下（第九级爵及以下）每年每户出赋 16 钱，卿及以上不用缴纳田租或刍稾税。[61]

伍

把个人或家庭编成组，成员负有互相监视以及检举犯罪行为的连带责任，这是汉朝继承秦制的一部分，其起源可能还要更早一些。这种原则由商鞅制定，要求把成员按伍或什编组。[62] 吕后二年（公元前 186 年）的一条律文或许对此有所补充，它规定这种组织用契约来确认，无论这里是指用什么形式。[63] 同一律文具体规定，一旦伍人报告犯罪行为，官吏应该关闭里门以控制人员出入，如果未能这么做，就会被处以罚金。伍的成员如果没能报告特定的一些事项也会受到处罚，比如为了逃避赋税而在登记时有所隐瞒，非法铸币，选择特定类型或面值的钱币流通，或者为未能参加与敌作战而提出虚假的借口。[64] 有一个例外是在官府的仓库工作的官吏不承担同伍人员的连坐责任。[65] 随意告发同伍的人或所告不能被证实则会受到处罚。[66] 在追捕罪犯时官吏和士卒可以越过关塞，伍人有责任审查这些人的名单。[67] 为了确认爵位继承的顺序正常，必须不少于五个同里或同伍的人担保。[68]

这一系统的效果怎样，几乎没有记载可以证明；对那些在地广人稀的农庄中生活和劳作的人来说，很难认为这种体系会对他们产生什么影响。秦时一位官吏负责查封一个接受司法调查之人的财产，在汇报中说他曾询问过几个与此人同伍的人，以确保没有漏掉任何物品。[69] 有个士五曾报案说，有盗贼在他房子底下打了一个洞并偷了他的衣服。调查案子的官吏至少传讯了一名与他同伍的人。[70] 盐铁会议中，文学之士在批评当时的公众生活时，抨击了这种制度所导致的不公正现象。[71]

关内侯与彻侯

关内侯与彻侯分别为第十九等爵和第二十等爵。尽管史书记载有些关内侯会因田地而获益，但直到从张家山的律令中我们才得知他们会被分配田宅，而且这种分配可能是经常性的。[72] 与授予较低爵位的人相比，授予关内侯的土地面积很大，可达 95 顷，合 182 公顷，[73] 但关于这些土地究竟会被怎么管理或者从中会得到什么收益，这些都不清楚。对彻侯拥有土地的规定有所不同，这或许可以被看作一种象征，如果这样，也许我们会有这样的疑问，即他们是否有资格向耕种这些土地的人征收田租。

和对关内侯不同，对彻侯不这样授田。封侯的诏书上标明了所封特定地方的户数，他们的头衔通常就以那个地方命名。他们在这些地区为政府收取赋税，并且有权从每户抽 200 钱自己留存。和所有高于公乘的爵一样，在授予关内侯和彻侯时有专门的诏令，上面注明了受爵人的姓名。汉代有两次大规模的封侯，一次大规模的夺侯。从史书中可以看出受封者有三类：诸侯王之子、为朝廷建立功勋的大臣和将军，以及皇帝所宠幸的人或外戚。[74]

在汉初，高祖封了 143 个侯；武帝至少封了 262 人为侯，而在公元前 112 年大概有 106 人被蓄意夺侯。封侯和夺侯似乎都可以看作出于政治上的动机，即为了加强帝国的中央集权。高祖赋予他所信任的拥护者以责任，他们反过来为朝廷征收赋税。公元前 112 年的大规模夺侯，可能反映出在官员培养和选拔方面的成功尝试，这些官员受指派处理郡级行政，接手以前由侯完成的工作。这也有可能是想要遏制世家大族的影响。武帝所封的侯中有 178 人是诸侯王的儿子，这样做可能是希望把他们从诸侯王国中分离出来，和他们仍处于诸侯王国之中相比，这样的做法也许会使他们从事分裂活动的可能性降低。这批封侯也可能是为了削弱诸侯王的势力。其中有 75 人是因功封侯,可能反映了管理新被纳入汉朝统治的地区的新需求。值得一提的是,75 人中至少有 40 人是归顺的少数民族首领。

有三个特例应该引起注意。第一个特例是萧何在公元前 201 年被封为侯,尽管中间有间断,其侯国至少传了九代,直到王莽失败后才灭国。[75] 这大抵是由于萧何作为开国功臣的声望为后世赢得了特殊的待遇。第二个特例,公元前 114～前 113 年的这次封侯不是为了分封诸侯王子,不是为了褒奖功臣,也不是为了维系家庭感情,而是为了表示对周代宗室和传统的尊崇。[76] 当时推崇周代的理念和制度对公众生活和政府政策有什么影响,几乎没有材料可以证明。这份荣耀也持续了特别长的时间,该侯国连续传了八代,直到公元 37 年才消失。

第三个特例,公元前 117 年,武帝的三个儿子被册封为王,此前多年的政策都旨在削弱而并不是扩大王国的影响,这一举动与之形成鲜明对比。更值得注意的是,我们可以看到,汉武帝自己本来希望封他们为侯,在当朝一些大臣的坚持下,才违背意愿册封三人为王。幸运而又意外的是,我们能看到的记载来源于原始的文书。[77] 张汤是这些大臣中的一位,他在五年前击败淮南王刘安的行动中起到了关键作用。[78] 在讨论中,双方援引历史和礼制的先例,但这些论据并没有揭示可能的真相,即其中包含宗族内部的斗争。

诸侯王

汉初分封诸侯王,因为他们在国家的治理中发挥了重要的作用。[79] 最初刘邦被迫接受一个事实,那就是大片的疆域实际上掌握在其他将领手中,而他可能已无法再信任这些人了。他不得不承认他们的地位和权力,让他们以"王"的名义控制自己的地盘。这种局面不可能长久,到公元前 195 年,这些将领除了一人以外全被肃清,由刘邦的近亲取代。

从那以后，各王国的官员和治理方式都仿效中央政府；诸侯王负责境内的秩序和安全，各个王国的土地加起来的面积比中央直辖的郡还要大。这种情况经过了漫长的演变才被扭转过来，[80] 在西汉末存活下来的一些王国延续至东汉，保留着一小块国土和有限的政权。然而，通过考古发现可以看出，一直到公元 54～90 年的中山王刘焉时期，有些诸侯王还控制着大量的财富，足以修建起雄伟的陵墓。[81] 有的诸侯王以广聚学者或推动学术发展而知名，比如刘安或刘德；有些涉嫌参与叛乱阴谋，包括刘安在内；有些则拿起武器试图推翻在位的皇帝，比如公元前 154 年发生的七国之乱；有几个诸侯王因为生活奢侈、行为不端、犯罪或性情残暴而在史书中受到严厉谴责，比如刘建、刘去等。琅琊王刘京得到了光武帝阴皇后（卒于公元 64 年）的大批遗产，得以用精美的金银装饰宫殿。[82]

依赖社会分层是秦汉时期管理社会秩序的主要特征。两汉最初几十年的朝廷通过严厉而细密的制度来推行自己的意志，这些措施并不是当时的新构想，我们也许只能推测其吸取了以往秦或许还有其他各国在当时已经非常细致的措施。汉代皇帝们主要的、新的应对方法是分封自己的儿子为诸侯王。爵、户和伍三种手段的结合，可能使得中国管理的人民比同时期其他国家的人更具凝聚力。

注释

1 见 ZJS（《二年律令》）简 354—358、484—486。
2 一般不标注县和里之间的乡。
3 比如在居延（甘肃省）所发现者，见 Loewe, *Records of Han Administration* (1967; 以下作 *RHA*), Vol. 1, 109, 113。
4 对历次赐爵的列举，见 Loewe, "The orders of aristocratic rank of Han China" (1960), 114, 165–71。从公元前 3 年开始，爵位有时也被授予"男子"，即没有特定年龄限制的男性。居延汉简中的两枚上有 16 岁和 12 岁青年男子拥有爵位的例子。见 *RHA*, Vol. 2, 208, nos 5 and 7（51.5 and 15.5）；文书 X 2 中的条目又见 *RHA*, Vol. 2, 372–4。关于户，见本书页边码 302 页。

5　关于关内侯和列侯，见本书页边码第 305 页。

6　ZJS（《二年律令》）简 310—316 列举了爵级，也见于 HS 19A, 739；《汉旧仪》卷下（SBBY ed.）第 6 页 a—b。关于彻侯的内容见 ZJS（《二年律令》）简 314。关于"谋人"的称谓，见 SHD（《秦律十八种》）简 181 和 Hulsewé, Remnants of Ch'in Law (1985; 以下作 RCL), 84, 后者认为是它第三级爵簪袅的别称。

7　关于卿，见 ZJS（《二年律令》）简 291、359、364、367 和 WW 2004.8, 73—74, 以及 Zhu Shiche, Shang jun shu jiegu dingben (1956), 73。在秦原先的爵制中，第十级和第十一级被称作客卿和正卿。

8　关于爵位的继承，见 ZJS（《二年律令》）简 359—362、367、369。

9　HHS（志）28, 3632 注。

10　ZJS（《二年律令》）简 376、390、392。

11　ZJS（《二年律令》）简 310—316。关于已经或应该授受的土地，见 SHD（《秦律十八种》）简 8；RCL 23, n. 2；ZJS（《二年律令》）简 239、318。Swann, Food and Money in Ancient China (1950), 363-4 将时间认定在公元前 155 年之前，如 1 顷为 500 亩，则合 42.7 英亩（17.3 公顷），之后则为 56.9 英亩（23.0 公顷）；如 1 顷为 100 亩，则分别合 8.5 英亩和 11.39 英亩。

12　公元前 7 年和公元 9 年的限田措施，见 CHOC, 557-8。

13　ZJS（《二年律令》）简 281—284、289、291—293、354、392、393；关于公元前 180 年赐爵的同时赐牛酒，见 HS 4, 106。

14　ZJS（《二年律令》）简 82、83、157。简 175 中规定，家庭成员因罪当收，有爵者可以豁免。ZJS（《奏谳书》）简 72—74。

15　ZJS（《二年律令》）简 28、46、394。

16　在居延发现的军令残简中经常会出现爵，见 Li Junming and Liu Jun, Zhongguo zhenxi falü dianji jicheng (1994), A(2), 145-61（散 256—288）；关于夺爵，见第 147 页（散 280）、第 301 页（250.23）。

17　ZJS（《二年律令》）简 84。

18　ZJS（《二年律令》）简 204。关于可以用爵来为亲属赎刑，见《墨子·号令》（SBBY ed.）；Cen Zhongmian, Mozi cheng shou ge pian jian zhu (1958), 126。关于可以归还爵位以免身份为隶臣妾的亲属为庶人，另见 SHD（《秦律十八种》）简 155；RCL, 83。

19　这一称谓见 ZJS（《二年律令》）简 312、316、360。

20　见 HS 5, 140；《汉旧仪》卷下第 6 页 a—b；ZJS（《二年律令》）简 302, 这条简文表明除了未获得爵位者，士五还包括其他人；见 SJ 118, 3078 注释 4，HS 44, 2142 注释 4 以及 Loewe (1960), 147。士五在睡虎地秦简的虚拟案例中被频繁提到，例如 SHD（《封诊式》）简 8、13、15。

21　SHD（《秦律十八种》）简 12、65、140、151；见 RCL, 71, n. 37。

22　SHD（《法律答问》）简 125；RCL, 155。

23　ZJS（《二年律令》）简 163，另一案例见 SHD（《秦律十八种》）简 156。

24　ZJS（《二年律令》）简 385。庶人另见于 SHD（《秦律十八种》）简 156 以及 ZJS

(《二年律令》)简 181。

25 ZJS(《二年律令》)简 312、316。在秦统一前,司寇可能是掌管刑狱的一种高级官吏的名称;在两汉指两年徒刑,见 Hulsewé, *Remnants of Han Law* (1955), 130, 该书中把这一术语译为"robber-guards"。关于隐官,见下文页边码第 301 页。

26 ZJS(《二年律令》)简 334、367—390。

27 ZJS(《二个律令》)简 369—371。妇女获得尊称"君"的例子,见 Loewe, *The Men who Governed Han China* (2004a), 16, 282。

28 ZJS(《二年律令》)简 378。

29 ZJS(《二年律令》)简 380;关于户,见本书页边码第 302 页。

30 ZJS(《二年律令》)简 384。

31 这些术语和判决见 *RHL*, 128-31。

32 这些判决见 *RHL*, 124-8。

33 见 ZJS(《二年律令》)简 119, 简文规定可以用金或 1.5 万钱赎五年徒刑。

34 SHD(《秦律十八种》)简 55—57; *RCL*, 32。SHD(《秦律十八种》)简 201 涉及跨县转送刑徒和被收捕的人,由简文可以看出和奴婢一样,也会给刑徒发放食物。

35 SHD(《秦律十八种》)简 90—96; *RCL*, 55-56。

36 SHD(《秦律十八种》)简 78; *RCL*, 48。

37 ZJS(《二年律令》)简 307。

38 ZJS(《二年律令》)简 29。

39 ZJS(《二年律令》)简 48。

40 见 Loewe, "The terms *Baozi, yin gong, huan* and *shou*: was Zhao Gao a eunuch?" (2005)。

41 ZJS(《二年律令》)简 174—181,《收律》。

42 ZJS(《二年律令》)简 158、312、314。

43 SHD(《法律答问》)简 125—126; *RCL*, 155。

44 ZJS(《二年律令》)简 124;(《奏谳书》)简 99—123。

45 ZJS(《二年律令》)简 163;关于隐官被黥劓的案例,见 ZJS(《奏谳书》)简 29、32。

46 见 Lau, "Die Rekonstruktion des Strafprozesses und die Prinzipen der Strafzumessung zu Beginn der Han-Zeit im Lichte des *Zouyanshu*" (2002), 347 (note 21)。

47 SHD(《秦律十八种》)简 76、78、83、133、144; *RCL* 48, 50, 68, 67。

48 ZJS(《二年律令》)简 162、160。

49 Wilbur, *Slavery in China during the Former Han Dynasty 206 B.C.-A.D. 25* (1943), 158-64。

50 ZJS(《二年律令》)简 188—190。

51 "户"在汉代之前的文献中不多见,其中一例见于 SHD(《为吏之道》)简 19(5)。

52 HS 28; HHS(志)19-23; ZJS(《二年律令》)简 304—346,《户律》;关于尹湾汉墓简牍所记载的约公元前 10 年东海郡(今山东境内)在册的户数和人数,见 Loewe (2004a), 60-1。

53 SJ 68, 2230。

54 ZJS(《二年律令》)简 317。根据简 318 中的说法,乡按立户时间的先后给未受田宅者授田,但简文并不清楚。

55 关于代户的规则,见 ZJS(《二年律令》)简 379—387。

56 ZJS(《二年律令》)简 338。

57 董仲舒在武帝初年提出的意见,见 HS 24A, 1137;公元前 7 年以后不久,师丹希望能对这种现象进行控制,见 HS 24A, 1142。

58 ZJS(《二年律令》)简 325—328。

59 ZJS(《二年律令》)简 243。

60 比如说,某人名下的田宅本来应该收归官府或者某人名下的田宅不是为某户所有。ZJS(《二年律令》)简 323、319。

61 ZJS(《二年律令》)简 255、317(此处对"卿"字的释读还有疑问)。

62 SJ 68, 2230;《韩非子·和氏》第 239 页;以及《韩非子·定法》第 907 页。根据银雀山汉简 939(见《银雀山汉墓竹简》),五人为伍,十人为连;《周礼》卷 12 第 13 页 a 中说五家为比,十家为联,又五人为伍,十人为联(原文如此)。HS 23, 1083 记载齐国的管仲设立什伍组织,但没有说明其功能和责任。五家为伍的观点,见 HS 90, 3674 中颜师古(公元 581～645 年)注以及 RCL 145, note 1。

63 ZJS(《二年律令》)简 305—306。

64 SHD(《秦律杂抄》)简 33、36;RCL, 115, 116;ZJS(《二年律令》)简 260、201(此句中的第三种情况不见于作者所引的简文,[《二年律令》]简 197—198:"敢擇不取行钱、金者,罚金四两。"其内容与此相涉但意思不同,也与伍人无关。——译者按)。

65 SHD(《法律答问》)简 155;RCL, 163。

66 SHD(《法律答问》)简 96—97;RCL, 145。

67 ZJS(《二年律令》)简 495。

68 ZJS(《二年律令》)简 390。

69 SHD(《封诊式》)简 10;RCL 185。

70 SHD(《封诊式》)简 82;RCL 203。

71 YTL 10(第五十七,"周秦") 585; Loewe, *Crisis and Conflict in Han China* (1974), 110.

72 ZJS(《二年律令》)简 310。

73 见本章注释 11。

74 封侯者的详情见 Loewe (2004a), Chapter 9。

75 SJ 18, 892; HS 16, 541-4; Loewe (2004a), 296-8。

76 SJ 20, 1046; HS 18, 688; Loewe (2004a), Chapter 10。

77 SJ 60; Loewe (2004a), Chapter 12.

78 见 Vankeerberghen, *The Huainanzi and Liu An's Claim to Moral Authority* (2001)。

79 见 Loewe (2004a), Chapter 11。

80 见 CHOC, 124-6, 139-44。

81 见 Loewe, "State funerals of the Han empire" (1999b), 50-72;以及本书第 7 章页边码第 227 页。

82 HHS 42, 1451。

12
政府的运行

鲁惟一（Michael Loewe）

除了在睡虎地和张家山发现的法律文书外，考古工作者在尹湾（江苏）一座级别较低的官吏墓中还发现了一批上计材料，这大大增加了我们对帝国行政的认识，无论帝国行政是由中央政府还是郡或地方官吏所实施。[1] 也许这些是准备上报给中央政府的材料，只是所起草文件中的一部分。这些法律文书的时代是公元前217年和前186年。许多从敦煌和居延的废墟里搜集到的公元前100～公元100年的行政文书和残简断牍，在最近的几次发现重见天日之前几十年就已经为人所知。在尹湾发现的是公元前16年和前10年的上计材料，故我们不能假定其规定和流程适用于整个秦汉时期。

我们根本无法估计帝国政府是如何能普遍、均衡而持续地运行的。如果说在都城附近以及在王朝政权创立和重建时政府的运行最为深入细致，比如说在高祖、宣帝、王莽和光武帝时，这种假设或许大致不差。这批新的资料具有很高的价值，拓展了我们从正史等传世文献中获得的认识，但还是不能全面地说明帝国政府是如何运作的，也和其他西汉早期和东汉的相关材料相抵牾。在下文中，我们讨论的主要内容限于官吏的数量和所受培养、官员的汇报与请示、人口登记和民众义务、账目、官府仓库维护、通信方法以及旅行控制。

官吏[2]

在睡虎地发现了一份名为《为吏之道》的文书，[3]为官吏们设定了理想的行为举止模式。官吏应该避免感情用事，避免欺压下属，不能唯利是图。官吏有五善，应该追求的良好品质，其中包括忠信、善良、正直等；又有五失，比如过于自大和擅自裁制。他们应该乐于接受劝告，愿意去发现别人的潜能；应该认真负责；发布的政令应该明确以避免引起不满。

这份文书的作者、写作背景以及在秦朝的流传范围都尚不清楚。其中有些用语通常被认为与周代的传统有关。《为吏之道》重视家庭责任和情感，比如慈、孝等，还劝告说要仁而不废刑。[4]

管理汉帝国需要13万名官吏，影响官吏选拔的因素有法律规定、举荐和能力测试。公元前5年注册的人口约为57.5万人，当时中央政府的官吏大概有3万人，各郡的官吏数约为10万人。[5]从公元前186年起，培训十七八岁的年轻人以使之成为史，在一些情况下也培养卜和祝。[6]三年之后测试他们对书本知识的掌握、书写能力和对各种书体的熟悉程度，然后根据能力授以低级官职，而后可能被晋升到高级官职。无法推测这套程序在多大程度上得以运用于实际。

此外，中央和郡级的高级官员都受命举荐具有某种特殊品质的人才，比如"明于国家之大体"[7]或"直言极谏"。[8]可能有一个配额来决定可以推荐多少人。中央政府在有些情况下会派出使者巡行郡国来搜求上述这些人才（公元前86年）或者寻访那些描述得比较宽泛的"茂才"或"异等"，比如在公元62年和公元35年。[9]对孝廉的要求可能会有所不同，那就是要孝顺和正直。公元前134年，董仲舒曾建议高级官员应该推举孝廉，每年有二三百人被举荐。[10]十年之后，在丞相公孙弘的提议下，一个更高级别的官吏培养体系设立起来，即每年为博士新增50名弟子。[11]后续的测试包括根据所传授的内容背诵经文，这些弟子可能获得高于史的职位，仕途起点也更高一些。到公元前41年，博士弟子的数量达到 1000 名，到成帝（公元前 33～前 7 年在位）朝末期，数量增加到 3000 名。[12]

高级官员有权保举自己的亲属做官，但这些人不一定具备所需的素质，[13] 因而这种做法受到诟病。明帝（公元 57～75 年在位）可能就是因出于恩宠而任命了太多的郎而被批评。[14] 有些人发迹是由于应诏书要求对国家大计提出建议和意见，[15] 他们的对策会被分为甲等、乙等或者还有丙等。在特殊情况下，可能还有一种评估被举荐人的方式，被称为察廉。[16] 在尹湾发现的文书记录了郡县官吏年度评估的一些内容。[17] 追捕罪犯或逃亡者有功，在军中服役十年或者因为正直或其他品质而得到认可都可以让人升职。从其他一些材料我们可以知道，如果在实际生活中没能达到孝道的要求会受到严厉的惩罚。[18]

一般来说，官吏可以从低级职务升到县令或县长，然后升任郡守；如果在任期内政绩卓著，就可以被提拔为包括九卿在内的中央政府官员，极少数可以继续晋升至御史大夫或丞相。这些高级职务的任期可能是三年或四年。如果要谋求最高的官位，必须超越两个关键点：一个是大县的县令，秩禄为一千石；[19] 另一个是郡守，秩禄为二千石。

新发现的材料大大增加了我们对地方行政的认识。在公元 1～2 年有 1577 个县以及类似的行政单位，在公元 140 年有 1179 个，县级单位以其规模被分级，衡量的标准是在籍的人数、长官的秩禄以及长官所统辖的下属官吏的数量。或许这可以从公元前 15 年前后东海郡（今山东境内，延伸至江苏境内）县级单位的情况看出：

县登记人口数	下属吏员数	长官的秩禄
超万户	60～107	600～1000 石
不足万户	27～86	400 石
［未知］	22～66	300 石

下属吏员包括令史、啬夫、狱史、游徼、牢监等。县的亭长数不等，可多达54个，也可少至6个。我们还第一次获知盐铁官的吏员数量，他们管理官府设立的盐铁机构，监督刑徒和其他被征人员劳作。有记录的三个盐官的吏员数在26～30人，其中一个铁官有吏员5人，另一个有20人。[20]

公元前11年，一个功曹在他的日记中记下了因公外出时——有时是在追捕罪犯，有时可能是向邻郡官员通报郡守的死讯——晚上住宿的地点。[21] 尽管功曹秩级不高（百石），责任却重大。功曹作为郡守的主要幕僚，受托处理各种机要事项，负责某些特定的文书；所提供的信息是官吏升迁的依据。

在尹湾发现的材料也反映了官吏互相拜访时的一些礼仪。被保存下来的一些名谒颜色鲜艳，用以呈递给上级官吏自报家门。这些名谒上面的书法非常讲究，不见于日常行政文书中。[22]

官吏的汇报和请示

正史中妥善记载了官员给皇帝的奏章，这种文书可能会提出某些问题并且建议合适的解决方案，史书也记录了颁布诏书以命令采取行动。这种法律文书中的材料明确说明了实施这些措施之前的各种程序。低级官吏通常会汇报在行政中遇到的某种困难，同时或许会提出一些建议，这种建议会用请示的形式表达，以请求采取某些行动。这些汇报会被提交给事发县的县令，然后上报郡守；随后可能会被提交给帝国的一些最高权力部门，比如御史大夫或丞相。低级官吏不可以直接给这样级别的高官上书，如果违反会被罚金四两（2500钱）。[23]

一些琐碎的事情要提交给级别如此高的官员来决断，这或许有些令人惊讶，但确实在汉初发生过。函谷关是控制京畿入口的关口之一，我们看到函谷关吏的一份请示：几个孩子，符传上没有长官（二千石）的印，由一个妇女携带，是否能被允许入关？[24] 这件文书被提交给中央政府的内史，然后上报相国，[25] 随后有一道诏书，准许她入关。其他应当到达这级政府的汇报事项可能会涉及养马或买马。[26]

人口的登记和义务

无论男女，所有人都必须自己登记户籍，向政府申报年龄。没有父母的幼儿由同产兄弟代为申报。[27] 每到八月，乡吏们案验户籍，并把副本保存在县廷。这些文书非常关键，是官吏征收赋税和征调徭役的依据。县官每年向郡提交报告，汇报应该承担法定徭役及已服徭役的人数。[28] 迁徙户籍需要提交报告，要详细列出所涉人员的年龄、爵级等信息，这些资料会被寄送到迁徙的目的地。[29] 民宅园户籍、田命籍、田租籍等五种簿籍要制作副本，其中一份用印封缄后藏于县廷。[30] 如果有必要，这些簿籍会在仔细监督下被打开，事后重新封缄。如果弄虚作假，比如把田宅登记在他人名下，会受到戍边两年并没收田宅的处罚。[31]

对于有爵者的儿子来说，傅籍以承担赋役的年龄根据爵位从 20 岁到 24 岁不等。[32] 同样的，拥有爵位的高低可以决定人们开始免除一半或全部赋役的年龄，其范围是从 58 岁到 65 岁。[33] 人们在患病和身残的情况下也可以免除劳役。[34]

除了田租和人头税以外，[35] 农民还要缴纳田里产出的刍稿税。每顷土地缴纳刍 3 石，如果土地贫瘠则减少为 2 石；稿每顷 2 石。[36] 刍稿要新鲜，不能缴纳陈物。县吏按需要收取实物，超出需求的部分可按重量收取一定的现钱。[37]

为县里劳作的人可以领取配发的衣服或布料，其数量根据性别和年龄而不同。衣服或布料不光提供给 15 岁及以上的人（大男、大女），也发给 7～14 岁和 6 岁及以下的人。发放的衣服冬夏（夏天是从四月到六月）不同。[38]

账目

由低级官府开始逐级上计,最后一直到达京城,这种做法总体的重要性已经另有讨论,兹不赘述。[39] 然而,我们可以对所涉及的文书范围进行一些思考,这些文书通常都有副本,被仔细地储藏在不同的官府之中。

郑玄(公元 127～200 年)曾经提到有《上计律》,可惜律文没有被保存下来。[40] 根据睡虎地出土的文书,如果县吏或都官负责的物品账目有出入的话,会面临处罚。[41] 这可能会让我们联想到一种律,或许可称为《效赢不备之律》,它规定了官吏的账目有出入或者不按规定编制账目会受到什么样的惩罚。[42] 正确的做法是,若物品由一个部门传递到另一个部门,应该在双方的账目中都留下记录。[43] 除了贮存的物品和工具的账目,各县还应该上报领取口粮人员的名籍,以及消耗的其他资料或物品的清单,并且要将这些账目上报给治粟内史下属的太仓。[44] 我们还看到,出现在不同目录中的物品应该被仔细区分。[45] 计量谷物时要把不同年份不同种类的谷物分开计算。[46] 我们看到卖小猪和小鸡得钱的账目也要保存下来,还有人因养马苑的账目不准确和有出入而受到指控。[47]

在核对账目时如果出现错误,会面临轻重不同的处罚,处罚采取罚金的形式。账目的出入由 110 钱到 2200 钱不等,罚金的数额也相应增加。[48] 和其他地方一样,在这种情况下似乎账目的金额通常按 11 而不是 10 为计算单位,具体的例子有以钱来表示的衣物或布匹的价值或者丢失物品的价值。[49] 盗窃的现钱或者所得的非法收入以 11 为计算单位,贿赂案的金额也是一样的。[50] 根据一条材料,战国时期的鲁国在计算贼赃时是以 10 为单位,这在秦朝也可以看到一例;[51] 在另一个例子中 10 和 11 两种单位同时被使用。[52]

其他一些文书——例如可能是对公元前 100 年西北地区的军事活动的记录——体现了低级政府的官吏是怎么样负责对经济事项和消费物资的出入编制精确账目的。[53] 整个帝国内各个郡国之人口统计是另一个略有不同的层面。这些数据来源于乡级制作的簿籍，由乡提交给县，再由县上报中央政府。用这种方式，公元1～2年和公元140年的户数和人口数被保留在汉朝的档案中，两种正史至少记载了这些数据的总计。[54] 在文书的传递中容许出现一些明显的错误或差异，但这些数据相当一致且精确，这证明了汉代官吏，或许还有秦代官吏在维持日常工作时的沉稳可靠。

最后一个详细的账簿例子是《武库永始四年兵车器集簿》，从名称可看出其时间为永始四年（公元前13年），被发现于东部沿海（江苏省）的一座墓葬中。这是一块23厘米×6厘米的木牍，双面书写，记录了240种不少于23268487件器物，器物的品种从箭镞一直到连弩车都有。这件文书所指的是东海郡当地的一座武库，还是已经被发掘确认的京城长安的武库，[55] 对此的看法仍有所不同。

官府物资的管理

从公元前217年的睡虎地秦简和公元前186年的张家山汉简律令来看官府非常重视仓库和器物的校核，以确保政府财产保管有序且生活补给按规定数量发放；再有就可能是为了防止官吏贪污。两种文书中都有一组与校核相关的律令，被称作《效律》，其中有一些内容是重复的，可见即使是在这么早的时候，制定行政制度时的因袭现象就已悄悄出现。一组有关谷物出纳的律令出现在三个不同的地方，内容几乎一模一样。[56]

在县令解职，其他官吏免职和调任以及官吏三年任期满的时候都要如此校核。[57] 发放物资超过规定数量会受处罚，盈余、短缺或账目上出现错误时也会同等处理。[58] 称量库存物资时出现短缺会被处以罚金，金额的多少与差额的大小相应。[59] 其中一个例子见于饲养马、牛或其他牲畜时草料的使用。官吏们必须在每年八月的望日上缴每年使用刍稾的数量，报告应该写在2尺（汉制）长的牒上，被递交给内史。[60]

在睡虎地秦律和张家山汉律之后约100年，在居延地区发现的文书显示了边塞防线上的官吏们对于收到并已分发的粮饷和衣物是如何提交籍账的。[61] 这些遗址中的其他一些文书的内容有关兵器登记或者巡视建筑和军事设施。[62] 为了方便核对，官府所有的工具和其他器物上都被刻画或书写了标记，这些标记要与登记在簿籍上的相一致，出现差错会被处以罚金。[63]

官文书的传递

学者们认为，在长沙发现的一批文书是长沙郡的邮亭所积累的文书，文书中提及的时间是在东汉灵帝时期（公元168～189年）。这批材料中包含官文书和私信，有些是长沙郡和属县的往来文书。[64]

在官府之间传递官文书有三种方式：通过正常邮驿的以邮行、以马快速传递的传马行和用步行接力完成的以次传。[65] 正常的以邮行传递司法文书、簿籍以及郡县的支出籍账、诏令等常规文书。有些较为紧急或500里以上距离的文书也通过这种方式传递。传马行传递紧急文书，可能包括檄，被写在形状特殊的木质材料上。[66] 不太紧急的文书和500里以内的文书通过以次传的形式传送。[67]

正常情况下每隔10里或20里设置一个邮驿。邮驿通常有12个室，特殊情况下可以有18个室，在长安可以多达24个室。[68] 如果这些数据适用于整个汉帝国范围的话，会耗费相当多的人力物力。从在尹湾发现的文书中我们可以得知，东海郡的3个县中设置了1～2名被称作"邮左"的低级吏员，这些县有的位于和邻郡接壤的地方。[69] 每个邮驿都配备了井、磨和席，为往来处理公务的官吏提供住处。如果入住的官吏没有随行的仆人，邮驿还要给他们做饭；如果有仆人就只提供炊具；不管有无仆人，都要为他们供应水。[70] 在汉朝的西北边塞没法设置邮驿，文书的传递由兵卒承担。

步行传送文书的邮人按规定一日一夜应该走200里，如果达不到标准会被处以笞刑或罚金。无故拖延会受到询问调查，用邮行传递不紧急的文书以及在传递时损毁封泥都会被处以罚金。[71] 在敦煌和居延发现的简牍包括记录着文书标题的簿籍，上面还有发送和接收的时间或者文书传递所需的时长。[72]

因为没有反证，我们可以假设那些运行邮驿系统和居住在邮驿中的人有资格按照爵位高低被授予田宅，然后他们可以立户并且负责缴纳正常的田租和口钱。有一位学者认为，[73] 这种家庭的成员以运行邮驿系统来代替徭役。然而这种结论可能值得商榷。根据张家山汉简中的一条律文，[74] 在西部特定的地方（蜀郡、巴郡和汉中郡，今四川境内），邮人不用承担徭役，其家人不会被役使，只免除其1顷土地的田租，[75] 而且他们也不用缴纳刍稾税。这些对特定地区的特别待遇表明其他邮驿中的家庭必须承担正常的法定义务。

流动管理

在张家山发现的文书中有一种令，至少有23条，被保存下来的有18条。[76] 它们是管理人员和物品在整个帝国范围内流动的手段，同时也反映出有些规定是由高级官吏提议并经过讨论后颁布的。

山地和水路通道的固定关卡都有官吏和士卒把守。他们凭借文书核查过往行人的身份以及他们在郡之间流动的原因。他们防止人群擅自进出汉朝关塞，并且稽查流亡人员，阻止他们逃逸。他们可能还要核查人员在不同郡国之间的流动。[77] 持有、迁移和购买马匹也同样受到严格监控，这涉及文书上的记录和马身上所做的记号。[78] 对于在亲属死后家庭成员通过津关也有相关规定。

看守津关的官吏为防止金子或嵌金青铜器等珍贵工艺品的走私，甚至会在已被允许过关的棺材中搜索这些物品。[79] 他们还会监视武器等违禁品的进出。[80] 在执行追捕逃犯等公务时，官吏和士卒可以依照特殊的规定出入津关。

在整个汉帝国范围内的流动，似乎都会受到检查和控制，不管是在不同的郡国之间，还是甚至可能在县与县之间。要想通过津关必须出示有效的符传，使用他人或伪造的符传会受到处罚。[81] 征发的卒徒如果涉及跨县流动的话，需要符传才能到达从事劳役的地方。[82] 儿童和 1 岁以下的婴儿在母亲的陪伴下通过津关可能不需要符传。[83] 特定的物品则需要符券。[84]

在居延发现的两种文书证明，这种管理大概于公元前 100 年在实际中得到执行。这些文书系出入籍，记录了通过关卡的人员，有一小部分明显是在出示以后被扣留或遗失的符传。出入籍可能包含个人身份的详细信息（居住地、爵、年龄、身高、面色），另外还注明了随行的马匹、携带的兵器等。[85] 符传上的内容和出入籍差不多，有时候会加上家庭成员及其年龄，而且有时候符传会有编号。[86]

我们在上文中（第 9、第 10 和第 11 章）描述的一些制度与法规，与各种行政措施相辅相成，在乡下各个村庄和城镇的各个间里居住和劳作的人们必然会受到影响，我们在这里所举的只是这些行政措施的一些例子。对大多数帝国居民来说，他们的生活方式和谋生手段取决于由各级官吏所确定的种种安排。他们命令的效能取决于一套井然有序的文书传递系统，这套系统把长安和洛阳的官府与各个郡县的官府连接起来。不管是秦朝还是汉朝，也不管是在管理细致的内郡还是在边地的边郡，施加于田庄、手工作坊和市场各种活动的指令都同样服务于帝国政府的首要需求：征收赋税、维持生活秩序、控制犯罪和抵御外敌。

附录

最近一座西汉中期墓葬出土的一件木牍，让我们可以深入地了解汉帝国行政系统运行的强度和效率。[87] 根据同墓葬出土医方木牍中的地点为东阳（临淮郡，曾归广陵国，今江苏境内），我们这里讨论的木牍上的信息也可能是关于该地的。木牍约长 22 厘米、宽 5 厘米，至少有 9 行文字①。

木牍正面的标题为《户口簿》，提供了某个未知行政单位（可能是一个县）的户数和人口数。上面的数字为 9169 户，40970 口，两者比例为 1∶4.46。木牍上的文字表明户数和人口数都少于以前。这些统计数字后面是六个乡的名称和户口数，加到一起恰好与给出的总数相等。六个乡的户口比从 1∶4.36 到 1∶4.62 不等。根据公元 1～2 年汉朝其他地方的数据，这里的 9169 户和 40970 口应该是一个县的数据（比如京兆尹下属的 11 个县，除长安以外，平均数是 10445 户，39660 口，两者比例为 1∶3.80）。

木牍背面的标题是《算簿》，与征收算赋有关，但具体意义不详。第一行写着"集八月事算"，数字是 20009，其中免除的是 2045。下面是正面标明的六个乡的六个数字，合计为 20009，没有被免除的数字。再下面是一组九月的相关数据，合计为 19988。应该注意的是，这里给出的两组合计数字大约是正面所给人口数的一半。

注释

1　见 *Yinwan Han mu jiandu* (1997; 以下作 *Yinwan*)。
2　关于汉朝政府所设立机构和部门的全面论述，见 Bielenstein, *The Bureaucracy of Han Times* (1980); and *CHOC*, Chapters 7 and 8。
3　SHD（《为吏之道》）释文第 165—176 页。另见 Hulsewé, "The Ch' in documents discovered in Hupei in 1975" (1978), 183–5。
4　SHD（《为吏之道》）简 41（2）、47（2）和 36（1）；释文第 167、169 页。
5　这些数据及其解释见 HS 19A, 743, and Loewe, *The Men Who Governed Han China* (2004a; 以下作 *MG*), 70。
6　ZJS（《二年律令》）简 474—480；Hulsewé, "The Shuo-wen dictionary as a source for ancient Han law" (1959), 239–58; *MG*, 117–18。
7　HS 49, 2290 作"明于国家之大体"。
8　贤良、方正和直言见 *MG*, 119–23。

---

①　应该是 8 行。

9   *HS* 7, 220; 8, 258; 9, 295; 关于茂才、异等和直言,见 *MG*,119-23；关于配额,见 *HHS* 3, 152；公元 85 年有诏书,命万人及以上的县每县举荐明经 5 人,不足万人的县每县举荐明经 3 人,见 *HHS* 3, 152。

10 *MG*, 123.

11 *MG*, 124.

12 *HS* 9, 285, 291; 88, 3596.

13 *HS* 56, 2512.

14 郎的职责包括充当皇帝的随从,见 *HHSJJ* 66.2b n.; Bielenstein(1980), 23-9。

15 比如文帝时的晁错（*HS* 49, 2291）和武帝时的公孙弘（*HS* 58, 2615）。

16 *MG*, 130.

17 *MG*, 71; *Yinwan* 木牍 YM6D3 和 YM6D4,释文第 85—95 页。

18 *SHD*（《封诊式》）简 50—51, Hulsewé, *Remnants of Ch'in Law* (1985; 以下作 *RCL*)；*ZJS*（《二年律令》）简 35、38；*ZJS*（《奏谳书》）简 50、181、182、186、189。

19 石（dàn）既是容量单位也是重量单位,可能合 29.3 公斤。关于以谷物的多少来标记俸禄及其完整序列,见 Bielenstein(1980), 4-5。

20 这些数据见 *Yinwan*,释文第 84 页；*MG*, 67。

21 *Yinwan*,释文第 138—144 页；*MG*, 53-9。

22 *Yinwan*,释文第 133—137 页,彩图 25—34；*MG*, 50-1。这些名谒见本书第 3 章图 3.7。

23 *ZJS*（《二年律令》）简 219—220。

24 *ZJS*（《二年律令》）简 502—503。

25 相国这一名称使用于公元前 196～前 189 年。见本书第 9 章注释 6。

26 *ZJS*（《二年律令》）简 506—508。

27 *ZJS*（《二年律令》）简 325,（《奏谳书》）简 65。

28 *ZJS*（《二年律令》）简 416。

29 *ZJS*（《二年律令》）简 328。

30 *ZJS*（《二年律令》）简 331。

31 *ZJS*（《二年律令》）简 324。

32 *ZJS*（《二年律令》）简 364—365。

33 *ZJS*（《二年律令》）简 356—367。

34 这方面的证据主要来自走马楼吴简,见 Zhang Rongqiang, "Shuo 'fa gu' – Wu jian suo jian mian yi ziliao shi shi" (2004)。

35 详见 Swann, *Food and Money in Ancient China* (1950), 366-76。

36 1 顷合 11.39 英亩或 8.5 英亩,见本书第 11 章注释 11。

37 *ZJS*（《二年律令》）简 240—241。

38 *ZJS*（《二年律令》）简 418—420。

39 见 Gao Heng, "Han dai shang ji zhidu lunkao" (1999); and *MG*, 44。

40 《周礼》卷 27《典路》第 14 页 a 注。

41 *SHD*（《秦律十八种》）简 80；*RCL*, 49。都官或许可以被解释为中央政府在各郡设立的机构，由中央直接管辖。

42　SHD（《效律》）简 50；RCL, 98。

43　SHD（《秦律十八种》）简 70—71；RCL, 46。

44　SHD（《秦律十八种》）简 37；RCL, 41；太仓在秦代归治粟内史管辖，治粟内史在公元前 143 年更名为大农令，公元前 104 年改为大司农；HS 19A, 731。

45　SHD（《秦律十八种》）简 99；RCL, 57。

46　SHD（《秦律十八种》）简 33—35；RCL, 40-1。

47　SHD（《秦律十八种》）简 63 以及（《效》）简 55；RCL, 45, 99。

48　SHD（《效律》）简 8—10、56—57；RCL, 94, 100。

49　SHD（《秦律十八种》）简 67、94—96；RCL 52, 56；以及（《效律》）简 13、56—58；RCL, 95, 100。

50　SHD（《法律答问》）简 1—2、17、141；RCL, 120, 125, 159；ZJS（《奏谳书》）简 51—52。

51　ZJS（《奏谳书》）简 174；SHD（《法律答问》）简 18；RCL, 125。

52　SHD（《法律答问》）简 15—16；RCL, 124（在本条注释和注释 51 中作者引用的都是假设的数字，之所以假设这些数字，是因为它们处于以 11 为单位的数字的范围之内，不能作为以 11 为单位的证据。——译者按）。

53　见 Loewe, Records of Han Administration (1967；以下作 RHA)，特别参考文书 MD 8, 9, 10, 11, 12；UD 4；TD 3, 4, 5, 6；W 1, 2。

54　HS 28; HHS (志) 19-23。

55　Yinwan, 木牍 YM6D6，释文第 103—118 页，彩图 17、18；MG, 76-8; Li Yuchun, "Han Chang' an cheng wuku yizhi fajue de chubu shouhuo" (1978)。

56　见本书第 9 章注释 14。

57　SHD（《效律》）简 17—18；RCL, 95; ZJS（《二年律令》）简 247—248。

58　ZJS（《二年律令》）简 352；SHD（《效律》）简 1—2、8—10；SHD（《效律》）简 58—60；RCL, 100。

59　SHD（《效律》）简 12—17；RCL, 95; 另见 RCL, 93-4 中的规定。

60　ZJS（《二年律令》）简 256；关于不同尺寸和形状之简牍的用法，见 RHA, Vol. 1, 28。1 汉尺约合 23 厘米。

61　见本章注释 53。

62　RHA, Vol. 2, 文书 MD 18, 19。

63　SHD（《效律》）简 43—45；RCL, 96; SHD（《秦律十八种》）简 102—107；RCL, 59-60。

64　Wang Su, "Changsha Dongpai lou Dong Han jiandu xuanshi" (2005).

65　ZJS（《二年律令》）简 264—276；Peng Hao, "Du Zhangjiashan Han jian 'Xing shu lü'" (2002)；关于在居延地区新发现的简，见 Li Junming and Liu Jun, Zhongguo zhenxi falü dianji jicheng (1994), 243-9, 273；以及 Li Xueqin, "Chu du Liye Qin jian" (2003), 74-6。对这个问题的全面论述见 Giele, "'Yū' sei kō" (2004)。

66　关于檄，见 Loewe, "Some military despatches of the Han period" (1964), 351-2。合檄和板檄应该是被特别制作的或编连的木简；关于在居延所发现新简的更多信息，见

67　关于以次传和以邮行的区别，见 SHD（《语书》）简 8。
68　ZJS（《二年律令》）简 264—267。
69　YM6D2, Yinwan, 释文第 79—80 页；MG, 68。
70　对往来官吏的食物定额，上到丞相下到在紧急情况下言变事者各不相同，其详情以及马匹的饲料定额，见 ZJS（《二年律令》）简 232—237；SHD（《秦律十八种》）简 180—182；RCL 83-5。我非常敬重何四维教授（Professor Hulsewé），但我不得不指出，他认为此处的"传"是指"符传"而不是"邮传"，对此我不能苟同。另见 SHD（《秦律十八种》）简 46；RCL, 44，在我看来此简指的是邮驿中的食物配额。
71　针对文书拖延的查究见 Li Junming and Liu Jun (1994), 243-9；由文书推迟 8 天所引发的法律问题见 ZJS（《奏谳书》）简 60；文书传递的时间要求见 Li Junming and Liu Jun (1994), 477-81。
72　见 RHA, Vol. 2, 文书 MD 1, 2, 3；TD 1, 2 以及 Li Junming and Liu Jun (1994), 478-97 中的例子。系结在文书上的签牌，有时会记录文书的传递信息，见 RHA, Vol. 1, 41and Plate 4。
73　Peng Hao (1994), 57b.
74　ZJS（《二年律令》）简 268。
75　关于按爵位分配田宅的详情，见 ZJS（《二年律令》）简 328—336。田地的面积从第十九等爵关内侯的 15 顷一直到被夺爵或无爵士五的 1 顷。
76　ZJS（《二年律令》）简 488—524。
77　ZJS（《奏谳书》）简 17—27。
78　ZJS（《奏谳书》）简 58—59。
79　ZJS（《二年律令》）简 492、500—501。
80　Li Junming and Liu Jun (1994), 230-3.
81　SHD（《法律答问》）简 57。ZJS（《二年律令》）简 489、496；（《奏谳书》）简 17—27。
82　ZJS（《二年律令》）简 518。
83　ZJS（《二年律令》）简 502、512。
84　ZJS（《二年律令》）简 74。
85　RHA, Vol. 2, 文书 MD 13, UD 5, TD 8。
86　RHA, Vol. 1, 112-14, Plate4，简 12—14。
87　天长（临淮郡，今安徽境内）西汉墓木牍 M 19: 40-1A, 1B；WW 2006.11, 4-21；图 22，23；释文第 11—20 页。

第三部分

技　术

13
数字、计算与宇宙

古克礼（Christopher Cullen）

在本章中，我将用一部分篇幅来讨论一些话题，《汉书·艺文志》的编者将它们归在"数术略"下的"历谱"类中。我会把汉代思想中与历谱关系密切的另外一个重要话题，即数理音律与之联系。[1]《汉书·律历志》对两者都有讨论，从而我们可以看出这一话题和历法的联系。接下来我会转到宇宙论，即宇宙的宏观物理结构，并且讨论它与本章其他话题的关联程度。最后，我会讨论在汉代被称为"算术"的这个话题的发展与应用。算术负责解决世俗世界中可以用质量、长度、时间或者其他单位计量的那些方面的问题。[2] 尽管有两种书名中带有"算术"的书籍被归在"历谱"类中，但《汉书》的编者看上去并不把这一类主题看作一个单独的文献分类。

历法的起源和演进[3]

早期帝国时代的官吏和其他任何时代的一样，都需要在一个制定好的时间结构框架中安排自己的各种活动。这个时间结构的某些元素——诸如昼夜交替和季节轮回——都显而易见而不需要任何的解释了。另外一个元素是月相的盈亏，自有记录以来这就是中国计时体系的一部分；中国历法中的月要从朔日开始，增添了一个现代种种历法已缺少的复杂元素。秦汉帝国在推行中央集权的过程中做出了巨大的努力，有鉴于此，看到强加给忠诚的臣民一种基于这些周期之上的标准时间结构也就不足为奇了。颁布历法在君权中处于核心地位。更进一步来说，马克（Kalinowski）认为，从中国最早的一批文献中，无论是传世文献还是出土文献，我们都可以看出建立历法不只具有天文史学的意义，还具有政治上的意义。[4] 现在已很少有人认为中国对精确天文数据的要求，仅仅是出于"农耕民族对精确历法的需求"。恰恰相反，官吏和普通大众查阅历谱主要是为了确定举行其他各种活动最吉利的时间，比如说礼仪活动或者生意往来，他们认为这些活动成功与否取决于合适的时间。

鉴于我前面已经做了那些阐述，在这一部分我尽量把我的讨论限定在制作这样一个时间结构所涉及的技术问题上。这一计算体系开始于日的概念，专业人士以此制作出可以体现长时段时间结构的文书（历）。在我们所讨论的时期，每一日从夜半开始，长度一样，没有人怀疑这一点。60日为一个循环周期，其中每一日用10个"天干"和12个"地支"的组合表示，这一系统很早就有，来源不详。这样一来，就要回答"今天是什么日子"这个问题，在60日周期的第一天，人们会说"甲子"，在第60天，人们会说"癸亥"。接下来稍大一些的时间单位是（阴历）月，每月包括29个或30个整日。大小月交替，使之与月相盈亏同步，这样就可以让月朔（日月合朔的时刻）落在每月第一天。因为月相盈亏的周期比29.5天要稍长一些，所以为了让历法上的月和月相一致，有时候会出现连续两个30天的大月。1年一般有12个月，根据所有月份的总天数，会有354或355日。一年中各个月份直接以数字一至十二表示。根据通行的所谓夏（朝）历，一月的时间在初春（现代中国的"春节"）。

季节轮回随着地球在公转轨道绕日而变化，平均接近365¼日为一个循环，如果一年包含12个月，几年以后就会滞后于季节的变化，大约每年相差11天，过3年累积就会超过1个月。因此，如果某棵树在第一年的三月开花，到第四年可能直到四月才开花。或者，以古代历法专家常用的一个天文上的标志来说，如果在第一年冬至落在了十一月初，到第四年就会在十二月。在一些社会中，比如古代埃及或现代伊斯兰世界，人们对这种滞后现象无动于衷，但在秦汉帝国时代，人们并不情愿这么做。这样导致的结果是，每隔大约 3 年就会在十二月中安插一个闰月。通过简单观察目前的季节就足以知道应该在什么时候设置闰月，而早在春秋时期（公元前 722～前 481 年）一套系统的置闰规则就已实行了。[5] 从东汉（公元 25～220 年）初年开始，如果有必要的话，在任何一个月的后面都可以设置闰月。当时皇帝的在位年数是最常见的纪年方式，有的是从继位开始算，有的（后期）是从在位期间的一个年号开始计算或者和日一样用干支计算。干支纪年在西汉已经可以看到，到东汉已成为普遍做法，并被后世追溯使用。

使用一种特定的历法系统可以让身负其责的官吏——史官[6]——提前制作出一种文书，以使能够用日干支和月份的序数来标志一个特定年份的任何一天。这个基本的框架之上可以附着更多的信息：指定举行某种活动的吉日或凶日，推算季节性庆典的日子或者标注进一步的天文计算结果——比如预测日食或者肉眼可见的行星的运动。

秦代颛顼历

颛顼历是秦代的官方历法系统，名字来源于一个传说中的人物，他是黄帝的孙子和秦宗室的祖先。这一系统的主要特征如下。首先，秦代官方的历年从上面提到过的夏历十月初开始（对于有些已经忘记了以前欧洲的历年并不总是从 1 月 1 日开始这一事实的读者来说，会有一点费解）。历法采用一种后来被称为"四分术"的模式把日、月、年组合起来。四分术最根本的要素是，19 年为 1 章，在 1 章中设置 7 个闰月，因而 19 年总共包括 19 × 12+ 7 = 235 个月。两个冬至的间隔也就因此恰好等于相邻两个月朔间隔的 235/19 = 12 个月。为了使这个 19 年的置闰周期在倍乘时日为整数，就必须有 4 章或者 76 年（称为 1 蔀），其中包含 940 个月，共 27759 日。在秦汉时期，日月合朔的间隔被看作是固定不变的，为 29 天，两个冬至的间隔为 365¼ 天，这就是"四分"名称的由来。简单起见，历法系统在计算时，通常往前倒推到一个过去的时间点，那个时间点是这一系统所有要素的共同起点——这样一来，头一年第一个月的第一天和 60 干支的第一天重合，那一天的开始即夜半，正好是日月合朔和冬至的时刻。这个瞬间就是历元，选择合适的历元有重大的礼制意义和历法方面的实际用途。

颛顼历系统中有一个略微不同寻常的假设，涉及夏历正月的第一天和二十四节气中的第四个，即立春。颛顼历的起始点定在秦献公二十六年（公元前 367 年末或前 366 年）。从实际上来说，在所选择的"新纪元年"中，各种事项是否真的与假设相符并不重要，重要的是这个假设可以在系统使用的时间段内产生可行的效果。然后，在此之后任何一个时间点的状态都可以运用系统背后的历法周期计算得出，只需要简单地推算日、月、年数就可以了。在帝国时代早期，只有出现明显的错误时才会被认为历法出了问题，比如在朔日出现新月或者日食不出现在日月交会的朔日时。至于冬至或月朔是否恰好在预估的时间点上，并没有常规的核查。然而，鉴于任何一套系统的优劣都取决于所依赖的数据，历法系统对实际观察的滞后会因日积月累，到了不能被忽视的程度——这只是个时间问题。

汉代历法改革

汉承秦制，其中也包括历法。这套系统一直被用到公元前 2 世纪末。公元前 104 年，即太初元年，汉朝实行了重大的历法改革，开始采用太初历。很明显，旧的颛顼历在当时已经没法正常使用了，预测的朔日比日月合朔的时间平均要晚半天，历法改革势在必行。然而太初改历背后的全部原因，并不仅仅是简单的天文观测的问题。汉武帝对历法改革很感兴趣，无疑部分是由于大汉王朝需要一个可靠的历法系统，他也希望把颁布新历作为除秦旧制和立汉新法的一种措施。但似乎他最为关心的是，他认为使用新历法可以让他仿效上古的帝王黄帝，从而长生不老。[7] 公孙卿是来自东部沿海的方士[8]，是一个投机者，他巧妙地投其所好，让汉武帝相信实行新历法是和神仙建立联系的关键。

这些动机和制历技术的相互作用看上去相当复杂。解读正史中的有关记载并不容易，然而在全新的历法颁布之前，至少有一次失败的尝试，使用了一种调整过的四分历，而新历采用了数字81作为基本因素，其中的历法原因会在下文解释。这套新"太初历"的起始点是太初元年冬至（公元前105年末），据说在这一天夜半，冬至和日月合朔刚好汇合，又是甲子日的起点。岁首也由夏历十月移至一月（以后一直如此）。

太初改历的实质揭示了在汉朝初期历法体系所起的多重作用，挑战它要面对沉重的思想观念上的批判。公元前78年，太史令张寿王上书称现行的历法有问题，应该用另外一种系统来替代，据说那种历法可追溯到黄帝时代。为了验证自己的主张，张寿王花了三年时间观测，结果被处以"不道"。[9]

后来汉代时朝廷又进行了两次历法改革。第一次与王莽有关，王莽在公元9年称帝，但并没有过多把自己表现成汉朝的替代者，而是一个用古代的政治模式改造汉朝的拯救者。于是，他所信任的谋士刘歆把太初历纳入一个数理宇宙论框架（numerical cosmology），基本结构保持不变，编制出所谓的"三统历"。[10] 这也许就是在东汉"中兴"以后很容易继续采用同一套历法系统的原因。公元85年的确发生了变化，不过其原因更多是出于天象，而并不是思想观念。那时朔日常常比官方预测的要提前一整天，太阳在星宿中的位置要滞后5度。[11] 新"汉历"重新采用了四分术模式，把历法的起始点定在公元前161年，选择这个时间是因为能很好地与公元85年的情况契合，而不是制历者认为各种天象在那个时候一定处于标准的初始状态。

汉历在东汉剩下的时间里一直在使用，但这并不意味着历法上的争论平息了。事实上，正如《后汉书》所载，书面和口头上都存在激烈的争论，这些争论既不完全是思想观念上的，也不完全与历法的观测和计算有关。[12] 大量关于各种历法问题的公开讨论记录成为国家科研机构学术史现存最早的材料，因为汉代制历机构的许多工作都和精密观测、认真记录及数学推算有关。这些记录为天文学家所珍视，《后汉书》中保存了刘洪（约公元 135～210 年）的研究成果，就可以作为证明。刘洪创制了"乾象历"，把预测月球的不规则运行考虑在内，在公元 220 年被三国时期的吴国采用。[13]①

律历和量化宇宙论

现在让我们看一下早期帝国时代量化数理思维的另外一个方面——与制历有密切的联系，同时也尝试去处理其他更为广泛的问题。上文提到，公元前 104 年，古人在太初历系统中有意识地引进了 81 这个要素。正像颁布太初历的诏书所说，这一数字和被称为黄钟的基本音符有关系，而"黄钟纪元气之谓律。律，法也"。[14] 这里我们接触到了一种观念，那就是音律是宇宙的基本元素，揭示了所有秩序的底层模型。

音律和其他重要宇宙元素相关联的观念在太初元年之前就已经存在，从《左传》里医和的话就可以看得非常清楚，他说六气产生五味、五色、五声和四时。[15] 到战国晚期，音律成为宇宙模式的一部分，见于《吕氏春秋》，然后在西汉头一百年中，又在《淮南子》中得到了阐释。[16] 我们看到其中详细说明了一套复杂的体系，这套体系把数字和音调相联系，它基于这样一种理念，即每个音调是由一根简单的特定长度的律管发出的，这些律管的长度可以从更为基本的数字推出。于是，在《淮南子》中我们可以看到，黄钟的数字是 81（极阳之数，因为 3 是阳数和天数，而 $81 = 3^4$ 或者 $3 \times 3 \times 3 \times 3$），然后"下生"数字 54 为林钟之音，再是"上生"72，即太蔟之音。[17] 这里使用的步骤后来被称为"三分损益法"，因而 $81 - \frac{1}{3} \times 81 = 54$，又 $54 + \frac{1}{3} \times 54 = 72$。这个步骤可以无穷尽

---

① 据《三国志·吴书·吴主传》，吴国"改四分，用乾象历"在黄武二年春正月，为公元 223 年。

地进行下去，每一步都可以产生一个新的音调，但在实际中只定了 11 个音调。

现代的论述就这一点常常会引入西方音程（五度、三度等）和音阶（五声音阶、十二调音阶、半音阶）的语汇，并且讨论古代音乐理论家们在多大程度上"了解"这些概念。[18] 但对于历史学家来说，重要的是理解正在探讨的观念是如何融入当时的思想体系的，而当时并不使用这些术语。出于这个目的，现在让我们来讨论音乐理论能够适应的最为精密的数理体系，这一体系会把我们带回到数理天文学上来。

我们必须参考的一篇文献是以刘歆的工作为基础的，公元 5 年王莽召集了一次大型的学术会议，刘歆负责总结条奏。他的奏章显然经过了删削，被保留在《汉书·律历志上》中。在一开始，奏章提到要讨论五个问题，即备数、和声、审度、嘉量和权衡；然后告诉我们数字应该"稽之于古今，效之于气物"，"考之于经传"，因此而"靡不协同"。[19]

第一个话题的开始就明确地指出："数者，一、十、百、千、万也，所以算数事物，顺性命之理也。"然后紧接着话题就转到音乐领域："本起于黄钟之数，始于一而三之，三三积之，历十二辰之数，十有七万七千一百四十七 [3^{11}]，而五数 [1, 10, 100, 1000, 10000] 备矣。"这样的论调在《律历志》接下来的部分还会出现，主张所有的计量——不管是度量衡、时间的流逝还是音符——都可以从与黄钟相关联的基本数字推衍得出。显然，我们所看到的是"大普适理论"（grand universal theory）的一种早期尝试。

正如我们所见，在汉朝鼓励的运算活动中，最惹人注目的是数理天文学，从基础数字推导出实用数字的尝试如果要取得成功，必须是在这一领域。《汉书》中来源于公元 5 年会议的论说并不完全成功，但在经过一番叙述之后，呈现在读者面前的似乎是刘歆对他的历法系统所选择的基本常数的论证。[20] 让我们看一下刘歆是怎么样推导其中的一个常数的，那就是两个月朔之间的时间跨度。我们从象征所有事物起源的 1 开始，然后乘以代表春秋的 2，乘以代表三统的 3（天—地—人），再乘以代表四季的 4。我们取《易》中的"大衍"之数 50，像准备蓍占时一样去其 1，得 49。之后用前面所得的数乘以 49，然后加上一章的年数 19（见上文），再加上先前去掉的 1。运算结果乘以 2，这个 2 代表着蓍占的两"扐"，结果是 2392。碰巧的是，$2392 \div 81 = 29\frac{43}{81} = 29.5309$，取五个有效数字。如果精确度相同，一个阴历月的平均长度是 29.5306 天，因而在 1000 个月——近 90 年——以后误差才会积累到几个小时。

对现代读者来说，所有的这些看上去像是数字命理学（numerology）的一种随意发挥。然而问题的关键是，在王莽身边人的知识背景中看上去并不是这样，对他们来说，实际观察所得到的数据和这样的运算结果相一致，这显然证明了他们对宇宙的认识。音乐是宇宙的基础，音符的序列揭示了一个深层的数理结构。这样，人们会因此设想宇宙模式的其他方面，包括历法在内，也是建立在类似的数字之上——这正是刘歆认为他已经证明了的。显然，将其和希腊世界的毕达哥拉斯学派的主张进行类比会很有意思。

并不是所有的古代希腊人都是毕达哥斯学派的信徒，秦汉时期的人也并不是都同意刘歆及其同僚的观点。比方说，如果我们看一下《后汉书》中对汉历基本常数的讨论，[21] 会发现在"历数之生也，乃立仪、表，以校日景"的开篇语之后的，是关于从长时段天文周期的实际观察中获取推导所需之数据的解释（图 13.1、13.2）。在这里宇宙推衍术不再被视为优先于实际观察。在音律领域中，我们或许可以从京房[22]的认知习惯中看到类似的分歧，京房比刘歆早五十多年，他拒绝用吹管来定律，极力主张使用被他称为"准"的器具，准有 13 根弦，每根 9 尺长，非常适合音高的量化实验。然而，据《后汉书》，京房的器具被淘汰，因此后世学者并不知道他的技术。[23]

制历专家所做的运算仅以数字资料为基础，并未直接依赖某种宇宙物理模型。然而，当时的人对宇宙的结构和规模也有热烈的讨论。大学者蔡邕在给汉灵帝（公元 168～189 年在位）的奏章中最早总结了这些争论，在后世天体论相关文集的序言中经常被引用：

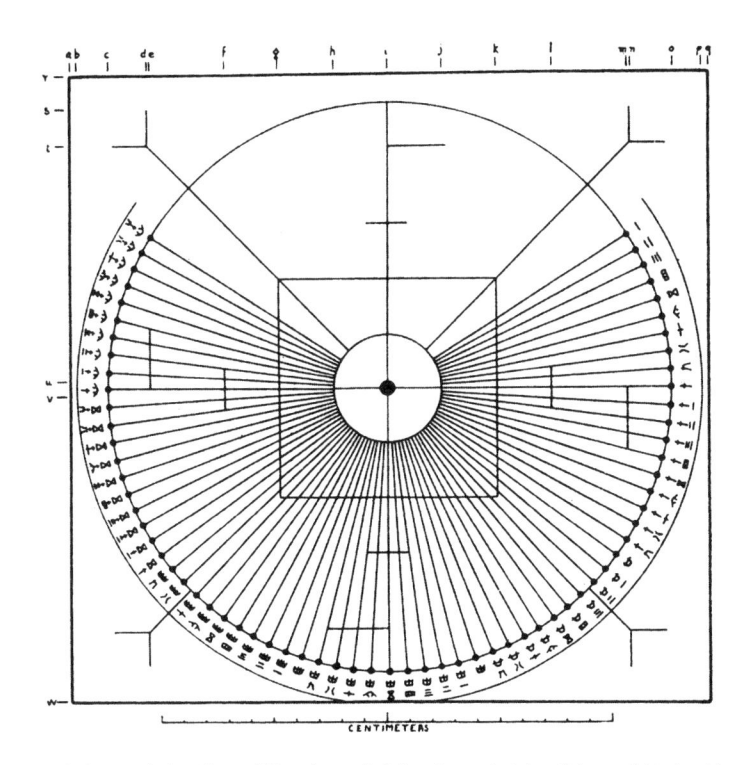

图 13.1 "安大略石"。出处不详,通常被认为是汉代遗物,中国天文学家通常把一日划分为百刻,一些学者认为它与此有关。冕上共有 69 道划线,可能和夏至最长的白昼时刻相对应,没有刻线的部分代表夜晚。现在所知东汉时使用的体系中白昼最长为 65 刻,与这件日冕不符

> 言天体者有三家:一曰《周髀》,二曰《宣夜》,三曰《浑天》。《宣夜》之学绝无师法。《周髀》数术具存,考验天状,多所违失,故史官不用。唯《浑天》者近得其情,今史官所用候台铜仪,则其法也……官有其器而无本书……[24]

在说"《周髀》数术具存"时,蔡邕脑海中可能正想着这本书的某个版本,对其最早的注解出于公元 3 世纪。[25] 该书的一些部分看上去产生的时代要早一些(公元前 1 世纪?),其中尝试按"盖天说"来构建宇宙的尺度。"盖天说"假定天像一个圆盖,围绕着一个垂直(或者在其他

图13.2 清代晚期所作古代使用圭表测定的夏至图，这一天日影最短。图中表竿和所谓"土圭"相配合，据《周礼》卷10第10页a—第11页b，"土圭"被用来检测至日的日影长度

文本中是倾斜）的轴线旋转；大地的形状也与天类似，在天之下 8 万里，轴线在北极穿过大地的中心。太阳和其他天体附着在天的内面，和天一样每日旋转一周。一名观测者从中国来观测，会偏离中心 10.3 万里。日出日落是由人的视力极限（16.7 万里）所造成的光学错觉。这种宇宙模型和式盘类似，它所有的尺度都是用与表竿的影子有关的一些简单几何假设构建起来的（图 13.3）。在冬至时，太阳轨道的半径为 23.8 万里，恰好是夏至轨道（11.9 万里）的两倍，光照所及的最大周长是 81 万里[①]，这个数字明显是基于极阳数 81 之上的。北极的冰六个月昼夜不化[②]，太阳正在从上面经过的地方就是盛夏。

盖天说比较合理地解释了天体的整体外观以及与此相关的大地上不同地方的季节变化，但是"周髀说"或"盖天说"主张天如伞盖，这自东汉以来，似乎并不为任何一个我们所知的天文学家在实践中赞同。据说最初反对的是桓谭和扬雄，时间不晚于公元 23 年。[26] 就宇宙结构而言，后世的天文学家反而更愿意接受一种天体为圆球的宇宙模式。"盖天说"被有效摒弃，似乎部分是由于使用浑天仪观测的天文学家先入为主的观念。

张衡在公元 120 年前后最早给出了"浑天说"的系统描述，[27] 认为天是一个空心球体，完全包裹着大地；大地是平的，整体或部分在水平面上延伸。天球每日以倾斜于北边地平线之上 36 度或约 35 度[③]（黄河流域的纬度）的轴为中心旋转，承载着各种天体。太阳从大地边缘升起落下形成了日夜；每年绕着向天赤道倾斜 24 度的黄道大圆弧迫近或退离北天极，则形成了季节轮回。这种理论的设计表明，身在中国的观察者认为他处于天球中心。我们认可大地是平的，这就意味着必须把极轴的

---

① 按《周髀算经》，"日光外所照径八十一万里，周二百四十三万里"，疑为作者看混了半径与周长。
② 《周髀算经》："北极左右，夏有不释之冰。"意思应该是冰终年不化。
③ 这里的"36 度"和"35 度"中的两个"度"字在原文中有区别，前者用汉字"度"外加拼音表示，后者用英文"degree"表示。前者指文中所引张衡在《浑仪注》中，把一周天分为"三百六十五度四分度之一"的"度"，后者是现在通行的把圆周划分为 360 度的"度"，因而前者的"36 度"约为后者的"35 度"，本段下文的"24 度"也是指前者。

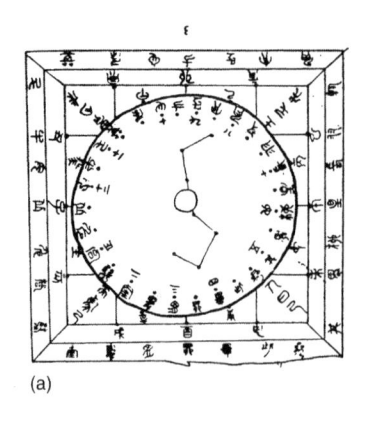

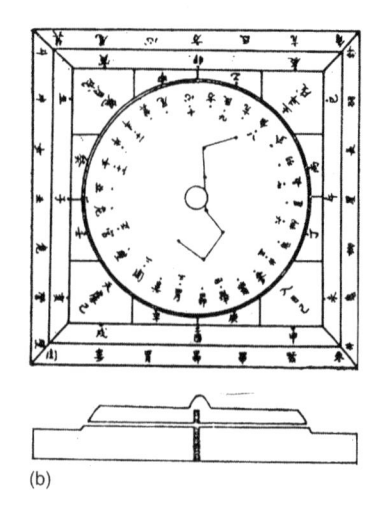

图 13.3 式盘，(a) 出土原状，(b) 经过调整以后。这种装置用于占卜，实际上是"盖天说"天圆地方，天在上绕地旋转的一个演示模型。天盘上有二十八宿，平均分布于此，并不反映其真实的区域划分。这件器物上还标有十二时辰，也用于标识地平线上的方位。对应午夜的子时中心为正北方向，午时为正南。当时还使用其他计时系统，比如出于管理的目的把夜晚分为五更

倾斜看成宇宙的一个基本事实，而并不是随观察者纬度偶然变化的结果（如果是那样，就必须把大地看作是球状的）（见图 13.4）。

与"盖天说"相比，"浑天说"有两个缺陷。其一，未能说明两极和热带不同地区的气候、太阳高度的变化以及白昼的消长。因为人居住的世界从平面上任何一处到天球中心的相对距离都相等，所以任何地方的情况都应该大致相同。其二，这种说法假定人处于天球中心，在天球半径变化时观测到的现象应该毫无区别。因此，就"浑天说"来说（和"盖天说"不同），不存在解决宇宙有多大这个问题的理性基础。[28] 古人对这一问题也有过理性解决的尝试，但已是在汉代以后。

"宣夜说"通常被和前两种说法相提并论，这是一个不好解释的术语。这让我们想起蔡邕所说的"《宣夜》之学绝无师法"。在几百年后的资料中，我们可以看到一篇短文，其中对"宣夜"之名解释如下：

宣夜之书，绝无师法。唯汉秘书郎郗萌，记先师相传云："天

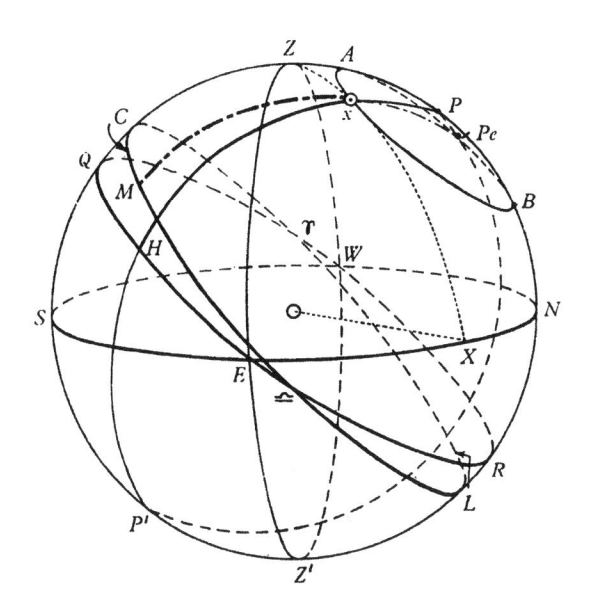

图 13.4 天球及其主要的圆周线。想象观察者位于中心点 O，他头顶的最高点在 Z，脚下的最低点在 Z'；圆周线 SENW 代表地平面，上面有东、南、西、北四个方位。P 是北天极点，P' 是南天极点；各种天体看上去每天绕轴 PP' 运动一圈，轴 PP' 和地平面间的斜角等于观察者的纬度。位于 P 和 P' 中间的大圆周线 EQWR 是中国天文学家所说的"天赤道"。和它形成夹角的是另外一个大的圆周线ϒC⌒L，穿过太阳在春分、夏至、秋分和冬至时的位置。这就是黄道，太阳精确地沿着它运行，月亮和其他行星的轨迹大致与之相同

> 了无质，仰而瞻之，高远无极……故苍苍然也……日月众星，自然浮生虚空之中，其行其止，皆须气焉。是以七曜（日、月和五个可见的行星）或逝或住，或顺或逆，伏见无常，进退不同……若缀附天体，不得尔也。"[29]

郗萌无疑是汉代一个真实的历史人物，是讲灾异的专家，参加了公元74年的一次宫廷会议。[30]但是，如果对上面的引文审视一番，我们会得到这样的提示：虽然在早期可以看到类似的观念，但所讨论的这段话是否真的来源于东汉值得我们怀疑。

执掌计算的官吏和算术

有充分的证据可以表明，秦汉时期的官吏必须具备熟练处理数字材料的能力，这是他们日常工作的一部分。大量出土文献可以证明，帝国财政机构的体量和复杂程度以及在它掌控下的物力、人力和财力流动的巨大规模显然是造成这一事实的原因。[31] 有三条材料提及他们都"能书会计"，看上去是给军吏颁发的技能证明。[32] 如果谁可以不用算筹而"心计"，会被看作具备超常的能力，足以为其在年轻时谋到一官半职：桑弘羊（公元前 152～前 80 年）就是这样起家的。[33] 张苍（约公元前 250～前 152 年）曾经是秦朝官吏，做到了汉朝的最高官位，史书说他"明习天下图书计籍，又善用算律历"。[34]

还有其他几位高级官员因计算技能而被看重。就耿寿昌（活跃于公元前 57～前 52 年）而言，我们有充分证据能证明他在有关工程和管理的数学问题上的能力。史书说他"善为算能商功利"。[35] 在当时，耿寿昌似乎被视作数学方面的专家，其声望和地位只比早他一百年的张苍稍逊几分。上面引文之后的几句话说道，为了平抑谷价而设立的"常平仓"要归功于张苍的建议。耿寿昌还能观测天文，公元 92 年，贾逵讨论过他对月亮运行规律的见解。[36] 据《汉书·艺文志》，皇家秘府中收藏了他的 232 卷帛图和 2 卷数据资料。[37] 治理河道和灌溉方面的专家许商，在汉成帝（公元前 33～前 7 年在位）时曾担任数个要职。公元前 29 年秋，他受命为治理水患献策，史书说："博士许商治《尚书》，善为算，能度功用。"[38]

但如果要问耿寿昌和许商所运用的算术技能是如何及从何学到的，答案并不显然。《汉书·艺文志》中没有专门的算术类，上面提到的耿寿昌的著作被收在了"历谱"类中，该类的后序清楚表明其只与天体运行有关。因此，虽然许商也有一部《算术》被列在这里，我们却无法确定其内容与普通意义上的计算有关。

公元 2 世纪，中国有了关于学习算术书的记载，文献中说马续（青年时代在公元110年前后）和郑玄（公元127～200年）两人都曾学习《九章算术》。[39] 这本书一直流传到今天，是中国传世数学经典中第一部里程碑式著作。[40] 所有的算术问题均被归为九大领域，每种都给出例题，然后用清晰的运算程序予以解答。（本章附录中有这本书的结构概况。）值得注意的是，该书的内容并没有明显地试图说服读者其中的方法有效。这个任务被第一个为它作注的刘徽（公元3世纪）完成，这超出了本文讨论的范围。《九章算术》的模式可以和西方数学传统中最著名的著作——欧几里得的《几何原本》互补。《几何原本》试图通过逻辑演绎，从几个最初的假设推导出大量真命题；《九章算术》则从无限多种可能的问题出发，试图展示如何用有限的几个运算过程就将其解决。《周髀算经》（西汉晚期？）的一个重要的段落阐述了这种模式，告诉我们学习数学的精髓是"能类以合类"。[41]

一直以来，任何撰写早期中国数学史的尝试都因《九章算术》的起源不明而受挫。东汉之前的传世文献中没有这本书存在的任何痕迹，该书本身也没有提示任何作者信息。直到2000年，一批出土于张家山（南郡，今江陵，湖北省，不晚于公元前186年），名为《算数书》的数学材料的释文首次完整（尽管并不完美）发表，[42] 这一方面的现状才有所改观。过去几年对这批材料的深入研究，揭示出其中部分内容和《九章算术》中的材料非常类似。然而，这批出土材料的篇章结构与《九章算术》中分为九章并不相同，不能简单地将它说成后者的更早版本。此外，《算数书》中各部分的风格和内容均不同，这一点强烈暗示了它是由不同来源的片段纂集而成的。看起来数学方面的情况与医学知识类似，最初由师生以独立短篇的形式相传，而后在东汉被编为典籍。[43]《九章算术》的来源问题无疑会有助于刺激早该完成的、对汉代各种重要知识创新的重新评估。

附录：《九章算术》

章次	名称	内容
1	方田	各种形状田地的面积；分数的运算
2	粟米	不同商品之间按不同比例的换算；价格
3	衰分	按比例分配商品和货币
4	少广	以带分数为除数的除法；开平方根和立方根；圆形和圆球的尺寸、面积和体积
5	商功	各种立体形状的体积
6	均输	更为复杂的各种比例问题
7	盈不足	用后来西方称为"双设法"的原理解决线性问题
8	方程	用类似于高斯消元法的原理解决有数个未知数的线性问题
9	勾股	与西方称为"毕达哥拉斯定理"的原理相关的各种问题

注释

1　见 Needham, *SCC*, Vol. 4, Part I: *Physics* (1962) 中声学的部分，第 126—228 页。与此不同的一种观点见 Chen Cheng-Yih, *Early Chinese Work in Natural Science: A Re-examination of the Physics of Motion, Acoustics, Astronomy and Scientific Thoughts* (2000)。

2　Yabuuti, *Une Histoire des mathématiques chinoises* (2000) 对中国数学史做了很好的介绍，并充分注意到了其历史背景。另见 Needham, *SCC*, Vol. 3, *Mathematics and the Sciences of the Heavens and the Earth* (1959); and Martzloff, *A History of Chinese Mathematics* (1997)。

3　见 *SCC*, Vol. 3 (1959); and Cullen, *Astronomy and Mathematics in Ancient China: The Zhou bi suan jing*(1996)，书中对这里的论点进行了充分的论证。

4　Kalinowski, "Fonctionalité calendaire dans les cosmogonies anciennes de la Chine" (2004b)。

5　Yabuuti, *Chūgoku no tenmon rekihō*(1969), 279; 不同的解读见 Gassmann, *Antikchinesisches Kalenderwesen: die Rekonstruction der Chunqiu-zeitlichen Kalendar des Fürstentums Lu der Zhou-Könige* (2002)。

6　我喜欢用 "clerk's officials" 来翻译这个名词，因为他们是太史的下属，太史通常译为 "grand clerk"。两位编者倾向于 "Office of the Archivists" 这个译名（见本章注释 9），但他们允许我保留这种用法，特此感谢。

7　Cullen, "Motivations for scientific change in ancient China" (1993); Schaab-Hanke, "The power of analleged tradition: a prophesy flattering Han emperor Wu and its relation to the Sima clan" (2002)。

8　或"术士"。

9　*HS* 21A, 978.

10　*HS* 21A, 979; 36, 1972. 由于时代悬隔,现在无法确定刘歆制历的时间是在西汉末还是王莽建立新朝以后。然而在其著作《世经》中,刘歆明确地与上古进行联系,在这本书中,他试图说明三统历可以廓清上古帝王在位的时间及其主要成就。见 *HS* 21B, 1011–24; and Cullen, "The birthday of the Old Man of Jiang County and other puzzles: work in progress on Liu Xin's *Canon of the Ages*" (2004a)。

11　*HHS* (tr.) 1B, 3025–7.

12　*HHS* (tr.) 1B, 3025–43,《律历志中》的全部内容。

13　*HHS* (tr.) 3, 3082; and Cullen, "The first complete Chinese theory of the moon: the innovations of Liu Hong c. AD 200" (2002).

14　*HS* 21A, 976. 关于律管,见 Bodde, "The Chinese magic known as watching for the ethers" (1959)。

15　《左传·昭公元年》第 26 页 b。

16　详见 Graham, *Disputers of the Tao: Philosophical Argument in Ancient China* (1989)。关于《淮南子》,见 Major and Cullen, *Heaven and Earth in Early Han Thought: Chapters Three, Four and Five of the Huainanzi* (1993)。关于放马滩(陇西,后属天水,今甘肃境内)1 号墓秦简,另见 Dai Nianzu, "Qin jian 'Lü shu' de yuelü yu zhanbu" (2002)。

17　*HNZ* 3.21a, b ("天文")。

18　见 Chen Cheng-Yih (2000), 19–112。

19　*HS* 21A, 956.

20　*HHS* 21A, 983–6.

21　*HHS* (tr.) 3, 3057–8.

22　京房于公元前 37 年被处死。

23　*HHS* (tr.) 1, 3001 and 3015.

24　*HHS* (tr.) 10, 3217 注所引。

25　见 Cullen (1996)。

26　《晋书》卷 11 第 282 页;Pokora, *Hsin-lun (New Treatise) and Other Writings by Huan T'an (43 B.C.–28 A.D.)*,115。

27　《浑仪注》(已佚),见(唐)《开元占经》所引,卷 1 第 5 页 a—b(3—4)。该书成书时间早于公元 729 年,撰者为瞿昙悉达(Gautama Siddhārtha),他是出身于古印度天文学世家的一位唐朝天文学家,名字取自佛陀。

28　张衡说大地横跨 232300 里,并暗示天球的直径也是一样,但没有任何相关论证,见《开元占经》卷 1 第 2 页 a(1)引《灵宪》(已佚)。

29　《隋书》卷 19 第 507 页;最后一句据《晋书》卷 11 第 279 页。

30　见 Sun Xiaochun and Kistemaker, *The Chinese Sky during the Han: Constellating Stars and Society* (1997), 87–8;以及班固《典引》,收入《文选》卷 48 第 2158 页。

31　关于精确处理数字的例子,见本书第 12 章附录。

32　Loewe, *Records of Han Administration* (1967), Vol. 2, 178–9.

33　*SJ* 30, 1428; *HS* 24B, 1164.

34　*HS* 42, 2094.

35　*HS* 24A, 1141. "商功"后来是《九章算术》中一章的名称。

36　*HHS* (tr.) 2, 3029.

37　*HS* 30, 1766.

38　*HS* 29, 1688.

39　*HHS* 24, 862; 35, 1207.

40　英文译文见 Kangshen Shen, Crossley and Lun, *The Nine Chapters on the Mathematical Art: Companion and Commentary* (1999); 法文译文见 Chemla and Shuchun Guo, *Les neuf Chapitres: Le Classique mathématique de la Chine ancienne et ses commentaires* (Paris, 2004)。两种译文都包括刘徽注。

41　Cullen (1996), 176–8.

42　Cullen, *The Suàn shù shū*(《算数书》) "Writings on Reckoning": A Translation of a Chinese Mathematical Collection of the Second Century BC, with Explanatory Commentary (2004b).

43　Cullen, "The Suàn shù shū(《算数书》) 'Writings on reckoning': rewriting the history of early Chinese mathematics in the light of an excavated manuscript" (2007).

14
占卜与天文：传世文献与出土简牍

马克（Marc Kalinowski）

和其他知识领域一样，秦（公元前 221～前 210 年）、西汉（公元前 206～9 年）和东汉（公元 25～220 年）时期的预测术，在延续了从战国（公元前 481～前 221 年）继承下来的占卜和信仰传统的同时，做了改变和调整以适应新的情况。在这四百多年中，诸多方面都有了重要进展，比如对官方占卜机构的强化，对解读征兆和灾异的技艺做出调整以适应当时对自然和神灵的理解，占卜文书和技术的系统化，最后是知识分子更多地参与占卜知识在社会上的传播。

汉代的文献中没有哪一个术语可以涵盖所有的占卜术。我们通常看到词语是对占卜者的种类和特定方法的表述，但应该注意的是，随着时间的推移，某些术语的意思有所变化。比如"卜"这个字，最初是指"用龟甲占卜"，后来慢慢变成了所有占卜的通称。通常用来表示所有预测术的字是"占"，即"揣度吉凶"，因为所有的占卜结果都是一种建议，或直白或隐晦，有的是来自手册，有的是占卜者口头的表述。此外，如果把占卜术主要看作一种预示未来事件的技能，其功能则因所寻求的目的不同而不同：得到祖先和神灵的许可，让某些重大的事项变得合乎情理，指导个人运势或者寻求日常生活中各种问题的答案。在早期的文本中，预测术通常用其"绝疑"和"定吉凶"的功能来定义。

汉代占卜的方式由来已久，其做法或许能追溯到商代，在战国时期又得到很大发展。传世文献，主要是正史中的记载，揭示了朝廷的官员以及京城周围的男女知识阶层对这一问题的不同态度和他们的各种占卜实践。汉代的礼仪志，其材料来源的时代要更早一些，增添了很多珍贵的细节，同样的还有东汉的谶纬，以及王充（公元27～约97年）和王符（约公元90～165年）对此的批判。[1]

从大约二十座诸侯王和郡级官吏的墓葬中发现的大量竹木简，时代从秦一直到东汉早期（见附录1），为我们提供了更多的信息。[2]谨慎评估其价值后，这些墓葬中的发现提示我们，当时各种占卜传统持续盛行，在此之前，我们只能从散见于传世文献的引文和公元前1世纪末皇家图书馆的馆藏目录中进行了解。此外，这些材料还证明了占卜在郡、县、乡的各级文化层次中所起到的作用。[3]

执掌占卜的官吏及组织结构

汉朝基本上继承秦制，官方宗教活动的两个方面——祭祀和占卜——由太常执掌。太常之下有负责祭祀的太祝令，负责占卜的太卜令以及负责天文和文书记录的太史令。[4]东汉时期有一个重大的改变，即传统上由太卜执掌的龟甲和蓍草占卜，这时改由太史令负责，这一官职的重要性也相应提高。太史令掌管历法和国家观象台，他的属吏负责起草报告，以汇报推算出的吉日和观测到的星气以及编订有关灾异的奏章。[5]

关于郡县卜者的工作情况的记载相对较少，但很清楚的是，他们在地方事务的管理中起到了积极的作用。作为一种专门的技术人才，卜者与工和方技同属一类，通常被和祝、医、射、御，尤其是史被相提并论，史被认为掌握着天文和灾异知识。[6]睡虎地出土的法律和行政文书（不晚于公元前217年，下文附录1，#Ⅳ）中的几段关于卜和史的内容，有助于澄清传世文献对这些官府吏员记载的矛盾之处。[7]在张家山发现的材料（不晚于公元前186年）中的几支关于史和卜的简，证明对于在中央政府以及郡县中从事祭祀和占卜的专业人员的管理，早在西汉初期就已经存在一套系统的规则了。[8]

从事占卜的人

汉代的正史中有一些人物的传记,这些人虽然并不是职业的或者具有官方身份,但都或多或少地从事卜筮活动。这些人或者卖卜于市,或者在官方或私人场合中从事占卜活动(见附录2)。[9]他们的职业生涯具有很高的社会流动性。有的是低级县吏出身,逐步做到了京城的高官;有的从未离开故土却名声在外。他们大多数从投师开始入门学习占卜(师事),老师可能就是他们的父亲或家里的其他尊长(父业)。据说有时候这种占卜世家可以传承数代。王景就是一个例子,他来自边远的乐浪郡(今朝鲜境内)(附录2,#22),其八世祖王仲就以"明天文"而见称。[10]世代相传的占卜知识通常也包括专业的书籍。比如,《杨厚传》(附录2,#40)记载他的祖父向他父亲传授图谶之学,留给他从西汉的先祖流传下来的秘记。[11]王景和其他占卜专家自己也撰写了有关占卜的书籍。[12]

这些人大多还有一个共同的特点,即都曾是儒生。有些在太常执掌的太学中求学,有几位曾晋升为博士。[13]"昼诵书传,夜观星宿。"[14]东汉时期,他们大多以授徒为业,传授谶纬之学,其内容包括星象、择日、灾异、占卜、秘术等。有时会说到某人好"道术"和"黄老"。[15]这一时期的知识阶层有隐逸的倾向,顺应这种潮流,他们会归隐乡里,被大批弟子——其中有一些也因为占卜而出名——簇拥着,专心著述和讲学。[16]这些占卜专家并没有形成一个封闭的圈子,而是非常好地融入了当时的学术主流,与名家大儒接触往来。同时,他们只代表那些在社会上比较活跃,大多数被载入正史的占卜者。

考古资料证实了占卜类的文书在秦郡和汉郡地方大族中的流传。已知有占卜文书被发现的墓有宗亲和贵族的墓葬,包括马王堆轪氏家族墓。也有地方官吏的墓,比如喜,他的职业生涯从县吏开始,他被葬在睡虎地。[17]喜的例子具有特别的意义,因为他的仕途轨迹和正史中许多占卜者传记中的相一致,都是从史或低级吏员做起。同时,这与史和卜的培养章程相符,似乎印证了张家山汉简的真实性。

我们不知道死者的家人为什么会在墓葬中放置文书，不过一般认为这些文本反映了死者的地位、生平行迹和个人喜好。[18] 从陪葬品我们也可以推测出墓主人或家人对占卜的兴趣。公元前 171～前 164 年在位的汝阴侯夏侯灶的墓（双古堆，阜阳，今安徽境内，附录 1，#24—26）出土了占卜用具，同出的还有星象和历法文书以及《周易》，这些都体现出古人对占卜技术的浓厚兴趣。考古人员在同一墓葬还发现了《诗经》残简，这说明夏侯灶或他的后代熟读典籍，正如正史记载的那些占卜者一样。[19]

方法和实践

官方的占卜人员、儒生和占卜专家所用的占卜方法大致可分为三类：（1）古老的龟卜和蓍筮技术；（2）通过观察自然现象（占候）来占卜，包括天文气象杂占和灾异解读；（3）择日术（"时日"或"择日"）以及所有依赖天文历法推算的占卜术。[20]

已知最早给占卜术分类的是当时负责整理皇室藏书的刘向（公元前 79～前 8 年）及其子刘歆（公元前 46～公元 23 年）。兵书类中包含了一部分特殊的占卜书籍，除此之外，绝大多数关于预测的著述被归在数术类之下，数术类本身又分为六部分：[21]

　　天文：星相、占星、气象占
　　历谱：历象天文、日晷书、谱牒、年谱
　　五行：天文历法占、灾异、择日
　　蓍龟：蓍筮和龟卜
　　杂占：占梦、变怪、禳祀、除訞祥
　　形法：相人、相宅、相六畜

《汉书·艺文志》中收录了刘向和刘歆所编制文献目录的简略版本，这个目录对后世占卜术系统的分类产生了深远的影响。[22] 首先，值得注意的是，天文、历谱和五行部分被安排在了最前面的位置，占了数术类总卷数的三分之二（2528 卷中占 1703 卷）。[23] 其次，这一目录中的占卜都需要技术上的观察和操作，几乎没有给巫师的或靠灵感占卜者的预言留下什么空间。[24] 再次，刘向和刘歆的目录分类只代表了西汉晚期礼制改革潮流的一个方面，其目的在于加强天文历法观念与实践的重要性。[25]

出土文本中有许多天文气象方面的占卜书，这些占卜书证明了这些材料当时流传于朝廷控制范围之外。从这一点来说，最有意义的是在马王堆的发现。[26] 银雀山（东海郡，今山东境内）汉简中关于阴阳术的内容（附录 1，#28）也值得注意。[27] 考古工作者在银雀山还发现了一篇《亡国志》，它与从衰败之初就伴随着亡国的天象有关；另一篇是关于用风来占卜的，其内容让人联想到著名的"风角"占。[28] 银雀山还出土了灾异文本，其独特之处在于和军事技术，或许还有和黄老之术的密切关系："帝令司德监观于下，视其吉凶祸福及以兵时取人之国。"[29] 看上去这些文本都不是创作于当地且只在局部流传，因为我们在汉代史籍的《天文志》、纬书以及以《开元占经》为代表的唐代著名文献汇编中可以看到很多类似的内容。[30] 也就是说，这些预测类文献在早期和中世的主流传统中有自己的传承历史。[31]

对物质世界各种征兆的解读和与天体和气象现象有关的占卜没有本质上的区别，所有异常现象都可以被看作指向吉凶的各种征兆。然而，有关预兆的学说最重要的进展是在灾异方面。[32] 西汉（特别是在公元前 1 世纪）受过良好训练的儒生和占卜者让占卜术的这一个分支成为他们理解上天力量的基石，赋予自然灾害以揭示天意的功能，即指示人的不当行为。[33] 这些文书为自然灾异的日常观察和记录提供了新的信息。比如说，在睡虎地发现的一条秦律要求官吏汇报气候反常和虫害对收成的影响。[34] 有几种出土文本表明，专门解读灾异的书籍——比如在王家台发现的《灾异占》（附录 1，#3）——流传于公元前 3 世纪。[35] 未央宫遗址出土简牍的意义也毫不逊色（附录 1，#35），这些简牍的内容显然是作者观察祥瑞和灾异的记录，时代在公元前 1 世纪晚期或稍后。[36]《日书》

和上面提到的文本形成了有趣的对比,体现在灾异记录之后不是各种预言或深奥的政治性解读,而是禳解之术。[37]

与择日术有关的发现非常丰富。自睡虎地的一项发现以来(附录1,#8),在列于下面附录1中的20多处遗址里,有17处发现了择日术的文本,被专家们统称为《日书》。[38]这些文本对研究中国传统风俗具有不可估量的价值,且与在敦煌发现的9~10世纪的文书有很多共同之处。[39]丰富详细的风俗信仰信息,反映出遥远过去的信仰世界的一些情况。[40]从其内容包括因公旅行和官场沉浮可以明显看出官吏们也会参考这些手册。地方官吏或许会在他们的职业生涯中翻检这些手册,就像他们会参考与《日书》一起埋葬的律令和案例一样。[41]

有些文书描述了一些复杂的占卜方法,从某些角度来说它们是三种重要的天文历占体系即所谓的"三式"的雏形,其形式在汉代以后才被最终确定下来。[42]在这方面,马王堆的发现提供了最有意义的新证据,其中《刑德》篇(附录1,#17)包含了已知最早的九宫图式(彩图14)。[43]这样的图式也出现在占卜者用来推算的式盘上,比如双古堆出土的随葬品,墓主人下葬的时间为公元前165年(附录1,#X)。双古堆墓中有三种不同类型的式盘,最著名的是北斗式。对它的大量研究表明它是六壬式盘的原型,六壬式盘在三种式中被使用得最为广泛。[44]后来一部秦代的关于北斗式盘的占书(图14.1)在周家台被发现,带有插图,可以把这种式盘的使用追溯到公元前3世纪(附录1,#9)。[45]

包山(战国时期楚国,今湖北境内)及附近地区出土的记录龟甲和蓍草占卜的占书,反映出公元前4世纪末,在楚国贵族身边有一群为他们服务的有组织的占卜者和熟悉礼仪者。[46]与此形成对比的是,我们对汉朝所采用的这类占卜活动的形式几乎一无所知。[47]南越王赵眜(卒于公元前122年,葬于南海郡,今广州)墓的随葬品中,有为占卜而准备的龟胸甲,这说明在西汉时期,远离京城的地区使用了这种占卜方式(图14.2a, b)。[48]从历史文献的资料来看,对卜筮的记载通常是指用《周易》卦图所得到的神示。有两种出土文本可以证明职业或业余占卜者在

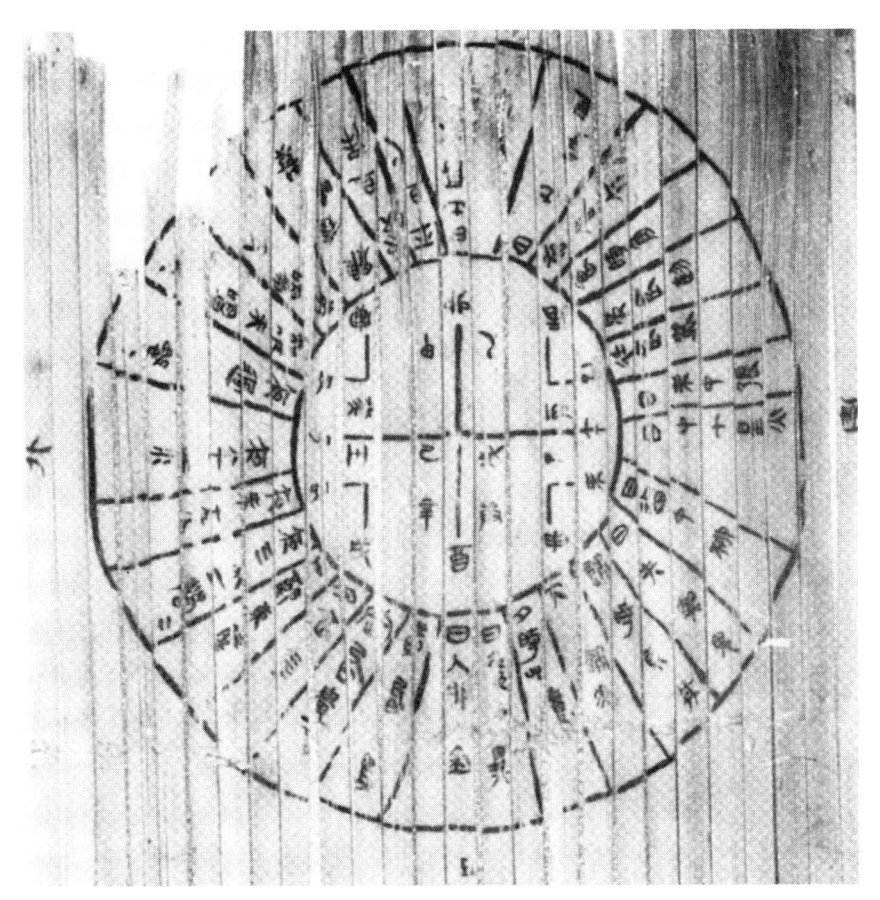

图 14.1　周家台竹简上的图示，用于操作北斗式盘（简 156—181）；时代不晚于公元前 209 年。图的中心部分是十天干和十二地支，根据图外围标明的五方和五行排列，北—水的位置在左边。中间分为二十八个部分，以便与二十八宿和一日分为二十八时相配。这张图可能被用来确定一年当中一日之内任何时间北斗斗柄的位置

使用这些方式。第一种是阜阳出土的《周易》（附录 1，#24），它把卦辞和对一些事项的预测结合在一起，与通常见于各种《日书》的内容非常接近。[49] 第二种文本出自王家台的一座秦墓（附录 1，#1），尽管文本有很多残缺之处，还是被初步认定为一种重要的占书《归藏》——采用六十四卦，但方式和《周易》不同。[50] 这座墓中还有一批独特的六面体骰子，可能是通过随机投掷而得到卦象（图 14.3）。

　　将《周易》用于预测，这种转变发生在秦朝之前，和当时的思想

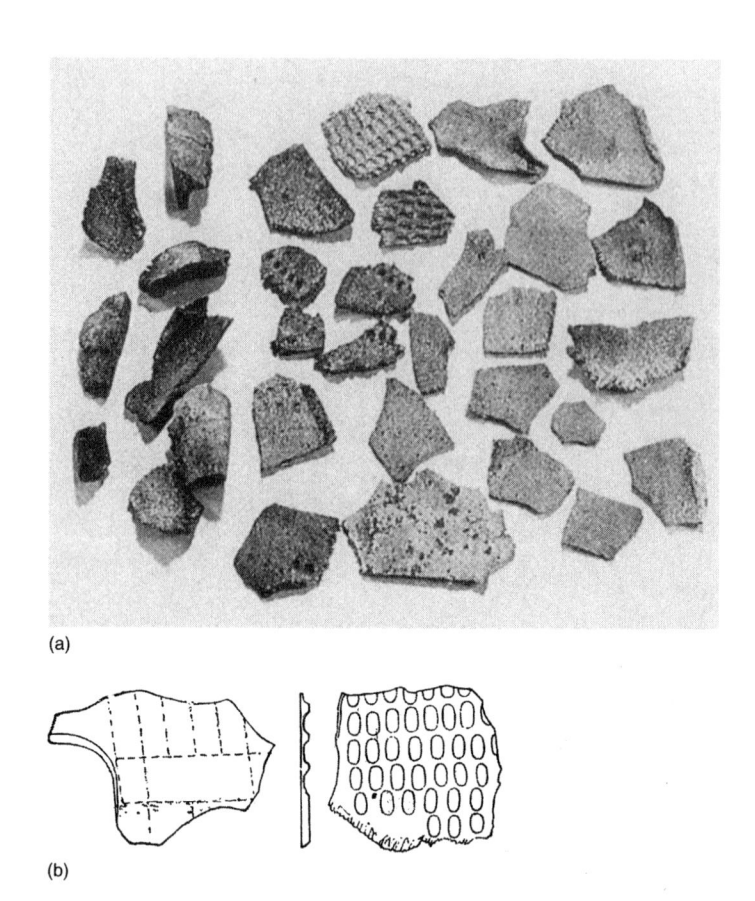

图 14.2 a,b　龟甲残片（宽 4 厘米），广东广州南越王赵眜墓出土，约公元前 122 年。这些龟甲最初是完整的，被放在一个漆盒中。它们表面平整，有朱色线纹，上面有一系列用于烧灼的小孔，其中一片（14.2b）上面的孔超过 30 个

潮流密切相关，在这些潮流中一些受过良好训练的人士试图把他们自己和史、卜区分开来。[51] 尽管对蓍占的神秘宗教式（magico-religious）用法有种种抨击，有的还很激烈，但《周易》的权威性在整体上并没有被否认，不管是作为占卜之书还是一种规定了某些技术的书籍。[52] 京房（约公元前 73～前 37 年）等汉代学者和占卜专家，基于符号解读和与六十四卦的结构有关的传统，并结合当时与"时日吉凶"有关的择日术和历法理论，开发出把《周易》用于实际占卜的做法。[53]

很少有出土文献可以与刘向和刘歆所作目录的最后两个部分相对

图 14.3　湖北江陵王家台 15 号墓棺内出土的 23 枚六面体木骰子。发掘报告把这 23 枚分为两种：(1) 2.9 厘米的 9 枚，6 个面上刻有数字一到六；(2) 2.4 厘米的 14 枚。在第二组中，有两枚骰子的上面和底面空白，其他 4 面刻有数字一或六；其他 12 枚上的数字和第一组的相同。这些骰子被认为和在同一墓葬发现的《归藏》文本有关

应。尽管占梦是一种根深蒂固的传统，但我们只能在睡虎地《日书》中看到与之有关的几个片段，包括攘梦。[54] 相人术的情况也是一样。更加令人惊讶的是，马王堆所出的文书中仅有一件似乎是针对这些问题的（附录 1，#22），因为在汉代的史书记载中，善于相人的占卜者最多。尽管王充对占卜一贯持批判态度，但他对相人术是赞同的，这在他的书中占了整整一篇的内容。[55]

确定住宅和墓地的相宅术材料也不多，不过除了上面提到的马王堆帛书外（附录 1，#22），几种《日书》文本的确为秦汉时期这些方面的技术提供了有趣的证据。[56] 比如说，有一篇是关于房门的合适朝向的文本包含了这方面现存最早的图示，并重复出现在三种不同的《日书》中（图 14.4）。[57] 这些文本还包含了一些简单的占卜形式，这些形式可能不如主流占卜体系有名，但经得起验证。举例来说，银雀山《阴阳》中提到了釜法，即一种把釜放在火上，用发出的声音来占卜的方法，这种简便的做法替代了复杂的传统火卜："釜法，此黄帝之见敌不叚焊（灼）龟而卜。"[58]

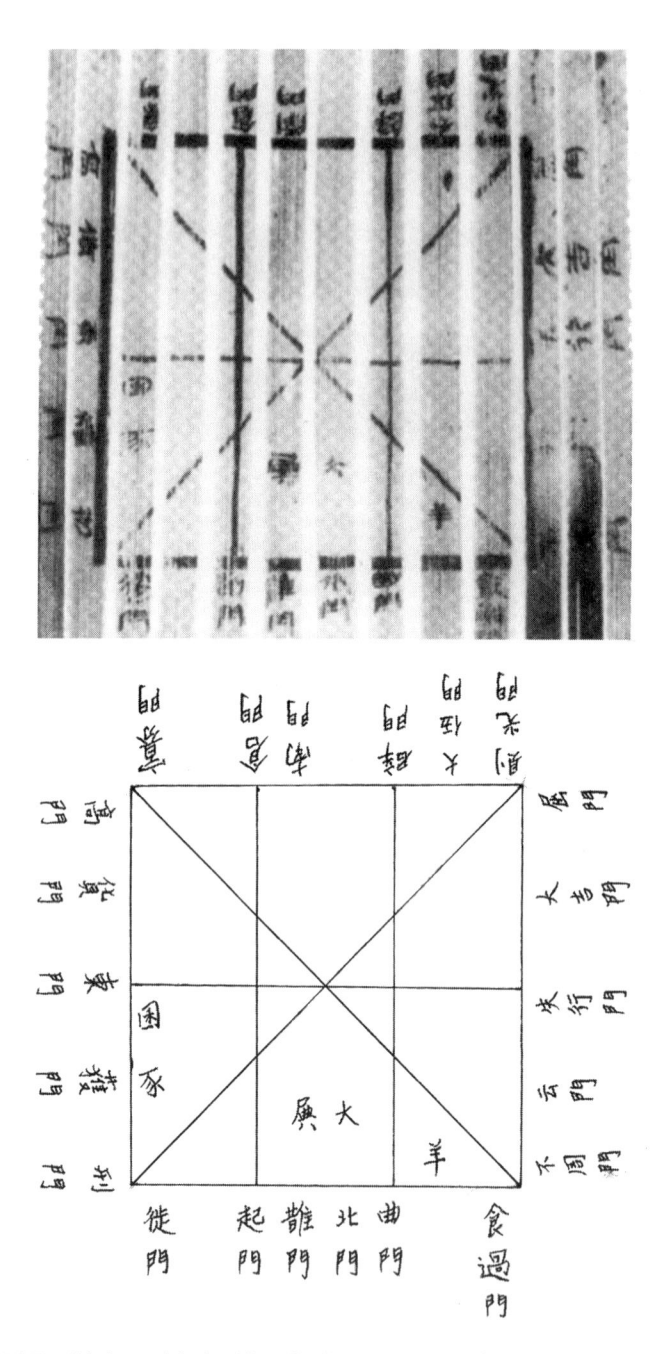

图 14.4 现存最早的相宅图，出自《日书》甲种（简 114—126 正面上部）。湖北云梦睡虎地。正方形（6 厘米）代表围墙，围墙内散布着大殿、囷和安置牛羊的地方。围墙上标注着可以设门的位置，每个门的名字不同。门的名字又出现在文本的下部，和各种吉凶预测连在一起

结语

两汉的占卜既不是一种边缘化的现象，也不是一种孤立的社会习俗。其形式和实际中的应用在不断地演变，这与当时的宗教信仰和知识的发展密切相关。从西汉晚期的太史令和太卜令两种官职可以看出，天文历法占卜之所以最受推崇，和当时对自然和神灵的理解以及帝国礼制的改革是分不开的。与之相类似，信仰习俗和对自然的观察相融合，从而培育出了各种详尽的阐释，占卜专家们对灾异的解读就建立在这些说法之上。官方占卜的两种主要潮流之间的界限很不清楚；如果说第一种与天文历法的科学领域有关，第二种与从典籍中推衍的传统有关，则这两种可以互相补充，有时会被融合成同一套做法。刘歆就是这种发展趋势的一个例子，他是天文和历法方面的专家，同时也是祥瑞灾异理论的主要阐述者之一。在东汉时期，随着儒生和文人占卜者参与谶纬的研究和传播，太史令官署所支持的占卜技术的拥护者和方术的施行者之间出现了公开的冲突，朝廷似乎也被这种冲突撕裂，方术的施行者经常会在一些资料中被含糊地称作"方士"。[59] 以辞赋家和天文学家张衡（公元78～139年）为例，他是扬雄（公元前53～公元18年）的私淑弟子，[60] 认为纬书荒诞，坚决反对与之相关的各种预测术，但也承认"天文历数，阴阳占候，今所宜急也"。[61]

很清楚的是，郡县受益于史和卜——由中央政府指派并向中央政府负责——所提供的服务。贵族和地方管理阶层也拥有各种占卜文书，用于个人用途或者公事的履行中。《日书》包含了丰富的汉代占卜和巫术的信息，这揭示了学者们关于宇宙理论的推断和社会上实际通行的习俗和信仰之间的差距，但对许多受过教育的人和公众生活中的权力阶层而言，他们同样痴迷于通行的信仰。首先，睡虎地出土的秦简《日书》把拥有爵位和为吏（而非其他职业）视作吉事，说明了对行政事务的关注。其次，王充对占卜和巫术的批判的证据，一般基于从《日书》类文献或被归于俗儒或世儒的作品中选取的文本。[62] 值得注意的是，不管是

《日书》，还是晚些时候在敦煌发现的类似的择日文书，其中许多文本都是由地方官吏和文人抄写和传播的，有一些人还带着县学博士的头衔。[63]

这种政府和社会各阶层对各种占卜方式的信仰不可避免地引起了不满。从荀卿（晚于公元前 335～前 238 年）到韩非（约公元前 280～前 233 年），一些知识分子谴责了信奉"时日"理论、崇拜鬼神、迷信卜筮以及"好祭祀"的风俗，认为这些是亡国的主要因素。[64]《礼记》中规定："假于鬼神、时日、卜筮以疑众，杀。"大儒郑玄（公元 127～200 年）对这一段的注释是"今时持丧葬、筑盖、嫁取、卜数文书，使民倍礼违制"，[65] 从根本上来说，这让人联想到罗马晚期的《狄奥多西法典》（公元 4 世纪）对占卜和巫术的禁止。这种禁止显然并没有把官方的此类占卜活动排除在外；关于官方占卜活动的意见分歧更大，表达也更为谨慎。和张衡一样，其他一些人也把被认为是出于个人目的与鬼神交接的技术，与政府统治和公众福祉方面的悠久传统风俗相区别，后者被认为值得永远保持下去，只要是在公认的宇宙论信仰标准礼仪的范围之内。[66]

占卜和宗教信仰两者之间强烈的互动关系并不是中国独有的文化现象，这在所有的古代文明中都可以见到。与此形成鲜明对比的是，和同时期的其他地方相比，汉代占卜术对自然哲学和许多科学领域的介入要更加显著。汉代这种显著性的原因很复杂，难以被精确描述。葛瑞汉（Graham）在二十多年前发表的观点现在得到普遍接受，他认为对于宇宙论的推断最初出现在战国时期，存在于当时的历史学家、天文学家、占卜者、医者和音乐专家所阐述的各种技术中。[67] 公元前 3 世纪与占卜和巫术有关的出土文书，从揭示了构成汉代宇宙论要素的某些基本概念和过程的广泛传播这一方面讲，一定程度上证实了葛瑞汉的说法。从制度层面来说，这些活动在汉代由太史令执掌，意味着历法推算和天文观测之间、占卜和灾异解读之间的在时间上有部分重叠。显然，先秦和汉代思想家对《周易》的借鉴造成了占卜知识、宇宙论思想和预测技术之间的相互作用。有一句名言说，"长于天文者必善于人事"，因为制定政策同时需要这两种能力。[68]

附录1：秦汉简牍帛书中与占卜和天象有关的文本

文本按所出考古遗址的大致时间排列。文书的名称遵从发掘报告中的现有命名。与名称挨着的"*"表示该名称未出现在原始文本中。所用缩略语如下。

JSWT: Liu Le-hsien, *Jianbo shushu wenxian tanlun*(2003a).

CLCJY: Hu Pingsheng and Li Tianhong, *Changjiang liuyu chutu jiandu yu yanjiu*(2004).

I－王家台（湖北江陵）15号墓：公元前278～前221年

1. *《归藏》：约394枚竹简。未公布。见于 Wang Mingqin, "Wangjiatai Qinmu zhujian gaishu" (2004), 29-39 and Shaughnessy, "The Wangjiatai *Gui Cang*: an alternative to *Yijing* divination" (2002) [卜筮]。

2. *《日书》：约318枚竹简。未公布。见于 Wang Mingqin, "Wangjiatai Qin mu zhujian gaishu" (2004), 42-7 [择日术]。

3. *《灾异占》：101枚竹简，简底部有1—101的编号。未公布。见于 Wang Mingqin (2004), 47-8。另见 *CLCJY*, 286（此处该文本被称作《邦有》）[灾异]。

II－放马滩（甘肃天水）1号墓：公元前269～前221年

4. *《日书》甲种：73枚竹简。部分彩图见 *Hexi jiandu*, 1-8；释文见 He Shuangquan, "Tianshui Fangmatan Qinjian jia zhong rishu shiwen" (1989a)。另见 *JSWT*, 53-69 [择日术]。

5. *《日书》乙种：379枚竹简。未公布。最新的相关介绍见 Wang Zhenya, *Zhumu chunqiu*(1999), 13-6。部分彩图见 *Hexi jiandu*, 9-16。另见 *CLCJY*, 226-9[择日术]。

III - 岳山（湖北江陵）36 号墓：约公元前 221 年

6. *《日书》：两枚木牍。报告见 "Jiangling Yueshan Qin Han mu" KGXB 2000.4, 549–50 and Plate 16。另见 CLCJY,294–5 [择日术]。

IV - 睡虎地（湖北云梦）11 号墓：公元前 217 年

7. *《日书》甲种：166 枚竹简，两面书写（325 面有字，7 面无字）[择日术]。

8.《日书》乙种：257 枚竹简。标题在最后一栏背面（简 260）。两种文书均发表于 *Shuihudi Qinmu zhujian*(1990) (SHD)。另见 Liu Le-hsien, *Shuihudi Qinjian rishu yanjiu*(1994); Wang Zijin, *Shuihudi Qinjian "Rishu" jiazhong shuzheng*(2003)。对其介绍见 Loewe, "The Almanacs (Jih-shu) from Shui-hu-ti: a preliminary survey" (1988b); Kalinowski, "Les Traités de Shuihudi et l'hémérologie chinoise à la fin des Royaumes combattants" (1986) [择日术]。

V - 周家台（湖北沙市）30 号墓：公元前 209 年

9. *《日书》：178 枚竹简（含 10 枚空简）[择日术]。

10.*《病方》：简 355—367 包含《孤虚》等择日术。周家台简牍材料发表于 *Guanju Qin Han mu jiandu*[ZJT] (2000) [择日术]。

VI - 张家山（湖北江陵）127 号墓：约公元前 194 ~ 前 188 年

11. *《日书》：两种长度（36 厘米和 17 厘米）的竹简共 300 余枚。竹简内容据说和睡虎地秦简《日书》类似。未公布。报告见 "Jiangling Zhangjiashan liangzuo Hanmu chutu dapi zhujian," WW1992.9, 1–11 [择日术]。

VII - 张家山（湖北江陵）249 号墓：西汉初

12. *《日书》：未公布。报告见 "Jiangling Zhangjiashan Hanjian gaishu," *WW* 1985.1, 14 and Plate 1（简 15—16）[择日术]。

VIII - 孔家坡（湖北随州）8 号墓：约公元前 179 ~ 前 141 年

13. *《日书》：703 段残简，原有完整竹简约 460 枚。未公布。介绍见 Zhang Changping, "Suizhou Kongjiapo mudi chutu jiandu gaishu" (2004) [择日术] *Suizhou Kongjiapo Hanmu jiandu* (2006)。

IX - 马王堆（湖南长沙）3 号墓；公元前 168 年

14. *《五星占》：帛书，超过 8000 字。彩图见 Ch'en Sungch'ang, *Mawangdui boshu yishu* (1996), 8-9 (color)；*Zhongguo gudai tianwen wenwu tuji*, 24-5。介绍见 *JSWT*, 15-17。最新的研究及释文见 Liu Le-hsien, *Mawangdui tianwen shu kaoshi* (2004), 29-99。另见 M. Teboul, *Les premières Théories planétaires chinoises* (1983), 161-70。部分其他彩图见 Fu Juyou and ChenSongchang, *Mawangdui Han mu wenwu* (1992), 161 [星占]。

15. *《天文气象杂占》：帛书，约 240 件有图，另 50 多件无图。彩图见 *Zhongguo lishi wenwu* 1 (1979), 1-4；以及 Fu Juyou and Chen Songchang (1992), 154-60。参见 *JSWT*, 17-19。最新的研究和释文见 Liu Le-hsien (2004), 100-159。另见 Loewe, "The Han views of comets" (1980) and "The oracles of the clouds and the winds" [天文气象占]。

16. *《日月风雨云气占》：文本出现在两件关系密切的帛书中，分别为《刑德》甲篇（帛书右侧，2 组 59 列）和《刑德》乙篇（帛书左侧，1 组 36 列）。彩图见下文帛书《刑德》甲篇和乙篇。研究、释文和介绍见 Liu Le-hsien (2004), 8-9 and 160-94 [天文气象占]。

17. *《刑德》甲篇和《刑德》乙篇：帛书，带图。每件帛书也包含了一种上文所列的《日月风雨云气占》。《刑德》乙篇彩图见 Fu Juyou

and Chen Songchang(1992), 138-43。两件帛书的彩图和释文注释见 Ch'en Sung-ch'ang, *Mawangdui boshu "Xingde" yanjiu lungao*(2001a), 210-21。其他征引见 JSWT, 38-40 and 99-115。另见 Hu Wenhui, *Zhongguo zaoqi fangshu yuwenxian congkao*(2000), 159-273 and Kalinowski, "The *Xingde* 刑德 texts from Mawangdui" (1999) [天文历占]。

18. *《刑德》丙篇：帛书（残存18片），描述了数种占星和择日方法。关于这些残片的介绍、图版和释文见 Ch'en Sung-ch'ang (2001a), 72-8 and 223-47 [天文历占]。

19. *《阴阳五行甲篇》：帛书（约30片较大残片和一些碎片），也被称作《篆书阴阳五行》和《式法》。部分彩图见 Fu Juyou and Ch'en Sung-ch'ang(1992), 144; Ch'en Sung-ch'ang (1996), 3-38；另见 "Mawandui boshu 'Shifa' shiwen zhaiyao," 85-94。初步研究和征引见 JSWT, 40-1 and 130-43 [天文历占]。

20. *《阴阳五行乙篇》：帛书，也被称作《隶书阴阳五行》。部分彩图见 Chen Sung-ch'ang (1996), 129-56 and Fu Juyou and Ch'en Songchang (1992), 145。当前研究的介绍见 JSWT, 41 [天文历占]。

21. *《出行占》：最初为《阴阳五行乙篇》的一部分，现在被认为是一篇独立的文本。见 JSWT, 115-30。彩图见 Ch'en Sung-ch'ang (1996),130 and 134 [择日术]。

22. *《木人占》：未公布文本，部分内容与相人和相宅有关。见 Ch'en Sung-ch'ang, *Mawangdui shihua*(2000), 59-61。另见 CLCJY, 432-3 [相术]。

23.*《相马经》：帛书（超过5000字）。释文见 "Mawangdui Hanmu boshu 'Xiangmajing' shiwen," WW 1977.8, 17-22; Li Ling, *Zhongguo fangshu gaiguan* (1993), "Xiangshu juan," 1-10。对目前研究的介绍，见 JSWT, 41; and CLCJY, 434-6[相术]。

X – 双古堆（安徽阜阳）1号墓：公元前165年

24. *《周易》：超过700枚竹简残片。文本内容包括卦画、卦名、卦辞与爻辞以及按疾病、出行、嫁娶等排列的占问事项。阜阳《周易》文本发表于 Han Ziqiang, *Fuyang Hanjian "Zhouyi" yanjiu*(2004) [卜筮]。

25. *《相狗》：约 20 枚竹简残片。未公布。介绍见 Hu Pingsheng, "Fuyang Shuanggudui Hanjian shushu shu jianlun" (1998a), 26–7 [相术]。

26.*《天文历占》：一批与择日和历法推算有关的竹简的总称。这些简可以按名称被分为 9 种，其中 5 种似乎属于择日占卜，分别是 *《日书》、*《向》、*《楚月》、*《星占》和 *《五星》。*《刑德》属于天文历占中的刑德一派。未公布。介绍见 Hu Pingsheng (1998a), 12–16,18–21, and 28–30。另见 *CLCJY*, 424–33 [择日术] [天文历占]。

XI－虎溪山（湖南沅陵）1 号墓：公元前 162 年

27. *《日书》：残简 1095 片，原有完整竹简约 500 枚。包含的标题有《阎氏五胜》、《阎氏五生》、《红图之论》。报告见 "Yuanling Huxishan yihao Hanmu fajue jianbao" *WW* 2003.1, 50–4 以及封面内页。另见 Guo Weimin, "Huxishan yihao Hanmu zangzhi ji chutu zhujian de chubu yanjiu" (2004) [择日术]。

XII－银雀山（山东临沂）1 号墓：约公元前 140～前 120 年

28. *《阴阳时令占候》：银雀山汉简中与占卜、时令和阴阳思想有关的简的总称。释文见 Wu Jiulong, *Yinqueshan Hanjian shiwen*(1985)。吴九龙认定 12 类中的 6 类与灾异和天文气象占有关，即 *《五令》、*《不时之应》、*《为政不善之应》、*《人君不善之应》、*《天地八风五行客主五音之居》和 *《占书》。见 Yates, "The Yin-Yang Texts from Yinqueshan"。另见 Li Ling, *Zhonguo fangshu xukao*: 395–415; and Hu Wenhui, "Yinqueshan Hanjian "Tiandi bafeng wuxing kezhu wuyin zhi ju shizheng" [灾异，天文气象占]。

29. *《相狗方》：约 10 枚残简。释文见 Li Ling (1993), "Xiangshu juan," 11–12。另见 *CLCJY*, 27 [相术]。

XIII - 八角廊（河北定州）40 号墓：公元前 55 年

30. *《日书》。未公布。报告见 "Dingxian 40 hao mu chutu zhujian jianjie", 11-33 [择日术]。

XIV - 尹湾（江苏连云港）6 号墓：公元前 10 年

31.《刑德行时》：11 枚竹简。篇名在第 1 枚简上端。[择日术]。

32.《行道吉凶》：16 枚竹简。篇名在第 1 枚简上端。[择日术]。

33. *《神龟占》、《占雨》、*《博局占》：书写在一枚木牍的两面（MD9）。尹湾简牍材料发表于 *Yinwan Hanmu jiandu*(1997)(YW)。另见 *Yinwan Hanmu jiandu zonglun*(1999), 175-86 and *JSWT*, 144-77 [择日术]。

XV - 悬泉置遗址（甘肃敦煌）：西汉到东汉

34. *《日书》。未公布。释文见 Hu Pingsheng and Zhang Defang, *Dunhuang Xuanquan jiandu shi cui* (2001)。另见 He Shuangquan, "Han jian 'rishu' congshi"(1997) [择日术]。

XVI - 未央宫遗址（陕西西安）：王莽时期（公元 9～23 年）

35. *《祥瑞》：115 枚木牍。彩图见 *Han Chang'an cheng Weiyang gong 1980-1989 nian kaogu fajue baogao*, Vol 2, Plates 278-89。最新研究和释文见 Hsing I-tien, "Han Weiyang gong qiandian yizhi chutu mujian de xingzhi" (2000a) and Hu Pingsheng, "Weiyang gong qiandian yizhi chutu Wang Mang jiandu jiaoshi" (2005) [灾异]。

XVII - 磨嘴子（甘肃武威）6 号墓：王莽时期

36. *《日书》：11 枚木简。发表于 *Wuwei Hanjian*,136-9 and Plates 22-3。另见 *JSWT*, 37 [择日术]。

XVIII – 杜陵原（陕西西安）5 号墓：汉代

37. *《日书》：1 枚木牍，内容与农时有关。见 Zhang Mingxia and Wang Yulong, "Xi'an Duling Han du 'rishu – nongshi pian' kaobian" (2002) [择日术]。

XIX – 居延和敦煌烽燧遗址：西汉到东汉

38. *《日书》：出自不同时期不同地点的择日术残篇。见 He Shuangquan (1997); Hu Wenhui, "Juyan xinjian zhong de 'rishu' canwen" (1995) [择日术]。

39. *《相宝剑刀》：6 枚竹简。彩图见 *Hexi jiandu*,36–40。释文见 *Juyan xinjian*, 98（简 202—207）。另见 Li Ling, *Zhongguo fangshu kao*(1993), 79–81。更多的信息见 *JSWT*, 49。

XX – 香港中文大学文物馆

40. *《日书》：109 枚竹木简残片。发表于 Ch'en Sung-ch'ang, *Xianggang Zhongwen daxue Wenwuguan cang jiandu*(2001b)。另见 Liu Le-hsien, "Du Xianggang Zhongwen daxue Wenwuguan cang jiandu" (2001) [择日术]。

附录 2：汉代史书中记载的预测者

人名按时代先后排列，时代被标注在第 2 栏的底部。正史中记载的主要传记资料信息见第 1 栏。

西汉

序号	人物	来源地，时代	家庭地位	自身地位：最高或最终官职	训练	学术背景	预测术	活动
1	王仲 HHS 76, 2464	琅邪，吕后	见王景	王景先祖	—	道术	天文	—
2	司马季主 SJ 127, 3215	楚，文帝	—	未仕	—	黄老	卜筮	卖卜于市
3	董仲舒 SJ 121, 3127 HS 56, 2495	广川，武帝	—	博士，胶西相	师传	经术《春秋》	灾异阴阳	说灾异，教授
4	东方朔 SJ 126, 3205 HS 65, 2841	平原，武帝	—	侍郎	—	经术	逢占射覆	预言
5	夏侯始昌 HS 75, 3154	鲁，武帝	—	博士，太傅	师传	经术《诗》《书》	灾异阴阳	说灾异，教授
6	夏侯胜 HS 75, 3155	东平，昭帝—宣帝	见夏侯始昌	博士，太傅	师传	经术《尚书》《洪范五行传》	灾异	说灾异，教授
7	眭弘 HS 75, 3153	鲁，昭帝—宣帝	—	博士，郎	师传	经术《春秋》	灾异	说灾异
8	梁丘贺 HS 88, 3600	琅邪，宣帝	—	少府	师传	经术《易》	卜筮	预言
9	焦延寿 HS 75, 3160	梁，宣帝—元帝	家贫	县令	—	—	灾变卦气	预言，教授
10	魏相 HS 74, 3133	济阴，宣帝—元帝	—	丞相	师传	经术《易》	《易》阴阳，月令	灾异
11	京房 HS 75, 3160	东郡，元帝—成帝	—	魏郡太守	师传	经术《易》	灾变，卦气，音律	说灾异，教授

续表

序号	人物	来源地，时代	家庭地位	自身地位：最高或最终官职	训练	学术背景	预测术	活动
12	翼奉 HS 75, 3167	东海，元帝—成帝	—	博士，谏大夫	师传	经术《诗》	阴阳、律历、六情	说灾异，历占
13	谷永 HS 85, 3443	长安，元帝—成帝	—	大农令	—	经术	《京氏易》，天官	说灾异
14	刘向 HS 36, 1928	楚，元帝—成帝	宗亲	光禄大夫	师传	经术《易》《春秋》《书·洪范传》	灾异卦气	说灾异，星占
15	严君平 HS 72, 3056	蜀，成帝	—	—	—	《老子》	卜筮	卖卜于市，教授

东汉[1]

序号	人物	来源地，时代	家庭地位	自身地位：最高或最终官职	训练	学术背景	预测术	活动
16	刘歆 HS 36, 1967	见刘向，成帝—平帝	刘向之子	博士，京兆尹	师传	经术《诗》《书》《易》《春秋》	灾异，星占，卦气	说灾异，星占
17	李寻 HS 75, 3179	平陵，成帝—平帝	—	骑都尉	师传	经术《书》	灾异，星占，天文，月令	说灾异，预言
18	任文孙 HHS 82A, 2707	巴，成帝—哀帝	—	—	父术	—	天文，风角	—

[1] 此表中序号 20 的霍方进不能被列入东汉。如果以入《后汉书》传者为标准（序号 18 的任文孙，序号 19 的任文公县入《后汉书》·方术传》，但其活动年代为汉哀帝至东汉初年，可被列为西汉时人，但置于霍方进前似乎不妥），则序号 21 樵玄及以下为东汉时的人物。

续表

序号	人物	来源地，时代	家庭地位	自身地位：最高或最终官职	训练	学术背景	预测术	活动
19	任文公 HHS 82A, 2707	见任文孙	任文孙之父[1]	司空掾，称疾归家	—	—	天文，风角，占术	说灾异
20	翟方进 HS 84, 3411	汝南，成帝	郡文学	博士，丞相	—	经术《春秋》	天文历象	—
21	谯玄 HHS 81, 2666	巴，成帝一光武帝	—	议郎[2]，归家	好学	经术《易》《春秋》	—	灾异，天文
22	王景 HHS 76, 2464	乐浪，平帝一光武帝	—	庐江太守	好学	经术，广窥众书	术数，天文	能理水，预言
23	苏竟 HHS 30A, 1041	扶风，平帝一光武帝	—	代郡太守，免	好学	经术，图纬，道术	术数	灾异，天文
24	许杨 HHS 82A, 2710	汝南，王莽一光武帝	—	酒泉都尉，逃匿	好学	—	天文卦气	灾异，晓水脉
25	郭宪 HHS 82A, 2708	汝南，王莽一光武帝	—	博士；光禄勋，以病辞退	师传	—	—	灾异，预言
26	高获 HHS 82A, 2711	汝南，光武帝	—	不应辟	游学京师	—	天文遁甲，使鬼神	使鬼神
27	谢夷吾 HHS 82A, 2713	会稽，光武帝一明帝	—	巨鹿太守	—	—	风角占候	灾异，预言

① 应为任文之子。
② 后迁中散大夫。

续表

序号	人物	来源地，时代	家庭地位	自身地位：最高或最终官职	训练	学术背景	预测术	活动
28	郭凤 HHS 82A, 2715	勃海，光武帝—明帝	—	博士	—	图谶	灾异占应	预言
29	景鸾 HHS 79B, 2572	广汉	—	辟命不就	师传	经术，《诗》，图纬	风角	灾异
30	杨由 HHS 82A, 2716	巴，明帝	—	蜀郡文学掾	—	经术，《易》	七政元气风云占候	灾异
31	李南 HHS 82A, 2716	丹阳，和帝	—	不仕	—	—	风角	灾异
32	李南女 HHS 82A, 2717	见李南	李南之女	平民妻	家术	—	风角	灾异
33	李郃 HHS 82A, 2717	汉中，和帝—安帝	博士世家	司徒	父业，太学	五经	《河》《洛》风星	灾异
34	李历 HHS 82A, 2719	见李郃	李郃之匠	县长[2]	—	—	方术	方术
35	段翳 HHS 82A, 2719	广汉，安帝	—	未仕	—	经术，《易》	风角	预言，教授

① 应为蜀。
② 应为奉车都尉。

续表

序号	人物	来源地，时代	家庭地位	自身地位：最高或最终官职	训练	学术背景	预测术	活动
36	廖扶 HHS 82A, 2719	汝南，安帝	北地太守子	未仕	—	经术《诗》《书》谶纬	天文，风角推步	灾异，预言
37	折像 HHS 82A, 2720	广汉，安帝	郁林太守孙；家富	未仕	—	黄老	《京氏易》	预言
38	樊英 HHS 82A, 2721	南阳，安帝—顺帝	—	博士，五官中郎将	受业三辅	经术，五经纬书	星算灾异	灾异，教授
39	翟酺 HHS 48, 1602	广汉，安帝—顺帝	—	将作大匠，归家	家术，自学	《老子》，图谶	天文历算	卜筮，掌土木之工
40	杨厚 HHS 30A, 1047	广汉，安帝—顺帝	光禄大夫之子	侍郎	家术，师传	图谶黄老	天文推步	灾异，教授
41	杨统 HHS 30A, 1047	见杨厚	杨厚之父	光禄大夫	—	《河洛书》	天文灾异	灾异，教授
42	杨春卿 HHS 30A, 1047	见杨厚	杨统之父	公孙述将	—	图谶	灾异	—
43	唐檀 HHS 82B, 2729	豫章，安帝—顺帝	—	郎中，茅官	太学	经术《诗》《春秋》	《京氏易》，灾异星占	说灾异，教授
44	郎顗 HHS 30B, 1053	北海，顺帝	地方官吏	辞病不仕	家术	明经典	《京氏易》，风角	灾异，教授
45	郎宗 HHS 30B, 1053	见郎顗	—	县令	—	—	风角卦气占候	说灾异，星占

14 占卜与天文：传世文献与出土简牍 - 403 -

续表

序号	人物	来源地，时代	家庭地位	自身地位：最高或最终官职	训练	学术背景	预测术	活动
46	公沙穆 HHS 82A, 2730	北海，顺帝	家贫贱	辽东属国都尉	—	经术	河洛推步占候	气象占候
47	许曼 HHS 82B, 2731	汝南，桓帝	—	—	家术	《诗》《春秋》	占卜之术	预言
48	范冉 HHS 81, 2688	陈留，桓帝	—	县小吏，不愿再仕	师传	—	—	卖卜于市
49	刘翊 HHS 57, 1854	广陵，桓帝	清河太守之子	侍中	少好学	经术	天文历算	说灾异
50	许峻 HHS 82B, 2731	见许曼	许曼祖父	—	道士	经学图谶	占卜之术	—
51	赵彦 HHS 82B, 2732	琅邪，桓帝—灵帝	—	—	—	方术	遁甲孤虚	天文
52	襄楷 HHS 30B, 1075	平原，桓帝—灵帝	—	不仕	—	好学博古，黄老	天文阴阳	说灾异，星占
53	姜肱 HHS 53, 1749	彭城，桓帝—灵帝	家世名族	不仕	—	经术五经	星纬	卖卜于市
54	樊志张 HHS 82B, 2732	汉中，灵帝	—	不仕	—	博学	—	军事，预言
55	单飏 HHS 82B, 2733	山阳，灵帝	—	太史令；侍中；汉中太守，免	自立	—	天官算术	说灾异，预言

续表

序号	人物	来源地，时代	家庭地位	自身地位：最高或最终官职	训练	学术背景	预测术	活动
56	韩说 HHS 82B, 2733	会稽，灵帝	—	汉夏太守，免	—	五经图纬	灾异	说灾异
57	董扶 HHS 82B, 2734	广汉，灵帝	—	博士，侍中	太学	图谶	—	说灾异，教授

注释

1　关于这些仪式的概况以及王充和王符的著作，见 Loewe, *DMM* (1994a), Chapter 8。关于谶纬（亦称"图谶"）中的占卜，见 Chung Chao-p'eng, *Chenwei lunlüe* (1993), 77–86。

2　有关这方面资料的介绍，见 Liu Le-hsien, *Jianbo shushu wenxian tanlun* (2003a), 14–52。在本章中，对于特定墓葬和文书的引用按附录 1 中的次序。

3　关于这些发现的考古背景，见 Giele, "Using early Chinese manuscripts as historical source materials" (2003); Kalinowski, "La production des manuscrits dans la Chine ancienne" (2003d)。关于这些文书的概况，见 Harper, *CHOAC*, 813–74; Li Ling, *Zhongguo Fangshu kao*(1993) and *Zhongguo Fangshu xu kao* (2006b); Liu Le-hsien (2003a); Hu Wenhui, *Zhongguo zaoqi fangshu yu wenxian congkao* (2000)。

4　关于太常，见 Bielenstein, *The Bureaucracy of Han Times* (1980), 17–23; Loewe, *DMM* (1994a), 166–7。太祝、太卜、太史都由令来执掌，见 *HS* 19A, 757。在文献中会用"太史"或"太史公"代替"太史令"，虽然这种用法不太确切，但的确常见。

5　*HHS* (tr.) 25, 3572. 详见 Goh Thean Chye, *The History of the Astronomical Bureau*(1967), 47–52, 84–94。

6　《礼记·王制》第 7 页 b。王莽时类似的例证见 *HS* 24B, 1180–1; Swann, *Food and Money in Ancient China* (1950), 339–41。古代文献和铭刻中的史，见 Cook, "Scribes, cooks, and artisans: breaking Zhou tradition" (1995)。

7　*SHD*（《秦律十八种》）简 182、194；Hulsewé, *Remnants of Ch'in Law* (1985), 85, 176。

8　*ZJS*（《二年律令》）简 474—486。

9　西汉和王莽时期的情况见 Loewe, *A Biographical Dictionary* (2000)。《后汉书》卷 82 上《方术传上》和卷 82 下《方术传下》中的方士传记的译文，见 Ngo Van Xuyet, *Divination, magie et politique dans la Chine ancienne* (1976); DeWoskin, *Doctors, Diviners, and Magicians of Ancient China* (1983)。关于卖卜于市者，见司马季主（*SJ* 127,3216）、严君平（*HS* 72, 3056）、郎宗（*HHS* 30B, 1053）。

10　*HHS* 76, 2464; 本章附录 2 第 1 项。

11　*HHS* 30A, 1047; 本章附录 2 第 40—42 项。

12　关于王景见 *HHS* 76, 2466；占卜书的作者见本章附录 2 第 11、12、29、30、50项。

13　太学见 Bielenstein (1980), 19, 138–41；博士见 Zufferey, "Erudits et lettrés au début de la dynastie Han" (1998)。

14　*HS* 36, 1963. 关于知识阶层和博士参与占卜活动，特别是灾异之说的情况，见 Nylan, "Toward an archaeology of writing: text, ritual, and the culture of public display in the classical period" (2005), 19 and 44 (n. 80); Cheng, "What did it mean to be a *ru* in Han times?" (2001), 110–11; Zufferey (1998), 928, 938。

15　见本章附录 2 第 1、2、23、37、40、41、52 项。关于黄老学说和阴阳之术的关系，见 Yates, "The yin-yang texts from Yinqueshan" (1994), 88–98, 143–4。

16　比如，樊英的弟子范冉（本章附录 2 第 48 项）、杨厚的弟子董扶（本章附录 2 第 57 项）。

17　SHD（《编年记》）简 153；Hulsewé, "Qin and Han legal manuscripts" (1997), 194。

18　对这些问题的讨论，见 Kalinowski, "Bibliothèques et archives funéraires" (2003c), 894–907; Nylan (2005), 3–7, 34–7; Kern, "Religious anxiety and political interest in Western Han omen interpretation" (2000b)。

19　在该墓发现的占卜材料见本章附录 1，器具见下文。阜阳双古堆文书的介绍见 Hu Pingsheng, "Fuyang Shuanggudui Hanjian shushu shu jianlun" (1998a)。

20　关于汉代占卜的总体趋势，见 Loewe, *CHOC* Vol. 1, 673–4 以及 *Chinese Ideas of Life and Death* (1982), 80–1, 91。汉代也用"堪舆"来代表择日术，见 *DMM* Chapter 5。

21　*HS* 30, 1763–75. 关于数术类目录及其细分，见 Liu Le-hsien (2003a), 5–12; Li Ling(1993), 19–22; Kalinowski, *Divination et société dans la Chine médiévale* (2003a), 11–13。关于兵书类中的占卜书及其与出土文书的关系，见 Hu Wenhui, "Juyan xinjian zhongde 'rishu' canwen" (1995), 220–52。

22　见 Kalinowski (2003a), 13–19。

23　数术类总卷数（*HS* 1763–75）为 2539 卷，而在小结中给出的卷数是 2528 卷（第 1775 页）。

24　关于汉代正史中有巫者进行技术性占卜的一些记载，见 Lin Fu-shih, *Handai de wuzhe* (1988a), 54–5。关于巫师和靠灵感占卜者依照《周礼》从事的活动，见 Falkenhausen, "Reflections on the political role of spirit mediums in early China: the Wu officials in the Zhou li" (1995)。

25　详见 Kalinowski, "Technical traditions in ancient China and Shushu culture in Chinese religion" (2004a), 225–8。

26　见 *DMM*, Chapter 3 and 9；最新版本的马王堆天文气象占书，见 Liu Le-hsien, *Mawangdui tianwen shu kaoshi* (2004)。

27　相关研究和介绍见 Yates (1994)。

28　《亡国志》见 Liu Le-hsien (2003a), 233–43。"风角"占见 *DMM*, Chapter 9。

29　Wu Jiulong, *Yinqueshan Han jian shiwen* (1985), 44, 简 568。"黄老"在汉代的含义现在有争议。

30　编纂时间早于公元 729 年；见本书第 13 章注释 28。

31　关于这些文本和纬书中的类似之处，见 Liu Le-hsien (2003a), 341–51。

32　关于汉代的灾异学说，见 Lippiello, *Auspicious Omens and Miracles in Ancient China* (2001); Wu Hung, *The Wu Liang Shrine* (1989), 73–107; Kern, "Methodological reflections on the analysis of textual variants" (2002)。

33　关于两汉书《五行志》中灾异解读的研究，见 Mansvelt-Beck, *The Treatises of Later*

Han (1990), 131–74; Wang Aihe, *Cosmology and Political Culture in Early China* (2000), 155–67; Loewe, *MG* (2004a), 487–90。

34 *SHD*（《秦律十八种》）简 1—3；Hulsewé (1985), 21。

35 介绍和部分内容见 Wang Mingqin, "Wangjiatai Qinmu zhujian gaishu" (2004), 47–8。

36 见 Hu Pingsheng, "Weiyang gong qiandian yizhi chutu Wang Mang jiandu jiaoshi" (2005)。依 Hsing I-tien, "Han Weiyang gong qiandian yizhi chutu mujian de xingzhi" (2000a) 一文的说法，该文书被重新命名为《祥瑞》。

37 见 Harper, "A Chinese demonography of the third century B.C." (1985)。

38 对现存文献的论述见 Liu Le-hsien (2003a), 27–38。睡虎地《日书》的注释版本见 Liu Le-hsien, *Shuihudi Qin jian rishu yanjiu* (1994)；介绍与研究见 Kalinowski, "Les Traités de Shuihudi" (1986); Loewe, "The Almanacs (*Jih-shu*) from Shuihudi" (1988b); KudōMotoo, "The Ch'in bamboo strip book of divination" (1990)。

39 关于在敦煌发现的择日文书，见 Kalinowski, "Hémérologie" (2003b)。

40 见 Poo Mu-chou, "Popular religion in pre-imperial China" (1993), and *In Search of Personal Welfare*(1998), 69–92; Harper, "Warring States, Ch'in, and Han periods" (1995a), 156–8; Liu Tseng-kui, "Qinjian 'rishu' zhong de chuxing lisu yu xinyang" (2001)。

41 关于日书在地方行政中的应用，见 Lin Jianming, "Rishu yu Qin Han shidai de lizhi" (1991); Yates, "State control and bureaucrats under the Qin" (1995), 340–2。

42 关于用 "式" 和 "图式" 指称所有代表天象构造的宇宙模式，见 Li Ling, "Shi yu Zhongguo yuzhou moshi" (1991)。关于这些宇宙模式在天文历法上的技术功能，见 Kalinowski, "The *Xingde* texts from Mawangdui" (1999), 138–45, and "Astrologie calendaire et calcul de position" (1996). 另见 Ho Peng-yoke, *Chinese Mathematical Astrology: Reaching out to the Stars* (2003)。

43 关于《刑德》的彩图和释文，见 Fu Juyou and Chen Songchang, *Mawangdui Han mu Wenwu* (1992), 132–43（《刑德》乙篇彩图和释文）；Ch'en Sung-ch'ang, *Mawangdui boshu yishu* (1996), 10, 120–8（《刑德》甲篇彩图和残片）; Hu Wenhui (2000), 159–273 和 Kalinowski (1999) 中关于《刑德》的研究。

44 阜阳式盘的复原见 *KG* 1978.5, 340–2, *WW* 1978.8, 19, 25。另外两件西汉早期式盘在虎溪山被发现，见 *WW* 2003.1, 48–9。北斗式盘和六壬式盘的关系研究，见 Yan Dunjie, "Shipan zongshu" (1985)。Kalinowski, "Les Instruments astro-calendériques des Han et la méthode Liuren"（1983）。

45 *Guanju Qin Han mu jiandu* (2001), Zhoujiatai (《日书》), 104–20; 见 Peng Jinhua and Liu Guosheng, "Shashi Zhoujiatai Qin mu chutu xiantu chutan" (2001)。

46 见 Chen Wei, *Baoshan Chu jian chutan* (1996), 150–80; Li Ling, "Formulaic structure of Chu divinatory bamboo slips" (1990)。

47 传世文献中的相关资料见 *DMM*, Chapter 8。

48 见 *Xi Han Nanyue wang mu* (1991), Vol. 1, 217–18, Vol. 2, Plate 126 (2)。仅存的对龟卜和蓍筮仪式的描述正是见于丧礼中；《仪礼·士丧礼》第 18 页 a—第 20 页 b；英文译文见 Vandermeersch, "De la Tortue à l'achillée" (1974),35–6。

49 Han Ziqiang, *Fuyang Hanjian "Zhouyi" yanjiu* (2004). 占卜事项的罗列，见 Shaughnessy, "The Fuyang Zhouyi" (2001), 10–12; Hu Pingsheng, "Fuyang Hanjian Zhouyi gaishu" (1998b), 262–6.

50 见 Shaughnessy, "The Wangjiatai *Gui Cang*: an alternative to Yijing divination" (2002)。

51 关于文献材料和先行的研究，见 Harper, CHOAC, 852–5。

52 比如 *LH* 17（第五十一，"指瑞"），749–50; *QFL* 6(第二十五，"卜列")，291–301; *DMM*, 173–5。

53 关于六十四卦和历日推算，见 Nielsen, *The* Qian zuo du (1995), 133–46。京房见 *BD*, 199–200。

54 见 Lin Fu-shih, "Shishi Shuihudi Qin jian rishu zhong de meng" (1988b)。

55 *LH* 3（第十一，"骨相"），100–23. 关于汉代的相人术，见 Zhang Rongming, *Fangshu yu Zhongguo chuantong wenhua* (2000), 66–75。

56 睡虎地秦简中的相宅术内容有 *SHD*（《日书》甲种）简 114—126 正面以及简 14—23 反面。

57 可见（1）*SHD*（《日书》甲种）：《置室门》简 114—126 正面；（2）王家台秦简：见 Wang Mingqin (2004), 44–5；（3）孔家坡简牍：见 Zhang Changping, "Suizhou Kongjiapo mudi chutu jiandu gaishu" (2004), 69。

58 Wu Jiulong (1985), 88, 简 1357。考古人员在敦煌文书中发现了《釜鸣占》，见 Despeux, "Auguromancie" (2003), 441–2。

59 关于"方士"、"博士"和"儒"在词义和用法上的分歧，见 Zufferey (1998), 962–3; Cheng (2001), 109–14。关于认为方士具备预测才能，见 Li Ling "Zhanguo Qin Han fangshi liupai kao" (1995b)。

60 *HHS* 59, 1897. 扬雄详见本书第 22 章。

61 *HHS* 30B, 1085.

62 王充通常把这类文本称为"时日之书"或"日禁之书"；*LH* 24（第七十，"讥日"），985。关于术语"俗儒"和"世儒"，见 Cheng (2001), 115–16。

63 见 Kalinowski (2003a), 20–7。

64 《韩非子·亡征》第 113 页。

65 《礼记·王制》第 9 页 b。《狄奥多西法典》见 Grodzynski, "Par la Bouche de l'empereur" (1974)。

66 西汉早期的一个例子见 *SJ* 130, 3289。

67 Graham, *Disputers of the Tao* (1989), 325–30.

68 见 Gernet, "Petits Écarts et grands écarts" (1974); Peterson, "Making connections" (1982)。

15
出土医书、传世文献和医术

罗维前（Vivienne Lo）、李建民（Li Jianmin）

随着医药史成为大学的一门学科，在过去 20 年中，各种早期文明的医术越来越受到关注。以中国的情况来说，在长江沿线及其流域内的墓葬中和西北边疆发现的医书促进了新的研究工作。这些新发现——时代大部分是在公元前 2 世纪——证明汉代的医术是充满活力并富有创新精神的。关于马王堆 3 号墓（长沙国，今湖南境内；埋葬于公元前 168 年）和张家山 247 号墓（南郡，今湖北境内，埋葬于公元前 186 年）出土的简帛文书中与身体有关的文本，我们只需对其相对数量简单统计一番，就可以看出医术与行政事务、军事策略、天文和占卜一道，成为学者在帝国黎明时期关注的核心。[1]

出土医书的内容常常会和流传下来的医学经典有相当大的差别，揭示出的医术更加多样化，具有鲜明的地方和宗教色彩。记载了现存最早的生理学理论的马王堆医书，还有与运动、呼吸和房中术、草药、浅层手术以及巫术有关的医书，全都被一起埋在一个五格漆奁内的相邻两格中。[2] 它们大致是按医学上的内容被分类，和其他主题的简帛书籍各自单独成卷，这显然表明了知识体系的分类。[3] 战国和汉代的墓葬也出土了图解和各种文物，它们和这些医书一道提供了丰富的资料，有助于理解阴、阳、气等概念最初是如何在医疗理论中结合在一起的。[4] 出土医书同样向我们展示了新理论与旧观念的共存，在旧的观念中，身体被看作灵魂的居所，容易受到魔鬼、被冒犯的祖先和其他一些邪恶事物的侵袭。[5]

从《汉书·艺文志》中收录的书目同样可以明显看出医术上的兼收并蓄,这些书目也许可以追溯到公元前33～前29年在刘向(公元前79～前8年)的主持下,由宫中侍医李柱国编制的目录。李柱国可能还提出了方技类所应包括的4种书目:(1)《医经》7家,(2)经方11家,(3)房中8家,以及(4)神仙10家。[6] 把"经"理解为"经典"是有问题的,因为它的意思在汉代有变化,而且和被称为"书"或"方"的医书的关系也很不清楚。早期被标明为"经"的医学文献可不一定享有官方或宗教上的权威性,也并非某个作者的作品汇集。[7] 在西汉时期被称为"经"的,可能是指一种文献汇编,因更具理论性而被认为独具价值,以与"方"形成对比,"方"则是更偏重实际操作的治疗指南。(关于流传的单独和零散的医学文本通过汇编成为经典的过程,目前所知的就这一点的讨论可见下文。)

战国(公元前481～前221年)晚期关于脉的观念可以反映早期的阴、阳、气、[8] 血的观念。"脉"这个字不好翻译,在英语中曾经用"channels"(通道)、"vessels"(血管)或"pulse"(脉搏)来表示,不同的翻译反映了欧洲医学中解剖学和生理学的不同传统。[9] 脉是身体内部的某种线形结构的一部分——有时候被看作血管,有时候是皮肤下的通路(能从肌肉接合处的凹陷辨识出来),取决于上下文。当时的一种比喻说"脉者渎也",而"脉痛如流"。[10] 当脉在身体表面有节律地浮现时,脉搏或者称动脉就能被触摸到,可以用指腹来把脉诊断。

逐渐地,在脉中运行的气被看作给身体带来生机并刺激了所有变化的根本物质。马王堆和张家山的墓葬中出土的4种医书详细描绘了身体里的大概11种阴脉和阳脉,同时记述了各种观察到的现象,涉及血管、肌肉、不同特征的痛和其他通常可以体验到的种种感觉,这些感觉似乎界定了内在的身体。[11] 但是,这些书除了涉及呼吸异常和滞留于腹中的"风"外,极少说到气。然而关于针刺疗法,我们说这是一种对脉穿刺以使病气恢复正常的技术,张家山出土的《脉书》中的一篇值得注意,呈现了现存最早的关于针刺疗法记录:

气者，利下而害上，从燰而去清，故圣人寒头而燰足。治病者取有徐（余）而益不足，故气上而不下，则视有过之脉，当环而久（灸）之。病甚而上于环二寸益为一久（灸）。气壹上壹下，当胻（郄）与跗（跗）之脉而砭（砭）之。[12]

从这一段我们可以清楚看出，气像洪水一样向下流过身体，未必一定受限于脉中。[13] 各个节点作为气流动的天然的障碍，因而也是病症和治疗之处。所以我们日常最好引导气远离四肢，以免气郁结在器官内或器官旁。[14] 我们会看到，导气向下并运行周身是描述养生和吐纳的文本的一个特点。在汉代，通过不同的构想，气或者被想象成沿着脉络有节律运行的一种实体，和天体的运行模式类似；或者像水一样自由流动，和大地自身的脉理一样。人们对洪水和干旱存在着根深蒂固的焦虑，治水的各种比喻表达了这种焦虑感，有鉴于此，这些比喻被用于养生术中也是很自然的。

汉代的生理医学理论建立在各种外部环境的影响之上，却似乎排斥恶魔和鬼魂导致疾病的观念，尽管这种区别在理论上要比实践中清晰得多。医者会利用各种各样的诊断和治疗上的见解和技术。比如说，战国文献广泛使用"神"和"神明"两种术语。[15] 有时候，某些神物或者说栖身于人身体之外的祖先，在一些材料中被解读成永存于人心中的神，并表现为一种光辉和强烈的感觉，也会被描述为神明。[16]

大体上说，早期的医学理念反映了当时地理、哲学、政治和宗教观念的情况。[17] 各个身体器官的功能被认为像国家的各个官府一样，比如心似君主，乃精神之所在；肺主治节；等等。[18] 实际上，这种身体和政体之间的类比在当时非常盛行，《盐铁论》（撰写于约公元前60年）中就用扁鹊以"针石"重新调理以顺气的传说来比喻国家对财富的重新分配。[19] 因此，早期的医学文献所采用的修辞方式，这种修辞方式与我们所知道的其他体裁中实现或维持秩序（治）的修辞方式相同；为达到防止或纠正失序（"乱"，见本书第19章）和促进健康的目的，通过控制气在体内流动的治疗手段，在一定程度上可与一定疆界内的资源流动相类比。医生通过调整通道内气的流通使身体处于正常状态，可与一个帝国内的主干道和水路做整体类比。

治疗方法和技术

针刺法的历史经常与艾灸和烧灼术（见下文）的历史合并及混淆，而且大多数对针刺法起源的讨论，是从早期考古发现中用石砭刺穿的尸体开始的，不过石砭和后世的细金属针在材质、造型和用法上都不相同。但我们在假定石头被磨尖成形是用来穿刺皮肤时必须更加谨慎。战国晚期墓葬中发现的有灼痕和裂痕或者液体或油脂污渍的石质器物，很可能是热压具或熨具，公元前4～前1世纪的墓葬中出土的文书可以证明，多种器具有这些用途。[20]

控制鬼神的技术为治疗气的问题提供了一种模式。艾（Artemesia vulgaris）的干叶是今天用于灸疗的主要草药，古人曾认为它可以驱除各种不祥之物和恶鬼，同时会招来更为有益的神灵。至少战国时就已经有在腰间悬挂艾偶的习俗，以楚国人为甚，因为据信艾可以吸引"太阳之火"。[21] 两汉时期，根据需要，会用艾灸来给身体部位"致气"。对于纵欲过度，如果身边没有医生，会有一系列的家庭急救方法：

> 产病出汗惴（喘）息，中烦气乱；弗能治，产内热；饮药约（灼）灸以致其气，服司以辅其外。[22]

这些医书告诉我们在汉代灸法和烧灼是医治脉病的主要手段，晚一些的医书同样证明了这一点。[23] 这也确实是马王堆三种有关脉的文本中唯一明确提到的治疗方法。在早期的医书中，绝大多数的疼痛症状与脉的病理有关，因而我们可以很容易地想象热疗法为经脉理论的发展提供了多么重要的经验证据。

使用医石来治疗身体的经脉和血管，可能是汉代对驱邪用石以及用于熨压（也使用多种草药和物质）和灼烧之石具的改良。[24] 马王堆的医书中有一种治疗疝气的方法，是用"砭"刺肚脐，然后灸太阴和太阳，这是流传下来的不多例证之一，体现出生理理论影响医疗文献的情况。[25]

在大约和马王堆及张家山医书同时期的文本中，我们可以看到用医石来治疗气和阴阳方面问题的多种技术，直到这个时候，我们才可以合理地开始寻找石质工具与针刺疗法有关联的确凿证据。比如在张家山医书（见上文）中见到的，用砭刺脉以顺气的内容之后，就是一段如何来准备砭石以刺穿脓肿的文字，其中提到了浅层手术，同时采用阴阳体系并行的方式来描述身体。[26]（我们也可以读到刺脉作为放血疗法的例证，即使在很晚的医书中它也被作为一种行之有效的医术。[27]）然而，值得注意的是，这些墓葬出土的医书指定了一些宽泛的区域（膝后和肘后）为治疗部位，没有提到任何名称典雅的针刺穴位体系。从此后的一些记载中我们也可以察觉到对使用石具干预医疗的认识有所变化。《史记》（编纂于约公元前100年）中神医扁鹊（图15.1）的传里，根据病侵入身体的程度分列了不同的疗法。在这段记载中，扁鹊用针砭来治疗血脉之病。但在甘肃省武威附近的一座公元1世纪的墓葬中，我们可以看到最早的针刺三里和肺输这两个重要的穴位的确凿证据。[28]

即使是在《灵枢》（公元前1世纪至公元1世纪）的《九针》篇中，所谓的"九针"中也只有3种针适用于气的病理状况（其他6种主要用于浅层手术）：鍉针用于按摩经脉，员针用于按摩分肉，因而这两种针影响身体内部的气；[29] 毫针采用轻而缓的手法，用于治疗痛痹之类的疾患。[30] 此外，当读到《灵枢》中建议用细针穿刺身体来控制气时，我们必须把砭石和类似今天使用的小金属针区别开来。[31] 从技术上讲，人类在公元前3世纪之前就有可能打造细的铁针或钢针，但考古发掘中还没有发现战国的实例。[32] 针被发现于满城汉墓（约公元前112年）一件标志为医用的铜盆附近，一些学者对此相当关注，但这些针带有小孔，明显是缝纫用针，并不用于针疗。[33] 丧葬文化在满城汉墓之后发生了变化

東漢鳥形神醫畫像石。取自李經緯主編，《中國古代醫史圖錄》

图 15.1 神医扁鹊，为戴冠的鸟形。见 Ye Youxin, "Shishi dong Han huaxiangshi shang kehua de yizhen" (1981), 60

（见下文），有钱人很明显不再随葬医书和医橱。不过，要证明用细金属针针刺来运气之疗法的出现远早于公元1世纪，仍有待更多证据的出现。

迄今为止，对针刺疗法起源的讨论一直指向热疗法、放血疗法和浅层手术的影响。早期的医生和治疗师对身体的深层解剖结构又知道多少呢？王莽统治时期有这样的记载，公元16年，反叛首领王孙庆在被处死以后，曾被人仔细测量和检查了内脏。[34]《黄帝内经·灵枢》中列举了消化道各器官的尺寸和容量，并说（与天地不同）人的器官大小可以很容易地知道，因为"其死可解剖而视之"。[35]

在评估早期中国施行深部手术的证据时，关键是要把对死人实施的解剖和对活人实施的手术区别开来。在19世纪出现消毒法和20世纪发现抗生素之前，所有的深部手术都会带来极高的致命感染风险。这么说来，掺杂着传说的人物华佗（据传活动于公元 2 世纪），他实行腹部手术的故事有多么可信呢？更不要提俞跗（西汉？）的"割皮解肌，诀脉结筋，搦髓脑"了。《三国志》发扬了华佗的医术神话：

> 若病结积在内，针药所不能及，当须刳割者，便饮其麻沸散，须臾便如醉死无所知，因破取。
>
> 病若在肠中，便断肠湔洗，缝腹膏摩，四五日差，不痛，人亦不自寤，一月之间，即平复矣。[36]

这是层递式造神的一个证据，还是真事实录？或许并不是华佗自己想要剖开人的身体，而是他生活在一个极为动荡的时代，会有很多战争受害者腹部受伤。

关于在前现代文献中深部手术的记载的匮乏，通常被解释为内脏、肠道系统及其相应的针刺脉络都有详尽的功能，这减少了对侵入式方法的需求。据说严重的内部问题可以用药物疗法或针刺有效治疗。早期医学专家对身体的物质结构并不是全然不知或者轻视，只是更喜欢设想一套服从于外部世界可见规律的生理功能和相互关系。身体的任何部分都不被视为互相隔绝、界限分明的孤立之物；相反，它们是宇宙的一部分，而人们认为同一类别的相似事物之间存在同感共鸣而变得浑然一体，这使得身体及其各部分易于接受诊断和医疗干预。

因而，我们的目的并不在于确定一个从辟邪仪式到早期砭石运用，再到针刺的单线发展进程，因为这样一种目的论的方法必然会掩盖作为知识和实践创新背景的文化多面性。[37] 近几十年出土的文本和器物进一步阐明了传世的医学文献。据此得知，在整个汉代，随着新的身体理论在学者和医者中间流行，所有与石器有关的医疗传统——控制精神、放血、热熨、刺穿、烧灼和按摩、针刺——都被重新审视或以新形式出现。然后，石器可以被用于治疗由阴、阳、气、精组成的"玉体"，玉体是身体的委婉说法，精是气的精华。[38]

礼仪、身体和吉日

战国晚期制作历法的主要动机来自需要确定礼仪活动的最佳时间和地点。随着国家的政治和行政功能越来越向中央集中，创造一种宇宙观的需求变得更加迫切，这种宇宙观把统治者及其行政机构理解成各种天体排列方式的自然延伸。确定宇宙的各种规律是"数术"的一个特点，这提出了一种框架，将身体的深层结构按礼仪组织起来，继而映射到生理上来预判疾病的进程以及确定治疗的吉日良辰。

下面的引文出自《吕氏春秋》（编纂于约公元前239年），我们会看到文中提到阳气以及一些对应关系，这些事物可被纳入某些而不是全部五行理论中，它们都汇聚于和礼制理论的关系中：[39]

> 季春之月，日在胃，[40]昏七星中，旦牵牛中。
> 其日甲乙。其帝太皞。其神句芒。其虫鳞。其音角。律中姑洗。其数八。其味酸。其臭膻，其祀户。祭先脾。
> 桐始华，田鼠化为鴽，虹始见。萍始生。
> 天子居青阳右个，乘鸾辂，驾苍龙，载青旂。衣青衣，服青玉，食麦与羊，其器疏以达。[41]

和每个月的"月令"一样，这个季春的条目把这个月和其各种区别性特征相联系：两个天干、特别的神祇（太皞和句芒）、音律、气味、器官或器官系统。举行礼仪活动的时间、空间、统治者（在这里被称为"天子"）的穿戴与各种天体的关系也很受重视。[42]仿效北斗星围绕天极旋转，天子在一年当中轮流出现在一种被称作"明堂"的特殊建筑的各个室中，吃的食物也可以调整他的身体以适应阴阳节律的变化。[43]统治者的身体被看作宇宙秩序与和谐的具体而微者。通过仪式的魔力，统治者在地上明堂的运动是为了与天上的明堂相对应，从而引导上天的力量为他的国家带来和平。最终，"明堂"这个词体现出的各种关联孕育出了一整类的针灸书籍，首先就是《明堂孔穴针灸治要》（约公元260年），它是皇甫谧（卒于公元282年）《针灸甲乙经》的文献来源之一。[44]

一个核心观念——建立在天文观测和与天上神灵及占卜力量相关联的信仰之上——是如实表述观察到的现象，并不是研究天象的唯一目的。同样重要的是要确保任何天象在实际运用中的有效性。因此诸如阜阳夏侯灶（卒于公元前164年）墓中的宇宙图式等器物才得以出现，其上的星座形状如北斗星的指针指示，指针横跨北天极，可以自由旋转。使用者无疑知道北斗星并不在那个位置。这件宇宙图式并未如实反映天象，但可以很好地把天文现象转化为预言。[45]

维持各种天体的正常运行——像治理国家一样——为维持身体的正常运行提供了模板，正如在被定为公元前217年，现存最早的把身体和时间段相联系的图上所看到的。[46]专门从事择日术的人和普通人可能也用这张图来预测婴儿和母亲的运势，方法是将婴儿的实际出生日期与历日干支、身体上的相应部位和附随文本中的预测进行对照。不久以后，在时代为公元前2世纪早期的出土文书中，我们可以看到多种身体构造的描述，这种描述看上去是在把太阳运行的周期和身体中精气的运行联系起来。然而，马王堆和张家山墓葬的出土文书中都有11道脉，西汉墓出土的一件漆人身上有10条红线（图15.2；见下文），确定为公元前2世纪晚期和3世纪早期的医经中则是12道经络，由此应该可以明确的是那几百年的医学知识并没有一套统一且一致的体系，至少目前对脉来说是如此。[47]这些出土文本中的经络数量和名称也许会不同，这取决于是不是早期数字体系的残余。这些体系或者以数字11为基础，正如《国语》和《左传》中所记载的以六配天、以五配地；或者以月相的阴阳为基础，正如在早期被称作"月令"的礼制历法中所见。[48]然而，没有哪个出土文本中的11经脉像在后世的医经中那样，进入到身体内部并与

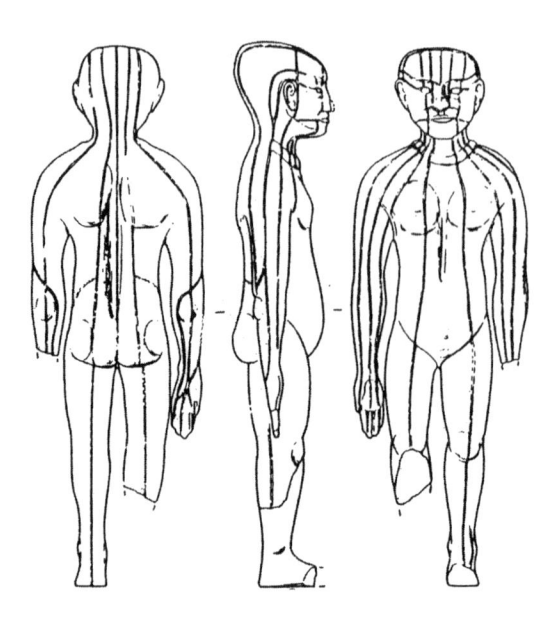

图 15.2 人体经脉漆俑。四川绵阳永兴双包山 2 号墓。高 28 厘米。西汉，早于公元前 118 年

五脏六腑联系起来，尽管表面上 11 经脉在数字上还继续保留下来。在这些材料中，我们也看不到描述气在脉中有节律运行，或者公元前 2 世纪存在成熟的五行理论的任何记载。这套五行理论一直流传下来，它把不同的颜色、季节、谷物、气味和其他特征联系起来（见本书第 16 章）。

双包山 2 号墓（广汉郡，今四川绵阳境内）的椁中放置了一件不晚于公元前 118 年的漆雕木俑，木俑高 28.1 厘米，被包裹在红色织物中，墓主应该是一位高级将领。这件身上遍布线条、让人想起后世用于针刺疗法之模型的俑是现存最早的例证。在其中 10 条红漆线中，有 9 条从手足末端延伸到头，1 条沿脊柱过头顶到鼻梁。[49] 传统上的分析认为这件漆俑是一件用来引导与经脉有关的医疗干预手段的直观辅助工具，但严格来说，在当时它并不必然用于医疗。[50] 我们还必须考虑这件漆俑及其体现出的知识与较早的丧葬信仰和习俗的关系如何或者是如何表现那些信仰和习俗的。把这样一件漆俑放在尸骨旁边，难道不是在阴间模仿和延续现实生活的计划的一部分——实打实地把上天的力量"导引"进他的躯体而使死者受益吗？如果是那样的话，俑身上的10条红线反映的难道不是太阳历中的十天干？

视觉证据的含义就是这么含糊（见本书第8章），因而我们可能在有进一步的发现之前都无法理解，但《太素》中有把十天干和10道经脉联系起来的说法。在这里，传说中的黄帝（据传活动于公元前5000年）对身体经脉反映天体这一理论的明显矛盾之处提出疑问。[51] 传说中的大臣岐伯做出回答，把特定的日子和每一道经脉相对应，这是对上面《吕氏春秋》记载中已经存在的那种对应关系的一种推衍。显然，在这个时候经脉还没有被系统地与数字和五行联系起来，因为时间标尺不光在和人体器官，甚至在和阴阳的配合中都存在互相矛盾的地方。

一旦经脉被系统地和数字运算的序列发生联系以及和五行互相关联，一个基本的时空框架就会出现以用于描述气在经脉中的运行，这和宇宙的规则相协调。医生们最终将会在这套历法支配的生理标准下诊断身体异常，预估疾病进程，并且提出治疗手段。

因而我们必须翻检《黄帝内经》的《灵枢篇》，才能得到进一步的证据来证明在汉代与循环理念相适应的那种观念：有规律地在身体中运行的气、灵魂和精神把早期的针刺疗法与占卜医术或者说医疗的巫术传统联系起来。《灵枢》第十六篇专门论述"营"（此处意为"运行"），这是一种生理过程，在这一过程中人的气有规律地在全身运动，其模式和天上的各种运动相同。气"运行"的速度反映着各种天体在天空中移动的过程，把人类生理放置在一个数理运算宇宙的核心：原本宽度差异很大的二十八宿被平均分成36分，反映出占卜运算本质的优先性；也就是说，与实际观测到的角度或时间相比，它更注重对时间顺序的占卜分析。[52]

28脉与二十八宿相对应。太阳运行通过二十八宿（就像我们在阜阳式盘上看到的），每一宿有36分，人体的气每运行一周为1008分。[53] 每一呼和每一吸，人的气运行3寸，每日呼吸13500次，共运行810丈。由此我们可以得出每一分约为8尺，这也是通常认为成年男子的标准身高［81000 ÷ (28 × 36)，略多于标准的8尺］。[54] 关键的数字单元是81，这是阳数之极（9 × 9 或者 3^4）。[55]

在历法系统中我们可以看到同样的数字序列，它为关于疾病原因和预后的预测提供了一种框架，以便《日书》中的推测——确定了从事各种活动吉利的时间和地点（见本书第 14 章）——进入了日常卫生和健康的各种步骤中。[56] 在武威发现的公元 1 世纪的医书（见本章上文）就包含了禁止在特定的位置和特定的时间采用针刺的内容，这是害怕伤害在体内每年周而复始运行，在不同的年龄处于身体不同部位的神和魂：

> 黄帝治病神魂忌：人生一岁毋灸心，十日而死；人生二岁毋灸腹，五日而死；人生三岁毋灸背，廿日死……年已过百岁者不可灸刺，气脉壹绝，灸刺者随箴灸死矣。[57]

因此，这种新出土的文本和器物就提供了一个新的视角，这样的视角可以让我们把注意力集中于传世文献的核心要素。

养生

在由天文历法体系支配的循环理论中，人的神、气似乎像行星一样在体内运动。在另外一些与冥想、房中术及养生传统有关，受到西汉生理模式影响的理论中，气被设想为像水一样在身体中流动。这些理论或模式和现在所称的"传统中医"要接近得多，而这种提法在时代上是错位的。[58]

> 如水昧淫，如春秋气，往者弗见，不得其功。来者弗睹，吾享其馈。呜呼慎哉！神明之事，在于所闭。审操玉闭，神明将至。凡彼治身，务在积精。[59]

最早的针刺论著认为气向下涌动。张家山出土的《引书》中有一些导引锻炼的方法，其中一个描述了出于治疗目的在日常中把气向下引到四肢的方法，反映出水的自然倾向：

　　·病瘳（？）癉，·引之之方，右手把丈（杖），乡（向）壁，毋息，左足踱（蹠）壁，卷（倦）而休；亦左手把丈（杖），右足踱壁，亦卷（倦）而休。头气下流，足不痿癉〈痹〉，首不瞳（肿）魟，毋事恒服之。[60]

毫无疑问，远在它们进入公元 2～3 世纪医经中所见的精细结构之前，身体的气和阴阳的概念（在那种或其他语境下）在关于呼吸、导引和房中术的文本中被叙述得最为生动。[61]

　　在张家山发现的同一篇文本认为，除了一个人保养身体的知识和能力之外，地位也会影响患病的方式：

　　（贵人）喜则阳气多，怒则险（阴）气多，是以道者喜则急昫（呴）、怒则剧炊（吹）以和之。[62]（见图 15.3）

平民当然会受到一些不可控因素的影响，但贵人得到的资源和闲暇更多，这也意味着他们会碰到更多的状况，这些状况可能会打乱他们阴气和阳气的平衡。在关于养生的论述中，阴、阳、气等术语总是传达着感觉上的经验。与之相类似，脉的病理表达了骨骼、肌肉和器官结构的知识，同时还有疼痛和知觉上的异常以及相应的刺激和缓解点位。下面这些症状和钜阳之脉的异常有关：

　　衝（冲）头，目以（似）脱，项以（似）伐，胸痛，要（腰）以（似）折，脾（髀）不可运，胠如结，腨如裂。[63]

于马王堆和张家山发现的图和文本证明，在与脉和导引有关的文献中记录的疾病的各种症状里，通常存在一种感官觉醒的文化现象。

图 15.3　导引图，表现的是呼出热气以维持身体协调。湖南长沙马王堆 3 号墓。西汉，不晚于公元前 168 年

追溯一下身体感官的历史，马王堆帛书中有一篇，现代被命名为《合阴阳》，通过成功培养特定技巧以实现接阴效果来描述女性性高潮：气在体内运行带来一种精神上的愉悦与敏锐。气息或性技巧的成功培养与下面这些迹象相对应："气至"、血气顺畅、"耳目聪明"、"皮革光"、"音声章"、"脊协强"、"尻髀方"，从而可以"通神明"。[64]

用这些更加宽阔的思路重新审视在双包山发现的漆俑，会把我们的注意力引向其上位于耳、眼、鼻、口、手、足附近线条的聚集交会之处，这是身体上感觉最为敏锐和强烈的部位。我们推测，这些漆俑表现的是养生术中气的理想运行情况，并非描绘内脏恶化的通路。这件俑身上没有身体内部较柔软部位的关键经脉，那些据称与三阴（太阴、少阴和厥阴）相应的脉"腐脏烂肠而主杀"。[65] 从肩膀的尺寸来看，这件漆俑可能为男性，但值得注意的是其没有生殖器。这可能只是一个偶然的设计，不过早期医学史中的身体性别观念相对模糊。《史记》中医者淳于意（公元前216年或前206年出生；公元前170～前150年行医）的传记记录了25个病例，这些病例均未强调性别差异，对男性和女性患者的治疗也没有基于阴阳特征（比较第16章）。[66] 男女的身体部位相同，同时体内都有精或者说万物化生的精华，男子为精液，女子为生殖器分泌的液体。

然而，在出土文本中，我们再一次找到了早期医学结构的新线索。尽管在汉代晚期及以后的医学经籍中，理想化的人体是没有性别的（忽略子宫），但马王堆却发现了一张女性外阴图。这幅图标出了"赤朱"（阴蒂）和"麦齿"（阴毛）（图15.4），同时又说明如何才能加强和引导女性的性反应和性快感。附随的文本描述了如何吸收相应的女性阴水来补阴（女性从性行为中得到的快感越强烈，男伴能吸收的阴就越多），提供了针刺治疗理论中注重阴的早期模型。[67] 处方中详细说明了实际操作方法，让房中术理论变得生动，此处为怎样刺激女人的情欲：

  益甘
    □伏靁（茯苓）去滓，以汁肥獲，以食女子，令益甘中美。·取牛腮燔冶，□乾桓（薑）、菌桂○皆并□，□□囊盛之，○以醯渍之，入中。
    一曰：□汁，以牛若鹿胆殹，令女子自采（探）入其戒■。[68]

有关养生术的书籍通常追求补阴。似乎有点奇怪的是，男性作者居然认为性质内敛而柔软的阴，是阴茎合适的委婉叫法。然而当阴得到增益，会变得湿润充实，因而会预防退化，延长性能力，保持年轻状态，延缓衰老。难怪令人印象深刻的玉祖（见上文图1.67）会在汉代墓葬中被发

图 15.4 《养生方》中的女性外阴图。关于这幅图和所使用的术语，见 Harper, *Early Chinese Medical Literature* (1998), 359–62

现。"玉鞭"在汉代也暗指阴茎。不管功能如何,玉总是意味着圣洁之所在,不会腐朽。[69]

对身体形态进行诗意描绘的文化现象,已经在传世的医书中为我们所知,也出现在新出土的房中术论著中。在马王堆发现的房中术文本对女性身体的描述,让我们率先领略到了身体上某些位置抒情式的名字,比如"醴津"、"泉"。两个位置——"缺盆"和"中极"——作为针刺穴位出现在后世文本中,启示我们在不同类型的有关治疗和养生的文本之间存在一些连续性。[70] 的确,《黄帝内经》中针刺穴位的名称把天上地下所有物体的轨迹都囊括在一起:在宇宙和身体之间构建的类比,促进神和魂运动的河流和水道,从太白和天柱到遥远的天堂。所有汉代想象中的主要标志物都被引入传统的身体观念。比如说,《灵枢·经水第十二》将经脉和中国的自然水道相对应。[71] 一旦脉和构造出的水路建立起了类比,所有引导水、控制水的特性和技术就都会被用到气在体内的运行之中。[72]

从医者及医学知识的传承

传世的《黄帝内经》大部分内容是黄帝本人和他某位大臣的对话,黄帝是自然哲学的代言者,问答的大臣经常是岐伯(针刺和秘方的专家)或雷公。一些学者认为,使用对话体已经充分证明在汉代医学知识存在不同的传统。[73] 把某个文本的作者认定为某一个或某几个传说中人物的其他零散文本传统尽管存在,却不足以证实现实中存在正式的医学流派或师承系统。[74] 实际上,对话体在汉代非常盛行。[75] 这种医学知识的阐述方式仿照帝国治理中所使用的法律和行政传统,获得了一种和行政文书相似的合法性。对话的目的不是激起讨论,而是统一不同的意见,我们不光从《黄帝内经》中看到了这一点,成书于公元 106 年的《难经》也是一样,而且把这一方法用到了极致。

在汉代医书中,"圣"这个词不光用于圣王,还用于那些掌握了精妙的技艺、可以操纵天地阴阳转换的圣师。我们经常可以看到直说或比喻说明自然秩序（各种天体的运行）、帝国运转和人体生理互相关联的表达。[76] 使身体开化的所有功劳都归于圣－医、神仙和师者。比如说，作为人文祖先之一，黄帝的名字在技术和医学传统上被赋予了权威性，这些传统被认为是在更高的文明世界中所必须的。创造卜筮和正式划分四季被归功于传说中的黄帝，从这方面来说，他在医术方面担负起了一个重要的角色。这些预测未来的技能把他与诊断和判断预后的关键医疗技术联系起来。在他的形象中，我们还可以找到所有那些主题，它们汇集于一种想象，把身体想象成由有规律运行的气来提供能量。

发现古代医疗技术和开发药理学被分别认为是传说中的巫彭和神农的功劳。[77] 最早的医学知识的形式被赋予的力量和权威，通常并不仅仅来自某位大师自己的经验知识，而是来自神秘的、大部分是匿名的论著的权威性，这些论著与医术圣贤的名字相联系，包括传说中的圣人、神化的人文祖先、神仙和圣师。[78]

《灵枢·禁服》中记载的黄帝和雷公的一件事，描述了类似于授方仪式的大致情形，这种仪式标志着真实生活中师徒之间的传承。斋戒、择吉日、割臂歃血明确了秘方授受礼仪的步骤。知识传递中的礼节越多，医书的地位就越高：

> 黄帝乃与俱入斋室，割臂歃血。黄帝亲祝曰："今日正阳，歃血传方，有敢背此言者，必受其殃。"雷公再拜曰："细子受之。"黄帝乃左握其手，右授之书，曰："慎之慎之，吾为子言之。"[79]

从其他记载中我们可以知道，扁鹊的老师长桑君并没有亲自指导扁鹊医术，[80] 只是把他拥有的禁方给了扁鹊，然后就忽然消失了。[81] 与此类似，淳于意的老师告诫他忘掉以前学的所有东西，让他发誓保守秘密之后才传给他关于房中术、药论、五色诊、知生死、接阴阳和石神的禁书。[82] 当授予的医书特别有价值时，老师在传授仪式结束时通常都会警告一句："毋泄。"[83] 授受仪式本身也确立了师徒关系，把同一师承（有时候是医学训练）的医者和其他人区别开来。保密的一部分原因也可能是防止医书落到没有能力或经验的人手中。

除了扁鹊（据传活动于公元前 6～前 5 世纪）、淳于意和他的老师们、华佗（据传活动于公元 2 世纪）以及张仲景（公元 142～220 年）以外，从医者个人的名字罕见于现存的证据中，况且在这些人物中扁鹊和他的老师及华佗的事迹还带有一些神秘色彩。然而相当特别的是，仅马王堆出土医书中的《十问》一篇，就描述了一大批传说中的医术大师与历史上著名王公们的对话。这些医学理论专家包括天师、大成、曹熬、容成、仙人王子巧父、文挚、巫成柖和王期。[84] 作为早期养生之道传统的化身，彭祖被认为通过掌握房中术和导引术（后者在《庄子》中被讥为"吹呴呼吸"）活了 900 多岁。[85]

在现存资料中，与上述杰出的圣人－医者和大师相区别的是被宽泛地称为方士（此处指医方）或"道士"的从医者，他们所面临的评价褒贬不一。[86] 方士是指那些搜集医方和医术（有些是兜售长寿方）的人，还有流动的巫。[87] 描绘天象，确定被冒犯的祖先或神灵的身份，开发出可靠的占卜和医疗体系[88]：这些技艺对诊断和治疗的重要性不容小视。占卜是查明病因、判明预后，以及最为重要的、判断（在可能会导致病人死亡的情况下）是否应该治疗的关键技术，先秦时期的情况已经在包山简中得到了证明。[89]

根据推演类型、疾病模式或占卜体系的不同，从医者各有专长，互相之间的竞争不可谓不频繁。《左传》中有一个著名的例子，医和在诊断时用气象和受环境影响的六气来解释病，而与其他医者认为鬼神才是主要致病原因的看法正好相反。[90] 楚国左尹邵佗的 12 位贞人随从，在他于公元前 318～前 316 年患重病期间，使用了各不相同的技术或手段来使用蓍草和龟甲。即使诊断出的病因是一种病态上升的气（可能是呼吸上的问题），治疗方法也可能包含对某个特定祖先或神灵的祭祀。[91]

构建经典

我们没有理由怀疑秘密传承的特殊地位，但这些"秘密"的传承在正史中广为人知，这一事实本身就提示出这种师承体系仅仅是半封闭的。最晚从秦开始，大量的技术论著被作为档案保存在皇家图书馆中；也在朝廷、半官方和私人的学校及书肆中流传，被医师和私人藏家翻阅。早期的医学论著和贵重的物品一起被放置在高等级的墓葬中，似乎很受推崇。从出土文书来看，这些文本（和传世的医学典籍不同）并不是卷帙浩繁的长篇大论。[92] 然而对于学生和丧葬中的抄写员来说，尽量多地获得文本是有益的，每一个文本都会增加从医者或墓主人的权威，每一次文本交换也都增强了上一个主人的威望。[93] 然后，随着医书在漫长世纪中持续地流通、被抄写和世代相传，每一位拥有者都有机会对某个文本做点独一无二的贡献，他们可以作注、校订，或者编排附录、后记和附属的文本。久而久之，一些注解混入了正文，改变和扩展了文本的含义。（单是这一过程就可以解释同一文本中存在几乎相同段落的现象，不管是在出土文献还是传世文献中都有。）最终在公元 3 世纪，通过与在世的著名学者——地位显赫，校订了书籍的各种版本（见下文）相联系，医学文本获得了权威性。通过这些过程，医学经典——医书的权威版本——才被逐步构建出来。

然而，让我们更加细致地看一下这个有趣的过程。《汉书·艺文志》中皇家藏书的简要目录收有《黄帝内经》和《黄帝外经》，它们分别为 18 卷和 37 卷。这是归于黄帝名下的医学文集的最早记载。[94] 遗憾的是，我们所知道的不管是《黄帝内经》还是《黄帝外经》，在形式和篇幅方面都没法和汉代中期的相比，因而传世的"经"大概应该体现了后世堆积的成果。

这种堆积的现象在一种著作已经被宣称为"经典"之后的很长时间里还会继续，从现在的《黄帝内经》文本中就可以得到证明。除明显是东汉晚期的运气七篇外，似乎这部文集的大多数材料来自公元前 1 世纪和公元 1 世纪。[95] 此外，王冰在 8 世纪时编校《素问》，于公元 762 年增添了一篇序文，这篇序文得意地指出了他对《素问》所做的订正之处——属于概念和文献整理性质——并以红字标明。[96] 这一文本现在已经没有红字标识的部分了，因而王冰的许多意见可能已经不经意地窜入正文，这进一步增加了确定《素问》时代的难度。造成的结果是，不管什么时候，要把《黄帝内经》中部分材料的时代定为汉代，都必须特别仔细地甄别不同经手者的累积层。《难经》（成书于公元 106 年）为我们提供了一些线索，因为这本书着手系统地解决以前的矛盾之处所带来的许多问题。这可以解释为什么《难经》被看作医学系统对应领域的顶峰和集大成之作。[97]

公元 3 世纪是制造医学经典的另外一个转折点：从表面上来看，医学论著授受仪式和秘密传承被赋予的权威性开始受到有确定作者的医学著作的挑战，其中包括皇甫谧的《针灸甲乙经》（成书于公元 260 年）及王叔和的《脉经》（成书于约公元 280 年），这些书整理了很多其他的文本（有一些在此之前无疑是保密的），并且是在作者的名下，而不是把整部文集归于某个传说中的人物。

为了编撰《针灸甲乙经》，皇甫谧翻阅了三种较早的医学典籍辑本：两种文献汇编《素问》和《针经》，他认为这两种典籍的一个来源是某种原始的《黄帝内经》，正如《汉书·艺文志》所收录者；[98] 第三种是上面提到的《明堂孔穴针灸治要》，皇甫谧认为它是《素问》和《针经》的摘抄，质量低劣、讹误满篇。在比较了各种版本之后，皇甫谧接下来重新编排了一个新辑本，新增了分标题。他给这部著作添加了首个医书典籍中的目录，还附加了一篇序，序中写道：

> 若不精通于医道，虽有忠孝之心，仁慈之性，君父危困，赤子涂地，无以济之。[99]

皇甫谧的这个序本身就提示了医书流传范围的扩大，因为在被认为由传说中的老师向传说中的学徒秘传的医书中从未出现过序言。[100] 到皇甫谧的时代（公元 3 世纪中期），这种秘传的文化现象似乎已经开始减弱，原因可能是有意阅读医学书籍之读者的范围在扩大。我们或许还可以举出其他几个秘传的传统明显削弱的原因，尽管现有的证据还无法坐实。在东汉晚期，行医的方式发生了转变，流动从医者名声下降，而有固定场所的行医世家声望提升。[101] 公元 3 世纪，那些把行医当作"家业"的家庭把他们的声誉建立在更加保守地选择那些"行之有效"的诊断和治疗方法之上（尽管他们的方法或许一直在进步）。汉代后期的救世运动与医学知识积累的密切关系，可能也改变了行医方式，尽管较早的地方宗教运动也曾具有依靠信仰来治疗的特点：到汉末，除了对来自神秘大师的传承的旧有的重视之外，新的医疗技术强调通过悔过、采取补偿和施舍的行为来实现救赎（见本书第 17 章），同时还强调宗教领袖（并非从医者）的传承仪式。[102]

墓葬中所发现医书数量在减少（或许能，也或许不能反映地上的减少）的另外两个可能的解释是：不同丧葬器物价值的变化（见本书第 3 章）；或者随着医书变得越来越常见，其声望值在下降。[103] 无论如何，《太平经》（公元 3 世纪？）中的治疗记录清楚地表明，其中提到的技术和传播方式，与我们在大约同时期的皇甫谧及王叔和的医学论著中所看到的差异非常大。

此外，在公元 3 世纪，医书作者为了构建医学经典而开始认真地整理医学论述，这个时候似乎有一大批实用的治疗手册涌现——数量之多，在有些情况下是以前所见到的 10 倍左右。[104] 可想而知，这些疗法中的绝大多数最终或许可以追溯到为宫廷编制的医书，但魏（公元 220～264 年）、晋（公元 265～315 年及公元 316～419 年）时期的医书更具创造性，其撰写风格也和汉代墓葬中的医书迥然不同。汉代墓葬中的医书是根据病症或疗法本身进行编排，没有提供病因解释或者尝试纳入一种对各种药方的治疗作用的系统理解。而新的医书开始引入药学理论，这使得从事医疗的人员可以在已经确立的医学经典外插入一些独到的见解。因此，公元3世纪成为医学的一个分水岭，同时有一系列根本性的变化发生：医者之间或师徒之间医书授受仪式的式微；对较早的医学论著的修订；医疗文献的理论化；以及为了构建自己和所选择领域的权威，编者和作者在新的标题、注释和作品中加强了个人的话语权。

《汉书·艺文志》中的医术和养生术包括了永生的技巧和房中术。阮孝绪（公元479～536年）在编制梁代（公元502～557年）皇家藏书目录时，把医经和经方归在"术伎录"之下；把经戒、服饵、房中、符图归于"仙道录"，认为它们属于宗教的专业范畴。[105] 换句话来说，医学传统中更偏重理论的方面被和"数术"放在一起，与更加玄奥的技术分离，后者逐渐和内外炼金术发生联系。[106] 由此我们可以看到，构建经典所必要的历史进程绝不总是渐进的和累积的。制造标准化的经典，需要大批宣称掌握不同专业技能的权威（多数不为人知）进行复杂的遴选、删削和改写，后来的作者和编纂者则进一步赋予这些经典以结构和理论上的一致性。一代又一代的医者对传递到他们手中的经典文本进行修订，通过增加新的标题和注释以及撰写评论，来重建学术领域秩序和权威。我们或许可以因此假设，医学经典化是权威阐释崩塌所带来的焦虑的部分产物以及对新生专业领域挑战的回应。魏晋以降的医经因而表现为权威文本的结集，而不是文本的权威性结集。从这个角度来看，医学书籍的经典化提供了一个重要的模式，这种模式可以用来理解早期中国其他知识领域经典的形成过程。

结语

过去的二十多年间，研究中国传统医学经典的医疗史家照例构建了一个单一的、内部一致的学术知识体，然后把它追溯到战国晚期。正如本章所见，现在的研究工作支撑了这样的观点，即强调社会变迁在医学知识传播以及与观念和技术创新之间关系中的重要性。出土医书也因此为重新思考医学技术的几乎每一个方面提供了珍贵的资料。这些医书不只在进行医学经典构建的年代起到确定性的影响，其本身和对其记载的分析，也为我们提供了对汉代医学定义的新注解——关于身体及其精神、灵魂、构造、生理、营养、两性、性本质，以及其他很多方面。

附录：医疗技术的早期证据

以下论著可深度阅读：Sivin, "Huang ti nei ching" (1993); Harper, *Early Chinese Medical Literature: The Mawangdui Medical Manuscripts* (1998), 14–41; Li Jianmin, *Sisheng zhiyu – Zhou-Qin-Han maixue zhiyuanliu*(2000), 8–12; Ma Jixing, "Zhongyi gudian wenxian yichan baowu fajue yujicheng yanjiu de zhongyao jiazhi" (2002); Unschuld, *Huang Di Nei Jing Su Wen: Nature, Knowledge, Imagery in an Ancient Chinese Medical Text* (2003)。

1. 人类遗体

郭家岗和马王堆的女性湿尸以及凤凰山的男尸保存得特别完好。湖北荆门郭家岗1号墓出土的湿尸（1994年发掘），时代为战国（公元前481～前221年）中期，是中国已知最早的人感染肝吸虫和鞭虫（*Trichuris*）的实例。马王堆湿尸（马王堆1号墓，1972年发掘）的时代不早于公元前168年。凤凰岗（湖北江陵）168号墓湿尸于1975年出土，时代为公元前167年。这些尸体为古病理学提供了资料，此外特别引起了医疗史学者的兴趣，因为它们可以让我们洞察尸体保存和使用丹砂的社会和文化背景。马王堆女尸生前就曾长期服用丹砂，而凤凰岗女尸体内的丹砂是死后被加入的。在古代，丹砂用于治疗皮肤疾病，但服用丹砂也被认为可以延缓衰老。

2. 实物

象岗山南越王墓（广州）所出，约公元前128～前117年。

南越王赵眜墓，发掘于1983年，包括数公斤"五色药石"：丹砂、铅、紫水晶、硫黄、孔雀石①。该墓还出土了各种药具，如铜药杵和铁药杵以及铜钵等。这些发现表明南越国的统治者们追求长寿和成仙。

双包山（四川绵阳）所出，公元前 118 年。

1993 年双包山 2 号墓出土一件漆俑，该漆俑高 28.1 厘米，身上有 19 条红漆线，漆线多数从头延伸到手和脚。其经脉分布与在马王堆和张家山发现的《脉书》中的描述不同，也与《黄帝内经·灵枢·经脉篇》中的经脉体系不同。这一发现说明从周代晚期到西汉中期同时存在多种经脉理论。

满城（中山王墓，河北）所出，公元前 113 年。

1 号墓，墓主为中山王刘胜，公元前 154～前 112 年在位。该墓于 1968 年被发掘，出土了包含一些与医术和养生有关的器物，其中有 1 件刻有"医工"二字的器具，1 件铜药匙和带有装饰的盒子，1 件药酒瓶，与性行为有关的 1 件铜祖和小石卵；还有 9 枚针（4 金 5 银），通常被认为是针刺用，但更可能是用于缝纫。

有魔力和辟邪功能的药物。

这些药物包括金、丹砂、雄黄、扁青、毒砂和党参，大量发现于东汉（公元 25～220 年）墓葬中。它们被称作"精神药物"或"辟邪药物"，力求达到驱除恶鬼和邪气的目的，以解救被"尸精"附体的受害者。

3. 出土医书

睡虎地（湖北云梦）11 号墓，公元前 217 年（见本书第 14 章附录 1，第Ⅳ项）。

《日书》甲种 166 枚竹简和《日书》乙种 257 枚竹简中包含了丰富的日常生活中阴阳五行观念的证据，这些证据证明了择日术对医疗技术

---

① 据广州市文物管理委员会等编《西汉南越王墓》（上册），北京：文物出版社，1991 年，第 141 页，"五色药石"为紫水晶、硫黄、雄黄、赭石、绿松石。

和理解身体周期及发育的影响。举例来说，根据出生日期的地支可预测小儿的运势。关于神灵和魔鬼世界在疾病成因方面的影响以及各种神奇的治疗方法，日书中也有许多有价值的内容。另外一座公元前3世纪的墓葬也出土了日书，该墓葬位于今甘肃天水放马滩，时代为公元前230～前220年。

周家台 30 号墓（湖北沙市关沮镇）；约公元前 209～前 206 年（见第 14 章附录 1，第 V 项）。

67 枚医方简，它们与在马王堆和武威发现的非常类似。

张家山 247 号墓（湖北江陵县），公元前 186 年。

《脉书》（65 枚竹简）和《引书》（113 枚竹简）出土于 1983 年末到 1984 年初。前一种的内容与马王堆所出的被命名为《阴阳十一脉灸经》、《脉法》、《阴阳脉死候》的内容类似，但保存得更加完整，在马王堆发现的几种即将在下文讨论。《引书》与健身操有关，和马王堆帛画《导引图》有些关系。

马王堆 3 号墓（湖南长沙），公元前 168 年（关于在这座墓葬发现的文书，见本书第 14 章附录 1，第 IX 项）。

这座墓发掘于 1973 年，考古人员从中发现了一大批失传的写在简帛上的文书，包括一批医书。整理编校的学者团队认为这批材料包含 15 个独立的医学文本，和《汉书·艺文志》第 1776—1780 页中的"方技"类大体吻合。

《汉书·艺文志》，页码	马王堆文书（现代定名）
《医经》，1776	《足臂十一脉灸经》；《阴阳十一脉灸经》甲本和乙本；《脉法》；《阴阳脉死候》
《经方》，1777	《五十二病方》
《房中》，1778	《养生方》；《杂疗方》；《胎产书》；《十问》；《合阴阳》；《杂禁方》；《天下至道谈》
《神仙》、1779	《却谷食气》；《导引图》

双古堆 1 号墓（安徽阜阳），埋葬于文帝（公元前 179～前 157 年在位）时期（在该墓中发现的文本，见本书第 14 章附录 1，第 X 项）。

1977 年在夏侯灶墓中发现了大约 130 枚竹简残片，其上写有至少 10 种佚书。夏侯灶为汝阴侯，公元前 171～前 164 年在位。《万物》保存于 130 枚竹简残片中。这部医书记录了超过 70 种药物和 30 种可辨别的疾病。还有一些技术，学者们认为和神仙崇拜有关，比如轻身术。特别值得注意的是它在语言上和《山海经》相类似，比如常用"使人"和"已"字的句式做概括。

居延，张掖郡（甘肃）。

于 1930～1931 年发现的约 1 万枚简以及"新"简约 2 万枚（在 1972～1974 年发现），主要是遗留下来的部分行政文书或残片，少部分保存完整。这些简的时代大体上可被定在公元前 100～公元 150 年，绝大多数为西汉时期遗物。其中关于病历、治疗、基本设施、医官的部署、边境地区官员及士卒患病和死亡的零散资料，为我们提供了一个了解西汉中晚期医疗状况的窗口。

旱滩坡（甘肃武威），具体墓葬不详，公元 1 世纪。

于 1972 年发掘，该墓出土了两组木简，共 92 枚，大部分木简和医术有关，涉及针灸。简文记载了超过 100 种药物以及制药方法、剂量、服用方法和途径。与针灸有关的资料包括停针时间、针灸穴位和禁忌。旱滩坡墓的主人可能是一位资深的医生。

4. 文献中提及的已佚早期医书（除《汉书·艺文志》所录之外）

淳于意，出生于约公元前 215 年，齐国人，约公元前 170～前 150 年行医，据说得到了扁鹊和黄帝的《脉书》、《接阴阳》、《石神》、《药论》、《五色诊病》、《知人死生》、《阴阳外变》等。

作为侍医，李柱国在约公元前 26 年协助刘向校订"方技"类书籍，包括《黄帝内经》和《黄帝外经》的最早记录。

5. 传世文本或文献中提及的医书

这里收录的书名可以在汉代以降的中国传统目录学著作中看到，但不一定能和现存的版本对应。关于进一步的文献信息，见 Ma Jixing, *Zhongyi wenxianxue*(1990); Zhang Canjia, *Zhong yi guji wenxian kao*(1998) and *Zhongguo yi ji da cidian*(2002)。

《黄帝内经》

这一书名包括四种论著：《素问》、《灵枢》、《太素》、《明堂》。关于其真伪及文本传播，见 Sivin (1993), 196–215; and Zhang Canjia (1998), 30。其中《素问》是个特例，早期没有佚失，在唐宋时期经历过大规模的修订。其他三种文本可能是于北宋时期在高保衡、孙奇和林亿主持下，对从汉代遗留下来的残篇的重新复原。[107] 学者普遍认为《素问》和《灵枢》是原始的《黄帝内经》，这有待确证。席文（Sivin）认为《太素》是"一个变体的修订本，与《素问》和《灵枢》的内容都有重合"。

《素问》

有三种早期医书被认为是在《素问》的基础上阐发而成的：其一是《黄帝八十一难经》(亦作《难经》)，其二是《黄帝甲乙经》(亦作《甲乙经》)，其三是《脉经》(见下文的条目)。早期为《素问》作注者有全元起（约公元 503 年，已佚）和王冰（公元 672 年）。宋以后的《灵枢》传本以高丽所献《黄帝针经》为底本。

《灵枢经》

《灵枢》的书名在唐代之前不见于记载，但另有多种名称：皇甫谧《针灸甲乙经》序中称之为《针经》，张仲景《伤寒论》序中称之为《九卷》。

《太素》

传世本为 30 卷，其中 8 卷佚失，来源于杨上善整理本（约公元 610 年），但或许时代更晚（Sivin [1993], 201）。

《明堂》

《甲乙经》中保存了《明堂》的不少内容，见 Zhang Canjia (1998), 49。请注意与《明堂孔穴针灸治要》（见下文）相区别。见 Sivin (1993), 197："除了序和 1 卷以外，该书仅见于引文。"

《甲乙经》

也被称为《黄帝针灸甲乙经》或其他名称。该书的 12 卷本由皇甫谧（公元 215～282 年）编纂。传世文本来源于林亿（宋代）校本。该书抄自《素问》和其他文本的部分内容。见 Zhang Canjia (1998), 48。

《伤寒论》

晋代的王叔和（熙）（具体情况和时间不详）汇集了该书的残篇，作者被认为是张仲景（机）（可能生活于公元 152～219 年），请勿和《伤寒杂病论》或称《伤寒卒病论》相混淆，尽管其中有一些内容相同。[108] 现存的 10 卷本在北宋由高保衡、孙奇和林亿校订。此外，文献中还提到一种 16 卷本，用《素问》、《九卷》、《八十一难》及其他文本编纂而成（见张仲景《伤寒卒病论集》序，没有作序时间，见于《注解伤寒论》四部丛刊本第 1 页 b）。见 Zhang Canjia (1998), 32-3; *Zhongguo yi ji da cidian*(2002), 89。

《难经》

作者不明，《旧唐书·经籍志》（卷 47 第 2046 页）标为秦越人；秦越人是虚构的医生扁鹊的名字；SJ 105, 2785。《八十一难》之名最早见于张仲景《伤寒论》序。

《明堂孔穴针灸治要》

皇甫谧《甲乙经》序中提及此书早已佚，应该与孙鼎宜 1909 年出版的同名书相区别。孙书受《甲乙经》中提到书目的启发，但其吸收了《千金要方》（公元 652 年，孙思邈作）、《外台秘要》（公元 752 年，王焘作）和更晚的一些论著的内容。见 *Zhongguo yi ji da cidian*(2002), 1155, 条目 P0138; 382-4, F0004 和 F0010。

《脉经》

《脉经》10 卷本，由王叔和编订，一部分以《灵枢》和《素问》为基础。关于编纂的时间有多种说法：约公元 280 年或直接作西晋。

《小品方》

有陈延之 12 卷本。东晋到北宋末佚失。关于其时间有多种说法，可能是在公元 317～417 年。见 Gao Wenxu, *Xiaopinfang jijiao*, 175-179。

《神农本草经》

未署作者名，据说最初有 4 卷。版本以陶弘景（公元 452～536 年）《神农本草经辑注》为最佳。成书时间有战国说（Ma Jixing, *Shennongbencao jing ji zhu*[1995],《说明》, 第 5 页）、太初（公元前 104～前 101 年）之后说（陶弘景），另有些学者认为其成书于东汉时期。

注释

1   马王堆 3 号墓出土的 70 多种简帛文书中有 7 种是医书。《汉书·艺文志》(*HS* 30, 1776-80) 是皇家藏书的简略目录，其中"方技"类有 36 种（详细描述见下文）。
2   He Jiejun, *Changsha Mawangdui er, sanhao Han mu* (2004), plate 52.
3   漆奁中还有一只干青蛙，它很可能有特别的意义。见 Lo (2001a) "Huangdi Hama jing (The Yellow Emperor's Toad Canon)", 61-100。
4   在张家山和马王堆医书中，阴阳分别是指体内和体外。见本书第 16 章。
5   比如，见于马王堆《五十二病方》第 173—190 项治疗的范围。在周家台 30 号墓和武威发现的医方的性质与马王堆所出病方的非常相似，这一点证明了这种医方文化在地理上的广泛传播。见 *Guanju Qin Han mu jiandu* (2001),126-36; *Guangming ribao*, 14.01.1997:5; *WW* 1999.6, 26-32, 42-7。武威医书出自旱滩坡的一座墓葬。*WW* 1973, 12, 18-31; 另见 Zhang Yanchang and Zhu Jianping, *Wuwei Handai yijian yanjiu* (1996)。
6   颜师古（公元 581～645 年）把"方技"解释为医药（*HS* 30, 1702, n.12）。在这种语境中，"经"非常难翻译。有的学者把"经"理解为"经验"，而用"经验之方"

（empirical remedies）来翻译"经方"，不过我们尚无足够的信息去支持这样的理解。

7　比如医者淳于意所受的《脉书》上下经（*SJ* 105, 2796）。

8　在早期的医学背景中，阴阳有时也和气没有关系（比如肌肉内外）。

9　Kuriyama, *The Expressiveness of the Body and the Divergence of Greek and Chinese Medicine* (1999), 30-7.

10　ZJS（《脉书》）简 54。

11　Lo, "Tracking the pain: Jue and the formation of a theory of circulating Qi through the channels" (1999), 191-211, 依据 ZJS（《脉书》）简 56—58。

12　ZJS（《脉书》）简 57—58。

13　Kuriyama (1999), 102-4, 223.

14　MWD, Vol.4（释文）简 30—32（这里和其他的篇名为现代编者所加）；《素问》卷 16《骨空论》。

15　在其他语境中，"神明"是指"天地之神"。

16　《左传·襄公十四年》第 18 页 a。《管子》卷 16《内业第四十九》第 3 页 a；见 Knoblock, *Xunzi: A Translation and Study of the Complete Works*, Vol. 1 (1988), 145-6, 252-4。

17　Unschuld, *Medicine in China: A History of Ideas* (1985), 79-83. Sivin, "State, cosmos, and body in the last three centuries BC" (1995a), esp. 19.

18　《素问》卷 3 第 8 页 1—1b。

19　YTL 3（第十四，"轻重"），179. 扁鹊（传统上被认为活动于公元前 6～前 5 世纪），见 *SJ* 105, 2785-94；没有证据可以证实其历史真实性。

20　Lo, "Spirit of Stone: technical considerations in the treatment of the Jade Body" (2002a), 100-28. 此外，与其他器物被一起埋葬的石片和陶片瓦很可能具有驱邪的治疗功能。见 Shi Shuqing, "Gudai keji shiwu sikao" (1962)。

21　萧是艾属的另外一种植物，是一种香料，人们认为它可以吸引仁慈的神灵。见 Ma Jixing, "Tangren yu hui jiu fatu canjuan kao" (1964); Yamada, *Shin hatsugen Chūgoku kagakushi shiryō no kenkyū* (1985), 58-63. 艾灸对应的英文"moxibustion"来自日语对"艾"的训读 *mogusa*. 有所不同的是，巫师会用引火的阳燧施行治疗仪式，以引导天上和人体的气通过病人的身体，从而达到驱除疫鬼的目的。见 Li Jianmin, "Aihuo yu tianhuo-jiu liao fa yansheng zhi mi" (2002)。

22　MWD 4（《天下至道谈》）简 27—28。在居延（张掖郡，今甘肃境内）发现的一枚残简上面有一名燧长给属下兵卒灸疗的内容；*Juyan Hanjian jiayi bian* (1980) 19.31, 49.13。

23　Lo and Cullen, *Medieval Chinese Medicine: The Dunhuang Medical Manuscripts* (2005), 227-51.

24　马王堆病方中有一种治疗疝气的方法：被要求念咒语，走禹步（一种用于仪式的步伐），用锻石控制疫鬼，并用铁椎击打患者的头；MWD 4（《五十二病方》）第 199—200; Harper, *Early Chinese Medical Literature* (1998), 261。

25　这里的太阴和太阳可能是指经脉，正像我们从马王堆脉书中了解到的一样：在四肢、躯干和面部表层纵向延伸的表皮区域。（此处用砭石刺的部位为"肚脐［navel］"，马王堆帛书《五十二病方》第 233 的释文为"以（砭）穿其隋（脽）旁"，脽指臀部，与此不同。——译者按）

26　正如上文所见，在张家山汉简之前，我们没有用阴阳系统描述身体的证据，也没有零星的引文能说明这种描述在公元前 3 世纪晚期和前 2 世纪早期存在过。这篇文本后来又重新出现在一些后世著作中，包括《灵枢》卷 2《官针第七》第 5 页 b。这些观念在皇甫谧《针灸甲乙经》卷 5（这个文本的情况见下文）中得到了充分阐述。

27　例如《黄帝内经》，讨论见 Kuriyama (1999), 11–46。

28　武威出土的 68 枚竹木简和 14 枚木牍与医药有关，主要是关于药学的。见 Zhang Yanchang and Zhu Jianping (1996), 21–3。

29　《灵枢》卷 1《九针第一》第 2 页 a。关于《灵枢》和《黄帝内经》的成书年代，见本章附录。《灵枢》的时代可能在公元前 1 世纪至公元 1 世纪。

30　和毫针一样，员利针和锋针也用于治疗与痹有关的病症。《说文》卷 7 下第 31 页 b 解释"痹"为"湿病也"。《素问》卷 12 第 43 页描述了这种病的各种症状。

31　现代的针刺用针是用精心回火处理过的铁制成的，《灵枢》的作者见不到这种质量的铁。战国晚期和汉代用铸铁来制作工具和武器，因为铸铁造价低廉，可被批量生产。但铸铁含碳量太高，如果被锉制或者铸成尖如"蚊虻喙"的毫针，使用起来易折而有危险。

32　Wagner, *Iron and Steel in Ancient China* (1993), 267–88.

33　*Mancheng Han mu fajue baogao* (1980), 116.

34　HS 99B, 4154. 关于《汉书》这一卷的撰写和其中包含的对王莽的偏见，见 Dubs, *History of the Former Han Dynasty*, Vol. 3 (1955), 97–102。

35　《灵枢》卷 3《经水第十二》第 11 页 b。关于《黄帝内经》和《灵枢》的时代，见下文页边码第 395 页。

36　SGZ 29, 799; 稍微有些差异的版本见 HHS 82B, 2736。俞跗见 SJ 105, 2788。

37　Sivin 造出"cultural manifold"（文化多面性）一词，意指在特定社会中推动选择的一系列（制度上、技术上、政治上、教育上以及个人方面的）复杂因素。见 Lloyd and Sivin, *Way and the Word* (2002), 1–15。

38　ZJS(《脉书》) 简 53。

39　LSCQ 13（第二，"应同"）, 677; HNZ 11.18a. 另见 Lloyd and Sivin (2002), 32–3; Needham, SCC.Vol. 2 (1956), 261–5; Loewe, *The Men Who Governed Han China* (2004a), 466–8。

40　胃是黄道二十八宿的第 17 个。

41　LSCQ 3（第一，"季春"）.

42　如果《吕氏春秋》编纂于公元前 239 年，那么严格来说当时并没有天子在位，因为周朝的最后一个王死于约 17 年前，其时秦朝还没有统一。《吕氏春秋》所描述的是一种天子在位的理想状态。

43　明堂（这里的"明"最初表示"神圣"之意）通常被译作"Hall of Brightness"。现存最早的星经中收录的星座之一也被称为明堂，其位置在太微宫；见 Sun and Kistemaker, *The Chinese Sky during the Han* (1997), 124–5, and 39, 涉及马显的《甘石星经》（未查到马显其人与《甘石星经》有关——译者按）（约公元 579 年），据传作者为甘德（约公元前 400～前 350 年）和石申（活动于公元前 370～前 270 年）。

44 也可简称为《甲乙经》；Ma Jixing, *Zhongyi wenxian xue* (1990), 69–70. 皇甫谧还采用了一部《针经》。

45 或称"两维式盘"，见本书第 14 章。关于夏侯灶墓，见 *WW* 1978.8,12–31。

46 *SHD*（《日书》甲种）简 150 正—154 正，第 206 页。Liu Le-hsien, *Shuihudi Qin jian rishu yanjiu*(1994), 释文第 186 页。

47 He Zhiguo and Vivienne Lo, "The channels: a preliminary examination of a lacquered figurine from the Western Han period" (1996). 详见 Tang Guangxiao, "Shi xi Mianyang Yongxing Shuangbaoshan Xi Han er hao mu muzhu shenfen" (1999). 11 种脉的名称和描述有所不同。

48 《左传·昭公元年》第 26 页 b。《国语·周语下》第 98 页。见本书第 16 章；Loewe (2004a), Chapter 14。

49 见 He and Lo (1996), 96 line D 10; *Mianyang Shuangbaoshan Han mu* (2006), 125, Plate 191。

50 He and Lo (1996); 对这件漆雕的详细讨论见 He Zhiguo, "Xi Han renti jingmai qidiao kao" (1995)。

51 《太素》卷 5 第 2 页 b（首节，篇名佚）（第 53 页）；《灵枢》卷 4《五十营第十五》第 5 页 b—第 6 页 a。

52 Cullen, *Astronomy and Mathematics in Ancient China* (1996), Fig.2: 45.

53 《灵枢》卷 4 第 15 页；*SBBY* 5b–6。

54 感谢古克礼提示了这一计算的可能解释。

55 Cullen (1996), 124–5. 数字 81 是扬雄筮法体系的基础。

56 关于睡虎地《日书》，见 *Shuihudi Qin mu zhujian* (1990), 89-141；放马滩 1 号墓（陇西，后属天水；今甘肃境内）《日书》，见 He Shuangquan, "Tianshui Fangmatan Qin jian jia zhong rishu shiwen" (1989a) and "Tianshui Fangmatan Qin jian zongshu" (1989d)；另见 Harper "A Chinese demonography of the third century B.C." (1985)。

57 Zhang Yanchang and Zhu Jianping, *Wuwei Handai yijian yanjiu* (1996), 22.

58 《灵枢》卷 3《经水第十二》第 11 页 a—第 13 页 a。

59 *MWD* 4（《天下至道谈》）简 18—24。Ma Jixing, *Mawangdui gu yishu kao shi* (1992), 1018–19.

60 *ZJS*（《引书》）简 36—37。

61 Lo, "The influence of nurturing life culture on the development of Western Han acumoxa therapy" (2001b), 41-7.

62 *ZJS*（《引书》）简 107—108。

63 *ZJS*（《脉书》）简 17—18。

64 *MWD* 4（《合阴阳》）简 113。比如可参见黄帝和曹熬以及容成的对话；*MWD* 4（《十问》）简 15—41。

65 *ZJS*（《脉书》）简 50。

66 关于中国传统医学身体理论模式中对性别的讨论，见 Furth, *A Flourishing Yin*

(1999), 52-5 ; and Raphals, "The treatment of women in a second-century medical casebook" (1998b)。

67　MWD 4 (《天下至道谈》) 简 12—67，特别是简 39。详情见 Li Ling, *Zhongguo fang shu zheng kao* (2006a), 315 and Plate 7.《灵枢》卷 2《终始第九》第 10 页 b。

68　Harper (1998), 336. 另见 Harper, "Ancient medieval Chinese recipes for aphrodisiacs and philters" (2005); and Lo, "Pleasure, prohibition and pain" (2005), 165-70。

69　见 Lo, "Lithic therapy in early China" (2002c), 195-220。

70　MWD 4 (《合阴阳》) 简 102—105。

71　《灵枢》卷 3《经水第十二》第 11 页 a—第 13 页 a。

72　Allan, *The Way of Water and Sprouts of Virtue* (1997), 39-40。

73　比如 Yamada Keiji, *Zhongguo gudai yixue de xingcheng* (2003), 19-36。

74　Yamada Keiji, "The formation of the *Huang-ti Nei-ching*" (1979) 把马王堆帛书《阴阳十一脉灸经》和《足臂十一脉灸经》的结构和内容与《太素》中的《经脉》相比较，认为《太素》最接近推定的原始《黄帝内经》，还辨别出《黄帝内经》各篇章所代表的各个不同的思想流派。其他学者对正式流派或者择优或关门的医学师承体系的存在持谨慎态度。Keegan, "'Huang-ti Nei-ching': the structure of the compilation, the significance of the structure" (1988), 67-157 and 265-323 比较了马王堆帛书《阴阳十一脉灸经》和《足臂十一脉灸经》与《灵枢》卷 3《经脉第十》。

75　见 Nylan, "Han classicists writing in dialogue about their own tradition" (1996b)。

76　Hsing I-tien, "Qin Han Huangdi yu 'sheng ren'" (1988), 389-406; Lloyd and Sivin (2002), 253-71。

77　见《世本》卷 9《作篇》第 356、360 页。

78　《灵枢》卷 8《禁服第四十八》第 1 页 a，"先师之所禁"。

79　《灵枢》卷 8《禁服第四十八》第 1 页 a—b。

80　Sivin, "Text and experience in classical Chinese medicine" (1995b)。

81　SJ 105, 2785.

82　SJ 105, 2796. 关于一则石人像能治病的轶事，见 FSTY 9 ("石神贤士神")。

83　SJ 105, 2785.

84　MWD 4 (《十问》)，特别是简 74—93。关于这些大师的史实大多不可考。

85　《庄子·外篇·刻意》第 535 页；Graham, *Chuang Tzu: The Inner Chapters* (1981), 265。

86　Li Jianmin, *Sisheng zhi yu: Zhou Qin Han maixue zhi yuanliu* (2000), 65-7。

87　Harper (1998), 51-2。

88　Harper, "Iatromancy, diagnosis, and prognosis in early Chinese medicine" (2001), 99-120。

89　见本书第 14 章。

90　《左传·昭公元年》第 25 页 a。

91　*Baoshan Chu jian* (1991) 简 197—249。瑞丽（Lisa Raphals）提供了一篇未发表的关于包山医学占卜筮简的论文，我们对此表示感谢。

92　因而单篇流传的文本的篇幅一般要比现存医经的小。Boltz 和 Nylan 在为 Kern, *Text and Ritual in Early China* (2005) 一书所写的介绍中，强调了比传世文献篇幅小的文本单元的流传。

93　Weiner, *Inalienable Possessions: The Paradox of Keeping-While-Giving* (1992), 131–48.

94　*HS* 30, 1776; 见 *HSBZ* 30.78b–79a。另见马王堆帛书中的《黄帝四经》（原本没有标题，《黄帝四经》为现代整理者所加）。我们不要将之与《黄帝内经》或《黄帝外经》相混淆，这后两种的时代见本章附录。

95　《黄帝内经》的时代见 Sivin, "Huang ti nei ching" (1993), 199–201; Unschuld, *Huang Di Nei Jing Su Wen: Nature, Knowledge, Imagery in an Ancient Chinese Medical Text* (2003), 1–7。与许多其他著作一样，这部书最初也印刷于 11 世纪。关于运气七篇，见 Li Xueqin, "Suwen qi pian dalun de wenxian xue yanjiu" (1996b), 295–302; Unschuld (2003), 46–7。

96　Unschuld (2003), 41.

97　Unschuld, *The Chinese Medical Classics: Nan-Ching: The Classic of Difficult Issues* (1986), 51–60.

98　皇甫谧：《针灸甲乙经》序第 20 页。

99　《针灸甲乙经》第 21 页。

100　Uchiyama Naoki, "Kandai ni okeru jobun no tairei – 'Setsubun kaiji' jo 'jo etsu' no kaishaku wo chūshin ni" (2001).

101　Fan Xingzhun, *Zhongguo yixue shilüe* (1986), 59–63.

102　Lin Fu-shih, "Shilun Zhongguo zaoqi daojiao dui yu yiyao de taidu" (2000).

103　最后一个原因由本书的两位编者提出。

104　Fan Xingzhun, "Liang Han Sanguo Nanbei chao Sui Tang yifang jianlu" (1965).

105　阮孝绪明确指出，"[《汉书·艺文志》中的四种文献，]房中、神仙既入仙道，医经、经方不足别创"。见《七录》第 503 页。

106　Hayashi Katsu, "Isho to Dōkyō" (2000); Matsunoki Kika, "Rekidai shishi shomoku ni okeru isho nohanchū to hyōka" (1998).

107　《伤寒论》序的署名为这三个人，没有作序时间，有官衔，但《宋史》中无传。高保衡可能与高保融（公元 920 ~ 960 年）、高保勖（公元 924 ~ 962 年）和高保寅是一家。见《宋史》卷 483，第 13952—13955 页。

108　王熙（字叔和）和张机（字仲景）以字行。

16
阴阳、五行和气

戴梅可（Michael Nylan）

从 20 世纪 50 年代开始，大多数汉学家欣然接受用"关联宇宙论"（correlative cosmology）这一名词来描述对"自然"的态度，认为它是对一种具有鲜明中国特色的前现代"原科学"世界观的最佳概述。[1] 目前对"关联宇宙论"的阐释植根于 20 世纪 30 年代的结构主义理论，这种阐释预先设定了一种古老的——或许还是原始的——一直在中国存在的根本统一体，这种统一体暗中把东方和西方、中国和欧美对立起来，有些像本质主义者对比希伯来文化和希腊文化的论点。[2] "关联宇宙论"及相关热词清晰一致的定义之缺乏，妨碍了进一步的分析（见本章附录）。

当学者仍在重估几乎所有传世文献的年代，同时为大多数传世资料并不是一本书，而是一部文集而纠结之时，本章将对阴阳、五行和气之观念的成长和发展提出初步意见，时间为从战国晚期（约公元前 400 年）到东汉末期（约公元 200 年）的这 600 年。[3] 和前面各章一样，本章主张阴阳、五行和气是各自独立的概念，它们逐渐融合在了一起。[4] 流行的看法于公元前 300～前 100 年的某时将三种概念融合起来，并认为吕不韦、董仲舒等政治谋士分别于公元前 3 世纪晚期和前 2 世纪在这一过程中起到了关键作用。然而，本章强调了现有的证据不足以证明这种融合发生在西汉晚期之前。"五行"的词义很宽泛，不能在所有场合都译为"Five Phases"，正如下文所见。（为区分"五行"的不同含义，本章用"Five Phases"这一术语表示前后更替的宇宙之气。)①但是,通过现有的资料,我们注意到与阴阳关联的事物和气融合相对容易,相比之下,五行和气的密切关联却遇到了一定的阻碍,这或许是因为五行的许多关联性是占卜者的看家本领,他们和儒生竞争,都想得到皇帝的器重(见下文)。

席文(Nathan Sivin)设想出了一种可靠的考察标准,用来确定在特定的文本或时间段中,阴阳和五行这两个术语是否显示存在一种单独统一的气的理论,这个标准有三个部分:阴阳和五行必须用来形容各种关系,而不是各种要素或实体;阴阳和五行必须是"就某方面而言的"(aspectual)(意为把某件事物归入阴阳还是五行——特定部分重合——的范畴,取决于正在分析的是某一动态过程的哪个方面);阴阳和五行必须都是指气的"与过程有关的"(processual)模式,这些模式交替作用于整个空间、时间和亿万种事物。如果提及的阴阳和五行没有满足这三个标准中的任何一个,我们就没有确凿的证据来证明存在一种完全一体化的、从阴阳五行来看的气的体系。

许多段落被列举为证据,以证明在扬雄的《太玄经》(约公元前4年)之前存在成熟的阴阳五行思想体系,其数量惊人,但都未能通过席文的检验。[5]举例来说,《春秋繁露》中仅有的提到五行是气之五行的几篇,学者们一致认为其时代要比董仲舒本人晚好几百年,可能是在六朝时期。因此《春秋繁露》不能证明西汉中期对气的看法。[6]在其他传世文献中,另有一些片段没有把阴阳和五行描绘成合在一起就构成了一个完全由气组成的单一宇宙的宇宙阶段,因此也未通过席文的检验。[7]《吕氏春秋》(编纂于公元前239年)中经常被引用的一段,把五种气和圣王紧密联系起来,但没有涉及阴阳。这段话的开头说:[8]

---

① 在原文中,"五行"这个术语有"wuxing"和"Five Phases"两种表达形式,前者的含义较为宽泛,后者的含义在此处进行了界定。在译成汉语时,前者为"五行",后者为"五行之气"或"气之五行"。

> 凡帝王者之将兴也，天必先见祥乎下民。黄帝之时，天先见大螾大蝼。黄帝曰："土气胜。"土气胜，故其色尚黄，其事则土。及禹之时，天先见草木秋冬不杀。禹曰："木气胜。"木气胜，故其色尚青，其事则木。

商汤时就天现金祥，周文王时，又现火祥。被引用的这一段文献将四位圣王一同提起，想来是因为要敦请秦王做第五个圣王。这一段继续说：

> 代火者必将水，天且先见水气胜……水气至而不知，数备，将徙于土。天为者时，而不助农于下。

根据这一段话，在特定的时候一种气的衰败预示着一个新时代黎明的到来，独立于人类的观察和干预之外，但这两段没有明确"天"是指一个拟人化的神还是"事物存在的方式"。这五种气一起构成了整个宇宙，还是描述了某些关系或实体？或者说这些变化只发生在尘世吗？各种不同形式的气是如何联系起来的，以及在出现征兆之间的漫长间隔中，在人身上发生什么了？五气带给他们什么样的关联？[9] 这两段引文和其后的段落仅仅说明，在超出人类的领域发生的变化是为了警示异常敏锐的人——被赋予特殊之气的王者——让他们注意到地上的蛛丝马迹，圣王异常迅速、无比仁慈地对这些迹象做出回应，为了臻于善政而制定新的礼制和政策。正确地解读征兆并做出反应是真王者的主要任务之一。这篇文章从未提到过政治手段，首先是因为圣王禹和周文王都不是通过征服登上王位的（的确，传统上把暴力的朝代更替与和平地将帝位禅让给大禹相对立），其次是因为这篇文章是给其时之当权者讲的。

这一段中，气的排列和后世称为五行相胜的顺序相同，或许是个巧合。[10]（到东汉末，思想家会提出许多五行之气运行的不同顺序。）[11] 这段文字并没有明确指出五种气是不是宇宙的阶段、天降的征兆或者地上

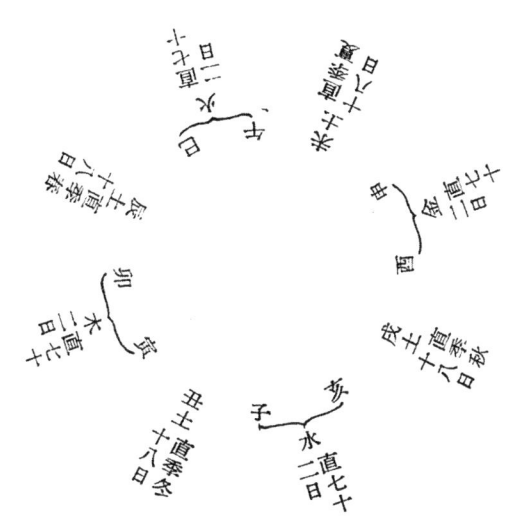

图 16.1a "土王四季"理论中的季节和方位对应图，据称这一理论为西汉晚期的京房所创。此为西汉晚期提出的诸多理论之一，该理论给木（春）、火（夏）、金（秋）、水（冬）各分配 72 日，在每季中另外给土（中央）分配 18 天，因而每季有 3 个月，每个月 30 天，每年 360 天。当时还有一种与这套体系不同的方案，是把土安排在季夏，处于春夏两个阳季和秋冬两个阴季之间

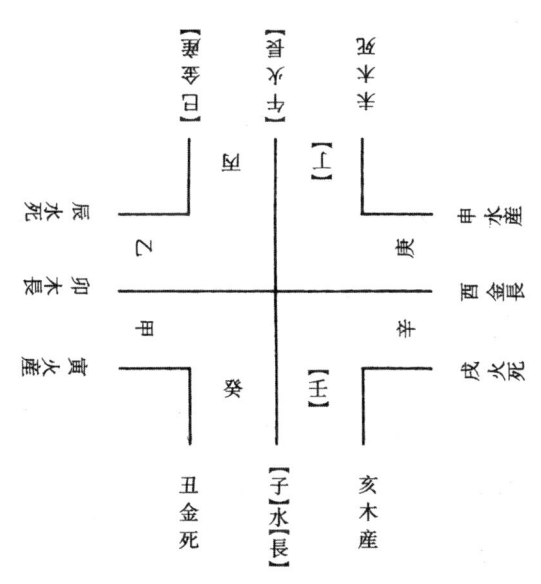

图 16.1b 宇宙图式。这个图式是最近公布的众多孔家坡资料中的一种（时代为公元前 156～前 141 年）。它把历法和方位与四种物质相关联，总体上来说服务于礼仪目的，具体来说用于占卜。12 个月被分配给火、木、水、金，没有土的位置。这一资料清楚地表明，由于忽略了五行之一，这些资料还不能代表发展完全的宇宙之气的五行

各种物力"生发"的结果，很可能是因为作者（们）没有从这些方面来考虑。学者们还会在《吕氏春秋》中（徒劳地）搜寻关于五行的更多证据。其结果是，《吕氏春秋》中唯一讨论五行的一段不能证明在公元前239年时存在一种关于气的成熟的阴阳五行理念，即使低估了后世修订和篡改的可能性。审视《淮南子》的《精神训》之后，我们也会得到同样的结论，因为这一篇把五行分配给天体——五大行星的运行或把时间划分为五份——这反过来和人体的五脏（可以产五物，只有一物是气）相对应。[12] 在《淮南子》中，气作为微妙的感觉媒介，可以在不同的事物之间建立联系，但这里的五行不一定指气之五行。

公元前4～前2世纪，与阴阳相关联的事物的范围保持得相对稳定。阴和阳表示"暗和明"、"夜和昼"、"内和外"。如果扩展一下，两者偶尔会表示两性之间的关系（但不是区分性别）。[13] 实际上，阴茎被描述为阴，推测是因为它通常是隐蔽的或能收缩。对汉代的思想家来说，从这套阴阳两分的各种关联走向形容一表明一表暗的两种宇宙之气，不需要太大的逻辑跳跃。然而在同一时期，"五行"这个词被增添了多种多样的含义，可作为地上的"五种材料"或"资源"（也被称为"五材"），作为可观察到的行星的"五行"，作为时间和空间的五个部分，[14] 作为"五德"，作为"五种礼器"，[15] 又可作为"五种行为方式"（也称为"五常"）。因此，仅仅使用阴、阳或五行这几个术语未必就一定揭示了阴阳五行和气的密切结合。[16]

起初，阴阳两种术语最为经常且连续出现在有关朝廷礼仪的讨论中，在这些礼仪中，占卜通常起到重要的作用。[17] 然而，公元前4～前3世纪，涉及任何话题的劝说文都开始依赖对成组现象的列举，目的是"把新的主题置入一种已经通过礼仪而熟悉的形式中"，[18] 希望能提高某个特定论点被接受的可能性。无论怎么展开想象都不能被称为科学家的那些人——比如说公元前4世纪的思想家荀子——在谈论人类或超人类领域里存在的"数"和"常"时，也会列举成组的现象。当然，列举各类项目有助于把完全不同的事实或感觉分门别类，归入易于控制的记忆和逻辑单元。有一些理论家甚至寻求量化事物可感受的各种性质，想着去判定相关的特性并传达给非专业的人士。然而，应该注意的是，与其他数字相比（特别是三、四、六、八、九），直到公元前 2 世纪中期的论著似乎对以五为组列举事物没有偏好。[19]

我们所谓的日书指定了某些行为的特定时间，日书的流行提示我们注意在决定个人、家庭和国家的"吉凶成败"时对时间选择的重视。毫不奇怪，公元前 1 世纪的易学家的注解是以日书分配时间的方法为基础的。[20] 在他们的注释中，五行表现为把一年 360 天分成五份，每份约为 72 天，他们用这种分类来安排三个并行领域的行为：五星在天上的规律运行；对地上五材的合理利用；以及统治者和官吏的表率行为——被称为社会的五行，其运行由八卦和六爻来衡量。早期提到的其他数字列举体系，特别是十二月令体系，似乎反映了其他的宇宙观，而不是一个统一的气的阴阳五行理论。[21] 在许多西汉晚期的注解中，五行和五气仍然"皆载于土"。被称为五行的五种气应该"顺于阴阳，以正君臣父子之义"，远非阴气和阳气的对应物。[22] 如果五行仅仅是换了名称的阴阳，要求它们互相顺应就会显得多余。

许多散见于各处的引文使用了阴、阳、五行等术语，乍看上去似乎是指宇宙之气，但在西汉晚期之前难以找到时代明确的，清楚地把阴阳和五行描述为宇宙之气的例子。当然，在我们看到的资料中，最近出土之文本的年代最为保险。截至目前所见，出土的医学文书没有把五行当作阴气或阳气的明确对应。张家山《脉书》（不晚于公元前 186 年）提到六气（三阴三阳），但没有提到五行。与之类似，马王堆医书（不晚于公元前 168 年）也提到了气但没有提及五行（见本书第 15 章）。[23] 在刘向（公元前 79～前 8 年）的主持下编订的皇家藏书目录《汉书·艺文志》中，关于阴阳和五行的论著被归在三个独立的类别之下：阴阳家所著的综合性理论著作，以星辰运行为主要内容，作为对农事的指导；与军事策略有关的论著；以及占卜书籍。[24] 同样，《汉书·艺文志》和《汉书·五行志》一样，没有按习惯把阴阳和五行合并，这似乎反映了存在

图 16.2 墓顶画像石拓片，图案为八边形"莲瓣纹"。画像时代为公元 157 年，上面的铭文记载了一个 6 岁男孩之死，其家人异常悲痛。长 108 厘米，宽 68 厘米。1980 年出土于嘉祥县（山东），现藏于山东石刻艺术博物馆。在墓顶使用宇宙景象始于西汉晚期，在东汉时由城市流传到周边地区。另外一个画像见于卜千秋墓墓顶（上文图 10.7）。据 Hayashi Minao, "Kandai no eien wo shōchō suru zugaru" (2000)，雅致的盘卷纹模仿紧密缠绕的线团，专门代表长生不老，总体上象征宇宙之气之间的祥和共鸣。鱼是繁殖力旺盛的典型象征

一些对立而又重合的系统，同样将注重时机看作礼仪、农事和战争的成功关键。[25] 若能把《黄帝内经》有关章节的时代确凿地定到公元前 1 世纪或公元 1 世纪，我们就可以断言，气与阴阳和五行的融合正发生在《汉书·艺文志》成为某种与今类似的版本时。遗憾的是，《内经》中提到气之五行篇章的最早版本不会早于唐代校订本。大多数学者认为那些版本忠实再现了汉代的观点，但汉朝的统治延续了四百多年。

西汉晚期的综合性宇宙论著作——特别是扬雄的《太玄经》（编纂于约公元前 4 年）——可能不但把阴阳和五行（如长期认可的那样）密切联系起来，而且还和气密切联系起来。[26]（扬雄在他的第二部代表作，编纂于约公元 8 年的《法言》中没有谈到五行。）[27] 东汉时的作者通常会把扬雄视为当世孔子，他们经常把五行当作阴气和阳气的对应物。《白虎通》（编纂于公元 79 年）采纳了先前《易》传中事物的相互关联，让五行之气支配四方、十二律、五音、十二生肖、五脏以及五帝。显而

图16.3 今内蒙古境内一座墓葬的墓顶壁画，黑底白线，刻画了星辰、云纹和月亮（月亮表现为蟾蜍和玉兔），风格和黄河流域及其附近的类似。汉代（？），凤凰山1号墓

易见，宫廷礼仪专家们认为五行之气是存在的，尽管大臣们就此气之体系的基本操作和特点的最佳解释不是总能达成一致。[28] 可能正是因为缺乏共识，王充（公元27～97年）等思想家才会将某种五行理论贬斥为一团乱麻，满是空洞及没有根据的猜想。在《论衡》中，王充挑战五行家，坚持认为五行是害人之物，而不是看不见摸不着的阴气或阳气。[29]

和其他许多战国晚期到西汉的学者一样，王充呼吁这样一套主张。（1）时间的流逝不可阻挡，物、人和事大体上按自身情况随之运动，经过诞生—强盛—衰败的周期，并与遇到的现象互相作用（感应）。（2）这些同时发生的运动产生了"由互相关联、互相渗透的感觉构成的致密、纠缠的网络"，[30] 尽管圣人看到和感受到的要比大多数人多得多，普通人只能注意到一部分感觉。（3）明智的人努力去弄清因果规律，尽管他们承认没有哪一种理论可以解释所有观测资料，尽管存在由江湖骗子和无赖提出的简单化模式。[31]（4）在社会之中，"报"这种永恒的原则

可以解释大多数人际互动关系。(5)人类对超人类活动起到的作用相对较小，除非人们设法让自己的努力和大的潮流相同步，"乘风破浪"，达到他们的最终结局，从而促进天、地、人之间的和谐。(6)人的道德和地位越高，其潜在的作用就越大，因而理想的统治者或摄政者可以通过任用经过训练的专家，以及通过他自己在礼仪时空内精确的运动来保持世界的平衡。[32]

在经典模式中，同气相求让相似的事物通过气（呼吸或空气或活力）紧密相连；因此，某种弦乐器才可以跨越广阔的虚无空间而激发出另外一种声音。[33] 一篇文章这么说，

> 故父母之于子也，子之于父母也，一体而两分，同气而异息……虽异处而相通……此之谓骨肉之亲。神出于忠，而应乎心，两精相得，岂待言哉？[34]

然而，相信不可见的同气相求并不妨碍对理解各种因果关系的探索：

> 凡物之然也，必有故。而不知其故，虽当，与不知同，其卒必困……水出于山而走于海，水非恶山而欲海也，高下使之然也。稼生于野而藏于仓，稼非有欲也，人皆以之也。[35]

在我们所考察的六个世纪中，对气的讨论经常是在主张适当地管理一个国家或人生的语境下提出的，并以一些进一步的主张为前提，即在道德上或实践中一种看待世界的方式或一种主宰者要优于另一种，如：

> 德也者，万民之宰也。月也者，群阴之本也。月望则蚌蛤实，群阴盈；月晦则蚌蛤虚，群阴亏。夫月形乎天，而群阴化乎渊；圣人形德乎己，而四方咸饬乎仁。[36]

上面引文的真正主题是统治者的"德",并非月亮对水中生物的影响。来自天和地的形象显示了优秀统治者必然会施加给臣民的不可避免的影响,但极少透露在某个特定时间赋予阴阳、五行或气的特性,可能是因为作者认为与他们所主张的政策建议相比,读者对阴阳的基本运行方式知道得更多。我们确实知道技术上的才能暗示着精神上的力量,[37]而掌握必备技术才能的人常常会吸引强有力的恩主。这颇可以解释我们手头材料的种类和局限,无论是传世文献还是出土资料。哲学上的分歧和政策上的争论通常"集中于如何才能最好地使个人和社会生活的秩序与宇宙秩序相协调",因为天地的模式给有智慧的人传达了一系列模式供他们模仿或重复。[38]此外,主要术语在特殊语境中的运用和范围,反映出在道德和实际上对共同体的价值和地方紧要事务的考量,而严格地强调术语的标准用法,在劝谏者向掌权者提出建议时,有时只会成为一种确定的劣势。

结论

本章建立在两种信念之上:隐含的概念在其来源中的含义未必就明确;同时代的材料,不管是视觉上还是文字上的——不是后世的"传承"——都是我们了解过去最可靠的向导。对相关资料的考察表明,我们现在仍然不能确切地知道气是何时以及怎么样和阴阳及五行观念整合在一起的。[39]在公元前221年帝国统一之前就有一些著名的思想家告诫人们要提防那些广布的看法,即所有异常变化都需要通过及时运用术,包括礼,来纠正。统一以后,杰出的秦汉思想家——或许受到需要证明一个全新政治体系之合法性的鼓舞——想要去追溯那些把人类社会和非凡的存在("天与地")连接起来的各种模式。"玄"学话语承认了这些努力,同时又假设了一个明确的领域,它超越了可预见的因果规律,超越了每季、每年和日常的变化,超越了"自然"的高低等级。想要阐明阴阳五行理论并使之系统化的冲动,可能在儒生圈子里发展出来,以在重大决策中压倒占卜者和巫师,[40] 为家人、恩主及自己的利益解读所谓的灾异,尽管战国秦汉时大多数受过教育的人依然在通过雇用占卜者、巫师和祈祷者或者自己去审视宇宙的方方面面。阴阳五行理论的解释力在随着时间增长吗？"是的。"我们这样认为,尽管归在东汉大师名下的论著看上去都太让人心烦意乱或疏离于朝廷事务,从而不能对这些观念做出评论。既然如此,我们是不是应该马上转移注意力,去发展关于五行的类型学呢？

附录：关联宇宙论

20 世纪中叶之前没有出现"关联宇宙论"（correlative cosmology）和"关联思维"（correlative thought）这两种表达方式。通常被认为是三位法国社会科学家（埃米尔·涂尔干 [Émile Durkheim]、马塞尔·莫斯 [Marcel Mauss] 和葛兰言 [Marcel Granet]）发明了这两个术语,但他们在分析时都没有使用这两个词,而是用了"类别"（category）和"分类"（classification）。然而,在过去的 50 年间,尽管在使用方式上存在相当大的混乱,但关联宇宙论或关联思维在这一领域内已经成为标准术语。（换句话说,"五行"一词译法 [元素、介质和阶段] 的增多,标志着更大的混乱。）

学者之间的明显分歧有：（1）是否像涂尔干和莫斯认为的那样,关联思维是"原始的"（或"前现代的"）、"落后的"（像高延 [J. J. M. De Groot] 想要证明的那样）[41] 或者是前现代和现代社会共有的一种特征（亨德森 [Henderson] 在一本书中坚持这种观点,其另一本书中的观点与此矛盾）；（2）是否像涂尔干、莫斯和史华慈（Schwartz）认为的那样,"有形的世界"（或者"现实"）为归类提供了最终的样板或者它是不是语言（葛瑞汉 [Graham]）或思维（郝大维 [Hall] 和安乐哲 [Ames]）或文本（卫德明 [Wilhelm]）的功能；（3）这种思维模式是"独特的"和中国所特有的（苏源熙 [Saussy]、王爱和）还是"世界性的"（涂尔干、莫斯、葛兰言、李维-史陀［Lévi-Strauss］、卫德明［Wilhelm］）；（4）这样的思维模式是什么时候开始出现的（是公元前4世纪、"前3世纪晚期"、"汉之前"［公元前206年之前］，还是可能更晚［见本书第15章和本章］？）；以及（5）涉及的是文化或知识的哪些范畴（比如，在早期是否应用于身体观念？）。鉴于"关联思维"表示的不过是对已归类事项中组织好的"各种关系"的一种信念（当"关系"可以涵盖如此多的可能性，而对这种结构因何产生还没有一致意见时），笔者建议阅读一些论著，可能会启发我们了解一些也许造成了现在这种混乱状态的谬论的起源。这些论著包括 James L. Barr, *The Semantics of Biblical Language*(1961); Walter Demel, "China in the political thought of Western and Central Europe, 1570–1750" (1991), 45–64; and Günther Lottes, "China in European political thought, 1750–1850" (1991), 65–98。

作者，标题，出版年[42]	关联思维的定义
Émile Durkheim and Marcel Mauss *De quelques Formes primitives de classification: Contribution à l'étude des représentations collectives* (1903) *Primitive Classification*, trans. Rodney Needham (1963)	分类功能……涉及的过程，包括把关于世界的事物、事件和事实分成各种类别和物种，把其中一些归于另一些之下，并确定包含或排斥关系（4）。归类并不仅仅是编组，而是意味着按照特定的关系来安排这些成组的事物。想象它们之间是并列或从属的关系；一些（种）包含在另一些（属）之下，前者归于后者之中。其中有一些去支配，另外一些受到支配，还有一些互相独立。每一种分类都暗示着一种等级秩序，不管是有形的世界还是我们的心智都没给我们提供这种等级秩序的模型（8）。
Marcel Granet *La Pensée chinoise* (1934)	秩序或整体范畴是中国式思维的最高范畴：以道为象征，以本质为具象。中国式思维似乎完全被秩序、整体、节律等概念集驱动（24—25）。中国式思维完全被实效性理念主导，在一个由对应和对立组成的符号世界中运行，当一个人想要行动或思考时，它就足以发挥作用（146）。①
Hellmut Wilhelm "The Two Fundamental Principles" (1943), in *Change: Eight Lectures on the I Ching* (1960)	上与下的对立不只见于《易》，在《尚书》和《诗经》自周代之前传下来的部分中也可以看到……然而，"上与下"对立所暗含的不只是相对位置的定义。这两种位置的关系从一开始就被指出了：对应关系。上与下不是隔绝的力量，而是互相关联、互相影响的……我们经常发现在上与下中间会加上第三个词，它概括了这种关联性的特点，曰"上下和谐"或"上下相继"（24）。

① 此段内容的原文为法文，由戴梅可教授译成英文。——编者注

续表

作者，标题，出版	关联思维的定义
Joseph Needham and Wang Ling *Science and Civilisation in China*, Vol. 2: *History of Scientific Thought* (1956)	在关联思维中，各种概念不是互相从属的，而是被并置于一种模式中，事物之间不是通过机械的因果关系，而是通过某种"感应"（inductance）互相影响……中国思想的核心词是秩序以及最为重要的模式（请允许我第一次小声说出，有机体）。所有互相关联或对应的象征构成一个庞大模式的一部分。事物以特定的方式行动，并不一定是由于先前的行为或其他事物的推动，而是因为它们在一个永不停止的循环宇宙中的位置如此，这个位置赋予了它们内在的本质，让它们不可避免地做出那种行为。如果不按照那些特定的方式表现，就会失掉整体中的相应位置（这个位置使它们成为它们）、变成其他事物，不再是它们自己。因而它们是各个部分，依赖整个的世界有机体而存在。它们之间不太通过机械推动或因果关系互动，更多的是通过某种神秘的共鸣（280–281）。
John Henderson *The Development and Decline of Chinese Cosmology* (1984)	关联思维是中国宇宙论最基本的成分。然而这不是中国独有的，在大多数文明的知识史中有突出显现，并扎根于人类学家所称的原始文化。总体来说，关联思维在现实或宇宙范围内各种秩序的多个方面——比如人体、政体和天体——之间建立了系统的对应关系。它认为这些关联的秩序总体上是同源的，在一些基本的方面相互对应，甚至在有些情况下其本体是互相包含的。因而关联思维不同于很少系统地指向更大秩序或领域的类比、隐喻和象征。它或许会呈现为多种多样的形式和表达方式，比如图腾（在多种原始社会中）、寓言（在多种中世纪文化中）以及从某种程度上来说甚至是科学模型（在多种现代文化中）(1)。
Benjamin Schwartz *The World of Thought in Ancient China* (1985)	[关联宇宙论]是一种人择宇宙论，这种理论把在自然界看到的各种实体、过程和各类现象与人类世界的各种实体、过程和各类现象相对应或"并行"……[采用克劳德·李维-史陀的理论]关联宇宙论把我们在平常的经验中实际感知到的各种具体现象互相"水平地"关联起来。它的资料都来源于"真实的"世界（351–352）。
A. C. Graham *Disputers of the Tao* (1989)	被认为在西汉初定型，而后长期流传的中国宇宙论是一个巨大的体系，从和阴阳关联的一系列成对的事物开始，分支出四组和五组的事物（四季、四方、五色、五音、五味、五臭……），与五行相关联，然后一直分支到与《易》中的八卦和六十四卦相关联。在这套提供了原科学之组织概念的体系中，解释和推断是为了确定在这个模式内的位置……葛兰言所认为的中国和西方的思维差异，现在看来是原科学和现代科学之间的跨文化差异。对关联宇宙建构最方便的处理方式，是把它仅仅看作每个人都使用的关联思维的一种奇特的例子，这也是语言运用本身的基础（319—320）。
John Major *Heaven and Earth in Early Han Thought: Chapters Three, Four, and Five of the Huainanzi* (1993)	[在关联思维中，]世界上所有的事物都可以被归入以数字表示的类别（对应阴阳两仪、五行、八方，等等）；和不同类别的事物相比，同一类别事物之间的共鸣更为强烈、可靠、稳定（28）。

续表

作者，标题，出版	关联思维的定义
David L. Hall and Roger T. Ames *Anticipating China: Thinking through the Narratives of Chinese and Western Culture* (1995)	伴随着理性、因果思维的发展，我们会考虑一下被称为第一问题（*first problematic*）思维或者类比（*analogical*）或关联（*correlative*）思维的重要性。第一问题思维既不设想一个最初的开端，也不设想一个单一秩序世界的存在，就此而言，严格地说它既不与宇宙生成论有关，也不与宇宙论有关。这种思维模式承认变化或过程优先于静止和永恒，不认为有一种终极力量负责事物的整个秩序；且依赖互相关联的步骤来解释事情的状态，而不是依赖决定性的力量或原则（xvii-xviii）。
Aihe Wang *Cosmology and Political Culture in Early China* (2000)	中国宇宙论，作为这样一种概念和关系的框架，是一个庞大的关联构筑体系，建立在互相交织的成对（与阴阳关联）、四组（与四方关联）、五组（与五行关联）、八组（与八卦关联）等事物之上。这种关联宇宙论是宇宙中各种现实领域之间有秩序的对应体系，把人体、行为、道德、社会政治秩序、历史变迁等人类世界的各种事物，与时间、空间、天体、季节轮回、自然现象等宇宙的各种事物相关联……正是在［公元前最后四个世纪的］政治变革中，关联宇宙论成为一种常见的论述，以它为手段，各种对立的社会力量互相辩难，争辩新帝国的秩序，规定日常生活的社会惯例（2）。
Martin Svensson Ekström "On the concept of correlative cosmology" (2000) *BMFEA* 72	所有尘世中的现象自发地互相施加影响，因而根据固有的关联类别来组织它们自己，这种观念很快发展成为一种论述，在这种论述中，人的身体、汉代的官僚体系以及各个星座都在相同的条件下发生关联……对政府机构和人以及天体之间错综复杂之联系的思考，的确是公元前3世纪晚期以降政治、医药和天文学论述的一个重要部分。这些相互关联并不仅仅是……从一种认识领域汲取的名称在另外一个领域的比喻性应用。宇宙论者想要……把注意力吸引到关联体系本身，这个体系先于语言而存在并且塑造了语言，而不是相反（8）。
Steve Farmer, John B. Henderson, and Michael Witzel "Neurobiology, layered texts, and correlative cosmologies: a crosscultural framework for premodern history" (2000)	［关联思维指］一种把自然的、政治/社会的以及宇宙的资料组织成高度规整的对应组合或体系的总体倾向……关联性结构出现在全世界范围内的前现代神秘占星术和占卜体系中……认为现实由多个"层次"构成，每个层次都以某种方式映射着所有其他各层，这种观念大体上是前现代宇宙论的一个区别性特征（49）。
HaunSaussy, "Correlative cosmology and its histories" (2000)	每个民族在讲话和思考时都会分门别类，而中国人的做法并不寻常，他们把这种分类本身从默认的假设范畴转移到公开主张和限定的范畴……汉学家的"种类"概念（"同类对应"、"宇宙论的对应"以及这种术语的整个家族）产生于［一个］宏大的工程。在它发展为社会反思的一个分支的过程中，中国的研究长期以来一直对分类这一类别给予了特殊的观照，希望在中国文化内部解释其功能和起源，同时也将其置于人类各种科学（社会学、人类学、心理学、语言学等）的总体视野中（14）。

①该表格由何禄凯（Luke Habberstad）制作。

注释

1　比如见 Major, *Heaven and Earth in Early Han Thought* (1993),最近的例子见 *BMFEA* 72 (2000) 整期。科学史学者在 20 年前放弃用"原科学"这个词与希腊或中国进行联系。在本章写作中,席文(Nathan Sivin)和马克(Marc Kalinowski)给予了慷慨的帮助,对此作者表示感谢,唯文中错误全由作者本人承担。

2　具有审美情趣或感性的犹太人与理性的希腊人的对比(最近许多关于中国哲学的论文采用了具有审美情趣的中国人和理性的"西方"的说法,可比较),见 Barr, *The Semantics of Biblical Language* (1961)。Durkheim and Mauss, *Primitive Classification* (1903) 把原始社会等同于东方。见本章附录。

3　本文采用席文对气初步下的定义:"它是物质,无论凝聚或分散,可感或不可感,呼吸或血液;是物质内部至关重要的能量,使物质保持有序状态,使生长成为可能;还是生物体内的力量,可以影响别的事物。"(来自本章作者与席文的私下交流。)参照 Sivin, *Traditional Medicine in Contemporary China* (1987), 46-50。

4　早期对这一问题的处理见 Hsü Fu-kuan, "Yinyang Wuxing ji qi youguan wenxian de yanjiu," 509-87;徐复观坚持主要典籍成书时代的传统说法,这使他的一些分析出现偏差。

5　根据席文的统计,见于 Lloyd and Sivin, *The Way and the Word* (2002), 263-4,《吕氏春秋》(编纂于公元前 239 年)中有一段把五行和气联系在一起;《淮南子》(编纂于公元前 139 年)中也有一段(在"精神训"中),现存的(真迹)董仲舒(公元前 179～前 104 年)的论著中,一篇也没有。据席文推断,没有哪部书把阴阳和五行与气的多个方面联系起来。这些书中经常把气和阴阳相关联,在阜阳汉简《万物》中也一样,对《万物》的介绍见于 *WW* 1988.4, 36-47。

6　董仲舒的"天人三策"记录在 *HS* 56, 2498, 2508, 2514 中,被认定为真;对策设想历史有三个阶段,并不是五个。关于《春秋繁露》,见 Queen, *From Chronicle to Canon: The Hermeneutics of the Spring and Autumn, According to Tung Chung-shu* (1996); Anne Cheng, "Review of Queen" (1996); and Loewe, *The Men Who Governed Han China* (2004a), Chapters 14-15。《左传》是另外一部成书时代有争论的传世文献:尤锐(Yuri Pines)认为《左传》是公元前 8～前 5 世纪的时代记录;史嘉柏(David Schaberg)将它的时期定于公元前 4 世纪之中;而马克和戴梅可从文体来考察,认为它晚于史嘉柏所定的时代,布鲁·布鲁克斯(Bruce Brooks)也持这种观点,不过判断的依据不同。关于史嘉柏的观点,见 *A Patterned Past: Form and Thought in Early Chinese Historiography* (2001);关于布鲁克斯的观点,见网站 the Warring States Working Group Website。

7　在这里我不考虑纬书,因为从 20 世纪 70 年代中期开始,陈槃等学者就注意到不可能给出这些文本的确切年代。就看到的来说,气的出现和日书中的五行无关。见

Mori Masashi, "Shidanko so hakusho ni okerugogyō setsu to shū kyō teki shokunōsha" (2007)。

8　　*LSCQ* 13（"应同"），677-9。

9　　从最近出版的 *Suizhou Kongjiapo Hanmu jiandu* (2006)，简 429—436（182）（时代为公元前 156～前 141 年）来看，这些问题并不仅仅是吹毛求疵。简文中有常见的五帝中的四帝（青、赤、黄、白），再加上炎帝，这和方位或相继受命的帝王都没有关联，但和谷物种类的生长有关。在一篇名为《五行》的文章中，又和礼器相关联（见本章注释 10）。附注：这里提到的四帝（去掉了黑帝）既不是按季节的顺序也不是按五行相胜的顺序（简 105—107、140）。《易传·说卦传·第一章》提到了一些相关联的事物，后来被纳入标准的阴阳五行气的对应关系中。

10　　然而，请注意在睡虎地日书和放马滩秦简中出现了一种五行的顺序，但可能是指五星的运行。见 *WW* 1989.2, 27; and Winter, "Suggestions for a re-interpretation of the concept of *Wu Xing* in the *Sunzi bingfa*" (2004), 129–62。孔家坡日书把天上的四个方位和中央的天柱与地上的四方和地维相联系，这些都"和阴阳"，而这里的阴和阳据说是气。它还提到了标准的五胜。令人相当惊讶的是，简 105—107（140）的标题为"五胜"，它们用不同的礼器定义五行，这些礼器在使用时"不以时"。

11　　正如 Eberhard, "Beiträge zur kosmologischen Spekulation Chinas in der Han Zeit" (1933) 所提出的。同时，所指定的阴气或阳气的一些意义和汉代以后时期的并不符合。比如说，阳气在五月最盛，而阳气盛时被看作是有毒的。见 Liu Tseng-kui, "Jin ji: Qin Han xinyang de yige cemian" (2006), ms., 372。

12　　*HNZ* 7.2b（"精神训"）："肺为气。"

13　　然而，*LH* 15（第四十六，"顺鼓"），689 提到了把男人等同于阳气，女人等同于阴的流行说法。

14　　许多文本，包括《管子》卷 14—15 和 *HS* 30, 1767，讲到把一年分为四时五行的历法，每一行 72 天。

15　　见本章注释 10。

16　　关于五行"皆载于土"，见于桓谭《新论》，英文译文见 Pokora, *Hsin-lun (New Treatise) and Other Writings by Huan Tʼan (43 B.C.–28 A.D.): An Annotated Translation with Index* (1975), 92。关于"五常"，见 Nylan, *The Shifting Center: The Original 'Great Plan' and Later Readings* (1992); Pang Pu, *Boshu wuxing yanjiu* (1980); Csikszentmihalyi, *Material Virtue: Ethics and the Body in Early China* (2004)。关于五星运行，见 Winter, "Suggestions for a re-interpretation of the concept of *Wu Xing* in the *Sunzi bingfa*" (2006)。

17　　比如，见于《左传》中的讨论或《礼记·月令》。

18　　Lloyd and Sivin (2002), 254. 另见本书第 22 章，注释 11。

19　　占卜文书把阴阳和五行与干支联系起来讨论。见 Kalinowski, "Les Traités de Shuihudi et l'hémérologie chinoise à la fin des Royaumes combattants" (1986), "The *Xingde* texts from Mawangdui" (1999), and "Time, space and orientation: figurative representations of the sexagenary cycle in ancient and medieval China" (2007); and Liu Tseng-kui, "Qin jian 'rishu' zhong de chuxing lisu yu xinyang" (2001)。这些文本描述的是地方历法和礼仪，

自然会有歧异的地方。其他成套的数字体系包括四季、六艺和八卦。有一种假设，与阴阳（气）、八卦、式、带有宇宙图式的穹窿顶以及其他"天象"有关，见 Zhao Chao, "Shi, qionglong ding mushi yu fudouxing muzhi" (1999)。

20　Kao Huai-min, *Liang Han Yi xue shi* (1970) 是关于汉代易学的经典论著。早期的出土文本把月令和孟喜的《卦气》相联系，见 Lian Shaoming, "Changsha Chu boshu yu gua qi shuo" (1990). *FY*, 8/13, 184 想对两种方式进行区分。

21　月令出现在许多早期文本中，包括《吕氏春秋》、《淮南子》、《礼记》、《逸周书》。McNeal, "Acquiring people: social organization, mobilization, and the discourse on the civil and the martial in ancient China" (2000) 分析了《逸周书》，认为"月令"系统是独立发展的，与阴阳和五行无关。

22　这两句见于 Jin Chunfeng, *Handai sixiang shi* (2006), 301，所引的片段据说出自京房。关于京房的纳五行理论，见 Kao Huai-min (1970), 140–159, esp.151-2，体现出京房极力想把五行系统移植到十二月和四季中。孔家坡简 462—478 则把几种气和风与月份的变化相联系。

23　见 ZJS（《脉书》）简 72—87. Harper, *Early Chinese Medical Literature: The Mawangdui Medical Manuscripts* (1998), 79 注意到马王堆医书中（马王堆医书 3）的一篇在描述胎儿的血、气、筋、骨和皮肤的发育时提到过一次五行，上面提到的"精神训"也是一样。

24　见 *HS* 30, 1733–1734; 1759–1760; 1768–1769。在《汉书·艺文志》中，医书的书名和描述主要涉及五藏六府以及阴阳（*HS* 30, 1776–1777）。值得注意的是，如 Loewe (2004a), 515 所指出，"五行"在元帝时第一次出现在诏书中。

25　《五行志》为《汉书》卷 27 上至下。著名的《五行志》不是按气的五行来为灾异归类，而是按《尚书·洪范》的五行加上皇极来归类。

26　见 Lloyd and Sivin (2002), Appendix。正如席文所指出的，在这里易学家的影响很明显，尽管他们讨论的重点是阴阳和八卦作为宇宙结构的作用。

27　扬雄在《太玄》中概述了一种五行理论，比《易》经中所见的更加成熟。但他在撰写模仿《论语》而作的《法言》时放弃了这种理论。有人会说这是因为《论语》中没有提到五行，但《易》经中同样没有提到五行。

28　《白虎通》卷 4 "五行"第 166—198 页。

29　*LH* 20（第六十二，"论死"），874 把五行等同于地上那些能腐烂的东西。何休（公元 129～182 年）的《春秋公羊经传解诂·桓公十一年》，提及天有三光，地有五行。*LH* 11（第三十二，"说日"）把五星和地上的五行之精相联系，这是就燃烧时发出的不同的光而言。《韩非子·饰邪》（公元前 3 世纪晚期？）已经在反对用五行占卜。

30　采用 Shigehisa Kuriyama, *The Expressiveness of the Body* (1999), 94 中对脉的形容来描述气的运行。

31　Sivin, "On the limits of empirical knowledge in Chinese and Western science" (1995d) 指出，"归根结底，确定性是早期中国的一种精神和道德的立场"。

32　见 Hightower, *Han Shih Wai Chuan: Han Ying's Illustrations of the Didactic Application of the Classic of Songs* (1952), 9/16。

33　关于这种弦乐器与和声的比喻，见上文页边码第 330 页，以及 DeWoskin, *A Song for One or Two: Music and the Concept of Art in Early China* (1982) 各处。

34　*LSCQ* 9（"精通"）, 507.

35　*LSCQ* 9（"审己"）, 498.

36　*LSCQ* 9（"精通"）, 507.

37　Sivin, "Calendar reform and occupation politics" (2005).

38　Rosemont, *Explorations in Early Chinese Cosmology* (1984), "Introduction," 2.

39　许多汉代文物上都描绘了气，包括漆器和墓葬壁画，但五行的图画还没有被发现。见 Tseng Lanying, "Picturing heaven: image and knowledge in Han China" (2001)。

40　比如参见 *FY*, 8/13, 184。

41　比如，见 De Groot, *The Religious System of China* (1901), Vol. 4, Book 2, "On the Soul and Ancestral Worship," 24。

42　表中的引文是为了概括每位学者针对这一主题的核心概念，尽管有些论著中的表达并不是前后一致的。

17

秦汉宗教活动

胡司德（Roel Sterckx）

作用与理论

处在通行宗教（common religion）——被定义为无论地位高低都可普遍参与的宗教活动——核心的是一种混合物，既包含对宇宙的抽象理解，又被注入了对神明世界的人格化、能动化观念。仪式化的祈祷、祭祀央告以及祈求神明世界的报偿，是保证个人及公共福祉的主要方法。通行宗教延续着对祖先的祭祀，同时对家庭之外的自然神灵和守护神的祭拜也开始出现。[1] 新的资料——主要形式是日书、祈祷记录和丧葬文书——表明，对于通过直接或间接与具有官僚色彩的神明世界交流以实现个人救赎的这种可能性，人们的信心在提升。取悦神灵出于多种目的，诸如确保平稳地过渡到来世、治疗疾病或者保证粮食丰收和子女幸福。以前有一种假设认为，通过直接进入神明世界来得到救赎的这种渴望，只有在东汉晚期和汉代以后，随着道教和佛教这两种重要宗教的产生以及到来才出现在中国的宗教景观中，而这种假设现在看上去更加不可靠。

从某种程度上来说，官方和非官方宗教以有机和对立统一的方式共存，这是从一种假设出发，即仪式化的交换是为了通过祭品来寻求神明世界的报偿，这种交换是假定在人类行为和超世俗活动之间存在联结，反过来这种联结也符合宇宙的周期并与之产生共鸣。通行宗教利用宇宙论的各种推断，在对与祖先的神灵或基于共同体之上的神灵的联系时是这样，在试图召唤或驱除守护神和自然神时也是如此。这种注重系统性的自然主义理论包括一种认识，即无所不在的根本能量（气）可以表现为各种不同形式的鬼怪；以及一种假设，即不管是神明世界的运行还是人在礼仪中的反应都受制于阴阳之间的互动和（在后期的文本中）五行的周期。以祭品为基础的祭祀交换和把神明世界并入更大的宇宙模式之中是由这样的信念维系的，即从一方面来说，神明世界是可以预料的，并且可以使之受人的影响支配；从另一方面来说，神灵保留着在反复无常的途径中运行的力量。然而，知识阶层致力于一些推测性的理论，寻求让神灵这种难以预测的特点显得不重要；与此同时，大量日常宗教活动仍然基于这个前提，即神明世界就是变幻莫测的，因此需要安抚或补偿。

实施者

我们对秦汉宗教活动的社会文化背景仍有诸多不确定之处。证据难免偏重于有文字记录流传的社群，因为较低社会阶层纯粹地以口头传播（歌谣、舞蹈、祈祷），所以对于此时发生了什么我们几乎一无所知。关于中央任命的官员对地方宗教信仰的影响以及地方多样性，有待了解的就更多了，尽管战国时期南方楚、越地区活动的轮廓正越来越清晰。战国晚期的资料已经指出南方有丰富的神话传说，直至汉代，南方地带仍被文人墨客视为巫术盛行之地。[2]

我们必须承认手中材料仍然不够，但从手头的大多数材料中还是可以看到一种普遍的模式，即在社会各阶层中，各个社群都依赖宗教方面的专业人士，尽管各地区之间仍有差异。秦汉时期的宗教吸取了三种早期传统，每一种传统都与一批特征或隐或显的庇护者和专业人士相关联。第一种传统，大致可以归为"古典主义"的一整套宗教活动，其主要特点包括以祖先祭祀为重点的仪式，通常以经典传统文献给出的规范为依据，由同样精通文献的礼仪专家（有时称为儒）实施。第二种传统是一种泛灵论的传统宗教信仰，认为山川、天体等物皆有灵性。这种泛神主义观念往往与古代的巫师有关。巫的活动包括定向祭祀、求雨祈风、降神视鬼、解除灾祸、念咒驱邪、治疗疾病以及媚道。[3] 官方材料中经常把这些做法定为"淫祀"，这种被贬斥的说法，暗指社会失范、铺张浪费，可能还蕴含着门派之见。[4] 其结果是，巫的社会地位下降，与此同时，掌握自然哲学和神秘知识的专家，经常挟典籍之威，以造己之势，获取了他们竞争对手的一些职责和技术。考虑到在汉代的资料中巫经常为女性，有人会怀疑人们对她们的敌对或偏见，或许源于对掌握秘学之女子的憎恶，而非真正批评她们所掌握的秘传之术。

第三种引人猜想的传统，至少在公元前3世纪晚期至西汉末年，盛行于据说掌握着各种隐秘方术的方士之流中。有时候这些方士想通过推行长生不老之术来讨好皇帝。他们尝试理解自然世界的运行方式，并通过预言术和天文历法推演来获取福祐和解决方案，这刺激了占卜体系和技术——成为汉代及以后宗教工具不可或缺的一部分——的发展。[5] 植根于日常民俗的巫术-宗教技术被应用于生活的各个方面，比如献祭、确保顺利分娩和旅途平安，以及祛除疾病。对自然世界的技术性推断在公元前4~前3世纪得到显著发展，这引发了对社会之外世界的试探性质疑，而对它的探求和疑问也是根据类似的程序。[6]

不可否认，与巫和方士相联系的活动类型之间并不总有明显的界限。儒生从事巫术的记载不止一处。比如说，董仲舒（约公元前179~约前104年）就曾咏诵经论以抵御巫师的诅咒，据说巫师反受其害而死。[7] 在周代和汉代把宗教活动分派给指定官吏一说可能是理想化的描述。而在现实中，官吏的头衔和社会标签——比如祝、巫、方士、道士——似乎并没有明确反映宗教活动的作用。[8]

宗教知识和技能是否以及如何从朝廷输出到郡县或是反向传播，我们对此几乎一无所知。秦始皇每次经过特定的祭祀场所时，都会安排祭祀地方神明，这些活动由司马迁记录下来。边远地区的神灵由当地人祭祀，他们"不领于天子之祝官"，[9] 因此汉文帝（公元前180~前157

年在位）曾试图把地方祭祀纳入朝廷控制之下。而到了武帝（公元前141～前87年在位）时期，由方士创设的地方祭祀由他们自己负责，中央政府的代表不加干涉。[10]很有可能的是，由特设的宗教专家执行的活动，和专管朝廷礼仪的官员所实施的活动种类之间存在相当大的重叠。[11]

对于传世文献中记载的对地方祭祀和神秘宗教的道德批判需要我们仔细评估，因为这些批评意见似乎很少出于观念或神学的立场。东汉时期批判普通或常见宗教活动最为激烈的论著——作者分别为王充（公元27～100年）、王符（公元90～165年）和应劭（约公元140～204年之前）——包含着一种模糊的紧张关系，一方面，把人们对鬼神和超自然现象的痴迷贬斥为迷信或低俗，另一方面又承认这些神灵存在且有威力；超世俗力量的先验存在并没有被否定，而是受制于人的反应。为了遵循天意，必须要祭祀鬼神，并且在日常生活中恪守禁忌。因此，王充并不否认神灵世界对人类活动存在潜在影响，相反，他质疑什么形式的鬼怪作用才应该被看成真正与魔鬼有关。应劭强调了这些固有的危险，即要么过于沉迷于鬼神，要么过于忽视它们的存在。[12]其结果是，批评意见主要是针对不被认可的宗教活动的社会后果：奢侈浪费、以动物为牺牲以及地方祭司和官吏滥用宗教虔诚以获取权势。[13]政府官员对流行的宗教活动感兴趣，并不太会是因为被其理念打动，而是地方宗教运动会给中央政权带来潜在威胁。

受王国支持甚至是赞助的活动，包括"月令"，把人类和超人类的活动置于一个特定的时间框架中。各种繁简不同的日书是指明一系列广泛活动的吉日凶日（比如婚嫁、产子、土功、做梦、饮食、出行、屠宰家畜等）的实用指南，免去了使用者雇请专人的麻烦和费用[14]（见本书第10章图10.1a）。日书建立在一个前提之上，即神明世界在很大程度上是可预测的。睡虎地11号墓（江夏，今湖北云梦，埋葬时间为约公元前217年）出土的《日书》甲种中有一个描写鬼怪的片段，被称为《诘》，为我们提供了一个很好的例证。它用通俗的语言记载了驱除恶鬼侵袭的各种手段，没有提及作为媒介的特殊人员或者对鬼神本质的推测。相反，它教给使用者如何辨别某些真正与鬼神有关的异象以及如何有效地组织回应。[15]

神明世界的不同等级

日常生活不被任何有高下等级之分的神明系统观念所支配。试图把"神"（祥和的神圣力量）和"鬼"（有害的幽灵或鬼魂）区分开来的现代学者并没有把这个复杂而不断变异的精神世界的全部情况描绘出来，其中善的力量会转换成恶鬼，祥和的神灵会表现出恶魔的品性。有些神明具有人格化的特征；还有些具有较为无形的自然力量，亦被看作具备同样的效力。神明的等级同样会受到挑战。比如说，考古人员在1990年从周家台30号墓（南郡，今湖北境内，时代为约公元前209～前206年）发现一批竹简，其中一篇祈文承诺祭祀的对象是先农而并非其他神祇（可能包括祖先），先农被认为可以保佑丰收。[16]

我们在通过不同时代的材料来推测众神体系的轮廓时必须保持谨慎，然而有些名称会相当频繁地闪现。汉代的宗教用几种称谓来标志最高神，这一点暗示着也许存在不止一种模式。帝、上帝、天帝和天公这几种称号至少在公元前1世纪就开始流行。黄帝和天神的地位从公元1世纪开始变得显赫。苍天之上的最高神被想象成居住在北斗星中的一种星辰神。考古工作者在三里村（西安市长安区，公元2世纪中期到晚期）发现了一件道符，它是被用朱笔画在一个陶瓶上的，在北斗星的斗魁内写有"北斗君"三个字，北斗君主管胎死腹中者、自杀身亡者的鬼魂（图17.1）。[17] 东汉时一种流行的信念认为最高神保存着活人和死人的簿籍，它可以决定生死。此外，人们还出于多种其他的原因向他祈祷，从治疗疾病、降伏恶魔一直到益寿延年。[18] 他的主要助手有天帝使者和司命，后者掌管人的寿命，而且或许早在公元前6世纪就已见于文献。[19]

鉴于神明世界的很大部分始终和上天发生联系，所以人们一直在改善历法和天文知识，这些知识能让人类预测诸多天神的运动轨迹。一种

图 17.1a　陶瓶上的铭文，提及"北斗君"。高 20.5 厘米，直径 6.5~7.5 厘米。长安区三里村出土。公元 2 世纪中期到晚期。"北斗君"的字样出现在北斗斗魁中。详见 Liu Le-hsien, *Jianbo shushu wenxian tanlun* (2003a), 273

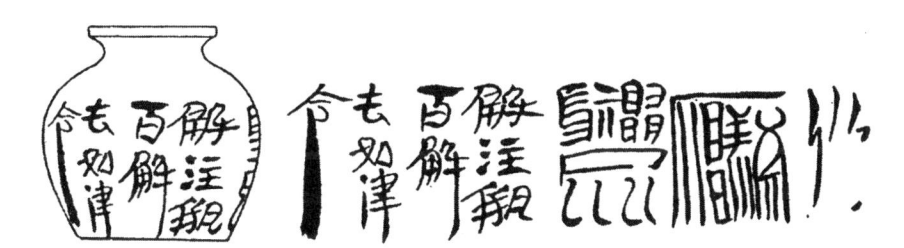

图 17.1b　1954 年出土的陶瓶，其上有九个汉字："解注瓶，百解去，如律令。"今洛阳西郊出土。西汉中期。其他例证见图 18.6a—d

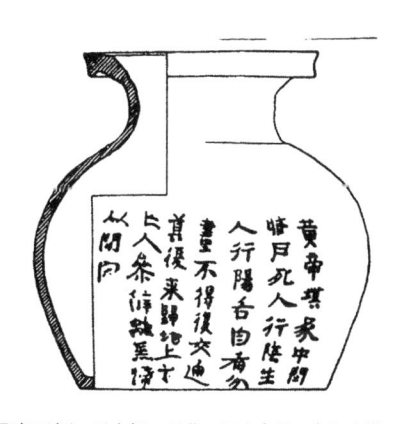

图 17.1c　魂瓶。陶制，有铭文（有些字漫漶不清）。后士郭 1 号墓，河南密县。东汉晚期

被称为"太一"或"天一"的天神,在西汉作为天极神而出现,[20] 显然和其他几种神一样来源于战国时期的通行宗教。[21] 另外还有一些著名的自然神明也都来源于战国,我们在汉代的文本和壁画中仍然可以见到,其中包括河伯(图 17.2)、风伯(图 17.3)、雨师和雷公。[22] 胡场 5 号墓(广陵国,今江苏境内,埋葬于公元前 70 年)出土的一件木牍上面有一大批神明,数量超过 30 个,包括河神、山神、当路君等。[23]

我们的资料显示,山川、天体等自然物体担当着主宰自身的保护

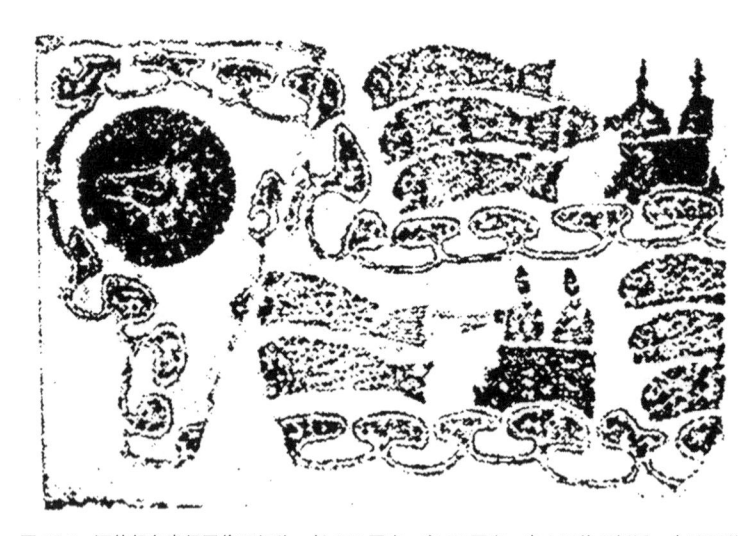

图 17.2 河伯驾鱼出行画像石拓片。长 116 厘米,宽 85 厘米。出土于徐州新沂,今址不详

图 17.3 风伯吹走石室的屋顶。画像石拓片。高 85 厘米,长 116 厘米。山东嘉祥

神。在汉代朝廷和地方宗教涉及的神圣力量之中，山岳一直占据着中心位置。东方的圣山泰山（泰山郡，有时属济北国，今山东境内）一方面表现为阴府所在，另一方面又是一个主宰自身的人格化神灵，从马王堆医书中祈祷泰山神治病，就可以看出这一点。[24] 还有一个神叫"华大山"，掌管泰山或华山或者都管，在两枚时代暂定为公元前3世纪中期的玉版上有一套相同的铭文，其中有祈求它治病的内容。[25] 虽然我们不清楚华大山是否和泰山有关联，但目前了解到的是，山岳被同时看作神圣的空间和守护神的住所，可以召唤这些守护神来求得个人福祉（图17.4）。[26] 还有其他一些山岳与灵魂的栖息有关，其中包括泰山旁边的小山梁父（甫）山以及神秘的蒿里山和位于天宇西北方的不周山。[27] 和人类世界的官僚体制类似，山岳和山脉也被授予各种爵位，并享有定期的祭祀。地方上的知名人士组织祭奠山神，认为它们控制着雨等自然现象。现存就有一批献给山岳的铭文，大约20多种，时代大多在东汉后半期。[28]

公元2世纪以降，人们已普遍将黄泉视为死者的归宿。现存材料中，和东北方有关的"鬼门"始见于一个约为公元前165年的漆木式盘上，该式盘出土于双古堆（汝南，今安徽阜阳）。"鬼门"后来又出现在与道教和佛教有关的文本中，或许其意义有所变化。[29] 虽然儒生们有时会设想人有双重灵魂——死后魂归上天，而魄仍留守在坟墓之中——但他们对灵魂及其死后历程的认识各有不同。流行的看法是，魂和魄都可以被召唤到阴间，也都可以被安置在墓葬中。[30]

祭祀的对象亦包括主管房屋及屋内用具的家神。《淮南子》中包括了一系列应被祭拜的事物，包括灶、门、井、户、寻、箕、臼、杵等。[31] 一些官方许可的祭拜——包括重要的五祀，即门、户、中霤、灶、行——有可能就来源于先秦时期的家庭祭拜，因为在包山（战国时期楚国，今湖北荆门）战国墓的西室中发现了这五个神的木主。[32] 从睡虎地11号秦墓里与墓主人埋葬在一起的日书中可以看出，不晚于秦代的五祀是常见的礼仪活动。到公元2世纪，与家事有关的神，诸如司命、灶君和门神皆时常享有家家户户的祭祀。[33]

图17.4 神的形象。这个形象和人相似，身旁有铭文"大山上"，有学者认为代表泰山神。画像砖拓片。长50~60厘米。东汉，河南新郑。山东另有一件东汉画像石，上有"泰山君"字样，描绘了两个人物，他们穿戴像官吏，乘坐在鹿挽的车上。(神仙骑乘鹿是汉代图像的一个普遍主题)

"社"，既指土地神，亦指为之而设的祭坛，其地位因作为一个与当地群体或区域有关的地方祭祀场所不断获得的重要性而持续变化。在周代，社和稷（谷神的祭坛）两者是最重要的祭祀地点，地方统治家族在那里举行血祭来宣布自己在政治上的合法性；然而到了汉代，地方各级都建有社坛，从乡村到郡，遍布全国。[34] 社神在当时依然是一种重要的地方保护神，但也开始获得类似于其他神灵的人格化官衔（比如"社公"）。[35] 在乡间为社神举行的祭祀饮宴提供了一种场合，在汉代以后被人用来举行公共礼仪活动。[36] 作为共同体崇拜的一个焦点，对社的祭祀范围远远超出了帝国的中心。在居延发现了用于每年春秋两次举行的社祭的祭品与冥钱清单。这表明远在西北边陲的军事据点中，不管是普通士兵还是高级将领都在举行社祭。汉代边境的记录中还提到祖道（路旁的祭祀）以及在特定的日子不可以杀六畜见血。[37]

动物世界也是秦汉宗教想象中的一部分。证据充分表明，在几百年间，人们一直在奉献祭肉以影响神灵的意志，同时通过模仿动物的姿态和表现出动物的特点来尝试与神灵世界沟通。关于动物神灵崇拜的记载不多，这说明动物可能不被看作一种特殊的力量，尽管有很多证据表明它们可以作为其他神灵（比如西王母）的中介和侍从。然而，动物自然而然地被看成一个在世上起着邪恶作用的物种。有很多关于家庭中出现狗怪的记载，《周礼》则提到一个官职，负责捣毁凶鸟的巢。[38] 作为保护神，镇墓兽自战国时期的楚国就开始成为墓葬的陪葬品（见上文图1.15），它们的作用可能是在去往阴间的路上陪伴死者。[39] 动物也被表现为历法周期的象征物。现在至少有四种版本的十二动物周期——中国十二生肖的前身——从日书等文本中得到了确证：其中两种恰好在秦统一前后，发现于放马滩（陇西，后属天水，今甘肃境内）和睡虎地（江夏，湖北）；另外两种在西汉早期，发现于张家山（南郡，湖北）和孔家坡（南阳，湖北）。[40]

在社会各阶层中，从朝臣一直到乡野村夫，人们为了领会各种征兆而仔细地观察动物的异常行为以及自然界出现的异兽或其他反常现象，神灵用这些征兆来暗示人事的变化，以使人及时献祭、驱邪和祈祷。睡虎地《日书》甲种记载了向繁殖之神祈祷以保证马匹健康的祷文。[41] 周家台30号墓出土简牍中有一个残卷，描述了一种在浴蚕和选蚕时要举行的对先农的祭祀（见上文）仪式，以及一种治疗马病的咒语。[42] 敦煌以西近100公里的地方出土了一件西汉晚期的日书残卷，其中把马厩和其他地方一起看作可以致死的凶地。[43] 除此之外，马王堆出土的《相马经》与银雀山（东海，山东，约公元前140～前118年）和双古堆（汝南，安徽，约公元前165年）出土的一些《相狗经》残简，清楚表明各种宗教活动遍布于农牧生活之中。[44]

宗教的应用

除了选择日期和其他预测事项之外，处于宗教活动核心的还有基本祭品交易模式，通过这种模式，人们承担义务以换取神明世界的恩惠。出于这个目的，宗教经济必须得到维持，用于提供祭祀物资、维护拜祭场所以及分派执行仪式的各种任务。传世文献表明，至少从官员阶层来说，对祭祀用牲的准备是井然有序的。官府会为了购买牺牲而征税，秦代的法律文书还证明当时出于这些目的会把土地和苑囿围起来。偷盗或非法交易礼器会受到法律处罚，未经许可的祭祀也一样。[45] 除了谴责由某些祭祀引发的铺张浪费的记载之外，以现有的证据我们还无法充分评估宗教经济在社会较低阶层的组织或影响。

在实际应用中，新的宇宙理论有时会被注入从传统继承下来的祭祀交易模式，这意味着对祭品的选择可能会建立在不同的基础之上。比如说，狗有时候会被用来祭祀路神，这是由于它们和家里的门槛有密切的关系。肺、肝、心被用于祭祀，则是由于人们认为这些器官充盈着气。或者，对祭品的选择可能受由阴阳和五行的逻辑引导的更加理论化的分类体系所影响。与此相适应，在与金相对应的时间杀狗，在宇宙之气最盛的夏季用肺祭祀。[46] 然而一般说来，顺应宇宙的理论因素很少取代对神明直接报偿的期待，因为先祖和神明的等级是通过祭祀来扩展的。

礼书和许慎的《说文解字》（公元121年献上）等字书表明两汉涌现出大量用于祭祀的技术性词语，其中包括表示杀牲的各种方法（烧、溺、刳、劈），形容牺牲颜色或祭品数量和大小的术语以及祭祀中所用器具的正式称谓。这些技术性词语同时出现在礼经和日常使用的手册中，说明活跃在社会不同阶层的宗教人士可能共用一套技术词语，且有很多人可能识字。尽管不是所有的宗教活动都被我们充分探讨过，但未来的研究有可能会揭示，表面上看来宗教权力在转化，崇奉的各路神祇也在改变，而在这种表象之下，从东周一直到两汉的宗教活动存在相当程度的延续性。

接通与供奉神明的方式多种多样，其中较为古老的龟卜和筮占依然持续与较新的历法和星占体系并用。[47] 其他技术包括祝、礼仪手势和防病操（prophylactic body postures），以及蛊惑、咒禁和辟邪器具的使用。

身体姿态中,关于"禹步"的记载很多,这是一连串的步伐动作,通常在祝之后或与祝同时进行。[48] 祈祷的类型通常包括"祷",在这种仪式中祈祷人请求神明的帮助,同时许诺奉献祭品作为回报;还有"塞",是在神明对人的请求做出积极的回应后施行。[49] 祝是一种历史悠久的技术,用来召唤和驱除神鬼。[50] 相信巫或祭司说出的话和散发的气带有魔力是使用程式化咒禁术的基础。在交谈和吐口水时喷出的促急之气以及魔咒被看作有效的驱鬼方法。这种唾咒法的传统在南方楚、越地带特别盛行,这些地区炎热的气候被认为有助于巫术的发展。[51]

常见的驱邪技术包括击打或戳刺魔鬼或邪气,使用噪音(比如鼓声)和诅咒,披散头发,掘地或填平孔穴作为防御。我们经常会看到模仿鬼怪举止以毒攻毒的方法:用人的鼓声驱赶鬼的鼓声,用人火反击野火,等等。另一种常见的方法是取用桑、枣、棘、桃等被认为有驱邪作用的木材,制箭射向恶鬼的方向(见上文图 1.56)。[52] 考古人员在秦都咸阳附近发现了数枚战国和秦代的封泥,上面的文字为官名"礜桃丞"的各种变化形式。[53] 使用粪便和偶像的记载很多,使用白色物品(比如石头、砂粒)的也不少。举例来说,白茅在日常宗教程序中被使用的最多,用来包裹祭品或陈列出来以安顿神灵。

官方活动当然对宗教想象施加着影响。这一点从以下几个方面可以看出:神明世界的官僚化,在祈祷和咒语中模仿官方文书中的敬语(比如"敢告"),以及与神明世界互动时模仿司法程序。与此类似,在给神明命名时使用"君"这个称谓,说明人们普遍认为他们和神明世界的关系反映着实际生活中臣民与君长的关系。

在东汉的墓葬中,多种与神明世界交流的文书被发现,其风格与行政文书类似,包括用来获取墓地的地券,确保死者在阴间维持地位和健康的告地书或告地策,记录随葬品的遣策和驱邪符箓。在墓中放置镇墓文是为了请求阴府保佑生者、赦免死者。[54] 有几种镇墓文提到了铅人,这种铅人在其上书写了镇墓文的陶罐旁边被发现(图 17.5),其作用可能是在阴间代替死者承担徭役或者充当奴仆。[55]

428　　　有一段被保存在 14 枚木简上、公元 79 年的出处不明的祷文，是已知最早的向神明世界献祭的书面契约。这段为女性死者祈祷并以死者名字命名的序宁祷文是与神明世界订立的一件契约，被复制多份，人和诸神各执一份（神的契约估计存放在活人和死者的簿籍中）。尽管现存仅此一份，但这种类型的文书很可能在日常祭祀中被经常使用，这些祭祀较少关注宇宙模式，而更多地着眼于基本的祭品模式。序宁简本身提到用来证明已经把祭品交付给神灵的"券刺"，还提到承诺报答神明恩惠的"券书"。这和地上活人之间的契约——遗嘱、司法文书等——类似，

图 17.5 避兵图，图上的神有太一（中）、雷公（左）、雨师（右）。马王堆 3 号墓帛画，湖南长沙。43.5 厘米 × 45 厘米。详见 CHOAC, 870 - 1

说明在人们的观念中这两个世界有很强的相似性。[56] 如果说模仿活人世界的丧葬文书、明器或者墓葬，反映了让死者在来世继续保持幸福的渴望，确认了与留在身后的活人之间的联系或者保障了最终的分离，那么一个不关注宇宙论，而是仿效日常祭祀活动中基本祭品模式的世界就在序宁简中浮现出来。人们认为自身和神明世界的关系类似于某种契约责任，人为得到神明施与的恩惠而对神灵欠下祭祀之债。关于经济方式和宗教观念之形成的关系，我们还有许多待了解之处。

战国、秦汉和汉代之后的通行宗教活动存在延续性这一点现在越来越显而易见。东汉不再是"道教以前的通行宗教"与"中古道教"之间的分水岭。六朝早期的宗教活动延续、重复和扩展着几百年来的信念和做法，这一点我们可以从准行政文书模式的继续使用看出来。使用竹木简牍作为宗教文书的载体，可能是后世在道教仪式中使用刻石、玉简、驱邪符和护身符的前身。[57] 与此类似，汉代以后的丧葬传统保持着先前的做法，其中包括把死者的灵魂由坟墓引导到天堂的仪式以及镇墓文、告地书等。死亡是一次旅程，这种理念从东周以来就支配着中国的丧葬传统。[58]

小结

在我们对秦汉社会底层宗教生活的认识依然一知半解之时，新出土的文本和器物揭示了宗教文化不由官方宗教直接支配而体现出明显多样性的面向。因缺乏可辨的"大众底层人"的宗教实践，这里呈现的只是当地社群与底层百姓（猜测）日常信仰和实践的部分画面。似乎受过教育的官吏、地方执政者和拥有土地的地方乡绅都赞助宗教人士，并且和较低社会阶层的人有共同的信仰和实践。同样的，官方认可的宗教信仰和民间宗教信仰之间存在的明显相似性，可以从礼仪、祭祀、祈祷拜祭以及对诸位神灵的认识中看出。社会大多数阶层的人会从事与官方宗教的教义和习俗有分歧的个人宗教活动，尽管也有轻蔑的言论。秦汉时期帝国的统一并没有预示战国宗教活动的剧烈变革。占卜、祈祷和祭祀仍然是日常宗教生活的主流，新兴的神明世界继续建立在已有的信仰体系之上。在受国家支持宗教的官方层面之下，没有哪种统一或一致的神学理论一统天下。

注释

1　我们在这里使用"通行宗教"这一术语，但我们只有关于上层人群信仰和活动的证据，这是由现在考古工作的重心所造成的，有鉴于此，我们很可能只能讲述在我们的证据中共有的情况（不一定是在"地位高和地位低的人群中都普遍"）。

2　比如，楚国爬虫传说的盛行或巴族的崇虎习俗；*HHS* 86, 2840; Major, "Characteristics of late Chu religion" (1999); and Yang Hua, "Ba zu chong hu kao" (1997)。

3　见 Lin Fu-shih, *Handai de wuzhe* (1988)。关于商到汉资料中巫者的论述，见 Li Ling, *Zhongguo fang shu xu kao* (2006b), 41–79。

4　汉代对"淫祀"的典型定义为"非所当祭而祭之"，这与《礼记》中的说法相同，见《白虎通》卷 2 "五祀"第 79 页。对巫的批判见 *YTL* 6（第二十九，"散不足"），352。

5　见本书第 14 章。

6　见 *CHOAC* (1999), Chapter 12, and Harper, *Early Chinese Medical Literature* (1998), 50-2, 148-83。相关资料和技术的概述亦见 Csikszentmihalyi, "Han cosmology and mantic practices" (2000)。

7　*FSTY* 9（"怪神"），423.

8　*HS* 25A, 1210–11; *SJ* 28, 1378. 更多内容见 Falkenhausen, "Reflections on the political role of spirit mediums in early China" (1995)。

9　*SJ* 28, 1377.

10　*SJ* 28, 1380, 1403.

11　《说文》卷 5 上第 26 页 a—b 径直把"巫"注解为"祝也"。关于"道士"一词在汉代的出现，见 *HS* 99B, 4184; *CQFL* 16.23b（第七十七，"循天之道"）;《孔丛子》卷 5 第 16 页 b。

12　最相关的讨论见 *LH* 20（第六十二，"论死"），21（第六十三，"死伪"），22（第六十五，"订鬼"）and 25（第七十五，"解除"；第七十六，"祀义"；第七十七，"祭意"）; *FSTY* 8（"祀典"），9（"怪神"）; *QFL* 6（第二十五，"卜列"；第二十六，"巫列"）。

13　这些批评的例证见 *QFL* 3（第十二，"浮侈"），125-7; *HHS* 41, 1397; 57, 1841; 以及 Poo Mu-chou, *In Search of Personal Welfare* (1998), 185–203 中的讨论。

14 关于在许多遗址发现的日书及类似文本，见本书第 14 章附录 1。
15 SHD（《日书》甲种）简 24—59 反面，英文译文见 Harper, "Spellbinding" (1996)。
16 *Guanju Qin Han mu jiandu* (2001; 以下作 *Zhoujiatai*), 132, 简 347—353 的彩图见第 51—52 页；Giele, *Database of Early Chinese Manuscripts* (2000), 047。
17 Wang Yucheng, "Lüelun kaogu faxian de zaoqi dao fu" (1998), 77; Liu Le-hsien, *Jianbo shushu wenxian tanlun* (2003a), 272-80. Tong Tao, "Wulian guan he hunping de xingtaixue fenxi" (2004),54-64。
18 Seidel, "Traces of Han religion in funeral texts found in tombs" (1987), 28-31。
19 《春秋元命苞》，见《纬书集成》第 648 页。它最早见于 *Yin Zhou jinwen jicheng*, Vol. 15 (1993), 175-6 (nos. 9729/9730) [Huanzi Meng Jiang 洹子孟姜 -hu]。
20 公元前 113 年有位神明开始受到国家祭祀，我们尚不清楚这个天极神与它的确切关系。
21 后土即一例，其他见 Li Ling (2006b), 184。
22 FSTY 8（"祀典"），364-6;《独断》卷上第 10 页；王充总结了雷公的形象，见于 LH 6（第二十三，"雷虚"），295。对风伯吹走房顶以及河伯驾鱼出行的描绘，见 Li Song, *Handai renwu diaoke yishu*(2001), 141-2, 317; and Qiu Yongsheng, "Xuzhou jinnian zhengji de Han huaxiang shi jicui" (1993),69。
23 WW 1981.11, 17, 18 (Figures 13-17)。
24 MWD 4（《五十二病方》）简 82、369，第 37、67 页。
25 见 Wang Hui, "Qin zengsun Yin gao 'Hua da shan' mingshen wen kaoshi" (2001), 143-57; colour plates in Li Ling (2006b),Plates 9–12。
26 Li Song (2001), 208。
27 蒿里山和梁父山见 HS 6, 199; HS 63, 2762; SJ 28, 1367;《焦氏易林》(SBBY ed.) 卷 5，第 8 页 b—第 9 页 b 和卷 14 第 7 页 b；不周山见 *Jiudian Chu jian* (2000), 50（战国时期）和 SJ 25, 1243（《史记》原文此处为"不周风"——译者按）。
28 按山岳的等级祭祀，见《孔丛子》卷 1 第 4 页 b。关于山岳刻石，见 Brashier, "The Spirit Lord of Baishi Mountain" (2002)。
29 Li Ling, *Zhongguo fang shu kao* (2000), 92. 王充引《山海经》，说鬼门是"万鬼所出入也"；LH 22（第六十五，"订鬼"），937-9。马克（Kalinowski）喜欢用"二维式盘"来称呼式。
30 Brashier, "Han thanatology" (1996); 另一种观点见 Loewe, *Ways to Paradise* (1979), 9–13。
31 HNZ 13.27b (460)。
32 2 号墓；见 *Baoshan Chu mu*, Vol.2 (1991), Plate 47/10-14, items 2: 415-2 to 6。
33 SHD（《日书》乙种）简 40 反面。另见《独断》卷上第 9—10 页；FSTY 8（"祀典"）。关于这些崇拜和官方允许的家庭崇拜之间可能存在的关系，见 Chard, "The imperial household cults" (1999)。
34 见 SJ 28, 1380; HS 25A, 1212; 27, 1423; HHS 70, 2263。
35 HHS 82B, 2744, 2745. 另见 Kominami Ichirō, "Sha no saishi no shokeitai to sono kigen"

(1986)。

36　见 Kleeman, "Feasting without the victuals" (2005)。

37　见 *Juyan xin jian*, Vol. 1 (1994), 153 (EPT 58.21; Plate in vol. 2, 332); Li Zhenhong, *Juyan Han jian yu Han dai shehui* (2003), 123–31; and Shen Songjin, *Ershi shiji jianbo xue yanjiu* (2003), 269–73（简 32.16、10.39、63.34，EPT 59.173，EPT 51.424，EPF 22.156，EPF 22.158–60）。

38　*HS* 27, 1399; *FSTY* 9（"怪神"），418;《周礼》卷 37 第 5 页 b。详见 Sterckx, *The Animal and the Daemon* (2002), 225, 231–3。

39　这类塑像见 Sterckx (2002), 247, n. 30。

40　*SHD*（《日书》甲种）简 69 反面—82 反面；Li Xueqin, *Jianbo yiji yu xueshu shi* (2001), 151–9；Li Ling (2001), 216–31；以及 Liu Le-hsien (2003), 322–31。

41　*SHD*（《日书》甲种）（简 156—160 反面）；见 Sterckx, "An ancient Chinese horse ritual" (1996)。

42　*Zhoujiatai* 简 345—346 以及简 368—370。

43　Hu Pingsheng and Zhang Defang, *Dunhuang Xuanquan Hanjian shicui* (2001), 179, no. 268。

44　Giele (2000), 067 and 070; and Li Ling (2000), 84–7。

45　关于在未经许可的时间征发牺牲和举行祭祀，见《礼记》卷 4 第 11 页 a；卷 17，第 24 页 b—第 25 页 a。另见《龙岗秦简》中关于禁苑的条文。关于偷盗祭祀物资，见 *SHD*（《法律答问》）简 25—26、161；Hulsewé, *Remnants of Ch'in Law* (1985), 127, 166。

46　见《礼记》卷 26 第 21 页 a；卷 26 第 22 页 b；以及 *HNZ* 5.7a, 12b (167–8, 177)。

47　*SJ* 28, 1399–1400; *HS* 25B, 1241; and *SJ* 128（褚少孙所作《龟策列传》）。

48　比如见 *Zhoujiatai* 简 327、332，以及 *MWD* 4（《五十二病方》）简 97、106、195。

49　见《韩非子·外储说右下》，第 335 页。

50　《周礼》的 "大祝" 中列举了不同类型的祝，见《周礼》卷 25 第 5 页 b—第 19 页 a；以及《独断》卷上，第 13 页。

51　比如，见 *LH* 23（第六十六，"言毒"），948–50；对唾咒法的讨论见 Harper (1998), 163–83。

52　*FSTY* 8（"祀典"），367–8.

53　*Changsha Mawangdui yi hao Han mu* (1973), Vol. 1, 100–1; Vol. 2, Plate 200; 封泥见 Liu Qingzhu and Li Yufang, "Xi'an Xiangjiaxiang yizhi Qin fengni kaolüe" (2001), 147, no. 111。

54　近来对这些丧葬文书的探讨，包括先行研究的全面文献目录，见 Liu Yi, *Jing tian yu chong dao: Zhonggu jingjiao daojiao xingcheng de sixiang shi beijing* (2005), 3–100。

55　见 Li Rusen, *Handai sangzang lisu* (2003), 196–7。

56　这些简见 Ch'en Sung-ch'ang, *Xianggang Zhongwen daxue Wenwuguan cang jiandu* (2001b), 97–108。我的论述依据 Harper, "Contracts with the spirit world" (2004)。

57　比如，见 Wang Yucheng, "Kaogu suo jian daojiao jiandu kaoshu" (2003)。

58　见 Nickerson, "Opening the way: exorcism, travel and soteriology in early Daoist mortuary practice and its antecedents" (2002)。

18
东汉及以后的宗教变迁
当前的一些观点和问题

巴瑞特（T. H. Barrett）

唐代伟大的散文家韩愈（公元768～824年）追溯文化道统以给自己定位时，绝不会认为孔子塑造了中国——而是恰好相反："周道衰，孔子没，火于秦，黄老于汉，佛于晋、魏、梁、隋之间。"这里引用的是最近一本教科书中的英文译文。[1]这是韩愈对宗教历史的经典复述，然而，这段现代译文说明了后知后觉的陷阱。首先，韩愈写这段话时所使用的论据已经有好几百年了，而韩愈身后的盛名掩盖了这一事实。[2]其次，出于教学目的，英文译文并不是非常忠实于韩愈的原文，这情有可原。比如说，韩愈文中没有表示"道教"（Daoism）的词①。[3]此外，正如下面将要讨论的，使用"道教"和"佛教"这两个词暗含了一种一致性，而这种一致性在我们考察的公元1～4世纪并不存在，尽管有些团体的确在公元2世纪晚期就存在，它们的精神后裔变成了后世道教的一部分。（确实，"宗教"这一类称本身似乎就有问题。[4]）也没有哪个词可以恰好与儒家（Confucians）相对应，现在有许多人认为儒家这个词是一千多年后被引入的一种文化建构。[5]

为了在研究的时候更加贴合这个时代，我们首先必须抓住下面这个关于中国"宗教"之说法的含义："死亡并未给社会可能如何被建构提供另一种景象；统治者和被统治者、前辈和后辈之间的地位关系保持

---

① 上面引文中的"黄老于汉"，英文原文为"Daoism dominated the Han"。

不变。"⁶经文中所宣扬的政治特权程度之高令人震惊：地位高的人在生前和死后都拥有同样的地位，活着的君王仍然统治着死去的臣民，活人（包括君王）要像敬畏活着的君王一样敬畏死去的君王。⁷我们甚至可以看到被正式任命的统治者的代理人在神明世界仍然行使着被授予的权力，最近的研究一直在强调这一点。⁸这个世界和看不见的世界之间存在持续互动关系的这种信念，是理解汉代和汉代以后各种发展的基础。还有随着各个朝代的先后衰亡，信徒被编入准官僚化构造的团体以组织地方社会，这种整合加速发展，其模式令人注目，这也是理解汉代和汉代以后宗教发展的基础。正是政治上的官僚系统赋予了一种组织上的核心，围绕着这个核心，更宽泛的宗教传统才得以逐渐明确起来。⁹

因此，与其假设在东汉晚期出现了"吸收了官僚理念"的"宗教"团体，不如更为合理地设想，那些团体对待有形和无形世界的方式来自一种想要解决帝国崩塌带来的各种问题的单一愿望，这些问题被认为对这两个世界有同等影响。先行的研究可能会尝试把当时倡导正统的掌权者和"非正统"的造反农民区别开来，然而，汉代和汉代以后宗教发展的一个一贯特点是，拥护同一种教义的类似团体之间存在明显的猜忌，甚至到了公然迫害地方宗教表达的程度，从捣毁"淫祠"运动中就可以看出这一点。¹⁰汉代及汉代之后的这一特点有时候被归因于出现了一种越来越"排外的"宗教态度，但我们从上文提到的政治宗教混合与合法政权崩塌的关联中可以看得更加清楚。¹¹次要的神的存在是不可否认的，但他们在任何版本的帝国内都没有什么权力，要知道在中国，"帝国"牵涉到人和神两个世界中的统治权。

韩愈的评论确定了一点，即如果没有提及后世宗教方面的发展轨迹，那么对汉代的讨论就不算完整。刘屹最近的论著很有影响，其中设想在这一时期有一种从"敬天"到"崇道"的转换，这当然概括了这一时期发展的一个重要方面。¹²在东汉晚期和汉代之后，出于未知的原因，"天"似乎并没有在关于世界的讨论中起到应有的作用，可以看到当时包括如印度、波斯、罗马等全部文明的世界正急剧扩展，也正是这时我们通过各种资料（包括文字的和图像的）认知到越来越多的细节。[13] 我们需要思量、应对这个被扩展的世界；而道，与天相比，可以被看作是无所不在的、普遍的——是一种能被全人类理解的事物，即使对于认同中国的人也是最关注的事物。

东汉晚期以及紧随其后的时期，那些志在建构过去的人定义文化时在很大程度上不得不对帝国中心所受到的外来影响做出回应——尤其是对于佛教。[14] 可是，这个时候的佛教又是什么呢？中国和阿富汗的考古发现极大地改变了我们对过去曾经被称为"佛教征服中国"开始阶段的这一时期的认识。学者们刚刚把注意力集中于月氏在传播佛教经典和实践中所起的作用——在他们（迫于匈奴的扩张）分裂成西边的"大月氏"和留在甘肃的"小月氏"之后，大月氏在印度西北部的贵霜王朝的形成过程中似乎起到了重要的作用——阿富汗境内几块以前贵霜的地盘就出土了重要的佛教手卷。[15] 这些手稿已经让我们对东汉早期该地区先进的佛教学术水平有了空前深入的了解，又使得这个见于汉代之后一些文献中的故事被证实的可能性大大增加，即公元前2世纪，一位月氏使者把一种佛经的内容口头传给了一名汉文译者。[16] 有一些证据表明吐火罗语——可能和月氏所用的语言相近或相同——影响了早期的佛教术语，阿富汗新出的文书则进一步证明，在更高级的梵语最终占据统治地位之前，普拉克利特语（"犍陀罗语"）作为一种印度俗字被使用，是早期佛教文本中文翻译的基础。[17]

与之相类似，当学界的注意力刚转到据说是最早在中原长期活动的外国翻译——安息人安世高身上时，他翻译的佛经变成众所周知的新发现。三种之前不为人知的（可能是正确地）归于这个重要人物（表面上他是到汉朝的一位外交人质）的文本，发现于日本的一整套佛经经卷中，这套经卷的时代大体上属于平安时代晚期（公元11～12世纪）和镰仓时代（公元1185～1333年）。公元2世纪中期，朝廷内外的中外人士一起传播颇为复杂的佛教学术知识（后来被证明流传了很长时间），这些文本大大加深了我们对这方面的认识。[18]有人认为，出土的一件碑铭残片表明，在那个时候京城中有一个容纳外国僧伽成员的寺院，尽管如此，这一团体的规模有多大则是另外一个问题。[19]由安息人主导的团体可能在很长时间里只有几个人，但月氏人对佛教传播的贡献似乎更加持久，从东汉一直到公元4世纪早期，这或许是因为从月氏移居中原的人更多。此外，当下对我们手头版本中各种截然不同的教义的重新审视，引发了有关其对当时主流宗教活动有多重要的问题。因为出现在月氏僧侣翻译的佛经中的佛教形式（我们称之为"大乘"[Mahāyāna]，这个词可能在时代上并不正确）已不再被看成基础广泛的大众运动的结果，而只反映了少数精英僧人的观念。[20]

不过，对我们手头现存的，由佛教僧伽通过一种我们深知才刚开始理解的文本传播过程保存下来的经文如何评估的问题，在与尝试解读中国早期佛教在僧伽之外活动的蛛丝马迹这一问题的比较下就显得微不足道了。据正史记载，公元65年，佛陀被看作一个值得在宫廷供奉的外来神明，公元166年，皇帝自己也礼佛。在现存所有的早期资料中，佛陀的出现总是和黄老有关，这里的"老"字很清楚是指经过神化的老子。[21]最近的考古工作揭示了这种关联的多种表现形式或者说至少是佛陀形象和某个或某些中国神祇关联的表现形式，它们的时代一直上溯到公元1世纪末（图18.1、18.3、18.4，可对比上文图1.66）。[22]这种中国语境下的佛陀艺术表现形式似乎只证明了佛陀形象的宗教功能——如果不是证明了他所创立的佛教的话——这显然和宣扬他的教义的小宗教团体根本无关。那这是怎么发生的？想来是因为由与贵霜人或与贵霜有接触者的外交导致的从中心往外扩散，又或者是佛陀的形象或教义通过贸易联系渗透进来，然后随意传播？考虑到中外之间密切的外交和贸易关系，这些可能性并不互相排斥，但更好地明晰这一问题有助于确定佛教和中国早期宗教信仰之间关系的本质——这并不仅仅是考古学家和艺术史学家的难题。

我们可以从原本相关的任何信仰及实践中隔绝出来而恰当地使用

图 18.1a 摇钱树树枝上的佛陀形象（发现于陕西的一座墓葬，但几乎可以肯定是在四川制作的）。高 6.5 厘米。见 Wei Huo, "Zhongguo xinan diqu qian shu foxiang de kaogu faxian yu kaocha" *WW* 2007.3, 262–73

图 18.1b 摇钱树树枝上的西王母，她能使人长生不老。高 24 厘米

图 18.2 浅浮雕铜饰牌,表现了与印度宗教有关的蛇崇拜。云南李家山江川 24 号墓(滇文化)。宽 25 厘米。西汉早期(?)

图 18.3 小佛像,发现于今(湖北)鄂州市附近的一座墓葬中(M4),时代为公元 261 年,与三国时期的吴主孙权的统治有关。被发掘时(1992 年),它是长江中游最早的有确切年代的佛像。这件佛像是一套陶俑中的一件,尽管还有其他侍俑和狗的塑像,但只有这一件与佛教崇拜有关。尚不了解其尺寸

"佛教的"(Buddhist)或者甚至"道教的"(Daoist)来指代一种装饰元素吗?[23] 正如我们所质疑的不是佛教的存在,而是在极小的佛教僧团外的一致性,因而在此处,似乎任何有关自觉一致的道教传统观念也都是时代错位的。这里并不是要否认一种独特的中国宗教的,且一些拥护者逐渐自行采纳的"道教"这种称谓,来表明一个团体联盟宽泛的身份认同来与佛教相对,也不否认这些团体的起源大致可追溯到汉代晚期。甚至我们可以依赖的那些不管是在后世文献中流传下来,还是考古所得的

图18.4 鎏金铜带饰,上有带光环的佛陀或菩萨像。公元272年。湖北武昌莲溪寺475号墓。高4.9厘米,宽3.1厘米,厚15厘米。1956年发掘

证据,提供给我们的顶多是一些支离破碎的、零星的对汉代宗教特点的描述,而我们想要知道更多,且鉴于我们不知道汉代宗教在地区和时代上的各种变异形式,要做出任何假设都是草率的。[24] 尽管如此,各种政治力量(更不要说其他对立的宗教团体)在宗教方面的主要任务是如何界定神明世界、官僚体系和新宗教运动之间异常重要的关系,索安(Anna Seidel,1938～1991年)最早提出了这一个论题。[25] 尽管她的论著中的基本部分或许需要重新修订——因为她的发现也许只和汉代社会的少数统治集团有关,而不是与许多论著中设想的"通行宗教"有关——但她当时开始描绘的整体图景已经被后续的研究工作充分证实。

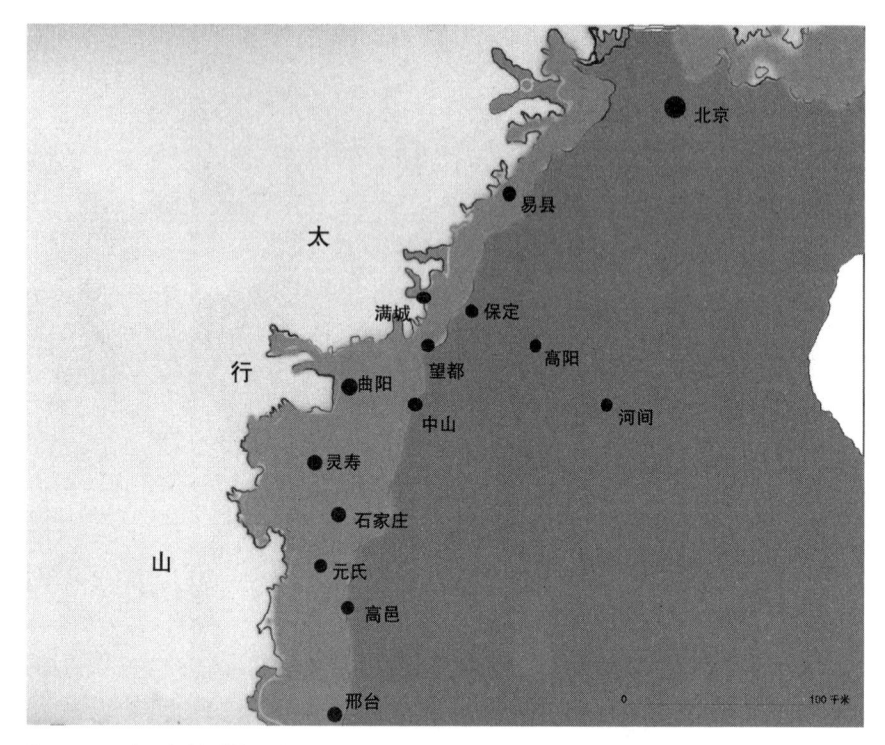

地图7　河北发现鎏金铜佛像的地点

因而，东汉墓葬中发现的材料为我们展示出一幅相当一致的（如果说是局部的）宗教活动图景，在这个图景中正是帝国观念起到了关键作用，而神明世界是按官僚体系组织起来的。这本就不足为奇，因为汉代官员参与料理帝国最显赫人物的葬礼，以他们照料的子民的名义占卜，并且因为具备必要的地位和技能，通常和神明之中不可见的力量打交道，他们与这些力量的地位正好匹配。[26] 这种神明世界和世俗世界之间的同构现象，在清平时期或许让人安心，但当人们觉得世道大乱时反倒成了一个问题，就像公元2世纪。朝代即将灭亡时帝国的力量在逐渐流逝，再加上汉朝法律被公然藐视，很可能使许多人想在宗教领域寻求替代的权力。实际上，据称有个在帝国边缘称霸一方的统治者就是这么做的。[27] 帝国代理人的力量逐渐衰落，留下无力的大众面对一个充满敌意的神明世界，这种感觉也许就流传开来了。

图 18.5 朱字刻铭砖，其上有早期"道教"铭刻（目前仅此一件）。文字为"黄君法行"及"孝女扶（赞）芍"

　　这或许可以反过来解释为什么公元 150 年之后剧烈的"宗教"运动自身就有着鲜明的官僚特征，尽管这些运动在很大程度上是由恐惧瘟疫和其他鬼魂作祟的灾难所引发的。只有具备官僚身份的中间人才能干预神明世界，减轻民众疾苦。如果中央政府的各个机构不再有能力赋予人足够的权力来扮演这种角色——地方利益集团崛起，强大到足以威胁朝廷官员的情况早就见于史册了——人们就会找其他人换掉他们了。不过，只有当另一个王朝的政令在有形和无形的力量中可以同样地畅通无阻时，这个王朝才可以取代汉朝。索安当然还证实了汉代以后的宗教传统保留了大量汉朝的符号，更不必说官僚的价值观念，对组织和等级秩序的尊重以及尤其对书面文本权威的笃信。这一系列特点把我们所称的道教和其他较为松散的宗教形式区分开来，同时逐渐使得其信徒与朝廷和解，把他们储备的象征性和组织上的财产交到汉代官方权力的继任者手中，并任由后者处置。[28] 一批看上去属于汉到魏，似乎可以由一件碑铭单独证实的资料，被保留在后世的道教经传中，其中表明不管是神职人员还是想象中的众神体系都是按官僚序列来组织的。[29]

　　王朝危机超越尘世的一面有助于我们重新思考这一时期历史诸多令人疑惑的方面，比如黄巾军（公元 184 年）的口号："苍天已死，黄天当立。"从最近发现的资料来看，这句话似乎既不是一个纯粹与五行相关的政治口号，也不反映系统的宗教思想。汉代器物上类似的潦草语句提示"苍天"仅仅指的是白日青天，和昏暗的地下鬼魂世界"黄泉"相对。[30] 因此，这个口号或许应该被理解为给一个日常用语同时加上了政治和宗教色彩：旧日的有形帝国已失去了神明力量的授权，神明世界的无形力量即将推举一个新的政权。

如果我们看一下"黄"字在这一时期神的名称和其他类似语境中的用法就会明白，在这一时期，虚无缥缈的神明世界几乎让人们痴迷而不能自拔。比如说黄巾军至尊天神的名字——"中黄太一"——把"中"和"黄"加在著名的太一神的名字前面，由此同时强调皇权和神权，[31] 而太一神可能可以追溯到汉代之前。那么就目前的认识来看，我们当然必须摒弃以前认为东汉资料中经常出现的"黄老"的"黄"是指传说中的黄帝（据称是中国皇室的祖先）的那种假设，尽管西汉早期资料把黄帝和老子连在一起。这里黄老的意思或许是"神圣的老子"，这个称号把神化的老子和他的凡身，即《道德经》的作者区别开来。然而，当我们把神化的老子和在东汉晚期一直与之相提并论的佛陀放在一起考虑时，另一个困惑又紧随其后。

老子并不是唯一一个被和佛陀联系在一起的人物：至少从图像学上我们也能看到，西王母从某种程度上和这个新到的印度舶来品相互对应（图 18.1b）。[32] 然而即便拿西王母的例子来说，与神明世界相关联的观念也是极其强烈了。在最早的印度佛经中所见的那个虽然魅力超群但仍然能看出是个凡人的辩者，是怎么最终在中国与神相伴的？或者，是不是我们面对的佛教形式和僧伽传播的形式之间存在巨大的差距，以至于这个问题应该反过来问：一位战国时的思想家和西汉的神是怎么和一种关于死亡的异国教派交集在一起的？要用这些方式来概括僧伽之外的佛教文化似乎还有点为时过早，不过一项阐明这一方面佛教文化的研究成果已经面世。[33] 不管怎么说，另有一些线索暗示着一种对佛教的理解，与我们自以为知道的非常不同。[34] 如果研究一下著名的故事老子"化胡"

的根源，许多问题都会变得更加清楚——这个故事现在通常被看作，老子到中亚或印度宣扬中国本土信仰优于从印度传入的宗教，但这更可能是一种弥合两种截然不同的传统的尝试。

把宗教看作政治，这一点也很关键，可以让我们理解东汉和汉代以后对关于庄子"死，无君于上"这一说法的讨论给予的推动和关注。[35] 尽管我们手头的资料据称都属于东汉和魏晋时期，但道教经典的主要资料的时代很难被明明白白地确定。[36] 柏夷（Bokenkamp）在论著中对现在占统治地位的范式阐述得最为清晰，特别是他的《早期道教经典》（Early Daoist Scriptures）(1997)。柏夷认为《老子想尔注》和《大道家令戒》（这些资料的时代见本章附录）为我们了解一种四川宗教团体的信仰提供了两种早期材料，该团体据称由张道陵创于公元142年，可以确定于公元216年由其孙张鲁控制。如果第二种文献的时代确实是公元3世纪早期的话，的确会揭示出这个基于四川的教团早期发展的情况，这个教团当时开始参与宗教活动及布道，所用方式后来对形成一致性的道教传统有所贡献。但如果这些文本晚于所声称的时代（经典文本和形象的时代被错置也不是没有发生过），那么或许正是在公元218年以后为了给过去强加一种秩序的假象而编造出来的，从而反过来促进当时秩序的建立。鉴于我们现有的认识，要确定哪种观点是正确的还为时过早。尽管在一些问题上已经达成了共识，[37] 从接下来的研究工作中或许还会取得一些更为完善的假说，但我们似乎要面对一些对我们所有的资料都有影响的广泛的、"系统"的问题：中国在印刷时代之前（或许还在其后很长时间）的"校订"经常牵涉到对早期资料的大幅修改，而并不是对样式的细微调整。[38] 除了道教和佛教经典，从表面上来看我们手头还有其他大量的宗教方面的资料，时间跨度从东汉最后一百年一直到第一次整理这些经典的时间，即公元4世纪晚期和5世纪早期。然而，表象是会骗人的。[39]

我们在公元4世纪葛洪（约公元283～343年）所著的《抱朴子》和据称为干宝（公元320年在世）所作的《搜神记》——这两种文献我

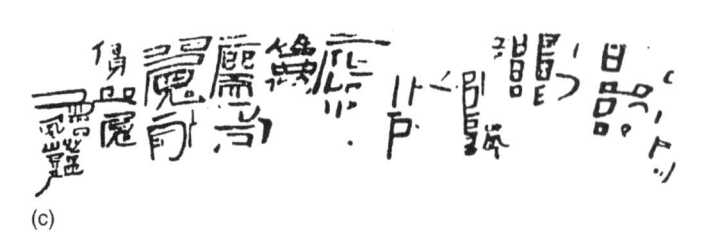

图 18.6 a—d 多种带铭文的"道"符,时代为(a)公元122年,(b)汉代,(c)公元167年,(d)东汉;带有朱笔驱邪文字。其他例证见上文图17.1a和图17.1b

们引用得最多，用来记录东汉以后数百年间的宗教生活——中所读到的
"宗教"内容，或许在先前的《博物志》中就可以看到，尽管传播历史
中诸多不确定的地方给人留下了一些怀疑的余地。⁴⁰ 这两种论著中当然
有很多关于黄巾首领张角的事迹，⁴¹ 但张角并不被看作一个因与皇帝大
臣们的世界观难免相对而提供了另一种政治－宗教世界观以推翻汉帝国
的人。文献中只是把张角简单描绘成许多想在神明世界得到权力的人之
一。在真正的早期文献中找不到一种值得我们下功夫的一致性"宗教"
观念。所有的宗教运动，包括我们所称的"佛教"，都只被看作一种信
仰，只配顺带一提。⁴²

　　在读《抱朴子》时会感到一种形式和内容之间的张力，可以想见
体裁上的考量在其中起到了一定作用，因为这种文献类型传统上被归于
"大师"，可能会排斥一种神学知识被传授给有资格人选的呈现。⁴³ 有的
人提出更极端的意见，从根本上质疑葛洪的巨著在什么意义上算是"宗
教的"，因为葛洪承认神仙不光"在外"，也存在于人体的小宇宙里，明
确否认祈祷、祭祀或诵经所起的作用或者否认遵循炼丹术配方的作用，
而他自己却暗中参与。⁴⁴ 葛洪自称"属道家"，但似乎除了追求合乎道德
的生活之外也没有什么信仰，算不上道家独有的目标。⁴⁵ 事实上，葛洪
给人的印象是想要成为一位拥有各种技艺的传播大师，而并不是任何宗
教教义的代言人，⁴⁶ 即使把《神仙传》也考虑进来。⁴⁷ 至少对葛洪和干
宝来说，打碎汉朝的力量简直就不存在。

　　我们在其他公元 3～4 世纪的文化中也找不到这些力量。或许公元
2 世纪对老子的神化并没有把他塑造得比孔子更超凡脱俗，尽管老子的
《道德经》被奉为经书。⁴⁸ 即使在人们期待看到救世或离经叛道主题的地
方也根本看不到这样的内容，比如王弼（公元 226～249 年）的《周易
注》。⁴⁹ 早期在《道德经》或五经中发现的任何颠覆性的内容，在紧接着
的汉朝，都被一些确实微妙且不一定墨守成规——但确实同样与宗教无
关的论著解读为全然无害于后世的信息。每当读者想着或许能在名著中
找到超乎人世的内容时，这些似乎都被仔细剔除了，就像从郭象于公元

300 年前后编订的今本《庄子》中看到的。[50] 至于似乎是公元 4 世纪作品的《列子》，对笔者来说像是早期思想的简要重述（其中包括大量真正的早期片段），只是抛弃了所有潜在的不安定因素。[51]

此外，东汉以后约第一个世纪的材料并没有像绝口不提宗教人士那样明确杜绝提及宗教观念。到郭象时，印度医药的原理已悄然现于史料。[52] 然而从表面来看更为宽泛的佛教世界观几乎没有什么进展，尽管公元 3 世纪晚期的材料提到了佛教的宇宙轮回毁灭观——这个主题在文献中出现时当时任何的宗教背景并未被明确提及，这或许不是一种巧合。[53] 在这里，传统资料又一次传达出对未曾遭遇的问题大肆渲染的不情愿的态度。这个时候中国当然有佛教研习者，也有从汉代后期的大众运动继承下来的宗教团体。但是，对于这些信众和信仰，我们只能瞥到已展现图景的一角。是不是宗教在汉代的倒台中起到的重创作用最先招致了随后几代人的"拒绝状态"？[54]

就算是吧，然后在公元 4 世纪，情况逐渐有所恢复。可能是公元 316 年西晋的灭亡把宗教的危险性又推到了人们的视野之中。想来随着时间的流逝，与宗教性反叛活动无关的进一步冲突会使宗教的安慰作用变得更有吸引力；特别是佛教中的无常观念使得人们可以谈论世事变迁，如果没有佛教的话就只能用政治来理解这个问题。在公元 4 世纪中叶之前，与这种外来宗教有关的明显对政治冷漠的态度，似乎触犯了一些中国重要政治人物的感情。到公元 4 世纪中叶，一些为佛教辩解的论著尝试为佛教，特别是为僧官在朝廷和社会上寻求公开的政治空间，甚至不惜在翻译上耍手段。[55] 此外，对佛教徒来说如果在公元 5 世纪问到，皇帝是不是和其他人处在一个层次上的"众生"，他们会用一种含糊的回答来对付，这体现出精神权力和世俗权力在皇帝个人身上的结合，人们仍然积极地关注这一点。[56]

中国的佛教徒根据自身所处的国家和社会情况做出了一系列的历史性调整，那么，那些明确意识到自己不是佛教徒的信众，情况又怎么样呢？可以想见，他们有自己独特的文献，有些是从以前的文本衍生出来的，尽管表明他们在汉代以后受制于任何中央宗教权力的证据的缺乏，可能提示了他们在整个中国范围内扩散时的多样性。有些物质上的野心大于精神上的野心的领袖似乎的确变成了牺牲品。[57] 在这种情况下，在隋朝（公元 581 年建立）统一之前的整个分裂时期，南北朝的各个政权无疑在处理宗教人物的问题上采取了多种不同的方式。因此看到讨论宗教生活和官府权力之间关系的文献时，我们无法确定其反映的是公元 3 世纪早期的真实情况，还是试图虚构传统以使其与佛教界所知的势力达成某种形式的和解。[58]

这里存在资料上的问题。大多数公元后第一个千年里来自社会上掌权者身边之人的文献，对公元 2 世纪以来的宗教变迁不愿多提及。对那些在 20 世纪和 21 世纪从事研究工作的人来说，似乎对佛教和道教经典的利用曾是回避这种困境的一种方式，但鉴于这些经典直到公元 400 年前后才被汇集起来，故它们在出现之时已经与政府达成了一种有效关系。人们通常看重早期的文献（因此存世并被认为是安士高所写），但我们怎能假设早期的作品没有受过编订，甚至是删改呢？尽管佛教徒保存了些许带点儿启示性质的资料，但一些迹象表明，佛经可能经历过至少一次系统性编订（似乎在公元 4 世纪晚期）。[59] 一句话，可靠地评估遗存的资料需要先对宗教文献的传播有更多的了解。[60]

附录 1：与道教史有关的四种存在问题的文献

最近学者们在尝试重建公元 2～3 世纪的宗教走向，有四种关键文献引来了持续不断的探讨。施舟人（Kristopher Schipper）和傅飞岚（Franciscus Verellen）所做的道藏标准书目提要中收录了三种。[61] 柏夷（Stephen R. Bokenkamp）在他的早期道教重要原始文献中也翻译了其中两种。[62] 任何研究这一时段的学者，如刘屹，都必然会提及这些文献。对于其评价的问题，这里没有给出解决办法，但希望下面的论述会指明专家给出的解读范围。

《太平经》: Schipper and Verellen (2005), 277–80 在记载公元 2 世纪的传统资料中,《太平经》是四种文献中唯一一种——至少是某种版本——被提到的文献。[63] 在道藏中保存下来的归于这部著作的材料在主题上显示出一些一致性。[64] 但同样,现在大多数从事研究的学者和施舟人一样,认为它不是一个统一体,而是综合了不同时代的多种材料。除非直到弄清每一种材料的来源,否则大多数人在讨论汉代问题时仍然会因此极不情愿使用这部流传下来的材料的任何部分。[65] 最近出现了一种由芭芭拉·亨德里施克(Barbara Hendrischke)翻译的节译本。

《老子变化经》 这部文献仅被保存在一件公元 612 年的手稿残片上,20 世纪初由斯坦因爵士(Sir Aurel Stein)发现于敦煌,编号 S. 2295。它描述了人类历史中一个威力无边的神圣人物——老子的各种不同形象,时间一直上溯到公元 155 年。索安于 1969 年出版了唯一一种欧洲语言即法语的译本或者说研究一项研究成果。[66] 大多数学者同意她认为其为公元 2 世纪或者稍晚的真本的观点,但刘屹非常怀疑这种看法,他倾向于将其时代定到长达四个世纪之后。[67] 目前我们还不清楚他的观点会有什么样的影响。

《老子想尔注》: Schipper and Verellen (2005), 74–7; Bokenkamp (1997), 29–148《老子想尔注》同样被保存在敦煌残卷中,编号 S. 6825,在其他几种道藏或道藏之外的文献中也有提到,从这些资料来看,它似乎至少在唐代之前仍广泛传播,且被认为是由中国西部天师道的创始人张道陵所作或者是他的孙子,公元 215 年投降曹操的张鲁所作。[68] 施舟人推测它甚至比这两个人物出现得还早。一些学者愿意接受传统的说法;另外一些人则不是,尽管他们的论点通常把下面这种文献的时代也定得较晚,因为最早提到它的似乎就是下面这种文献。

《大道家令戒》: Schipper and Verellen (2005), 121; Bokenkamp (1997), 149–85《大道家令戒》篇幅不长,被保存在一批似与天师道有关的早

期文献中的道藏之内。它被标注的年代相当于公元 255 年，似乎用的是张鲁的口吻。[69] 然而，有些人不愿把这一透露出对佛教强烈敌意的遗作的年代定得太早，而更愿把其最初的成书年代定在离公元 400 年不远。关于这一话题的论著很多，刘屹最近的作品也不可能是最后一个。[70]

附录 2：汉代后经书之外的资料

指由佛道两种宗教团体之外的普通写手或学者为我们保留下来的资料。按编撰年代排序总结。

王弼（公元 226 ~ 249 年）：《老子注》、《周易》 王弼的《老子注》及相关论著由鲁道夫·瓦格纳（Rudolf Wagner）翻译，见 A Chinese Reading (2003)。《周易注》英译本见 Lynn (1994)。

张华（公元 232 ~ 300 年）：《博物志》 记载异境奇物，似乎完成于公元 277 年，原书不存。见 Greatrex, The Bowuzhi(1987)。

郭象（卒于公元 312 年）：《庄子注》 郭象《庄子注》没有任何篇幅的英文翻译，只有一部英文专著，主要是从比较的角度讨论其哲学思想，即 Brook Ziporyn, The Penumbra Unbound: The NeoTaoist Philosophy of Guo Xiang (2003)。

干宝（约公元 320 年）：《搜神记》 为一系列关于神明世界之故事的合集，作者是东晋早期一位官吏；有英译本，并带有简介，见 DeWoskin and Crump, In Search of the Supernatural: The Written Record (1996)。

葛洪（公元 283 ~ 343 年）：《抱朴子》、《神仙传》 在分为《内篇》和《外篇》的《抱朴子》中，葛洪提出了自己的观点。《内篇》由魏鲁男（Ware）译为 Alchemy, Medicine and Religion in the China of A.D. 320:

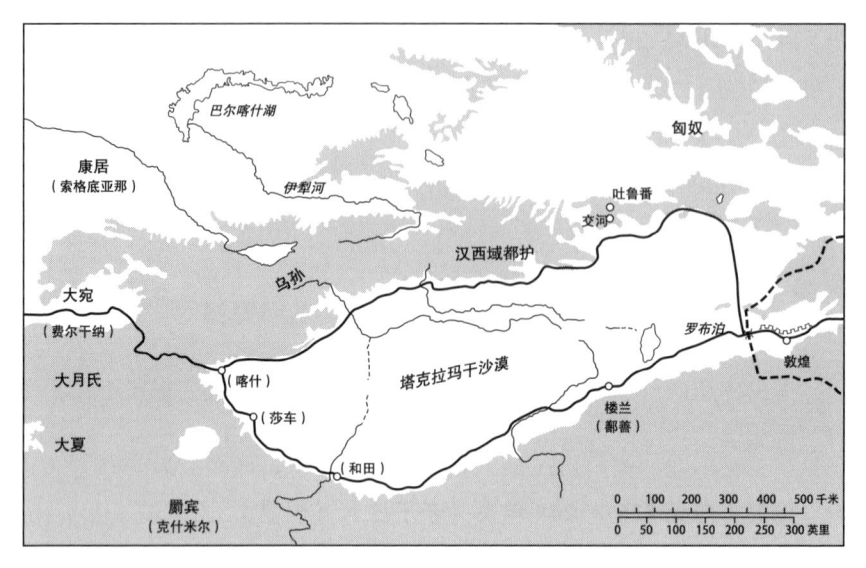

地图 8 中亚

The Nei P'ien of Ko Hung (1966);《外篇》(部分) 由赛雷 (Sailey) 译为 *The Master Who Embraces Simplicity: A Study of the Philosopher Ko Hung, A.D. 283-343* (1978)。康儒博 (Campany) 曾经重新编排并翻译了葛洪所撰《神仙传》,书名为 *To Live as Long as Heaven and Earth: Ge Hong's Traditions of Divine Transcendents*(2002)。

注释

1　韩愈:《原道》; tr. Foster, in Mair, Steinhardt and Goldin, *Hawai'i Reader in Traditional Chinese Culture* (2005), 360。

2　这一点甚至在 Kohn, *Laughingat the Tao* (1995) 9, 159-86 书中就可以明显看到:第 164、173、177 页中提到在公元 5 世纪、6 世纪早期和晚期佛教对中国历史的消极影响。

3　今天,每个人在引入这样的词时,都会心怀忐忑地看一眼这篇具有开创性的论文: Nathan Sivin, "On the word 'Taoist' as a source of perplexity: with special reference to the relations of science and religion in traditional China" (1978)。韩愈所用的 "黄老" 一词也同样是有问题的,尽管它超出了本章的范围。参照 Loewe, "Huang Lao thought and the Huainanzi"(1991)。

4　对"宗教"这一词只能暂且不下定义，但我们的资料揭示了宗教活动蕴含的政治意义。关于与看不见的世界的其他互动方式，见 Poo Mu-chou, *In Search of Personal Welfare: A View of Ancient Chinese Religion* (1998)。

5　见 Standaert, "The Jesuits did not manufacture Confucianism"(1999)。

6　Keightley, "The Shang: China's first historical dynasty"(1999), p. 256.

7　比如可参见 De Groot, *Sectarianism and Religious Persecution in China* (1903-4), 18–19，引用《尚书》卷8《咸有一德》第25页 b。Legge 在更为局限的意义上理解 De Groot 所引的文章，使得它的意思与长老会关于"教会首领"的看法相适应；见 Legge, *The Chinese Classics*, Vol. 3 (1893), 214–15。

8　一种非常有影响的开创性研究，见 Lévi, *Les Fonctionnaires divins* (1989)，例如被引用于 Harper, "Contracts with the spirit world"(2004), 251。

9　因此，北魏的道教改革可以这么被理解，它把原来天师道的、由信徒组成的汉人团体纳入了政府的控制之下。关于这一时期，见 Mather, "K'ou Ch'ien-chih and the Taoist theocracy at the Northern Wei court, 425–51"(1979)。

10　我们从战国和汉代关于真儒和俗儒的讨论中可以看到类似的猜忌。

11　Liu Cunren, *Daojiao shi tanyuan* (2000), 114.

12　Liu Yi, *Jing tian yu chong dao* (2005) 一书中汇集了许多最新的研究成果。请注意，这里的道甚至可以指东汉及以后被神化的老子，这和刘屹的结论形成了对比。

13　或许"天"作为一个较为古老的术语，显示了较古老的概念，限制了庇护范围或者被过于拟人化了（暗示人类必须通过天，而不是通过自己来起作用）。似乎"天"这个术语对有些人来说过于狭隘，不能在当时更加宽阔的世界中提供合法性的来源，不过这是一种推测。见 Loewe, *DMM* (1994a), 19–22, Chapter 4。在中亚的钱币上持续出现的"drachma"（德拉克马）（这是古希腊银币的名称——译者按），证明了经典世界各部分之间交流的程度。

14　道教在四川发展起来，也许四川是几条丝绸之路的交会点有关系。

15　贵霜帝国的建立与迦腻色伽王有关，现在我们知道他的时代（尽管可能不是他在位的时间）开始于公元127年；见 Falk, "The *yuga* of Sphujiddhvaja and the era of the Kuṣāṇas"(2001)。

16　见 Pulleyblank, "Why Tocharians?"(1995); Xu Wenkan, "The Tokharians and Buddhism"(1996); and Rong Xinjiang, "Land or sea route?"(2004)。

17　对这一问题的回顾，见 Boucher, "Gāndhārī and the early Chinese translations reconsidered"(1998)。许多古代文本中所称的"吐火罗人"与传统上被称为甲种吐火罗语和乙种吐火罗语之间的关系可能相当间接，这两种语言从后世的内亚文本中恢复，不过乙种可以用来建立吐火罗佛教徒所用语言类型的概念。

18　Forte, *The Hostage An Shigao and his Offspring* (1995); Zacchetti, "An early Chinese translation corresponding to Chapter 6 of the *Petakopadesa*"(2002), and "The Rediscovery of three early Buddhist scriptures on meditation"(2003).

19　关于这一问题的精辟论述见 Palumbo, "Dharmaraksa and Kanthaka"(2003), 201 and n. 98。

20　对汉代在这一传统之下的翻译活动的描述，见 Harrison, "The earliest Chinese translations of Mahāyāna Buddhist sūtras" (1993), 175，对这些资料所反映的这种转变之起源的重新审视，见 "Searching for the origins of Mahāyāna: what are we looking for?" (1995)。

21　关于"黄老"，见下文。东汉时的这个术语必须和西汉所说的以及韩愈在概括宗教史时提到的黄老分开——尽管韩愈可能并没有意识到这一点。

22　Wen Yucheng, "Gongyuan 1 zhi 3 shiji Zhongguo de xianfo moshi" (1999); Liu Yi (2005), 399 对其研究所援引的铜镜的真伪提出疑问，尽管它可能是一件更早期真品的仿品。Rong Xinjiang (2004) 讨论了早期的贡献。

23　Abe, *Ordinary Images* (2002), 11–101。

24　关于我们知识体系的合理的局限性，见 Harper (2004), 229–31。

25　索安（Anna Seidel）英年早逝，但她依然对中国宗教的研究做出了巨大贡献。她对自己关于这一时期的学术研究的评价，见 Seidel, "Chronicle of Taoist studies in the West" (1990), 237–8。

26　Harper (2004), 250–1; Dien, "Chinese beliefs in the Afterworld" (1987)。

27　张津在当时（公元 200 年）显然很有名，他废除汉朝法律，阅读"邪俗"道书，见 *SGZ* 46, 1110 (note)。对汉代地方政权崩溃的简述，见 Okazaki Fumio, *Gi Shin Nanbokuchō tsūshi, naihen* (1989), 14。

28　Seidel, "Imperial treasures and Taoist sacraments: Taoist roots in the Apocrypha" (1983)。

29　Cedzich, "Ghosts and demons, law and order" (1993) 所使用的当时的证据是有问题的，见 Liu Yi (2005), 593–9。

30　可留意下 Harper (2004), 236。

31　关于这个及其他称号，见 Hendrischke, "Early Daoist Movements" (2000), 157–8. Liu Yi (2005), 278, 此处倾向于将其看作两个神，或许和上下文不同。

32　关于巫鸿，见 Abe (2002), Chapter 2，我给 Abe 这部著作写的书评可见 *Buddhist Studies Review*, 21.2 (2004), 246–50。

33　见 DeCaroli, *Haunting the Buddha: Indian Popular Religion and the Formation of Buddhism* (2007)。

34　比如，道教经典中保存的早期——尽管可能在汉代以后——资料提到了"泥丸"（所引文献认为此"泥丸"即涅槃［Nirvana］——译者按），其位置在人脑中，这说明中国可能有人（显然不是佛教僧侣或者他们的弟子）在使用这个术语，它仅仅是指和人体上部相对应的天体范畴。见 Maspero, *Taoism and Chinese Religion* (1981), 327, 457。

35　关于另外一种无政府主义对来生的说法，见《庄子·外篇·至乐》，第 619 页；Graham, *Chuang Tzu: The Inner Chapters* (1981), 125。

36　详情见本章附录。

37　比如见 Dudink, "The poem *Laojun Bianhua Wuji Jing*" (2000)，从中可以看到这首诗作于公元 357 年之后的观点，即使作者身份还存在疑问。

38 Kalinowski, "La Production des manuscrits dans la Chine ancienne: Une Approche codicologique de la bibliothèque funéraire de Mawangdui" (2005). 另见本书第 14 章和第 20 章。文本并不只是随着时间的推移像滚雪球一样前后一致地围绕着单个人物。松散地与某个或某些人物关联的文本会被某位有影响力的校订者指定给单个"作者"，其原因有多种。

39 关于更多被掩盖在表象之下的材料，见本章附录。

40 关于文本和作者，见 Greatrex, *The Bowu zhi: An Annotated Translation* (1987)。

41 比较 Ware, *Alchemy, Medicine and Religion in the China of A.D. 320: The* Nei P'ien *of Ko Hung* (1966), 156 以及 DeWoskin and Crump, *In Search of the Supernatural: The Written Record* (1996), 79–81。

42 Sailey, *The Master Who Embraces Simplicity* (1978), 143.

43 见 Barrett, "Science and religion in medieval China: some comments on recently published work by Nathan Sivin" (1998), 426。

44 Qing Xitai, *Zhongguo Daojiaoshi* (1988), 307.

45 Kobayashi Masayoshi, *Rikuchō Dōkyōshi kenkyū* (1990), 17–18.

46 Maspero (1981), 346, 552; cf.364. 其他与这一点有关的对葛洪的解读，见 Sivin (1978); Yoshikawa, "Shiju-kō-'Hōbokushi' naihen ni yosete" (1980), 425–61; and Ōfuchi Ninji, *Shoki no Dōkyō* (1991), 487–627，特别是第 626 页的结论。

47 这部书明确反映了葛洪思想这一观点存在诸多问题，见 Barrett, "On the reconstruction of the *Shenxian zhuan*" (2003)。关于《搜神记》，有人敏锐地指出，其作者关注的也是信仰，而不是"宗教"，见 Mathieu, *Démons et merveilles dans la littérature des Six Dynasties* (2000), 101。

48 这是刘屹关于《老子变化经》背景的观点。见本章附录。

49 关于王弼，见鲁道夫·瓦格纳（Rudolph Wagner）的研究，尤其是 *Language, Ontology, and Political Philosophy in China: Wang Bi's Scholarly Exploration of the Dark* (Xuanxue) (2003b)。注意这里的"玄"不是指黄色的、昏暗的神明世界，而是指更为根本的事物，实际上压低了神明世界的相对地位。Nylan, "The legacies of the Chengdu plain" (2001c) 表明王弼的论著是从荆州学派中的玄学直接发展出来的，玄学的名称来自扬雄的《太玄经》。然而，《易》的一种解释是离经叛道的，见 Chen Chi-yun, "A Confucian magnate's idea of political violence: Hsün Shuang's (A.D. 128–90) interpretation of the Book of Changes" (1968)。

50 《庄子》全本在郭象之后仍然在流传，他也不是第一个制作《庄子》节本的人，但这个观点仍然有效。戴密微（Demiéville）认为判断《庄子》由方士传播所依据的材料是可疑的。然而，有很多证据可以表明《庄子》的材料来源是多元的。可比较 Demiéville, "Philosophy and religion from Han to Sui" (1986), 834 和《晋书》卷 49 第 1374 页；参照 Tang Yijie, *Guo Xiang yu Wei-Jin xuanxue* (1983), 365，他援引的是一个更好的版本，但他没有注意到"方士"的变化形式。

51 对待作伪的通行态度是，承认有可能把新材料混入旧材料中，但不认为是对旧材料的故意翻新，在中国，这种态度似乎仍在带来一些问题，这一点从 Liu Yi (2005),

355 中的学术回顾可以看出。

52　Barrett (1998), 424 提出了这一点。

53　Zürcher, *The Buddhist Conquest of China* (1959), 20; 参照这一史料（《三辅黄图》）在 DeWoskin and Crump (1996), 156 中的译文。考虑到其时代太早，人们会很容易地在阮籍（公元 210～263 年）关于宇宙崩溃的作品中看到佛教的一丝影响，这一点见 Fukunaga Mitsuji, "Chū goku ni okeru tenchi bōkai no shisō" (1968)。

54　当时以及实际上直到 19 世纪，汉语中都没有任何表示"宗教"的词，这可能对那些带有沃尔夫假设倾向性（Whorfian disposition）的人来说意义重大。佛教没有政治上的企图，当这一点变得清楚之后，带有"宗教"意义的"教"（在前现代时大约等同于"教育"）的概念才有可能出现。关于这一发展的简述，见 Levering, *Rethinking Scripture: Essays from a Comparative Perspective* (1989), 64。

55　这些护教言论被后世的护教者搜集起来。Zürcher (1959), 258 记录道，比如说，把庄子用于表示个人自由的概念——"方外"或者在这里意思是"居住在世外"——用于解释佛教上僧伽的概念，意为超脱尘世的教团。他的研究仍然提供了丰富的资料来全面考察佛教的政治接受这一问题。至于"翻译手段"，请注意"县官"一词的用法，在汉代这个词的意思模棱两可，可以用来指中央政府在县级的代表，但显然也有人用它指代皇帝本人。这种用法和人的直觉过于相反，因而有些人认为它是外来词的转写。见 Yang Hsien-i, *Lingmo xinjian* (1985), 314–16。无论怎么解释，它都可以很方便地在汉文佛经中用来翻译南亚文本中的"王"。

56　比较对何承天（公元 370～447 年）《达性论》的概括，保存在佛教护教者僧祐（公元 435～518 年）的《弘明集》中，见于 Yao Xinzhong, *Encyclopedia of Confucianism* (2003), 181–2。

57　见 Miyakawa, "Local cults around Mount Lu at the time of Sun En's rebellion" (1979)。

58　在本章附录中有关于《想尔》和《大道家令戒》的讨论。

59　我以推测的方式提出了这个问题，见 Barrett, "Preliminary considerations in the search for a Daoist *Dhammapada*" (2006)。这个问题很重要，我希望很快会出现其他的研究成果。值得注意的是，关于国家和宗教团体之间关系的讨论，见 Nattier, *Once Upon a Future Time* (1991), 119–30。

60　对中国在经典形成时期的道教文本研究的评价，见 Lü Pengzhi and Patrick Sigwalt, "Les Textes du Lingbao ancien dans l'histoire du Taoïsme" (2005)，文末呼唤更加审慎的版本。

61　Schipper and Verellen, *The Taoist Canon: A Historical Companion to the Daozang* (2005)。

62　Bokenkamp, *Early Daoist Scriptures* (1997)。

63　翻译中的参考资料和讨论，见 de Crespigny, *Portents of Protest in the Later Han Dynasty* (1976), 31, 90–4。

64　对此的阐述见 Espesset, "À Vau-l'eau, à rebours ou l'ambivalence de la logique triadique dans l'idéologie du *Taiping jing*" (2004)。

65　例如，可留意 Liu Yi (2005), 291–2。

66 Seidel, *La Divinisation de Lao Tseu* (1969).
67 Liu Yi (2005), 368–417.
68 Rao Zongyi, *Laozi Xiang'er zhu jiaozheng* (1991) 是研究《老子想尔注》的必备书，该书给出了这种文献的全部先行研究。
69 或其灵魂的声音，因为这个时候他可能已经死了，这个观点见 Kleeman, *Great Perfection: Religion and Ethnicity in a Chinese Millennial Kingdom* (1998), 78。
70 Liu Yi (2005), 658–64.

第四部分 辞章

19
战国和西汉文献中的劝说技巧和关于"乱"的辞令

罗界（Geoffrey Lloyd）

从战国晚期一直到汉武帝末期，文献中常见"治"与"乱"的主题。①这些文献通常对这一对反义词的属性有着一致的评价："治"是积极的，"乱"一般是消极的。但对于如何理解这两个术语，[1]什么构成或造成了"治"与"乱"，什么样的现象标志着普遍或全面状态的"乱"，以及什么样的政策促进了"治"而不是相反，还远未完全达成共识。然而，许多这类文献相当重视寻找这些问题的正确答案。不少文献强调了针对这些问题提出良好建议的重要性，其中一些狭隘地专注于统治者的个人健康和个人安全（也被称为治），不过另外一些提供了更广阔的视野。要避免"乱"，不能只依赖好政府，也要建立在天下所有人的幸福之上，而有几种文本声称恰好可以提供该问题所必需的建议。

在本章中，我的目的是以这个常见的主题作为一个案例，来考察中国的劝说技术。我将会讨论四个问题：其一，这些文献是如何成为这类问题的权威说法的？其二，辩论策略是怎么随时间变化的，特别是在秦帝国的统一和汉帝国的强盛中如何做出反应？其三，在我们手头仅有的

451

---

① "治"用在各种不同语境中，用来象征人类做出的各种努力，目的是控制水灾等自然灾害或疾病，或者抑制其他人的企图或者保持社会稳定，这些努力中包括使用刑罚和抵御敌人。在《尚书》中的一篇（"盘庚"19.14a，编纂于西周）中，"乱"的意思与此相同，但通常义正好相反，即失控或不稳定，没有法度。"乱"或可指自然灾害或心中疑虑。特定语境下也意味着通过造反来推翻现有政权。——英文版编者注

几种涉及讨论和劝说的文献中，这些策略是明确评论的主题吗？最后，我会将其与古希腊修辞做简单的比较。这马上引出了"修辞"能否为这样一种跨文化比较提供适当框架的问题。应该承认，或多或少地受到希腊传统影响的西方作者都会以各种不同的方式使用这一术语。但希腊语中修辞术（rhetorike techne）的基本含义只是演说家（rhetor）的艺术，在任何论述领域中通常都被界定为劝说（peitho）。虽然中国经典文献中没有严格对应的词，但把劝说和说客主题化地归在"说"的类目之下确实提供了一个我所需要的开端，以尝试一些谨慎的比较。

要完整地讨论这四个主题（很可能会占据一部专著的篇幅），需要梳理这一时期的全部文献，这些文献分别与孔子的经典文本（"五经"和《论语》）、墨子的所有论著、《孟子》等有关。因篇幅的缘故，这里只集中讨论有关这些主题最丰富的《荀子》、《吕氏春秋》（均约公元前239年）和《淮南子》（约公元前139年）三种文献，也会简要涉及其他材料。但这种选择的结果是，所有提出的结论都会受限于这些材料，涉及其他材料时则需要修正。这三种文献的编者或整理者对这些主题都特别感兴趣。荀卿（生存于公元前335至前238年之间）和孔子一样周游列国，希望能找到一位可以重用他的开明君主。吕不韦最初是秦庄襄王（公元前250～前247年在位）的相国，而后是其子，即后来秦始皇的相国。刘安是淮南王，献《淮南子》于皇帝。吕不韦和刘安的下场都很惨：吕不韦受嫪毒和太后的奸情牵连而被迫自杀；刘安被指控图谋反叛，被逼自杀，满门遭诛灭。

荀子，先秦最具影响力的思想家之一，把他所面对的情况表达为一种社会领域的混乱，由重要术语的乱用反映出来。在后一种语境中，他对名称本身不如对其隐含的事实那样感兴趣，这些事实因为名词的误用而被歪曲，不过这也就必然暗示着他自己的理解是正确的，并用一点不含糊的术语给出了这些概念——诸如"性"、"情"等——的定义。他给当时的政治混乱开出的药方包括建议每一位社会成员都应该按照自身的地位承担相应的责任，"各得其所"。他认为现今需要的并不是新政策，而是正确实施一直以来支配人类状况的普遍性规则,因为"古今一也"。在他的诊断中,听从奸言建议是"乱"的主要来源,而其他因素还包括简礼贱义、君主无能、大臣不道等。[2]

荀卿认为他的建议可以保证公共利益,但他是基于什么而得以声称他的建议要优于那些他所谴责的坏主张?《非十二子》里,在对过世和在世的另一些思想家最为持续的抨击中,他承认所列举人物的思想有可取之处——实际上足以蒙蔽无知的群众——但从根本上来说是荒谬的。他的对手们错误地判断了人性,对感情要么压制要么放纵,没有看到社会区分应有的重要性,等等。然而,他针对对手的性格甚至行为举止的批评与针对他们学说的批评一样多。很明显,他的立场兼采道德和功用,认为这样才会促进所有人的福祉。他批驳大谈上天对人事的警示和干涉,认为这些是无端的揣测,并且列举了他所称的"人祅",这种反常现象比日食月食、火灾地震更能指示王朝稳固所面临的威胁。[3]

如果要说的话,治与乱的主题在《吕氏春秋》中甚至更为常见,该书特别强调察觉治乱兴亡的开端,因为其微妙细小,如同"秋毫"。[4]《吕氏春秋》声称其中所述具有权威性的一些方式和《荀子》所用的非常相似,但在另外一些方式上则采取了不同的策略。因而我们会看到《吕氏春秋》把"刑名不当"看成是"乱"的主要根源,[5]尽管和《荀子》一样,主要问题不仅仅在于语言本身,而是对事物,比如说人性之间区别的误判。

与《荀子》相比,《吕氏春秋》更重视利用过去的典型人物,比如暴君桀、纣以及与他们相对的圣王尧、舜、禹。除了传说中的英雄和反面典型,著名或不太著名的古代历史人物也有记载,可以从他们的行为中吸取经验教训。郑国的子产(卒于公元前522年)的谋士邓析就因为"好治怪说"而被《荀子》批评。[6]据说他不顾禁令坚持当众公布他的著作,[7]因而抹杀了允许与不允许之间的界限。[8]结果乱者更乱,"此为国之禁也"。

《吕氏春秋》对于孔子、墨翟等早期学术权威表现出某种矛盾的态度。尽管墨翟被认定为一个自律之人,但墨家学说仍因被视为正好导致了"乱"而遭到抨击,批评其在"今之世"谴责战争攻伐,却又倡导战

图 19.1 对谈的人物（可能在互相辩难），一些艺术史学者将其与辞令相联系。画像砖拓片，东汉。尺寸不详

争防御。[9] 正如荀子在《非十二子》中所非难的有时不仅仅是受人敬仰的先师，还有现世的追随者。

很清楚的是，这两种文献都使用了评论他人的提议以表现自己具有知识与经验的策略。如果这是两者获取权威性的一种方式，《吕氏春秋》和《荀子》还特别于两个方面有所不同。我们可以看到荀子讥讽了援引上天灾异征兆的那些人，而《吕氏春秋》却阐述了遵守月令以避免灾难："仲春行秋令，则其国大水，寒气总至，寇戎来征。"[10] 虽然《吕氏春秋》并不是唯一一种包含这种规则的文献，但它权威性的来源之一是它所体现出的知识，可称之为宇宙法则。

《吕氏春秋》与《荀子》第二个不同的方面是前者涵盖的主题更加包罗万象——关于宇宙，也关于政治和人事。据说吕不韦曾经把这部书公之于众，不管是谁，只要能增损一个字都会得到重赏。这个故事无疑是杜撰的，[11]但从书中的内容，比如《序意》和《十二纪》中可以明显看出这种志向，即希望全面论述君主需要知道的所有事情。然而，这部书中给出的许多建议都是老生常谈：正确的社会区分的重要性、[12]强调国家应该统一[13]以及与之相对的反对二元对立。[14]很少有人会不同意赏罚应该得当这样的观点。

《吕氏春秋》一方面利用了普遍持有的信仰，而另一方面把自己表现成重要建议的来源。治与乱不好被区分——至少刚开始时是如此。如果"治"依赖君王听从明智的建议，那么在哪儿能找到这种建议？答案在这部论著里，至少在其一部分里。如果君王应该亲近有益、可敬、公正的大臣，他们又是谁？毫无疑问，这部书的编纂者显然是合适的人选。

在《吕氏春秋》的论证中，这两者结合的方式，至少在某种程度上是清楚的，我将在下文中探讨，在我们所考察的举措和一种详述如何着手劝说的文本之间存在明确的对应关系。一方面，《吕氏春秋》陈述了一些无可争辩且可以认为是被普遍接受的事实，尽管它限制或排除了许多普通话题中极端或偏颇的观点表达。因而在国家的统一问题上，听从其他思想家的观点被说成会招致灾难。[15]另一方面，《吕氏春秋》的作者声称他比普通大众——实际上比其他所有人都——更理解治与乱。每个人都会同意统一的价值，而《吕氏春秋》中会分析其由什么构成。每个人都知道好建议的重要性，而这部书暗示它提供的建议非比寻常。《任数》篇讨论大臣和君王对于治和乱所应担负责任的问题，说如果君王能分辨大臣的建言，"则灾无由至矣"。[16]我们或许可以得出结论，这部书作为一个整体可以赢得权威的地位，不仅仅出于其中宇宙和人事准则的知识以及表现出的卓越学识，还出于对治与乱的主题以及所涉其他全部问题的详尽囊括。

现在开始讨论第二个大问题,即在公元前221年秦朝统一或者汉帝国巩固以后,治和乱的辞令有没有什么变化。和一百年前的《吕氏春秋》相比,《淮南子》中对这些主题的关注几乎同样多,而且声称对该话题所述具有权威性所采用的形式也非常相似。这一点在关于宇宙法则知识的讨论中显得最为清楚。《淮南子》中阐述的月令和《吕氏春秋》中的非常接近。《淮南子》也借助于广泛参考传说和历史故事留存——从三名圣王和两个典型暴君,一直到一大批或多或少著名的角色——来展现学识,这些人的故事均被用作可从中吸取经验教训的知识库。它也非常频繁地引用早期文献,在一些特别重要的事件上是为了支撑自己的观点,但也经常被用来批判成说,以和先前的权威保持距离。赏罚得当、保持社会身份区别、国家统一的重要性等主题都可以在刘安编纂的这本书中看到。

但是,和治与乱有关的主题至少在一点上出现了侧重的不同。先前我们看到荀子坚定地认为"古今一也",但《吕氏春秋》中有一些讨论与不能盲目泥古有关:先王之法在当时是适宜的,但其中很多并不适用于现在。[17]《淮南子》中对这一话题更加重视。《氾论》篇认为,如果现在还要追随神农之道,那必将会带来灾难。[18] 古代的"治"实际上是现在的"乱"。《淮南子》似乎更加积极地主张目前的情况需要新的建议——那么,去哪找?当然是这部文献本身提供了部分答案。在这一点上,《淮南子》的论点已不再是治与乱的区分在其开始时"细如秋毫"了。它主张的界限已经很明确,只是现在的君王没能看出来。[19]《吕氏春秋》认为这一问题充满了困难,但它可以指引你;而《淮南子》说每件事物都是清清楚楚的,只是人们没有看到,然后又大肆渲染说,甚至有些人已经知道一些治与乱的内在机理却仍然没能达成自己的目的。[20]

引人注目的是,和前两种文献一样,《淮南子》中对"晚世"(today)政府也有一些严厉的批评,认为比不上三王时期。《泰族》篇说上世之人培养根本,而当世之人注意末节,过于注重赏赐和刑罚的作用。[21]《主术》篇指出今世当政者妨碍了善政。[22] 的确,《览冥》篇对"当今天子"

满口赞扬，成书时的天子是汉武帝。[23] 但武帝朝的治理几乎无法和《主术》篇阐述的和谐而无为的政府模式相契合，[24] 而与《本经》篇中所抨击的"晚世"政府更加一致。[25]

对武帝之父景帝（公元前 157～前 141 年在位）的堂弟刘安来说，公开批判汉武帝当时的一些政策并斥之为"乱"当然是危险的，正像对于他身边的任何谋士来说一样。在大一统的汉帝国内，劝谏的终极对象现在只有一个，那就是皇帝本人，他空前膨胀的权力在以前只有最大胆的说客才能想象得出。但是，不能向今上直言当世之乱并不意味着"乱"这个主题已不再重要。正是通过对过去恶政的批判，现今的政策或许才可能巧妙地得到改善。其不同之处在于，出于慎重，不用说也是形势使然，在武帝时期会采取两种策略中的任意一种，即或者把涉及的恶政明确地归于过去，或者澄清该受谴责的是他的大臣或其他谋士。从这一点来看，对于表现为可以依赖的谋士的人来说，对"乱"的判断仍然是他们辞令中的重要内容。

在本章开头我提出的第三个问题是，这些文献中的修辞论说方式是不是被相关作者作为明确评论的主题。中国作者在多大程度上把这些关键手法设为主题？我曾经指出，其中一种技巧是把对这两个术语属性的评价——治是积极的，乱是消极的——当作前提，并解读给他们的听众：但这些文献中对这一点有所讨论吗？

《荀子》和《淮南子》都没有对这一话题进行明确的讨论，[26] 但《吕氏春秋》中有一段可能提供了一种明确的论点。如来自《顺说》（席文[Sivin]把《顺说》译作"concordant persuasion"）篇的一段，[27]

> 善说者若巧士，[28] 因人之力以自为力；因其来而与来，因其往而与往；不设形象，与生与长；而言之与响。

这段话似乎是在说，通过利用他们的理念来控制他们。

这一点在一定程度上和其他两篇著名的文章相似，一篇出自《庄子》（公元前 3～前 2 世纪），另一篇出自《韩非子》（早于公元前 233 年）。第一篇是《庄子》中出名的或者说以晦涩出名的文章，[29] 比较了"寓言"与"重言"和"卮言"，认为"寓言"的效果"十拿九稳"。尽管现代的评论者对这一点的解释不同，但似乎很清楚的是，"寓言"，至少部分"寓言"的精髓是采用别人的观点来说服他们。然后，《韩非子》的《说难》篇[30] 相当重视你想要说服的人（此处为君主）的心理——包括动机和爱好，尽管和同时代的任何文本相比，这一篇更多讨论的是劝说的危险性和劝说者需要隐藏他控制受众的方式。两篇文章都不以乱为主题，但两者都明确一点，那就是中国的劝说者已经警觉到需要密切关注他们目标受众的预想。

然而，如果说《吕氏春秋》中的一篇[31] 或许提示了一些对于"乱"的辞令如何产生作用的自我反省，有两点保留意见是必要的。第一点是对于劝说，这篇文章体现了明显矛盾的态度。劝说者也许是骗人的奉承者（只是为了迎合听者），[32] 荒谬、错误、愚蠢；劝说可能无效且令人疲惫；[33] 劝说的对象可能无知且实际上是不可理喻的；[34] 你需要良好的判断力；[35] 粗鄙的人——"野人"——需要粗鄙的劝说者。[36] 此外，说服力不一定总是言语交流的事情。[37] 第二点需要保留的地方和《顺说》篇延伸部分引用的惠盎、田赞和管仲的故事有关。[38] 人们对以下几点可能会有疑问：（1）他们所给建议的内容，（2）其效果以及（3）什么是取决于被劝说之人的。然而，（1）可能和《吕氏春秋》本身无关，（2）和（3）在文章中可以被看作象征着某种对自身效果的认识。

然而，这是保留下来的积极的一点。这一篇[39] 表明，利用听众的期待来作为说服的基础，依赖于（"因"）把他们引向你想要他们去的方向。《吕氏春秋》在对待治与乱的问题上似乎正是这么做的，潜在听众被期待对治的高评价和乱的低评价不带着任何质疑地做出积极回应。然后《吕氏春秋》把读者引导到它自己对和该主题有关的全部问题的看法上，特别包括对优质建议的需要的坚决主张以及暗示自己正好能起到那种作用。

然而，这里《吕氏春秋》所陈述的分析和自身做法之间存在矛盾，即在给出的例子中，劝说者所利用的是他劝说对象的一种特别的成见，而并非每一位潜在读者都会同意的论点。[40]

我也许能以问作结，这些辩论技巧在多大程度上反映或者说对应于我们在任何社会中都可能看到的辩者所用的技巧？中国古典文献中的许多常见主题的确和古代希腊修辞中的类似，因为古希腊和中国一样，不同类型的劝说者之间也存在激烈的竞争。因此，重要的是要让自己显得值得信任。有时候让自己看上去博学多闻是自我表现的一部分，但这一点不宜做得太过。有些中国文献告诫不要夸夸其谈，许多希腊文献也一样，并且强调在面对大量听众时，表现得过于聪明、有见识、博学并不好。[41] 然而，为了支撑自己，你应该引用权威的说法。亚里士多德说你应该使用史实、类比和寓言[42]——这一点在《吕氏春秋》和《淮南子》中比比皆是。希腊辞令的主要建议中有一条和中国的许多做法相符合，即在修辞中，你要从被广泛接受的意见（endoxa），即普遍的意见或有声望的人所持的意见出发。

希腊和中国之间存在区别，一部分与面对的受众有关，一部分或许也和修辞指导的专业化以及实际上的大众化有关。在希腊的经典时期（公元前5世纪以降），为回应相当大的技能需要而出现了一批讲授修辞的教师，这是由于众多的公民参与到主要在法庭和政治集会上的大量多样的公开辩论中，中国则不存在这样的场合。[43] 他们的学说是阿里斯托芬（Aristophanes）、柏拉图（Plato）等人贬斥的对象，因为在这些批评者看来，"诡辩家"（sophist）教人民怎样让"较差"的理由看上去"较好"。但至少在公元前5世纪以后，只要能承担起学费，任何人都可以学习劝说的技术。与之形成对比的是，当中国古典文献，如《韩非子·说难》和《吕氏春秋·顺说》明确讨论劝说问题时，劝说者通常都是大臣和从政者，对象是君王或领主。传授不采用公开讲座的形式，不是谁想参加都行的。

460　然而，特别是在一件事情上，中国和希腊的共同点要比任何分歧都更显著，那就是对关键术语的评价性的言外之意的操控。古希腊的一个例子是"stasis"这一术语，在政治语境下通常被译作"内讧"（faction）。该词明显带有贬义，修昔底德和柏拉图都对这一主题大加挞伐。一种特定的政治行为应该实际上被看作示范了派系斗争的消极特征，抑或是标准的政治运作实例，这一点经常存在争论——从这一名词和同根动词的许多用法中都可以表现出来。[44] 不过，无论何时被使用，这些术语的负面关联都可以引发共鸣——这一点和中国古典文献中对"乱"的使用方式恰好相同。

注释

1　文献对于什么是"治"或"乱"没有一致的看法并不意味着这两个术语是全然模棱两可的，因为确切地说，它们所传递的是对与之相关联事物的褒贬态度。从根本上来说，它们是评价，换句话说，并不是描述。

2　《荀子·致士第十四》第 184 页；《议兵第十五》第 192 页；《礼论第十九》第 253—254 页。

3　《荀子·天论篇第十七》第 227 页。

4　LSCQ 16（第六，"察微"），1003. 本章中的英文译文以 Knoblock and Riegel, The Annals of Lü Buwei (2000) 为基础，尽管我一贯地把"乱"译作"disorder"，而避免用"anarchy"、"confusion"等变化形式。在我们写作 Lloyd and Sivin, The Way and the Word (2002) 时，席文教授曾给我一些基础性的注解和部分译文，我使用了其中相当一部分内容。

5　LSCQ 16（第八，"正名"），1019.

6　《荀子·非十二子篇第六》第 62 页。

7　LSCQ 18（第四，"离谓"），1178.

8　《左传·定公九年》（公元前 501 年）记载郑国的驷歂杀死邓析，但使用了后者记录在竹简上的刑法。杜佑（公元 735～812 年）解释说邓析希望改革铸在铜鼎上的刑法，另外制作了写于竹简上的刑法，他不受君命而私造刑书。（此误，此内容来自杜预[公元 222～285 年]作的注，下一句来自孔颖达[公元 574～648 年]《正义》。——译者按）驷歂既然使用了这些刑罚，他处死邓析可能是出于其他原因。《吕氏春秋》中说子产为防止民众不辨是非而处死了邓析。

9　LSCQ 7（第三，"振乱"），394.

10　*LSCQ* 2（第一，"仲春"），64.
11　*SJ* 85, 2510.
12　*LSCQ* 8（第二，"论威"），430 and 25（第五，"处方"），1669.
13　*LSCQ* 17（第八，"执一"），1132.
14　*LSCQ* 17（第七，"不二"），1123-4.
15　*LSCQ* 17（第七，"不二"），1123.
16　*LSCQ* 17（第三，"任数"），1064.
17　*LSCQ* 15（第八，"察今"），934-6.
18　*HNZ* 13, 7a.
19　*HNZ* 9（"主术"），14b.
20　*HNZ* 13, 17a, b.
21　*HNZ* 20, 13a.
22　*HNZ* 9, 14b.
23　*HNZ* 6, 15a.
24　*HNZ* 9, 1a, 10a, 22b；参照 *HNZ* 14（"诠言"），9a。
25　*HNZ* 8, 15a, b.
26　*HNZ* 18（"人间"），28a 及以下把劝说成功作为了解某件事的所有情况来讨论。在一个关于子贡的例子中，自然包括理解你欲说服之人的心理（正如见于《韩非子·说难》和《荀子·非相》中的），但在这里，劝说的成功是依靠对他的个人利益进行辨别，而不是他对明确价值判断的反应，就像有时与乱的主题有关的那样。在 *HNZ* 18, 19b 中，渔人通过使用鱼喜欢吃的饵钓到了鱼。
27　*LSCQ* 15（第五，"顺说"），905.
28　"士"有时被译作"gentleman"，在某些情况下被译作"knight"，在后一种情况下暗示携带兵器。可参见甲骨文和早期文献（《周易》、《诗经》）中的士，最初指未婚的年轻男子，后来作为男子的尊称。在春秋（公元前771～前475年）和战国时期（公元前475～前221年），士指最低一级爵位、在朝廷服务或为官的人，或者有资格乘车的军官。秦汉时期，士不代表特定的官职或爵位，被使用得比较宽泛，其含义也较为模糊，指朝廷或官府里的中级人员，不一定暗示是否携带武器。英文对士的翻译和应用，见 Sivin, in Lloyd and Sivin, *The Way and the Word: Science and Medicine in Early China and Greece* (2002), 18。
29　《庄子·杂篇·天下》第1098页。
30　《韩非子·说难》第89—97页。
31　*LSCQ* 15（第五，"顺说"），905.
32　*LSCQ* 4（第二，"劝学"），195；参照 13（第六，"务本"），713-14。
33　*LSCQ* 7（第四，"禁塞"），401.
34　*LSCQ* 16（第四，"悔过"），979.
35　*LSCQ* 13（第四，"听言"），697；14（第七，"遇合"），815；16（第七，"去宥"），1013.
36　*LSCQ* 14（第八，"必己"），829.

37 *LSCQ* 18（第三，"精谕"），1167; 26（第一，"士容"），1689–90。

38 惠盎的这则轶事又见于 *HNZ* 12（"道应"），5b, 6a，在此处名为惠孟。关于他和宋康王的记载均不见于他处，所以可能是杜撰的。田赞的故事无迹可寻。管仲（约公元前 730 ～前 645 年）见 CHOAC, 554, 583–4。

39 *LSCQ* 15（第五，"顺说"），905。

40 分析见 *LSCQ* 15（第五，"顺说"），905；例证见同篇第 905—907 页。

41 中国的说客有时会被劝说要隐藏他们的手段，《吕氏春秋》则表现出不信任劝说。与此相类似，希腊的演讲者让自己表现得没有经验，这是一种标准的策略。

42 *Rhetoric* 1393a 22ff.; 参见 Lloyd, *Adversaries and Authorities* (1996), Chapter 4。

43 参见 Lloyd and Sivin (2002), Chapter 4。

44 因此，尽管修昔底德在 3.82 断定，在伯罗奔尼撒战争中，倾轧是道德普遍沦丧的一个主要原因，他可以更广泛地使用这个动词，表示对政策的任何异议（比如 4.84）。对柏拉图来说，倾轧是影响国家的最坏的罪恶，经常被比喻成政体的疾病（*Republic* 560a, 563e; *Sophist* 228a）。然而，他承认倾轧单单在一个城邦里追求各自利益的不同团体中就可以产生（*Republic* 547b），在其他场合则或许会被看作政治生活的正常推动力。在 *Nicomachean Ethics*, 1167a 32ff. 及以下各页中，亚里士多德把参与倾轧界定为渴望统治的一种表现。因而，虽然这个词的名词和动词形式都暗含着贬义，但对其所指示的事物却远没有一致的看法。

20
《史记》中的文本和作者

方丽特（Griet Vankeerberghen）

《史记》由司马迁和他的父亲在大约公元前 100 年编撰而成，提供了一个了解当时对文本和文本权威看法的独特窗口。在刘向（公元前 79～前 8 年）和刘歆（公元前 46～公元 23 年）编纂著名的皇家藏书目录《别录》和《七略》之前将近 100 年，[1] 没有哪种文献在彼时像《史记》一样或明或暗地引用了那么多其他文献，向我们展示出西汉中期一位读书人所拥有书籍的种类。此外，《史记》的独特之处还在于，在精心结撰历史叙事的过程中，它将许多文本归于个人作者，且往往带出他们创作这些文本的情形。正如本章将证明的，《史记》中常见的"作者身份"与现代的个人作者观念并无明显的对应关系，更多的是与关键政治人物的权威生活紧密相连，且通常与原创性无关。通过对文本和作者的叙述，司马谈和司马迁让我们得以洞悉他们把《史记》作为过去的不朽之作来编纂的意图，并以先前的权威叙事为媒介，耀目地展示出他们把握和描绘过去样貌的能力。[2]

根据《史记·太史公自序》，司马迁想要把他的著作"藏之名山，副在京师，俟后世圣人君子"。[3] 这里的"名山"是指藏书的"书府"，还是特定的某座遍布坟墓和祭坛的山，各个注家的意见不同。[4] 然而，按照后一种解释，我们可以把《史记》本身想象成一座墓穴，不是埋葬书中内容使之不见天日的坟墓，而是其占据着通往神化之路的一个驿站，为地位和学识的仪式性展示提供极好的场合，旨在启发一众旁观者。⁵从"坟墓"的妙喻再进一步，有人会把《史记》中引用的文本和最近几十年来从真正的墓葬中考古发掘出来的文本相比较。其中有些文本被非常仔细地排列在墓葬中，⁶它们合在一起大大改变了我们对早期论著的理解。⁷因而，坟墓的比喻不仅提醒我们，《史记》中呈现的文本从标题到内容都和传世文献中的文本不同，而且和考古发掘中的文本亦不同；不仅如此，它也提醒我们探究《史记》的作者在他们作品中的什么位置讨论特定文本的重要性。

早在汉代以前，我们就察觉到一种强烈的信念，即要把握一个文本的最终意义，必须以其作者的政治生活为基础，高度语境化地理解作者的意图（志）。⁸作者意图并不太存在于作者个人怀有的私密想法中，而是更多地存在于从历史角度来说一个行为主体对特定整体政治状况做出的公开反应中。比如当鲁诗把《诗经》的首篇——表面上看是对婚姻和情欲的歌颂——解释成一位无名大臣讥刺周康王（公元前1005或前1003～前978年在位）荒于朝政之作时，⁹读者意识到了其政治背景，开始思索这首诗所传递的信息是否适当以及对其自身的情况是否适用，最终沉浸在与作这首诗的佚名大臣的寂静交流中。这种受到欢迎的诠释策略要求明确指出引发一篇文本创作的确切历史背景，以免妨碍作者和读者之间的共情交流。《史记》通篇延续了这种诠释方式，为特定文本重建诞生背景。与转录或概括既有的文本相比，《史记》更愿意追述一篇文本创作的人物、行为和事件。¹⁰

《史记》记载的作者大致可分为四种。（1）对中国文化传统——包括编纂一些在司马迁的时代正在取得经典地位的典籍（比如归在周公和孔子名下那些）——做出了贡献的先圣。这些圣人的生平记载于《史记》的本纪和世家中。（2）春秋和战国时期在各自领域做出了卓越贡献的诸子，如孟子、管仲、老子等——围绕他们的生平或本人很快聚集起大批文献，记载于《史记》列传中。（3）出现在《史记·儒林列传》中秦汉时期（始于公元前221年）的经师。这些人除了直接用自己的声音说话外，还通过被归于一种或几种文献的道德权威来发声，这些文献据说为

20 《史记》中的文本和作者 - 519 -

表 4 《史记》列传中的作者

提及文本的列传中所载	《史记》(卷数/页码)	名下的文献（不包括书信和奏章）	作者/文本的关系	传世文献，见于《四部备要》者
管仲夷吾、管仲、管氏	62/2136	有标题文章五篇：《牧民》《山高》《乘马》《经重》《九府》	甲之乙	《管子》二十四卷
晏平仲婴、晏子	62/2136	《晏子春秋》	甲之乙	《晏子春秋》七卷
老子	63/2141	上下篇五千余言；在《史记》中多处被引用或记载有人阅读	著书	《老子道德经》二卷
老莱子	63/2141	书十五篇	著书	无
庄子、周	63/2143-4	十余万言，五篇（？）有标题：《渔父》《盗跖》《胠箧》《畏累虚》《亢桑子》	著书，作	《庄子》十卷
申不害、申子	63/2146	书二篇，号为《申子》	著书	无
韩非、非、韩子	63/2146-55	有标题文章五篇：《孤愤》《五蠹》《内外储》《说林》《说难》，共十万余言；《说难》全文照录	作，著书	《韩非子》二十卷
司马穰苴、田穰苴、穰苴	64/2160	一篇关于司马穰苴的或所作的文本附在古《司马兵法》之后，因而号称《司马穰苴兵法》。在"太史公曰"中径称《司马兵法》	N/A	《司马法》三卷
孙子武、孙子	65/2161; 65/2168	十三篇；《孙子》十三篇（？）	甲之乙	《孙子十家注》十三卷
孙膑、膑、孙子	65/2164-5	《兵法》；《孙子》十三篇（？）	甲之乙	无
吴起、起、吴公	65/2168	《吴起兵法》	甲之乙	《吴子》一卷
商君、鞅、公孙鞅、卫鞅	68/2237	有标题文章两篇：《开塞》《耕战》	甲之乙	《商君书》五卷
孟子、孟轲	74/2343	书；《孟子》七篇	甲之乙；作	《孟子》七卷
邹子、邹衍	74/2344-5	有标题文章三篇：《终始》《大圣》《主运》，十万余言	作	无
淳于髡	74/2346-8	书	著书	无
慎到	74/2346-8	书；十二论	著书；著	《慎子》一卷
环渊	74/2346-8	书；上下篇	著书；著	无
接子	74/2346-8	书；论	著书	无
田骈	74/2346-8	书；论	著书	无

续表

提及文本的列传中所载	《史记》（卷数/页码）	名下的文献（不包括书信和奏章）	作者/文本的关系	传世文献，见于《四部备要》者
邹衍、邹子	74/2344, 2346-8	书	著书；纪文	无
荀卿	74/2348	数万言	序列著	《荀子》二十卷
公孙龙	74/2349	书	N/A	《公孙龙子》
剧子	74/2349	书	N/A	无
李悝	74/2349	书	N/A	无
尸子	74/2349	书	N/A	《尸子》二卷
长卢	74/2349	书	N/A	无
吁子	74/2349	书	N/A	无
墨翟	74/2350	（暗示）	N/A	《墨子》十六卷
虞卿	76/2375	凡八篇，其中有标题四篇：《节义》《称号》《揣摩》《改诛》，传之曰《虞氏春秋》	著书	无
魏公无忌、公子	77/2384	《魏公子兵法》	N/A	无
屈原、平、屈平	84/2482,2485,2486,2503	《离骚》；有标题赋一篇（《怀沙》）；《天问》《招魂》《哀郢》；引用、叙述、描绘了《服鸟赋》；《怀沙》全文照录	作	无
贾生	84/2492, 2496, 2503; 6/276	两篇赋（一篇名为《服鸟赋》；全文照录；无名文章全文照录	为；推言	《新书》十卷
吕不韦、不韦	85/2510	八览、六论、十二纪，共二十余万言，名为《吕氏春秋》	集论认为	《吕氏春秋》二十六卷
陆贾、贾、陆生	97/2699, 2705	十二篇，号为《新语》	著	《新语》一卷
司马相如、长卿、大子、相如、司马长卿	117/2999, 3002, 3056,3063, 3073	赋（《子虚之赋》《游猎赋》《大人赋》，后两篇和全文照录）；言封禅事书；有标题文章《遗平陵侯书》《与五公子相难》《草木书》（此外还录有喻告117/3044，谏117/3053 和著书 117/3048》	著；为；著书	见《文选》六十卷
司马谈、大史公、谈、余、吾	130/3288（以及数处"太史公曰"中）	文章（无名，论"六家"）	论	无
司马迁、迁、小子、大史公、余、吾、夫子	130/3199-300, 3301-21	有标题著 129 卷，12 本纪、10 表、8 书、30 世家、共130 卷，526500 言，名曰《太史公书》	述故事；整齐世传；非所谓作；述；作；著	《史记》一百三十卷

图 20.1 对书俑；西晋；青瓷；尺寸不详

上古先圣所作。(4) 同时代或大约同时代作者的作品和《史记》本身相似，都声称全面反映了在皇权的统治下帝国发展的复杂情况。这些作者宣称自己新掌握了用于不同对象的辨别力：对当今、未来、已知、未知的读者都施加直接的说服力。这些复杂的文献和秦汉早期大师所做的注一样，主要（如果不是专门）通过汇集其他据称是为不同场合设计的文本来发表意见。

《史记》对作者和文本的选择，对其在《史记》中整体上的位置安排以及介绍时所用的特别的措辞都有可能含有深意。只举几个例子来说，老子作为一个标志性人物却只在列传中被简略地叙述，同时，孔子尽管地位低，却受到偏爱而归入世家；虽然墨翟在汉代之前和汉代都拥有崇高的地位，却没有被认为有什么具体的作品，同样的，淮南王刘安也是如此；《史记》对于在司马谈和司马迁的时代，围绕着习惯归于老子、庄子、管仲等有影响力的诸子的作品所涌现的阐释传统也只字未提。

诸子

除了一些值得注意的例外，《史记》的第五部分也是最后一部分由70卷列传组成，[11] 列传围绕着著名人物（有些现在被尊称为"子"）的生平，也围绕着重要的历史要素来组织材料。在获得进入列传资格的人中，据称只有一小部分撰写过文章，他们的传记集中在几卷中（显然是因为其他形式的专门知识也需要得到类似的表现）。[12] 虽然《史记》频繁使用"子"这个头衔，但对于那些据称撰写、校订或编纂过文本的个人几乎没有采用一致的体例。仅举两个突出的例子：与其他西汉汇编之作形成鲜明对比的是，荀卿或陆贾在《史记》中从未被尊称为荀子或陆子。同样体例不一致的是《史记》有时候只记载标题，有时候详细记录了文本创作所费的功夫，却对标题只字不提，比如说荀卿"序列著数万言"，[13] 但没有给出任何荀卿论著的名称。文本和作者有时候被用特定的动词联系起来（比如说"作"，或"著书"），[14] 有时候是用一个简单的所有格结构，表示"甲之乙"，其中甲是作者，乙是论著。

《史记》列传中提到的许多书籍在传世文献中都有对应的版本。然而，传世的文献一般都比《史记》中提及的体量大得多（比如说，《史记》记载了管仲5篇文章的标题，而今本《管子》存目86篇，实存76篇），如表4所示。[15] 现存校本通常条理也更加清楚（对比荀子的"数万言"与32篇结构整齐、带有题名、极少重复的今本《荀子》后可见）。显然，在大多数情况下，要把零星而关系松散的篇章组织成单个作者名下的大部头书籍需要长达几百年的时间。[16] 上面的这些情况都不足为奇，因为我们早就意识到，许多现有的传世文献最终都可以追溯到西汉末刘向和刘歆大幅度校订后的版本，在后世，这些校本又会受到进一步的重新校订和增补。不过，这促使我们考虑到在这个构建作者身份观念的漫长过程中司马谈和司马迁所起到的作用，因为正是他们为作者撰写了传记。事实上，个人传记可以证明作者个人的造诣和立场，作者的生平因此很快就获得了一种自身的向心力，把更多的文本吸引到传里的话题中。

现存归于诸子中某位名下的传世文献所包含的材料和某子之间仅仅是松散的关系。这些材料可能包括某子所珍视但并不一定是他亲笔所写的著作（口传或者转录），由后世的门徒或私淑弟子以某子的"文风"撰写的材料，对归于某子名下的论断做出评论的作品，以及那些涉及理应是某子考虑或擅长之话题的文献，更不用说还有其他作者的作品汇入某子的作品集中而增加了其长期流传的可能性。由于时代悬隔，就我们来看，《史记》因不断地把认定的作者和处在易记住的框架中对典范人物生平的回忆——不，赞颂——联系在一起，而起到了促进作者身份观念的催化剂作用。

《管子》为上述情况提供了很好的实证，因为现在的学者认为传世《管子》中没有一篇是在公元前 7 世纪由文中所赞颂的齐桓公（卒于公元前 645 年）的国相管仲所作。[17]《史记》管仲列传后附的"太史公曰"中列举了"管氏"所著 5 篇文章的篇名。这 5 篇里有 3 篇和传世《管子》中的相对应，另外 2 篇不能准确对应，但可能就是读了这 5 篇，才促使司马谈和司马迁为管仲作传。值得注意的是，当时很少有文本能赢得大量读者，[18] 与讨论这 5 篇文章的内容相比，《史记》的作者（们）认为叙述他少为人知的生平事迹更加重要。鉴于管仲是一位著名的政治家、军事家、经济学家、教育家和思想家，我们可以想见《史记》中提及的 5 篇文章作为关键核心而起着作用，久而久之其他文本围绕着这个核心被凝聚起来。[19] 换句话来说，把传世《管子》中的各个篇章联系在一起的不是撰写的时间、作者或者其中涉及的主题，而是许多种决定，通过与伪历史人物管仲相关的生平细节来纪念一种完美的典范。这些篇章所构建的管仲形象是一个务实且成功的治理者，他敢于打破成规，并且知道如何把自己的弱点变成力量。

在《史记》中，孟子被描绘为一个通过以其名字命名的典籍来积极介入建构自己值得纪念的人生的形象。在《史记》的记载中，孟子不满于时人对他崇高主张的反应，"退而与万章之徒序《诗》、《书》，述仲尼

468

（孔子）之意，作《孟子》七篇"。[20] 我们几乎不需要去接受《史记》所记载的字面上的事实，更不用假定司马迁所见的《孟子》和现存的《孟子》相符，[21] 但把孟子在政治游说上失败与之后又从事编校著述并列起来，就已经令人注目到足以暗中在后世的文人面前为他辩护。

荀卿也一样，《史记》记载当时的君主和朝中大臣都沉迷巫祝，他因此心灰意冷，在晚年开始著述。[22] 现实生活中的劝说以具体情况为基础，然而从传世本《荀子》可以看出，荀子的文章比这种劝说简化了一步。在大多数情况下，荀卿避免采用对话形式，主要是利用精心编排文章的方式对更为广泛的、未来的读者群体致辞，这些文章典型地体现了他自己所规定的正确和一致使用词汇的原则（正名），轻而易举地把他自己的完美辞章和他想推行的"周道"融为一体。《史记》没有明确评论荀卿著述所用的确切形式，但的确指出荀卿及其弟子的论著框架清楚，受到广泛欢迎。

陆贾可以说是一个反证。他死后不久，《新语》就被归在他的名下，尽管如此，人们在想象中并没有长期认可他是一位大师。[23] 据《史记》记载，陆贾的《新语》源自和汉高祖的一场激烈交谈。陆贾长期为高祖出谋划策，他告诫高祖说，新建立的汉朝也许会像之前的秦朝一样陡然灭亡，于是高祖命令陆贾撰写一系列对治乱兴亡有启示意义的论述。我们从《史记》中得知，他撰就的 12 篇论述受到高祖和众臣的热烈欢迎，最终演化为《新语》12 章。《史记》中的陆贾传记充满了细节，他似乎是一位圆熟的使臣、睿智的父亲、平庸的说客。然而，他的所有活动都牢牢立足于当时的具体现实，尽管或因为这些活动立即获得了成功，但他从未被认为是一流的大师。

创制经典 [24]

一般认为，汉朝崇奉五经的时间在公元前 136 年。据撰写于这一事件后两百年的《汉书》记载，武帝在那个时间设置了五经博士，"五经"

指《诗》、《书》、《礼》、《易》、《春秋》。[25] 尽管《史记》成书于公元前 136 年后的数十年，却从未提到此事，我们从对六艺的处理可以推断出，武帝时五经地位的提升仍在进行且时断时续，并非既成事实。[26]

作为多种文本和表演传统的大集合而出现在《史记》中的六艺被看作儒生擅长的领域，但也是所有文化人的共同语言。[27] 尽管在汉代并不要求儒生精通一种艺以上，但《史记》清楚地传递着一种观念，即主要由孔子和他的主要注释者著述或编订的六艺同属一体。[28] 通过在这些典籍上所做的奠基性工作，孔子赢得了"至圣"的尊称。[29] 他道德上的追随者，特别是孟子和荀卿，在动荡不安的战国时代完善了齐鲁的经典传统。汉代一般宣扬秦代"焚《诗》、《书》"，《史记》沿用了这种说法，但同时证明了，包括汉武帝在内的汉代早期统治者通常都对六艺漠不关心，即使在公元前 124 年采纳了《春秋》学者公孙弘高明的建议，让部分精通六艺成为在整个帝国范围内步入仕途的重要手段。[30] 六艺由此不只在真正的思想家和有道德修养的人中受欢迎，而且（让《史记》作者们长期感到遗憾的是）在所有野心勃勃的政治投机者中也大受欢迎。[31]

有两点总体观察与此相关：第一，《史记》对六艺的处理无可争辩地表明，在汉代中期以前六艺很少（也许仅有《诗》）获得固定的文本或一系列惯常的实践；第二，大致与六艺相关联的论著最为重要，因为人们普遍认为这些作品的作者应该有传。有意思的是，被认为对六艺或五经做出贡献的作者出现在《史记》的前两部分，即《本纪》或《世家》中，这表明他们作为王室成员或重臣的后裔密切地和权力中心相关联——甚于后世的大师。（读者可能还记得，孔子的传记是在《世家》中，尽管他从未担任过高官。）

这两点在《书》经中都有体现。《史记》把这部典籍尊称为《尚书》，[32] 并标明《书》在先秦时本来篇幅较长，只有少部分——可能有三分之一——流传下来。[33] 西汉时的《书》只有不到孔子所编校材料[34] 的一半，这种看法促成了新的——包括有些被看作是新造的——篇章被加进现有的篇幅中。因此，即使是在汉武帝时期，《尚书》的篇幅也在持续扩充，篇章"滋多"。[35] 虽然《史记》中的篇名比预期的29篇多（这29篇据称是秦火之余），[36] 但《史记》没有给出一个确定无疑的总篇数，这或许可以阻止其他内容继续窜入这部据说由孔子编定的《书》经（见表5）。

许多故事散见于《史记》的本纪和世家部分，描述了51篇独立的档案是如何被编纂在一起的。[37] 比如说，《史记》记述了漫长夏朝的一部分历史及其建立者禹的事迹，写到在甘之战以前，禹的儿子启作《甘誓》。在传世的《尚书》中就有《甘誓》，有些段落略有不同。[38] 司马谈和司马迁特别尊崇周公，认为传世《尚书》包括的篇章中他所作最多。据说在战胜商朝的决定性战役牧野之战前，周武王的誓文就是周公所作。[39]《史记》长篇累牍地摘录或概括《书》的内容，[40] 尽管对有些篇来说，《史记》的作者们似乎仅知道篇名。[41] 由于这些详述各个篇章创作场合的故事完全融入了三个朝代的宏大历史叙事中，读者会产生一个强烈的印象，即一个连接起文本和事件不断展开的链条，将圣人与作为最高政治成就的王朝的最终缔造将关联。实际上，在汉代使《尚书》篇幅更长以及甚至更加"完整"的强大动力，可能不仅来源于《尚书》在秦代有部分佚失的通行推测，也源自一种渴望，即想看到那些圣人推动历史的车轮不断前行撰述的上古时代的情形。[42]

表5 《史记》中关于《书》经作者的记载

《史记》中的位置	篇名	写作背景	传世今文或古文《尚书》中对应的篇名
夏			
2/84; 13/490	《甘誓》	甘之战前由禹的儿子启作	今文；SSJZS 7.1a
2/85	《五子之歌》	太康失国后昆弟五人作	古文；SSJZS 7.4b
2/85	《胤征》	胤征伐羲和时作	古文；SSJZS 7.8b
殷			
3/93	《帝诰》	成汤在亳时作	
3/94	《汤征》	成汤征伐时作	

续表

《史记》中的位置	篇名	写作背景	传世今文或古文《尚书》中对应的篇名
3/94	《女鸠》	伊尹遇女鸠之作	
3/94	《女房》	伊尹遇女房之作	
3/95	《汤誓》	成汤讨伐夏桀前作	今文；SSJZS 8.1a
3/96	《典宝》	汤伐夏胜，俘获宝玉，义伯和仲伯作	
3/96; 28/1356	《夏社》	汤欲迁夏社作	
3/97	《诰》	汤归至于泰卷陶，中𦜶作《汤诰》	古文（仲虺之诰）；SSJZS 8.5b
3/97	《汤诰》	汤既绌夏命，作	古文；SSJZS 8.9b
3/97	《咸有一德》	汤既绌夏命，伊尹作	
3/97	《明居》	汤既绌夏命，咎单作	
3/98	《伊训》	汤嫡长孙太甲立，伊尹作训	
3/98	《肆命》		
3/98	《徂后》		
3/99	《太甲训》（3篇）	太甲悔过反善，伊尹作	古文（《太甲》）；SSJZS 8.17a
3/99	《沃丁》	伊尹卒，咎单训伊尹事而作	
3/100	《咸艾》	太戊修德后巫咸作	
3/100	《太戊》		
3/100	《原命》	伊尹之子伊陟作	
3/102	《盘庚》（3篇）	盘庚死后，百姓思念之作	今文；SSJZS 10.8b
3/104	《高宗肜日》	祖己嘉武丁之以祥雉为德而作	今文；SSJZS 10.8b
3/104	《（高宗）训》		
周			
4/121	《太誓》	武王为伐纣在盟津作	古文；SSJZS 11.1a
32/1479		决定暂缓伐纣后武王和太公作	
33/1515	《牧誓》	周公佐武王，伐纣至牧野作	今文；SSJZS 11.13b
4/126	《武成》	武王初执政后作	古文；SSJZS 11.18b
4/126	《分殷之器物》	武王封诸侯后作	
4/132	《大诰》	周公平管蔡之乱后作	今文；SSJZS 13.14b
33/1518		周公平叛前作	
4/132	《微子之命》	周公平管蔡之乱后作	古文；SSJZS 13.25a

续表

《史记》中的位置	篇名	写作背景	传世今文或古文《尚书》中对应的篇名
38/1621		命微子开代殷后，奉其先祀，周公作	
4/132	《归禾》《馈禾》	周公平管蔡之乱后作	
33/1518		馈周公嘉禾后成王或唐叔作	
4/132	《嘉禾》	周公平管蔡之乱后作	
33/1519		周公受嘉禾后作	
4/132	《康诰》	周公平管蔡之乱后作	今文；SSJZS 14.1a
4/134		康王遍告诸侯之作	
37/1590		周公封康叔于卫之前作	
4/132	《酒诰》	周公平管蔡之乱后作	今文；SSJZS 14.14a
37/1590		周公封康叔于卫之前作	
4/132	《梓材》	周公平管蔡之乱后作	今文；SSJZS 14.24a
37/1590		周公封康叔于卫之前作	
4/133	《召诰》	周公营建洛邑后作	今文；SSJZS 15.1a
4/133	《洛诰》	周公营建洛邑后作	今文；SSJZS 15.14a
4/133	《多士》	周公以王命告迁殷遗民而作	今文；SSJZS 16.1a
33/1520–1		周公诫成王之作	
4/133	《无佚》《毋逸》	周公以王命告迁殷遗民而作	今文（《无逸》）；SSJZS 16.8b
33/1520		周公诫成王之作	
4/133	《多方》	成王伐奄后作	今文；SSJZS 17.4b
4/133	《周官》	成王归丰后作	古文；SSJZS 18.1a
33/1522		成王在丰，周公次序周之官政后作	
4/133	《贿息慎之命》	息慎来贺后成王作	
4/134	《顾命》	康王即位召公和毕公作	今文；SSJZS 18.13b
4/134	《毕命》	康王作策毕公而作	古文；SSJZS 19.5b
4/134	《冏命》	穆王命伯冏申诫太仆国之政而作	古文（《冏命》）；SSJZS 19.13a
4/139	《甫刑》	甫侯言修刑辟而穆王作	今文（《吕刑》）；SSJZS 19.16a
13/502		穆王作	
110/2881		周时作	
33/1522	《立政》	成王归丰周公作	今文；SSJZS 17.15a

续表

《史记》中的位置	篇名	写作背景	传世今文或古文《尚书》中对应的篇名
33/1524	《肸誓》	伯禽征伐前作	今文（《费誓》）；SSJZS 20.6a
34/1549	《君奭》	周公摄政，召公疑之，周公而作	今文；SSJZS 16.17b
39/1667	《晋文侯命》	周襄王命晋重耳为伯而作	今文（《文侯之命》）；SSJZS 20.1a

注：此表仅列出《史记》中提到的篇名。在几乎所有情况下，篇名都跟在动词"作"之后。《史记》与传世《尚书》的文本之间很多非常相近的地方，不在本表之列。

《史记》对那 40 多篇给出篇名的文本和我们现在同样认为是《书》经组成部分的其他文本的处理方式有一个有趣的差异。有些在传世《书》中看到的篇章在《史记》中未被单独标记的文本，而是和它的宏大叙事无缝融合，这些文本有时候是某个著名历史人物的发言，[43]有时候则完全没有标明出处。[44]《史记》似乎采取了两种诠释方式：第一种，把文本看作工艺品，其日益壮观的存在需要解释；第二种，把文本看成共有遗产中的缕缕丝线，任何想要撰写新文本的人都可以随意取用。很清楚的是，《书》经在公元前 100 年之前根本没有"封闭"。[45]

从《史记》中可以看出，到司马谈和司马迁的时代，《诗》的文本主体（如果不是注释主体的话）已经定型，这种定型体现在整部诗集中的篇数和内部结构的划分这两方面。[46]《诗》经四部分、共 305 篇的确立被归于孔子。奇怪的是，据说《诗》也和《书》一样在秦代禁书之列，但从《诗》的情况来看，既没有对文本濒临佚失的呐喊，也没有让它更接近原始文本的渴望。[47]司马迁在《太史公自序》中陈述了一个总体的观点，意思是"《诗》三百篇，大抵贤圣发愤之所为作也"。[48]《史记》的其他篇章描述了许多时机，据称这些时机促成了单篇诗或诗的某些部分的创作，其中，诗人、臣民、官吏甚至国王作诗批评自己或谴责他人，深情地怀念过去的时代或者为有失体统但不可避免的行为表示歉意。[49]

《礼》和《乐》似乎首先是两种表演传统：在各种正式和非正式场

合表演的歌曲或舞蹈，或者是一种礼仪。⁵⁰孔子感到恢复夏礼和商礼无望，表示要遵循周代（他自己的时代）的礼乐。⁵¹《史记》中提到了《中庸》、《王制》或《五帝德》，这几篇现在被包括在三种传世《礼》经中，⁵²尽管如此，《史记》没有表明这三者属于一个界限分明的礼仪文献集成或者这些就是汉代礼学经师相传的文本。事实上，它指出《士礼》是汉代礼学经师能看到的唯一一种礼书。⁵³说来奇怪，根据《史记》的记载，在汉代礼学经师并不被要求同时传习表演技能和文本，受认可的经师反而可能只精通其中一种。

《史记》记载的《易》和《春秋》的文本历史相对来说问题较少。《易》是一代又一代人逐渐纂集起来的，先是周文王，接下来是周公和孔子，他们给据说源自上古的原始文本层增添了新的内容。⁵⁴据说孔子在晚年偏好这种卜筮之书，正是他把这种典籍整理成与我们看到的传世《易》经相似甚至相同的样子。⁵⁵《春秋》是唯一一部据说全部由孔子所作的典籍，据载他编"次"已有的与他家乡鲁国有关的记录，以便传递微言大义。据称孔子对于正确解释这部典籍留下了口头指示，后世经师在自己的传和文本中设法进行完善。与《诗》和《书》一样，《史记》130卷中也援引和转述了《易》和《春秋》的内容。⁵⁶

经之用

《史记》还可以让我们追踪另外一种文本生成的形式，这种形式繁荣于秦汉初期，但可以想象的是，其前身可被追溯到孔子本人，那就是经师个人所作的传。经师们在其中不仅可以用自己的声音，还可以通过权威文本发言，他们自己的声望也随着所选经文一起得到提升。《史记·儒林传》集中描绘了精通五经中的一种或几种的经师。⁵⁷这些经师被刻画成当时思想独立的谋士，很清楚应该什么时候归隐乡里，也并不反感和起用他们的汉代统治者发展不稳定的关系，不过统治者们经常会因经师们不愿卑躬屈膝而感到沮丧。这些经师很少投身于政治，他们的门生走上仕途的可能性更大，交换出的是在草拟奏章和诏书或鼓吹某些政策时心甘情愿地放弃些许正直的品德和一些重要的高尚传统。

奇怪的是，《史记》并没有抄录归于这些经师名下论著的任何段落，但至少两位经师的论著流传了下来，我们从中可以看出早期的"传"和郑玄（公元 127～200 年）以后的"传"有多么巨大的差别，尽管《史记·儒林传》中只提及了两种这样的文本。《史记》记载，燕人韩婴，精通《诗》，曾"为"《内外传》。[58] 只有《韩诗外传》流传到今天，有 10 卷，均为短小的轶事或理论文章，以《诗》中一个联句作为结尾。[59] 同样的诗句可能会出现在几个相当无关的场景中，这显示出这种文本的实用特征：似乎曾经用作教学工具，或许用来帮助有抱负的学生磨炼修辞技巧。我们知道，所有试图让众人欣赏的文本——不管是口头的还是书面的——都需要看似轻松地掌握大量历史或伪历史事件，还要时不时地引用几句《诗》。[60] 通过大范围地梳理了各种资料、寻找运用《诗》的成功范例，《韩诗外传》得以展示《诗》的应用范围是多么广阔，以及引用《诗》会多么有效地让最老套的文章结尾显得高级。[61]

《尚书大传》现在仅存清代学者辑本，旧题为伏生所撰，据称由伏生从秦代传下。[62] 尽管并不知道伏生本人是否参与了该书的编撰，但我们或许可以至少看到一个反映了他执教环境的模糊映像。《传》用问答的方式解释了疑难词语，调和了经中互相抵牾的说法，应答了对手对所用的个别字句提出的异议，补充了《书》中出现人物的大量信息——或许用现代标准来衡量并不完全可信。有时候《大传》也抛出自己的理论论述，强调了高度礼仪化、层级化政治体系的价值，其中的霸主在所有诸侯的帮助下，遵循宇宙和家庭施加在他身上的"自然"模式，仁慈而强力地实施统治。在这种想象中，社会较低阶层人群也应该在自己有限的活动范围内仿效统治者的统治方式。西汉初期各不相同的《书》传被转化成唯一切实可行的经典以满足中央集权统治的利益，这种努力似乎在《大传》中可以得到证明。《大传》在政治和社会改革的行动计划中提及应该"重建""古礼"以满足新建立帝国的需要，[63] 法律的制定和施行要人性化。[64]

早期帝国博采百家（"备天地万物古今"）的文本

同样在列传中，我们至少可以看到两部文献不符合上面讨论的任何一种，不仅因为体量大，还由于文本中坚称囊括了现存所有与这一主题相关的知识。现已佚失的《魏公子兵法》就是这样衰辑而成的：公元前247年，五国大规模联合抗秦，魏公子无忌（也被称为信陵君）作为统帅招致了诸侯的门客，每位门客都献上了各自的《兵法》。据《史记》记载，这些文本随后被汇总起来，以公子无忌的名字命名。[65] 相对较短的篇章汇集成为卷帙浩繁的巨著——有时候在这个过程中会跨越学科界限——同样的趋势在吕不韦的大著《吕氏春秋》的形成过程中重现。[66] 我们得知，吕不韦有意识地仿效公子无忌，也从各地招致大量门客，随后要求这些门客为他宏大的工程贡献自己的学识。《史记》中的一则轶事进一步说明，吕不韦坚信自己主持编纂的这部著作胜于所有著作。作为相国，吕不韦把这部书公之于市，任何人只要能找出书中的一处瑕疵都会得到重金奖励。[67] 值得注意的是，吕不韦的著作不光独具创见、文辞优美，而且还"以为备天地万物古今之事"。在《史记》另外的记载中，《吕氏春秋》被看成与孔子及其他诸子有关的《春秋》大传统的一部分。[68]

公元前139年由淮南王刘安献给汉武帝的《淮南子》与之相类似，不过《史记》中却没有提到这部著作，可能是因为这么做有风险。然而《史记·太史公自序》含蓄地指出，《史记》本身的权威性是基于对相关主题全部该类论著的完全熟悉，这归功于司马谈和司马迁作为执掌文书的太史令，可以独享这种便利。[69]《史记》和其他现存的西汉早期文献不同的地方是，《史记》中不断出现作者对所审视的文本做出的反应以及如何为其感动，[70] 与此同时——或许甚至比《吕氏春秋》和《淮南子》要更加突出——其各个组成部分原先是由其他人撰写，但由编纂者出于新的特定目的而加以改造。或许并不奇怪的是，所借用的较早资料的来源很少被特地指出。有人不禁会感到疑惑，在公元前3世纪和前2世纪，所有的文本在多大程度上被视作一个更大规模的持续存在的遗产的组成部分，在适时地整合进一部更新、更大、更具综合性的著作后，个体部分马上就被抛弃了。[71] 作者身份就定位在这种层累文本中的精心选择和高超编排之中可以被找到。

《史记》中的作者

《史记》与这里检视的其他西汉论著的不同之处，部分来自《史记》对作者和文本权威独特的处理方式。在《吕氏春秋》中我们也许会一直听到作者的声音，但这种声音是匿名的，似乎仅仅满足于吸取普遍教训。相比之下，《史记》的作者对以前的权威文本表达出强烈的个人反应（尽管我们不知道某个特定的论述到底是由父亲还是儿子做出的）。因此，不管是在某卷通篇中，还是仅在卷末所附的评价中，《史记》都不可避免地把一系列无法解决的人生窘境摆到读者面前。[72] 此外，在《吕氏春秋》和《淮南子》中，历史人物和事件只是在说明公认的真理时才顺便出现。相比之下，《史记》认为人物和事件本来就有趣味，每一个都不免独特却又广泛适用。[73] 从《吕氏春秋》和《淮南子》（包括其后序）中，[74] 我们几乎对其编纂者或主持者毫无了解，这不会是巧合。与之相比，只要读一遍《史记·太史公自序》，《史记》的其他部分就会变得鲜活且无比复杂起来。在这里，司马迁不光把他的巨制看作对"周道"更及时的调整，而且看作史无前例的创制，值得永远流传下去，是以前所有已知作品恰如其分的巅峰和至高无上的荣耀。单是这一点就可以解释，为什么司马谈和司马迁在过去的每一处都能找到自己声音的回响，不仅在据说由早先圣人所作的经典中，也在产生于更近时代的名著中。[75]

传记和文本、记忆和纪念，在司马谈和司马迁的皇皇巨作中被融合得严丝合缝。尽管在开始撰写《史记》时，司马谈和司马迁是在仿效帝国时代早期其他博采百家的文献的标准模式，但他们把这一体裁推到了极致，声称作为作者，他们需要眼光和心血以揭示之前隐秘的人类历史模式。现在让我们回到最初的比喻，《史记》并不是一座埋葬了所利用的先前人物和文本的"坟墓"，而是一个囊括了先秦和秦汉早期几乎所有权威文本和人物的壮丽的安息之处，有待未来世界中所有潜在的读者研读、评判和进行最终的纪念。

注释

1　《汉书·艺文志》中保留了节本。

2　在《史记·太史公自序》中，司马迁更加明确地讨论了这一话题。《史记》中的某一卷是由司马谈还是司马迁所撰写与本文宗旨无关。

3　*SJ* 130, 3320.

4　颜师古（公元581～645年）认为这个词指一座山（*HS* 62, 2724, n.10）；司马贞（公元8世纪初）则将其解释为藏书之府（*SJ* 130, 3320,《索隐》）。大多数注家和译者采纳了后者的说法。

5　无论怎么理解这个词，显然司马迁所关注的是，他的巨著应该保存下去让后世敬仰。Nylan, "Sima Qian: a true historian?" (1999b); Peterson, "Ssu-Ma Ch'ien as cultural historian" (1994); 参照 Jaeger, *Livy's Written Rome* (1997)。

6　为什么在公元前4世纪到前1世纪人们会把文本埋葬在墓中，确切原因我们无从得知。见 Giele, "Using early Chinese manuscripts as historical source materials" (2003), 428–31; Kalinowski, "Bibliothèque et archives funéraires de la Chine ancienne" (2003c); and Nylan, "Toward an archaeology of writing, ritual, and public display in the classical era" (2005), 3–49。

7　见 Kern, "Methodological reflections on the analysis of textual variants and the modes of manuscript production in early China" (2002)。

8　《孟子》5A/4（参照 Lau, *Mencius*, 142）; Schaberg, "Song and the historical imagination in early China" (1999), 311–21。

9　Wang Xianqian, *Shi sanjia yi jishu* (1915), 4; *SJ* 14, 509.

10　*SJ* 62, 2136; 64, 2160; 65, 2168.

11　"biographies"这种译法不能完全表达"列传"一词的意思，《史记》的列传包括司马迁的"自序"（第130卷）和"类传"（比如上面所说的卷121；另见卷129）。

12　特别是《史记》卷63和卷74，英文译文见 Nienhauser, *The Grand Scribe's Records*, Vol. 7: *The Memoirs of Pre-Han China* (1994)。关于各种相互竞争的技能和扬雄对司马迁的看法，见戴梅可所译《法言》（University of Washington Press, 2013）。

13　*SJ* 74, 2348.

14　《史记》中与文本相联系时，"作"被使用了超过220次（包括《史记》本身的

129 卷）；《史记》记载 20 多个人"著书"，在这种情况下大多没有书名。

15　见 Rickett, "Kuan tzu" (1993), 244。

16　Jin Dejian, *Sima Qian suo jian shu kao* (1963), 1–29 列举了司马迁可能见到的 82 种传世文献，但没有区分现存的版本和司马迁可能见到的版本。

17　Rickett, "Kuan Tzu" (1993), 244.

18　Nylan, "Textual authority in pre-Han and Han" (2000a). 那 5 篇文章的广泛流传，见 *SJ* 62, 2136。

19　众所周知，传世本《管子》为刘向编书的产物，见 van der Loon, "On the transmission of *Kuan-tzǔ*" (1952)。《史记》提到的文章主要与经济和政治管理有关，这 5 篇中不包括与教育或自我修养有关的篇章。《管子》中与自我修养有关的篇章，可见 Roth, *Original Tao: Inward Training and the Foundations of Taoist Mysticism* (1999)。《弟子职》中与教育有关的一篇见 Rickett, *Guanzi: Political, Economic, and Philosophical Essays from Early China*, Vol. 2 (1998), 283–91。

20　*SJ* 74, 2343.

21　公元 200 年前后仍然存在一种 11 篇本的《孟子》，见 Lau, "Meng tzu(Mencius)" (1993), 331–2；关于赵岐（公元 2 世纪末）对《孟子》的拆分，见该著第 332 页。现存版本的《孟子》有 7 篇或 14 篇。

22　*SJ* 74, 2348.

23　荀卿见 *SJ* 85, 2510。对传世《荀子》真实性的怀疑，见 *ECTBG*, 171–4。

24　经典一直被没有定型，其证据见 Nylan, "Classics without canonization: reflections on classical learning and authority in Qin and Han" (2008)。

25　*HS* 19A, 726; *CHOC*, 754–6.

26　见 Nylan, *The Five "Confucian" Classics* (2001), Chapter 1。据称从五经（与六艺融合）中佚失的第六艺一般被认为是《乐经》。

27　*SJ* 103, 3290.

28　*SJ* 130, 3297.

29　*SJ* 47, 1935–47.

30　*SJ* 121, 3118–20.

31　*SJ* 121, 3115–20; Csikszentmihalyi and Nylan, "Constructing lineages and inventing traditions through exemplary figures in early China" (2003).

32　《书》的这一名称见于马王堆帛书《周易》之《要》篇的注释。见 Shaughnessy, *I Ching: The Classic of Changes: Translated with an Introduction and Commentary* (1996), 238。

33　*SJ* 121, 3124–5.

34　*SJ* 47, 1935–6 讲到"序《书传》"，这里的"书传"很有可能是指《尚书》和相关的传，但也可能是指"文书和附随的文本"。

35　*SJ* 121, 3125.

36　扬雄（公元前 53～公元 18 年）的《法言》（第五，"问神"）和其他资料一样，给出的数字是神奇的 100 篇；Wang Rongbao, *Fayan yishu* (1987), 150。

37　其中 33 篇可以在传世《尚书》中看到相应的篇名，20 篇与"今文"篇（有时被不准确地称为"今本")对应，13 篇与"古文"篇（有时被称为"古本"）对应。这些段落有可能是《史记》从别的文本引入的，见 Ch'ü Wan-li, *Shangshu jishi* (1983), 9-13; and Nienhauser,*The Grand Scribe's Records*, Vol. 1: *The Basic Annals of Pre-Han China* (1994), 42, n.23。

38 *SJ* 2, 84. 启在甘之战中平息了有扈氏的叛乱；《尚书》卷 7《甘誓》，第 1 页 a—b。

39 至少据 *SJ* 33, 1515. *SJ* 4, 122 记载周武王作此誓而没有提到周公。

40 毫不奇怪，这些几乎都和所谓的"今文"篇有关。

41 关于汉代之前《尚书》的版本，见 Matsumoto Masaaki, *Shunjū sengoku ni okeru Shōjo no tenkai; rekishi ishiki no hatten wo chūshin ni* (1966), and Liu Qiyu, *Shangshu xueshi* (1989), 11–66。

42 *SJ* 3, 101 为某位王的档案不存而惋惜；另见 Nylan (2000a), 157-67。

43 《禹贡》见 *SJ* 2, 51–77；《皋陶谟》见 *SJ* 2, 77–82；《洪范》见 *SJ* 38, 1611–20。在私下交流中，鲁惟一认为与传世《尚书》中的篇章相比，《史记》对这些段落的表现是"口语化的"，与之形成对比，《汉书》中对应的段落可能故意是"古体"（如 *HS* 28A, 1524 和 27A, 1316）。见 Chavannes, *Les Mémoires historiques de Se-ma Ts'ien*, Vol. 1 (1895), cxxvii。

44 比如 *SJ* 1，包含许多出自《尧典》而没有给明出处的材料；*SJ* 22 中有出自《金縢》的材料。

45 关于传世《今文尚书》中的每一篇在《史记》中处理方式的列举，见 Liu Qiyu (1989), 88–93。

46 这四部分是《风》、《小雅》、《大雅》、《颂》；见 *SJ* 47, 1936 等。另见 Gu Guoshun, *Shiji shu Shangshu yanjiu* (1985)。

47 *SJ* 121, 3120-4 的确说明有 3 种不同的注释传统，但最大限度地减小了它们之间的差别。最权威的可以追溯到鲁申公，其他的与齐人辕固生和燕人韩婴（见下文）有关。第四家流派在西汉末期兴起，即《毛诗》。

48 *SJ* 130, 3300.

49 *SJ* 5, 194; 34, 1550; 38, 1633; 33, 1519；另见 *SJ* 24, 1175（真伪存疑）。

50 Kern, "*Shi jing* songs as performance texts: a case study of 'Chu ci' ('Thorny Caltrop')" (2000).

51 *SJ* 47, 1935-6.

52 *SJ* 1, 46; 28, 1397; 47, 1946；《中庸》和《王制》是传世《礼记》中的篇名，《王制》和《五帝德》是传世《大戴礼记》中的篇名。

53 *SJ* 121, 3126; 关于《士礼》和传世的《仪礼》之间的关系，见 *HS* 30, 1710; *HSBZ*, 30.13b; *HS* 88, 3593; *HSBZ* 88.3b; Boltz, in *ECTBG*, 234。

54 *SJ* 4,119; 文王被囚羑里时，增益《易》之八卦为六十四卦。

55 *SJ* 47,1937;《史记》中的描述和马王堆出土的《周易》不符，见 Shaughnessy (1996), 14–27。

56 很难准确统计出"五经"全部的引用情况，但粗略翻检一下就会看出：(1)《书》从来没有作为一个整体被明确引用过，只被引用过单独的篇章（其中的大多数出现在现存的版本中）；（2）《诗》和其中的单篇分别在 11 处被明确引用过（4, 140; 10, 428; 12,465; 31, 1452; 67, 2216; 68, 2234-5; 78, 2389-90; 111, 2924; and 118, 3098）；（3）《春秋》被明确引用过 4 次；（4）"《易》"或部分《易》经被引用过 4 次（12, 463; 78, 2389; 84, 2485; 130, 3288），但《儒林传》"《易》"的部分似乎被人篡改过；（5）关于《礼》，被引用过一次与礼有关的"《传》"，见 SJ 28, 1355，SJ 28, 1257 提到过《周官》。

57　*SJ* 121.

58　*SJ* 121, 3124.

59　Hightower, *Han Shih Wai Chuan: Han Ying's Illustrations of the Didactic Application of the Classic of Songs* (1952).

60　Van Zoeren, *Poetry and Personality: Reading Exegesis and Hermeneutics in Traditional China* (1991),17–80; Lewis, *Writing and Authority in Early China* (1999), 155-62, 243-51; Rouzer, *Articulated Ladies: Gender and the Male Community in Early Chinese Texts* (2001), 14-26. 流传下来的"私"文书极少，反例见 Chen Lanlan, "Handai jiandu zhong de siwen shu fazhan tezheng yanjiu" (2005)。

61　*HNZ* 12（"道应"），可能仿效《韩诗外传》，把轶事与所引老子和庄子的话联系起来。

62　*SJ* 121, 3124-5. 参照 Li Xueqin, *Siku da cidian* (1996a), 134-5。很有可能伏生（公元前 3～前 2 世纪）和他的亲传弟子们都没完成《大传》的编纂。似乎正如郑玄所想，《大传》主要是在西汉晚期编纂而成的。尽管如此，《史记》证实了伏生的权威性，传围绕着他的名字被纂集起来。

63　*Shang shu da zhuan zhuzi suoyin* (1994), 1.1/3/4-8（"尧典"），5.9/18/12-14（"酒诰"）.

64　*Shang shu da zhuan zhuzi suoyin*, 5.22/23/8-26（"甫刑"）.

65　*SJ* 77, 2384.

66　*SJ* 85, 2510. 这部著作有 20 余万字，分为三个部分，是《史记》中所说诸子的长篇论著有"十万余言"的两倍。尽管《史记》表明《吕氏春秋》的三个部分是一起编撰而成的，但一些学者指出该书的编纂经历的时间要更长一些。见 Knoblock and Riegel, *The Annals of Lü Buwei: A Complete Translation and Study* (2000), 1-55.

67　*SJ* 85, 2510.

68　*SJ* 14, 510.

69　*SJ* 130, 3288, 3296.

70　关于序（序言和后序）的位置，见本书第 22 章注释 3。

71　Kalinowski, "La Production des manuscrits dans la Chine ancienne: Une Approche codicologique de la bibliothèque funéraire de Mawangdui" (2003d).

72　见本书第 22 章对"伯夷和叔齐"篇的分析，可被视为"无法解决的窘境"的一个著名例子。

73　*SJ* 130, 3297, 后者包含《史记》引用的孔子关于"空言"的言论。

74　*LSCQ*（"序意"），648，此处称吕不韦为文信侯；*HNZ* 21（"要略"）9b, 10a 称此书为"刘氏之书"，这个短语比较含糊，很可能指的不是刘安一个人。关于后序和序言，见本书第 22 章。

75　*SJ* 130, 3300, 3319-20.

21
音乐与诗歌的修辞主题
从汉武帝（公元前141～前87年在位）朝至约公元100年

柯马丁（Martin Kern）

在本章中，"修辞（rhetoric）"不仅用来指代一些说话和书写的方式，也涵盖了其他具备明确表达性的符号体系，尤其是礼仪呈现和音乐表演。由于汉代的语言、礼仪与音乐紧密相连，所以对这个术语的泛化使用是合理的，并且事实上也是必要的。正因如此，对汉代宫廷诗歌——特别是皇室的娱乐和展演类诗歌——的讨论才自汉代起不可避免地被同礼仪与音乐相联系，且共用一套相同的修辞主题。"修辞"同时包括语言和非语言的表达，在这一意义上基本与汉代的"文章"观相对应，即"文饰化呈现"。[1]

在汉代中国，政治、哲学和文学修辞的著述权由社会中的一小部分人掌握，这部分人主要由受教育程度高的男性（可能也有女性）组成，他们或者担任官职，或者以其他方式同掌握政治权力的人相联系。汉代修辞实践的受众不是帝国的普通大众，也不是京城大众，而主要是皇室。修辞实践也进一步延伸到一些地方诸侯王的王廷中，这些诸侯王在特定时期取得过显赫的政治和文化声望，有时甚至会挑战专属于皇室的政治合法性和文化代表权。一如至少从战国时期就已开始的那样，关乎皇权、继位、社会经济秩序以及政治表达的核心理念关乎重大。尽管统治者本身看起来是所有修辞的终极受众，但在特定时期——特别是幼主当朝时——皇帝理论上所具有的至高权力本身就更像一种修辞主题，而非事实。因此，一朝天子一朝臣，修辞性正反言论的目标受众不光包括皇帝和近臣顾问，还包括各种不断演变的复杂人群，如宗室外戚、饱学的官员以及那些处于领俸官位或非正式职位且富有影响力的学者，总之从皇室中心一直到外围。

　　汉代的修辞——包括劝辨、藻饰和表现三种表达模式——建立在对历史先例、宇宙推断、礼仪实践以及文学表达的娴熟掌握之上。这些知识大部分可以在"五经"和围绕"五经"发展出来的各种文献中找到。正是通过援引这些权威的传统知识，帝国的表现和修辞才遍布于政治、社会、经济和军事秩序及行动的理论和实践中。在本章中，我将讨论在音乐和诗歌的实践与论述中体现出的表现和修辞的有关方面。从某种程度上来说，这些领域的历史发展同步于且实际上融合于其他形式的政治表达，包括器物展示、灾异解读和历史编纂。更大规模的政治变动同文化态度上的深刻变化以及官廷修辞术的发展携手并进。西汉最后几十年——公元前 30 年以降——是特别关键的变化时期。在大约 40 年——政治衰落以至最终瓦解的 40 年——时间里，汉代宫廷文化被重新界定，转而植根于"五经"及其学术诠释，并把遥远的周代奉上神龛，以作为文化认同的蓝本。[2] 有影响力的官僚试图依照经典的、以文献为基础的学问来重塑音乐和诗歌的修辞。音乐和诗歌表现形式的变化是一种宽泛得多的发展趋势的重要组成部分，其中包括一系列互相关联的现象："五经"的逐渐巩固；其注疏的新程式；辞书的编纂；[3] 历史书写的新模式；整个帝国范围内对文献的搜集和整理；由刘向（公元前 79～前 8 年）在公元前 26 年统筹的皇家藏书目录的编纂；[4] 以及同样重要的，一个强大的学者阶层的形成，他们占据了各种文官官职（在某种程度上也占据了军事官职），以古代圣王的标准衡量皇帝，时刻准备提醒不够完美的皇帝注意自己的责任和过失。

器物的辉煌和音乐的主题

这种意识形态所巩固的一个重要方面在于对优雅的言辞、优美的音乐和器物层面的炫示本身存在的道德上的矛盾心理：在宫廷文学和国家礼仪中对皇权的过度渲染在武帝时期（公元前 141～前 87 年在位）尤为突出，在西汉晚期受到了批判，并在某种程度上被一种据说植根于上古典籍训导的节制修辞所取代。因而在公元前 32 年，丞相匡衡（公元前 36～前 32 年在任）恳请废除由武帝在其夏宫甘泉宫附近设立的，用以祭祀天神太一的装饰奢华的"紫坛"。匡衡反对说，其各种装饰特征不合古制，同时描述了早先朝廷上的礼仪盛典修辞，一同带出了什么将成为节制的礼节的新标准：

> 紫坛有文章采镂黼黻之饰及玉、女乐，石坛、仙人祠，瘗鸾

图 21.1　单座墓葬中发现的组乐俑，贵州兴仁县（今兴仁市）交乐 19 号墓，东汉晚期

路、驷驹、寓龙马，不能得其象于古。臣闻郊柴飨帝之义，埽地而祭，上质也。……紫坛伪饰、女乐、鸾路、驷驹、龙马、石坛之属，宜皆勿修。[5]

这一典型的建议体现了宫廷儒生，特别是成帝（公元前32～前7年在位）时期的宫廷儒生对从武帝时期继承下来的官方祭祀活动的整体挑战。这些批评者以一系列的典籍，尤其是《书》和礼制文献为基础，认为武帝祭祀太一、后土和五帝于古无征，而且靡费浮华。[6]匡衡还建议更改武帝时祭祀颂歌的措辞（显然当时仍在使用），以经典而诚朴风格的修辞取代奢靡炫示的修辞：把《郊祀歌》第七章中的"鸾路龙鳞"改为"涓选休成"，把第八章的"黼绣周张"改作"肃若旧典"。[7]和对皇家祭坛的批评一样，争议的焦点在于汉代的文化特性，其中包括皇权的呈现体系和寻求政治合法性的手段。尽管宫廷的浮夸炫示鲜有消失之迹，这些据称为古代的标准却被援引以拒斥"今"之奢靡。

图 21.2　箕踞姿乐人俑，高 90 厘米，秦始皇帝陵 K0007 号陪葬坑出土。人们认为这件俑正在弹奏一件类似于琴、被称为"义甲"[①]的弦乐器

[①]　此误。

匡衡对祭祀颂歌的批评是他对礼制改革更大提议的一部分，也是当时音乐论争的一部分。最晚从战国中期开始，在反映人类情感、道德、礼仪和社会秩序方面，音乐一直是一个中心主题。《史记》和《汉书》都用了相当长的篇幅来讨论音乐，同时也一致赞扬雅正的经典音乐，谴责臭名昭著的"新声"（或新音），许多战国晚期和秦汉早期的材料将其等同于"淫声"、"郑卫之声"或者甚至"亡国之声"。[8] 这一政治修辞的经典主题通过匡衡、扬雄（公元前53～公元18年）等人，在西汉晚期获得了新的力量。[9]《汉书·礼乐志》收录了这一时期的一篇文本，这篇文本很明显是一份奏章的一部分，紧跟在汉武帝的祭祀颂歌之后。这段文字被天衣无缝地整合进《汉书》的叙事中，没有标明作者，指责在汉武帝时期，朝廷有意摒弃了优雅的古乐以及

> 今汉郊庙诗歌，未有祖宗之事……而内有掖庭材人，外有上林乐府，皆以郑声施于朝廷。[10]

这里明确提到了"今"，证明这段言论发表于掌管祭祀颂歌的乐府仍然存在之际，也就是公元前7年乐府被下诏废除之前："郑声淫而乱乐，故俗乱而乐淫①。圣王所放，其罢乐府。"[11]

从战国伊始，"郑声"这一修辞主题就被用来指代偏离传说中古代标准的音乐，充满了强烈的贬义。正是从这一特定的意义上来说，汉武帝的《郊祀歌》在西汉晚期的儒生们看来是"新声"或"郑声"。这组歌的第八章——后来匡衡奏请更改的两章之一——甚至自我指涉如此："兹新音"，做出了对于武帝朝的文化和政治自信的强烈表达。这些颂歌的用词确实和当时的文学潮流接近，许多诗句令人联想到司马相如（公元前179～前117年）宏富巨丽的大赋和《楚辞》中的《九歌》、《大招》以及其他公元前3～前2世纪和南方楚文化相关联的诗歌。[12] 于是，第

---

① 此句出现在颜师古注释中。

一章最后的歌词让人想起《大招》中对享乐的描写，同时使用了司马相如的感官化语汇：

> 众嫭并，绰奇丽，颜如荼，兆逐靡。
> 被华文，厕雾縠，曳阿锡，佩珠玉。
> 侠嘉夜，荏兰芳，澹容与，献嘉觞。[13]

从西汉晚期的角度来看，即使据信司马相如也参与了这些庙歌的编写，亦于事无补；[14] 儒生们对武帝朝音乐、文学和物质炫耀的批判，不光包括国家的祭祀颂歌，也包括司马相如的大赋（见下文）。在此视角下可能更恶劣的是，武帝朝的音乐还包含一些域外元素，就这一点来说也不符合古代的雅正标准。[15] 总之，对于后世来说，匡衡等人在西汉最后几十年构建的观点一直是对武帝朝音乐的标准评价。[16]

"郑声"或"新声"成了一个修辞上的惯用主题，可以用于所有被认为不正当的音乐；与之截然相反的"古乐"在很大程度上也是修辞性的主题。战国时代的文献偶尔会提到古代的舞蹈和乐曲名称，而《吕氏春秋》则第一次展现了——就算尚未成形——为编制"古乐"谱系做出的努力，即把单个曲目和特定的文化偶像相配。[17] 直到在西汉晚期（或更晚）出现的与《乐经》有关的伪书中以及在东汉文献《汉书》、《白虎通》、《风俗通义》中，我们才能发现被完整建构的古乐历史，其中每一个曲目都系于一位古代圣人，从黄帝到周公。[18] 所有这些乐曲或舞蹈形式在东汉时都已经不存在了——在那些和圣人谱系相配合的文献中，它们仅仅是一种把古代善政与古代音乐历史关联起来的永恒叙事。[19] 这些音乐超脱于实际的经验之上，这更加增强了修辞主题的力量和灵活适用性。[20] 对宫廷儒生来说，"古乐"据称体现了圣王的至治，从而是讨论善政时可供援引的一个有力图景。同时，虽然皇帝从来都没有达到传说中的古代理想，但可以通过极力仿效古代圣王的行为而寻求政治合法性。

歌谣与史料编纂

宫廷修辞中的音乐主题在几个方面继续展开，其中有文学、史料编纂和灾异解读。这三个领域都汇集在汉代历史书写的一种特定的修辞主题中，即开明君主派出使者搜集民歌的这一相传的古代风俗。《史记》——在《汉书》和以后的材料中更加常见——中包含了一些歌谣，其中有童谣和谚语，据说由普通大众所作，被搜集到朝廷之中。[21]《汉书》中提到了古代的"采诗之官"，通过他们，"（周）王者所以观风俗，知得失，自考正也"。[22] 虽然这种说法在东汉和后世文献中经常出现，[23] 但因为没有可靠的战国或西汉文献提及类似的说法，其历史真实性并非无可置疑。[24] 毫无例外，皇帝的使者手持木铎，被派出去向人民宣告律令，而不是征求诗歌；他们作为君王的传声筒，向他的子民说话，而不是相反。[25] 因而，搜集民间诗歌以为统治者镜鉴的观念，尽管可能由更早的源头发展而来，[26] 但似乎到东汉才得到了充分的发展。正像公元1世纪的《毛诗传·大序》所说，富有诗意的民众呼声被想象成对国家状态最真实可信的反映。[27]

从这一点来说，歌谣的生产不是随意或主观的，而是——实际上作为宇宙运作的一部分——在人心为外界事物扰动时自然地流露出来，反映着人们真实的集体感情和判断。有人可能会怀疑，这些歌谣是否真的来自普通大众，然后被如实献给了朝廷。就算这样，它们仍然是（即使不主要是）帝国早期——特别是东汉时期——基于《左传》和《国语》中战国晚期叙事的有力先例的关于历史想象的修辞工具。[28] 诗歌和谣谚可代表其自身历史境况内质的真实的政治判断声音，赋予了历史展示其自身评价的能力。[29] 只有在很少的情况下，史学家会显示自身的存在，如班固（公元32～92年）借某首据说在成帝时流传于民间，讲述西汉灭亡的歌谣之机现身：

邪径败良田，谗口乱善人。

桂树华不实，黄爵巢其颠。

故为人所羡，今为人所怜。[30]

《汉书》明确采用一种西汉以后的视角，用五行宇宙观的颜色象征意义来解读这首歌谣："桂"为赤色，象征汉家；"华不实"指没有继嗣；"黄爵"预示后来宣称自己色尚黄的王莽（公元 9～23 年在位）；因而汉室是"人所怜"的对象。通过这些解释，这首歌谣成为对成帝朝的评价，成帝的失败预示着王朝衰亡的开始。成帝时的另外一首佚名歌谣也运用了同样的修辞手法。新被处决的罪犯家人的哀号之[31]歌谣被收入班固对成帝的谴责之中：长安城中大乱，是因为"上怠于政，贵戚骄恣"。[32]

《汉书》记载佚名歌谣的出现，就像记载自然灾异一样。两者都被看成对皇帝的征兆性警示，都需要朝廷官吏的积极参与，他们"搜集"歌谣或"汇报"征兆且为皇帝解读，当面指出他失德行为的确凿证据。此外，《汉书》关于西汉晚期的记载中无论歌谣还是灾异都尤为常见。[33]

赋

作为《汉书》的主要作者以及公元 79～80 年皇帝诏令下的《白虎通》的撰集者，班固——公元 1 世纪最为杰出的著述者之一[34]、名臣班彪（公元 3～54 年）之子——有丰富的机缘针对西汉宫廷的文辞与器物修辞提出儒家的替代性方案。这同样表现在他对"赋"这一汉代最具主导性和复杂性的修辞与诗歌体裁的了解。[35]《汉书·艺文志》——大体是刘向（公元前 79～前 8 年）和刘歆（公元前 46～公元 23 年）所撰皇室藏书目录的节本，包括对文学传统的评判[36]——评论道，"大儒"荀卿（《荀子》的作者，公元前 335？～前 238？年）和屈原（公元前 4～前 3 世纪）遵从"古诗"（《诗》）的精神，作赋回应他们时代的政治败坏。然而，这一体裁后来衰落成为华丽辞藻的堆砌，达不成道德规劝的作用。班固接受了刘歆以及尤其是扬雄的修正主义立场对这种成熟于武帝朝的赋的毁灭性批判。最初就是作赋名家的扬雄，在他的自叙（由班固收录于《汉书》）和《法言》中构建了对赋的批判。[37] 在扬雄看来，赋的宗旨在于"讽"，但"极丽靡之辞"则会适得其反：如辞胜于事，则"赋劝而不止，明矣"。[38] 扬雄把作为近世文学体裁的赋与作为古代诗学表达方式的赋做了对比，并总结道："诗人之赋丽以则，辞人之赋丽以淫。"[39] 这种批评基于一个双重的假设：赋的作者如具有政治和道德觉悟的官员般行动，其文学创作主要是为了讽谏统治者。

然而，扬雄对赋的劝谏功能的狭义强调，不能完全描述这一体裁在武帝时发展起来的修辞上的丰富性和道德上的含混性。赋的这种意在表现辞藻技巧的形式由以下特征构成：韵句和散句的不规则交替保持着一种生动多变的言语韵律，单篇作品的篇幅常有数百句，数不胜数的场面变化，丰富的生僻词汇和夸张的描述以及头韵、尾韵和重叠连绵词的使用。此外，许多赋采用对话的形式以模仿真正的辩论。其所产生的听觉上的和谐统一感既是歌颂的也是劝谏的，同时富于享受和启迪。从事繁复描绘和编缀精巧音韵模式的赋作者和吟诵者在武帝朝主要被视作俳优之流，而非政治顾问。没有哪位有才华的赋作者因其文学才能而荣登高位的事例记载。

司马相如的《天子游猎赋》是较早期华丽大赋的杰出代表，[40] 赋中描写的游猎奇观也成为语言技艺的奇观。对作为皇帝最极致享乐的游猎的描述，用文本重现了这种享乐，其自身也变成了一种艺术品。随着生僻而悦耳之词的倾泻，这篇赋从头开始就一直在表现皇帝寰宇之内的杀伐，对音声之悦的沉溺（包括臭名昭著的"郑卫之音"），对情欲的欢纵——直到文风骤然一变：

> 于是酒中乐酣，天子芒然而思，似若有亡，曰："嗟乎，此大奢侈！朕以览听余闲，无事弃日，顺天道以杀伐，时休息于此，恐后叶靡丽，遂往而不返，非所以为继嗣创业垂统也。"[41]

在这一番思考以后，皇帝停止了盛宴，用经典质朴的措辞庄严地发表了一段言论，赞颂了善政的美德、克制和对大众无私的关怀。皇帝在充分体验了所有感官享受以后，却只在合乎礼中找到了最终的欣喜，由此变成了一位圣人：徜徉于崇高的典籍世界，归顺于谦逊与道德，成为其他统治者的最高典范。这种始于君主放纵继而有所转变的模式也出现在枚乘（死于公元前141年）的《七发》和《楚辞》的《大招》中，后来的诸类文本是从对奇观和愉悦的恣肆呈现转到措辞庄严的道德沉思。每一例文本中，被描写的君主都是对这种修辞展演的最终接受者的真实反映：对于那位沉溺在汪洋恣肆的幻想和优美文辞带来的乐趣中的真正君主，人们颂扬他的深刻洞见，劝谏他遵从理想的为君之道。作为相反的意见，扬雄提出，当赋"既乃归之于正，然览者已过矣"，[42] 即赋的劝谏失败不是因为缺乏道德意图（他认为这是理所当然的），[43] 而是因为修辞中的词藻和娱乐性超过了其劝谏目的，这导致帝王在本应被真诚的劝谏感召之际已然耽溺于愉悦。

扬雄关注的富于力量的修辞——一种既"劝"且"止"的语言技艺——中蕴含的基本矛盾是修辞传统内部的一个常见主题。[44] 在西汉最后的衰落时期和短暂的王莽时期，这一主题被扬雄和其他儒士用以重新界定宫廷修辞及其呈现。与匡衡援引《书》经和礼书——现在也包括《周礼》——来批评国家祭祀、音乐和颂歌中的奢靡类似，刘歆和扬雄乞灵于《诗》来挑战赋的传统。此外，刘歆和扬雄鼓吹传说中古《诗》的讽谏精神，他们的观点反映了《毛诗传》——本身偏向于儒家立场的对《诗》的解读，直到平帝（公元前1～公元6年在位）朝才得到皇室认可——中的说教。

班固在东汉的第一个世纪著书，由此能够以各种方式在这些进展的基础之上进行发展。他在《汉书》中对歌谣的运用反映了《乐记》和《大序》中表达的诗歌和音乐理念。[45] 他在《汉书》和《白虎通》对礼仪音乐的描述中尊崇"古乐"为理想统治的崇高修辞主题，与西汉所堕入的所谓"新声"相抗衡。最后，他接受了刘歆和扬雄对赋的意见，这不仅反映在《汉书·艺文志》中，也反映在他自己的赋作中。在描写西汉长安和东汉洛阳的《两都赋》中，班固基于自身目的采用了模拟的描绘方法，通过对比长安的奢侈靡丽和洛阳的简约布局，将文辞风格从华丽夸饰（前者）转为经典简约（后者）。[46] 由此，他从早期的赋中吸收了核心的修辞工具，把它融入一种全新的声称终极表达标准存于经典之中的文学创作修辞。更为重要的是，班固和其他西汉朝廷中著名学者的作品，把赋从一种提供奢侈听觉享乐的文学体裁转变成了一种表达和担保高深学问之趣的体裁，从而进一步提高了这一体裁作者作为服务于帝国的楷模臣工的地位。随着萧统（公元 501～531 年）将《两都赋》列于《文选》卷首，作为诗人和士大夫的班固的这一作品以及他对早期修辞传统的儒家化改造的巨大声望，就此被一劳永逸地固定下来。

注释

1　关于对"文章"的这种理解，见 Kern, "Ritual, text, and the formation of the canon" (2001)。

2　Lewis, *Writing and Authority in Early China* (1999), 325–32; Kern (2001); Nylan, "Calligraphy, the sacred text and test of culture" (1999a), and "Toward an archaeology of writing" (2005).

3　比如扬雄的《法言》和 HS 30, 1718 中所列。

4　见 Van der Loon, "On the transmission of Kuan-tzŭ" (1952), 358–66。

5　HS 25B, 1256. 关于匡衡的改革，见 Loewe, *Crisis and Conflict in Han China 104 BC to AD 9* (1974), 154–92。"女乐"是指活的表演者还是图画或雕像，于此不明。

6　关于汉武帝时对宇宙诸神的崇拜，见 Bujard, *Le Sacrifice au Ciel dans la Chine ancienne: Théorie et pratique sous les Han occidentaux* (2000), and Ord, "State sacrifices in the Former Han dynasty according to the official histories" (1967).

7　HS 22, 1057–1058. 关于《郊祀歌》，见 Kern, *Die Hymnen der chinesischen Staatsopfer* (1997), 174–303, and "In praise of political legitimacy" (1996).

8　Diény, *Aux Origines de la poésie classique en Chine* (1968), 17–40.

9　这一点反映在《礼记·乐记》中，《史记·乐书》也大体相同，《史记·乐书》至少有一部分似成书于西汉晚期；见 Kern, "A note on the authenticity and ideology of *SJ* 24, 'The Book on Music'" (1999).

10　*HS* 22,1070–1071. 乐府的实际位置——是在上林苑中还是在另外一个苑囿中——尚不清楚。见 Masuda Kiyohide, *Gafu no rekishiteki kenkyū*(1975), 16–22; Matsumoto Yukio, "'Jōrin gafu' no shozaichi ni tsuite"(1993); Knechtges, "The emperor and literature: Emperor Wu of the Han"(1994a), 62–3。

11　*HS* 11,335. 乐府的历史见 Suzuki Shūji, *Kan Gi shi no kenkyū*(1967),90–115; Loewe (1974), 193–210; Masuda (1975), 16–31; Zhang Yongxin, *Han yuefu yanjiu* (1992),45–81; Birrell, "Mythmaking and Yüeh-fu" (1989)。

12　Kern (1997), 291–2; 还应该注意武帝时掌管乐府的协律都尉李延年（约公元前140〜前87年）——武帝最宠爱的李夫人的兄长，据称他本人就善为"新声"和"变声"，见 *SJ* 125, 3195; *HS* 93, 3725, 97A, 3951。

13　*HS* 22, 1052; Kern (1997), 187–98。

14　*HS* 22, 1045, 93, 3725; 司马相如死于公元前117年，朝廷的祭祀颂歌可能是公元前113年以后才开始编写的，见 Kern (1997), 59–61, 179–81。

15　据载李延年把中亚的曲调引入武乐，可见 *HHS* 47, 1578, n. 4;《晋书》卷23第715页；郭茂倩（约公元1126年）《乐府诗集》卷21第309页。"雅"——通常可以和"夏"通用——同时指"优雅/标准"和"华夏"。

16　如见刘勰（约公元467〜约522年）《文心雕龙》卷7第235页；沈约（公元441〜513年）《宋书》卷19第550页；《隋书》卷13《音乐志上》，第286页。王先谦（公元1842—1917年）《汉书补注》卷22第25页b曾把这种批评意见明确指向第八章。

17　*LSCQ* 5（"古乐"）. 与之相比，《荀子》中没有这种观念，《周礼》和《礼记》只提到一些古代的乐舞名，但没有把它们和特定的圣人相联系。见 Kern (1997), 33–8。

18　*HS* 22, 1038, 陈立（公元1809〜1869年）《白虎通疏证》卷3第100–104页；*FSTY* 6, 217; 关于这种语境下的《乐纬》，见《初学记》卷15第366页。

19　我们难以了解东汉宫廷音乐的真实情况，唯一清楚的是，当时已不再使用西汉武帝时的颂歌。蔡邕（公元133〜192年）指出"汉乐四品"用于不同的场合（祭祀、军事、饮宴）；《隋书》卷13第286页提及这些庙乐来自明帝（公元57〜75年在位）。关于残存的有关信息，见 Wu Shuping, *Dongguan Hanji jiaozhu* (1987) 5, 159; *HHS* 25, 1201; *HHS* (tr.) 5, 3131–3132;《通典》卷141第3595页；Mansvelt Beck, *The Treatises of Later Han* (1990), 41–6; Kern (1997), 51–2, 61–2, 81–2, 87–8。

20　遗憾的是，这也意味着考古发现的乐器无法和"古乐"的修辞意义相联系。此外，尽管很有可能在汉墓（主要是东汉墓）中呈现的音乐表演场景在礼仪上的象征与此不同，但从目前来看，现有的信息不足以从任何一方面对此进行讨论。这一点特别正确，因为正像在本书第2章中所讨论的，装饰最奢华的——或许在修辞上也是规模最为宏大的——东汉墓葬中的图像不是刻在石料上而绘制在木板或丝质帷幔上，都已经不复存在。

21　*SJ* 49, 1983; 54, 2031; 107, 2847; 118, 3080; *HS* 27B (1), 1395–96; 39, 2021; 44, 2144; 52, 2384; 72, 3077; 77, 3248; 78, 3290; 79, 3305; 84, 3440; 87B, 3584; 90, 3674; 92, 3707; 93, 3727; 93, 3730; 94A, 3755; 98, 4024; 99A, 4086;《前汉纪》卷15第1页b和第2页a；以

及 Lu Qinli, *Xian Qin Han Wei Jin Nanbeichao shi* (1984), 1, 128-43。

22 *HS* 22, 1045; 24A, 1123; 30, 1708, 1756.

23 如见于《诗经》卷1A第7页a郑玄（公元127～200年）注，《左传·襄公十四年》第20页a杜预（公元222～284年）注。

24 Yao Daye, *Han yuefu xiaolun* (1984), 1-11; Zhang Yongxin, *Han yuefu yanjiu* (1992), 57-64; Birrell(1989).

25 见《周礼》卷3《小宰》第10页b，卷3《宫正》第21页a，卷11《小司徒》第12页b—第13页a，卷11《乡师》第18页a，卷35《小司寇》及《士师》第6页b—第7页a，卷36《司烜氏》第24页a；《礼记正义》卷10《檀弓下》第15页a，卷15《月令》第5页a，卷31《明堂位》第11页a—b。另见 Kern, "The poetry of Han historiography" (2004)。在《论语》3/24 中孔子本人也被尊称为教化天下的天之"木铎"；另见《论语》(《十三经注疏》) 卷3 第14页a 注。

26 在劝谏君主的语境中，上文提到的《左传·襄公十四年》第20页a 的片段引用了早期的《夏书》，其中提到了正月孟春，使者执木铎徇于路；后来这段引文可能被抄进伪《古文尚书》的《胤征》篇。《左传》中的这一段没有提到对歌谣的搜集，尽管征集自大众的对君主的劝谏很有可能采取了诗歌的形式。

27 《诗经》卷1A 第7页a；另见《礼记》卷37 第4页a—b 和 *SJ* 24, 1181。直到朱熹（公元1130～1200年）《毛诗》序才被看作独立的篇章，并被标为《大序》——一般认为是卫宏（公元1世纪中叶）所作，卫宏也为"古文"《尚书》作过序，现已佚。

28 关于汉代的历史编纂，见 Kern (2004)；关于战国文献，见 Schaberg, "Song and the historical imagination in early China" (1999)。

29 这种理论根据也构成了《左传》中长篇大论的基础；见 Schaberg, *A Patterned Past: Form and Thought in Early Chinese Historiography* (2001)。

30 *HS* 27B (1), 1396.

31 *HS* 90, 3674.

32 *HS* 90, 3673. "贵戚"可能是指赵飞燕和赵昭仪的家庭，但不会是班固父亲班彪的姑母班婕妤。

33 见 Bielenstein, "An interpretation of the portents in the Ts'ien-Han-Shu" (1950); Eberhard, "The political function of astronomy and astronomers in Han China" (1957); Sivin, "Cosmos and computation in early Chinese mathematical astronomy" (1969); Kern, "Religious anxiety and political interest in Western Han omen interpretation" (2000b)。

34 见 Knechtges, "To praise the Han" (1990)。

35 关于这部分讨论的问题和大量的参考资料，见 Kern, "Western Han aesthetics and the genesis of the *fu*" (2003b) and "The 'Biography of Sima Xiangru' and the question of the *fu* in Sima Qian's *Shiji*" (2003a)。最近对汉赋的精彩讨论，另见 Gong Kechang, *Studies on the Han Fu* (1997); and Guo Weisen and Xu Jie, *Zhongguo cifu fazhan shi* (1996)。

36 刘歆也节略了其父刘向所作的原始目录。

37 *HS* 87A, B, *FY* 2/25-47（"吾子"）; Knechtges, *Exemplary Sayings*, Chapter 2" (1994b), 530-3; Doeringer, "Yang Hsiung and his formulation of a classicism" (1971), 119-79.

Knechtges, *The Han Rhapsody* (1976) 仍是关于扬雄对于赋的理论和实践的权威论著。关于扬雄在赋之外的修辞手法，见本书第 22 章。

38　*HS* 87B, 3575, *FY* 2/25, 34 ("吾子").

39　*FY* 2/27 ("吾子").

40　这篇赋以此为篇名被保存在《史记·司马相如列传》和《汉书·司马相如传》中，萧统（公元 501～531 年）把它分为《子虚赋》和《上林赋》。见《文选》卷 7 第 348 页和卷 8 第 361 页。

41　《文选》卷 8 第 376 页。关于《文选》所收两部分的全文，见 Knechtges, *Wen xuan*, Vol. 2 (1987), 53–113。

42　*HS* 87B, 3575.

43　司马相如的赋意在劝谏，这种信念也反映在他的传记中，见 *SJ* 117 and *HS* 57。《史记》中此传的实际形成时代很可能稍晚，是以较早的《汉书》中的版本为基础，后者包含扬雄的观点；见 Kern (2003a)。

44　比如见于苏秦（公元前 4 世纪）对秦惠王（公元前 337～前 311 年在位）的著名说辞——可能是杜撰的——中，苏秦极尽口舌，告诫文辞之繁所带来的乱象；见 Zhu Zugeng, *Zhanguo ce jizhu huikao* (1985), 118–19。对巧言令色之危险的关注当然要更早，见《老子》第 81 章，或《论语》15.11 以及 17.18。

45　《礼记》卷 37—39《乐记》；《诗经》卷 1A 第 1 页 a—第 20 页 a。

46　Gong Kechang (1997), 264–5; Knechtges (1990).

22
公元前 100～公元 100 年的劝说技巧

戴梅可（Michael Nylan）

生活和统治、构建自我和缔造统一规则的种种艺术，成为深受其吸引的公元前 4～前 2 世纪的思想家们所讨论的主要话题。在接下来在此讨论的两百年间，绝大多数原创论述可能是为了纪念特定场合的有固定套路的作品（现已佚）。[1] 从现存的散文作品来看，撰写者们继续制作长篇纲要，以把"周道"压制为巨大有序之宇宙的镜像，杰出男女特别是帝、后有修养的举止可以和这个宇宙相对应。然而，到汉代的第二个世纪，在一种对时运、[2] 性格和人品在决定个人、家庭和统治家族的结局中所起作用的探询之下，皇权空前集中带来的益处开始不断地被含蓄地审察，因此才会有主要集中于个人的——传记、自传、碑刻和墓志、正式书信，还有体现作者意图的前序或后序[3]——以及在与决策关系不太明显的新主题中采用包括哲学对话和文章的旧有论说形式的新书写形式的发展。[4] 某些现存的散文作品吸收了早期诗歌的感情色彩，采用强烈的个人声音以表达对天下一统后呈现出的事物面貌近乎绝望的严重不满。[5] 现有的各种政策的拥护者和反对者都可能稳妥地呼吁在朝廷中"恢复"新古典主义理念的温和与克制，但这些呼吁往往是针对朝廷之外的人，修辞在多大程度上必须聚焦于帝室，这一点我们仍不清楚。[6]

针对个人的生活或一群人的生活是否可以揭示更为广阔的宇宙模式这一问题，已知最好的探询是司马迁撰写于大约公元前 110 年的《史记》。《史记》卷 61 关于隐士伯夷和叔齐、卷 129 褒扬了有经济头脑的人（这是《史记》列传的终篇）说明了将要探讨的模式是多么难以捉摸。[7] 伯夷和叔齐是小国王子，《论语》称他们"不念旧恶，怨是用希"，因为他们已得到了唯一希求之物——仁德。[8] 据说在他们的父亲死后，两兄弟都心中不安，不愿意继承王位，因而动身寻找一位可供效忠的完美君主。不幸的是，周文王恰在这个关键时刻死去，但两兄弟见到了他的儿子武王，正决心击败他的君主，甚至不惜在服丧期间出兵征伐。伯夷和叔齐"不食周粟"，以抗议这个一向被奉为胜利之化身的新王不忠不孝的行为。两兄弟很快饥饿而死，死前作了一首短的挽歌（由谁记录的？），谴责武王"以暴易暴"，为国家和自己不祥的命运而哀叹。

这个奇怪的"传记"以三个论断开篇，对每一个都紧接着做了具体说明：《诗》《书》虽缺，但所有学者都以六艺来判断其他典籍的真伪；除非某些传闻是真的，早期圣王对待继承问题非常谨慎；如果当地人指示无误的话，司马迁本人曾参观过一位著名隐士的墓冢。这个"传记"接下来提出了一系列无法轻易作答的问题。孔子把两兄弟称为楷模是否正确？毕竟在拒绝即位时，两兄弟表现出了怨恨。当比较善人与恶人的下场时，首先要面对的就是孔子最钟爱的弟子——在穷困中早逝的颜回，除非接受不平等的存在正是为了彰显清廉这种荒谬道理，不然谁能相信这世上运转着所谓的"天道"，尽管口号可嘉？在一个不公正的世界中，人们怎么才能确保死后之名？如果孔子没提，伯夷叔齐兄弟——或就颜回一事而论——是否本就会为人所知？精神高尚的人为了声誉是否必须与有权势的人结盟？

司马迁在《货殖列传》中又回到了这些问题上，和《伯夷列传》一样，在开篇先致意了一下经典（这次是《老子》），接下来出人意料地草草地称其识见"几无行矣"。《货殖列传》的其他部分包含了太史公的长篇评价，后者仍然用其名义上的主题为托词，以野心勃勃地探察世俗成功与名望、政治权力和道德之间的关系。司马迁先是说好的统治"因袭"长久以来的"俗"，促进了奢侈品在已知世界的所有地方的流通，其结果是供需的自然法则让每个人各任其能，以追求心中所渴望的东

494

西。因而"上则富国,下则富家"。然而,现在的当政者在出现"巧者有余,拙者不足"的局面时又会做些什么呢?[9]是像有些人说的那样,财富是举行重大礼仪活动的先决条件,还是我们应该认为财富赋予了高尚者和卑劣者同样的声望?如果不是孔子最富有的学生子贡坚持不懈地宣扬他的德行,孔子本人会不会受到尊崇?为什么逐利之徒不管从事多么卑贱的行业,无一例外都被尊称为"素侯",可以和"素王"孔子相提并论?是否应该总是赞扬他们在逆境中的坚韧和能力?他们活得像王侯,死后受到追捧,这是否公平?人生幸福的定义是否应该脱离于物质条件之外?对"富"的渴望看上去比对道德的期盼更符合人的本性,这是怎么回事?即便是世上地位最高的人也会体验到对贫穷的恐惧,这又怎么解释?这些问题把读者引向一个人令人不安但又无法逃避的结论,那就是"凡编户之民,富相什则卑下之,伯则畏惮之,千则役,万则仆,物之理也"。[10]

如果说《史记》充满了道德上的矛盾,充分调动了传记和自传的潜能以把读者导向哲学质询,《论衡》所收录的王充的自传则体现了这些形式的极限。仅从大体梗概上来说,王充的故事和司马迁的表面上相似:年少时看上去前途无量,才智却始终没有得到充分认可,因而郁郁终生,只希望自己的著作能在身后为他带来圣人的名声。但是,与司马迁的作品相比,王充的自传只专注于一个问题:王充天赋异禀,为什么没能谋得一个和他才能相称的职位?王充过分依赖对仗句,针对无名诋毁者为自己的才能辩护,最长有连着六个六字句,却只突出了他的凄凉。[11]下面即是一例:

> 充既疾俗情,作《讥俗》之书;又闵人君之政,徒欲治人,不得其宜,不晓其务,愁精苦思,不睹所趋。[13]

王充自称的原创性和他笨拙的散文风格——比他因循守旧的事业生涯的目标更为突出——形成的对比,让读者怀疑,王充那源于异常多舛的命运或贪腐官吏的不幸也可能同等地源于他的不能"知止"。[13] 王充"欲悟俗人"[14] 的不合时宜磨灭了他希望置身于从孔子、孟子、荀子和扬雄延伸下来的诸子之列的抱负。

与传记和自传相比，下面将要讨论的三种新古典主义论著，典型地体现出汉代中期把对话和论说文等旧形式扩展到新主题以达到新效果的这一倾向。可能并非偶然的是，这三种著作都维护着作者－主角与生俱来的优越感，而蔑视当时在文本以外不完美世界中的当权者。其结果是逼迫读者去面对——可能之前从未有过——他们对这个脆弱人生中最佳处事方式的疑虑。

《盐铁论》（公元前48年之后？）

《盐铁论》60篇，通常被（错误地）解读为一次关于经济政策之辩论的逐字抄录，这次辩论由汉昭帝（公元前87～前74年在位）在公元前81年召集。[15] 汉昭帝在那一年下诏举荐下层人士来诉说民间疾苦，以对抗盘踞于朝廷中的势力，这些势力赞成用通货膨胀的货币政策，通过卖官鬻爵和盐、铁、酒专卖来为对外征伐提供资金。当时，由外戚集团的主要代表霍光领导，朝廷中的一个或几个派系想剥夺御史大夫桑弘羊已经把控了三十年的帝国财政，桑弘羊果然一年内就被免官并处死。[16]《盐铁论》中小说化的记述编纂于这一事件之后几十年，文中莽撞的新来者——一般被称为文学和贤良，有时也称为儒或墨[17]——常常抨击没有给出姓名的御史和其他三位上级官员，指责他们的严重腐败和失职："今之有司，盗主财而食之于刑法之旁，不知机之是发……若子之为人吏，宜受上戮，子姑默矣！"[18] 大政府的批评者夸耀自己相对贫穷和无私的品行，尽管他们可能更多的是为地方权贵和富商讲话，而并非为了村里的穷人。[19] 尽管他们的对手对于大一统帝国及其暴君出现之前之过去的理想化构想并不令人信服，但面对渐趋激烈的针对性言辞，高度集权化统治的捍卫者纷纷无言以对。[20]

《盐铁论》在开头引用了孔子关于国和家的一段话,为大范围重新审视国(疆域)、家与国家(统治)的适当关系定下了基调。高级官员们——认同在秦刻石、《孝经》和贾谊(公元前200～前168年)的奏章中被反复重申的逻辑——极力主张把国和家合而为一,他们说帝国的财富应该被集中到国家的仓府之中,直到其中储备可以由像他们一样为了所有臣民的最大利益的人来合理分配。[21]他们的对手依赖两种相反的论点:(1)每向帝国政府多缴一个钱都意味着用于人民生活的钱少了一些,因而花费在基础设施和防御上的公共支出应该被压缩到绝对最低;(2)有远见地为公众提供教育、饥荒救济、防御和礼仪活动是人民忠诚的最好保证。[22]匈奴威胁的弱化消除了高水平战备的需求,更不用说其他的对外征伐。为了反驳这些论点,高级官员们只能喋喋不休地说着最近一些战争带来的好处,而后突然话题一转说道,首先,边境驻防为过剩人口提供了一个有效的安全阀门;其次,大规模的进口和经济活动可能会提高帝国每一位臣民的生活水平。无论怎样,汉代的城市中心几乎不可能退回到农耕和物物交换的时代了。[23]

这些资历不深的政府批评者反复提到一个底线——国家永远不应该与民争利以支持对外征伐——并抓住不放,如同在针对体制弊端的辩论中一样。但是,这篇文献中提出的关于财政管理的问题直到现在还会引发激烈的讨论:比如说,是不是像批评者所宣称的,价格和质量控制总会排挤掉私人资本?[24]如果赋税是为财富的重新分配做准备,那么赋税政策应该优先于哪些方面?什么样的资源属于公用,什么样的最好由私人经营者来开发利用?必须支持什么样的礼仪活动才能让普通臣民,更不用说还有边疆势力对国家之代表心存敬畏?如果商业的高额利润会把人工从作为"本"的农业吸引过去,应不应该鼓励商业?武帝(公元前141～前87年在位)之前的思想家通常认为大一统的两个潜在优势——和平和法律面前更加平等——会远远超过减少壁垒带来的任何经济劣势。但是,随着皇权更加集中,许多人会怀疑法律、制度和风俗能不能对权力的随意使用提供足够的制约。因此会有贤良文学呼吁回到帝制之前的政府模式，因为在那种模式中皇权没有那么强硬。[25]

辩难的双方总是重申对方最强的论点以尝试驳倒他们。《盐铁论》把这一特征提升为一种精巧的手段，即在交替发言中至少重复一句先前一方提出的口号，然后驳斥其为彻底的荒谬。例如，御史表示很愤怒，因为对手竟然敢问："（当时的政策）何福之有？"他怒喝道："而曰'何福之有？'未通于计也！"[26] 哪一方都不会放弃任何指责对方的机会，以"药酒苦于口而利于病"为借口，互相之间的辩难经常沦为谩骂。一旦读者学会怎么预判这种往来交锋，很容易就能看出双方的主要口号，而不考虑他们的基础逻辑是否正确。然后，从第 10 章开始，一连串的情节显示御史一方越来越慌乱，他们"默然"。（与之相比，有一次他假想的对手们没有回答，看上去却是出于自信。）[27] 到第 28 章，贤良文学们离席而起，说御史他们对京城之外情况的接触少得可怜。曾经促进秦和汉初统一的那些政策对现在更加成熟的朝代是无益的。[28] 到第 41 章，皇帝接受了御史勉强做出的退让，取消京畿地区铁和其他地方酒的专营。但是，双方的唇枪舌剑并没有收敛，在其余的 20 章里中心辩题变成对外战争和刑法。最后，窘迫的御史没有了同盟，请求停止辩论——但在这之前还要最后贬低一下孔子令人绝望的执政履历。[29]

现代的读者受过民族主义叙事的教育，看到《盐铁论》中对地方利益的维护和抨击时会震惊于其言辞之激烈。但这个标题体现不出批评的广度，除了桑弘羊被免职以外，其内容也没有揭示这场真正的辩论在历史上有多少实际作用。[30] 然而，对《盐铁论》和下面这两种文本来说，所有文本和现实的逐一映射都是不恰当的，尽管桓宽记述的"方此之时"的弊政足以提醒读者注意改革的需求。

扬雄的《法言》（约公元 8 年）

《法言》通常被译作"*Model Sayings*"，但译为"*Exemplary Talk*"更

为恰当[31]——可能是最早把修辞本身作为主要主题的文献。[32] 对扬雄来说，修辞远远不只是一些说服君王的技巧，还在社会文化和教养生成中起到了主要的作用。文雅的谈吐和优雅的举止、行为与品味一起，被称为君子的四种要务。与气势充沛的杰作相比，肤浅的字词堆砌有诸多局限——这些主题也出现于扬雄在自己和代替读者的无名对谈者之间构建的对话中。尽管被贬至身兼宫廷诗人与俳优的位置，扬雄却在《法言》中宣称自己有可与孔子相比的学术权威，因为他也像孔子一样可以制作经典，说出的话无过也无不及。[33] 为了突出自己的卓尔不凡，扬雄的论述坚称，那些为长寿、高官厚禄、声望、财富、情爱和肉欲这些徒劳而孤立的追求提供的常用辩解，在本质上是狭隘且没有条理的。既然高尚的行为并不能阻止时代、同僚或国家的蹂躏，人或许应该同样不惜任何代价寻求世俗的成功，扬雄驳倒了这种看法，同时描绘了一种"行之有效"的由各种与中国[34] 悠久的经典礼乐相联系的行为塑造而成的正直品德，这种品德令人折服，足以战胜死亡（见本书第 21 章）。

扬雄给自己定下的任务是，解释儒学和为相应专家在历史上赢得一席之地的其他技能之间有何区别。为了完成这个任务，扬雄借鉴了太多《论语》中的格式和文法，以至于许多人把他的《法言》看成实际上对《论语》的注解。[35] 卷 1《学行》以类似如下段落为基础：

> 或曰："学无益也，如质何？"曰："未之思矣。夫有刀者砻诸，有玉者错诸。不砻不错，焉攸用？砻而错诸，质在其中矣。否则辍。"[36]

> 孔子习周公者也，颜渊习孔子者也，羿、逢蒙分其弓，良舍其策，般投其斧而习诸，孰曰非也？或曰："此名也，彼名也，处一焉而已矣。"曰："川有渎，山有岳，高而且大者，众人所不能踰也。"[37]

> 或问："世言铸金，金可铸与？"曰："吾闻觌君子者，问铸人，不问铸金。"或曰："人可铸与？"曰："孔子铸颜渊矣。"或人踧尔

曰："旨哉！问铸金，得铸人。"[38]

扬雄干脆利落地传达了这样一些理念，即学习是有益的；各种不同类型的才能难免不平等；儒学天然优于其他形式的技能，部分原因是它不墨守特定的目标；[39] 以及儒学自身就可以制造出正直有教养的人。许多最激烈的言辞是讨论"如"某种事物或某人意味着什么[40]以及模仿和真正的转变有多大的区别。尽管扬雄和前辈荀子一样，认为精神上的真正高尚取决于一种超越了天生和培养之争的价值辨别力，但扬雄非常渴望把自己认可的教养方式与《荀子》所强调的模仿和习惯是高尚行为自然天成的前提相区别。[41]

或曰："有人焉，自云姓孔，而字仲尼。入其门，升其堂，伏其几，袭其裳，则可谓仲尼乎？"曰："其文是也，其质非也。""敢问质？"曰："羊质而虎皮……圣人虎别，其文炳也。君子豹别，其文蔚也。辩人狸别，其文萃也。"[42]

到了编纂《法言》的时候，扬雄已经抛弃了早年繁复大赋的华丽辞藻和节奏变化，[43] 但他的文章继续依赖对有着多重意义的典故的简练使用。在前面的段落中，扬雄引用《论语》和《易》，锚定了内与外、质与文的区分，同时为学习上的进步、对权力的获取、掌握知识的不同阶段以及人与兽分离的不同层级提供了恰当的比喻。其行文如此简洁，只有最老到的读者才能领悟到扬雄这部杰作所记录的每一个对话的全部光彩和冲击力，但即便是新手也能感受到选择这条教化过程的艰难道路同时又疲于应付人生变数所带来的风险。

对话模式完美地适配了扬雄的探索，他不经意地牵涉经常被引用的口号和对策，这些口号和政策削弱了其作为行为指南的功能。扬雄最喜欢用的手法是假装误解对谈者所使用的词或习语。比如说，一个关于"(仕)进"之道的问题却引出了谜语"水"。原来，水"不舍昼夜"，所以象征着仕途上的进步。[44] 乱政或违背常理都只能由圣人或圣明的文章来纠正。任何具有重要价值的事物都没那么容易得到。"圣人之辞，可为也；使人信之，所不可为也。是以君子强学而力行。"[45] 天资在最开始能起到一些作用，但真正的行家要有提高的意愿，且痴迷于平衡和清晰。如果"学习"意味着"习得一种对美好的品味"，那么可能首先需要掌握尽可能多的知识，然后才能"多闻则守之以约"。[46] 逐渐的，这个人就养成了对自身和他人美德的一种品味，其他所有好的品质都从这里流露出来，包括这位圣人在圣行中获得的"无尽"乐趣以及他在施行和看到新古典主义的节制时的欣慰：

或曰："女有色，书亦有色乎？"曰："有。女恶华丹之乱窈窕也，书恶淫辞之溷法度也。"[47]

对扬雄来说，每一件有形的物体——或者对它的感知——都蕴含着一种确定的道德分量。比如说，在卷 2 中，扬雄使用了"朱（红色）"的双关意义，"朱"在汉语中的意思有点类似于"赤诚"，碰巧又是传说中一个目力极佳之人的姓。扬雄在总结时文风变得严肃，评论道，即使那些才能并不出众的人也可以努力磨砺自己的行为。然后，红色（丹）又连带出青色，一种标准的对"绘画"的代指，这提出了更大的、造作和肤浅地关涉伟大的自沉诗人屈原的议题。通过这样的修改和再现，开始的对话屈从于这种认识，和无名对谈者的最初所提格格不入，于是他——十分滑稽地——对提出的问题失去了控制。

汉代中叶的读者对《法言》中的大多数主题相当熟悉。对人生中命运和起作用的人或物所扮演的角色的总结、对善政的定义、对过去圣贤的评价，这些在以前都出现过。但扬雄对主要概念冷静而引人注目的处理方式，加上对历史人物精当的描绘，让已经定型的陈规重新受到审视。[48] 通过双关语、出人意料的类比、故意的误解以及一系列其他手段，扬雄在那些著名的男女人物之中确立了自己的地位，在《法言》中对这些男女人物的评价占到了将近三分之一的篇幅。扬雄在最后把像自己一样的受过传统训练的作者塑造成价值观的最终仲裁人，嘲笑把当官作为最高成就的王宫人员。（这是一个确切的标志——柯马丁［Kern］在扬雄的赋作中注意到了其他几种标志——说明扬雄和之前的司马迁一样，应该用其交游的文人来评判。）

西方读者可能会把扬雄的论著看成中国的柏拉图式对话，其中缓慢而持续的质疑都势不可挡地指向真理。然而，扬雄的对话太短，无法有效地和苏格拉底的长篇大论相比。它们更像现代的相声艺术，把当时的道德观念撕得粉碎。结果则是一种能够同时做到正经而诙谐、亲切而苛刻的极其巧妙的修辞方法。强调作用和运势、美好和欲望、成功和教养，还有扬雄看似简单的文风所赋予的伟大上古的感觉：所有这些都促使《法言》的研习者近乎痴迷地阅读它，因而蕴含在文本往来交锋中的节奏和卓识不出所料地刻进了读者的心里和脑海中。

班昭的《女诫》（约公元 100 年）

和先前刘向（公元前 79 ～前 8 年）的《列女传》一样，《女诫》规定了被想象成朝廷缩影的家庭空间中男人和女人的角色，尽管不是每个人——无论在班昭的时代还是以后——都认同其中的分析和对策。[49]（作为邓太后的老师，班昭熟悉宫廷的环境，邓太后是外戚成员，公元 106 ～ 121 年摄政。）[50] 认为班昭的文章是作为"私"信写给她适婚年龄的女儿们的这种理解，让人误以为《女诫》是专门写给妇女的。或许应该原谅这种幼稚的想法，因为班昭高超圆熟的修辞手法能够混淆是非，正如她在开篇所阐述的，通常被（错误地）解读为汉代妇女地位卑微之"证明"的这句话：

鄙人愚暗，受性不敏，蒙先君之余宠，赖母师[51]之典训。[52]

换句话说，班昭学过优雅的"自谦"语言（"鄙人……受性不敏"），因为她出身于足以让家中女性（不仅仅是儿子）接受传统典籍教育的名门（"先君"）富族。班昭接下来说：

> 年十有四，执箕帚于曹氏，于今四十余载矣。战战兢兢，常惧黜辱，以增父母之羞，以益中外之累。夙夜劬心，勤不告劳，而今而后，乃知免耳。吾性疏顽，教道无素，恒恐子穀负辱清朝。圣恩横加，猥赐金紫，实非鄙人庶几所望也。[53]

老套的谦逊语被援引，但与前文相同，这种修辞手法表面上贬低了班昭在以皇室婚姻而联结的两个家族中的身份，实际上强调了她的崇高地位，夹杂着一些类似于"中外"（家庭内外事务，但也指宫内和外朝）的惯用语的对经典的引用[54]也起到了同样的作用；正是这一"清朝"把有着圣贤般悟性的班昭推到了汉代权力的最中心。

班昭的作品以类似的方式延伸。一方面，班昭敦促她的女儿们要服从她们自然的"尊长"（丈夫、公婆和长辈）。另一方面，班昭的说辞令人想起重要的政治考虑：外戚对朝廷的忠诚持续受到怀疑，尤其是当外戚家族中有人在北方边境领兵打仗的时候，而班氏家族正是这样。声称实行敬顺教育，促进家庭稳固以维护国家安全，这实际上否认了任何干预皇位继承或在别人面前逞威风的欲望。此外，在班昭看来，和妻子一样，丈夫必须学会尊重配偶，而且如果要家庭运转正常、儿子们受到良好的教养，女子应该接受和男子同样多的教育。[54] 班昭的另外一条戒律——寡妇不应该再嫁——保证了许多地位很高的妇女在晚年可以摆脱男性的支配。（贫穷一些的妇女则很难抵抗再婚的压力。）班昭坦承甚至她自己丈夫的姊妹也不赞同她的看法，但班昭的说辞或许因很自然地把赢得家庭"声誉"构建成男女成员的最终目标而魅力持久。在班昭看来，些许的警觉可以防止会损害自己和家人的个人过失的传扬。[55] 所有"贤妻良母"看上去无私的行为都会有助于提高她的声誉，这给一个女人带来的好处不亚于她出生和婚配的家庭所带来的。

结论

本章简略地讨论了公元前 30 年前后，在扬雄、王莽及其同时代的人之中出现的一种高度有意识的古典主义。刘氏在位越久，其子孙和部下就越倾向于掩饰这位汉朝缔造者卑微的出身，以在汉代和贵族当政的周代之间建构更具启发的紧密联系。结果是对朝廷直接的恳请和间接的批评越来越多地采用呼吁复兴各自对立的利益集团所倡导的截然不同的上古版本。

本章集中于这一时期在汉学界之外几乎不为人知的三种重要论著，我们认为与简略罗列现有文献相比，对少数几种文献的实质性考察更能说明汉代修辞性文章的光彩、多变与复杂。撑起这篇与修辞相关的文章的是一种坚定的信念，即无论在我们所讨论的两个世纪统治中的任何时间，汉文化在文学上处于任何程度，这都不是一个像我们所做的以随意的精神来写作的文化。鉴于书写材料和教育的昂贵，写作既不日常也不普遍。对文字的熟练掌握需要长年累月的特别训练，局限于潜在或现任的官吏及其女性亲属等少数人群之中。高超的文字水平往往与世袭而来的荣耀，以及通过纯熟的艺术技巧来维护无可争议的政治权威的愿望相匹配。[56]尽管最近出土的文献为我们展示了应用书写的更多情况，如"安排"一种礼仪活动、执行与地下神明的契约、提高辩论技巧、传达官府指令，以及在受到不公正待遇时"舒愤"或者为了在后世建立起名声。[57]

关于对潜在论说者的培训，我们所知甚少，但在汉代中期出现了最早专门讨论当时方言和古代语源的字书和词表，即扬雄的《方言》（编纂于约公元 4 年）和许慎的《说文解字》（公元 121 年献上）。[58]从现在的证据来看，除了上面讨论的新形式之外，这一时期可能还出现了最早的方志和最早的带插图传记的史书。[59]"小学"教学生文字的正确写法

（其中一些会有多种字体），这样学生就可以掌握从各种经书和子书中摘选出来的历史典故、辞藻和宏大的理论。[60] 尽管缺乏现存的专门讨论这一主题的文献，但我们在一些经典文献中可以看到几个成熟的修辞策略的简要名称，我们或可据此认为在当时存在正式的修辞训练。可以说，由扬雄及其追随者们所倡导的古典模式所建立的各种规则，结合了汉代中叶许多论说文中所采取的犀利直接风格以及个人语调，创造出可能是为古典中文所设计的最为流畅多样的散文风格——一种把作者特质提升到不朽高度的古文。[61]

注释

1   我们无法知道现存的（传世和出土的）文献在多大程度上反映了这一时期的趋势，我们只能注意到，截至目前，出土的文书没有带来多少惊喜。

2   "命"和"天"（不管是作为拟人化的天还是作为"事物存在的方式"）有时会取代"时"。

3   LSCQ（"序意"），648–9 在卷 12 以后，被附在十二纪后面，用对话的方式评论了前面的内容，与《荀子·议兵篇第十五》相类似。但《序意》并不是整部作品的后序，也不包含在《史记》、《说苑》和《法言》的序中所见到的韵文。关于碑刻和墓志铭中强烈的个人色彩，见 Nagata Hidemasa, *Kandai sekkoku shūsei* (1994), Vol. 2, 182；《隶释》卷 12 第 14 页 b 引《相府小史夏堪碑》；以及 Miranda Brown, *The Politics of Mourning in Early China* (2007)。一些著名书信——包括《报任安书》——的时代都不是很确定，史嘉柏（Schaberg）在本书中讨论了这一问题（见本书第 23 章）。一般认为，传世文献中的西汉文人书信是在人生惯常的乐事（高官、声望和财富）被剥夺以后的"悲叹"。他们据称的作者在别无选择时试图表达自己的情感状态。世俗一些的书信出现得更早，截至目前，最早用于婚配的书信据称为崔骃在公元 92 年所作（《艺文类聚》卷 40）。

4   在曹丕（公元 187 ～ 226 年）的《典论》，陆机（公元 261 ～ 303 年）的《文赋》和萧统（公元 501 ～ 531 年）的《文选》序之前，使用"体裁"一词来区分文体的形式可能是时代错置的。

5   主要的经传，包括《穀梁传》和《左传》，正史和说教故事的结集都是在皇家的赞助下被保存下来的。

6   比如说，许多作品，包括《史记》在内，都据说是为"后世"而作，而且相当比例的碑刻是为地方权贵及其扈从所作，见 Brown (2007), Tables 5.1–2。"新古典主义理念"指西周早期统治者特别是周公的伦理和政治方式。这种新古典主义理念在汉代政治中大约盛行于王莽当政时期,与扬雄(公元前 53 ~ 公元 18 年)及其紧密追随者班固和东汉时期的荆州学派关系最为密切。

7 关于《史记·伯夷列传》和《史记·货殖列传》的英文译文,见 Burton Watson, *Records of the Historian: Chapters from the* Shih chi (1969), 11–16, 333–56; Swann, *Food and Money in Ancient China* (1950), 437–52。

8 在本章中,孔子是指以前为人所知的圣人孔夫子。

9 *SJ* 129, 3255.

10 *SJ* 129, 3274.

11 在《论衡》的篇章中,与模拟日常说话的语句相比,以 3∶1 或 4∶1 的数字组合成对仗语句很常见。对数字类目的喜好(五行、六艺、四季、十恶等),见 *HS* 90, 3660; *HHS* 73, 2359–61; *SGZ* 8, 242。

12 *LH* 30(第八十五,"自纪"),1186. 当然,使用传统的散文风格并不妨碍拥有非凡的才能和缜密的头脑。

13 "知止"一词出现在《老子》第 32、44、46 章。Lejeune, *On Autobiography*(1989)讨论了读者对于自述之真实性依赖,而自述确立了与读者的世界相关联的作者、讲述人和主人公的身份。

14 *LH* 30(第八十五,"自纪"),1186.

15 关于"文学"与"贤良",见 Bielenstein, *The Bureaucracy of Han Times* (1980), 136–42。许多人被归入"儒",但并不能被看作孔子在道德上的拥护者。见 *YTL* 2(第十一,"论儒"),149 and 4(第十八,"毁学"),229。

16 见 Hsü Fu-kuan, *Liang Han sixiang shi*, juan 3 (1979), esp. 121–3。宣帝(公元前 74 ~ 前 49 年在位)铲除霍氏的决定,无疑让重述这场辩论变得更加复杂。

17 例证见 *YTL* 10(第五十六,"申韩"),578。

18 见 *YTL* 4(第十八,"毁学")255 and 5(第二十四,"论诽"),332。文学饶有兴味地形象描绘了权贵在因犯罪而面对诛戮时经历的痛苦。更加令人惊讶的是,文学把皇帝的大臣和古代暴君的大臣做对比。见 *YTL* 5(第二十六,"刺议"),318–19。尽管在结论中,桓宽证明了御史论据的力量,但在此前的篇章中支持桑弘羊的一方无法难倒或困住对方。

19 *YTL* 3 (15 "未通"), 192 讲到中家被迫补上穷人无法缴纳的赋税。

20 贤良和文学用夸张的言辞声称在古代没有人把农商结合起来,也不存在专业的分工(这和第一点直接矛盾)。

21 如见 *YTL* 10(第五十七,"周秦"),354。据 Ma Biao, "Handai Ruzong dizhu" (1988), 64–74 统计,在宣帝之前只有不到 10% 的公卿可以被称为儒,在元帝之后余下的 18 个丞相中有 14 个是儒生。两个虚构的阵营都支持复"古"的政策,而不仅仅是将之作为权宜之计。

22 文学特别强调有必要在京城修建明堂和辟雍。见 *YTL* 7(第三十七,"崇礼"),437。

23 一个惯用的套话是"罢之(盐铁官营和所谓的常平仓),不便也"。大夫对国家的对外不加限制，而他们的反对者认为应该限制资源。

24　见 *YTL* 1（第一，"本议"），1–5 中的论点。

25　*YTL* 7（第三十八，"备胡"），446。

26　*YTL* 3（第十五，"未通"），190。

27　*YTL* 5（第二十八，"国疾"），332-5。

28　*YTL* 2（第七，"非鞅"），93-7。先前的文献也赞同这种区分，包括陆贾的《新语》、贾谊的《新书》和司马迁的《史记》。

29　*YTL* 10（第五十九，"大论"），605。卷 10 第六十（"杂论"）展示了双方的最终评价。

30　见金蟠在 1640 年所作的序，附于 *YTL*, 798–800。桑弘羊的经济政策依然留存，直到东汉（*HHS* 43, 1460）才再次被讨论；后来，尤其是在北宋，桑弘羊的论点在讨论边境防御和资源分配时被重新启用。

31　"法"和"言"连用的对话，见 *FY*。

32　有人会想到《庄子·内篇·齐物论》和《韩非子·说难》中处理这一主题的个别篇章，但这两种文献的其他地方没有对修辞的详细讨论。传统上以 *FY* 13/34 为基础以断定《法言》的成书时间，然而 *FY* 13/33 显示的成书时间稍晚，但早于公元 9 年。见 L'Haridon, "La Recherche du modèle dans les dialogues du *Fayan* de Yang Xiong(53 av. J.-C.–18 apr. J.C.): Écriture, éthique, et réflexion historique à la fin des Han occidentaux" (2006)。

33　扬雄称他和孔子一样，也是学者所由之"户"，见 *FY* 2/10。到《法言》结尾时，扬雄已然讨论了几乎所有的重要话题，从音乐创作到运势、时机、生态和意志在人类历史中起到的作用。

34　Nylan, "Boundaries of the body and body politic in early Confucian thought" (2001b), 112–35。

35　读者们应该注意扬雄频繁使用自注，有的甚至模仿和嘲讽"章句"之注的形式和内容。详情见 Nylan, *The Canon of Supreme Mystery* (1993a), Introduction。

36　*FY* 1/4。其中的"辍"让人想到《论语》18/6。

37　*FY* 1/7。有些版本中有"不"字，而有些没有。译文从前者。关于这个字的问题，见 Han Jing, *Fayan zhu*(1992), 6, n. 10; and Wang Rongbao, *Fayan yishu*(1933), 14, n。

38　*FY* 1/8。

39　这让我们想起为拓展人们理解和享受生活之能力而设置的"人文学科"。

40　通常认为，对美的讨论在魏晋时期开始出现在知识分子的讨论中，但实际上，其出现时间远在魏晋时期之前。见 Li Waiyee, "*Shishuo xinyu* and the emergence of aesthetic self-consciousness in the Chinese tradition" (2004)。请注意，在本章中我之所以使用"教养"（cultivation）而不是"自我修养"（self-cultivation），是因为在汉代美德通常需要社会性，而不是道学家所倡导的内在道德的纯净。

41　见 *FY* 2/20。

42　*FY* 2/12。

43　*FY* 2/1。

44　*FY* 1/14, 引用《周易》卷 5 第 29 页 a—b, 渐卦（第五十三卦）。关于医疗方面的对话, 见本书第 15 章。

45　*FY* 3/5. 参见 *FY* 5/13, 关于"达其心"。

46　*FY* 2/16. 参见 "brainsex," in Carson, *Plainwater: Essays and Poetry* (1995)。

47　见 *FY* 6/5; 2/5. 参见 *FY* 3/2, 1.23; *FY* 2/5. 关于乐趣理论的重要性, 见 Nylan, "The politics of pleasure" (2001d); and Nylan and Harrison Huang, "Mencius on pleasure" (2008), 1–26。

48　鉴于崛起的荆州学派即主要研习扬雄的论著, 清谈模仿扬雄已很难算是新的见解。见 Nylan, "The legacies of the Chengdu Plain" (2001c), 309–25。

49　这两种说教性著述的模式不同。班昭的书享有和 Pamphila of Alexandria 的作品同样的地位, Pamphila of Alexandria 与尼禄处于同一时代, 用类似的自我贬抑方式论述家庭治理。班昭表达的是她自己丈夫的姊妹并不认可她的论述, 因而我们不应该认为班昭的书代表了当时对这一主题的不刊之论。

50　竭力希望读者参考 Nancy Lee Swann, *Pan Chao: Foremost Woman Scholar of China, First Century A.D.* (1932)。班昭和皇权的密切关系影响了其修辞手法。只需要比较一番就可以看出这一点, 比如说《史记》中强调"天下为公", 而班固强调"天下为汉"。

51　根据 *HHS* 84, 2786, n. 1, "母, 傅母也。师, 女师也"。

52　*HHS* 84, 2786.《女诫》在《班昭传》第 2786 ～ 2791 页。

53　*HHS* 84, 2786. 关于"战战兢兢", 见《诗经·小雅·小旻》第 19 页 b 和《诗经·小雅·小宛》第 4 页 a。

54　学者们认为男性的识字率要远远高于女性的识字率。鉴于基本的教育在家庭内部进行, 对于统治家族而言, 没有经济义务来规定此事。对比 Zhou Yiqun, "Virtue and talent: women and *fushi* in early China" (2003)。

55　见《女诫》第 7 篇。

56　史和卜的世袭身份, 见 *SHD*（《秦律十八种》）简 191; *ZJS*（《二年律令》）简 474。口头描述与书面描述的结合, 见 Nylan, "Textual authority in pre-Han and Han" (2000a)。

57　关于这一点, 见 *SJ* 130; *HS* 62,《报任安书》。《史记》经常使用换语（*epanorthosis*）, 以重新考虑前面所说的话, 并在中途进行纠正。

58　见 Boltz, "Shuo wen chieh tzu," *ECTBG*, 429–42; Bottéro, "Les 'Manuels de caractères' à l'époque des Han Occidentaux" (2003); Bottéro and Harbsmeier, "The 'Shuowen jiezi' Dictionary and the human sciences in China" (2008)。

59　见 Chittick, "The development of local writing in early medieval China" (2003)。

60　*ZJS*（《二年律令》）简 475—476 规定史学童应掌握 5000 字以上。公元前 81 年盐铁之议的参与者至少应该掌握这些技能。

61　关于扬雄对其弟子, 包括桓谭和班固以及东汉荆州学派核心"玄学"的影响, 见 Nylan (2001c)。

23
公元 100～300 年的散文和权威

史嘉柏（David Schaberg）

从许多方面来看，公元 2～3 世纪中国散文的最大特点是对此前传统的延续。官方文书——其风格通常令人印象深刻，但大体上依赖根深蒂固的修辞传统——构成了现存文献的主要部分。对政策声明和其制定人来说，作为一种文本特征，"文"继续是权威的标志。[1] 然而，在这种整体上的延续之中察觉到的一些细微变化，对后世的文学史和知识史具有重要意义。但这并不是个人主义和文学上的自我意识的崛起，尽管文学史的学者们是这么说的，就好像真的如此一样。[2] 实际上，东汉的社会变迁和政治动荡创造出产生现存大部分汉代散文的中央集权朝廷背景的替代选择，这些新的语境和时机反过来促进了修辞技术的发展，不然修辞术不会这么发达。

在这几个世纪之中，有些体裁可以被看作对帝国控制式微的反应，而且这些体裁对散文的历史贡献最大。正如后世的文集，比如萧统（公元 501～531 年）的《文选》和姚鼐（公元 1732～1815 年）的《古文辞类纂》（其《序目》完成于 1779 年）所示，典范的"文"可被体现在多种作品中，这大大超出了英语中"literature"这一术语通常所涵盖的范围。"文"是奏议和赞颂都具备的固有特点，也是诏令和碑志的特征。综合考察后我们会发现时代和品味是如何给散文体裁的全部范围带来渐进式改变的。[3] 不过，那些对搭建中古中国文学和文化史舞台有所帮助的改变在三种文学形式上最明显：论，为各种典籍所作的传，书信

（书、笺）。公元 2 世纪，朝廷权威被破坏，为复制或重建朝廷权威而付出的许多努力最终创造出一些环境，其中书面散文成为唯一有价值的媒介。论的作者把他们的文章制成强有力的政策建议的工具。传的作者用他们的著作来确定和推广被认为是经之基础的各种准则。书信作者用散文来展示有高度教养的情感。在每种情况下，新的散文类型都靠作为个人权威之标志而表现出的"文"脱颖而出，靠允许作者利用已经被接受的教育资源来适应正在变化的各种境况。

"论"及其语境

论这一体裁起源于汉代之前。针对单一主题独立成篇，至少有几百字篇幅的论，假定了一种在任何情况下都需要的优质而全面的视角，有点"品评"、"排名"或"评判"的意思。论通常既不被设计成说辞，也不面对个别听众，而是假定其读者能够思辨，并且对这一体裁的主要主题，即哲学和治国之事有所反应。[4] 论暗示读者都是潜在的倡导者、管理者，甚至君主。

从现存的文本和发现的标题来看，论的写作在汉代最后几十年剧增。桓谭（约公元前 43～公元 28 年）的《新论》等作品把各自独立、主题相关的多种论集合起来，为后世创造了先例。王充（公元 27～约 100 年）撷取了这种传统，把他的《论衡》看作一种论文集，并且进一步证明作论可以作为纠正错误观念的工具。[5] 但直到王充死后几十年，其他作者才把他留下的这一形式的潜力发挥到了极致。王充同时代的人极少写以论为题目的作品，在公元 1 世纪，除班彪（公元 3～54 年）的 2 篇、班固（公元 32～92 年）的 3 篇、杜笃（卒于公元 78 年）的 3 篇以外，仅有零散的题目被提及或留存。[6] 直到公元 2 世纪中叶，作文名家们才开始在作论上投入更多精力。崔寔（约公元 110～170 年）的《政论》撰写于 2 世纪 40 年代末。[7] 大约与此同时，王符（约公元 90～165 年）正在撰写他的由 30 多篇独立论文组成的《潜夫论》。[8] 接下来几十年间的作品包括荀悦（公元 148～209 年）的《申鉴》5 篇、徐幹（公元 170～217 年）的《中论》20 多篇、仲长统（约公元 180～220 年）的《昌言》34 篇，以及东汉灭亡之后，魏文帝曹丕（公元 187～226 年）所作的《典论》。[9]

王充的后来者显然也和他一样，把论看作一种工具，用以纠正广泛存在的观念以及给出用于治理国家的权威判断。[10] 关于崔寔的论，仲长统说："凡为人主，宜写一通，置之坐侧。"[11] 据说王符作论是为了弥补他缺乏直接的政治影响力这一缺陷，"以讥当时失得"。[12] 仲长统的论产生于自身的悲鸣和愤懑，他在曹操（公元 155～220 年）手下从军时，"每论说古今及时俗行事"。[13]

这一体裁的颇得人心可能是由于它把实际建议和作者疏离甚至隐遁的立场做结合的独特方式。公元 2 世纪，汉室气数存续的不确定感日益增加，为各种扎实、热门的治国之术提供了市场，同时权力竞争者之间的互相冲突也给从政带来了危险因素。在接受朝廷任命之前，崔寔拒绝了许多恩主提供的职位，这些恩主想把他纳入他们朝廷之外的私人势力。[14] 据说以曹操随从起家的荀悦把他的《申鉴》5 篇作为排解政治理想失意的工具。[15] 王符、徐幹等人游离于朝廷和恩主之外，所作的论篇幅更长，尽管徐幹最终投奔了曹氏。[16] 最终，我们将看到，论的作者和恩主似乎合于曹丕一身，恩主－皇帝本人获取了智囊或隐士的立场，永久改变了中国皇室和知识权威的基础。

汉代论作者的主要目的是针砭时弊，所以毫不奇怪的是，这些论大多回避了无论是花哨还是庸俗的措辞和修辞偏好，而是采用一种直截了当、没有个人感情色彩的风格来达到批判和校正的目的。[17] 这些作者继承了这种体裁的功能和隐含的哲学立场，为这一可以追溯到《荀子》中散文的传统做出了贡献。他们势必会像前人一样注重利用过往的做法来解决现世问题，从而将廷中大臣或辩论家的语言资源据为己有。

王符关于边政的三篇论典型地体现了这种修辞定位。从西汉开始，边政就是最高级别的廷议主题，这从史书和《盐铁论》中的记载就可以被看出。[18] 在羌人侵袭的时候，游离于朝廷之外的王符抨击了朝廷信息交流上的缺陷。[19] 他对边地的居民表示同情，讽刺了建议放弃边地官员的自私，因为这种懦弱的行为不会给他们带来任何损失。[20] 王符一度假装嘲笑某些糊涂官员的推脱行为，他引用了《战国策》，把这些官员塑造成目光短浅的傻瓜，而暗示他自己才是高瞻远瞩的战略家。[21]

在官方失误的地方，王符提供了自己的政策和自己的辩论的典型语言。下文用不同格式展示了对用典（斜体）和排比（用"/"分开）的运用：

且夫国以民为基，/ 贵以贱为本。是以圣王养民，*爱之如子*，/ *忧之如家*。危者安之，/ 亡者存之，救其灾患，/ 除其祸乱。是故鬼方之伐，非好武也，/ 猃狁于攘，非贪土也；以振民育德，安疆宇也。*古者天子守在四夷*，*自彼氐、羌，莫不来享，普天思服，行苇赖德*。况近我民蒙祸若此，可无救乎？[22]

王符在他的后序中称，他的作品"以继前训，左丘明五经"，[23] 而上面的段落中的确引用了《左传》、《易》和《诗经》。倒数第二句对《诗经》的引用特别密集，增添了一种高潮色彩。使用四字句的强烈偏好，带有一丝古雅的味道，和引文相辅相成。排比句以周围的语句为框架，给这一段落带来明显的格式核心，同时暗示，从根本上来说历史经验是可以重复出现的。于是，这一段以王符的文章为媒介，提供了一个如果用过去黄金时代的丝线可以编织出何种政策的模型。

尽管王符和同时代的作者会经常引用或提及传统教育经典之外的作品，但并无融会之意，因为在当时极少会对混合中的传统做出区分。相反的，作者以一种几乎没有个人因素、修饰程度最低的散文为媒介，展示出他甚至可以调和差别非常大的知识，以构成一种有原则的建议结构。因而，在这一时期显现出的关键区别是把论作为人格象征的新解读，特别是通常以这样或那样的方式游离于朝廷之外的杰出思想家的人

图 23.1a, b "竹林七贤"中的两位,从左到右(a)嵇康(公元 223～264 年),(b)山涛(公元 205～283 年),位于一座墓葬的南壁。该墓中有两块壁画(均为 2.4 米×0.8 米),描绘了竹林七贤和一位以高超的音乐技巧而闻名的传奇人物。江苏南京西善桥,1960 年发掘。发现壁画的墓葬为单室墓(6.85 米×3.1 米),按附近墓葬中发现的证据看来,其时代被定为公元 369～384 年。每块壁画由数百块青砖组成,其上绘有 4 个人物和 5 棵树。Spiro, *Contemplating the Ancients*(1990)讨论了这些人物与传统理念的关系

格象征,而集合了优质知识的散文风格会使其作者成为门客或廷臣的有价值的补充。王符、徐幹和其他论作者的作品几乎没有什么差别,他们的论的简单坦诚风格直截了当,是对汉代之前先例的强烈回应。但因为在汉代后期这种风格的表达与充满典故和排比的赋截然相对,还因为赋和诗的写作经常假定以文人雅集或小圈子为背景,所以作论赋予了作者一种特别的角色,把他和那些写作风格更加华丽的作者区别开来。

在这一发展趋势的高潮,曹丕接纳了论作者的角色并将其变为皇帝权威的基础。在他的巨著《典论》流传下来的不多篇章中,曹丕在《论文》中论述了"建安七子"的才华,把这些才子的各方面都描述为狭隘和自鸣得意,与之形成对比,把自己树立成无所不能的评判者,只有他的目光才能超越自负和文学的限制,树立一种对价值的真正判断。[24] 曹丕的作品给论带来了新的个人和皇权的权威性,为公元 3 世纪为之做出贡献的阮籍(公元 210～263 年)、嵇康(公元 224～263 年)等人开辟了道路,他们两人都利用这一体裁表达非常新颖、带有高度个人标识的理念,且涉及的问题远远超出治国方略之外。

典籍注解的深度和广度

在探索如何撰写条理清楚的综合性建议的过程中，论作者自称是在回应旧有的古代典籍注解传统。徐幹追随班固、王充和其他人的足迹，对"章句"之学持一种常见的批评意见：

> 然鄙儒之博学也，务于物名，详于器械，考于诂训，摘其章句，而不能统其大义之所极，以获先王之心。[25]

换句话来说，这些"鄙儒"所作的注达不到论的理想状态。理想的君王－代理人用传世典籍中的批判性知识来审视与评估世上的各种事务；而与之相比，章句释者倾向于把自己的"文"局限于典籍本身使用的语句。徐幹对章句的批评很可能并不准确，而如果现存的东汉章句可以代表这一体裁的话，那么他的这种偏见可能在论作者中很盛行，在和他们自己广阔的视野对比后，章句表现出的是烦冗与狭隘。[26] 对现存注解风格的反应中最能说明问题的事件是"通义"的兴起。公元79年，一系列据称目标是"讲议《五经》同异"的辩论在未央宫白虎观举行，[27] 提议举办辩论的官员认为，"方今天下少事，学者得成其业，而章句之徒，破坏大体。宜如石渠故事，永为后世则"。[28]

现存的《白虎通》长期以来都被看作班固对公元79年白虎观会议的记述。[29] 与《盐铁论》仿佛是在模仿公元前81年会议讨论中的言语交锋，在文中用对话形式来表达论点不同，《白虎通》剔除了所有辩论的内容。[30] 这也许是因为此次讨论的动机是希望重建学问"大体"，《白虎通》表现为一种梗概，其中有关于官府重大办事程序和重要学术问题的条目和细目，从国家治理的细节一直到宇宙理论。这部文献回避了修辞润饰，直截了当地举出了典籍中的证据，详细说明了正确的知识和行为方式。下面是《白虎通》对诛杀朝中某类言臣的判定，即可作为一例：

佞人当诛何？为其乱善行，倾覆国政。《韩诗内传》曰："孔子为鲁司寇，先诛少正卯。"谓佞道已行，乱国政也。佞道未行，章明远之而已。《论语》曰："放郑声，远佞人。"[31]

用《论语》中关于佞人的较为温和的建议分析著名的少正卯被诛的故事，这个段落产生了一种以经典为基础的原则，这样的原则在教育、廷议和断案时都会有用处。

公元2世纪，学者们继续为章句式注解及其被意识到的对基本原则的忽视提供各种替代方案。从我们的（如果不是他的）时代来看，郑玄（公元127～200年）是这些学者中最著名的一位，他抓住了五经的精髓，融汇了各种不同的学术传统，摒弃了冗余和谬误的材料，制作出超越章句之学的注解从而名传后世。[32] 如果说廷中争论为论的写作和类似《白虎通》的文本提供了一种模式，郑玄的注则让我们想起普通的教学场景，即学生们集中在一起，听大师高声讲授经传。传说郑玄与其他汉末魏初最著名的学者——马融（公元79～166年）、服虔（约公元125～约195年）、崔烈（卒于公元192年）以及后来的何晏（公元190～249年）和王弼（公元226～249年）——最初就是在讲堂内外相识并且互相倾慕的。[33] 这些伟大注家间的竞争就像某种具有观赏性的体育竞赛，对当时及以后受过教育的观者和论者具有重大意义。[34] 在这样一种语境下，学者个人是通过渊博的知识和从看起来矛盾的权威资源中分离出各种准则的能力来获得声望的。

有一种类型的注解文学特别能抓住经学当时的感觉，即以学识广度区分的不同学者个体间的竞争。郑玄在如今仅存片段的《驳五经异义》中拣取并驳斥了许慎（约公元55～约149年）对典籍中一些矛盾和疑难的解答。[35] 由于石渠阁和白虎观辩论中的主题是经典中的"同异"，所以这篇文本读起来像是在旧日的宫廷场景外上演的一出宫廷式辩论。[36] 郑玄和许慎两人都大量引用五经，并没有明显关注古文经和今文经的区别。和在《白虎通》中一样，涉及的主题是礼仪和治国理政的知识，类似于辩论的形式也适合细细按点解读。我们可以看到有的地方讨论的问题是如何不仅仅关乎学术获益的。比如，在讨论圣人有父还是无父的问题时，许慎依据《左传》，认为他们并不是感天而生，而是由人所养；郑玄的讨论则基于《诗经》、汉朝建立时的传说和在某些情况下上天可以通过人父来起作用的常识："况乎天气因人之精就而神之，反不使子贤圣乎？是则然矣，又何多怪？"[37] 在此处和别的地方，郑玄都自称所提供的解释不仅更好，而且被认为"正"、"明察"且符合常理。[38] 他的回应比许慎的更开阔，调和并保留了两种无法回避的圣人之父观点，同时在支持汉代皇室是神之后裔的说法上也更有优势。

紧接在汉代之后的注解者继续将宽广的视野作为一种理想，达到这种理想的方式之一是以何晏的《论语集解》为典范。和五个合作者一同工作的何晏似乎有意偏爱多人合作的著述模式和广泛地选取引文。早先的许多注家严守从自己老师那里学到的家法，何晏及其同僚似乎避免过度依赖单一的前辈，甚至到了在单独一段话的解释中逐句切换注家的程度。[39] 这种兼容并包的知识立场和区别性的判断呼应着论作者喜好的主题。通过征引经典的修辞技巧，选择独具匠心的排比，以及胪列人物，拉杂的散文所能做到的，《论语集解》等注解都拿过来，重新演绎了孔子的历史论断习惯。[40]

另一种展示全面视野的方式以王弼的注解为典范。何晏把学者的功能分配给一群合作者，而王弼则以一己之身集中了各种不同的传统，并将其与东汉时期的论作者连接起来。王弼援引《周易》为《老子》作注的折中做法，以及这两种文本在典籍中地位实实在在的整体提升都归因于公元前1世纪的皇权危机，以及新涌现的知识分子的机会，这些机会使得私密及个体的主张与被尊奉于传世典籍中的教条相接。[41] 在自身经历驱使下转而关切更为深刻之"义"的一群人中，有论作者、章句批评者，以及意识到其共同利益与手握大权的当政者之利益相冲突的世家大族成员，这在王弼那里可窥见一斑。[42] 荆州学派的传统可以最终追溯到扬雄（公元前53～公元18年），而荆州学派的论著深刻地影响了王弼，或许可以被看作他的传统——由王肃（卒于公元 256 年）传承下来——与郑玄的继承者的传统之间分歧的起源。[43] 尽管郑玄和王弼的注解在兼收程度上以及在对天道之神秘的强调上都不同，郑玄一贯采用较为狭窄的视野，但值得注意的是，两人都在其先前的主要场景——统治者的朝廷——之外发展了经学，都把一些名人提升为学识渊博、兼容并包的楷模。曹丕以皇帝作为论作者的模式在这一关键时期的经典注解中也引起了共鸣的力量。

书信和情感表达

书信从最早开始就是作为口头表达的替代品出现的，在距离或政治上的障碍阻隔了面对面的交流时最为有用。[44] 在整个西汉时期，抱怨和辩解是书信最常传递的信息，这些信息反映出各种把写信人从收信人处隔开的境况。[45] 作者经常会举出历史上正确行为的具体案例，希望向读者灌输一个纠偏模板。[46] 但另外一种因素在一种有名但可能是伪造的书信中浮现出来，如李陵（卒于公元前 74 年）和苏武（约公元前 140～前 60 年）的书信往来以及司马迁（公元前 145？～前 86？年）的《报任安书》（任安，卒于公元前 93 年）。[47] 对仗和其他形式的修辞技巧曾经常常被用在各种有目的要求和建议的模板中，现在这些技巧出现在个人经验和情感的表达当中，让人想起楚辞和赋，而不是政客-说客。[48]

在公元 2～3 世纪的几封最为著名的书信中，我们可以看到这种情感和更为宏大的治国之术的重新结合。徐淑，秦嘉（活跃于公元 146～167 年）之妻，写信感谢她出门在外的丈夫寄来四件爱情礼物。但在引用了《诗经》和班婕妤（活跃于公元前 33～前 7 年）的一篇赋之后，她拒绝在丈夫归来之前使用这些礼物：

> 素琴之作，当须君归；明镜之鉴，当待君还；未奉光仪，则宝钗不设也；未侍帷帐，则芳香不发也。[49]

其文辞考究、排比巧妙，情感爱恋至于色情，那个拒绝的形象很迷人。这些语句把徐淑和秦嘉的往来书信和诗作带到完结处，是他们之间爱情之书全貌以及他们在历史记忆中存在过的缩影。在书信中，我们或许可以一瞥学识和文才是如何影响个人最私密的举动的。

在曹丕给朝歌（今河南境内）令吴质的书信中，[50] 曹丕先设想了一下会面之不易，然后满怀深情地回忆了过去在一起的细节。他这样作结：

> 今果分别，各在一方。元瑜［阮瑀］长逝，化为异物，每一念至，何时可言！方今蕤宾纪时，景风扇物，天气和暖，众果具繁。时驾而游，北遵河曲，从者鸣笳以启路，文学托乘于后车。节同时异，物是人非，"我劳如何！"[51] 今遣骑到邺，故使枉道相过。行矣自爱。丕白。

这是自这一时期保存下来的几封独具魅力且高度个人化的书信之一。[52] 和这里的讨论目的有关的是曹丕用华丽的风格传达个人情感的方式，点缀着精巧的排比句，并且微妙地引用《诗经》以达到高潮。

对情感的精心描绘适合于私人书信，用在带有实际政治目标的书信中可能并不恰当。但按照惯例，这样的书信的确至少含有一些情感上的表示。阮瑀（卒于公元212年）代曹操（公元155～220年）写给割据东南的对手孙权（公元182～252年）书是这样开始的：

> 离绝以来，于今三年，无一日而忘前好，亦犹姻媾之义，恩情已深，违异之恨，中间尚浅也。孤怀此心，君岂同哉？[53]

类似这样打动人的情感在很多汉代晚期的书信中都可以看到。

书信作者对煽情修辞的采用与在行文中加强用典和排比并行不悖。这两方面的发展可能反映出汉代晚期在知识分子所培养的文学技巧中作赋的重要性；事实上，赋有时被提到会作为伴随书信的礼物。[54] 然而和赋不同，书信在文学表现之外总是出于某种明确的目的而作。因此有人会问，对情感的展现是怎么样推动实现书信作者所设定的其他目标的。

从早期开始，书信就一直被用于尝试给出可替代性的行为模式来纠正政策错误。作者经常举出一个历史上的典范人物，用他的事例来纠正收信者行为的失误。同时，继承先秦时期苏秦等善于写信的谋士的余绪，当无法面谈或者这么做太危险时，书信继续是建言所偏好的媒介。[55] 事实上，汉代晚期的信作者有时候会把他们的时代描绘成法制败坏、充满不确定性的战国时代的翻版。[56] 在这些情况下，信笺作者的感情流露起到了博取好感（*captatio benevolentiae*）和保证善意的作用。一种利用了纯文学散文的全部技巧而成熟起来的私人风格，与更加传统的风格，比如政论所传达的相比，似乎定然会让读者更加接近作者的内心。于是，作为一种真诚的象征，这种风格有助于实现更为复杂的个人规劝和有策略的说服等实用目标。

阮瑀以曹操的名义写给孙权的信以上面所引的情感回顾作为开始，后面写道：

> 然智者之虑，虑于未形；达者所规，规于未兆。是故子胥知姑苏之有麋鹿，辅果识智伯之为赵禽；穆生谢病，以免楚难，邹阳北游，不同吴祸。此四士者，岂圣人哉？徒通变思深，以微知著耳。以君之明，观孤术数，量君所据，相计土地，岂势少力乏，不能远举，割江之表，晏安而已哉？[57]

当然，这种威胁之真切只能体现在曹操真正的实力中，几乎不靠阮瑀传达。然而，在所有引入威胁策略的宣言中，阮瑀独具特色的笔触以及给予该信的私人、情感框架，充分证明了他的主子选择代笔的合理性。特别是在用两对精妙排比呈现出来的四个历史典故中，阮瑀掌控了一种关于人是什么以及人如何起作用的有效知识，这种知识如此深刻透彻，以至于足以被辨别而浮出表面，在排比模式中亘古不变。这样，风格才可以和"通变"在此结合。

结论

对于探讨汉代晚期的散文来说，曹操和曹丕的成就是一个合适的终点。他们的崛起有赖于政治和社会变动，这种变动同样也帮论作者的政策建议创造了听众。两人留下的书信都体现了鲜明的个性特征，有时候也是政治目的的直接证据。同时作为统治者，他们在朝廷上对经学支持的关注比前人要少得多。在公元 2 世纪的历程中，一种新的宫廷修辞权威模式出现了。王充以及其他论作者追随战国作者的脚步，把论和作论者的个性重新打造成一种工具，用来干预广泛讨论的公共政策问题。出于这种目的，他们采用了一种修饰简单、引用适度的风格，这种风格的权威性来源于其所拥有的博识而全面的视角。随着经学在朝廷之外的繁荣，比如其中的荆州学派，曹丕给予文学技巧新的尊崇意味着君主可以采用之前只有臣民使用的论这种体裁，来重新定义君主的威望。曹丕的《论文》随着对效力于他本人及其父亲的七位文学大师的概述和评价，立即成为适用于君王的理解与判断力的宣言，以及文学和修辞才能在政治秩序中获得了新的重要性的象征。终于，那些受过赋中的排比和用典训练的杰出书信作者给他们的文章带来了一种新的描述上的敏锐性，并伴随着对情感的关注。感情的流露在他们手中成为一种权威的工具，因为展现个性和真诚的能力同样有助于巩固友情和传达批评或规劝信息。在这些体裁上散文的改造有助于阐明对中古早期文人交往互动的整体理解。

注释

1 西汉时期"文"的主要形式，见本书第 21 章。

2　见 Luo Zongqiang, *Wei Jin Nanbei chao wenxue sixiang shi* (1996), 15-36; and Li Wenchu, *Han Wei Liu chao wenxue yanjiu* (2000), 86-102。

3　关于散文体裁（包括官方文书）的概述，见 Edwards, "A classified guide to the thirteen classes of Chinese prose" (1948). Guo Yingde, *Zhongguo gudian wenxue yanjiu shi* (1995), 155-8 用表格列举了曹丕（公元 187～226 年）、陆机（公元 261～303 年）、虞挚（卒于公元 311 年）、萧统（公元 501～531 年）以及刘勰（约公元 467～约 522 年）对文学体裁的五种早期分类。

4　关于"论"的语源及这一体裁的早期历史，见 Kinney, *The Art of the Han Essay* (1990), 3-19。

5　*LH* 29（第八十四，"对作"），1170。

6　见严可均《全上古三代秦汉三国六朝文》第一册第 599—601、610—611、628、630—632、713 页。

7　*HHS* 52, 1725.

8　*HHS* 49, 1630.

9　*HHS* 62, 2058（关于荀悦）；*SGZ* 21, 602（关于徐幹）；*HHS* 49, 1646（仲长统）。

10　Liu Jigao, *Dong Han Sanguo shiqi de tanlun* (1999), 1-12 注意到汉代末期"谈论"在意见形成过程中的重要作用。

11　*HHS* 52, 1725.

12　*HHS* 49, 1630.

13　*HHS* 49, 1646.

14　*HHS* 52, 1730.

15　*HHS* 62, 2058.

16　*HHS* 49, 1630; Xu Gan, *Balanced Discourses*, xxxiv.

17　见王充对论和更加华丽的散文的反对，*LH* 29（第八十四，"对作"），1168-9。

18　*SJ* 25, 1242; 103, 2768; *YTL* 1（第一，"本议"），1-5 et passim.

19　*QFL* 5（第二十二，"救边"），262；5（第二十四，"实边"），279；（第二十二，"救边"），263。

20　*QFL* 5（第二十四，"实边"），282；5（第二十二，"救边"），257-8；比较 5（第二十三，"边议"），270。

21　*QFL* 5（第二十二，"救边"），258。王符在下一篇中也嘲笑了那些高官；见 *QFL* 5（第二十三，"边议"），275。

22　*QFL* 5（第二十二，"救边"），266。汪继培辨识出了引文的来源，依次是《老子》、《左传》、《易》、《诗经》，又《易》，又《左传》，又《诗经》两次。

23　*QFL* 10（第三十六，"叙录"），465。

24　关于曹丕自称判断力全面，见 Owen, *Readings in Chinese Literary Thought* (1992), 60。

25　徐幹：《中论》卷上《治学》，第 13—14 页。关于班固和王充，见 *CHOC*, 757, and Kinney (1990), 27-8。早期对章句的提及会强调其冗长无度、有精简的必要，如见于 *HHS* 3, 138; 35, 1213; 65, 2138; 79A, 2547; 79B, 2571。然而，赵岐（卒于公元 201 年）的《孟子章句》看上去并不过分狭隘和烦冗。

26　《后汉书·儒林列传》提到了许多章句作者，如见于 79A, 2557; 79B, 2570, 2573, 2575, 2579, 2581。

27　HHS 3, 138.

28　HHS 48, 1599. 关于公元前 51 年的石渠阁会议，见 HS 30, 1705, 1710, 1714, 1716, 1718。

29　关于这种文献的早期历史，见 ECTBG, 347-56。

30　关于《盐铁论》的编纂，见 HS 66, 2903-4; ECTBG, 477。

31　《白虎通》卷 5 "诛佞人"，第 217 页。第一种引文的来源现已佚，第二种见《论语》15/11。

32　HHS 35, 1213.

33　《世说新语·文学第四》，第 103—107 页。

34　把学术争鸣当作观赏性体育竞赛的许多叙述之一，见《世说新语·文学第四》，第 103—108 页。

35　关于这一论著的起源，见 HHS 35, 1212; 79B, 2588。

36　HS 73, 3113; HHS 3, 138.

37　郑玄《驳五经异义》第 37—38 页。

38　如见郑玄《驳五经异义》第 16、33 页。

39　Makeham, *Transmitters and Creators* (2003), 23-75, esp. 26, 52.

40　Makeham (2003), 50.

41　Wagner, *The Craft of a Chinese Commentator* (2000), 154-8；另见本章注释 43。

42　Wagner (2000), 44-5.

43　Nylan, "The legacies of the Chengdu Plain" (2001c), 315.

44　姚鼐对这一体裁起源的说法，见于 Wu Mengfu and Jiang Lifu, *Guwenci leizuan pingzhu* (1995), Vol. 19, 1:12。

45　见邹阳（卒于公元前 120 年）上吴王刘濞书（HS 51, 2338-42）；司马相如（公元前 179 ~ 前 117 年）上汉武帝书（HS 57B, 2589-91）；杨恽（卒于公元前 54 年）报孙会宗书（HS 66, 2894-97）；萧统《文选》卷 39《上书》第 1760—1765、1777—1778 页以及卷 41《书》上第 1869—1873 页；等等。

46　见朱浮与彭宠书，HHS 33, 1138-40；以及马援与侄书，HHS 24, 844-5。

47　关于李陵和苏武书信的真伪，Whitaker, "Some notes on the authorship of the Lii Ling/Su Wuu letters – I" (1953) 陈述了先前学者们质疑的理由，并且增加了自己对文本问题和使用排比的观察。关于司马迁《报任安书》，见 Watson, *Ssu-ma Ch'ien Grand Historian of China* (1958), 194-8。

48　见 HS 62, 2725-36，特别是其中排比的段落（第 2735 页）；以及萧统《文选》卷 41《书》上，第 1847—1854 页。

49　Deng Shaoji and Li Mei, *Chidu jinghua* (1998), 79.

50　任期为公元 212 ~ 217 年。

51　《文选》卷 42《书》第 1894—1896 页。引自《诗经·緜蛮》（Mao 230）。

52　见《文选》卷 42《书》第 1894—1912 页。

53 《文选》卷 42《书》第 1887—1894 页。
54 如曹丕获赠一件玉玦后的答谢书信，见 Deng and Li (1998), 113。
55 关于与策略有关的书信，见 Eva Yuen-wah Chung, "A Study of the 'Shu' (Letters) of the Han dynasty (206 B.C.–A.D. 220)" (1982)。
56 见 *HHS* 75, 2443；请关注上引的阮瑀书信中大量引用的战国时期的典故。
57 *Cao Cao ji yizhu* (1979), 224–5. 伍子胥知吴将败于越，见 *SJ* 58, 3085。辅果预知智伯的下场，见《国语·晋语九》第 500 页。穆生和邹阳为西汉时期的官吏，免于卷入公元 2 世纪 50 年代晚期的叛乱；见 *HS* 36, 1923; 51, 2338。

24
约公元 100～300 年的文学批评和诗歌中的个人特色

柯睿（Paul W. Kroll）

大约公元 100～300 年的这一时期很少被看作一个有关联的整体，尽管如此，它却标志着中国文学史上一个特色鲜明的时代。千百年来固化的标准叙事把这一时期拦腰截断，为的是强调东汉最后统治时期（建安，公元 196～220 年）的五言诗的早期发展历程。这种诗歌形式随后在羽翼渐丰的曹魏成为主流，后来又加上七言诗，支配着整个唐代的文学图景。另外我们得知，赋以及四言诗丧失了曾经拥有的活力，走完了衰落过程，处于次要或者说充其量处于过时的地位。这种版本的文学史所依赖的基础，是给每一个主要的朝代都指定一种独特的最为成熟的文学体裁以取代以前的体裁，最终又被后来者取代，有点文学达尔文主义。典型的顺序是这样的：战国哲学，汉赋，南北朝和唐代的诗，宋词，元杂剧以及明清小说。当然，在我们审视任何一个时代留存下来的文献时，浮现的景象要远为复杂和有趣。这里讨论的时代亦是如此。

在下面的篇幅中，我们将会重新审视与纯文学（belles lettres）有关的一系列问题，时间从大约汉安帝（公元 106～125 年在位）时到公元 311 年西晋都城洛阳沦陷，彼时大多数世家大族南渡，流散于长江下游地区，在那之前他们是传统中原文化的象征。[1]

东汉经过了四帝几乎一百年的时间，到安帝时，我们会发现自己已处在一个文学创作和文献掌握变得比礼仪的实践与展示更加重要的世界。这里专注于私人阅读和写作，而非口头传播或宫廷演示，且与新近确立的旨在反映所尊崇的——尽管是被重新解读的——古代的道德准则"五经"联系紧密。所有这些以及与之相伴的发展在与被视为西汉繁荣昌盛之象征的武帝的长期统治时期（公元前141～前87年）相对比时，均表现出了精英文化和精英思维的重大变化。这种剧烈的转变在西汉晚期已经成形，在公元1世纪末成为既成事实。这种变化如此重要，人们却经常将其完成错置于更早的时间。[2]

来看一下汉代对东方朔（公元前161？～前99？年）《答客难》的两种不同的解读。这篇作品采用了赋的形式，作者被侍臣同僚嘲笑，说他虽自称一身才华，在朝廷上的官职却不高。而后东方朔长篇大论，巧妙地解释了为什么他并不以此为耻，以及为什么这反而证明了皇帝的圣明泽被天下，能容纳他这么一个节操高尚但性格孤僻的人在朝廷之上。《史记》中由褚少孙（公元前104？～前30？年）所补的一段呈现出的并不是一篇完整的文章，而是"博士诸先生"和东方朔之间辩难的真实事件记录。[3]在《汉书》中，班固呈现了一个更加完整、韵律优美的文本，明确其是对东方朔作品的引用，也期望读者严格按此欣赏。[4]一个早先作为急智和辞令表演被记录下来的实例，现在被看作文学作品：以受过经典教育的学者接受的方式而作，表达怀才不遇的失意。在他的解读中，班固仿效了扬雄（公元前53～公元18年），而扬雄的范例是令人赞赏的，他模仿东方朔的回答，作了一篇《解嘲》，在文中他对潜在的诋毁者热切地辩解说，自己尽管被误解，却是一个尽心的官员和学者，同时又巧妙制造了对官府的间接批评（"讽"）。[5]扬雄和班固的观点成为解读这种"设论"的标准视角，这种视角决定着这种亚体裁发展的主线。东方朔应被置入这种解读框架之中，尽管在时代上是错位的。[6]

公元105年蔡伦发明远超早期原始制造工艺的造纸术并上奏皇帝，从另外一个角度对这一逐渐深入的文献制作文化做出了切实贡献。蔡伦的方法要好太多，因而很快被采用，他也因此成为实际的纸张发明人而名留青史。[7]在随后两三代人的时间里，造纸技艺发展迅速，流传之广远

24 约公元 100 ~ 300 年的文学批评和诗歌中的个人特色 - 585 -

(a)

图 24.1a 两种纸，第一种（a）时间为公元前 1 世纪（陕西扶风出土），第二种（b）时间为公元 1 世纪（甘肃武威旱滩坡出土）。扶风所出残片长 7.4 厘米，宽 6.8 厘米。旱滩坡纸尺寸不详，其上有几个隶书体字。时代较早的那种纤维较多，因此更像吸墨纸，而东汉的那种则可作为优良的书写载体

远超出朝廷的范围。公元 3 世纪末到 4 世纪初，纸取代竹木简成为保存文本的介质（图 24.1），而帛卷则更多地用于书写特殊或奢华的作品。[8] 我们或许可以推断，纸在这几个世纪中可获取和流行范围的扩大，促使文人更广泛地书写他们的思想和活动，而这反过来又促进了纸的发展和流通。并且，随着写作的功能逐渐超出朝廷、官僚、典籍等事项，写作各类更加个性化或内容更随意作品的可能性也会增加。

(b)

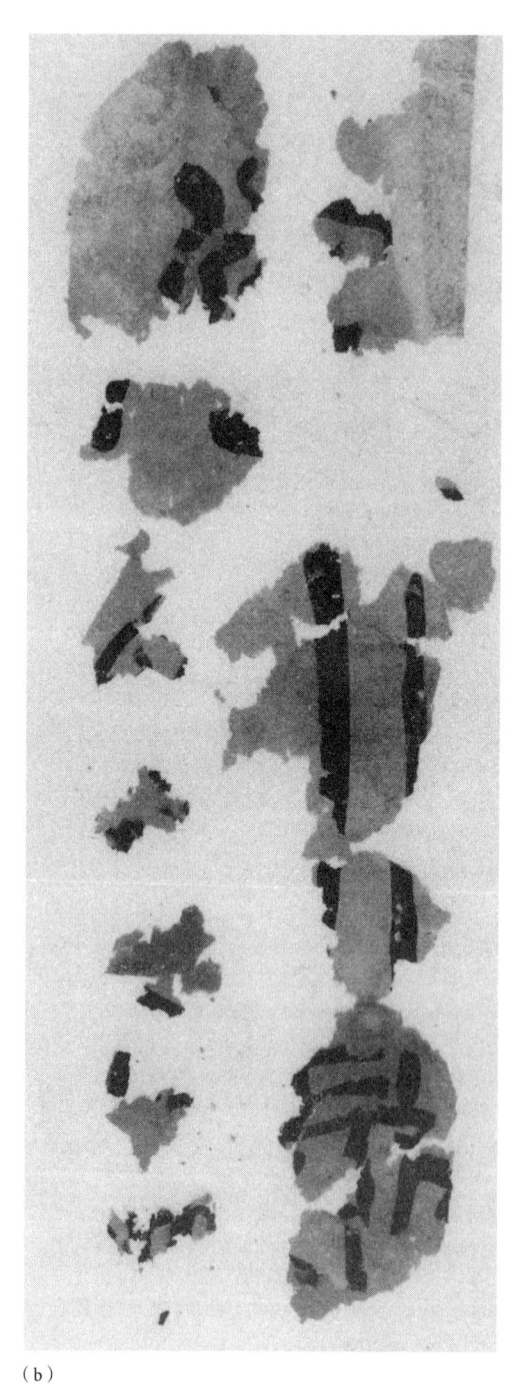

图 24.1b

赋的发展特性和范围

让我们先来看一下赋。到公元 2 世纪时，赋还远远不是一种过时或复古的文学形式，在很长时间内——甚至一直到唐代——赋一直是文人最能展现对传统学术和文学辞藻掌握程度的体裁。[9]大多数学者普遍忽视汉代之后的赋，这意味着中古诗歌的完整历史还有待书写。因为，从任何合理的定义来说，赋是诗歌，尽管西方学界经常把它错误地归类为"有韵散文"或"散文诗"。[10]

司马相如（公元前 179 ～前 117 年）和扬雄等人关于皇家苑囿、狩猎以及宫殿等夸饰的大赋在我们讨论的时期的确有继承者。尽管还有其他几十个例子，但有人会马上举出班固的《两都赋》、[11]张衡（公元 78 ～ 139 年）的《二京赋》[12]以及左思（公元 250 ？～ 305 ？年）的《三都赋》。[13]辞藻华丽、洋洋洒洒数百句的大赋依然保持着魅力。但同时新的发展也出现了，同样经久不衰、连绵不绝。

在东汉时期，我们可以看到越来越多的"小赋"。与绚丽的大赋相比，其篇幅要小很多，主题通常不那么宏大。虽然学者个人和国家（或君王）之间的联系或许永远都不会被抛到脑后，但和以前相比，我们看到在许多这种赋中对这对关系中的前者有了更多的关注。小赋受到欢迎，成为越来越常见的表达个人目的和感情的媒介，从而更广泛地发挥了早先在贾谊（公元前 200 ～前 168 年）赋中一瞥而过的场景。[14]特别美好的例子有张衡的《归田赋》、[15]王粲（公元 177 ～ 217 年）的《思友赋》[16]和《登楼赋》[17]以及向秀（公元 230 ？～ 285 ？年）的《思旧赋》。[18]曹植（公元 192 ～ 232 年）是公元 3 世纪初期最优秀的诗作者，也同样擅长作赋。[19]《幽思赋》是他个人转向小赋的佳例：

倚高台之曲嵋，
处幽僻之闲深。
望翔云之悠悠，

    4　羌朝霁而夕阴。
　　　顾秋华而零落，
　　　感岁莫而伤心。
　　　观跃鱼于南沼，
    8　聆鸣鹤于北林。
　　　搦素笔而慷慨，
　　　扬大雅之哀吟。
　　　仰清风以叹息，
  12　寄余思于悲弦。
　　　信有心而在远，
　　　重登高以临川。
　　　何余心之烦错，
  16　宁翰墨之能传。[20]

要理解曹植在这里所表达的内心的失意，我们并不需要知道他的兄长魏文帝曹丕（公元187～226年）对他的猜忌，抑或曹丕是如何对曹植严密监视却又让他远离都城的。

    个人的哀乐也可以在小赋中得到寓言式的抒发。赵壹（活跃于约公元168～185年）的《穷鸟赋》可能是这方面最好的例子。赵壹鲜为人知，却是东汉最有趣的作者之一，大约公元173年，他因罪获重刑，具体的罪行失载。关键时候一位朋友施以援手，他才得以脱罪。赵壹充满感激，作了下面的赋，四字一句，共28句：

　　　有一穷鸟，
　　　戢翼原野。
　　　罿网加上，
    4　机阱在下，
　　　前见苍隼，

　　　　后见驱者，
　　　　缴弹张右，
　8　羿子彀左，
　　　　飞丸激矢，
　　　　交集于我。
　　　　思飞不得，
12　欲鸣不可，
　　　　举头畏触，
　　　　摇足恐堕。
　　　　内独怖急，
16　乍冰乍火。
　　　　幸赖大贤，
　　　　我矜我怜，
　　　　昔济我南，
20　今振我西。
　　　　鸟也虽顽，
　　　　犹识密恩，
　　　　内以书心，
24　外用告天。
　　　　天乎祚贤，
　　　　归贤永年，
　　　　且公且侯，
28　子子孙孙。[21]

奇怪的是，这只鸟并没有像以前一样获得自由而任意翱翔，却似乎变成了取悦恩人的门客或宠物。在这段中我们也可以明显地看出，赵壹这篇赋中的文辞十分平易，不管从形式还是内容来看都和张扬的大赋有很大的距离。[22] 赵壹似乎从没有在京城为官，这与他的脾性相悖。

从这一点来说，值得注意的是，在公元 169～184 年的"党锢之祸"中，宦官把持朝政，许多著名的学者和官员被罢免出京，或选择避免在京为官。[23] 这种情况是如何刺激京城之外学者活动场所的设立以及如何影响特定文学体裁的发展的问题有待继续研究。[24] 以郑玄（公元 127～200 年）为例，他的大部分注经活动完成于故乡高密（今山东境内），当时他相当于被迫致仕。不是所有文人都以同样的方式或立即受到影响。蔡邕（公元 133～192 年）可能是公元 2 世纪最后二三十年间最杰出的赋作者，一度躲过了政府的责罚。正是在这一时期（公元 175 年），他和其他一些在朝官员一道，成功奏明灵帝（公元 168～189 年在位）把"六经"——约 20 万字——刻石。但没过几年蔡邕就遭到流放，公元 183 年石经完成后矗立在洛阳太学门外时，他已经离开了。[25]

在公元 2 世纪和 3 世纪，与前人相比，赋作者们开始更多探索另一种形式——对单个物体的赞美。[26] 这种赞美可以详尽无遗，也可以较为简明。从概念上来说，咏物赋是辞藻华丽、主题宏大的大赋的合理衍生品。楚辞中的《橘颂》也是一个经典的例子。[27] 西汉和东汉第一个世纪流传下来的咏物赋不多，外加一些片段和一些仅存的标题；在公元 2 世纪，这一潮流才开始激涨。只要肯花时间审视，无数各自不同的物体都可能以韵文来赞颂，这在以后的几百年中成为赋作者的普遍活动。鸟、兽、植物，种类无穷无尽，再加上各种人造物品和各种各样的兴趣：只要能够形成明确讨论的题目，早晚会在赋中受到热情的赞颂。

从我们的时代来说，这一体裁中有一些公认的杰作，比如嵇康（公元 223～262 年）关于琴的长赋，[28] 把先前傅毅（公元 47？～92？年）、马融（公元 79～166 年）、蔡邕等人尝试赞颂这种乐器所作的赋送入了只会被部分引用的命运。马融以注经著称，除了关于围棋[29]和被称为樗蒲的印度骰子游戏的引人入胜的赋作[30]之外，他的一篇关于长笛的赋也非常有名。[31] 动物，特别是鸟，当然是受人偏爱的主题，尤其是那些姿态或行为怪异的鸟。比如有人会想到鹦鹉，命运多舛而过于自负的祢衡（公元 173？～198 年）就曾用鹦鹉来形容自己；后来，鹦鹉至少有一次在邺城曹氏宫廷举办的诗人切磋集会中成为共同的题目。³² 但是将这些主题进行分类没有多少意义。诗人并不仅仅是为了积累经验资料,也是要把某种物品和人的特定品质或境况相对应。

诗也开始利用这种咏物的方式,只是规模相对小一些。然而,截至目前,我们一直把赋当作一种孤立的体裁来讨论。这是因为我们期望在此将其突出,以求获得关于这一时期韵文更为精确平衡的图景。然而,即使是在通常所分类的韵文和散文之间,也存在种种重要的、有时候会令人惊讶的联系,这种联系我们在下一部分会讨论。

诫和五言诗的开端

大学者郑玄似乎是一个令人生畏而不具人格的存在。他对那么多典籍的注解直到唐代还常被视为标准解释,这似乎模糊了任何鲜明的个性而把他裹入沉闷的传统之中。谁是郑玄?现存的一篇他所作的文本给我们带来了一些启迪。公元196年,70岁的郑玄此时身染重病。考虑到来日无多,他给独子益恩写了一封长达约400字的信。³³ 在信的前半部分,郑玄简单回顾了生平大事,从小时家贫开始,一直到当下由国家内乱引起的动荡。这封信颇具价值,为范晔后来在《后汉书·郑玄传》中的转述提供了很多材料。³⁴ 信的后半部分更具启发性,郑玄在这里直接对他的儿子表达了最后的告诫和关爱(尽管也有可能是写给后代的期望)。让我们来引用数句:

入此岁来,已七十矣。宿素衰落,仍有失误……家事大小,汝一承之。咨尔茕茕一夫,曾无同生相依。其勖求君子之道,研钻勿替,敬慎威仪,以近有德。显誉成于僚友,德行立于己志。若致声称,亦有荣于所生,可不深念邪!可不深念邪!吾虽无绂冕之绪,颇有让爵之高。自乐以论赞之功,庶不遗后人之羞……日西方暮,其可图乎!家今差多于昔,勤力务时,无恤饥寒。菲饮食,薄衣服，节夫二者，尚令吾寡恨。若忽忘不识，亦已焉哉。

这段的大部分内容交织着《尚书》、《论语》和《诗经》的引文和典故，但我们在这里不用费时阐述。对我们的目的而言，更值得注意的是一些个人情感仍然传递了出来。

同样有意思的是，郑玄在写这封信时结合了或者说跨越了书和诫两种体裁的要素。当然，体裁的定义对阐释学和目录学有帮助；相对于作者来说，它们对批评家和学者更有用。我们也由此倾向于把中国文学按类别来组织和分析，这些类别划定和指出了实际的作者可能并没有感受到的界定与规则。因此，郑玄给儿子的信可以被置入私人书信传统来探讨，[35] 也许也可以被放在与父亲训诫相关的范围内来看待。[36] 现在诫通常不被看成一种文学类型，就算是我们也认为它几乎没什么吸引力。但在汉代及其以后的数百年间，存在丰富且名正言顺的写作训诫的传统。那些先于郑玄而在这一脉络中写作的汉代名人通常是给儿子写训诫，我们可以列出一个非常可观的名单，包括东方朔、刘向（公元前 79～前 8 年）、马援（公元前 13～公元 49 年）、崔骃（卒于公元 92 年）、崔瑗（公元 77～143 年）、张奂（公元 104～181 年）、高彪（活跃于公元 164～186 年）以及荀爽（活跃于公元 170～200 年）。我们也不应该忘记班昭（公元 49?～120? 年）和她的《女诫》，这可能是这一传统中最著名的作品。[37] 在郑玄之后，公元 3 世纪的训诫作者的名单也同样可观，包括诸葛亮（公元 181～234 年）、王肃（公元 195～256 年）、羊祜（公元 221～278 年）、王昶（卒于公元 259 年）、程晓（活跃于公元 249～255 年）以及嵇康。这种写作趋势整体至颜延之（公元 384～456 年）的《庭诰》达到第一个高峰；一个多世纪以后，在颜之推（公元 513～591? 年）简练的《颜氏家训》那里到达顶点。[38]

这些作品中有大量有意思的材料，其呈现方式常常是风格鲜明、令人难忘的。也有的较为直白，有的更加凝练，还有的更具个性。最令人惊讶的是有些以韵文写成。其中两篇作于公元 2 世纪，以完美的五言形式写出，偶数句最后一个字押韵，每句的第二个字以后有停顿：这就是说，从形式而并非内容上来看，它们是我们所知五言诗的最早实例。然而它们并未被如此看待，只因我们不会在还没有被定义为诗的作品中期待或寻找诗句。[39] 第一篇的作者是崔瑗，著名作家崔骃之子，张衡和马融的长期好友。此篇共有20句，被称作《座右铭》，显然是为了自勉：

无道人之短，
无说己之长。
施人慎勿念，
4 受施慎勿忘。
世誉不足慕，
唯仁为纪纲。
隐心而后动，
8 谤议庸何伤？
无使名过实，
守愚圣所臧。
在涅贵不淄，
12 暧暧内含光。
柔弱生之徒，
老氏诫刚强。
行行鄙夫志，
16 悠悠故难量。
慎言节饮食，
知足胜不详。
行之苟有恒，
20 久久自芬芳。[40]

崔瑗以手刃杀兄仇人而为人所知，时间可能在公元102年，此后他隐藏了几年，公元 105 年遇大赦回家，大约十年以后再次发迹。[41] 在公元 8 世纪早期为《文选》作注的吕延济说，崔瑗在获赦以后不久写下了这篇铭文。[42] 这可能是一种推测。该铭文并不是诗歌佳品，上下联之间也缺乏联系，但在公元 2 世纪早期，我们从形式上看到了一首五言诗，可是一般认为这种形式在将近一百年以后才得到完善。

第二篇由高彪所作，写作时间在公元 2 世纪五六十年代，有 26 行，结构更加连贯。篇名为《清诫》，包含了一个在成熟的及时行乐主题背景中，长期苦思《老子》篇章之人的忠告：

　　天长而地久，
　　人生则不然。
　　又不养以福，
4　保全其寿年。
　　饮酒病我性，
　　思虑害我神。
　　美色伐我命，
8　利欲乱我真。
　　神明无聊赖，
　　愁毒于众烦，
　　中年弃我逝，
12　忽若风过山。
　　形气各分离，
　　一往不复还。
　　上士愍其痛，
16　抗志凌云烟。
　　涤荡弃秽累，
　　飘逸任自然。
　　退修清以净，

20　存吾玄中玄。
　　澄心剪思虑，
　　泰清不受尘。
　　恍惚中有物，
24　希微无形端。
　　智虑赫赫尽，
26　谷神绵绵存。[43]

此篇结构工整，表现出对五言形式准确、令人满意的掌握。[44]这里对《老子》的篇章有许多再现，《老子》（传世版本）中的颇多韵文，让人不禁疑问这种训导是否和诗歌有某种特殊的密切关系。然而我们强调的是，一旦我们跨越体裁的界限来看问题的话，一些新的前景有时就会在这一时期的文学图景中显现。如果我们把所有的领域都浏览一下，通行的关于五言诗兴起的叙述就需要一番重写。对于其他体裁来说可能也是这样。诫（或教诲，或劝告，或书信）出乎意料地把自传、论、个人或政治建议等以散文或韵文的形式混合起来，因此涉及多种修辞风格。我们甚至可以追溯出一条对公元4世纪中叶的玄言诗产生影响的线索。[45]

要是有足够的篇幅，我们还可以考察一下关于七言诗的标准叙述是如何需要类似修订的。与通常被认可的相比，我们有时能在意想不到之处找到更多七言诗的前身。比如说，张衡《思玄赋》结尾的21句诗就采取了完美的七言诗格律，每句押韵，根据转韵的情况可分为三节（先是一联，再四行，再六行）。[46]不过，70年后，曹丕的两首《燕歌行》[47]通常被看作这一形式最早的成熟作品。七言诗和天师道的联系也很有意思，这还需要更为彻底的探讨。[48]或许我们也会想重新考虑一下有人宣称的四言诗——习惯上被认为是汉末之前对旧体裁的复兴——的终结问题。因为在公元3世纪，尽管五言诗的使用在增加，也有一些优秀作品产生，但四言格律仍然是主流形式。[49]直到公元4世纪中叶西晋灭亡而南渡的几十年后，五言诗才取得支配地位。

"人生如……"

在经典文献中,《庄子》对人生在世的比喻最让人难忘,其中,老聃对孔子讲授说:"人生天地之间,若白驹之过隙,忽然而已。注然勃然,莫不出焉;油然漻然,莫不入焉。"[50] 这匹马驹的出现与消失令人想起比德(Bede)《英吉利教会史》(*Ecclesiastical History of the English People*)中著名的一段,他把人生比作一只"孤单的麻雀"急速飞过一个蜜酒宴会厅,在冬夜的暴风雨中从一个门进来,从另外一个门出去。[51]

如果说在我们所讨论的时间段中的诗有一个主旋律的话,那就是"人生如……"这个"等式"的"第二项"通常是一种短促或逆境的景象。[52] 最有名的例子是佚名的《古诗十九首》,时代也许是东汉末年的建安时期,它通常被认为代表着五言诗时代的到来。[53] 在第十三首中,我们看到下面四句:

> 浩浩阴阳移,
> 年命如朝露。
> 人生忽如寄,
> 寿无金石固。

第四首告诉我们:"人生寄一世,奄忽若飙尘。"在第十一首中我们读到:"人生非金石,岂能长寿考?"还有第三首:"人生天地间,忽如远行客。"第十五首的开始两句没有出现这个关键词,但说得更直白:"生年不满百,常怀千岁忧。"

我们经常引用的这个基调哀伤的权威语句,出自班固为曾被匈奴囚禁的汉朝将军苏武(公元前139~前60年)所作的传。在一个颇具戏剧性的场景中,数年前被迫投降、最终接受永远无法摆脱之耻辱的将军李陵劝说苏武,让他自愿为匈奴首领效力。李陵先是提醒苏武,他已经十几年没有剩下几位家人的任何音信了,并告诉他传言他的妻子已经改

图 24.2 漆盘上刻画的宴饮中的文人。江西南昌火车站 3 号墓出土，东晋，发掘于 1997 年。直径 24.6~26.1 厘米，高 3.6 厘米。在同一座墓葬中有一件漆奁，上面有生动的车马人物。有很多媒介可以展示对生动细节的强烈关注，漆器只是其中之一

嫁。之后李陵说道："人生如朝露，何久自苦如此？"然而苏武最终也没有背弃汉朝。[54] 还是在《汉书》中，我们在《班婕妤传》里她的《自悼赋》中读到："惟人生兮一世，忽一过兮若浮。"[55]

归在李陵名下的这个比喻可能在班固的时代就已经被众所周知。公元 2 世纪中叶，在秦嘉的三首著名五言《赠妇诗》的第一首中，这个比喻几乎一字不差地又出现了，开始的两句为"人生譬朝露，居世多屯蹇"。[56] 这似乎在公元 3 世纪早期的诗中特别能引起共鸣。《古诗十九首》之外的例子也颇多，有一些具有启发性。比如，王粲写道"人生实难，愿其弗与"。[57] 曹丕用乐府形式写道："人生如寄，多忧何为。"[58] 曹植特别喜爱这种观念，并在他的诗中使用了许多变化形式，其中有"人生处一世，去若朝露晞"；[59] 或"日月不恒处，人生忽若寓"；[60] 或"俯观五

岳间,人生如寄居";[61] 或"人生不满百,戚戚少欢娱";[62] 或在一篇小赋中,"念人生之不永,若春日之微霜"。[63] 这能不令人想到困扰曹植生命最后15年的各种失意吗?在这里起作用的可能不只是文学传统。这一表达背后的感情可能平淡无奇,但总值得领会的是,一个特定的措辞及该意象过多的变体和再造是如何在诗人的语汇中取得又丧失地位的。在这一例中,一直到公元3世纪,新的重申还持续出现在阮籍、潘岳、陆机(特别是他的"拟"汉代后期诗中)和其他人的作品中。然而,到东晋时期(公元317〜420年),这种习惯用法失去了其大部分的创造力,开始被置之高阁。

也许是巧合,但也奇怪的是,公元2世纪晚期到4世纪早期的作者极少有长寿的。作品被人铭记,又塑造了建安、魏、西晋的文学遗产的作者,大多数没有活到50岁。很多人死于40岁之前,而且有些人,例如王弼(公元226〜249年),死时还要年轻得多。不管是得以善终,还是如太多人那样死于政治动荡,他们通常都不能享有年老带来的优势。鉴于在此之前和之后的情况都不是如此明显,其文化含义应该会把我们引向新的途径。

文学中的个人风格

人类不免有归类和分析的冲动。对各种文本形式这么做的趋势似乎在东汉和公元3世纪变得更加明显。刘向和刘歆(公元前46〜公元23年)所制的皇家藏书目录即是一例,《汉书·艺文志》中可见其节本。其他例子有王充(公元27〜97年)在其《论衡》中对各种文章类型的简要汇集,许慎(公元55?〜149?年)在分析型的字典《说文解字》中的归类,刘熙(公元200年在世)在他的《释名》中收集的名物注释,应劭(约公元140〜204年之前)在他的《风俗通义》中对社会风俗的整理,或者常璩(约公元291〜约361年)在《华阳国志》中对地方历史的梳理。前面提到的咏物诗的发展也是这种趋势的另外一种体现。对知识的归类整体上在《皇览》中发展了一步，《皇览》编纂于魏曹丕朝，是第一部类书，此后会成为一个悠久的传统。[64]

品评人物——可以追溯到公元 2 世纪的"清议"，这种做法引领了公元 3 世纪研究人物品格的嗜好（见于刘邵 [活跃于公元 200～245 年] 的《人物志》等文献）和公元 5 世纪的《世说新语》所赞美的精彩的"清谈"场合——在建安时期扩展到文学研究本身。曹丕《典论》（撰写于约公元 217 年）中的《论文》篇通常被视为中国第一个有意识的文学批评作品，[65] 文中有许多著名的论断。然而应该强调的是，《典论》是一部高度个人化的作品，文章所涉及的内容包括曹丕早年的教育和军事训练。在阅读这部作品时，我们必须记住他在写这本书时是处于太子的地位。在《论文》的许多重要断言中，曹丕说"文以气为主"，又说个人的风格不是可以强行获得或模仿的。他把文学分为八种体裁，分为四个大类，简要定义如下："盖奏议宜雅，书论宜理，铭诔尚实，诗赋欲丽。"他说："此四科不同，故能之者偏也；唯通才能备其体。"在其他地方，曹丕对当世作者个人的优缺点做出了自己的评价：这应该被放在更为宽泛的品格和道德语境中来看。[66] 文中有些地方有趣地回应了王充《论衡》的某些篇章，尤其是王充也承认个人风格无法模仿，[67] 把学者分为四类（儒生、通人、文人、鸿儒）[68] 以及他对不同作者才能的考虑。[69] 王充的书直到公元 2 世纪晚期才在北方为人所知，王朗（卒于公元 228 年）曾在王充的故乡会稽为官，而后把书带给了曹家，如果想到这些的话，我们会更好地理解王充曾对曹丕有帮助却并没有得到承认。

公元 4 世纪早期，陆机在他的《文赋》[70] 中把自省式文学分析提升到了一个新的高度。[71] 这是一篇关于写作技巧和宇宙哲思方面的大规模而详细的阐述，以咏物的方式探索了这一主题的所有方面，应与贺拉斯（Horace）的《诗艺》（*Ars Poetica*）相较。至于体裁的区分，陆机在曹丕的基础上扩充并确定了十种体裁：诗、赋、碑、诔、铭、箴、颂、论、奏、说。正如大家期待赋中会出现的，这些体裁以精心打造的对仗被进行了描述，对仗中还经常使用双声叠韵词。比如，"诗缘情而绮靡，赋体物而浏亮。碑披文以相质，诔缠绵而悽怆"。在所有研究中国文学时对体裁的定义给予的关注中，很重要的一点是注意到曹丕和陆机两人的定义都和形式无关；更确切地讲，他们建议以风格进行区分，这通常相当主观。即使我们将时间推进到 6 世纪，情况依然如此，萧统（公元 501～531 年）在《文选》序中简要定义了更多种类的文学体裁，刘勰（约公元 465～522 年）的《文心雕龙》也用华丽的辞藻对它们描述。这提醒我们，正像我们上面注意到的一样，这一时期中国文学体裁的界限还没有真正固定下来。

注释

1　公元 311 年后的南渡事件在政治和心理方面的措辞上起到了关键作用。文学史中最重要的变化（包括五言诗的盛行和新的对田园风景的重视），在稍后的 4 世纪中叶才在生长于南方而没有任何个人北方生活经验的人的作品中显现出来。

2　关于这些问题，见 Kern, "Ritual, text, and the formation of the canon: historical transitions of *Wen* in early China" (2001), "The 'Biography of Sima Xiangru' and the question of the *fu* in Sima Qian's *Shiji*" (2003a), and "Western Han aesthetics and the genesis of the *fu*" (2003b)；另见 Nylan, "Textual authority in pre-Han and Han" (2000a), and "Toward an archaeology of writing: text, ritual, and the culture of public display in the classical period (475 BCE–220 CE)" (2005)。

3　*SJ* 126, 3206.

4　*HS* 65, 2864-7. 后来收入《文选》卷 45 第 2000—2004 页，有出入。

5　*HS* 87A, 3566-73.

6　就这一方面关于东方朔和扬雄的完整讨论以及相关作品的翻译，见 Declercq, *Writing against the State: Political Rhetorics in Third and Fourth Century China* (1998), 20-59。这一杰作集中讨论了在"设论"传统中进行创作的后世写作者。

7　见 Pan Jixing, *Zhongguo kexue jishu shi: Zaozhi he yinshua juan* (1998)。

8　Tsien Tsuen Hsuin, *Written on Bamboo and Silk: The Beginnings of Chinese Books and Inscriptions* (2004), 148-50; Twitchett, *Printing and Publishing in Medieval China* (1983), 11.

9　见 Kroll, "The significance of the *fu* in the history of T'ang poetry" (2001)。

10　在长期被忽略以后，赋现在被广泛研究。如果要从最近这股洪流中略举几例可资利用的成果，也许首先该提到的就是 Ma Jigao, *Fu shi* (1987) and *Lidai cifu yanjiu shiliao gaishu* (2001); Gong Kechang, *Han fu yanjiu* (1990); Cheng Zhangcan, *Wei Jin Nanbeichao fu shi* (1992) and *Fuxue luncong* (2005); Guo Weisen and Xu Jie, *Zhongguo cifu fazhan shi* (1996); 以及过去二十年间在中国召开的国内国际赋学会议的论文集。

11　HHS 40A, 1335 to 40B, 1373;《文选》卷 1 第 1—42 页。后一种版本的英文译文见 Knechtges, *Wenxuan, or Selections of Refined Literature*, Vol. 1 (1982), 93–180。

12　《文选》卷 2 第 47 页至卷 3 第 134 页；trans. Knechtges (1982), 181–310。

13　《文选》卷 4 第 172—177、298 页；trans. Knechtges (1982), 337–477。

14　特别是他的《吊屈原赋》，SJ 84, 2493–5 和 HS 48, 2222–5；以及《鵩鸟赋》，SJ 84, 2497–500 和 HS 48, 2226–8。两者均收入《文选》（卷 60 第 2590—2592 页和卷 13 第 604—608 页），英文译文见 Knechtges, *Wen xuan*, Vol. 3 (1996), 41–9。

15　《归田赋》，收入《文选》卷 15 第 692—693 页；trans. Knechtges, (1996), 138–43。

16　《思友赋》，收入《文选》卷 34 第 592 页；《全后汉文》卷 90 第 3 页 a。

17　《登楼赋》，收入《文选》卷 11 第 489—492 页；trans. Knechtges, *Wen xuan*, Vol. 2 (1987), 236–41。

18　《思旧赋》，收入《文选》卷 16 第 719—722 页；trans. Knechtges (1996), 166–9。

19　Kroll, "Seven rhapsodies of Ts'ao Chih" (2000). 曹植的诗流传下来的有 77 首，赋或残赋有大约 45 篇。

20　《艺文类聚》卷 26 第 470 页；《全三国文》卷 13 第 5 页 b；最好的版本见丁宴（编）《曹集诠评》卷 1 第 3 页，这里即采用这一版本。

21　HHS 80B, 2629. 关于这篇赋的更多情况及其序（比赋本身更长）的译文，见 Kroll, "Tamed kite and stranded fish: interference and apology in Lu Chao-lin's *fu*" (1998), 48–51；关于赵壹，见 Gong Kechang, *Studies on the Han Fu* (1997), 318–38。HHS 80B, 2632 记载他在公元 178 年作为上计吏到过洛阳。

22　见本书第 21 章。

23　见 CHOC, 327–30。

24　党锢对赋作者的影响，见 Xu Zongwen, "Lun danggu zhi huo dui Han mo cifu chuangzuo de yingxiang" (1999)。

25　关于"石经"，见 Tsien Tsuen Hsuin (2004), 79–84。HHS 60B, 1990 and 79A, 2558 记载为六经；其他篇章（如 HHS 78, 2533）记载为五经；详细注解见 HHSJJ 60B.7b。现存的残石包括六经（《诗经》、《尚书》、《周易》、《春秋》、《公羊传》、《仪礼》）和《论语》。王允下令处死蔡邕，但遭到了强烈的反对。

26　关于对公元 3 世纪和 4 世纪的这一亚体裁有益的研究，见 Liao Kuo-tung, *Wei Jin yongwu fu yanjiu* (1990)。

27　《楚辞补注》（SBBY）卷 4 第 29a 页—第 30 页 b；参照 trans. Hawkes, *The Songs of the South: An Anthology of Ancient Chinese Poems by Qu Yuan and Other Poets* (1985), 178–9。

28　《琴赋》，收入《文选》卷 18 第 835—849 页；trans. Knechtges (1996), 279–303；另见 Van Gulik 的经典研究和译文 *Hsi K'ang and his Poetical Essay on the Lute* (1941)。

29　《艺文类聚》卷 74 第 1271 页；《全后汉文》卷 18 第 4 页 a—b。

30　《艺文类聚》卷 74 第 1278 页；《全后汉文》卷 18 第 4 页 b—第 5 页 a。

31 《文选》卷 18 第 807—823 页；trans. Knechtges (1996), 259-79。嵇康的《琴赋》在结构上受到这篇赋很大影响。

32 《文选》卷 13 第 611—615 页；trans. Knechtges (1996), 49-57；另见 Graham, "Mi Heng's 'Rhapsody on a Parrot'" (1979)。阮瑀（公元 165？～212 年）、王粲、曹植、陈琳（公元 157？～217 年）和应场（卒于公元 217 年）关于这一主题的赋或其残篇，见《艺文类聚》卷 91 第 1576 页。阮瑀死于公元 212 年这件事为作赋集会的时间提供了下限。

33 见 HHS 35, 1209-1210。

34 见 Künstler, "Deux biographies de Tcheng Hiuan" (1962)。

35 如 Chung, "A study of the 'shu' (letters) of the Han dynasty" (1982), 306-10 中所做。

36 《艺文类聚》卷 23 第 418—422 页将其置于其他许多诫中，而不是在紧接其后的书的部分，这促使我们也如此放置。Chung (1982) 注意到早期诫的重要性。

37 关于班昭，见本书第 22 章页边码第 501 页。

38 颜延之和颜之推两人没有血缘关系；颜之推较为保守，对颜延之的作品提出了激烈的批评。

39 见 Holzman, "Les premiers Vers pentasyllabiques datés dans la poésie chinoise" (1974), 77-115, esp.92-9。

40 《文选》卷 56 第 2409—2410 页；《艺文类聚》卷 23 第 421 页；《全后汉文》卷 45 第 4 页 a。第 13 和 14 行提到了《老子》第 76 节；第 15 行提及《论语》11/13；第 16 行提及《论语》18/6。关于告诫男性要"柔弱"的句子，我们应该注意其性别含义（见本书第 10 章）。

41 HHS 52, 1722。

42 《宋本六臣注文选》卷 56 第 6 页 b。

43 《艺文类聚》卷 23 第 418—419 页；《全后汉文》卷 66 第 2 页 a—b。这首诗大部分可能是由严君平的弟子们所作，严君平是扬雄的老师，以教授《老子》和《庄子》闻名。

44 在崔瑗和高彪的两首中间，应该加上张衡的《同声歌》，它通常被看作公元 2 世纪最著名的五言诗。见《玉台新咏笺注》卷 1 第 28—29 页；Lu Qinli, *Xian Qin Han Wei Jin Nanbeichao shi* (1984), 178-9。

45 玄言诗，尤其与公元 4 世纪中叶孙绰和许绚有密切关联，是玄学潮流的衍生品。这一体裁的许多作品都已佚失，但称之为失败的"哲理"诗既不准确也不恰当。关于这种类型的四言诗，见许敬宗（公元 592～672 年）的《文馆词林》，Luo Guowei, *Ricang Hongren ben Wenguan cilin jiaozheng* (2001)。尚未出现对这种诗歌公允的研究。关于玄学的更多情况，见 Nylan, "The legacies of the Chengdu Plain" (2001c), 314-16。

46 HHS 59, 1938；《文选》卷 15 第 677 页。此篇比他经常被提起的《四愁诗》更为相关，《四愁诗》带有无意义的语气词"兮"以及几乎每一句的第四个字都会用小品词"之"。

47 《文选》卷 27 第 1284 页（仅第一首）；Lu Qinli (1984), 394-5。

48 见 Kroll, "The divine songs of the Lady of Purple Tenuity" (2003), 151。

49 公元3世纪中叶的两大诗人中,嵇康流传下来的四言诗和五言诗一样多;阮籍(公元210~263年)的82首五言《咏怀诗》最为有名,这是公元3世纪单个作者数量最多的一批五言诗,他还有13首四言《咏怀诗》,同样有趣但几乎被全然忽视。潘岳(公元247~300年)的诗大约四言五言各半,左思也一样。陆机(关于261~303年)的诗大约有三分之二为五言,但其弟陆云(公元262~303年)的诗约九成是四言。当然他们同样致力于作赋,大多数人的赋更为出名。

50 《庄子·外篇·知北游》第746页。

51 这里特别注重存在之前和之后,在两扇门外隐隐的不确定性。

52 见 Suzuki Shūji, *Kan Gi shi no kenkyū*(1967), 364–72; Owen, *The Making of Early Chinese Classical Poetry* (2006), 78。

53 萧统(公元501~531年)把这些佚名作者的诗集合在了《文选》(卷29第1343—1350页)中,因此这些诗被视作一组。最好的研究仍然是 Diény, *Les dix-neufs Poèmes anciens* (1963)。

54 HS 54, 2464.

55 HS 97B, 3987.

56 《玉台新咏笺注》卷1第30页;Lu Qinli (1984), 186。

57 《赠蔡子笃》,收入《文选》卷23第1102—1103页。李善(卒于公元689年)指出这两句话转借自张奂(公元104~181年)给崔寔(卒于公元168年)的一封信中的类似说法,即"人生实难,所务非此"。信已佚。

58 《善哉行》,收入《文选》卷27第1285页。乐府诗从公元2世纪晚期开始盛行,文人在其中采用平民(有时候是妇人)的口吻。早期的佚名乐府诗经常被知名诗人模仿,这和欧洲民谣在很多方面相似。见 Diény, *Aux origines de la poésie classique en Chine* (1968); and Frankel, "Yüeh-fu Poetry" (1974), 69–107。

59 《赠白马王彪》,收入《文选》卷24第1124页;《曹集诠评》卷4第33页。

60 《浮萍篇》,收入《曹集诠评》卷5第51页。

61 《仙人篇》,收入《曹集诠评》卷5第42页。

62 《游仙》,收入《曹集诠评》卷5第46页。

63 《节游赋》,收入《曹集诠评》卷1第4页。

64 见 Hu Daojing, *Zhongguo gudai de leishu* (1982), 39–43。遗憾的是《皇览》仅剩残篇。

65 保存于《文选》卷52第2270—2272页。

66 让人想到孔子对八位弟子能力的不同评价,分为四组,见于《论语》11/3。

67 见其《与吴质书》,收入《文选》卷42第1897页。

68 LH 30(第八十五,"自纪"),1192–3.

69 LH 13(第三十九,"超奇"),607.

70 LH 29(第八十三,"案书"),1165–8.

71 见《文选》卷17第761—774页。

参考文献

中文书籍，署明作者的，列于其作者名字之下，如，顾颉刚。作者或编者为机构的，列于其书名之下，后面为机构名，《如洛阳烧沟汉墓》(*Luoyang Shaogou Han mu*)。文章列于其作者名下；未注明作者的，列于其期刊名下，标注机构名，如《考古》(*Kaogu*) 211.12，1085-100。中文书籍不列其英文名；带有星号（*）的表示该文献有英文摘要。中文书籍如《白虎通》表示为 *Baihu tong*，并与其作者互见，详细信息在其作者名目下。本书有时会在脚注中使用一些显而易见的缩略的书名，列于下面的方括号内。缩略语列于页 xxi—xxii。

Abe, Stanley K. (2002). *Ordinary Images*. Chicago: The University of Chicago Press.
The Administrative Divisions of the People's Republic of China (1981). Beijing: Cartographic Publishing House.
Ai Lan 艾蘭 (Sarah Allan) and Xing Wen 邢文 (2004), eds. *Xinchu jianbo yanjiu* 新出簡帛研究. Beijing: Wenwu chubanshe.
Allan, Sarah (1997). *The Way of Water and Sprouts of Virtue*. Albany: State University of New York Press. See also Ai Lan.
—— (2003). "The Great One, water, and the Laozi: new light from Guodian", *TP* 89.4–5, 237–85.
Allan, Sarah and Crispin Williams (2000), eds. *The Guodian Laozi: Proceedings of the International Conference, Dartmouth College, May 1998*. Berkeley: The Society for the Study of Early China and The Institute of East Asian Studies, University of California, Berkeley.
Allard, Francis (1998). "Stirrings at the periphery: history, archaeology, and the study of Dian", *International Journal of Historical Archaeology* 2.4, 321–41.
—— (1999). "The archaeology of Dian: trends and tradition", *Antiquity* 73 (March), 77–85.
Ames, Roger T. (1993). *Sun-Tzu: The Art of Warfare. The First English Translation Incorporating the Recently Discovered Yin-ch'üeh-shan Texts*. New York: Ballantine.
Ames, Roger and Henry Rosemont (1998). *The Analects of Confucius: A Philosophical Translation. A New Translation Based on the Dingzhou Fragments and Other Recent Archaeological Finds*. New York: Ballantine.
An Jiayao 安家瑤 (2000). "Boli kaogu sanze" 玻璃考古三則, *WW* 2000.1, 89–96.
An Jinhuai 安金槐 (1994a). "Henan Mixian Houshiguo san hao Han mu diaocha ji" 河南密縣后士郭三號漢墓調查記. *Huaxia kaogu* 1994.3, 29–32, 40.
—— (1994b). "Mixian Dahuting Han mu mudao tiantu zhong can shike huaxiang tantao" 密縣打虎亭漢墓墓道填土中殘石刻畫像探討. *Huaxia kaogu* 1994.4, 89–94.
Analects. References are to the divisions of the text as adopted by Legge and Lau.
André, Guilhem (2002). "Une Tombe princière Xiongnu à Gol Mod, Mongolie (campagnes de fouilles 2000–2001)", *Arts Asiatiques* 57, 194–205.

Anping Dong Han bihua mu 安平東漢壁畫墓 (1990). Ed. Hebei sheng Wenwu yanjiusuo. Beijing: Wenwu chubanshe.

Anqiu Dongjiazhuang Han huaxiang shi mu 安丘董家莊漢畫像石墓 (1992). Ed. Anqiu xian wenhuaju and Anqiu xian bowuguan. Jinan: Jinan chubanshe.

Arrault, Alain and Jean-Claude Martzloff (2003). "Calendriers", in *Divination et société dans la Chine médiévale*. Paris: Bibliothèque Nationale.

Bagley, Robert, (2001), ed. *Ancient Sichuan: Treasures from a Lost Civilization*. Seattle and Princeton: Seattle Art Museum and Princeton University Press.

Bai Yunxiang 白云翔 (2001). "Zhanguo Qin Han shiqi weng guanzang yanjiu" 戰國秦漢時期瓮棺葬研究, *KGXB* 2001.3, 305–34; abridged English version as "Study of urn-burials in the Warring States and Qin–Han periods", *Chinese Archaeology* 2 (2002), 33–9.

—— (2005). *Xian Qin Liang Han tieqi de kaogu xue yanjiu* 先秦兩漢鐵器的考古學研究. Beijing: Kexue chubanshe.

Baihu tong 白虎通 see Ban Gu 班固.

Ban Gu 班固 (32–92 CE). *Baihu tong* 白虎通. References are to Chen Li 陳立 (1809–69), *Baihu tong shuzheng* 白虎通疏證 (preface 1832) rpt. Beijing: Zhonghua shuju, 1994.

—— *Dianyin* 典引. *Wen xuan* 48, 2158–70.

—— *Han shu* 漢書. References are to the punctuated edition, Beijing: Zhonghua shuju, 1962 [*HS*]. See also Wang Xianqian 王先謙.

Baopu zi neipian 抱朴子內編 see Wang Ming 王明.

Baoshan Chu jian 包山楚簡 (1991). Ed. Hubei sheng Jingsha tielu kaogu dui. Beijing: Wenwu chubanshe.

Baoshan Chu mu 包山楚墓 (1991), 2 vols. Ed. Hubei sheng Jingsha tielu kaogu dui. Beijing: Wenwu chubanshe.

Barbieri-Low, Anthony J. (2001). "The organization of imperial workshops during the Han dynasty". Ph.D. dissertation, Princeton University.

—— (2005). "Carving out a living: stone-monument artisans during the Eastern Han dynasty", in Cary Y. Liu, Michael Nylan and Anthony Barbieri-Low, *Recarving China's Past: Art, Archaeology, and Architecture of the "Wu Family Shrines"*. Princeton: Princeton University Art Museum, 485–511.

—— (2007). *Artisans in Early Imperial China*. Seattle: University of Washington Press.

Barnhart, Richard M. (2004). "Alexander in China? Questions for Chinese archaeology", in Yang Xiaoneng, ed., *New Perspectives on China's Past: Chinese Archaeology in the Twentieth Century*. New Haven and London: Yale University Press, Vol. 1, 328–43.

Barr, James (1961). *The Semantics of Biblical Language*. London: Oxford University Press.

Barrett, T. H. (1998). "Science and religion in medieval China: some comments on recently published work by Nathan Sivin", *JRAS* third series 8.3, 423–30.

—— (2003). "On the reconstruction of the *Shenxian zhuan*", *BSOAS* 66.2, 229–35.

—— (2006). "Preliminary considerations in the search for a Daoist *Dhammapada*", in Benjamin Penny, ed., *Daoism in History: Essays in Honour of Liu Ts'un-yan*. London: Routledge, 41–65.

Beijing Dabaotai Han mu* 北京大葆台漢墓 (1989). Ed. Dabaotai Han mu fajue zu and Institute of Archaeology, Chinese Academy of Social Sciences. Beijing: Wenwu chubanshe.

"Beijing Laoshan Han mu" 北京老山漢墓. In *2000 Zhongguo zhongyao kaogu faxian*, 2000 中國重要考古發現 (2001). Beijing: Wenwu chubanshe, 72–7.

Benedict, Paul K. (1990). *Japanese/Austro-Tai*. Ann Arbor, MI: Karoma Publishers.

Beningson, Susan L. (2005). "The spiritual geography of Han dynasty tombs", in Susan L. Beningson and Cary Y. Liu, eds., *Providing for the Afterlife: "Brilliant Artifacts" from Shandong*. New York: China Institute Gallery, 1–16.

Benjamin, Walter (1968). "Theses on the philosophy of history", in *Illuminations* (New York: Harcourt & Brace), Thesis 6, in section "On the concept of history".

Berger, Patricia (1987). "'In a far-off country': Han dynasty art from South China", *Orientations* 18.1, 20–31.
Best, Jonathan W. (2007). *A History of the Early Korean Kingdom of Paekche*. Cambridge, MA: Harvard East Asian Monograph Series.
Bi Chu 畢初 (1985). "Han Chang'an cheng yizhi faxian luoti taoyong" 漢長安城遺址發現裸體陶俑, *WW* 1985.4, 94–6.
Bi Yuan 畢沅. *Guanzhong shengji tu zhi* 關中勝蹟圖志 (Preface 1781; Si ku quan shu zhen ben collections).
Bielenstein, Hans (1950). "An interpretation of the portents in the Ts'ien-Han-Shu", *BMFEA* 22, 127–43.
—— (1959). "The Chinese colonization of Fukien until the end of T'ang", in Søren Egerod and Else Glahn, eds., *Studia Serica Bernhard Karlgren Dedicata*. Copenhagen: Ejnar Munksgaard, 98–122.
—— (1976). "Lo-yang in Later Han times", *BMFEA* 48, 3–142.
—— (1980). *The Bureaucracy of Han Times*. Cambridge: Cambridge University Press.
Biffi, N. L. (1988). *L'Italia di Strabone: testo, traduzione e commento dei libri V e VI della Geografia*. Genoa: Università di Genova.
Birge, Bettine (2002). *Women, Property, and Confucian Reaction in Sung and Yüan China (960–1368)*. Cambridge: Cambridge University Press.
Birrell, Anne (1989). "Mythmaking and Yüeh-fu: popular songs and ballads of early imperial China", *JAOS* 109.2, 223–35.
Boardman, John (1988). "Classical archaeology: whence and whither?" *Antiquity* 62, 795–7.
Boardman, John and N. G. L. Hammond (1982), eds. *The Cambridge Ancient History* (second edn), Vol. 3, Part 3, *The Expansion of the Greek World Eighth to Sixth Centuries B.C.* Cambridge: Cambridge University Press.
Boardman, John et al. (1991), eds. *The Cambridge Ancient History* (second edn), Vol. 3, Part 2. Cambridge: Cambridge University Press.
Bodde, Derk (1959). "The Chinese magic known as watching for the ethers", in Søren Egerod and Else Glahn, eds., *Studia Serica Bernhard Karlgren dedicata*. Copenhagen: Munksgaard, 14–35; rpt. in Charles Le Blanc and Dorothy Borei, eds., *Derk Bodde: Essays on Chinese Civilization*. Princeton: Princeton University Press, 1981, 351–72.
—— (1975). *Festivals in Classical China: New Year and Other Annual Observances during the Han Dynasty 206 B.C.–A.D. 220*. Princeton: Princeton University Press and Hong Kong: The Chinese University of Hong Kong.
Bodde, Derk and Clarence Morris (1967). *Law in Imperial China: Exemplified by 190 Ch'ing Dynasty Cases*. Cambridge, MA: Harvard University Press.
Bokenkamp, Stephen R. (1997). *Early Daoist Scriptures*. Berkeley, Los Angeles and London: University of California Press.
Bottéro, Françoise (2003). "Les 'Manuels de caractères' à l'époque des Han occidentaux", in Christine Nguyen Tri and Catherine Despeux, eds., *Éducation et instruction en Chine, I. L'Éducation élémentaire*. Paris: Éditions Peeters, 99–120.
Bottéro, Françoise and Christoph Harbsmeier (2008). "The *Shuowen jiezi* Dictionary and the human sciences in China", *AM* 21.1, 249–72.
Boucher, Daniel (1998). "Gāndhārī and the early Chinese translations reconsidered", *JAOS* 118.4, 471–506.
Bowden, Hugh (1991). "The chronology of Greek painted pottery: some observations", *Hephaistos* 10, 49–59.
Brady, Anne-Marie (2003). *Making the Foreign Serve China: Managing Foreigners in the People's Republic*. Lanham, MD: Rowman and Littlefield.
Brashier, K. E. (1995). "Longevity like metal and stone: the role of the mirror in Han burials", *TP* 81.4–5, 201–29.
—— (1996). "Han thanatology and the division of 'souls'", *EC* 21, 126, 134–8.

—— (2002). "The Spirit Lord of Baishi Mountain: feeding the deities or heeding the Yinyang", *EC* 26–7 (2001–2), 159–231.

Bray, Francesca (1984). *Agriculture. SCC* Vol. 6, Biology and Biological Technology: Part II, Agriculture. Cambridge: Cambridge University Press.

Bremmer, Jan N. (2002). *The Rise and Fall of the Afterlife*. London: Routledge.

Brennan, T. C. (2004). "Power and process in the Roman 'Constitution'". In H. I. Flower, ed., *Cambridge Companion to the Roman Republic*. Cambridge: Cambridge University Press, 31–64.

Brooks, E. Bruce and A. Taiko Brooks (1998). *The Original Analects: Sayings of Confucius and His Successors*. New York: Columbia University Press.

Brown, Miranda (2002). "Did the early Chinese preserve corpses? A reconsideration of elite conceptions of death", *JEAA* 4.1–4, 201–23.

—— (2007). *The Politics of Mourning in Early China*. Albany: State University of New York Press.

Brown, Miranda and Rafe de Crespigny (2009). "Adoption in Han China", *Journal of the Economic and Social History of the Orient* 52, 229–66.

Bujard, Marianne (2000). *Le Sacrifice au Ciel dans la Chine ancienne: Théorie et pratique sous les Han occidentaux*. Paris: École française d'Extrême-Orient.

Bunker, Emma C. et al. (2002). *Nomadic Art of the Eastern European Steppes*. New York: Metropolitan Museum.

Burrow, T. (1939). "Further Kharoṣṭhi documents from Niya", *BSOAS* 9, 111–23.

Byington, Mark E. (2001). "Han's Xuantu commandery and the emergence of the Koguryô state", paper given at the Keimyung International Conference on Korea Studies, held in Taegu, Korea, September 2001 (author's English version).

Cahill, Suzanne E. (1993). *Transcendence and Divine Passion*. Stanford CA: Stanford University Press.

Cai Yong 蔡邕 (133–92). *Du duan* 獨斷. References are to the *CSJC* edition.

Campany, Robert Ford (2002). *To Live as Long as Heaven and Earth: Ge Hong's Traditions of Divine Transcendents*. Berkeley, Los Angeles and London: University of California Press.

Cao Cao ji yizhu 曹操集譯注 (1979). Ed. Anhui Boxian "Cao Cao ji" yizhu xiaozu. Beijing: Zhonghua shuju.

Cao ji quanping 曹集詮評, see Ding Yan 丁晏.

Cao Wanru 曹婉如 et al. (1990). *Zhongguo gudai dituji: Zhanguo – Yuan* 中國古代地圖集 – 戰國一元. Beijing: Wenwu chubanshe [Gudai dituji].

Cao Zhezhi 曹者祉 and Sun Binggen 孫秉根 (1996), eds. *Zhongguo gudai yong* 中國古代俑. Shanghai: Shanghai wenhua chubanshe.

Carson, Anne (1995). *Plainwater: Essays and Poetry*. New York: Random House.

Cedzich, Angelika (1993). "Ghosts and demons, law and order: grave quelling texts and early Taoist liturgy", *Taoist Resources* 4.2, 23–33.

Cen Zhongmian 岑仲勉 (1958). *Mozi cheng shou ge pian jian zhu* 墨子城守各篇簡注. Beijing: Guji chubanshe.

Chang, K. C. (1963). *The Archaeology of Ancient China*. New Haven, CT: Yale University Press; 3rd edn 1977; 4th edn 1986.

—— (1977), ed. *Food in Chinese Culture: Anthropological and Historical Perspectives*. New Haven and London: Yale University Press.

Chang Qu 常璩 (fourth century CE). *Huayang guozhi* 華陽國志. References are to Ren Naichiang 任乃強, ed., *Huayang guozhi jiao bu tuzhu* 華陽國志校補圖注. Shanghai: Shanghai guji chubanshe, 1987 [*HYGZ*].

Chang, S. Leo and Yu Feng (1998). *The Four Political Treatises of the Yellow Emperor: Original Mawangdui Texts with Complete English Translations and an Introduction*. Honolulu: University of Hawai'i Press.

Changsha Dongpailou Dong Han jiandu 長沙東牌樓東漢簡牘 (2006). Ed. Changsha shi wenwu kaogu yanjiusuo and Zhongguo wenwu yanjiusuo. Beijing: Wenwu chubanshe.

Changsha Mawangdui yihao Han mu* 長沙馬王堆一號漢墓, 2 vols. (1973). Ed. Hunan sheng bowuguan and Zhongguo kexueyuan kaogu yanjiusuo. Beijing: Wenwu chubanshe. [*Changsha*.]

Changsha Zoumalou Sanguo Wu jian: Jiahe limin tianjia (*bie*). 長沙走馬樓三國吳簡 – 嘉禾吏民田家"莂". (1999) Ed Zoumalou jiandu zhengli zu, 2 vols. Beijing: Wenwu chubanshe.

Changsha Zoumalou Sanguo Wu jian: Zhujian: 1 (2003). 長沙走馬樓三國吳簡 – 竹簡[壹], 3 vols., Beijing: Wenwu chubanshe.

Chaohu Han mu* 巢湖漢墓 (2007). Ed. Anhui sheng wenwu kaogu yanjiusuo. Beijing: Wenwu chubanshe.

Chard, Robert (1999). "The imperial household cults", in Joseph McDermott, ed., *State and Court Ritual in China*. Cambridge: Cambridge University Press, 237–51.

Chavannes, Édouard (1905). *Les Mémoires historiques de Se-ma Ts'ien*, Vols. 1–5, Paris: Ernest Leroux, 1895–1905; rpt., with Vol. 6, Paris: Adrien Maisonneuve, 1969.

Chemla, Karine and Shuchun Guo (2004). *Les neuf Chapitres: Le Classique mathématique de la Chine ancienne et ses commentaires*. Paris: Dunod.

Chen Cheng-Yih (2000). *Early Chinese Work in Natural Science: A Re-examination of the Physics of Motion, Acoustics, Astronomy and Scientific Thoughts*. Hong Kong: Hong Kong University Press.

Chen Chi-yun (1968). "A Confucian magnate's idea of political violence: Hsün Shuang's (A.D. 128–190) interpretation of the Book of Changes", *TP* 54.1–3, 73–115.

Chen Dongyuan see Ch'en Tung-yuan 陳東原.

Chen Gaowei 陳高衛 (1987). "Xi Han Zhulu zhi kui yin yin xiaokao" 西漢朱廬執刲銀印小考, Hainan Minorities Museum Journal.

Chen Gongrou 陳公柔 et al. (1987). "Qinghai Datong Ma Liang mu chutu Hanjian de zhengli yu yanjiu" 青海大通馬良墓出土漢簡的整理與研究, *Kaoguxue jikan* 5 考古學集刊, 293–315.

Chen Hai 陳海 (2004). "G-dian yu Xi Han nü yong xing wanju kao" G-點與西漢女用性玩具考, *KGYWW* 2004.3, 62–7.

Chen Jiangong 陳建貢 and Xu Min 徐敏 (1991). *Jiandu boshu zidian* 簡牘帛書字典. Shanghai: Shanghai shuhua chubanshe.

Chen Lanlan 陳藍藍 (2005). "Handai jiandu zhong de siwen shu fazhan tezheng yanjiu" 漢代簡牘中的私文書發展特徵研究, *Sichuan wenwu* 四川文物 2005.4, 57–63.

Chen Li 陳立. *Baihu tong shuzheng* 白虎通疏證 [1832]. Rpt. Beijing: Zhonghua shuju, 1994.

Chen Ping 陳平 and Wang Qinjin 王勤金 (1987). "Yizheng Xupu 101 hao Xi Han mu 'Xianling juanshu' chukao" 儀征胥浦101號西漢墓<先令券書>初考, *WW* 1987.1, 20–5, 36.

Chen Qiyou 陳奇猷 (1984). *Lü shi chunqiu jiaoshi* 呂氏春秋校釋. Shanghai: Xuelin.

Chen Shou 陳壽 (233–97). *San guo zhi* 三國志. References are to the punctuated edition, Beijing: Zhonghua shuju, 1959 [*SGZ*].

Chen Songchang, see Ch'en Sung-ch'ang 陳松長.

Ch'en Sung-ch'ang 陳松長 (1996). *Mawangdui boshu yishu* 馬王堆帛書藝術. Shanghai: Shanghai shudian.

—— (2000). *Mawangdui shihua* 馬王堆史話. Beijing: Zhongguo da baike quanshu chubanshe.

—— (2001a). *Mawangdui boshu "Xingde" yanjiu lungao* 馬王堆帛書刑德研究論稿. Taipei: Guji chuban youxian gongsi.

—— (2001b). *Xianggang Zhongwen daxue Wenwuguan cang jiandu* 香港中文大學文物館藏簡牘. Hong Kong: Museum of the Chinese University.

—— (2006). "Mawangdui boshu 'Wu ze you xing' tu chutan" 馬王堆帛書<物則有形>圖初探, *WW* 2006.6, 82–7.

Ch'en Tung-yuan 陳東原 (1965). *Zhongguo funü shenghuo shi* 中國婦女生活史. Taipei: Shangwu yinshuguan.

Chen Wei 陈偉 (1996). *Baoshan Chu jian chutan* 包山楚簡初探. Wuhan: Wuhan daxue.

—— (2003). "Zhangjiashan Hanjian 'Jinguanling' shema zhuling yanjiu" 張家山漢簡<津關令>涉馬諸令研究, *KGXB* 2003.1, 29–44.

Chen Zhenyu 陳振裕 (2007). *Zhanguo Qin Han qiqi qun yanjiu* 戰國秦漢漆器裙研究. Beijing: Wenwu chubanshe.

Chen Zhi 陳直 (1961). "Gansu Wuwei Mozuizi Han mu chutu wangzhang shi jian tongkao" 甘肅武威磨嘴子漢墓出土王杖十簡通考, *KG* 1961.3, 160–2, 165.
—— (1974). "Zhanguo yiren xiao xi hui kao" 戰國醫人小璽匯考, in Zhou Xiaolu 周曉陸 and Chen Xiaojie 陳曉捷 (2000), eds., *Du jin ri zha* 讀金日札. Xi'an: Xibei daxue chubanshe, 239–45.
Cheng, Anne (1999). Review of Queen (1996), *From Chronicle to Canon: The Hermeneutics of the Spring and Autumn, According to Tung Chung-shu*. *EC* 23–4 (1998–9), 353–66.
—— (2001). "What did it mean to be a Ru in Han times?" *AM*, 3rd series, 14.2, 101–18.
Cheng Dachang 程大昌 (1123–95). *Yonglu* 雍錄; references are to the *Gu jin yi shi* 古今逸史.
Cheng Shude 程樹德 (1927). *Jiuchao lü kao* 九朝律考. Shanghai: Shangwu yinshuguan; rpt. Beijing, Zhonghua shuju, 1963.
Cheng Zhangcan 程章燦 (1992). *Wei Jin Nanbeichao fu shi* 魏晉南北朝賦史. Nanjing: Jiangsu guji chubanshe.
—— (2005). *Fuxue luncong* 賦學論叢. Beijing: Zhonghua shuju.
"Chengdu shi Xindu qu Huzhu cun, Liangshui cun yamu fajue jianbao" (2002). 成都市新都區互助村,涼水村崖墓發掘簡報, ed. Chengdu shi wenwu kaogu yanjiusuo, in *Chengdu kaogu faxian* 成都考古發現, 316–58. Beijing: Kexue chubanshe, 2004.
Chin, James K. (2004). "Ports, merchants, chieftains and eunuchs: reading maritime commerce of early Guangdong", in Shing Müller et al., eds. *Guangdong, Archaeology and Early Texts*. Wiesbaden: Harrassowitz Verlag, 217–39.
Chin, Tamara Ta Lun (2005). "Savage exchange: figuring the foreign in the early Han dynasty". Ph.D. dissertation, University of California at Berkeley.
Chiou-Peng, Tze-huey (2004). "Horsemen in the Dian culture of Yunnan", in Katheryn M. Linduff and Yan Sun, eds., *Gender and Chinese Archaeology*. Walnut Creek, CA: AltaMira Press, 289–313.
Chittick, Andrew (2003). "The development of local writing in early medieval China", *Early Medieval China* 9, 35–71.
Ch'ü T'ung-tsu (1972). *Han Social Structure*. Seattle and London: University of Washington Press.
Ch'ü Wan-li 屈萬里 (1993). *Shangshu jishi* 尚書集釋. Taipei: Lianjing chuban shiye gongsi.
Chūgoku sengoku jidai no yū 中國戰國時代の雄 (1981). Tokyo: Tokyo National Museum.
Chūka jinmin kyōwakoku Kan Tō hekiga ten 中華人民共和國漢唐壁畫展 (1975). Tokyo: Nihonbashi Takashimaya.
Chung Chao-p'eng 鍾肇鵬 (1993). *Chenwei lunlüe* 讖緯論略. Taipei: Hongye wenhua.
Chung, Eva Yuen-wah (1982). "A study of the 'Shu' (Letters) of the Han dynasty (206 BC–AD 220)". Ph.D. dissertation, University of Washington.
Chung, Young Yang (2005). *Silken Threads: A History of Embroidery in China, Korea, Japan, and Vietnam*. New York: Harry N. Abrams.
Chuxue ji 初學記 see Xu Jian 徐堅.
Coarelli, F. (1988). "Strabone: Roma e il Lazio", in G. Maddoli, ed., *Strabone e l'Italia Antica*. Naples: Edizioni scientifiche italiane, 73–91.
Coleman, K. M. (1990). "Fatal charades: Roman executions staged as mythological enactments", *Journal of Roman Studies* 80, 44–73.
Conelly, Joan Breton (2007). *Portrait of a Priestess: Women and Ritual in Ancient Greece*. Princeton: Princeton University Press
Cook, Constance (1995). "Scribes, cooks, and artisans: breaking Zhou tradition", *EC* 20, 241–77.
Crook, J. A. et al. (1994), eds. *The Cambridge Ancient History*, Vol. 9, second edition, *The Last Age of the Roman Republic, 146–43 B.C.* Cambridge: Cambridge University Press.
Csikszentmihalyi, Mark (2000). "Han cosmology and mantic practices", in Livia Kohn, ed., *Daoism Handbook*. Leiden: E. J. Brill, 53–73.
—— (2004). *Material Virtue: Ethics and the Body in Early China*. Leiden: Brill.
Csikszentmihalyi, Mark and Michael Nylan (2003). "Constructing lineages and inventing traditions through exemplary figures in early China", *TP* 89, 59–99.

Cui Dayong 崔大庸 and Fang Daoguo 房道國 (2002). "Lü da guan cheng de jiachu he yuegong: Luozhuang Han mu xin fajue sanzuo jisikeng" 呂大官丞的家畜和樂工:洛莊漢墓新發掘三座祭祀坑, *Wenwu tiandi* 2002.3, 8–10.

Cui Renyi 崔仁義 (2007). "Shi xi yu Guodian Chu jian gongcun de mupian yong", 試析與郭店楚簡共存的木片俑 *WW* 2007.9, 88–92.

Cullen, Christopher (1981). "Some further points on the *Shih*", *EC* 6, 31–46.

—— (1993). "Motivations for scientific change in ancient China", *Journal for the History of Astronomy* 24.3, 185–203.

—— (1996). *Astronomy and Mathematics in Ancient China: The Zhou bi suan jing*. Needham Research Institute Studies 1. Cambridge: Cambridge University Press.

—— (2002). "The first complete Chinese theory of the moon: the innovations of Liu Hong c. A.D. 200", *Journal for the History of Astronomy* 33.1, 1–24.

—— (2004a). "The birthday of the Old Man of Jiang County and other puzzles: work in progress on Liu Xin's *Canon of the Ages*", *AM* 14.2, 27–70.

—— (2004b). *The Suàn Shù Shū* 筭數書 *"Writings on Reckoning": A Translation of a Chinese Mathematical Collection of the Second Century BC, with Explanatory Commentary*. Cambridge: Needham Research Institute.

—— (2007). "The Suàn shù shū (筭數書) 'Writings on reckoning': rewriting the history of early Chinese mathematics in the light of an excavated manuscript", *Historia Mathematica* 34.1, 10–44.

Cutter, Robert Joe (1985). "The incident at the gate: Cao Zhi, the succession and literary fame", *TP* 71, 228–62.

Cutter, Robert Joe and William Gordon Crowell (1999), trans. *Empresses and Consorts: Selections from Chen Shou's Records of the Three States with Pei Songzhi's Commentary*. Honolulu: University of Hawai'i Press.

Da Dai Liji 大戴禮記 (date doubtful). References are to the *Congshu jicheng* edition.

Dai Nianzu 戴念祖 (2002). "Qin jian 'Lü shu' de yuelü yu zhanbu" 秦簡<律書>的樂律與占卜, *WW* 2002.1, 79–83.

Dang Shoushan 黨壽山 (1995). "Gansu Wuwei Mozuizi faxian yi zuo Dong Han bihua mu" 甘肅武威磨嘴子發現一座東漢壁畫墓, *KG* 1995.11, 1052–3.

Dang Shunmin 党順民 (1994). "Wai wen qian bing xin tan" 外文铅餅新探, *KGYWW* 1994.5, 84–9.

Davidson, Jeremy H. C. S. (1979). "Archaeology in northern Viet-Nam since 1954", in R. B. Smith and W. Watson, eds., *Early South East Asia: Essays in Archaeology, History and Historical Geography*. Oxford: Oxford University Press, 98–124.

Davydova. A. V. (1995–6). *The Ivolga Archaeological Complex*, Vols. 1–2: *The Ivolga Fortress*.* St Petersburg: Asiatic Fund.

De Crespigny, Rafe (1976). *Portents of Protest in the Later Han Dynasty*. Canberra: Faculty of Asian Studies in association with Australia National University Press.

De Groot, J. J. M. (1901). *Sectarianism and Religious Persecution in China: A Page in the History of Religions*. Amsterdam: J. Muller, 1903–4; rpt. Taipei: Literature House, 1963.

—— (1901). *The Religious System of China*, Vol. 4, Book 2, "On the soul and ancestral worship".

De la Vaissière, Étienne (2005). *Sogdian Traders: A History*. Leiden: Brill.

De Pee, Christian (2007). *The Writing of Weddings in Middle-Period China: Text and Ritual Practice in the Eighth through Fourteenth Centuries*. Albany: State University of New York Press.

De Vries, Hent (1999). *Philosophy and the Turn to Religion*. Baltimore: Johns Hopkins University Press.

Debaine-Francfort, Corinne (1994). "Agriculture irrigué et art bouddhique ancient du cœur du Taklamakan (Karadong, Xinjiang, IIe–IVe siècles)", *Arts Asiatiques* 49, 34–52.

DeCaroli. Robert (2007). *Haunting the Buddha: Indian Popular Religion and the Formation of Buddhism*. Oxford: Oxford University Press.

Decaux, Jacques (1989). *Les quatre Livres de l'Empereur Jaune: Le Canon Taoique retrouvé*. Taipei: Ouyu chubanshe.
Declercq, Dominik (1998). *Writing against the State: Political Rhetorics in Third and Fourth Century China*. Leiden: E. J. Brill.
Demel, Walter (1991). "China in the political thought of Western and Central Europe, 1570–1750", in Thomas H. C. Lee, ed., *China and Europe: Images and Influences in Sixteenth to Eighteenth Centuries*. Hong Kong: The Chinese University Press, 45–64.
Demiéville, Paul (1986). "Philosophy and religion from Han to Sui", In *CHOC*, 808–72.
Deng Shaoji 鄧紹基 and Li Mei 李玫 (1998), eds. *Chidu jinghua* 尺牘精華. Chengdu: Ba Shu shushe.
Deng Wenkuan 鄧文寬 (1990). "Tianshui Fangmatan Qinjian 'yuejian' ying ming 'jianchu'" 天水放馬灘秦簡<月建>應名<建除>, *WW* 1990.9, 83–4, 82.
Despeux, Catherine (2003). "Auguromancie", in Marc Kalinowski, ed., *Divination et société dans la Chine médiévale*, 431–70.
Dewall, Magdalene von (1979). "Local workshop centres of the Late Bronze Age in highland south east Asia", in R. B. Smith and W. Watson, eds., *Early South East Asia: Essays in Archaeology, History, and Historical Geography*. Oxford: Oxford University Press, 137–66.
—— (1984). "Tribal contact with Han Chinese civilization and socio-cultural change in China's southwestern frontier region (late first millennium BC)", in Donn T. Bayard, ed., *Southeast Asian Archaeology at the XV Pacific Science Congress* (University of Otago Studies in Prehistoric Anthropology, 16) 188–217. Dunedin, New Zealand: Department of Anthropology, University of Otago.
DeWoskin, Kenneth J. (1982). *A Song for One or Two: Music and the Concept of Art in Early China*. Ann Arbor: Center for Chinese Studies.
—— (1983). *Doctors, Diviners, and Magicians of Ancient China: Biographies of Fang-shih*. New York: Columbia University Press.
DeWoskin, Kenneth J. and J. I. Crump Jr (1996). *In Search of the Supernatural: The Written Record*. Stanford: Stanford University Press.
Di Cosmo, Nicola (2002). *Ancient China and Its Enemies: The Rise of Nomadic Power in East Asian History*. Cambridge: Cambridge University Press.
Dien, Albert (1987). "Chinese beliefs in the Afterworld", in Susan L. Caroselli, ed., *The Quest for Eternity: Chinese Ceramic Sculptures from the People's Republic of China*. Los Angeles: Los Angeles County Museum of Art, 1–15.
—— (2004). "Western exotica in China during the Six Dynasties period", in Yang Xiaoneng, ed., *New Perspectives on China's Past in the Twentieth Century*. New Haven and London: Yale University Press, Vol. 1, 363–79.
Diény, Jean-Pierre (1963). *Les dix-neuf poèmes anciens*. Paris: Presses Universitaires de France.
—— (1968). *Aux Origines de la poésie classique en Chine: Étude sur la poésie lyrique à l'époque des Han*. Leiden: E. J. Brill.
Ding Yan 丁晏 (1794–1875), ed. *Cao ji quanping* 曹集詮評. Rpt. Taipei: Shangwu yinshuguan, 1974.
Ding Yuanzhi, see Ting Yüan-chih 丁原植.
Dingzhou Hanmu zhujian Lunyu (1997) 定州漢墓竹簡<論語>. Beijing: Wenwu chubanshe.
Doeringer, Franklin M. (1971). "Yang Hsiung and his formulation of a classicism". Ph.D. dissertation, Columbia University.
Dong Jiazun, see Tung Chia-tsun 董家遵.
Dong Zhongshu 董仲舒 (ca 179–ca 104). *Chunqiu fanlu* 春秋繁露. References are to Su Yu 蘇輿, *Chunqiu fanlu yi zheng* 春秋繁露義證, 1914 (punctuated edn, ed. Dong Zhe 鐘哲). Beijing: Zhonghua shuju, 1992.
Dongguan Hanji 東觀漢記 see Wu Shuping 吳樹平 (1987).
Dongnan wenhua 東南文化 1988.1, 59–67. "Siyang Jiajia dun yi hao mu qingli baogao" 泗陽賈家墩一號墓清理報告.

Dongnan wenhua 東南文化 1996.1, 55–66. "Jianhu xian yan gang diqu chutu Han mu qun" 建湖縣沿崗地區出土漢墓群.

Dramer, Kim Irene Nedra (2002). "Between the living and the dead: Han dynasty stone carved tomb doors". Ph.D. dissertation, Columbia University.

Du duan 獨斷, see Cai Yong 蔡邕.

Du You 杜佑 (735–812). *Tongdian* 通典. Beijing: Zhonghua shuju, 1988.

Du Zhengsheng see Tu Cheng-sheng 杜正勝.

Dubs, Homer H. (1938–55). *The History of the Former Han Dynasty*, 3 vols. Baltimore: Waverly Press, Inc.

—— (1957). *A Roman City in Ancient China*. London: The China Society.

Dudink, Adrianus (2000). "The poem *Laojun Bianhua Wuji Jing*", in J. A. M. De Meyer and P. M. Engelfriet, eds., *Linked Faiths: Essays on Chinese Religion and Traditional Culture in Honour of Kristopher Schipper*. Leiden: Brill, 53–147.

Dull, Jack L. (1978). "Marriage and divorce in Han China: a glimpse at 'pre-Confucian' society", in David C. Buxbaum, ed., *Chinese Family Law and Social Change in Historical and Comparative Perspective*. Seattle: University of Washington Press, 23–74.

Dunhuang Hanjian (1991) 敦煌漢簡, 2 vols., ed. Gansu sheng wenwu kaogu yanjiusuo. Beijing: Zhonghua shuju.

Dunhuang Xuanquan yueling zhaotiao (2001) 敦煌懸泉月令詔條. Beijing: Zhonghua shuju.

Durkheim, Émile and Marcel Mauss (1963). *Primitive Classification*, trans. from the French and ed. Rodney Needham. 2nd edn, London: Cohen and West, and Chicago: Chicago University Press.

Duyvendak, J. J. L. (1938). "An illustrated battle-account in the History of the Former Han Dynasty", *TP* 34, 249–64.

Eberhard, Wolfram (1933). "Beiträge zur kosmologischen Spekulation Chinas in der Han Zeit", *Baesslers Archiv* 16, 1–100.

—— (1957). "The political function of astronomy and astronomers in Han China", in John K. Fairbank, ed., *Chinese Thought and Institutions*. Chicago: University of Chicago Press, 33–70.

Edwards, E. D. (1948). "A classified guide to the thirteen classes of Chinese prose", *BSOAS* 12.3–4, 770–88.

Ehrman, Bart (2006). *Misquoting Jesus*. New York: Harper-Collins.

Ekstrom, Martin Svensson (2000), "On the *concept* of correlative cosmology," in Martin Svensson Ekstrom, ed., *Reconsidering the Correlative Cosmology of Early China*. Special issue, BMFEA 72, 7–12.

—— (2000), ed., *Reconsidering the Correlative Cosmology of Early China*. Special issue, BMFEA 72.

Elvin, Mark (1984). "Female virtue and the state in China", *Past and Present* 104, 111–52.

Encyclopedia of Korean People and Culture (1991). Seongnam: The Academy of Korean Studies.

Erickson, Susan N. (1992). "*Boshanlu* – Mountain Censers of the Western Han period: a typological and iconological analysis", *Archives of Asian Art* 45, 6–28.

—— (1994a). "Money trees of the Eastern Han dynasty", *BMFEA* 66, 5–115.

—— (1994b). "'Twirling their long sleeves, they dance again and again': jade plaque sleeve dancers of the Western Han dynasty", *Ars Orientalis* 24, 39–63.

—— (2003). "Eastern Han dynasty cliff tombs of Santai Xian, Sichuan Province", *JEAA* 5.1–4, 401–69.

Espesset, Grégoire (2004). "À Vau-l'eau, à rebours ou l'ambivalence de la logique triadique dans l'idéologie du *Taiping jing*", *Cahiers d'Extrême-Asie* 14, 61–94.

Everitt, Anthony (2001). *Cicero*. New York: Random House.

Fairbank, Wilma (1942). "A structural key to Han mural art", *HJAS* 7.1, 52–88; rpt. in Wilma Fairbank, *Adventures in Retrieval*. Cambridge, MA: Harvard University Press, 1972, 89–140.

Faklaris, Panayiotis (1994). "Aegae: determining the site of the first capital of the Macedonians", *American Journal of Archaeology* 98, 609–16.

Falk, Harry (2001). "The *yuga* of Sphujiddhvaja and the era of the Kuṣâṇas", in *Silk Road Art and Archaeology* VII (Kamakura: The Institute of Silk Road Studies), 121–36.

Falkenhausen, Lothar von (1993a). "On the historiographical orientation of Chinese archaeology", *Antiquity* 67, 839–49.

—— (1993b). *Suspended Music: Chime-Bells in the Culture of Bronze Age China*. Berkeley: University of California Press.

—— (1995). "Reflections on the political role of spirit mediums in early China: the Wu officials in the Zhou li", *EC* 20, 279–300.

Fan Xingzhun 范行準 (1965). "Liang Han Sanguo Nanbei chao Sui Tang yifang jianlu" 兩漢三國南北朝隋唐醫方簡錄, in *Zhonghua wen shi lun cong* 中華文史論叢 6, 295–347. Beijing: Zhonghua shuju.

—— (1986). *Zhongguo yixue shilüe* 中國醫學史略. Beijing: Zhongyi guji chubanshe.

Fan Ye 范曄 (398–446), *Hou Han shu* 後漢書 and Liu Zhao 劉昭 (ca 510), *Xu Han zhi* 續漢志. References are to the punctuated edition, Beijing: Zhonghua shuju, 1965 [*HHS*]. See also Wang Xianqian 王先謙 (1924).

Fang Bao 方苞 (ca 1700). *Liji xiyi* 禮記析疑. References are to the *Siku quanshu*.

Fang Xuanling 房玄齡 (578–648). *Jin shu* 晉書. References are to the punctuated edition, Beijing: Zhonghua shuju, 1974.

Farmer, J. Michael (2004). "On the composition of Zhang Hua's *Nüshi zhen*", *Early Medieval China* 10–11.1, 151–76.

Farmer, Steve, John B. Henderson and Michael Witzel (2000). "Neurobiology, layered texts, and correlative cosmologies: a cross-cultural framework for premodern history", *BMFEA* 72, 48–90.

Fayan 法言 see Yang Xiong 揚雄.

Fei Zhengang 費振剛, Hu Shuangbao 胡雙寶 and Zong Minghua 宗明華 (1993), eds. *Quan Han fu* 全漢賦. Beijing: Beijing Daxue chubanshe.

Feng Zhou 豐州 (1983). "Han Maoling 'Yangxin jia' tongqi suoyou zhe de wenti" 漢茂陵＜陽信家＞銅器所有者的問題, *WW* 1983.6, 62–5.

—— (1989). "Zai lun Han Maoling 'Yangxin jia' tongqi suoyou zhe de wenti" 再論漢茂陵＜陽信家＞銅器所有者的問題, *KGYWW* 1989.6, 86–9.

Fenghuang shan muzang 鳳凰山墓葬, anon. (1998), in Wei Jian 魏堅, ed., *Neimenggu zhongnanbu Han dai muzang* 內蒙古中南部漢代墓葬, 161–75. Beijing: Zhongguo da baike quanshu chubanshe.

Fengsu tongyi 風俗通義, see Ying Shao 應劭.

Finsterbusch, Käte (1966–2004). *Verzeichnis und Motivindex der Han-Darstellungen*, 4 vols. Wiesbaden: Harrassowitz.

—— (2006). "Zur Ikonographie der östlichen Han-Zeit *Chao hun*, Pforte zum Jenseits, Symbole für Langleblichkeit und Unsterblichkeit", *MS* 54, 47–74.

Forrest, W. G. and Derow, P. S. (1982). "An inscription from Chios", *Annual of the British School at Athens* 77, 79–92.

Forte, Antonino (1995). *The Hostage An Shigao and his Offspring*. Kyoto: The Italian School of East Asian Studies.

Foucault, Michel (1980). *Power/Knowledge: Selected Interviews and Other Writings, 1972–1977*, ed. and trans. Colin Gordon. Brighton, Sussex: Harvester.

Frankel, Hans H. (1974), "Yüeh-fu poetry", in Cyril Birch, ed., *Studies in Chinese Literary Genres*. Berkeley: University of California Press.

Frederiksen, M. (1971). "The contribution of archaeology to the agrarian problem in the Gracchan period", *Dialoghi di Archeologia* 4–5, 330–57.

Frischer, Bernard (1982). *The Sculpted Word: Epicureanism and Philosophical Recruitment in Ancient Greece*. Berkeley and Los Angeles: University of California Press, 96–118.

Fu Juyou 傅舉有 (1983). "Cong nubi bu ru huji tandao Handai de renkou shu" 從奴婢不入戶籍談到漢代的人口數, rpt. Fu Juyou, *Zhongguo lishi ji wenwu kaogu yanjiu* 中國歷史暨文物考古研究. Changsha: Yueli shushe, 1999, 148–50.

Fu Juyou 傅舉有 and Chen Songchang (1992). *Mawangdui Han mu Wenwu** 馬王堆漢墓文物. Changsha: Hunan chubanshe.

Fu Sheng 伏生 (or possibly 勝) (third to second century BCE). *Shang shu da zhuan* 尚書大傳. References are to D. C. Lau, ed., *Shang shu da zhuan zhuzi suoyin* 尚書大傳逐字索引. Hong Kong: Shangwu yinshuguan, 1994.

Fu Zhenlun 傅振倫 (1987). "Diyipi Juyan Hanjian de caiji yu zhengli shimoji" 第一匹居延漢簡的採集與整理始末記, *Wenwu tiandi* 文物天地 1987, 27–9.

Fujikawa Masakazu 藤川正數 (1956). "Gi Shin ni okeru mofuku reisetsu ni kansuru ichi kōsatsu" 魏晉における喪服禮說に關する一考察, *Nihon Chūgoku gakkai hō* 8, 55–70.

Fukunaga Mitsuji 福永光司 (1968). "Chūgoku ni okeru tenchi bōkai no shisō" 中國における天地崩懷の思想, in *Yoshikawa hakase taikyū kinen Chūgoku bungaku ronshū* 吉川博士退休紀念中國文學論集. Tokyo: Chikuma shobō, 169–88.

Fukushima Blanford, Yumiko (1989). "Studies of the 'Zhanguo zonghengjia shu' silk manuscript". Ph.D. dissertation, University of Washington.

Furth, Charlotte (1999). *A Flourishing Yin: Gender in China's Medical History 960–1665.* Berkeley: University of California Press.

Galambos, Imre (2006). *Orthography of Early Chinese Writing: Evidence from Early Chinese Manuscripts.* Budapest: Budapest Monographs in East Asian Studies, 1.

Gao Dalun 高大倫 (1995a). *Zhangjiashan Hanjian "Maishu" jiaoshi* 張家山漢簡<脈書>校釋. Chengdu: Chengdu chubanshe.

—— (1995b). *Zhangjiashan Hanjian "Yinshu" yanjiu* 張家山漢簡 <引書> 研究. Chengdu: Ba Shu shushe.

Gao Heng 高恒 (1999). "Han dai shang ji zhidu lunkao" 漢代上計制度論考, in *Yinwan Han mu jiandu zonglun* 尹灣漢墓簡牘綜論. Beijing: Kexue chubanshe, 128–38.

Gao Huaimin see Kao Huai-min 高懷民.

Gao Wei 高偉 and Gao Haiyan 高海燕 (1997). "Handai qi mianzhao tanyuan" 漢代漆面罩探源, *Dongnan wenhua* 1997.4, 37–41.

Gao Wen 高文 (1987). *Sichuan Han dai huaxiang zhuan* 四川漢代畫像磚. Shanghai: Shanghai renmin chubanshe.

Gao Wen 高文 and Gao Chenggang 高成剛 (1996). *Zhongguo huaxiang shiguan yishu* 中國畫像石棺藝術. Taiyuan: Shanxi renmin chubanshe.

Gao Wenzhu 高文柱 (1983). *Xiaopinfang jijiao* 小品方輯校. Tianjin: Tianjin kexue jishu chubanshe.

Gassmann, Robert H. (2002). *Antikchinesisches Kalendarwesen: die Rekonstruktion der Chunqiu-zeitlichen Kalendar des Fürstentums Lu und der Zhou-Könige.* Bern and elsewhere: Peter Lang.

Gernet, Jacques (1974). "Petits Écarts et grands écarts", in Jean-Pierre Vernant, ed., *Divination et rationalité.* Paris: Éditions du Seuil, 52–69.

Giele, Enno (2000). *Database of Early Chinese Manuscripts,* www.lib.uchicago.edu/earlychina/res/databases/decm.

—— (2003). "Using early Chinese manuscripts as historical source materials", *MS* 51, 409–38.

—— (2004). "'Yū' seikō" <郵>制攷, *Tōyōshi kenkyū* 63.2, 203–39.

—— (2005). "Signatures in early imperial China", *Asiatische Studien/Études Asiatiques* 59.1, 353–87.

—— (2006). *Imperial Decision-Making and Communication in Early China: A Study of Cai Yong's Duduan.* Wiesbaden: Harrassowitz Verlag.

Giele, Enno see also Ji Annuo 紀安諾.

Gitin, Seymour (2003). "Neo-Assyrian and Egyptian hegemony over Ekron in the seventh century BCE: a response to Lawrence E. Stager", *Eretz-Israel* 27, 55–61.

—— (2004). "The Philistines: neighbors of the Canaanites, Phoenicians and Israelites", in D. R. Clark and V. H. Matthews, eds., *100 Years of American Archaeology in the Middle East.* Boston: American Schools of Oriental Research, 57–85.

Glover, Ian C. (2006). "Some national, regional, and political uses of archaeology in East and Southeast Asia", in Miriam T. Stark, ed., *The Archaeology of Asia*. Oxford: Blackwell, 17–37.

Goepper, Roger (1996), ed. *Das Alte China: Menschen und Götter im Reich der Mitte 5000v. Chr.–220n. Chr.* Munich: Hirmer Verlag.

Goh Thean Chye (1967). "The history of the astronomical bureau". M.A. dissertation, University of Malaya, Kuala Lumpur.

Gong Kechang 龔克昌 (1990). *Han fu yanjiu* 漢賦研究 (1984); rev. edn. Ji'nan: Wenyi chubanshe.

—— (1997). *Studies on the Han Fu*, trans. David R. Knechtges et al. New Haven: American Oriental Society.

Gong Liang 龔良, Meng Qiang 孟強 and Geng Jianjun 耿建軍 (1996). "Xuzhou diqu de Handai yuyi ji xiangguan wenti" 徐州地區的漢代玉衣及相關問題, *Dongnan wenhua* 1996.1, 26–32.

Graham, A. C. (1981). *Chuang Tzu: The Inner Chapters*. London: George Allen & Unwin.

—— (1989). *Disputers of the Tao: Philosophical Argument in Ancient China*. La Salle, IL: Open Court.

Graham, William T., Jr. (1979). "Mi Heng's 'Rhapsody on a Parrot'", *HJAS* 39, 39–54.

Granet, Marcel (1934). *La Pensée chinoise*. Rpt. Paris: Albin Michel, 1968.

Greatrex, Roger (1987). *The Bowu zhi: An Annotated Translation*. Stockholm: Association for Oriental Studies.

—— (1994). "An early Western Han synonymicon: the Fuyang copy of the *Cang Jie Pian*", in Joakim Enwall, ed., *Outstretched Leaves on his Bamboo Staff: Studies in Honour of Göran Malmqvist on his 70th Birthday*. Stockholm: Association of Oriental Studies, 97–113.

Grodzynski, Denise (1974). "Par la Bouche de l'empereur", in Jean-Pierre Vernant, ed., *Divination et rationalité*. Paris: Éditions du Seuil, 267–94.

Gu Fang 古方 (2005), ed. *Zhongguo chutu yuqi quanji* 中國出土玉器全集, Vol. 12: *Yunnan, Guizhou, Xizang*. Beijing: Kexue chubanshe.

Gu Guoshun 古國順 (1985). *Shiji shu Shangshu yanjiu* 史記述尚書研究. Taipei: Wenshizhe chubanshe.

Gu Jiegang 顧頡剛 (1963). *Shilin zashi chubian* 史林雜識初編. Beijing: Zhonghua shuju.

Guan Xihua 管錫華 (2002), ed. *Zhongguo gudai biaodian fuhao fazhan shi* 中國古代標點符號發展史. Chengdu: Ba Shu shushe.

Guangxi Guixian Luobowan Han mu (1988) 廣西貴縣羅泊灣漢墓. Ed. Guangxi Zhuangzu Autonomous Regions Museum. Beijing: Wenwu chubanshe.

Guangzhou chutu Handai taowu 廣州出土漢代陶屋 (1958). Ed. Guangzhou shi wenwu guanli weiyuanhui. Beijing: Wenwu chubanshe.

Guangzhou Han mu* 廣州漢墓 (1981), 2 vols. Ed. Guangzhou shi wenwu guanli weiyuanhui and Guangzhou shi bowuguan. Beijing: Wenwu chubanshe.

Guanju Qin Han mu jian du 關沮秦漢墓簡牘 (2001). Ed. Hubei sheng Jingzhou shi Zhou Liangyuqiao yizhi bowuguan. Beijing: Zhonghua shuju [*ZJT*].

Guanzi 管子. References are to the *SBBY* edition.

Guo Huadong (2001). *Radar Remote Sensing Applications in China*. Boca Raton, FL: CRC Press.

Guo Maoqian 郭茂倩 (ca 1126). *Yuefu shi ji* 樂府詩集. Beijing: Zhonghua shuju, 1979.

Guo Moruo 郭沫若 (1965), "Wuwei 'Wangzhang shi jian' shangdui" 武威<王杖十簡>尚兌, *KGXB* 1965.2, 1–7.

Guo Weimin 郭偉民 (2004). "Huxishan yihao Hanmu zangzhi ji chutu zhujian de chubu yanjiu" 虎溪山一號漢墓葬制及出土竹簡的初步研究, in Ai Lan and Xing Wen, eds., *Xinchu jianbo yanjiu*. Beijing: Wenwu chubanshe, 50–4.

Guo Weisen 郭維森 and Xu Jie 許結 (1996). *Zhongguo cifu fazhan shi* 中國辭賦發展史. Nanjing: Jiangsu jiaoyu chubanshe.

Guo Yingde 郭英德 et al. (1995). *Zhongguo gudian wenxue yanjiu shi* 中國古典文學研究史. Beijing: Zhonghua shuju.

Guo yu 國語. References are to the punctuated edition, ed. Shanghai shifan daxue, Guji zhengli zu. Shanghai: Shanghai guji chubanshe, 1978.
Guodian Chu mu zhujian 郭店楚墓竹簡 (1998). Ed. Jingmen shi bowuguan. Beijing: Wenwu chubanshe.
Hadot, Pierre (2002). *What is Ancient Philosophy?*, trans. Michael Chase. Cambridge, MA: Belknapp.
Hajnal, John (1965). "European marriage patterns in perspective", in David Glass and David Eversley, eds., *Population in History: Essays in Historical Demography*. London: Edward Arnold, 101–43.
Hall, David L. and Roger T. Ames (1995). *Anticipating China: Thinking through the Narratives of Chinese and Western Culture*. Albany: State University of New York Press.
Hall, T. (1997). *Planning Europe's Capital Cities: Aspects of Nineteenth-Century Urban Development*. London: E & F. N. Spon.
Hamilton, Gary (1990). "Patriarchy, patrimonialism, and filial piety: a comparison of China and Western Europe", *British Journal of Sociology* 41.1, 77–104.
Han Chang'an cheng Guigong: 1996–2001 nian kaogu fajue baogao* 漢長安城桂宮1996–2001年考古發掘報告 (2007). Ed. Zhongguo shehui kexueyuan kaogu yanjiusuo and Nara kokuritsu bunkazai kenkyūjo. Beijing: Wenwu chubanshe.
Han Chang'an cheng Weiyang gong: 1980–1989 nian kaogu fajue baogao* 漢長安城未央宮1980–1989年考古發掘報告, 2 vols. (1996). Ed. Zhongguo shehui kexueyuan kaogu yanjiusuo. Beijing: Zhongguo dabaike quanshu chubanshe.
Han Duling lingyuan yizhi* 漢杜陵陵園遺址 (1993). Ed. The Institute of Archaeology, Chinese Academy of Social Sciences. Beijing: Kexue chubanshe.
Han guan jie gu 漢官解詁, with annotation, as stated, by Hu Guang 胡廣 (91–172), in *Han guan liu zhong* 漢官六種 (*SBBY* edition).
Han Guangling guo qi qi 漢廣陵國漆器 (2004). Beijing: Wenwu chubanshe.
Han Guohe 韓國河 (1999). "Shilun Han Jin shiqi hezang lisu de yuanyuan ji fazhan" 試論漢晉時期合葬禮俗的淵源及發展, *KG* 1999.10, 933–42.
Han jian yanjiu wenji 漢簡研究文集 (1984). Ed. Gansu sheng wenwu gongzuodui and Gansu sheng bowuguan. Lanzhou: Gansu renmin chubanshe.
Han jiu yi 漢舊儀, see Wei Hong 衛宏.
Han jiu yi bu yi 漢舊儀補遺, in *Han guan liu zhong* 漢官六種 (*SBBY* edition).
Han shi wai zhuan 韓詩外傳 see Han Ying 韓嬰.
Han shu 漢書, see Ban Gu 班固 [*HS*].
Han Wei Luoyang gucheng nanjiao Dong Han xingtu mudi 漢魏洛陽故城南郊東漢刑徒墓地 (2007). Ed. *Zhongguo shehui xueyuan kaogu yanjiusuo*. Beijing: Wenwu chubanshe.
Han Wei Luoyang gucheng yanjiu 漢魏洛陽古城研究 (2000). Ed. Luoyang Wenwuju. Beijing: Kexue chubanshe.
Han Weilong 韓維龍 and Zhang Zhiqing 張志清 (1999). "Yongcheng Xi Han Liang guo wangling lingqin jianzhu shi xi" 永城西漢梁國王陵陵寢建築試析, *Huaxia kaogu* 1999.3, 91–5.
Han Yang ling* 漢陽陵 (2001). Ed. Shaanxi sheng kaogu yanjiusuo. Chongqing: Chongqing chubanshe.
Han Ying 韓嬰 (between 200 and 120 BCE). *Han shi wai zhuan* 韓詩外傳. References are to Qu Shouyuan 屈守元, *Han shi wai zhuan jianshu* 箋疏. Chengdu: Ba shu shushe, 1996.
Han Zhao 韓釗 (2004). "Gudai quemen ji xiangguan wenti" 古代闕門及相關問題, *KGYWW* 2004.5, 58–64.
Han Ziqiang 韓自強 (2004). *Fuyang Hanjian "Zhouyi" yanjiu. Fu: Rujia zhe yan zhangti, Chunqiu shiyu zhangti ji xiangguan zhujian* 阜陽漢簡<周易>研究 – 附:儒家者言章題,春秋事語章題及相關竹簡. Shanghai: Shanghai guji chubanshe.
Hanfeizi 韓非子 (by Han Fei; ca 280–ca 233 BCE). References are to Liang Qixiong 梁啟雄, *Han zi qian jie* 韓子淺解. Beijing: Zhonghua shuju, 1960.
Hao Benxing 郝本性 and Wei Xingtao 魏興濤 (2009). "Sanmenxia Nanjiaokou Dong Han mu zhen mu ping zhu shu wen kaolue" 三門峽南交口東漢墓鎮墓瓶朱書文考略, *WW* 2009.3.57–61.

Hao Side 郝思德 and Wang Daxin 王大新 (2003). "Hainan kaogu de huigu yu zhan wang" 海南考古的回顧與展望, *KG* 2003.4, 3–11.

Harada Yoshito, Kingo Tazawa et al. (1930). *Rakurō, a Report on the Excavation of Wang Hsü's Tomb in the Lo-lang Province, an Ancient Chinese Colony in Korea**. Tokyo: Tōkyō teikoku daigaku bungakubu.

Harmatta, János (1994) ed., *History of Civilizations of Central Asia*, Vol. 2: *The Development of Sedentary and Nomadic Civilizations: 700 B.C. to A.D. 250*. Paris: Unesco.

Harper, Donald (1985). "A Chinese demonography of the third century B.C.", *HJAS* 45, 459–98.

—— (1988). "A note on nightmare magic in ancient and medieval China", *T'ang Studies* 6, 69–76.

—— (1994). "Resurrection in Warring States popular religion", *Taoist Resources* 5.2, 13–28.

—— (1995a). "Warring States, Ch'in, and Han periods", in Daniel L. Overmeyer, ed., "Chinese Religions: The State of the Field", *Journal of Asian Studies* 51.1, 152–60.

—— (1995b). "The bellows analogy in *Laozi* V and Warring States macrobiotic hygiene", *EC* 20, 381–91.

—— (1996). "Spellbinding", in Donald S. Lopez, ed., *Religions of China in Practice*. Princeton: Princeton University Press, 241–60.

—— (1998). *Early Chinese Medical Literature: The Mawangdui Medical Manuscripts*. London and New York: Kegan Paul International.

—— (1999). "Warring States natural philosophy and occult thought", in *CHOAC*, 813–44.

——(2001). "Iatromancy, diagnosis, and prognosis in early Chinese medicine", in Elisabeth Hsu, ed., *Innovation in Chinese Medicine*. Cambridge: Cambridge University Press, 99–120.

—— (2004). "Contracts with the spirit world in Han common religion: the Xuning prayer and sacrifice documents of A.D. 79", *Cahiers d'Extrême-Asie* 14, 227–67.

—— (2005). "Ancient medieval Chinese recipes for aphrodisiacs and philters", *Asian Medicine: Tradition and Modernity* 1.1, 91–100.

Harrison, Paul (1993). "The earliest Chinese translations of Mahāyāna Buddhist sūtras", *Buddhist Studies Review* 10.2, 135–77.

—— (1995). "Searching for the origins of Mahāyāna: what are we looking for?" *Eastern Buddhist* 28.1, 48–69.

Haselberger, L. (2002), ed. *Mapping Augustan Rome*. Portsmouth, RI: Journal of Roman Archaeology Supplementary Series.

Haskell, Francis and Nicholas Penny (1981). *Taste and the Antique: The Lure of Classical Sculpture, 1500–1900*. New Haven and London: Yale University Press.

Hawkes, David (1985). *The Songs of the South: An Anthology of Ancient Chinese Poems by Qu Yuan and Other Poets*. Harmondsworth: Penguin Books.

Hayashi, Katsu 林克 (2000). "Isho to Dōkyō" 医書と道教, in Miura Kunio 三浦國雄 et al., eds., *Dōkyō no Seimei kan to Shintai ron: Noguchi Tetsurō* 道教の生命観と身体論：野口鉄郎. Tokyo: Yūzankaku, 45–61.

Hayashi, Minao 林巳奈 (1975). "Kandai no inshoku" 漢代の飲食, *Tōhō gakuhō* 48, 1–98.

—— (2000). "Kandai no eien wo shōchō suru zugara" 漢代の永遠を象徴する圖柄, *Shirin* 83.5, 183–97.

He Jiejun 何介鈞 (2004), ed. *Changsha Mawangdui er, san hao Han mu, di yi juan: tianye kaogu fajue baogao* 長沙馬王堆二、三號漢墓，第一卷；田野考古發掘報告. Beijing: Wenwu chubanshe.

He Qinggu 何清谷 (1995). *Sanfu Huangtu jiaozhu* 三輔黃圖校注. Xi'an: San Qing chubanshe.

He Shuangquan 何雙全 (1989a). "Tianshui Fangmatan Qinjian jia zhong rishu shiwen" 天水放馬灘秦簡甲種日書釋文, in Gansu sheng wenwu kaogu yanjiusuo, ed., *Qin Han jiandu lunwenji* 秦漢簡牘論文集. Lanzhou: Gansu renmin chubanshe, 1–6.

—— (1989b). "Tianshui Fangmatan Qinjian jia zhong rishu kaoshu" 天水放馬灘秦簡甲種日書考述, in Gansu sheng wenwu kaogu yanjiusuo, ed., *Qin Han jiandu lunwenji* 秦漢簡牘論文集. Lanzhou: Gansu renmin chubanshe, 7–28.

—— (1989c). "Tianshui Fangmatan Qin mu chutu ditu chutan" 天水放馬灘秦墓出土地圖初探, *WW* 1989.2, 12–22.

—— (1989d). "Tianshui Fangmatan Qin jian zongshu" 天水放馬灘秦簡綜述, *WW* 1989.2, 23–31.

—— (1997). "Han jian 'rishu' congshi" 漢簡<日書>叢釋, in *Jiandu xue yanjiu* 2. Lanzhou: Gansu renmin chubanshe, 36–41.

—— (2000). "Dunhuang Xuanquan Hanjian shiwen xiuding" 敦煌懸泉漢簡釋文修訂, *WW* 2000.12, 63–4.

He Xilin 賀西林 (1996). "Liang Han mushi bihua yanjiu suixiang" 兩漢墓室壁畫研究隨想, *WW* 1996.9, 76–7.

—— (1998). "Dong Han qianshu de tuxiang ji yiyi – jian lun Qin Han shenxian sixiang de fazhan, liu bian" 東漢錢樹的圖像及意義 – 兼論秦漢神仙思想的發展,流變, *Gugong bowuyuan yuankan* 故宮博物院院刊 1998.3, 20–31.

—— (2001). "Luoyang beijiao shiyouzhan Han mu bihua tuxiang kaobian" 洛陽北郊石油站漢墓壁畫圖像考辨, *WW* 2001.5, 65–9.

He Xiu 何休 (129–82 CE). *Chunqiu Gongyang zhuan jiegu* 春秋公羊傳解詁. References are to the *SBCK* edition.

He Yuhua 何宇華 and Sun Yongjun 孫永軍 (2003). "Kongjian yaogan kaogu yu Loulan gucheng shuaiwang yuanyin de tansu。" 空間遥感考古與樓蘭古城衰亡原因的探索, *KG* 2003.3, 269–73.

He Yun'ao 賀雲翱 (1993), ed. *Fojiao chu chuan nanfang zhi lu wenwu tulu* 佛教初傳南方之路文物圖錄. Beijing: Wenwu chubanshe.

He Zhigang 何直剛 (1981). "'Rujia zhe yan' lüe shuo"<儒家者言>略說, *WW* 1981.8, 20–2.

He Zhiguo 何志國 (1991a). "Sichuan Mianyang Hejiashan 1 hao Dong Han yamu qingli jianbao" 四川綿陽何家山1號東漢崖墓清理簡報, *WW* 1991.3, 1–8.

—— (1991b). "Sichuan Mianyang Hejiashan 2 hao Dong Han yamu qingli jianbao" 四川綿陽何家山2號東漢崖墓清理簡報, *WW* 1991.3, 9–19.

—— (1995). "Xi Han renti jingmai qidiao kao" 西漢人體經脈漆雕考, *Daziran tansuo* 1995.3, 116–20.

He Zhiguo and Vivienne Lo (1996). "The channels: a preliminary examination of a lacquered figurine from the Western Han period", *EC* 21, 81–123.

Hebei sheng bowuguan Wenwu jingpin ji 河北省博物館文物精品集 (1999). Ed. Hebei sheng bowuguan. Beijing: Wenwu chubanshe.

Hebei wenwu jinghua zhi yi: Mancheng Han mu 河北文物精華之一滿城漢墓 (2000). Ed. Hebei sheng Wenwuju. Guangzhou: Lingnan Meishu chubanshe.

Helinge'er Han mu bihua 和林格爾漢墓壁畫 (1978). Ed. Nei Menggu zizhiqu bowuguan wenwu gongzuo dui. Beijing: Wenwu chubanshe [*Helinge'er*].

Henan chutu Han dai jianzhu mingqi 河南出土漢代建築明器 (2002). Ed. Henan bowuguan. Zhengzhou: Daxiang chubanshe.

"Henan Neihuang Sanyangzhuang Han dai tian zhai yicun" 河南內黃 三楊庄漢代田宅遺存, in *2005 Zhongguo zhongyao kaogu faxian* 2005 中國重要考古發現 (2006). Beijing: Wenwu chubanshe, 100–4.

"Henan Xingyang Changcun Handai bihua mu diaocha" 河南滎陽萇村漢代壁畫墓調查 (1996), *WW* 1996.3, 18–27.

Henderson, John (1984). *The Development and Decline of Chinese Cosmology*. New York: Columbia University Press.

Hendrischke, Barbara (2000). "Early Daoist movements", in Livia Kohn, ed., *Daoism Handbook*. Leiden: E. J. Brill, 134–64.

—— (2006). *The Scripture on Great Peace: The Taiping jing and the Beginnings of Daoism*. Berkeley and Los Angeles: University of California Press.

Henricks, Robert G. (1979). "The Ma-wang-tui manuscripts of the Lao-tzu and the problem of dating the text", *Chinese Culture* 20.2, 1–15.

—— (1989). *Lao-tzu Te-tao ching: A New Translation Based on the Recently Discovered Ma-wang-tui Texts*. New York: Ballantine.

Hertzer, Dominique (1996). *Das Mawangdui-Yijing: Text und Deutung*. Munich: Diederichs.

Higham, Charles (1996). *The Bronze Age of Southeast Asia*. Cambridge: Cambridge University Press.
Hightower, James Robert (1952). *Han Shih Wai Chuan: Han Ying's Illustrations of the Didactic Application of the Classic of Songs*. Cambridge, MA: Harvard University Press.
Hinsch, Bret (1998). "Women, kinship, and property as seen in a Han dynasty will", *TP* 84, 1–20.
Ho Peng-yoke (2003). *Chinese Mathematical Astrology: Reaching out to the Stars*. Needham Research Institute Series. London: RoutledgeCurzon.
Höllmann, Thomas O. (2004). "Ruinen der Zuversicht: Bemerkungen zur Architektur in Guangzhou während der Han-Dynastie (206 v. Chr. bis 220 n. Chr.)", in Shing Müller et al., eds., *Guangdong: Archaeology and Early Texts/Archäologie und frühe Texte (Zhou–Tang)*, 81–100.
Holmgren, J. (1995). *Marriage, Kinship, and Power in Northern China*. Aldershot: Variorum.
Holzman, Donald (1974). "Les Premiers vers pentasyllabiques datés dans la poésie chinoise", in *Mélanges de sinologie offerts à Monsieur Paul Demiéville*. Paris: Presses Universitaires de France, 77–115.
Hong Gua 洪适 (1167). *Lishi* 隸釋. References are to the *SBCK* edition.
Hotaling, Stephen James (1978). "The city walls of Han Ch'ang-an", *TP* 64, 1–46.
Hou Han shu 後漢書 and *Xu Han zhi* 續漢志 see Fan Ye [*HHS*].
Hsing I-tien 邢義田 (1988). "Qin Han Huangdi yu 'sheng ren'" 秦漢皇帝與<聖人>, in Yang Lien-sheng 楊聯陞, ed., *Guoshi Shilun* 國史釋論, Vol. 1. Taipei: Shihuo chubanshe, 389–406.
—— (1993). "Handai biansai lizu de junzhong jiaoyu: du 'Juyan xinjian' zhaji zhi san" 漢代邊塞吏卒的軍中教育——讀<居延新簡>札記之三, *Dalu zazhi* 87.3, 1–3 (rpt. *Jianbo yanjiu* 簡帛研究 2, Beijing: Falü, 1996, 273–8).
—— (1995). "Fu Sinian, Hu Shi yu Juyan Hanjian de yun Mei ji fan Tai" 傅斯年,胡適與居延漢簡的運美及反台, *BIHP* 66.3, 921–52.
—— (1997). "Yinwan Han mu mudu wenshu de mingcheng he xingzhi: Jiangsu Donghai xian Yinwan Han mu chutu jiandu duji zhi yi" 尹灣漢墓木牘文書的名稱和性質——江蘇東海縣尹灣漢墓出土簡牘讀記之一, *Dalu zazhi* 95.3, 1–13.
—— (2000a). "Han Weiyang gong qiandian yizhi chutu mujian de xingzhi" 漢未央宮前殿遺址出土木簡的性質, *Dalu zazhi* 100.6, 241–4.
—— (2000b). "Gudai Zhongguo ji Ou-Ya wenxian, tuxiang yu kaogu ziliao zhong de 'huren' waimao" 古代中國及歐亞文獻圖像與考古資料中的胡人外貌, *Guoli Taiwan daxue meishu shi yanjiu jikan* 國立台灣大學美術史研究集刊 9 (September 2000), 15–99.
—— (2000c). "Han Chang'an cheng Weiyang gong qiandian yizhi chutu mu jian de xingzhi" 漢長安城未央宮前殿遺址出土木簡的性質, *Dalu zazhi* 100.6, 1–4.
—— (2003). "Zhangjiashan Hanjian 'Ernian lüling' duji" 張家山漢簡<二年律令> 讀記, *Yanjing xuebao* 15, 1–46.
—— (2008). "Qin huo Xi Han chu hejian an zhong suo jian de qin shu lunli guanxi; Jiangling Zhangjiashan 247 hao mu zouyanshu jian 180–196 kaolun" 秦或西漢初和姦案中所見的親屬倫理關係: 江陵張家山247號墓奏讞書簡180–196考論, in Nap-Yin Lau, ed., *Zhuantong zhongguo falü de linian yu shijian* 傳統中國法律的理念與實踐. Taipei: Academia Sinica, 101–59.
Hsu Cho-yun (1980). *Han Agriculture: The Formation of Early Chinese Agrarian Economy (206 B.C.–A.D. 220)*. Seattle and London: University of Washington Press.
—— (1999). "The Spring and Autumn period", in *CHOAC*, 545–86.
Hsu, Elisabeth (2001), ed. *Innovation in Chinese Medicine*. Needham Research Institute Studies 3. Cambridge: Cambridge University Press.
Hsü Fu-kuan 徐復觀 (1959). "Yinyang Wuxing ji qi youguan wenxian de yanjiu" 陰陽五行及其有關文獻的研究, in Hsü Fu-kuan, *Zhongguo renxing lun shi* 中國人性論史. Taizhong: Sili Donghai xue, 1963, 509–87.
—— (1972). *Zhou Qin Han zhengzhi shehui jiegou zhi yanjiu* 周秦漢政治社會結構之研究. Kowloon: Xinya yanjiusuo (first volume of three, the latter two being entitled *Liang Han sixiang shi*).

—— (1976–79). *Liang Han sixiang shi* 兩漢思想史 *juan* 2, 1976, *juan* 3, 1979. Hong Kong: Chinese University of Hong Kong; rpt. Taipei: Hsüeh-sheng shu-chü.

Hu Daojing 胡道靜 (1982). *Zhongguo gudai de leishu* 中國古代的類書. Beijing: Zhonghua shuju.

Hu Pingsheng 胡平生 (1989). "Some notes on the organization of the Han dynasty bamboo 'Annals' found at Fuyang", *EC* 14, 1–25.

—— (1996). "Yunmeng Longgang liuhao Qinmu muzhu kao" 雲夢龍崗六號秦墓墓主考, *WW* 1996.8, 73–6.

—— (1998a). "Fuyang Shuanggudui Hanjian shushu shu jianlun" 阜陽雙古堆漢簡數術書簡論, *Chutu wenxian yanjiu* 4, 12–30.

—— (1998b). "Fuyang Hanjian Zhouyi gaishu" 阜陽漢簡周易概述, *Jianbo yanjiu* 3, 248–66.

—— (1998c). "Xianggang Zhongda wenwuguan cang 'Wangzhang' jian bianwei" 香港中大文物館藏<王杖>簡辨偽, *Zhongguo Wenwubao* 25, 3.

—— (2005). "Weiyang gong qiandian yizhi chutu Wang Mang jiandu jiaoshi" 未央宮前殿遺址出土王莽簡牘校釋, *Chutu wenxian yanjiu* 6, 217–28.

Hu Pingsheng 胡平生 and Han Ziqiang 韓自強 (1983). "Cangjie pian de chubu yanjiu" 蒼頡篇的初步研究, *WW* 1983.2, 35–50.

—— (1988a). *Fuyang Hanjian Shijing yanjiu* 阜陽漢簡詩經研究. Shanghai: Shanghai guji chubanshe.

—— (1998b). "'Wanwu' lüeshuo" <萬物>略說, *WW* 1988.4, 48–54.

Hu Pingsheng 胡平生 and Li Tianhong 李天虹 (2004). *Changjiang liuyu chutu jiandu yu yanjiu* 長江流域出土簡牘與研究. Wuhan: Hubei jiaoyu chubanshe.

Hu Pingsheng 胡平生 and Zhang Defang 張德芳 (2001). *Dunhuang Xuanquan Han jian shicui* 敦煌懸泉漢簡釋粹. Shanghai: Shanghai guji chubanshe.

Hu Wenhui 胡文輝 (1995). "Juyan xinjian zhong de 'rishu' canwen" 居延新簡中的<日書>殘文, *WW* 1995.4, 56–7.

—— (1998). "Yinqueshan Hanjian 'Tiandi bafeng wuxing kezhu wuyin zhi ju' shizheng" 銀雀山漢簡<天地八風五行客主五音之居>釋證, *Jianbo yanjiu* 3, 267–78.

—— (2000). *Zhongguo zaoqi fangshu yu wenxian congkao* 中國早期方術與文獻叢考. Guangzhou: Zhongshan daxue.

Huainanzi 淮南子 see Liu An 劉安 [*HNZ*].

Huan Kuan 桓寬 (fl. 50 BCE). *Yantie lun* 鹽鐵論. References are to Wang Liqi 王利器, *Yantie lun jiaozhu* 鹽鐵論校注; 2 vols.; second edn. Beijing: Zhonghua shuju, 1992 [*YTL*].

Huang Hui 黃暉. *Lunheng jiaoshi* 論衡校釋, Changsha: Shangwu yinshuguan, 1938; rpt. Taipei: Taiwan shangwu yinshuguan, 1969 [*LH*].

Huang Minglan 黃明蘭 and Guo Yinqiang 郭引強 (1996), eds. *Luoyang Han mu bihua* 洛陽漢墓壁畫. Beijing: Wenwu chubanshe.

Huang Qishan 黃啟善 (1988). "Guangxi gudai boli zhipin de faxian ji qi yanjiu" 廣西古代玻璃製品的發現及其研究, *KG* 1988.3, 264–76.

Huang Shengzhang 黃盛璋 (2000). "Xuzhou Shizi shan Chu wang mu mu zhu yu chutu yinzhang wenti" 徐州獅子山楚王墓墓主與出土印章問題, *KG* 2000.9, 849–58.

Huang Xiaofen 黃曉芬 (2003). *Han mu de kaogu xue yanjiu* 漢墓的考古學研究. Changsha: Yuelu shushe chubanshe.

Huang Yinong 黃一農 (2005). "Zhangjiashan Han mu zhu jian 'Zou yan shu' ji ri ganzhi xiao kao" 張家山漢墓竹簡'奏讞書'紀日干支小考, *KG* 2005.10, 937–9.

Huang Yongnian 黃永年 (2002), ed. *Yong lu* 雍錄. Beijing: Zhonghua shuju.

Huang Zhanyue 黃展岳 (1993). "Cong chutu yiwu kan Nan Yue wang de yinshi" 從出土遺物看南越王的飲食, *Wenwu tiandi* 1993.1, 24–7.

—— (1998). "Handai zhuhou wang mu lunshu" 漢代諸侯王墓論述, *KGXB* 1998.1, 11–34.

—— (2005). "Xi Han ling mu yanjiu zhong de liang ge wenti" 西漢陵墓研究中的兩個問題, *WW* 2005.4, 70–4.

Huangfu Mi 皇甫謐 (215–282 CE). *Di wang shi ji* 帝王世記. References are to Xu Zongyuan 徐宗元, *Di wang shi ji ji cun* 帝王世記輯存. Beijing: Zhonghua shuju, 1964.

—— *Zhenjiu jiayi jing* 鍼灸甲乙經. References are to Zhang Canjia 張燦玾 and Xu Guoqian 徐國仟 (1996), *Zhenjiu jiayi jing jiaozhu* 鍼灸甲乙經校注. Beijing: Renmin weisheng chubanshe.
Huaxia kaogu 1987.2, 96–159, 223, "Mixian Houshiguo Han huaxiang shi mu fajue baogao" 密縣后十郭漢畫像石墓發掘報告 [*Houshiguo*].
Huaxia kaogu 1994.1, 31–44, "Nanyang Wafangzhuang Han dai zhi tao, zhu tong yizhi de fajue" 南陽瓦房莊漢代制陶鑄銅遺址的發掘.
Huaxia kaogu 1998.4, 34–40, "Henan Yongcheng Fuzishan san hao Han mu fajue jianbao" 河南永城夫子山三號漢墓發掘簡報.
Huayang guozhi 華陽國志 see Chang Qu 常璩.
Hulsewé, A. F. P. (1955). *Remnants of Han Law*. Leiden: E. J. Brill [*RHL*].
—— (1959). "The Shuo-wen dictionary as a source for ancient Han law", in Søren Egerod and Else Glahn, eds., *Studia Serica Bernhard Karlgren dedicata*. Copenhagen: Ejnar Munksgaard, 239–58.
—— (1978). "The Ch'in documents discovered in Hupei in 1975", *TP* 64.4–5, 175–215, 338.
—— (1979). *China in Central Asia, the Early Stage: 125 B.C.–A.D. 23*. Leiden: E. J. Brill.
—— (1985). *Remnants of Ch'in Law: An Annotated Translation of the Ch'in Legal and Administrative Rules of the 3rd century B.C. Discovered in Yün-meng Prefecture, Hu-pei Province, in 1975*. Leiden: E. J. Brill [*RCL*].
—— (1987). "Han China – a proto "welfare state"? Fragments of Han law discovered in north-west China", *TP* 73, 265–85.
—— (1993). "Shih chi", in *ECTBG*, 405–15.
—— (1997). "Qin and Han legal manuscripts", in Edward L. Shaughnessy, ed., *New Sources of Early Chinese History: An Introduction to the Reading of Inscriptions and Manuscripts*. Berkeley: The Society for the Study of Early China, 193–221.
Huo Wei 霍巍 (2007). "Zhongguo xinan diqu qian shu foxiang de kaogu faxian yu kaocha" 中國西南地區錢樹佛像的考古發現與考察, *KG* 2007.3, 70–81.
Inaba Ichiro 稻葉一郎 (1984). "Kandai no kazoku keitai to keizai hendō"* 漢代の家族形態と經濟變動, *Tōyōshi kenkyū* 43.1, 88–117.
International Dunhuang Project database. British Library, idp.bl.uk.
Jacobsen, Esther (1988). "Beyond the frontier: a reconsideration of cultural interchange between China and the early nomads", *EC* 13, 201–40.
Jaeger, Mary (1997). *Livy's Written Rome*. Ann Arbor, MI: University of Michigan Press.
Jensen, Lionel M. (1997). *Manufacturing Confucianism: Chinese Traditions and Universal Civilization*. Durham, NC: Duke University Press.
Jeon Ho-tae (2007). *Recherche sur les fresques tombales du Royaume Corée de Koguryo*, trans. Han Sang-cheol et al. Seoul: Hollym Corporation Publishers.
Ji Annuo 紀安諾 (Giele, Enno) (1997). "Yinwan xin chutu xingzheng wenshu de xingzhi yu Handai difang xingzheng" 尹灣新出土行政文書的性質與漢代地方行政, *Dalu zazhi* 95.3, 21–45 (non-authorized secondary publication in *Jianbo yanjiu* 簡帛研究, Nanning, 2001, 786–811).
Jianbo 簡帛, www.bsm.org.cn.
Jianbo jinshi 簡帛金石 database, Wenwu tuxiang yanjiushi 文物圖象研究室, Academia Sinica, ultra.ihp.sinica.edu.tw/~wenwu/ww.htm.
Jianbo yanjiu 簡帛研究, www.bamboosilk.org.
Jiang Baolian 姜寶蓮 and Qin Jianming 秦建明 (2004), eds. *Han Zhongguan zhuqian yizhi*∗ 漢鍾官鑄錢遺址. Beijing: Kexue chubanshe.
Jiang Yingju 蔣英炬 (1998). "Guanyu Han huaxiang shi chansheng beijing yu yishu gongneng de sikao" 關于漢畫像石產生背景與藝術功能的思考, *KG* 1998.11, 90–6.
Jiang Yuxiang 江玉祥 (1995), ed. *Gudai Xi'nan Sichou zhi lu yanjiu di er ji* 古代西南絲綢之路研究第二輯. Chengdu: Sichuan Daxue chubanshe.
Jiang Zhilong 蔣志龍 (2002). *Biandi wenhua congshu: Dian guo tanmi – Shizhaishan wenhua de xin faxian* 邊地文化叢書: 滇國探秘 – 石寨山文化的新發現. Kunming: Yunnan jiaoyu chubanshe.

Jiao Nanfeng 焦南峰 (2006). "Han Yangling congzang keng chu tan" 漢陽陵從葬坑初探, *WW* 2006.7, 51–7.

Jiao shi Yi lin 焦氏易林, see Jiao Yanshou 焦延壽.

Jiao Yanshou 焦延壽 (fl. 50 BCE), ascribed author of *Jiao shi yi lin* 焦氏易林. References are to the *SBBY* edition.

Jin Chunfeng 金春峰 (2006). *Handai sixiang shi* 漢代思想史. Beijing: Zhongguo shehui kexue chubanshe.

Jin Dejian 金德建 (1963). *Sima Qian suo jian shu kao* 司馬遷所見書考. Shanghai: Renmin chubanshe.

Jin shu 晉書, see Fang Xuanling 房玄齡.

Jingzhou Gaotai Qin Han mu 荊州高台秦漢墓 (2000). Ed. Hubei sheng Jingzhou bowuguan. Beijing: Kexue chubanshe.

Jingzhou Tianxingguan er hao Chu mu* 荊州天星觀二號楚墓 (2003). Ed. Hubei sheng Jingzhou bowuguan. Beijing: Wenwu chubanshe.

Jining zhili zhouzhi 濟寧直隸州志 (1845 edn).

Jiudian Chu jian 九店楚简 (2000). Ed. Hubei sheng Wenwu kaogusuo et al. Beijing: Zhonghua shuju.

Jiuquan shiliu guo mu bihua* 酒泉十六國墓壁畫 (1989). Ed. Gansu sheng wenwu kaogu yanjiusuo. Beijing: Wenwu chubasnshe.

"Juxing dongwu peizang shaonian tianzi" 巨形動物陪葬少年天子 (2002), *Wenwu tiandi* 2002.1, 8–9.

Juyan Hanjian bubian 居延漢簡補編 (1988). Ed. Jiandu zhengli xiaozu. Taipei: Academia Sinica.

Juyan Hanjian jiayi bian 居延漢簡甲乙編 (1980), 2 vols. Ed. Zhongguo shehui kexueyuan, Kaogu yanjiusuo. Beijing: Zhonghua shuju.

Juyan xin jian 居延新簡 (1994), 2 vols. Ed. Gansu sheng Wenwu kaogu yanjiusuo et al. Beijing: Zhonghua shuju.

Juyan xin jian: Jiaqu houguan 居延新簡: 甲渠候官 (1994), 2 vols. Ed. Gansu sheng Wenwu kaogu yanjiusuo et al. Beijing: Zhonghua shuju.

Juyan xin jian: Jiaqu houguan yu di si sui 居延新簡: 甲渠候官與第四燧 (1990). Ed. Gansu sheng wenwu kaogu yanjiusuo et al. Beijing: Wenwu chubanshe.

Kaiyuan zhan jing 開元占經, see Qutan Xida 瞿曇悉達.

Kalinowski, Marc (1983). "Les Instruments astro-calendériques des Han et la méthode Liuren", *Bulletin de l'École française d'Extrême-Orient* 72, 309–419.

—— (1986). "Les Traités de Shuihudi et l'hémérologie chinoise à la fin des Royaumes combattants", *TP* 72, 175–228.

—— (1996). "Astrologie calendaire et calcul de position dans la Chine ancienne. Les mutations de l'hémérologie sexagésimale entre le IVe et le IIe siècle avant notre ère", *Extrême-Orient Extrême-Occident* 18, 71–113.

—— (1999). "The Xingde 刑德 texts from Mawangdui", *EC* 23–4, 125–202.

—— (2003a), ed. *Divination et société dans la Chine médiévale. Étude des manuscrits de Dunhuang de la Bibliothèque nationale de France et de la British Library*. Paris: Bibliothèque nationale de France [*Divination et société*].

—— (2003b). "Hémérologie", in Marc Kalinowski, ed., *Divination et société dans la Chine médiévale*, 213–99.

—— (2003c). "Bibliothèques et archives funéraires de la Chine ancienne", in *Académie des Inscriptions et des Belles Lettres, comptes rendus des séances 2003*, 2003.2, 887–925.

—— (2004a). "Technical traditions in ancient China and Shushu culture in Chinese religion", in John Lagerwey, ed., *Religion in Chinese Society: Ancient and Medieval China*. Hong Kong: The Chinese University Press, 223–48 ["Technical traditions"].

—— (2004b). "Fonctionalité calendaire dans les cosmogonies anciennes de la Chine", *Études chinoises* 23, 87–122.

—— (2005). "La Production des manuscrits dans la Chine ancienne: Une Approche codicologique de la bibliothèque funéraire de Mawangdui", *Asiatische Studien/Études Asiatiques* 59.1, 1331–68.

—— (2007). "Time, space and orientation: figurative representations of the sexagenary cycle in ancient and medieval China", in Francesca Bray, Vera Dorofeeva-Lichtmann and Georges Métailié, eds., *Graphics and Text in the Production of Technical Knowledge in China: The Warp and the Weft*. Leiden and Boston: Brill, 137–68.

Kamberi, Dolkun (1998). "Discoveries of the Taklamakanian civilization during a century of Tarim archaeological exploration (ca. 1886–1986)", in Victor H. Mair, ed., *The Bronze Age and Early Iron Age Peoples of Eastern Central Asia*. Washington, DC: Institute for the Study of Man, Inc., 785–811.

Kamitsuka, Yoshiko (1998). "Lao-tzu in Six Dynasties Taoist sculpture", in Livia Kohn and Michael LaFargue, eds., *Lao-tzu and the Tao-te-ching*. Albany: State University of New York, 63–83.

Kamiya Noriko 神矢法子 (1978). "Shin jidai ni okeru ōhō to karei" 晉時代における王法と家禮, *Tōyō gakuhō* 60.1–2, 19–53.

Kao Huai-min 高懷民 (1970). *Liang Han Yi xue shi* 兩漢易學史. Taipei: Taiwan Shangwu yinshuguan; rpt. Taipei: Zhongguo xueshu zhuzuo jiangzhu weiyuan hui, 1983.

Kao, Jeffrey and Yang Zuosheng (1983). "On jade suits and Han archaeology", *Archaeology* 36.6, 30–7.

Kaogu 考古 1960.9, 15–28, Plates 4–7. "Gansu Wuwei Mozuizi Hanmu fajue" 甘肅武威磨嘴子漢墓發掘.

Kaogu 1962.8, 400–3. "Jiangsu Yangzhou Qilidian Handai muguo mu" 江蘇揚州七里甸漢代木槨墓.

Kaogu 1972.5, 20–30. "Guangxi Hepu Xi Han mu guo mu" 廣西合浦西漢木槨墓.

Kaogu 1975.3, 178–81 and 177. "Shaanxi Sheng Qianyang xian Han mu fajue jianbao" 陝西省千陽縣漢墓發掘簡報.

Kaogu 1977.4, 268–77. "Guangdong Xuwen Dong Han mu" 廣東徐聞東漢墓.

Kaogu 1980.3, 219–28. "Jiangxi Nanchang shi Dong Wu Gao Rong mu de fajue" 江西南昌市東吳高榮墓的發掘.

Kaogu 1980.5, 403–5. "Hebei Xingtai nanjiao Xi Han mu" 河北邢台南郊西漢墓.

Kaogu 1980.5, 417–25 and 405. "Yangzhou Dongfeng zhuanwa chang Han dai mu guo mu qun" 揚州東風磚瓦廠漢代木槨墓群.

Kaogu 1980.6, 493–5. "Shandong Linyi Xi Han Liu Ci mu" 山東臨沂西漢劉疵墓.

Kaogu 1982.3, 236–42. "Yangzhou Dongfeng zhuanwa chang ba jiu hao Han mu qingli jianbao" 揚州東風磚瓦廠八九號漢墓清理簡報.

Kaogu 1984.3, 213–21. "Kunming Shangmacun Wutaishan gu mu qingli jianbao" 昆明上馬村五台山古墓清理簡報.

Kaogu 1985.5, 404–10. "Guangxi Beiliu tongshi ling Handai yetong yizhi de shijue" 廣西北流銅石岭漢代冶銅遺址的試掘.

Kaogu 1986.11, 987–93. "Yangzhou shi jiao faxian liang zuo Xin Mang shiqi mu" 揚州市郊發現兩座新莽時期墓.

Kaogu 1987.3, 279–80 see Liu Shixu 劉世旭 (1987).

Kaogu 1991.1, 18–22. "Han Chang'an cheng 1 hao yaozhi fajue jianbao" 漢長安城1號窯址發掘簡報.

Kaogu 1991.3, 206–15. "Zhejiang Shengxian Datangling Dong Wu mu" 浙江嵊縣大塘岭東吳墓.

Kaogu 1991.5, 405–8. "Nei Menggu Dongsheng shi nianfang qu faxian jinyin qi jiaozang" 內蒙古東勝市碾房渠發現金銀器窖藏.

Kaogu 1991.8, 673–703. "Liaoning Pengwu xian kaogu fucha jilüe" 遼寧彭武縣考古復查紀略.

Kaogu 1991.8, 713–21. "Henan Luoyang beijiao dong Han bihua mu" 河南洛陽北郊東漢壁畫墓.

Kaogu 1992.2, 138–42. "Han Chang'an cheng 2–8 hao yaozhi fajue jianbao" 漢長安城2–8號窯址發掘簡報.

Kaogu 1994.11, 986–96. "Han Chang'an cheng 23–27 hao yaozhi fajue jianbao" 漢長安城23–27號窯址發掘簡報.

Kaogu 1995.9, 792–8. "1992 nian Han Chang'an cheng yezhu yizhi fajue jianbao" 1992年漢長安城冶鑄遺址發掘簡報.

Kaogu 1996.11, 961–87. "Hubei Ezhou shi Tangjiaotou Liuchao mu" 湖北鄂州市塘角頭六朝墓.
Kaogu 1997.2, 132–42. "Jiangsu Tongshan xian Guishan er hao Xi Han Yadong mu cailiao de zai buchong" 江蘇銅山縣龜山二號西漢崖洞墓材料的再補充.
Kaogu 1997.3, 193–201 and 218. "Shandong Changqing xian Shuangrushan yi hao Han mu fajue jianbao" 山東長清縣雙乳山一號漢墓發掘簡報.
Kaogu 1997.8, 752–7. "Henan Luoyang shi di 3850 hao Dong Han mu" 河南洛陽市第3850號東漢墓.
Kaogu 1998.1, 75–81, see Wang Yucheng 王育成 (1998).
Kaogu 1998.11, 994–1007. "Guangxi Xing'an xian Qin cheng yizhi Qili xu Wangcheng cheng zhi de kantan yu fajue" 廣西興安縣秦城遺址七里圩王城城址的勘探與發掘.
Kaogu 1998.12, 1133–42. "Chongqing Wushan xian Dong Han liujin tongpai shi de faxian yu yanjiu" 重慶巫山縣東漢鎏金銅牌飾的發現與研究.
Kaogu 2000.1, 1–11. "Han Chang'an cheng guigong er hao jianzhu yizhi B qu fajjue jianbao" 漢長安城桂宮二號建築遺址B區發掘簡報.
Kaogu 2000.4, 338–53. "Jiangsu Hanjiang xian Yaozhuang 102 hao Han mu" 江蘇邗江縣姚庄102號漢墓.
Kaogu 2000.6, 1–10. "Guangdong kaogu shiji huigu" 廣東考古世紀回顧.
Kaogu 2000.6, 37–61. "Guangdong Lechang shi Duimianshan Dong Zhou Qin Han mu" 廣東樂昌市對面山東周秦漢墓.
Kaogu 2001.1, 74–83. "Han Chang'an cheng Guigong san hao jianzhu yizhi fajue jianbao" 漢長安城桂宮三號建築遺址發掘簡報.
Kaogu 2001.12, 1085–100. "Yunnan Jiangchuan xian Lijiashan gu muqun di er ci fajue" 雲南江川縣李家山古墓群第二次發掘.
Kaogu 2002.1, 3–15. "Han Chang'an cheng guigong si hao jianzhu yizhi B qu fajjue jianbao" 漢長安城桂宮四號建築遺址B區發掘簡報.
Kaogu 2002.4, 85–8, see Lu Xixing 陸錫興 (2002).
Kaogu 2002.6, 538–54. "Xinjiang Yuli xian Yingpan mudi 1999 nian fajue jianbao" 新疆尉犁縣營盤墓地1999年發掘簡報.
Kaogu 2003.9, 33–8. "Han Chang'an cheng Changlegong paishui guandao yizhi fajue jianbao" 漢長安城長樂宮排水管道遺址發掘簡報.
Kaogu 2003.10, 7–21. "Guangxi kaogu de shiji huigu yu zhanwang" 廣西考古的世紀回顧與展望.
Kaogu 2004.3, 243–50. "Guizhou Xingren xian Jiaole shijiu hao Han mu" 貴州興仁縣交樂十九號漢墓.
Kaogu 2004.8, 675–88. "Shandong Zhangqiu shi Luozhuang Han mu peizang keng de qingli" 山東章丘市洛庄漢墓陪葬坑的清理.
Kaogu 2004.10, 911–25. "Chongqing Wushan xian Wuxia zhen Xiufeng cun mudi fajue jianbao" 重慶巫山縣巫峽鎮秀峰村墓地發掘簡報.
Kaogu 2005.6, 546–53 see Luo Erhu 羅二虎 (2005).
Kaogu 2006.3, 3–13. "Guangzhou shi Nan Yue guo gong shu yizhi Xi Han mu jian fajue jianbao" 廣州市南越國宮署遺址西漢木簡發掘簡報.
Kaogu 2006.10, 3–11. " Han Chang'an cheng kaogu 50 zhounian bitan" 漢長安城考古50週年筆談.
Kaogu 2008.9, 779–82. "Jiangsu Xuzhou shi Cuiping shan Xi Han Liu Zhi mu fajue jianbao" 江蘇徐州市翠屏山西漢劉治墓發掘簡報.
Kaogu xuebao 考古學報 1964.2, 127–94. "Hebei Dingxian Beizhuang Han mu fajue baogao" 河北定縣北庄漢墓發掘報告.
Kaogu xuebao 1974.2, 87–109. "Wuwei Leitai Han mu" 武威雷台漢墓.
Kaogu xuebao 1975.2, 97–156. "Yunnan Jiangchuan Lijiashan gu muqun fajue baogao" 雲南江川李家山古墓群發掘報告.
Kaogu xuebao 1981.1, 111–30. "Changsha Xiangbizui yi hao Xi Han mu" 長沙象鼻嘴一號西漢墓.
Kaogu xuebao 1985.1, 119–33. "Tongshan guishan er gao Han ya dong mu" 銅山龜山二號漢崖洞墓.

Kaogu xuebao 1985.2, 223–66. "Xi Han Qi Wang mu suizang qiwu keng" 西漢齊王墓隨葬器物坑.
Kaogu xuebao 1991.4, 449–95. "Xue guo gu cheng kancha he mu zang fajue baogao" 薛國故城勘查和墓葬發掘報告.
Kaogu xuebao 1993.3, 351–80. "Han Wei Luoyang cheng xi dong Han mu yuan yizhi" 漢魏洛陽城西東漢墓園遺址.
Kaogu xuebao 1994.1, 99–129. "Han Chang'an cheng yaozhi fajue baogao" 漢長安城窯址發掘報告.
Kaogu xuebao 1998.2, 229–64. "Hubei Fangxian Songzui Zhanguo Liang Han mudi di san, si ci fajue baogao" 湖北房縣松嘴戰國兩漢墓地第三四次發掘報告.
Kaogu xuebao 2000.4, 537–63. "Jiangling Yueshan Qin Han mu" 江陵岳山秦漢墓.
Kaogu xuebao 2004.1, 55–86. "Han Chang'an cheng Changle gong er hao jianzhu yizhi fajue baogao" 漢長安城長樂宮二號建築遺址發掘報告.
Kaogu xuebao 2005.1, 109–26. "Luoyang Yintun Xin Mang bihua mu" 洛陽尹屯新莽壁畫墓.
Kaogu xuebao 2005.4, 411–48, see Lee Jung Hyo 李正曉 (2005).
Kaogu yu wenwu 考古與文物 1990.4, 57–63. "Xi'an jiaotong daxue Xi Han bihua mu fajue jianbao" 西安交通大學西漢壁畫墓發掘簡報.
Kaogu yu wenwu 1997.2, 1–7. "Luoyang Litun Dong Han Yuanjia er nian mu fajue jianbao" 洛陽李屯東漢元嘉二年墓發掘簡報.
Kaogu yu wenwu 2002.5, 7–11. "Luoyang beijiao C8M574 Xi Han mu fajue jianbao." 洛陽北郊C8M574西漢墓發掘簡報.
Kaogu yu wenwu 2002.2, 15–19. "Xi'an beijiao mingzhu xin jia yuan M54 fajue jianbao" 西安北郊明珠新家園M54發掘簡報.
Kaogu yu wenwu 2004.2, 15–19. "Xi'an beijiao mingzhu xinjiayuan M54 fajue jianbao" 西安北郊明珠新家園M54發掘簡報.
Kaogu yu wenwu 2008.6, 96–160. "Shaanxi Qin Han kaogu wushi nian zongshu" 陝西秦漢考古五十年綜述.
Kaoguxue jikan 考古學集刊 8 (1994), 87–121. "Yunmeng Longgang 6 hao Qin mu ji chutu jiandu" 雲夢龍崗6號秦墓及出土簡牘.
Keegan, David (1988). "'Huang-ti Nei-ching': the structure of the compilation, the significance of the structure". Ph.D. dissertation, University of California, Berkeley.
Keightley, David N. (1978). *Sources of Shang History: The Oracle-Bone Inscriptions of Bronze Age China*. Berkeley: University of California Press.
—— (1999). "The Shang: China's first historical dynasty", in *CHOAC*, 232–91.
Kenyon, Kathleen (1970). *The Archaeology of the Holy Land*. 3rd edn. London: Ernest Benn.
Kern, Martin (1996). "In praise of political legitimacy: the *miao* and *jiao* hymns of the Western Han", *OE* 39.1, 29–67.
—— (1997). *Die Hymnen der chinesischen Staatsopfer: Literatur und Ritual in der politischen Repräsentation von der Han-Zeit bis zu den Sechs Dynastien*. Stuttgart: Franz Steiner.
—— (1999). "A note on the authenticity and ideology of *Shih-chi* 24, 'The Book on Music'", *JAOS* 119.4, 673–7.
—— (2000a). "*Shi jing* songs as performance texts: a case Study of 'Chu ci' ('Thorny Caltrop')", *EC* 25.49–111.
—— (2000b). "Religious anxiety and political interest in Western Han omen interpretation: the case of the Han Wudi period (141–87 B.C.)", *Chūgoku shigaku* 中國史學 10, 1–31.
—— (2001). "Ritual, text, and the formation of the canon: historical transitions of *Wen* in Early China", *TP* 87.1–3, 43–91.
—— (2002). "Methodological reflections on the analysis of textual variants and the modes of manuscript production in early China", *JEAA* 4, 143–81.
—— (2003a). "The 'Biography of Sima Xiangru' and the question of the *fu* in Sima Qian's *Shiji*", *JAOS* 123.2, 303–16.
—— (2003b). "Western Han aesthetics and the genesis of the *fu*", *HJAS* 63.2, 383–437.
—— (2004). "The poetry of Han historiography", *Early Medieval China* 10–11.1, 23–65.
—— (2005), ed. *Text and Ritual in Early China*. Seattle: University of Washington Press.

Kerr, Rose and Nigel Wood (2004). *Science and Civilisation in China*, Vol. 5: *Chemistry and Chemical Technology*, Part 12: *Ceramic Technology*. Cambridge: Cambridge University Press.

Kim Chŏng-bae 金貞培 (2006), ed. *Han'guk Kodaesa Immun* (Introduction to Ancient Korean History) 한국고대사입문. Seoul: Sinsŏwŏn.

Kinney, Anne Behnke (1990). *The Art of the Han Essay: Wang Fu's* Ch'ien-fu lun. Tempe, AZ: Center for Asian Studies, Arizona State University.

—— (1993). "Infant abandonment in early China", *EC* 18, 107–38.

—— (2004). *Representations of Childhood and Youth in Early China*. Stanford, CA: Stanford University Press.

Kleeman, Terry F. (1998). *Great Perfection: Religion and Ethnicity in a Chinese Millennial Kingdom*. Honolulu: University of Hawai'i Press.

—— (2005). "Feasting without the victuals: the evolution of the Daoist communal kitchen", in Roel Sterckx, ed., *Of Tripod and Palate: Food, Politics and Religion in Traditional China*. New York: Palgrave, 140–62.

Knechtges, David R. (1976). *The Han Rhapsody: A Study of the Fu of Yang Hsiung (53 B.C.–A.D. 18)*. Cambridge: Cambridge University Press.

—— (1982, 1987, 1996). *Wen xuan, or Selections of Refined Literature*, Vols. 1, 2 and 3. Princeton: Princeton University Press.

—— (1990). "To praise the Han: the eastern capital *fu* of Pan Ku and his contemporaries", in Wilt L. Idema and Erik Zürcher, eds., *Thought and Law in Qin and Han China: Studies Dedicated to Anthony Hulsewé on the Occasion of His Eightieth Birthday*. Leiden: E.J. Brill, 118–39.

—— (1994a). "The emperor and literature: Emperor Wu of the Han", in Frederick P. Brandauer and Chun-chieh Huang, eds., *Imperial Rulership and Cultural Change in Traditional China*. Seattle: University of Washington Press, 51–76.

—— (1994b). "*Exemplary Sayings*, Chapter 2", in Victor Mair, ed., *The Columbia Anthology of Traditional Chinese Literature*. New York: Columbia University Press, 530–3.

—— (1997). "Gradually entering the realm of delight: food and drink in early medieval China", *JAOS* 117.1, 229–39.

Knoblock, John (1988–94). *Xunzi: A Translation and Study of the Complete Works*. 3 vols. Stanford, CA: Stanford University Press.

Knoblock, John and Jeffrey Riegel (2000). *The Annals of Lü Buwei: A Complete Translation and Study*. Stanford, CA: Stanford University Press.

Kobayashi Masayoshi 小林正美 (1990). *Rikuchō Dōkyōshi kenkyū* 六朝道教史研究. Tokyo: Sōbunsha.

Koga Noboru 古賢登 (1977). "Thoughts on the understanding of the Han and Six Dynasties", *Memoirs of the Research Department of the Tōyō Bunko* 35, 1–73.

—— (1980). *Han Chōan jō to senpaku, kenkyō teiri seido* 漢長安城と阡陌、縣鄉亭里制度. Tokyo: Yūzan kaku.

Kohn, Livia (1995). *Laughing at the Tao: Debates among Buddhists and Taoists in Medieval China*. Princeton: Princeton University Press.

—— (2000), ed. *Daoism Handbook*. Leiden: E. J. Brill.

Kohn, Livia and Michael Lafargue (1998). *Lao-tzu and the Tao-te-ching*. Albany: State University of New York Press.

Kominami Ichirō 小南一郎 (1986). "Sha no saishi no shokeitai to sono kigen" 社の祭祀の諸形態とその起源, *Koshi shunjū* 4, 17–37.

Kondō Hiroyuki 近藤浩之 (1997). "Baōtai Kanbo kankei roncho mokuroku" 馬王堆漢墓關係論著目錄, *Chūgoku shutsudo shiryō kenkyū* 1, 199–251.

Kong Congzi 孔叢子. References are to the *SBBY* edition.

Kraemer, Ross Shepard (2004), ed. *Women's Religions in the Greco-Roman World: A Sourcebook*. Oxford: Oxford University Press.

Kroll, Paul W. (1998). "Tamed kite and stranded fish: interference and apology in Lu Chaolin's *fu*", *T'ang Studies* 15–16 (1997–8), 41–78.
—— (2000). "Seven rhapsodies of Ts'ao Chih", *JAOS* 120, 1–12.
—— (2001). "The significance of the *fu* in the history of T'ang poetry", *T'ang Studies* 18–19 (2000–1), 87–105.
—— (2003). "The divine songs of the Lady of Purple Tenuity", in Paul W. Kroll and David R. Knechtges, eds., *Studies in Early Medieval Chinese Literature and Cultural History, In Honor of Richard B. Mather and Donald Holzman*. Provo, UT: T'ang Studies Society, 149–211.
Kudō Motoo (1990). "The Ch'in Bamboo Strip Book of Divination (Jih-shu) and Ch'in legalism", *Acta Asiatica* 58, 24–37.
Künstler, Jerzy (1962). "Deux Biographies de Tcheng Hiuan," *Rocznik Orientalistyczny* 26, 23–64.
Kuriyama, Shigehisa 栗山茂久 (1995). "Interpreting the history of bloodletting", *Journal of the History of Medicine and Allied Sciences* 50, 11–46.
—— (1999). *The Expressiveness of the Body and the Divergence of Greek and Chinese Medicine*. New York: Zone Books.
Kushida Hisaharu 串田久治 (1999). *Chūgoku kodai no yō to yogen* 中国古代の謠と予言. Tokyo: Sōbunsha.
Kwŏn O-jung 權五重 (1992). *Nangnang gun Munhwa Yŏn'gu* 樂浪郡文化研究. Seoul: Ilchogak.
—— (2004). "Chungguk-sa esŏ ŭi Nangnang-gun", in *Han'guk Kodaesa Yŏn'gu* (June 2004), 19–40.
—— (2005). "Nangnang ŭi yŏksawa kogo-hak" (History and Archaeology of Lelang) 樂浪歷史考古學, unpublished paper, Thirty-Third Symposium of the Korean Ancient History Association.
La Regina, A. (2001), ed. *Lexicon Topographicum Urbis Romae: Suburbium*. Rome: Quasar.
Lai Guolong (2003). "The diagram of the mourning system from Mawangdui", *EC* 28, 43–99.
Lai Ming Chiu (1995). "Familial morphology in Han China, 206 B.C.–A.D. 220". Ph.D. dissertation, University of Toronto.
Lam, Peter Y. K. (1991), ed. *Jades from the Tomb of the King of Nanyue*. Guangzhou and Hong Kong: The Museum of the Western Han Tomb of the Nanyue King and The Art Gallery, The Chinese University of Hong Kong.
Lan Riyong 藍日勇 (2002). "Dongyang tianqi zhi mudu fawei" 東陽田器志木牘發微, *Nanfang wenwu* 2002.2, 27–31.
Lao Gan 勞榦 (1957). *Juyan Hanjian: tuban zhi bu* 居延漢簡－圖版之部, 3 vols. Taipei: Academia Sinica.
Lau, D. C. (1970). *Mencius*. Harmondsworth: Penguin Books Ltd.
—— (1982). *Tao Te Ching: A Bilingual Edition*. Hong Kong: The Chinese University Press.
—— (1993). "Meng tzu (Mencius)", *ECTBG*, 331–5.
Lau, D. C. and Roger T. Ames (1996). *Sun Pin: The Art of Warfare. A Recently Rediscovered Classic*. New York: Ballantine Books.
Lau, Ulrich (2002). "Die Rekonstruktion des Strafprozesses und die Prinzipen der Strafzumessung zu Beginn der Han-Zeit im Lichte des *Zouyanshu*", in Reinhard Emmerich and Hans Stumpfeldt, eds., *Und folge nun dem, was mein Herz begehrt: Festschrift für Ulrich Unger zum 70. Geburtstag*. Hamburg: Hamburger Sinologische Gesellschaft e.V., Hamburg, 343–95.
Lau, Ulrich and Michael Lüdke (forthcoming). *Denkwürdige Rechtsfälle vom Beginn der Han-Dynastie: Das Zouyanshu aus Zhangjiashan*. Provinz Hubei.
Ledderose, Lothar and Adele Schlombs (1990), eds. *Jenseits der Grossen Mauer: der Erste Kaiser von China und seine Terrakota-armee*. Gütersloh and Munich: Bertelsmann Lexicon Verlag GmbH.
Lee Jung Hyo 李正曉 (2005). "Zhongguo neidi Han Jin shiqi fojiao tuxiang kaoxi" 中國內地漢晉時期佛教圖像考析, *KGXB* 2005.4, 411–48.

Lee, Ki-baik (1984). *A New History of Korea*, trans. Edward W. Wagner with Edward Schultz. Seoul: Ilcho-gak.

Lee, Yun Kuen (1996). "Material representations of status in the Dian culture", *Bulletin of the Indo-Pacific Prehistory Association* 14, 216–25.

—— (2001). "Status, symbol, and meaning in the Dian culture", *JEAA* 3, 1–2, 103–31.

Legge, James (1885). *The Texts of Confucianism: Part III: The Li Ki 1-X*. Oxford: The Clarendon Press.

—— (1893). *The Chinese Classics, Volume III: The Shoo King. Volume V: The Ch'un Ts'ew with the Tso Chuen*. Second edn. Oxford: The Clarendon Press, 1893; rpt. Hong Kong: Hong Kong University Press, 1960.

Lejeune, Philippe (1989). *On Autobiography*. Minneapolis: University of Minnesota Press.

Leslie, D. D. and K. H. J. Gardiner (1996). *The Roman Empire in Chinese Sources*. Rome: Bardi.

Leung, Angela Ki Che (2005). "Women practicing medicine in premodern China", in Harriet Zurndorfer, ed., *Chinese Women in the Imperial Past*. Leiden: Brill, 101–34.

Levering, Miriam (1989), ed. *Rethinking Scripture: Essays from a Comparative Perspective*. Albany: State University of New York Press.

Lévi, Jean (1989). *Les Fonctionnaires divins*. Paris: Éditions du Seuil.

Lewis, Candace Jenks (1999). "Pottery towers of Han dynasty China". Ph.D dissertation, New York University.

Lewis, Mark Edward (1999). *Writing and Authority in Early China*. Albany: State University of New York Press.

L'Haridon, Béatrice (2006). "La Recherche du modèle dans les dialogues du *Fayan* de Yang Xiong (53 av. J.-C.–18 apr. J.C.): Écriture, éthique, et réflexion historique à la fin des Han occidentaux". Ph.D. dissertation, Institut national des langues et civilisations orientales, 2 vols.

Li Chuanyong 李傳永 (2003). "Wo guo zui zao de weixing chengshi – lun Xi Han Chang'an zhu ling xian" 我國最早的衛星城市 – 論西漢長安諸陵縣, *Sichuan shifan xueyuan xuebao* 四川師范學院學報 2003.1, 48–52.

Li Chunlei 李春雷 (1999). "Jiangsu Xuzhou Shizishan Chu wang ling chutu xiang yu qiguan de tuili fuyuan yanjiu" 江蘇徐州獅子山楚王陵出土鑲玉漆棺的推理復原研究, *KGYWW* 1999.1, 55–71.

Li Daoyuan 酈道元 (465 or 472–527). *Shuijing zhu* 水經注. References are to the *SBBY* edition.

Li Hengmei 李衡眉 (1992). *Lun Zhaomu zhidu* 論昭穆制度. Taipei: Wenjin chubanshe.

Li Houbo (1994). "Han dynasty tomb murals from the Luoyang Museum of Ancient Tomb Relics", *Orientations* 25.5, 40–9.

Li Hu 黎虎 (1998), ed. *Han Tang yinshi wenhua shi* 漢唐飲食文化史. Beijing: Beijing shifan daxue.

Li Jiahao 李家浩 (1997). "Wangjiatai Qinjian 'Yizhan' wei 'Guicang' kao" 王家台秦簡<易占>為<歸藏>考, *Chuantong wenhua yu xiandaihua* 1997.1, 46–52.

Li Jianmao 李建毛 (1998). "Changsha Chu Han mu chutu xitu tao de kaocha" 長沙楚漢墓出土錫涂陶的考察, *KG* 1998.3, 263–7.

Li Jianmin 李建民 (2000). *Sisheng zhi yu: Zhou, Qin, Han maixue zhi yuanliu* 死生之域：周秦漢脈學之源流. Taipei: Academia Sinica.

—— (2002). "Aihuo yu tianhuo – jiuliao fa yansheng zhi mi" 艾火與天火:灸療法延生之謎, *Ziran kexue shi yanjiu* 21.4, 320–31.

—— (2004). "Zhongguo yixue yanjiu de xin shiye" 中國醫學史研究的新視野, *Xin Shixue* 15.3, 203–25.

Li Jingwei 李經緯 (1992), ed. *Zhongguo gudai yixue shi tulu* 中國古代醫學史圖錄. Beijing: Renmin weisheng chubansshe.

Li Junming 李均明 and He Shuangquan 何雙全 (1990a). *Sanjian jiandu heji* 散見簡牘合輯. Beijing: Wenwu chubanshe.

—— (1990b). "Gansu Wuwei Mozuizi 18 hao Han mu wang zhang 10 jian" 甘肅武威磨嘴子 18號漢墓王杖10簡, in Li Junming and He Shuangquan, *Sanjian jiandu heji*. Beijing: Wenwu chubanshe, 3–4.

Li Junming 李均明 and Liu Jun 劉軍 (1993). "Wuwei Hantanpo chutu Hanjian kaoshu; jian lun 'qiling'" 武威旱灘坡出土漢簡考述:兼論<挈令>, *WW* 1993.10, 34–9.

—— (1994), eds. *Zhongguo zhenxi falü dianji jicheng* 中國珍稀法律典籍集成 (Collection A: 2). Beijing: Kexue chubanshe.

Li Kunsheng (1999). "The Bronze Age of Yunnan", in Roderick Whitfield and Wang Tao, trans. and eds., *Exploring China's Past: New Discoveries and Studies in Archaeology and Art*. London: Saffron International Series in Chinese Art and Archaeology, 1, 150–62.

Li Ling 李零 (1990). "Formulaic structure of Chu divinatory bamboo slips", *EC* 15, 71–86.

—— (1991). "Shi yu Zhongguo gudai de yuzhou moshi" 式與中國古代的宇宙模式, *Zhongguo wenhua* 4, 1–30.

—— (1993a). *Zhongguo fangshu gaiguan* 中國方術概觀. Beijing: Renmin Zhongguo chubanshe.

—— (1993b). *Zhongguo fang shu kao* 中國方術考. Beijing: Renmin Zhongguo chubanshe; revised edn 2000. Beijing: Dongfang chubanshe.

—— (1995a). *Sunzi guben yanjiu* 孫子古本研究. Beijing: Beijing daxue.

—— (1995b). "Zhanguo Qin Han fangshi yu liupai kao" 戰國秦漢方士與流派考, *Chuantong wenhua yu xiandaihua* 傳统文化與現代化 1995.2, 34–48.

—— (2004). *Jianbo gushu yu xueshu yuanliu* 簡帛古書與學術源流. Beijing: Sanlian.

—— (2006a). *Zhongguo fang shu zheng kao* 中國方術正考. Beijing: Zhonghua shuju.

—— (2006b). *Zhongguo fang shu xu kao* 中國方術續考. Beijing: Zhonghua shuju.

Li Ling and Keith McMahon (1992). "The contents and terminology of the Mawangdui texts on the arts of the bedchamber", *EC* 17, 145–86.

Li Qing 李卿 (2003). *Qin Han Wei Jin Nanbei chao shiqi jiazu zongzu guanxi yanjiu* 秦漢魏晉南北朝時期家族宗族關係研究. Shanghai: Renmin chubanshe.

Li Rugui 李如圭 (*Jinshi* degree 1193). *Yili jishi* 儀禮集釋. References are to the *Siku quanshu*.

Li Rusen 李如森 (2003). *Han dai sangzang lisu* 漢代喪葬禮俗. Shenyang: Shenyang chubanshe.

Li Song 李凇 (2001), ed. *Han dai renwu diaoke yishu* 漢代人物雕刻藝術. Changsha: Hunan meishu chubanshe.

Li Waiyee (2004). "*Shishuo xinyu* and the emergence of aesthetic self-consciousness in the Chinese tradition", in Cai Zongqi, ed., *Chinese Aesthetics: The Ordering of Literature, the Arts, and the Universe in the Six Dynasties*. Honolulu: University of Hawai'i Press, 237–76.

Li Wenchu 李文初 (2000). *Han Wei liu chao wenxue yanjiu* 漢魏六朝文學研究. Guangdong: Guangdong renmin chubanshe.

Li Wenru 李文儒 (2002), ed. *Zhongguo shinian bai da kaogu xin faxian* 中國十年百大考古新發現, 2 vols. Beijing: Wenwu chubanshe.

Li Xiao 李肖 (2003). *Jiaohe gucheng de xingzhi buju* 交河故城的形制布局. Beijing: Wenwu chubanshe.

Li Xueqin 李學勤 (1986), ed. *Zhongguo meishu quanji: Gongyi meishu bian 4: Qingtongqi* 中國美術全集: 工藝美術編 4:青銅器, 2 vols. Beijing: Wenwu chubanshe.

—— (1990). "Fangmatan jian zhong de zhiguai gushi" 放馬灘簡中的志怪故事, *WW* 1990.4, 43–7.

—— (1993, 1995). "'Zouyanshu' jieshuo" <奏讞書>解說, *WW* 1993.8, 26–31 and 1995.3, 37–42.

—— (1995). "Basic considerations on the commentaries of the silk manuscript *Book of Changes*", *EC* 20, 367–80.

—— (1996a), ed. *Siku da cidian* 四庫大辭典. Changchun: Jilin daxue.

—— (1996b). "Suwen qi pian dalun de wenxian xue yanjiu" 素問七篇大論的文獻學研究, *Yanjing xuebao*, new series 2, 295–302.

—— (2001). *Jianbo yiji yu xueshu shi* 簡帛佚籍與學術史. Nanchang: Jiangxi jiaoyu chubanshe.

—— (2003). "Chu du Liye Qin jian" 初讀里耶秦簡, *WW* 2003.1, 73–81.

Li Xueqin and Xing Wen (2001). "New light on the early-Han code: a reappraisal of the Zhangjiashan bamboo-slip legal texts", *AM* 14.1, 125–46.

Li Yinde 李銀德 (1990). "The 'underground palace' of a Chu prince at Beidongshan", *Orientations* 10, 57–61.

—— (1993). "Xuzhou chutu Xi Han yu mianzhao de fuyuan yanjiu" 徐州出土西漢玉面罩的復原研究, *WW* 1993.4, 46–9.

Li Yuchun 李遇春 (1978). "Han Chang'an cheng wuku yizhi fajue de chubu shouhu" 漢長安城武庫遺址發掘的初步收獲, *KG* 1978.4, 261–9.

Li Yufang 李毓芳 (1989). "Xi Han di ling fenbu de kaocha" 西漢帝陵分布的考察, *KGYWW* 1989.3, 28–35.

Li Zhenhong 李振宏 (2003). *Juyan Han jian yu Han dai shehui* 居延漢簡與漢代社會. Beijing: Zhonghua shuju.

Li Zhongyi 黎忠義 (1996). "Juandi changshou xiu canpian wenyang ji secai fuyuan" 絹地長壽繡殘片紋樣及色彩復原, *Dongnan wenhua* 1996.1, 78–80.

Lian Shaoming 連劭名 (1990). "Changsha Chu boshu yu gua qi shuo" 長沙楚帛書與掛氣說, *KG* 1990.9, 849–54.

—— (1996). "Jiangling Wangjiatai Qin jian yu '*Guicang*'" 江陵王家台秦簡與<歸藏>, *Jiang Han kaogu* 1996.4, 66–8.

Liang Qixiong 梁啟雄 (1956). *Xunzi jianshi* 荀子簡釋. Beijing: Gu ji chubanshe.

Liang Yong 梁勇 (2001). "Cong Xi Han Chu wang mu de jianzhu jiegou kan Chu wang mu de pailie shunxu" 從西漢楚王墓的建築結構看楚王墓的排列順序, *WW* 2001.10, 71–84.

Liao Boyuan, see Liao Po-yüan 廖伯源.

Liao Guodong, see Liao Kuo-tung 廖國棟.

Liao Kuo-tung 廖國棟 (1990). *Wei Jin yongwu fu yanjiu* 魏晉詠物賦研究. Taipei: Wenshizhe chubanshe.

Liao Po-yüan 廖伯源 (1998). *Jiandu yu zhidu: Yinwan Han mu jiandu guanwenshu kaozheng* 簡牘與制度:尹灣漢墓簡牘官文書考證. Taipei: Wenjin, 1998; revised edn. Guilin: Guangxi shifan daxue chubanshe, 2005.

Lin Cheng-Sheng (2002). *Han Burial Jades: The Role of Jade in the Han Dynasty Tombs (206 BC–AD 220)*. Oxford: Oxford University Press.

Lin Fushi, see Lin Fu-shih 林富士.

Lin Fu-shih 林富士 (1988a). *Han dai de wu zhe* 漢代的巫者. Taipei: Daoxiang chubanshe.

—— (1988b). "Shishi Shuihudi Qin jian rishu zhong de meng" 試釋睡虎地秦簡日書中的夢, *Shihuo yuekan* 17.3–4, 30–7.

—— (2000). "Shilun Zhongguo zaoqi daojiao dui yu yiyao de taidu" 試論中國早期道教對于醫藥的態度, *Taiwan zhongjiao yanjiu* 1.1, 107–42.

Lin Huaizhong 林懷中 (1988), ed. *Wei Jin Nanbei chao diaosu* 魏晉南北朝雕塑, in *Zhongguo meishu quanji* 中國美術全集. Beijing: Zhongguo meishu chubanshe.

Lin Jianming 林劍鳴 (1991). "Rishu yu Qin Han shidai de lizhi" 日書與秦漢時代的吏治, *Xinshixue* 2.2, 31–51.

Lin Meicun 林梅村 (2001). "Xinjiang Yingpan gumu chutu de yi feng Quhu wenshu xin" 新疆營盤古墓出土的一封佉戶文書信, *Xiyu yanjiu* 2001.3, 44–5.

Linderski, J. (1986). "The Augural Law", in H. Temporini et al., eds., *Aufstieg und Niedergang der römischen Welt* II 16.3. Berlin: W. de Gruyter, 2146–312.

Lingnan Xi Han wenwu baoku: Guangzhou Nan Yue wang mu 嶺南西漢文物寶庫: 廣州南越王墓 (1994). Ed. Xi Han Nan Yue wang mu bowuguan, in *Zhongguo kaogu wenwu zhi mei* 中國考古文物之美 9. Beijing: Wenwu chubanshe.

Lingshu 靈樞. References are to *Huangdi neijing Lingshu* 黃帝內經靈樞 (*SBBY*).

Lippiello, Tiziana (2001). *Auspicious Omens and Miracles in Ancient China. Han, Three Kingdoms and Six Dynasties*. Sankt Augustin: Institut Monumenta Serica, Monograph Series 39.

Lishi 隸釋, see Hong Gua 洪适.

Liu An 劉安 (2) (d. 122 BCE). *Huainanzi* 淮南子. References are to Liu Wendian 劉文典, *Huainan honglie jijie* 淮南鴻烈集解. Shanghai: Shangwu yinshu guan, 1923; rpt. 2 vols., Taipei, Taiwan shangwu yinshu guan, 1968; Beijing: Zhonghua shuju 1989 (rpt. with punctuation, Taipei: Wenshizhe chubanshe, 1992) [*HNZ*].

Liu Bo 劉波 (2000). "Zhejiang di qu Xi Han muzang de fenqi" 浙江地區西漢墓葬的分期, *Nanfang wenwu* 2000.1, 58–69.

Liu, Cary Y., Michael Nylan and Anthony Barbieri-Low (2005). *Recarving China's Past: Art, Archaeology, and Architecture of the "Wu Family Shrines"*. New Haven and London: Princeton University Art Museum, Yale University Press.

Liu Cunren 劉存仁 (2000). *Daojiao shi tanyuan* 道教史探原. Beijing: Beijing Daxue chubanshe.

Liu Haiwang 劉海旺 et al. (2004). "Henan Neihuang xian Sanyangzhuang Handai tingyuan yizhi" 河南內黃縣 三楊庄漢代庭院遺址, *KG* 2004.7, 610–13.

Liu Hongshi 劉洪石 (1996). "'Ye', 'ci' kaoshu" <謁><刺>考述, *WW* 1996.8, 51–2, 50.

Liu Jiaji 劉家驥 and Liu Bingsen 劉炳森 (1977). "Jinqueshan Xi Han bohua linmo hou gan" 金雀山西漢帛畫臨摹后感, *WW* 1977.11, 28–31.

Liu Jigao 劉季高 (1999). *Dong Han Sanguo shiqi de tanlun* 東漢三國時期的談論. Shanghai: Shanghai guji chubanshe.

Liu Le-hsien 劉樂賢 (1994). *Shuihudi Qin jian rishu yanjiu* 睡虎地秦簡日書研究. Taipei: Wenjin chubanshe.

—— (2001). "Du 'Xianggang Zhongwen daxue Wenwuguan cang jiandu'" 讀<香港中文大學文物館藏簡牘>, *Jiang Han kaogu* 2001.4, 60–4.

—— (2003a). *Jianbo shushu wenxian tanlun* 简帛數術文獻探論. Wuhan: Hubei jiaoyu chubanshe.

—— (2003b). "Huxishan Hanjian 'Yanshi Wusheng' ji xiangguan wenti" 虎溪山漢簡<閻氏五勝>及相關問題, *WW* 2003.7, 66–70.

—— (2004). *Mawangdui tianwen shu kaoshi* 馬王堆天文書考釋. Guangzhou: Zhongshan daxue.

Liu Lexian, see Liu Le-hsien 劉樂賢.

Liu Qingzhu 劉慶柱 (1987). "Han Chang'an cheng buju jiegou banxi – yu Yang Kuan xiansheng shangque" 漢長安城布局結構班析：與楊寬先生商榷, *KG* 1987.10, 937–44.

—— (1994). "Zhanguo Qin Han wadang yanjiu" 戰國秦漢瓦當研究, in *Han Tang yu bianjiang kaogu yanjiu* 漢唐與邊疆考古研究. Beijing: Kexue chubanshe, 1–30.

—— (1999). "Qin Han kaoguxue wushi nian" 秦漢考古學五十年, *KG* 1999.9, 803–14.

—— (2000). *Gudai ducheng yu di ling kaoguxue yanjiu* 古代都城與帝陵考古學研究. Beijing: Kexue chubanshe.

Liu Qingzhu 劉慶柱 and Li Yufang 李毓芳 (1987). *Xi Han shiyi ling* 西漢十一陵. Xi'an: Shaanxi Renmin chubanshe.

—— (2001). "Xi'an Xiangjiaxiang yizhi Qin fengni kaolüe" 西安相家巷遺址秦封泥考略, *KGXB* 2001.4, 147.

Liu Qiyu 劉起釪 (1989). *Shangshu xueshi* 尚書學史, revised edn. Beijing: Zhonghua shuju.

Liu Rui 劉瑞 (2005). "Nan Yue guo fei Han zhi zhuhou guo lun" 南越國非漢之諸侯國論, in *Nan Yue guo shiji yantao hui lunwen xuanji* 南越國史迹研討會論文選集. Beijing: Wenwu chubanshe.

Liu Shixu 劉世旭 (1987). "Sichuan Xichang Gaocao chutu Handai 'Yao qian shu' canpian" 四川西昌高草出土漢代<搖錢樹>殘片, *KG* 1987.3, 279–80.

Liu Tseng-kui 劉增貴 (1997). "Tiantang yu diyu: Han dai de Tai shan xinyang" 天堂與地獄：漢代的泰山信仰, *Dalu zazhi* 94.5, 193–205.

—— (1999). "Juyan Hanjian suo jian Handai bianjing yinshi shenghuo" 居延漢簡所見漢代邊境飲食生活, *Gujin lunheng* (Taipei) 3, 2–18.

—— (2001). "Qinjian 'rishu' zhong de chuxing lisu yu xinyang" 秦簡<日書>中的出行禮俗與信仰, *BIHP* 72.3, 503–41.

—— (2006). "Jin ji: Qin Han xinyang de yige cemian" 禁忌：秦漢信仰的一個側面, ms. prepared for the international colloquium Rituels, Panthéons, et Techniques (14–16 December 2006) held at the École Normale Supérieure, Paris.

Liu Wei 劉未 (2004). "Liaoyang Han Wei Jin bihua mu yanjiu" 遼陽漢魏晉壁畫墓研究, in Zhu Hong 朱泓, ed., *Bianjiang kaogu yanjiu* 2, 232–57.

Liu Wendian 劉文典, see under Liu An 劉安.

Liu Xiang 劉向 (79–8 BCE). *Shuo* [or *Shui*] *yuan* 說苑. References are to the *SBBY* edition.

Liu Xiaomin 劉曉民 (1999). "Nan Yue guo shiqi Han Yue wenhua de bingcun yu ronghe" 南越國時期漢越文化的並存與融合, *Donghan wenhua* 1999.1, 22–7.

Liu Xie 劉勰 (ca 467–ca 522). *Wenxin diaolong* 文心雕龍. References are to Zhan Ying 詹鍈, *Wenxin diaolong yizheng* 文心雕龍義證. Shanghai: Guji chubanshe, 1989.

Liu Xinfang 劉信芳 (1990). "'Tianshui Fangmatan Qinjian zongshu' zhiyi" 天水放馬灘秦簡綜述'質疑, *WW* 1990.9, 85–7, 73.

Liu Xinfang 劉信芳 and Liang Zhu 梁柱 (1997). *Yunmeng Longgang Qin jian* 雲夢龍崗秦簡. Beijing: Kexue.

Liu Yi 劉屹 (2005). *Jing tian yu chong dao: Zhonggu jingjiao daojiao xingcheng de sixiang shi beijing* 敬天與崇道：中古經教道教形成的思想史背景. Beijing: Zhonghua shuju.

Liu Yiqing 劉義慶 (403–44). *Shishuo xinyu* 世說新語. References are to Xu Zhen'e 徐震堮, *Shishuo xinyu jiaojian* 世說新語校箋. Beijing: Zhonghua shuju, 1984.

Liu Youning 李又寧 and Zhang Yufa 張玉法 (1992), eds. *Zhongguo funü shilun wenji* 中國婦女論文集. Taipei: Shangwu yinshuguan.

Liu Zenggui see Liu Tseng-kui 劉增貴.

Liu Zhao 劉昭 (ca 510 CE). *Xu Han zhi* 續漢志 see under Fan Ye 范曄.

Liu Zhenqing 劉振清 (1996), ed. *Qi Lu Wenhua – dongfang sixiang de yaolan* 齊魯文化東方思想的搖籃. Hong Kong: The Commercial Press.

Lloyd, G. E. R. (1996). *Adversaries and Authorities*. Cambridge: Cambridge University Press.

Lloyd, Geoffrey and Nathan Sivin (2002). *The Way and the Word: Science and Medicine in Early China and Greece*. New Haven and London: Yale University Press.

Lo, Vivienne (1998). "He Yin Yang: Xi Han yangsheng wenxian dui yixue sixiang fazhan de yinxiang" 合陰陽：西漢養生文獻對醫學思想發展的影響, in Sarah Allan et al., eds., *Zhongguo gudai siwei moshi yu Yin Yang wuxing shuo tanyuan* 中國古代思維模式與陰陽五行說談探源. Nanjing: Jiangsu guji chubanshe, 401–23.

—— (1999). "Tracking the pain: Jue and the formation of a theory of circulating Qi through the channels", *Sudhoffs Archiv* 84, 191–211.

—— (2000). "Crossing the *Neiguan* 內關 'Inner Pass' – A *nei/wai* 內外 'Inner/Outer' distinction in early Chinese medicine?", in *East Asian Science, Technology and Medicine* 17, 15–65.

—— (2001a). "Huangdi Hama jing (the Yellow Emperor's Toad Canon)", *AM* 14.2, 61–100.

—— (2001b). "The influence of nurturing life culture on the development of Western Han acumoxa therapy", in Elisabeth Hsu, ed., *Innovation in Chinese Medicine*. Needham Research Institute Studies 3. Cambridge: Cambridge University Press, 19–50.

—— (2002a). "Spirit of stone: technical considerations in the treatment of the jade body", *BSOAS* 65.1, 99–128.

—— (2002b). "Survey of research into the history and rationale of acupuncture and moxa since 1980". Introduction to Lu Gwei-Djen and Joseph Needham, *Celestial Lancets* (new edit). London: Curzon Press, xxv–li.

—— (2002c). "Lithic therapy in early China", in Patricia Baker and Gillian Carr, eds., *New Approaches to Medical Anthropology and Archaeology*. Oxford: Oxbow, 195–220.

—— (2005). "Pleasure, prohibition and pain", in Roel Sterckx, ed., *Of Tripod and Palate: Food, Politics, and Religion in Traditional China*. New York and Basingstoke: Palgrave Macmillan, 163–85.

Lo, Vivienne and Christopher Cullen (2005), eds. *Medieval Chinese Medicine: The Dunhuang Medical Manuscripts*. London: RoutledgeCurzon.

Loewe, Michael (1960). "The orders of aristocratic rank of Han China", *TP* 43.1–3, 97–174.

—— (1964). "Some military despatches of the Han period", *TP* 51, 335–54.

—— (1965). "The wooden and bamboo strips found at Mo-chü-tzu (Kansu)", *JRAS*, 1965.4, 13–26.

—— (1967). *Records of Han Administration*, 2 vols. University of Cambridge Oriental Publications 11–12. Cambridge: Cambridge University Press; rpt. London: RoutledgeCurzon, 2002 [*RHA*].

—— (1968). *Everyday Life in Early Imperial China during the Han Period 202 BC–AD 220*. London: B.T. Batsford, 1968; rpt. Indianapolis and Cambridge: Hackett Publishing Company Inc., 2005.

—— (1974). *Crisis and Conflict in Han China 104 BC to AD 9*. London: George Allen and Unwin Ltd.; rpt. London and New York: Routledge, 2005.

—— (1979). *Ways to Paradise: The Chinese Quest for Immortality*. London: George Allen and Unwin.

—— (1980). "The Han view of comets", *BMFEA* 52, 1–31; rpt in Loewe, *Divination, Mythology and Monarchy*. Cambridge: Cambridge University Press, 1994, 61–84.

—— (1982). *Chinese Ideas of Life and Death: Faith, Myth and Reason in Han China*. London: George Allen and Unwin, 1982; rpt. as *Faith, Myth and Reason in Han China*. Indianapolis and Cambridge: Hackett Publishing Company, Inc., 2005.

—— (1983). Review article of Wang Zhongshu, *Han Civilization*, *TP* 69.4–5, 328–40.

—— (1985). "The term K'an-yü and the choice of the moment", *EC* 9–10 (1983–85), 204–17; rpt. in *DMM*, 112–20.

—— (1986). "The religious and intellectual background", in *CHOC*, 661–8.

—— (1988a). "Divination by shells, bones and stalks during the Han period", *TP* 74, 81–118; rpt. in *DMM*, 160–90.

—— (1988b). "The almanacs (*Jih-shu*) from Shui-hu-di: a preliminary survey", *AM*, 3rd series, 1.2, 1–27; rpt in *DMM*, 214–35.

—— (1988c). "The oracles of the clouds and the winds", *BSOAS* 51.3, 500–20; rpt. in *DMM*, 191–213.

—— (1991). "Huang Lao thought and the *Huainanzi*", *JRAS*, 3rd series, 1.1, 93–103.

—— (1993), ed. *Early Chinese Texts: A Bibliographic Guide*. Berkeley: The Society for the Study of Early China and The Institute of East Asian Studies, University of California, Berkeley [*ECTBG*].

—— (1994a). *Divination, Mythology and Monarchy in Han China*. Cambridge: Cambridge University Press [*DMM*].

—— (1994b). "Wang Mang and his forbears: the making of the myth", *TP* 80.4–5, 197–222.

—— (1997). "Recent archaeological discoveries and the history of the Ch'in and Han periods", in *Integrated Studies of Chinese Archaeology and Historiography*. Symposium Series of the Institute of History and Philology, Academia Sinica, 4. Taipei: Academia Sinica, 605–50.

—— (1999a). "The imperial way of death in Han China", in Joseph P. McDermott, ed., *State and Court Ritual in China*. Cambridge: Cambridge University Press, 103–9.

—— (1999b). "State funerals of the Han empire", *BMFEA* (1999 [2002]), 5–72.

—— (2000). *A Biographical Dictionary of the Qin, Former Han and Xin Periods (221 BC–AD 24)*. Leiden, Boston, Köln: Brill [*BD*].

—— (2002). "Dated inscriptions on certain mirrors (A.D. 6–105): genuine or fabricated?", *EC* 26–7 (2001–2), 233–56.

—— (2004a). *The Men who Governed Han China: Companion to A Biographical Dictionary of the Qin, Former Han and Xin Periods*. Leiden, Boston: Brill [*MG*].

—— (2004b). "Guangzhou: the evidence of the standard histories from the *Shi ji* to the *Chen shu*, a preliminary survey", in Shing Müller et al., eds, *Guangdong: Archaeology and Early Texts/Archäologie und frühe Texte (Zhou–Tang)*, 51–80.

—— (2005). "On the terms *bao zi*, *yin gong*, *yin guan*, *huan*, and *shou*. Was Zhao Gao a eunuch?", *TP* 91, 301–19.

Loewe, Michael and Edward L. Shaughnessy (1999), eds. *The Cambridge History of Ancient China: From the Origins of Civilization to 221 B.C.* Cambridge: Cambridge University Press [*CHOAC*].

Longgang Qin jian 龍崗秦簡 (2001). Ed. Zhongguo Wenwu yanjiusuo and Hubei sheng Wenwu kaogu yanjiusuo. Beijing: Zhonghua shuju.

Lottes, Günther (1991). "China in European political thought, 1750–1850", in Thomas H. C. Lee, ed., *China and Europe: Images and Influences in Sixteenth to Eighteenth Centuries*. Hong Kong: The Chinese University Press, 65–98.

Louis, François (2003). "Written ornament – ornamental writing: birdscript of the early Han dynasty and the art of enchanting", *Ars Orientalis* 33, 10–31.

Lowenthal, David (1985). *The Past is a Foreign Country*. Cambridge: Cambridge University Press.

Lü Pengzhi and Patrick Sigwalt (2005). "Les Textes du Lingbao ancien dans l'histoire du Taoïsme", *TP* 91 (2005), 183–209.

Lu Qinli 逯欽立 (1984), ed. *Xian Qin Han Wei Jin Nanbeichao shi* 先秦漢魏晉南北朝詩. Beijing: Zhonghua shuju.

Lü Simian 呂思勉 (1962). *Qin Han shi* 秦漢史, 2 vols. Hong Kong: Taiping shuju, 1962; rpt. Taipei: Kaiming shudian, 1969.

Lu Xixing 陸錫興 (2002). "'Huang jun faxing' zhu zi ke ming zhuan de tan suo" 黃君法行朱字刻銘磚的探索, *KG* 2002.4, 85–8 (373–6).

Lu Zhaoyin 盧兆蔭 (1998). "Nan Yue wang mu yuqi yu Mancheng Han mu yuqi bijiao yanjiu" 南越王墓玉器與滿城漢墓玉器比較研究, *KGYWW* 1998.1, 43–9.

Lunheng 論衡, see Wang Chong 王充 [*LH*].

Luo Erhu 羅二虎 (1988a). "Sichuan yamu de chubu yanjiu" 四川崖墓的初步研究, *KGXB* 1988.2, 133–67.

—— (1988b). "Santai xian Qijiang yamu chubao" 三台縣郪江崖墓初報, *Sichuan Wenwu* 1988.4, 67–72.

—— (2002). *Handai huaxiang shiguan* 漢代畫像石棺. Chengdu: Ba Shu shu she.

—— (2005). "Lun Zhongguo Xinan diqu zaoqi foxiang" 論中國西南地區早期佛像, *KG* 2005.6, 546–53.

Luo Fuyi 羅福頤 (1973). "Dui Wuwei Han yiyao jian de yidian renshi" 對武威漢醫藥簡的一點認識, *WW* 1973.12, 30–1.

Luo Guowei 羅國威 (2001), ed. *Ricang Hongren ben Wenguan cilin jiaozheng* 日藏弘仁本文館詞林校證. Beijing: Zhonghua shuju.

Luo Zongqiang 羅宗強 (1996). *Wei Jin Nanbei chao wenxue sixiang shi* 魏晉南北朝文學思想史. Beijing: Zhonghua shuju.

Luoyang Han mu bihua* 洛陽漢墓壁畫 (1996). Beijing: Wenwu chubanshe.

Luoyang Shaogou Han mu 洛陽燒溝漢墓 (1959). Ed. Luoyang qu kaogu fajue dui. Beijing: Kexue chubanshe.

"Luoyang Yintun Xin Mang bihua mu" 洛陽尹屯新莽壁畫墓, *2003 Zhongguo zhongyao kaogu faxian*, 2003中國重要考古發現 (2004). Beijing: Wenwu chubanshe, 99–103.

Lüshi chunqiu 呂氏春秋. References are to Chen Qiyou 陈奇猷 (1984). *Lü shi chunqiu jiaoshi* 呂氏春秋校釋. Shanghai: Xuelin.

Lynn, Richard J. (1994). *The Classic of Changes: A New Translation of the I Ching*. New York: Columbia University Press [t e *Classic of Changes*].

Ma Biao 馬彪 (1988). "Handai Ruzong dizhu" 漢代儒宗地主, in *Zhongguo shi yanjiu* 1988.4, 64–74.

Ma Guohan 馬國翰 (1853). *Yuhan shan fang ji yishu* 玉函山房輯佚書. References are to the edition of 1883.

Ma Jianhua 馬建華 (2003). *Hexi jiandu* 河西簡牘. Chongqing: Chongqing chubanshe.

Ma Jigao 馬積高 (1987). *Fu shi* 賦史. Shanghai: Shanghai Guji chubanshe.

—— (2000). *Lidai cifu yanjiu shiliao gaishu* 歷代辭賦研究史料概述. Beijing: Zhonghua shuju.

Ma Jixing 馬繼興 (1964). "Tangren yu hui jiu fatu canjuan kao" 唐人與會灸法圖殘卷考, *WW* 1964.6, 14–23.

—— (1990). *Zhongyi wenxian xue* 中醫文獻學. Shanghai: Kexue jishu chubanshe.

—— (1992). *Mawangdui gu yishu kao shi* 馬王堆古醫書考釋. Changsha: Hunan kexue xueshu chubanshe.

—— (1995), ed. *Shennong ben cao jing ji zhu* 神農本草經輯注. Beijing: Xinhua shuju.

—— (1996). "Shuangbaoshan Han mu chutu de zhenjiu jingmai qi mu renxing" 雙包山漢墓出土的針灸經脈漆木人形, *WW* 1996.4, 55–65.

—— (2002). "Zhongyi gudian wenxian yichan baowu fajue yu jicheng yanjiu de zhongyao jiazhi" 中醫古典文獻遺產寶物發掘與繼承研究的重要价值, in Jiang Runxiang 江潤祥, ed., *Xiandai Zhongyiyao zhi jiaoyu, yanjiu yu fazhan* 現代中醫医药之教育,研究與發展. Shatian: Xianggang Zhongwen daxue chubanshe, 73–87.

Ma Zhenzhi 馬振智 (1989). "Shi lun Qin guo ling qin zhidu de xingcheng fazhan ji qi te dian" 試論秦國陵寢制度的形成發展及其特點, *KGYWW* 1989.5, 110–16.

Maddoli, G. (1988), ed. *Strabone e l'Italia Antica*. Naples: Edizione scientifiche italiane.

Mair, Victor H., Nancy S. Steinhardt and Paul R. Goldin (2005), eds. *Hawai'i Reader in Traditional Chinese Culture*. Honolulu: University of Hawai'i Press.

Major, John (1993). *Heaven and Earth in Early Han Thought: Chapters Three, Four and Five of the* Huainanzi. With an Appendix by Christopher Cullen. SUNY Series in Chinese Philosophy and Culture. Albany: State University of New York Press.

—— (1999). "Characteristics of Late Chu Religion", in John Major and Constance Cook, eds., *Defining Chu: Image and Reality in Ancient China*. Honolulu: University of Hawai'i Press, 121–43.

Makeham, John (2002), see Xu Gan 徐幹.

—— (2003). *Transmitters and Creators: Chinese Commentators and Commentaries on the* Analects. Cambridge, MA: Harvard University Asia Center.

Makino Tatsumi 牧野巽 (1979–85). *Makino Tatsumi chosakushū* 牧野巽著作集, 6 vols. Tokyo: Ochanomizu Shobō.

Mancheng Han mu fajue baogao* 滿城漢墓發掘報告 (1980), 2 vols. Ed. Zhongguo shehui kexueyuan kaogu yanjiusuo and Hebei sheng Wenwu guanlichu. Beijing: Wenwu chubanshe [*Mancheng*].

Mancheng Han mu: Hebei Wenwu jinghua zhi yi 滿城漢墓 河北文物精華之一 (2000). Ed. Hebei sheng wenwu ju. Guangzhou: Lingnan meishu chubanshe.

Manganaro, G. (1974). "Una Biblioteca storica nel ginnasio di Tauromenion e il P.Oxy. 1241", *La Parola del Passato* 29, 389–409.

Mangdang shan xi Han Liang wang mu di* 芒碭山西漢梁王墓地 (2001). Beijing: Wenwu chubanshe [*Mangdang*].

Mansvelt Beck, B. J. (1990). *The Treatises of Later Han: Their Author, Sources, Contents and Place in Chinese Historiography*. Leiden: Brill.

—— (1995). *De Vier Geschriften van de Gele Keizer*. Utrecht and Antwerp: Kosmos.

Martzloff, Jean-Claude (1997). *A History of Chinese Mathematics*. Berlin: Springer.

Maspero, M. Henri (1933). "Le Mot *ming* 明", *Journal asiatique* 223, 249–96.

—— (1981). *Taoism and Chinese Religion*, trans. Frank A. Kierman Jr. Amherst: University of Massachusetts Press.

Masuda Kiyohide 增田清秀 (1975). *Gafu no rekishiteki kenkyū* 樂府の歷史的研究. Tokyo: Sōbunsha.

Mather, Richard (1979). "K'ou Ch'ien-chih and the Taoist theocracy at the Northern Wei court, 425–51", in Holmes Welch and Anna Seidel, *Facets of Taoism: Essays in Chinese Religion*. New Haven and London: Yale University Press, 103–22.

Mathieu, Rémi (2000). *Démons et merveilles dans la littérature des Six Dynasties*. Paris: Editions You-feng.

Matsumoto Masaaki 松本雅明 (1966). *Shunjū sengoku ni okeru Shōjo no tenkai; rekishi ishiki no hatten wo chūshin ni* 春秋戰國におけゐ尚書の展開:歷史意識の發展を中心に. Tokyo: Kazama shobō.

Matsumoto Yukio 松本幸男 (1993). "'Jōrin gafu' no shozaichi ni tsuite"「上林樂府」の所在地について, *Gakurin* 19, 1–24.

Matsunoki Kika 松木きか (1998). "Rekidai shishi shomoku ni okeru isho no hanchū to hyōka" 歷代史志書目における医醫書の範疇と評価, *Nippon-Chūgoku gakkai hō* 日本中國學會報 50, 92–107.

Mauss, see under Durkheim.
Mawangdui Han mu Wenwu* 馬王堆漢墓文物, see Fu Juyou and Chen Songchang.
Mawangdui Han mu yanjiu wenji: 1992 nian Mawangdui Han mu guoji xueshu taolunhui lunwenji 馬王堆漢墓研究文集 – 1992年馬王堆漢墓國際學術討論會論文集 (1994). Changsha: Hunan chubanshe.
Mawangdui Hanmu boshu 馬王堆漢墓帛書 (1980–). Ed. Mawangdui Hanmu boshu zhengli xiaozu 馬王堆漢墓帛書整理小組, 6 vols. Beijing: Wenwu chubanshe [*MWD*].
Mayor, J. E. B. (1892). *Thirteen Satires of Juvenal* I, 2nd edn. London: Macmillan.
McCausland, Shane (2004), ed. *Gu Kaizhi and the Admonitions Scroll*. London: British Museum Press.
McCune, Evelyn (1962). *The Arts of Korea: An Illustrated History*. Rutland, VT, and Tokyo: Charles E. Tuttle.
McNeal, Robin (2000). "Acquiring people: social organization, mobilization, and the discourse on the civil and the martial in ancient China". Ph.D. dissertation, University of Washington.
McRae, John R. (2003). *Seeing through Zen*. Berkeley: University of California Press.
Meng Fanren 孟凡人 (1995). *Loulan Shanshan jiandu niandai xue yanjiu* 樓蘭鄯善簡牘年代學研究. Urumuqi: Xinjiang renmin chubanshe.
Meng Qingli 孟慶利 (2000). "Han mu zhuanhua 'Fu Xi, Nü Wa' kao" 漢墓磚畫<伏羲, 女媧>考, *KG* 2000.4, 369–74.
Mianyang Shuangbaoshan Han mu* 綿陽雙包山漢墓 (2006). Ed. Sichuan sheng bowuguan kaogu yanjiusuo and Mianyang bowuguan. Beijing: Wenwu chubanshe.
Miller, J. Innes (1969). *The Spice Trade of the Roman Empire 29 B.C. to A.D. 641*. Oxford: Clarendon Press.
Minayaev, S. (1985). "On the origin of the Hiung-nu", *Information Bulletin, International Association for the Cultures of Central Asia* 9, 69–78.
Mission archéologique française en Mongolie (2003). *Mongolie – le premier empire des steppes*. Arles: Actes Sud.
Mittag, Achim (2003). "The Qin bamboo annals of Shuihudi: a random note from the perspective of Chinese historiography", *MS* 51, 543–70.
Mixian Dahuting Han mu 密縣打虎亭漢墓 (1993). Ed. Henan sheng Wenwu yanjiusuo. Beijing: Wenwu chubanshe [*Mixian*].
"Mixian Houshiguo Han huaxiang shi mu fajue baogao" 密縣后十郭漢畫像石墓發掘報告 (1987), *Huaxia kaogu* 1987.2, 96–159, 223 [*Houshiguo*].
Miyakawa, Hisayuki 宮川尚志 (1979). "Local cults around Mount Lu at the time of Sun En's rebellion", in Holmes Welch and Anna Seidel, *Facets of Taoism: Essays in Chinese Religion*. New Haven and London: Yale University Press, 83–101.
Miyake, Kiyoshi 宮宅潔 (2004). "Chōkazan Kankan 'Ninen ritsuryō' kaidai" 張家山漢簡 <二年律令>解題, *Tōhō gakuhō* (Kyoto) 76 (2004.3), 209–20.
Möller, Hans-Georg (1995). *Laotse Tao Te King: Nach den Seidentexten aus Mawangdui*. Frankfurt am Main: Fischer.
Montgomery, Scott L. (2000). *Science in Translation: Movements of Knowledge through Cultures and Time.* Chicago and London: Chicago University Press.
Mori Masashi (2007). "Shidanko So hakusho ni okeru gogyō setsu to shūkyō teki shokunōsha" 子彈庫帛書における五行と宗教的職能者, *Shikan* 157, 24–39.
Moriya Mitsuo 守屋美都雄 (1968). *Chūgoku kodai no kazoku to kokka* 中國古代の家族 と國家. Kyoto: Kyoto Daikagu Tōhōshi kenkyūkai.
Morris, Ian (1992). *Death-Ritual and Social Structure in Classical Antiquity*. Cambridge: Cambridge University Press.
Mozi 墨子. References are to Sun Yirang 孫詒讓, *Mozi jiangu* 墨子閒詁 (1895), rpt. *Zhuzi jicheng.* Beijing: Zhongguo shuju.
Mu Kehong 穆克宏 (1985), see *Yutai xinyong jianzhu* 玉臺新詠箋注.
Müller, Shing (2004). "Gräber in Guangdong während der Zhanguo-Zeit", in Shing Müller et al., eds., *Guangdong: Archaeology and Early Texts/Archäologie und frühe Texte (Zhou–Tang)*. Wiesbaden: Harrassowitz Verlag.

Müller, Shing et al. (2004), eds. *Guangdong: Archaeology and Early Texts Archäologie und frühe Texte (Zhou–Tang)*. Wiesbaden: Harrassowitz Verlag.

Murakami Yōko 村上陽子 (2005). "Shutsudo shiryō kara mita Kandai no shoku seikatsu" 出土資料からみた漢代の食生活, *Chūgoku shutsudo shiryō kenkyū* 中國出土資料研究 9, 71–102.

Murowchick, Robert E. (1989). "Ancient bronze metallurgy of Yunnan and its environs: development and implications". Ph.D. dissertation, Harvard University.

—— (2001). "The political and ritual significance of bronze production and use in ancient Yunnan", *JEAA* 3, 1–2, 133–92.

Nagata Hidemasa 永田英正 (1994). *Kandai sekkoku shūsei* 漢代石刻集成, 2 vols. Tokyo: Dōhōsha shuppansha.

Nakamura Chōhachi 中村璋八 and Yasui Kōzan 安居香山 (1972). *Isho shūsei* 緯書集成, 6 vols. Tokyo: Meitoku shuppanshe. (Revised edition of various parts, published subsequently.)

Nakamura Keiji 中村圭爾 and Xin Deyong 辛德勇 (2004), eds. *Zhong Ri gudai chengshi yanjiu* 中日古代城市研究. Beijing: Zhongguo shehui kexue chubanshe.

Nan Yue wang mu yuqi 南越王墓玉器: *Jades from the Tomb of the King of Nanyue* (1991). Guangzhou: The Museum of the Western Han Tomb of the Nanyue King.

Nattier, Jan (1991). *Once Upon a Future Time*. Berkeley: Asian Humanities Press.

Needham, Joseph (1956), with the research assistance of Wang Ling. *Science and Civilisation in China*, Vol. 2: *History of Scientific Thought*. Cambridge: Cambridge University Press [*SCC*].

Needham, Joseph (1959), with the collaboration of Wang Ling. *Science and Civilisation in China*, Vol. 3: *Mathematics and the Sciences of the Heavens and the Earth*. Cambridge: Cambridge University Press [*SCC*].

Needham, Joseph (1962) with the collaboration of Wang Ling, and the special cooperation of Kenneth Girdwood Robinson. *Science and Civilisation in China*, Vol. 4: *Physics and Physical Technology; Part I: Physics*. Cambridge: Cambridge University Press [*SCC*].

Ngo Van Xuyet (1976). *Divination, magie et politique dans la Chine ancienne*. Paris: Presses Universitaires de France.

Nickerson, Peter (2002). "Opening the way: exorcism, travel and soteriology in early Daoist mortuary practice and its antecedents", in Livia Kohn and Harold Roth, eds., *Daoist Identity: History, Lineage, and Ritual*. Honolulu: University of Hawai'i Press, 58–77.

Nielsen, Bent (1995). "The *Qian zuo du* 乾鑿度: a Late Han dynasty (202 BC–AD 220) study of the Book of Changes, *Yi jing* 易經". Ph.D. dissertation, University of Copenhagen.

Nienhauser, William H., Jr (1994), ed. *The Grand Scribe's Records*, Vol. 1: *The Basic Annals of Pre-Han China*, and Vol. 7: *The Memoirs of Pre-Han China*. Bloomington and Indianapolis: Indiana University Press.

Nora, Pierre (1989). "Between memory and history: *Les Lieux de mémoires*", *Représentations* 26, 1–22.

Norman, Jerry (1987). *Chinese*. Cambridge: Cambridge University Press.

Nylan, Michael (1992). *The Shifting Center: The Original "Great Plan" and Later Readings*. Nettetal, Germany: Monumenta Serica.

—— (1993a). *The Canon of Supreme Mystery*. Albany, NY: State University of New York Press.

—— (1993b). "Style, patronage, and Confucian ideals in Han dynasty art: problems in interpretation", *EC* 18, 227–47.

—— (1996a). "Confucian piety and individualism", *Journal of the American Oriental Society* 116 (January–March), 1–27.

—— (1996b). "Han classicists writing in dialogue about their own tradition", *Philosophy East and West* 47.2, 133–88.

—— (1999a). "Calligraphy, the sacred text and test of culture", in Cary Y. Liu, Dora C.Y. Ching and Judith G. Smith, eds., *Character and Context in Chinese Calligraphy*. Princeton: The Art Museum, Princeton University, 16–77.

—— (1999b). "Sima Qian: a true historian?", *EC* 23–24 (1998–9), 203–46.

—— (2000a). "Textual authority in pre-Han and Han", *EC* 25, 205–58.

—— (2000b). "Golden spindles and axes: elite women in the Achaemenid and Han empires", in Li Chenyang, ed., *The Sage and the Second Sex: Essays on Classicism, Confucian Learning, and Feminism*. La Salle, IL: Open Court Press, 199–222.

—— (2001a). *The Five "Confucian" Classics*. New Haven and London: Yale University Press.

—— (2001b). "Boundaries of the body and body politic in early Confucian thought", in Sohail Hashmi, ed., *Boundaries and Justice*. Carnegie Council and Ethikon Institute Series. Princeton: Princeton University Press, 112–35.

—— (2001c). "The legacies of the Chengdu Plain", in Robert Bagley, ed., *Ancient Sichuan: Treasures from a Lost Civilization*. Seattle and Princeton: Seattle Art Museum and Princeton University Press, 309–25.

—— (2001d). "The politics of pleasure", *AM* 14.1, 73–124.

—— (2005). "Toward an archaeology of writing, ritual, and public display in the classical era (475 B.C.E.–220 C.E.)", in Martin Kern, ed., *Text and Ritual in Early China*. Seattle: University of Washington Press, 3–49 [Archaeology of Writing].

—— (2006a). "Ordinary mysteries: interpreting the archaeological record of Han Sichuan", *JEAA* 5.14, 375–401.

—— (2006b). "Notes on a case of illicit sex from Zhangjiashan: a translation and commentary," *EC* 30.

—— (2008a). "Classics without canonization: reflections on classical learning and authority in Qin and Han (20 BC–AD 220)", in John Lagerwey and Marc Kalinowski, eds., *A History of Chinese Religion, Part One, Shang through Han (1250 BC–AD 220)*. Leiden: Brill, 721–77.

—— (2008c). "'Empire' in the classical era in China (323 BC–AD 316)", in *Conceiving the Empire: China and Rome Compared*, ed. Fritz-Heiner Mutschler and Achim Mittag (Oxford: Oxford University Press, 2008), 34–64.

—— (2008d). "Beliefs about seeing: optics and theories of misperception in early China" *Asia Major* 21.1, 89–132.

—— (forthcoming). "Wandering in the land of ruins: the *Shuijing zhu* 水經注 (Water Classic Commentary) revisited", in Alan K. C. Chan, ed., *Interpretation, Literature, and the World of Thought in Early Medieval China*. Albany: State University of New York Press.

Nylan, Michael and Harrison Huang (2007). "Mencius on pleasure", in Marthe Chandler and Ronnie Littlejohn, eds., *Polishing the Chinese Mirror: Essays in Honor of Henry Rosemont*. La Salle, IL: Association of Chinese Philosophers of America and Open Court, 1–26.

Ōba Osamu 大庭脩 (1975). "Kandai no kesshihitsu: Gyokujō jū kan hairetsu ni ichian" 漢代の決事比 – 玉杖十簡配列の一案, *Kandai daigaku bungaku ronshū* 25.1–4, 271–87.

—— (1990). *Dai Ei toshokan zō Tonkō Kankan* 大英圖書館藏敦煌漢簡. Kyoto: Dōhō.

—— (2001). "The ordinances on fords and passes excavated from Han Tomb Number 247, Zhangjiashan", *AM* 14.2, 119–41.

Ochi Shigeaki 越智重明 (1979). "Kan Rokuchō no kasan bunkatsu to nijū kasan" 漢六朝の家產分割と二重家產, *Tōyō gakuhō* 61.1–2, 1–34.

Ōfuchi Ninji 大淵忍尔 (1991). *Shoki no Dōkyō: Dōkyō shi no kenkyū sono ichi* 初期の道教:道教史の研究其の一. Tokyo: Sōbunsha.

Ogilvie, R. M. (1965). *Commentary on Livy Books 1–5*. Oxford: Oxford University Press.

Okazaki Fumio 岡崎文夫(1989). *Gi Shin Nanbokuchō tsūshi, naihen* 魏晋南北朝通史,內篇. Tokyo: Heibonsha.

Ord, Edmund Burke Holladay (1967). "State sacrifices in the Former Han dynasty according to the official histories." Ph.D. dissertation, University of California at Berkeley.

Osborne, Robin (2004). "Greek archaeology: a survey of recent work", *American Journal of Archaeology* 108, 87–102.

Ouyang Xun 歐陽詢 et al. (557–641). *Yiwen leiju* 藝文類聚. References are to Shanghai: Shanghai Guji chubanshe, 1965.

Owen, Stephen (1992). *Readings in Chinese Literary Thought*. Cambridge, MA: Harvard University Press.

—— (2006). *The Making of Early Chinese Classical Poetry*. Cambridge, MA: Harvard University Asia Center.
Palumbo, Antonello (2003). "Dharmaraksa and Kanthaka", in Giovanni Veraradi and Silvio Vita, eds., *Buddhist Asia*, Vol. 1. Kyoto: Italian School of East Asian Studies, 167–216.
Pan Jixing 潘吉星 (1998). *Zhongguo kexue jishu shi: Zaozhi he yinshua juan* 中國科學技術史造紙和印刷卷. Beijing: Kexue chubanshe.
Pang Pu 龐樸 (1980). *Boshu wuxing yanjiu* 帛書五行研究. Jinan: Qi Lu shushe.
Parker, Bradley J. (2001). *The Mechanics of Empire: The Northern Frontier of Assyria as a Case Study in Imperial Dynamics*. Helsinki: Neo-Assyrian Text Corpus Project.
Pearce, Scott (2003). "A response to Valentin Golovachev's 'Matricide during the Northern Wei'", *Early Medieval China* 9, 139–44.
Peerenboom, R. P. (1993). *Law and Morality in Ancient China: The Silk Manuscripts of Huang-Lao*. Albany: State University of New York Press.
Peng Duo 彭鐸 (1979). *Qianfu lun jian* 潛夫論箋. Beijing: Zhonghua shuju [*QFL*].
Peng Hao 彭浩 (1993). "Tan 'Zouyanshu' zhong de Xi Han anli" 談"奏讞書"中的西漢案例, *WW* 1993.8, 32–6.
—— (1995). "Tan 'Zouyanshu' zhong Qindai he Dong Zhou shiqi de anli" 談<奏讞書>中秦代和東周時期的案例, *WW* 1995.3, 43–7.
—— (2001). *Zhangjiashan Han jian "Suanshu shu" zhushi* 張家山漢簡<算數書>註釋. Beijing: Kexue chubanshe.
—— (2002). "Du Zhangjiashan Han jian 'Xing shu lü'" 讀張家山漢簡<行書律>, *WW* 2002.9, 54–9.
Peng Jinhua 彭錦華 and Liu Guosheng 劉國勝 (2001). "Shashi Zhoujiatai Qin mu chutu xiantu chutan" 沙市周家台秦墓出土線圖初探, *Jianbo yanjiu* 2001, 241–50.
Peters, Heather A. (2001). "Ethnicity along China's southwestern frontier", *JEAA* 3.1–2, 75–102.
Petersen, Jens Ostergard (1995). "Which books did the First Emperor of Ch'in burn? On the meaning of 'Pai chia' in early Chinese sources", *MS* 43, 1–52.
Peterson, Willard J. (1982). "Making connections: 'Commentary on the attached verbalisations' of the Book of Changes", *HJAS* 42, 67–116.
—— (1994). "Ssu-ma Ch'ien as cultural historian", in Willard J. Peterson et al., eds., *The Power of Culture: Studies in Chinese Cultural History*. Hong Kong: Chinese University Press, 70–9.
Peyraube, Alain and Sun Chaofen (1999), eds. *Studies on Chinese Historical Syntax and Morphology: Linguistic Essays in Honor of Mei Tsu-lin*. Paris: Centre de recherches linguistiques sur l'Asie orientale.
Pian Yuqian 駢宇騫 and Duan Shuan 段書安 (2006). *Ershi shiji chutu jianbo zongshu*. 二十世紀出土簡帛綜述. Beijing:Wenwu chubanshe.
Pian Yuqian, see P'ien Yü-ch'ien 駢宇騫.
P'ien Yü-ch'ien 駢宇騫 (2000). *Yinqueshan zhujian "Yanzi chunqiu" jiaoshi* 銀雀山竹簡<晏子春秋>校釋. Taipei: Wanjuanlou.
P'ien Yü-ch'ien 駢宇騫 and Tuan Shu-an 段書安 (1999). *Ben shiji yilai chutu jianbo gai shu* 本世紀以來出土簡帛概述. Taipei: Wanjuanlou.
Pines, Yuri (2003). "History as a guide to the netherworld: rethinking the *Chunqiu shiyu*", *Journal of Chinese Religions* 31, 101–26.
Pirazzoli-t'Serstevens, Michèle (1979). "The bronze drums of Shizhai shan, their social and ritual significance", in R. B. Smith and W. Watson, eds., *Early South East Asia: Essays in Archaeology, History, and Historical Geography*. Oxford: Oxford University Press, 125–36.
—— (1982). *The Han Dynasty*, trans. Janet Seligman. New York: Rizzoli International Publications, Inc.
—— (1991a). "Workshops, patronage and princely collections during the Han period", in *Proceedings of the International Colloquium on Chinese Art History, Taipei*, Part 2. Taipei: National Palace Museum, 417–29.

—— (1991b). "The art of dining in the Han period: food vessels from Tomb No. 1 at Mawangdui", *Food and Foodways* 4.3–4, 209–19.

—— (1992). "Cowry and Chinese copper cash as prestige goods in Dian", in Ian Glover, ed., *Southeast Asian Archaeology 1990: Proceedings of the Third Conference of the European Association of Southeast Asian Archaeologists*. Hull, England: Centre for South-East Asian Studies, University of Hull, 45–52.

—— (1994). "Pour une archéologie des échanges. Apports étrangers en Chine – transmission, réception, assimilation", *Arts Asiatiques* 49, 21–33.

—— (1996). "I Qin e gli Han", in M. Pirazzoli-t'Serstevens (a cura di), *La Cina*, 2 vols. Turin: UTET, Vol. 1, 166–251.

—— (1996–97). "A reassessment of the dating of two important cemeteries of the Tien culture", in F. D. Bulbeck, ed., *Ancient Chinese and Southeast Asian Bronze Age Cultures*, 2 vols. Taipei: SMC Publishing Inc., Vol. 1, 273–88.

—— (2001). "Sichuan in the Warring States and Han periods", in Robert Bagley, ed., *Ancient Sichuan: Treasures from a Lost Civilization*. Seattle and Princeton: Seattle Art Museum and Princeton University Press, 39–57.

—— (2002). "La Musique des banquets en Chine au deuxième siècle de notre ère", in *Archéologie et musique*. Paris: Musée de la musique, 135–41.

—— (2008). "Inner Asia and Han China: borrowings and representations", in Thomas Lawton, ed., *New Frontiers in Global Archaeology: Defining China's Ancient Traditions*, Arthur M. Sackler Foundation for the Arts, Sciences and Humanities, Tokyo: Toppan, 435–53.

Pokora, Timoteus (1975). *Hsin-lun (New Treatise) and Other Writings by Huan T'an (43 B.C.–28 A.D.): An Annotated Translation with Index*. Ann Arbor: Center for Chinese Studies, The University of Michigan.

Pomeroy, Sarah B. (1997). *Families in Classical and Hellenistic Greece: Representations and Realities*. Oxford: Oxford University Press.

Poo Mu-chou (1993). "Popular religion in pre-imperial China: observations on the almanacs from Shui-hu-ti", *TP* 79, 225–48.

—— (1998). *In Search of Personal Welfare: A View of Ancient Chinese Religion*. Albany: State University of New York Press.

Powers, Martin J. (1991). *Art and Political Expression in Early China*. New Haven and London: Yale University Press.

Prüch, Margarete and Stephan von der Schulenburg (1998). *Schätze für König Zhao Mo: das Grab von Nan Yue*. Umschau: Braus Verlag, Heidelberg.

Psarras, Sophia-Karen (2000). "Rethinking the non-Chinese southwest", *Artibus Asiae* 60.1, 5–58.

—— (2003). "Han and Xiongnu: a reexamination of cultural and political relations", *MS* 51.1, 55–236.

Puett, Michael J. (2001). *The Ambivalence of Creation: Debates Concerning Innovation and Artifice in Early China*. Stanford, CA: Stanford University Press.

Pulleyblank, E. G. (1962). "The consonantal system of Old Chinese, Part II", *Asia Major* 9, 206–65.

Pulleyblank, Edwin G. (1995). "Why Tocharians?", *Journal of Indo-European Studies* 23.3–4, 415–30.

—— (1999). "The Roman Empire as known to Han China", *JAOS* 119, 71–9.

Qi lu 七錄, see Ruan Xiaoxu 阮孝緒.

Qi Lu Wenhua – dongfang sixiang de yaolan 齊魯文化:東方思想的搖籃 (1996). Ed. Liu Zhenqing 劉振清. Hong Kong: The Commercial Press.

Qian Guoxiang 錢國祥 (2003). "You Changhemen tan Han Wei Luoyang cheng gongcheng xingzhi" 由閶闔門談漢魏洛陽城宮城形制, *KG* 2003.7, 629–39.

Qian Han ji 前漢紀, see Xun Yue 荀悅.

Qianfu lun 潛夫論, see Wang Fu 王符 [*QFL*].

"Qijiang shike caihui bihua yamu" 綦江石刻彩繪壁畫崖墓 (2003). In *2002 Zhongguo zhongyao kaogu faxian* 2002中國重要考古發現. Beijing: Wenwu chubanshe, 87–92.
Qin ding shu jing tu shuo 欽定書經圖說 (1905).
Qin Han jiandu lunwenji 秦漢簡牘論文集 (1989). Ed. Gansu sheng wenwu kaogu yanjiusuo. Lanzhou: Gansu renmin chubanshe.
Qin Shi Huangdi lingyuan kaogu baogao 1999 秦始皇帝陵園考古報告1999 (2000). Ed. Shaanxi sheng kaogu yanjiusuo and Qin Shihuang binmayong bowuguan. Beijing: Kexue chubanshe.
"Qin Shihuang lingyuan kaogu xin faxian"* 秦始皇陵園考古新發現 (2001). In *1999 Zhongguo zhongyao kaogu faxian* 1999中國重要考古發現. Beijing: Wenwu chubanshe, 67–74.
Qing Xitai 卿希泰 (1988). *Zhongguo Daojiaoshi* 中國道教史. Chengdu: Sichuan renmin chubanshe.
Qiu Donglian 邱東聯 (1996). "Changsha Xi Han 'Yu Yang' wanghou mu 'ouren' ji xiangguan wenti" 長沙西漢'漁陽'王后墓'偶人'及相關問題, in *Hunan Sheng bowuguan sishi zhou nian jinian lunwenji* 湖南省博物館四十周年紀念論文集. Changsha: Hunan jiaoyu chubanshe, 152–5.
Qiu Donglian 邱東聯 (1999). "Changsha Wu jian yu Lü Yi shijian" 長沙吳簡與呂壹事件, *Zhongguo Wenwubao* 28 December 3.
Qiu Xigui 裘錫圭 (1974). "Hubei Jiangling Fenghuang shan shi hao Han mu chutu jiandu kaoshi" 湖北江陵鳳凰山十號漢墓出土簡牘考釋, *WW* 1974.7, 49–63.
Qiu Yongsheng 邱永生 (1993). "Xuzhou jinnian zhengji de Han huaxiang shi jicui" 徐州近年徵集的漢畫像石集粹, *Zhongyuan Wenwu* 1993.1, 64–70.
Qu Wanli, see Ch'ü Wan-li 屈萬里.
Qu Yingjie 曲英杰 (2003). *Gudai chengshi* 古代城市. Beijing: Wenwu chubanshe.
Quan Hou Han wen 全後漢文, see Yan Kejun 嚴可均.
Quan Sanguo wen 全三國文, see Yan Kejun 嚴可均.
Queen, Sarah A. (1996). *From Chronicle to Canon: The Hermeneutics of the Spring and Autumn, According to Tung Chung-shu*. Cambridge: Cambridge University Press.
Qutan Xida 瞿曇悉達 (Gautama Siddhārtha). *Tang Kaiyuan zhan jing* 唐開元占經 (dated before 729 CE); text in *Siku quanshu zhenben* (collection 4); punctuated edition, in abbreviated characters, entitled *Kaiyuan zhan jing*. Changsha: Yuelu shu chubanshe, 1994.
Rakurō saikyō tsuka, the Tomb of painted basket of Lo-lang* (1934). Keijo (Seoul): Chōsen-koseki-kenkyū-kwai.
Ramsey, J. T. and L. Licht (1997). *The Comet of 44 B.C. and Caesar's Funeral Games*. Atlanta, GA: Scholar's Press.
Rao Zongyi 饒宗頤 (1991). *Laozi Xiang'er zhu jiaozheng* 老子想爾注校證. Originally published Hong Kong: Tong nam, 1956; expanded version Shanghai: Shanghai guji chubanshe 1991.
Raphals, Lisa (1998a). *Sharing the Light: Representations of Women and Virtue in Early China*. Albany: State University of New York Press.
—— (1998b). "The treatment of women in a second-century medical casebook", *Chinese Science* 15, 7–28.
Rawson, Jessica (1973). "A group of Han dynasty bronzes with chased decoration and some related ceramics", *Oriental Art* 19 (Winter), 405–20.
—— (1989). "Chu influences on the development of Han bronze vessels", *Art Asiatiques* 44, 84–99.
—— (1999). "The eternal palaces of the Western Han: a new view of the universe", *Artibus Asiae* 59,1–2, 5–58.
—— (2000). "Cosmological systems as sources of art, ornament and design", *BMFEA* 72, 133–89.
—— (2002a). "The power of images: the model universe of the First Emperor and its legacy", *Historical Research* 75/188, 123–54.
—— (2002b). "Ritual vessel changes in the Warring States, Qin and Han periods", in Hsing I-tien, ed., *Papers from the Third International Conference on Sinology, History Section: Regional Culture, Religion, and Arts before the Seventh Century*. Taipei: Institute of History and Philology, Academia Sinica, 1–57.

Rhee, Song-nai, C. Melvin Aikens, Sung-rak Choi and Hyuk-Jin Ro (2000). "Korean contributions to agriculture, technology, and state formation in Japan: archaeology and history of an epochal thousand years, 400 B.C.–A.D. 600", *Asian Perspectives* 46.2, 404–59.

Rhie, Marylin Martin (1999). *Early Buddhist Art of China and Central Asia*, Vol. 1: *Later Han, Three Kingdoms and Western Chin in China and Bactria to Shan-shan in Central Asia*. Leiden: Brill, 64–7.

Richardson, L., Jr (1992). *New Topographical Dictionary of Ancient Rome*. Baltimore: Johns Hopkins University Press.

Richter, Matthias (2005). "Towards a profile of graphic variation: on the distribution of graphic variants within the Mawangdui *Laozi* manuscripts", *Asiatische Studien/Études Asiatiques* 59.1, 169–207.

Rickett, W. Allyn (1993). "Kuan Tzu", in *ECTBG*, 244–51.

—— (1998). *Guanzi: Political, Economic, and Philosophical Essays from Early China*, Vol. 2. Princeton, NJ: Princeton University Press.

Rode, Penny M. (1999). "The social position of Dian women in southwest China: evidence from art and archaeology". Ph.D. dissertation, University of Pittsburgh.

—— (2004). "Textile production and female status in Bronze Age Yunnan", in Katheryn M. Linduff and Yan Sun, eds., *Gender and Chinese Archaeology*. Walnut Creek, CA: AltaMira Press, 315–38.

Rong Xinjiang 榮新江 (2004). "Land or sea route? Commentary on the study of the paths of transmission and areas in which Buddhism was disseminated during the Han period", *Sino-Platonic Papers* 144 (see also *Beida shixue* 2003.9, 320–42).

Rosemont, Henry, Jr (1984). *Explorations in Early Chinese Cosmology*. Chico, CA: Scholars Press.

Rosen, Arlene, Claudia Chang and Fedor Grigoriev (2000). "Paleoenvironments and economy of Iron Age Saka-Wusun agro-pastoralists in southeastern Kazakhstan", *Antiquity* 74, 611–23.

Roth, Harold D. (1999). *Original Tao: Inward Training and the Foundations of Taoist Mysticism*. New York: Columbia University Press.

Rouzer, Paul (2001). *Articulated Ladies: Gender and the Male Community in Early Chinese Texts*. Cambridge, MA: Harvard University Press.

Ruan Xiaoxu 阮孝緒 (479–536). *Qi lu* 七錄. For fragments, see *Guang Hong mingji* 廣弘明集 ("Guizheng pian"), in *Zhuanshi zangshu* 傳世藏書 (Hainan guoji xinwen chuban zhongxin, 1996).

Ruan Yuan 阮元 (1815). *Shisan jing zhushu* 十三經注疏 [*SSJZS*].

Ryden, Edmund (1997). *The Yellow Emperor's Four Canons: A Literary Study and Edition of the Text from Mawangdui*. Taipei: Ricci Institute.

Sabban, Françoise (2000). "Quand la forme transcende l'objet. Histoire des pâtes alimentaires en Chine (IIIe siècle av. J.-C.–IIIe siècle apr. J.-C.)", *Annales*, juillet-août 2000.4, 791–824.

Sahara Yasuo 佐原康夫 (1991). "Kan Chōanjō Miōkyū sangō kenchiku ishi ni tsuite" 漢長安城未央宮三號建築遺址について, *Shirin* 74.1, 102–17.

Sailey, Jay (1978). *The Master Who Embraces Simplicity: A Study of the Philosopher Ko Hung, A.D. 283–343*. San Francisco: Chinese Materials Center.

Salmony, Alfred (1954). *Antler and Tongue: An Essay on Ancient Chinese Symbolism and Its Implications*. Ascona, Switzerland: Artibus Asiae.

San guo zhi 三國志, see Chen Shou 陳壽.

Santai Qijiang yamu 三台郪江崖墓 (2007). Ed. Sichuan sheng wenwu kaogu yanjiuyuan, Mianyang shi bowuguan and Santai xian wenwu guanli suo. Beijing: Wenwu chubanshe.

Saussy, Haun (2000). "Correlative cosmology and its histories", *BMFEA* 72, 13–28.

Schaab-Hanke, D. (2002). "The power of an alleged tradition: a prophesy flattering Han emperor Wu and its relation to the Sima clan", *BMFEA* 74, 243–90.

Schaberg, David (1999). "Song and the historical imagination in early China", *HJAS* 59.2, 305–61.

—— (2001). *A Patterned Past: Form and Thought in Early Chinese Historiography*. Cambridge, MA: Harvard University Asia Center, 2001.

Schattner, Thomas G. (1990). *Griechische Hausmodelle: Untersuchen zur frühgriechischen Architektur*. Mitteilungen des Deutschen Archäologischen Instituts, Athenische Abteilungen, 15 Beiheft. Berlin: Gebr. Mann Verlag.

Schipper, Kristopher and Franciscus Verellen (2005). *The Taoist Canon: A Historical Companion to the Daozang*. Chicago: Chicago University Press.

Schnapp, Alain (1988). "Why did the Greeks need images?", in J. Christiansen and T. Melander, eds., *Ancient Greek and Related Pottery*, Vol. 3. Copenhagen: Nationalmuseet, Ny Carlsberg Glyptothek and Thorvaldsens Museum, 568–74.

Schwartz, Benjamin (1985). *The World of Thought in Ancient China*. Cambridge, MA: Belknap Press of the Harvard University Press.

Seidel, Anna (1969). *La Divinisation de Lao Tseu dans le Taoïsme des Han*. Paris: École Française d'Extrême-Orient [*Divinisation de Lao Tseu*].

—— (1983). "Imperial treasures and Taoist sacraments: Taoist roots in the apocrypha", in M. Strickmann, ed., *Tantric and Taoist Studies in Honour of R. A. Stein*, Vol. 2. Bruxelles: Institut Belge des Hautes Études Chinoises, 91–371.

—— (1985). "Geleitbrief an die Unterwelt: Jenseitsvorstellungen in den Graburkunden der späteren Han-Zeit", in Gert Naundorf et al., eds., *Religion und Philosophie in Ostasien: Festschrift für Hans Steininger zum 65. Geburtstag*. Würzburg: Königshausen Neumann, 163–83.

—— (1987). "Traces of Han religion in funeral texts found in tombs", in Akizuki Kan'ei 秋月観暎, ed., *Dōkyō to shūkyō bunka* 道教と宗教文化. Tokyo: Hirakawa shuppansha.

—— (1990). "Chronicle of Taoist studies in the West", *Cahiers d'Extrême-Asie* 5, 223–347.

Sekino Tadashi 關野貞 (1916). *Shina Santō shō ni okeru Kandai funbo no hyōshoku* 支那山東省に於ける漢代墳墓の表飾. Tokyo: Imperial University of Tokyo.

Shaanxi chutu Shang Zhou qingtongqi 陝西出土商周青銅器, 4 vols. 1979–84. Ed. Shaanxi sheng kaogu yanjiusuo et al. Beijing: Wenwu chubanshe.

"Shaanxi Dingbian Haotan Dong Han bihua mu" 陝西定邊郝灘東漢壁畫墓 (2004). In *2003 Zhongguo zhongyao kaogu faxian* 2003中國重要考古發現. Beijing: Wenwu chubanshe, 104–8.

Shaanxi Shenmu Dabaodang Han caihui hua xiangshi 陝西神木大保當漢彩繪畫像石 (2000). Ed. Shaanxi sheng kaogu yanjiusuo. Chongqing: Chongqing chubanshe.

"Shandong Rizhao Haiqu Handai mudi" 山東日照海曲漢代墓地 (2003). In *2002 Zhongguo zhongyao kaogu faxian* 2002中國重要考古發現. Beijing: Wenwu chubanshe, 75–80.

Shang Binghe 尚秉和, Xiao Ai 蕭艾 et al. (1991). *Lidai shehui fengsu shiwu kao* 歷代社會風俗事物考. Changsha: Yuelu shushe chubanshe.

Shang jun shu 商君書 see Shang Yang 商鞅.

Shang shu da zhuan 尚書大傳 see Fu Sheng 伏生.

Shang Yang 商鞅 (ca 385–338 BCE). *Shang jun shu* 商君書. References are to Zhu Shiche 朱師轍, *Shang jun shu jiegu dingben* 商君書解詁定本. Beijing: Guji chubanshe, 1956.

Shangsun jiazhai Han Jin mu* 上孫家寨漢晉墓 (1993). Ed. Qinghai sheng wenwu kaogu yanjiusuo. Beijing: Wenwu chubanshe.

Shanhai jing 山海經 (compiled variously Eastern Zhou to Han). References are to Yuan Ke 袁珂, *Shanhai jing jiaozhu* 山海經校注. Shanghai: Guji chubanshe, 1980.

Shaughnessy, Edward L. (1991). *Sources of Western Zhou History: Inscribed Bronze Vessels*. Berkeley: University of California Press.

—— (1996). *I Ching: The Classic of Changes: Translated with an Introduction and Commentary*. New York: Ballantine Books.

—— (2001). "The Fuyang *Zhouyi* and the Making of a Divination Manual", *Asia Major*, 3rd series, 14.1, 7–18.

—— (2002). "The Wangjiatai *Gui Cang*: an alternative to *Yijing* divination", in Alfredo Cadonna and Esther Bianchi, eds., *Facets of Tibetan Religious Tradition: And Contacts with Neighbouring Cultural Areas*. Firenze: Leo S. Olschki Editore, 95–126.

Shelach, Gideon (1994). "Social complexity in north China during the Early Bronze Age: a comparative study of the Erlitou and Lower Xiajiadian Cultures", *Asian Perspectives* 33.2, 261–92.
Shen, Kangshen, J. N. Crossley and Anthony W. C. Lun (1999). *The Nine Chapters on the Mathematical Art: Companion and Commentary*. Oxford: Oxford University Press and Beijing: Science Press.
Shen Songjin 沈頌金 (2003). *Ershi shiji jianbo xue yanjiu* 二十世纪简帛学研究. Beijing: Xueyuan chubanshe.
Shen Tianying 沈天鷹 (2005). "Luoyang chutu yipi Han dai bihua kongxinzhuan" 洛陽出土一批漢代壁畫空心磚, *WW* 2005.3, 76–80.
Shen Yue 沈約 (441–513). *Song shu* 宋書. References are to the punctuated edition, Beijing: Zhonghua shuju, 1974.
Shen Zhongzhang 沈仲章 et al. (1986). "Qiangjiu Juyan Hanjian lixianji" 搶救居延漢簡歷險記, *Wenwu tiandi* 1986.4, 33–7.
Shenmu Dabaodang: Han dai chengzhi yu muzang kaogu baogao* 神木大保當: 漢代城址與墓葬考古報告 (2001). Ed. Shaanxi sheng kaogu yanjiusuo and Yulin shi wenwu guanli weiyuanhui. Beijing: Kexue chubanshe.
Shennong ben cao jing 神農本草經, see Tao Hongjing 陶弘景.
Shi ben 世本. References are to the collected fragments in *Qin Jiamo ji bu ben* 秦嘉謨輯補本; *Shi ben ba zhong* 世本八種. Shanghai: Shangwu yinshu guan, 1957.
Shi Rongchuan 石榮傳 (2003). "Liang Han zhuhou wang mu chutu zangyu ji zangyu zhidu chutan" 兩漢諸侯王墓出土葬玉及葬玉制度初探, *Zhongyuan Wenwu* 中原文物 2003.5, 62–72.
Shi Shuqing 史樹青 (1962). "Gudai keji shiwu si kao" 古代科技事物四考, *WW* 1962.3, 47–8.
Shi Zhecun 施蟄存 (1987). *Shuijing zhu bei lu* 水經注碑錄. Tianjin: Tianjin, Guji chubanshe.
Shiji 史記, see Sima Qian 司馬遷 [*SJ*].
Shisan jing zhushu 十三經注疏, see Ruan Yuan 阮元.
Shishuo xinyu 世說新語, see Liu Yiqing 劉義慶.
Shouxian Cai hou mu chutu yiwu 壽縣蔡侯墓出土遺物 (1956). Ed. Anhui sheng wenwu guanli weiyuanhui. Beijing: Kexue chubanshe.
Shuihudi Qin mu zhu jian 睡虎地秦墓竹簡 (1990). Ed. Shuihudi Qin mu zhu jian zhengli xiaozu. Beijing: Wenwu chubanshe, 1990; rpt. 2001 [*SHD*].
Shuijing zhu 水經注, see Li Daoyuan 酈道元.
Shuo [or *shui*] *yuan* 說苑, see Liu Xiang 劉向.
Shuowen jiezi 說文解字, see Xu Shen 許慎.
Shute, Richard (1988). *On the History of the Process by Which the Aristotelian Writings Arrived at Their Present Form*. Oxford: Clarendon Press.
Sichuan Han dai huaxiang tuopian 四川漢代畫像拓篇 (1961). Shanghai: Shanghai renmin chubanshe.
Siku quanshu zongmu tiyao 四庫全書總目提要 (1782). References are to the reprint, Shanghai: Shangwu yinshuguan, 1933.
Sima Guang 司馬光 (1019–86). *Zizhi tongjian* 資治通鑑. References are to *Xin jiao Zizhi tongjian zhu* 新校資治通鑑注. Beijing: Guji chubanshe, 1956.
Sima Qian 司馬遷 (?145–?86 BCE) and others. *Shiji* 史記. References are to the punctuated edition, Beijing: Zhonghua shuju, 1959 [*SJ*].
Sivin, Nathan (1969). "Cosmos and computation in early Chinese mathematical astronomy", *TP* 55, 1–73.
—— (1978). "On the word 'Taoist' as a source of perplexity: with special reference to the relations of science and religion in traditional China", *History of Religions* 17, 303–30.
—— (1987). *Traditional Medicine in Contemporary China*. Ann Arbor: Center for Chinese Studies, The University of Michigan.
—— (1993). "Huang ti nei ching", in *ECTBG*, 196–215.
—— (1995a). "State, cosmos, and body in the last three centuries BC", *HJAS* 55, 5–37.

—— (1995b). "Text and experience in classical Chinese medicine", in Don G. Bates, ed., *Knowledge and the Scholarly Medical Traditions*. Cambridge: Cambridge University Press, 177–204.

—— (1995c). *Medicine, Philosophy and Religion in Ancient China: Researches and Reflections*. Aldershot: Variorum.

—— (1995d). "On the limits of empirical knowledge in Chinese and Western science", in *Medicine, Philosophy and Religion in Ancient China: Researches and Reflections*. Aldershot: Variorum.

—— (2005). "Calendar reform and occupation politics", *Ziran kexue shi yanjiu* 自然科學史研究 24, special supplement 60, International Congress of the History of Science, 58–67.

Snodgrass, Anthony M. (1998). *Homer and the Artist: text and picture in early Greek art*. Cambridge: Cambridge University Press.

So, Jenny F. (1999). "Chu art: link between the old and new", in Constance A. Cook and John S. Major, eds., *Defining Chu: Image and Reality in Ancient China*. Honolulu: University of Hawai'i Press, 33–46.

Sommarström, Bo (1956–8). *Archaeological Researches in the Edsen-Gol Region, Inner Mongolia*, 2 vols. Stockholm: Statens Etnografiska Museum.

Sommer, Matthew H. (2000). *Sex, Law, and Society in Late Imperial China*. Stanford CA: Stanford University Press.

Song Shaohua 宋少華 (1985). "Lüelun Changsha Xiangbizui yi hao Han mu Doubishan Cao Zhuan mu de niandai" 略論長沙象鼻嘴一號漢墓陡壁山曹㜏墓的年代, *KG* 1985.11, 1015–24.

—— (2002). "San ci bei dao, you you jingren faxian de wanghou mu – Changsha Yu Yang mu de faxian yu fajue" 三次被盜，猶有驚人發現的王后墓－長沙漁陽墓的發現與發掘, in *Zui xin Zhongguo kaogu da faxian – Zhongguo zuijin 20 nian 32 ci Kaogu xin faxian* 最新中國考古大發現中國最近20年32次考古新發現. Jinan: Shandong huabao chubanshe, 120–4.

Song shu 宋書, see Shen Yue 沈約.

Song Yanping 宋艷萍 (2004). "Kongzi zhi wen shuo yu Handai wenjia tezhi" 孔子質文說與漢代文家特質, in *Gushi wencun* 古史文存, *Qin Han Wei Jin Nanbei chao juan*. Beijing: Zhongguo shehui kexue yuan, lishi yanjiu suo, 215–29.

Songben Liu chen zhu Wen xuan 宋本六臣註文選. 13th century; *SBCK* edition.

Spiro, Audrey (1990). *Contemplating the Ancients: Aesthetic and Social Issues in Early Chinese Portraiture*. Berkeley: University of California Press.

Stager, Lawrence (1996). "Ashkelon and the archaeology of destruction", *Eretz Israel* 25, 61–74.

Standaert, Nicolas (1999). "The Jesuits did not manufacture Confucianism", *East Asian Science, Technology, and Medicine* 16, 115–32.

Steinby, E.M. (1993–2000), ed. *Lexicon Topographicum Urbis Romae*, 6 vols. Rome: Quasar.

Steinhardt, Nancy Shatzman (1990). *Chinese Imperial City Planning*. Honolulu: University of Hawai'i Press.

Sterckx, Roel (1996). "An ancient Chinese horse ritual", *EC* 21, 47–79.

—— (2002). *The Animal and the Daemon in Early China*. Albany: State University of New York Press.

Su Bai 宿白 (1989), ed. *Huihua bian 12*: *Mu shi bihua*. 繪畫編12：墓室壁畫, in *Zhongguo meishu quanji* 中國美術全集. Beijing: Xinhua shuju.

—— (1999). *Zhonghua renmin gongheguo zhongda kaogu faxian 1949–99* 中華人民共和國重大考古發現. Beijing: Wenwu chubanshe.

Sui shu 隋書, see Wei Zheng 魏徵.

Sui Wen 睢文 and Nan Po 南波 (1981). "Jiangsu Suining xian Liulou Dong Han mu qingli jianbao" 江蘇睢寧縣劉樓東漢墓清理簡報, *Wenwu zilian congkan* 1981.4, 112–15.

Suizhou Kongjiapo Han mu jiandu 隨州孔家坡漢墓簡牘 (2006). Ed. Hubei sheng wenwu kaogu yanjiusuo and Suizhou shi kaogu sui. Beijing: Wenwu chubanshe.

Sun Hua 孫華 (1991). "Santai Qijiang yamu suojian Handai jianzhu xingxiang shulüe" 三台郪江崖墓所見漢代建築形象述略, *Sichuan Wenwu* 四川文物 1991.5, 10–16 and 9.

Sun Ji 孫機 (1991). *Handai wuzhi wenhua ziliao tushuo* 漢代物質文化資料圖說. Beijing: Zhongguo lishi bowuguan and Wenwu chubanshe.
Sun Xiaochun and Jacob Kistemaker (1997). *The Chinese Sky during the Han: Constellating Stars and Society*. Leiden, New York and Köln: Brill.
Suwen 素問. References are to the *SBBY* edition.
Suzuki Shūji 鈴木修次 (1967). *Kan Gi shi no kenkyū* 漢魏詩の研究. Tokyo: Taishūkan shoten.
Swann, Nancy Lee (1932). *Pan Chao: Foremost Woman Scholar of China, First Century A.D.* New York and London: The Century Company.
—— (1950). *Food and Money in Ancient China: The Earliest Economic History of China to A.D. 25; Han shu 24 with Related Texts Han shu 91 and Shih-chi 129*. Princeton: Princeton University Press.
Szinek, Juliana Holotovà (2005). "Les Relations entre l'empire des Han et les Xiongnu: Vestiges archéologiques et textes historiques", *Études chinoises* 24, 221–33.
Taisu 太素. References are to *Huangdi neijing taisu* 黃帝內經太素, annotated Yang Shangshan 楊上善 (Sui dynasty). Beijing: Renmin weisheng chubanshe, 1981.
Takaku Kenni 高久健二 (1995). *Nangnang Kobun Munhwa Yŏn'gu* 樂浪古墳文化研究. Seoul: Haggyŏn Munhwa-sa.
Tan Qixiang 譚其驤 (1982–7). *Zhongguo lishi ditu ji* 中國歷史地圖集, 8 vols. Beijing: Ditu chubanshe.
Tang Guangxiao 唐光孝 (1999). "Shi xi Mianyang Yongxing Shuangbaoshan Xi Han er hao mu muzhu shenfen" 試析綿陽永興雙包山西漢二號墓墓主身份, *Sichuan Wenwu* 1999.2, 6–18.
Tang Yijie 湯一介 (1983). *Guo Xiang yu Wei Jin xuanxue* 郭象與魏晉玄學. (Wuhan): Hubei renmin chubanshe.
Tang Zhangping 湯漳平 (1990). "Lun Tang Le fu canjian" 論唐勒賦殘簡, *WW* 1990.4, 48–52.
Tangdai muzhi huibian 唐代墓誌彙編 (2001). Shanghai: Shanghai guji chubanshe.
Tanida Takayuki 谷田孝之 (1975). "Chūgoku kodai hahakata kurosu-cazun kon ni tsuite no ichi kōsatsu" 中國古代母方クロスカズン婚についての一考察, *Nihon Chūgoku gakkai hō* 27, 1–16.
Tao Hongjing 陶弘景 (452–536 CE), *Shennong ben cao jingji zhu* 神農本草經輯注.
Teboul, M. (1983). *Les premières Théories planétaires chinoises*. Paris: Mémoires de l'Institut des Hautes Études Chinoises, Vol. 21.
Thorp, Robert L. (1987). "The Qin and Han imperial tombs and the development of mortuary architecture", in Susan L. Caroselli, ed., *The Quest for Eternity: Chinese Ceramic Sculptures from the People's Republic of China*. Los Angeles: Los Angeles County Museum of Art, 17–37.
—— (1991). "Mountain tombs and jade burial suits: preparations for eternity in the Western Han", in George Kuwayama, ed., *Ancient Mortuary Traditions of China: Papers on Chinese Ceramic Funerary Sculptures*. Los Angeles: Los Angeles County Museum of Art, 26–39.
Tian Xudong 田旭東 (2002). "Zhangjiashan Hanjian 'He Lü' zhong de bing yinyang jia" 張家山漢簡'蓋廬'中的兵陰陽家, *Lishi yanjiu* 2002.6, 167–71.
Ting Yüan-chih 丁原植 (1999). *Wenzi xinlun* 文子新論. Taipei: Wanjuanlou.
Tomiya Itaru 冨谷至 (1992). "Ōjō jūkan" 王杖十簡, *Tōhō gakuhō* (Kyoto) 64, 61–113.
Tong Enzheng 童恩正 (1990). *Zhongguo xi'nan minzu kaogu lunwenji* 中國西南民族考古論文集. Beijing: Wenwu chubanshe.
—— (1999). "Gudai Zhongguo Nanfang yu Yindu jiaotong de kaogu xue yanjiu" 古代中國南方與印度交通的考古學研究, *KG* 1999.4, 367–75.
Tong Tao 仝濤 (2004). "Wulian guan he hunping de xingtaixue fenxi" 五聯罐和魂瓶形態學分析, *KGYWW* 2004.2, 54–64.
Tong Weihua 佟偉華 (1999). "Yunnan Shizhaishan wenhua zhubei qi yanjiu" 雲南石寨山文化貯貝器研究, *WW* 1999.9, 5–64.
Tongdian 通典, see Du You 杜佑.
Tseng, Lanying (Lillian) (2001). "Picturing heaven: image and knowledge in Han China". Ph.D. dissertation, Harvard University.

Tsiang, Katherine R. (2002). "Changing patterns of divinity and reform in the late Northern Wei", *Art Bulletin* 84.2, 222–45.
Tsien Tsuen-Hsuin (1985). *Science and Civilisation in China*, Vol. 5, part 1: *Paper and Printing*. Cambridge: Cambridge University Press [*Paper and Printing*].
—— (2004). *Written on Bamboo and Silk: The Beginnings of Chinese Books and Inscriptions*. Second edn, with an Afterword by Edward L. Shaughnessy. Chicago and London: The University of Chicago Press.
Tu Cheng-sheng 杜正勝 (1990). *Bianhu qimin: Chuantong zhengzhi shehui jiegou zhi xingcheng* 編戶齊民: 傳統政治社會結構之形成. Taipei: Lianjing chubanshe.
Tung Chia-tsun 董家遵 (1979). "Lidai jielie funü de tongji" 歷代節烈婦女的通計, in Bao Jialin 鮑家麟, ed., *Zhongguo funü shi lunji* 中國婦女史論集. Taipei: Mutong chubanshe.
—— (1988). "Cong Han dao Song guafu zaijia xisu kao" 從漢到宋寡婦再嫁習俗考, in Li Youning 李又寧 and Zhang Yufa 張玉法, eds., *Zhongguo funü shi lun wenji* 中國婦女史論文集, Vol. 2, 39–63. Taipei: Shangwu yinshuguan.
Twitchett, Denis (1983). *Printing and Publishing in Medieval China*. New York: Frederic C. Beil.
Twitchett, Denis and Michael Loewe (1986), eds. *The Cambridge History of China*, Vol. 1, *The Ch'in and Han Empires, 221 B.C.–A.D. 220*. Cambridge: Cambridge University Press [*CHOC*].
Uchiyama Naoki 內山直樹 (2001). "Kandai ni okeru jobun no tairei – 'Setsubun kaiji' jo 'jo etsu' no kaishaku wo chūshin ni" 漢代における序文の體例 – <說文解字>敘<敘曰>の解釋の中心に, *Nippon Chūgoku gakkai hō* 53, 30–44.
Ucko, Peter J. (1989). *Archaeological Approaches to Cultural Identity*. London: Unwin Hyman.
Ueda Sanae 上田早苗 (1979). "Kandai no katei to sono rōdō" 漢代の家庭とその労働, *Shirin* 62.3, 1–21.
Unschuld, Paul U. (1985). *Medicine in China: A History of Ideas*. Berkeley, Los Angeles and London: University of California Press.
—— (1986). *The Chinese Medical Classics: Nan-Ching: the Classic of Difficult Issues*. Berkeley, Los Angeles and London: University of California Press.
—— (2003). *Huang Di Nei Jing Su Wen: Nature, Knowledge, Imagery in an Ancient Chinese Medical Text*. Berkeley: University of California Press.
Utsunomiya Kiyoyoshi 宇都宮清吉 (1955). *Kandai shakai keizai shi kenkyū* 漢代社會經濟史研究. Tokyo: Kōbundō.
—— (1977). *Chūgoku kodai chūseishi kenkyū* 中國古代中世史研究. Tokyo: Sōbunsha.
Van der Loon, P. (1952). "On the transmission of Kuan-tzŭ", *TP* 41.4–5, 357–93.
van Els, Paul (2006). "The *Wenzi*: creation and manipulation of a Chinese philosophical text". Ph.D. dissertation, University of Leiden.
van Ess, Hans (2003). "An interpretation of the *Shenwu fu* of Tomb No. 6, Yinwan", *MS* 51, 605–28.
van Gulik, R. H. (1941). *Hsi K'ang and his Poetical Essay on the Lute*. Tokyo: Sophia University, 1941; rpt. Tokyo and Rutland, VT: Sophia University and Charles Tuttle Co., 1968.
van Zoeren, Stephen (1991). *Poetry and Personality: Reading Exegesis and Hermeneutics in Traditional China*. Stanford, CA: Stanford University Press.
Vandermeersch, Léon (1974). "De la Tortue à l'achillée", in Jean-Pierre Vernant, ed., *Divination et rationalité*. Paris: Éditions du Seuil, 29–51.
Vankeerberghen, Griet (2001). *The* Huainanzi *and Liu An's Claim to Moral Authority*. Albany: State University of New York Press.
Venture, Olivier (2002). "L'Écriture et la communication avec les esprits en Chine ancienne", *BMFEA* 74, 34–65.
Vernant, Jean-Pierre (1974), ed. *Divination et rationalité*. Paris: Éditions du Seuil, 1974.
Wagner, Donald B. (1993). *Iron and Steel in Ancient China*. Leiden, New York and Cologne: Brill.

—— (2001). *The State and the Iron Industry in Han China.* NIAS Report Series 44. Copenhagen: Nordic Institute of Asian Studies.
Wagner, Rudolf G. (2000). *The Craft of a Chinese Commentator: Wang Bi on the* Laozi. Albany: State University of New York Press.
—— (2003a). *A Chinese Reading of the* Daode jing: *Wang Bi's Commentary on the* Laozi *with Critical Text and Translation.* Albany: State University of New York Press.
—— (2003b). *Language, Ontology, and Political Philosophy in China: Wang Bi's Scholarly Exploration of the Dark* (Xuanxue). Albany: State University of New York Press.
Waldron, Arthur (1990). *The Great Wall of China: From History to Myth.* Cambridge: Cambridge University Press.
Waley-Cohen, Joanna (1984), trans. "The lacquers of the Mawangdui tomb". *Oriental Ceramic Society, Translations, Number Eleven,* 7–43.
Wang Aihe (2000). *Cosmology and Political Culture in Early China.* Cambridge: Cambridge University Press.
Wang Binghua 王炳华 (1996). "Cong kaogu gu ziliao kan Takelamakan shamo huanjing bianqian yanjiu" 從考古資料看塔克拉瑪干沙漠環境變遷研究. In *Xinjiang kaogu faxian yu yanjiu* 新疆考古發現與研究, Vol. 1. Urumuqi: Xinjiang Research Institute of Archaeology and Cultural Relics, 95–103.
—— (2002). *Xinjiang gushi: gudai Xinjiang ju min ji qi wen hua* 新疆古尸：古代新疆居民及其文化. Urumuqi: Xinjiang renmin chubanshe.
Wang Changqi 王長啟 (1992). "Xi'an faxian de Han, Sui shiqi taoyong" 西安發現的漢隋時期陶俑, *KGYWW* 1992.2, 33–9 and 32.
Wang Chong 王充 (27–97). *Lunheng* 論衡. References are to Huang Hui 黃暉, *Lunheng jiaoshi* 論衡校釋. Changsha: Shangwu yinshuguan, 1938; rpt. Taipei: Taiwan shangwu yinshuguan, 1969 [*LH*].
Wang Dadao 王大道 (1986), ed. *Yunnan tong gu* 雲南銅鼓. Kunming: Yunnan Jiaoyu chubanshe.
—— (1998), ed. *Yunnan kaogu wenji* 雲南考古文集. Yunnan sheng wenwu kaogu yanjiusuo. Kunming: Yunnan minzu chubanshe.
Wang Fu 王符 (ca 90–165). *Qianfu lun* 潛夫論. References are to Peng Duo 彭鐸, *Qianfu lun jian* 潛夫論箋. Beijing: Zhonghua shuju, 1979 [*QFL*].
Wang Guangyong 王光永 (1981). "Baoji shi Han mu faxian Guanghe yu Yongyuan nianjian zhushu taoqi" 寶雞市漢墓發現光和與永元年間朱書陶器, *WW* 1981.3, 53–5.
Wang Guihai 汪桂海 (1999). *Handai guanwenshu zhidu* 漢代官文書制度. Guangxi: Guangxi jiaoyu.
Wang, Helen (2004). *Money on the Silk Road: The Evidence from Eastern Central Asia to c. AD 800.* London: British Museum.
Wang Hui 王輝 (2001). "Qin zengsun Yin gao 'Hua da shan' mingshen wen kaoshi" 秦曾孫駰告華大山明神文考釋, *KGXB* 2001.2, 143–57.
—— (2003). "Wangjiatai Qinjian 'Guicang' jiaoshi (28 ze)" 王家台秦簡<歸藏>校釋28則), *Jiang Han kaogu* 2003.1, 75–84.
Wang Liqi 王利器 (1981). *Fengsu tongyi jiaozhu* 風俗通義校注. Beijing: Zhonghua shuju; rpt. Taipei: Mingwen, 1988.
—— (1992). *Yantie lun jiaozhu* 鹽鐵論校注. Revised edn., 2 vols. Beijing: Zhonghua shuju.
Wang Ming 王明 (1996). *Baopu zi neipian jiaoshi* 抱朴子內篇校釋. Revised edn. 1985, rpt. 1996. Beijing: Zhonghua shuju.
Wang Mingqin 王明欽 (2004). "Wangjiatai Qinmu zhujian gaishu" 王家台秦墓竹簡概述, in Ai Lan and Xing Wen, eds., *Xinchu jianbo yanjiu.* Beijing: Wenwu chubanshe, 26–49.
Wang Ningsheng 汪寧生 (1989a). "Ancient ethnic groups as represented on bronzes from Yunnan, China", in Stephen Shennan, ed., *Archaeological Approaches to Cultural Identity.* London: Unwin Hyman, 195–206.
—— (1989b). *Tong gu yu nanfang minzu* 銅鼓與南方民族. Guilin: Guilin jiaoyu chubanshe.
Wang Qinglei 王清雷 (2005). "Zhangqiu Luozhuang bianzhong chuyi" 章丘洛莊編鎛芻議, *WW* 2005.1, 62–8.

Wang Renxiang 王仁湘 (1994). *Yinshi yu Zhongguo wenhua.* 飲食與中國文化. Beijing: Renmin chubanshe.
Wang Rongbao 汪榮寶 (1933). *Fayan yishu* 法言義疏. References are to the reprint, Beijing: Zhonghua shuju, 1987.
Wang Shiren 王世仁 (1963). "Han Chang'an cheng nanjiao lizhi jianzhu (Datumen cun yizhi) yuanzhuang de tuice" 漢長安城南郊禮制建築 (大土門村遺址) 原狀的推測, *KG* 1963.9, 501–15.
Wang Shouchun 王守春 (1986). "Lixue yanjiu de li cheng bei: ping *Shuijing zhu* yanjiu" 酈學研究的里程碑 – 評水經注研究, *Dili zhishi* 地理知識 (July 1986), 32.
Wang Su 王素 (2005). "Changsha Dongpai lou Dong Han jiandu xuanshi" 長沙東牌樓東漢簡牘選釋, *WW* 2005.12, 69–75, 40.
Wang Tao and Liu Yu (1997). "The face of the other world: jade face-covers from ancient tombs", in Rosemary E. Scott, ed., *Chinese Jades, Colloquies on Art and Archaeology in Asia, No. 18*. London: Percival David Foundation of Chinese Art and University of London, School of Oriental and African Studies, 133–46.
Wang Xianqian 王先謙 (1900). *Han shu bu zhu* 漢書補注. Changsha (preface 1900); rpt. Taipei: Yiwen chubanshe, 1955 and Beijing: Zhonghua shuju, 1983 [*HSBZ*].
—— (1915). *Shi sanjia yi jishu* 詩三家義集疏. Changsha. References are to the reprint, Beijing: Zhonghua shuju, 1987.
—— (1924). *Hou Han shu ji jie* 後漢書集解. Changsha (preface 1924); rpt. Taipei: Yiwen chubanshe, 1955; and Beijing: Zhonghua shuju, 1983 [*HHSJJ*].
Wang Xueli 王學理 (1997). "Zhuo yi shi mu bi yaoyong de shidai yiyi" 著衣式木臂陶俑的時代意義, *Wenbo* 1997.6, 71–5.
—— (1999). *Xianyang di du ji* 咸陽帝都記. Xi'an: San Qin chubanshe.
Wang Yongbo 王永波 and Liu Xiaoyan 劉曉燕 (1998). "Handai wang hou de lingqin yong zhen" 漢代王侯的陵寢用枕, *Dongnan wenhua* 1998.4, 99–105.
Wang Yucheng 王育成 (1998). "Lüelun kaogu faxian de zaoqi dao fu" 略論考古發現的早期道符, *KG* 1998.1, 75–81.
—— (2003). "Kaogu suo jian daojiao jiandu kaoshu" 考古所見道教簡牘考述, *KGXB* 2003.4, 483–510.
Wang Zhenya 王震亞 (1999). *Zhumu chunqiu: Gansu Qin Han jiandu* 竹木春秋: 甘肅秦漢簡牘. Lanzhou: Gansu renmin chubanshe.
Wang Zhongshu (1982). *Han Civilization*, trans. K. C. Chang and collaborators. New Haven and London: Yale University Press.
—— (1985). "Lun Wu Jin shiqi de foxiang kuifeng jing; wei jinian Xia Nai xiansheng kaogu wushi nian er zuo" 論吳晉時期的佛像夔風鏡;爲紀念夏鼐先生考古五十年而作, *KG* 1985.7, 636–43.
Wang Zichu 王子初 (2002). "Luozhuang Han mu chutu yueqi shulüe" 洛庄漢墓出土樂器述略, *Zhongguo lishi Wenwu* 2002.4, 4–15.
Wang Zijin 王子今 (1998). *Zhongguo nüzi cong jun shi* 中國女子從軍史. Beijing: Junshi yiwen Press.
—— (2003). *Shuihudi Qinjian "Rishu" jiazhong shuzheng* 睡虎地秦簡"日書"甲種疏證. Wuhan: Hubei jiaoyu.
Wangdu erhao Han mu 望都二號漢墓 (1959). Ed. Hebei sheng wenhua ju. Beijing: Wenwu chubanshe.
Wangdu Han mu bihua 望都漢墓壁畫 (1955). Ed. Beijing Lishi bowuguan and Hebei sheng CPAM. Beijing: Zhongguo gudian yishu chubanshe.
Ware, James R. (1966). *Alchemy, Medicine and Religion in the China of A.D. 320: The Nei P'ien of Ko Hung*. Cambridge, MA: The Massachusetts Institute of Technology [*Alchemy, Medicine and Religion*].
Watabe, Takeshi 渡部武 (1991). *Gazō ga kataru Chūgoku no kodai* 畫像が語る中國の古代. Tokyo: Heibonsha.
Watson, Burton (1958). *Ssu-ma Ch'ien: Grand Historian of China*. New York, Columbia University Press.

—— (1969). *Records of the Historian: Chapters from the* Shih chi. New York and London: Columbia University Press.

—— (1993). *Records of the Grand Historian, Han Dynasty II*. Original edition, 1961; rev. edn 3 vols., New York and London: Columbia University Press.

Watson, William (1971). *Cultural Frontiers in Ancient East Asia*. Edinburgh: Edinburgh University Press.

Wei Hong 衛宏 (first century CE). *Han jiu yi* 漢舊儀. References are to *Han guan liu zhong* 漢官六種 (*SBBY*).

Wei Jian 魏堅 (1998), ed. *Neimenggu zhongnanbu Han dai muzang** 內蒙古中南部漢代墓葬. Beijing: Zhongguo da baike quanshu chubanshe.

—— (2005), ed. *Ejina Hanjian* 額濟納漢簡. Guilin: Guangxi shifan daxue chubanshe.

Wei Jin Nanbei chao diaosu 魏晉南北朝雕塑, see Lin Huaizhong 林懷中.

Wei Zheng 魏徵 (580–643). *Sui shu* 隋書. References are to the punctuated edition, Beijing: Zhonghua shuju, 1973.

Weiner, Annette (1992). *Inalienable Possessions: The Paradox of Keeping-While-Giving*. Berkeley: University of California Press.

Welch, Holmes and Anna Seidel (1979), eds. *Facets of Taoism: Essays in Chinese Religion*. New Haven and London: Yale University Press.

Wen xuan 文選, see Xiao Tong 蕭統.

Wen Yucheng 溫玉成 (1999). "Gongyuan 1 zhi 3 shiji Zhongguo de xianfo moshi" 公元一至三世紀中國的仙佛模式, *Dunhuang yanjiu* 敦煌研究 1999.1, 159–70.

Wenbo 文博 1997.6, 3–39. "Xi'an caizheng ganbu peixun zhongxin Han, Hou Zhao mu fajue jianbao" 西安財政乾部培訓中心漢后趙墓發掘簡報.

Wenwu 文物 1960.8–9, 37–42. "Nanjing Xishanqiao Nanchao mu ji qi zhuanke bihua" 南京西善橋南朝墓及其磚刻壁畫 [*WW*].

Wenwu 文物 1972.5, 39–54. "Qufu Jiulong shan Han mu fajue jianbao" 曲阜九龍山漢墓發掘簡報.

Wenwu 1972.5, 63–4. "Jiaxiang faxian de Dong Han Fan shi mu" 嘉祥發現的東漢范式墓.

Wenwu 1973.4, 21–35. "Tongshan Xiaogui shan Xi Han yadong mu" 銅山小龜山西漢崖洞墓.

Wenwu 1973.12, 18–21. "Wuwei Hantanpo mu fajue jianbao – chutu da pi yiyao jiandu" 武威旱灘坡漢墓發掘簡報－出土大批醫藥簡牘.

Wenwu 1973.12, 23–9. "Wuwei Handai yiyao jiandu zai yixue shi shang de zhongyao yiyi" 武威漢代醫藥簡牘在醫學史上的重要意義.

Wenwu 1974.2, 15–26. "Shandong Linyi Xi Han mu faxian 'Sunzi bingfa' he 'Sun Bin bingfa' deng zhujian de jianbao" 山東臨沂西漢墓發現<孫子兵法>和<孫臏兵法>等竹簡的簡報.

Wenwu 1974.6, 41–61. "Hubei Jiangling Fenghuang shan Xi Han mu fajue jianbao" 湖北江陵鳳凰山西漢墓發掘簡報.

Wenwu 1975.9, 1–8 and 22. "Hubei Jiangling Fenghuang shan 168 hao Han mu fajue jianbao" 湖北江陵鳳凰山一六八號漢墓發掘簡報.

Wenwu 1976.6, 1–14. "Hubei Yunmeng Shuihudi shiyi hao Qin mu fajue jianbao" 湖北雲夢睡虎地十一號秦墓發掘簡報.

Wenwu 1976.12, 36–43. "Linyi Yinqueshan Han mu chutu Wangbing shiwen" 臨沂銀雀山漢墓出土<王兵>釋文.

Wenwu 1977.2, 21–7, and 1977.3, 30–6. "Yinqueshan jianben Weiliaozi shiwen (fu jiaozhu)" 銀雀山簡本<尉繚子>釋文（附校注）.

Wenwu 1977.4, 1–16. "Guangzhou Qin Han zaochuan gongchang yizhi shi jue" 廣州秦漢造船工場遺址試掘.

Wenwu 1977.6, 1–16. "Luoyang Xi Han Bu Qianqiu bihua mu fajue jianbao" 洛陽西漢卜千秋壁畫墓發掘簡報.

Wenwu 1977.8, 17–22. "Mawangdui Han mu boshu 'Xiangma jing' shiwen" 馬王堆漢墓帛書<相馬經>釋文.

Wenwu 1977.11, 24–7. "Shandong Linyi Jinqueshan jiu hao Han mu fajue jianbao" 山東臨沂金雀山九號漢墓發掘簡報.

Wenwu 1978.1, 1–25. "Juyan Handai yizhi de fajue he xin chutu de jiance wenwu" 居延漢代遺址的發掘和新出土的簡冊文物.
Wenwu 1978.8, 12–31. "Fuyang Shuanggudui Xi Han Ruyin hou mu fajue jianbao" 阜陽雙古堆西漢汝陰侯墓發掘簡報.
Wenwu 1979.3, 1–16. Changsha Xianjia hu Xi Han Cao Zhuan mu" 長沙咸家湖西漢曹墓.
Wenwu 1979.12, 29–31. "Guangdong sheng Huazhou xian Shining cun faxian liu sou Dong Han du mu zhou" 廣東省化州縣石寧村發現六艘東漢独木舟.
Wenwu 1980.2, 96. "Shandong Linyi Liu Ci mu chutu de jinlü yu mianzhao deng" 山東臨沂劉疵墓出土的金縷玉面罩等.
Wenwu 1980.3, 1–10. "Yangzhou Hanjiang xian Huchang Han mu" 揚州邗江縣胡場漢墓.
Wenwu 1981.8, 1–10. "Hebei Dingxian 40 hao Han mu fajue jianbao" 河北定縣40號漢墓發掘簡報.
Wenwu 1981.8, 11–13. "Dingxian 40 hao Han mu chutu zhujian jianjie" 定縣40號漢墓出土竹簡簡介.
Wenwu 1981.8, 13–19. "'Rujia zhe yan' shiwen" <儒家者言>釋文.
Wenwu 1981.11, 12–19. "Jiangsu Hanjiang Huchang wuhao Han mu" 江蘇邗江胡場五號漢墓.
Wenwu 1982.3, 1–11. "Qin Shihuang ling xice Zhaobeihu cun Qin xing tu mu" 秦始皇陵西側趙背戶村秦刑徒墓.
Wenwu 1982.9, 1–17. "Shaanxi Maoling yi hao wuming zhong yi hao congzang keng de fajue" 陝西茂陵一號無名冢一號從葬坑的發掘.
Wenwu 1983.2, 21–3. "Fuyang Hanjian jianjie" 阜陽漢簡簡介.
Wenwu 1983.2, 24–34. "Fuyang Hanjian 'Cangjie pian'" 阜陽漢簡<蒼頡篇>.
Wenwu 1985.1, 9–15. "Jiangling Zhangjiashan Hanjian gaishu" 江陵張家山漢簡概述.
Wenwu 1987.1, 1–19. "Jiangsu Yizheng Xupu 101 hao Xi Han mu" 江蘇儀征胥浦101號西漢墓.
Wenwu 1987.1, 26–36. "Yangzhou Pingshan Yangzhichang Han mu qingli jianbao" 揚州平山養殖場漢墓清理簡報.
Wenwu 1987.9, 76–83. "Shandong Wulian Zhangjia zhonggang Han mu" 山東五蓮張家仲崗漢墓.
Wenwu 1988.2, 2–18 and 68. "Xuzhou Beidongshan Xi Han mu fajue jianbao" 徐州北洞山西漢墓發掘簡報.
Wenwu 1988.2, 19–43. "Jiangsu Hanjiang Yaozhuang 101 hao Xi Han mu" 江蘇邗江姚莊101號西漢墓.
Wenwu 1988.4, 36–47, 54. "Fuyang Hanjian 'Wanwu'" 阜陽漢簡<萬物>.
Wenwu 1989.2, 1–11, 31. "Gansu Tianshui Fangmatan Zhanguo Qin Han muqun de fajue" 甘肅天水放馬灘戰國秦漢墓群的發掘.
Wenwu 1990.4, 80–93 and 58. "Lianyungang diqu de ji zuo Han mu ji lingxing chutu de Han dai mu yong" 連雲港地區的極几座漢墓及零星出土的漢代木俑.
Wenwu 1991.10, 39–61. "Jiangsu Hanjiang xian Yangshou xiang Baonüdun Xin Mang mu" 江蘇邗江縣楊壽鄉寶女墩新莽墓.
Wenwu 1991.11, 27–37. "Guangdong Wuhua Shixiongshan Handai jianzhu yizhi" 廣東五華獅雄山漢代建築遺址.
Wenwu 1992.4, 1–13. "Han Jingdi Yangling nanqu cong zang keng fajue di yi hao jianbao" 漢景帝陽陵南區從葬坑發掘第一號簡報.
Wenwu 1992.9, 1–11. "Jiangling Zhangjiashan liangzuo Han mu chutu dapi zhujian" 江陵張家山兩座漢墓出土大批竹簡.
Wenwu 1992.9, 37–42. "Yanshi xian Nancai zhuang xiang Han Feizhi mu fajue jianbao" 偃師縣南蔡庄鄉漢肥致墓發掘簡報.
Wenwu 1993.4, 29–45. "Xuzhou Houlou shan Xi Han mu fajue baogao" 徐州後樓山西漢墓發掘報告.
Wenwu 1993.9, 1–31. "Anhui Tianchang xian sanjiaowei Zhanguo Xi Han mu chutu wenwu" 安徽天長縣三角圩戰國西漢墓出土文物.
Wenwu 1993.10, 28–33. "Gansu Wuwei Hantanpo Dong Han mu" 甘肅武威旱灘坡東漢墓.
Wenwu 1994.8, 34–46. "Shanxi Xiaxian Wang cun Dong Han bihua mu" 山西夏縣王村東漢壁畫墓.

Wenwu 1995.1, 37–43. "Jiangling Wangjiatai 15 hao Qin mu" 江陵王家台15號秦墓.
Wenwu 1995.12, 27–34. "Dingzhou Xi Han Zhongshan Huaiwang mu zhujian 'Wenzi' shiwen" 定州西漢中山懷王墓竹簡<文子>釋文; 35–7, 40 "Dingzhou Xi Han Zhongshan Huaiwang mu zhujian Wenzi jiaokan ji 校勘記; and 38–40 "Dingzhou Xi Han Zhongshan Huaiwang mu zhujian Wenzi de zhengli he yiyi" 的整理和意義.
Wenwu 1996.8, 4–25. "Jiangsu Donghai xian Yinwan Han mu qun fajue jianbao" 江蘇東海縣尹灣漢墓群發掘簡報.
Wenwu 1996.8, 51–2 see Liu Hongshi 劉洪石.
Wenwu 1996.10, 13–29. "Mianyang Yongxing Shuangbaoshan er hao Xi Han muguo mu fajue jianbao" 綿陽永興雙包山二號西漢木槨墓發掘簡報.
Wenwu 1997.2, 4–21. "Xuzhou Xi Han Wanqu hou Liu Yi mu" 徐州西漢宛朐侯劉埶墓.
Wenwu 1997.2, 26–43. "Xuzhou Hanshan Xi Han mu" 徐州韓山西漢墓.
Wenwu 1997.5, 49–54. "Dingzhou Xi Han Zhongshan Huaiwang mu zhujian 'Lunyu' shi wenxuan" 定州西漢中山懷王墓竹簡<論語>釋文選; 55–8 "Dingzhou Xi Han Zhongshan Huaiwang mu zhujian Lunyu xuan jiaozhu" 選校注; and 59–61 "Dingzhou Xi Han Zhongshan Huaiwang mu zhujian Lunyu jieshao" 介紹.
Wenwu 1998.12, 17–25. "Linyi Jinqueshan 1997 nian faxian de si zuo Xi Han mu" 臨沂金雀山1997年發現的四座西漢墓.
Wenwu 1999.1, 4–16. "Xinjiang Yuli xian Yingpan mudi 15 hao mu fajue jianbao" 新疆尉犁縣營盤墓地15號墓發掘簡報.
Wenwu 1999.6, 26–47. "Guanju Qin Han mu qingli jianbao" 關沮秦漢墓清理簡報.
Wenwu 1999.12, 4–18. "Xuzhou Dongdianzi Xi Han mu" 徐州東甸子西漢墓.
Wenwu 2000.4, 4–53. "Yunnan Kunming Yangfutou mudi fajue jianbao" 雲南昆明羊甫頭墓地發掘簡報.
Wenwu 2000.5, 4–20. "Gansu Dunhuang Handai Xuanquan zhi yizhi fajue jianbao" 甘肅敦煌漢代懸泉置遺址發掘簡報.
Wenwu 2000.5, 21–26. "Dunhuang Xuanquan Han jian neirong gaishu" 敦煌懸泉漢簡內容概述; and 27–45 "Dunhuang Xuanquan Han jian shiwen xuan" 釋文選.
Wenwu 2000.7, 85–94. "Mawangdui boshu 'Shifa' shiwen zhaiyao" 馬王堆帛書'式法'釋文摘要.
Wenwu 2000.9, 4–24. "Guangzhou Nan Yue guo gongshu yizhi 1995–1997 nian fajue jianbao" 廣州南越國宮署遺址1995–1997年發掘簡報.
Wenwu 2000.9, 35–41. "Guangdong Xuwen xian Wuli zhen Handai yizhi" 廣東徐聞縣五里鎮漢代遺址.
Wenwu 2000.9, 78–84. "Jiangling Zhangjiashan Han jian 'Suan shu shu' shi wen" 江陵張家山漢簡<算數書>釋文.
Wenwu 2001.2, 12–41. "Nanchang huochezhan Dong Jin muzangqun fajue jianbao" 南昌火車站東晉墓葬群發掘簡報.
Wenwu 2001.5, 77–83. "Dingzhou Xi Han Zhongshan Huaiwang mu zhujian Liutao shiwen ji jiaozhu" 定州西漢中山懷王墓竹簡<六韜>釋文及校注; and 84–6 "Dingzhou Xi Han Zhongshan Huaiwang mu zhujian Liutao de zhengli ji qi yiyi" 的整理及其意義.
Wenwu 2001.10, 71–84, see Liang Yong 梁勇.
Wenwu 2002.3, 4–31. "Qin Shihuang lingyuan K0006 pei zangkeng di yici fajue jianbao" 秦始皇陵園K0006陪葬坑第一次發掘簡報.
Wenwu 2002.3, 85–91 see Zhang Pengquan 張朋川 (2002).
Wenwu 2003.1, 4–35. "Hunan Longshan Liye Zhanguo-Qindai gucheng yihao jing fajue jianbao" 湖南龍山里耶戰國–秦代古城一號井發掘簡報.
Wenwu 2003.1, 36–55. "Yuanling Huxi shan yihao Han mu fajue jianbao" 沅陵虎溪山一號漢墓發掘簡報.
Wenwu 2003.9, 4–14. "Xi'an beijiao Zhanguo zhutong gongjiang mu fajue jianbao" 西安北郊戰國鑄銅工匠墓發掘簡報.
Wenwu 2004.6, 4–21. "Xi'an dongjiao Xi Han Doushi mu (M3) fajue baogao" 西安東郊西漢竇氏墓(M3)發掘報告.

Wenwu 2004.8, 81–6. "Beijing shi Shijing shanqu Laoshan Han mu chutu lugu de jisuanji xuni sanwei renxiang fuyuan" 北京市石景山區老山漢墓出土顱骨的計算機虛擬三維人像復原.
Wenwu 2004.8, 87–90. "Beijing shi Shijing shanqu Laoshan Han mu chutu renlei yigu de xianliti DNA fenxi" 北京市石景山區老山漢墓出土人類遺骨的綫粒體DNA分析.
Wenwu 2004.8, 91–6. "Beijing shi Shijing shanqu Laoshan Han mu chutu rengu de yanjiu baogao" 北京市石景山區老山漢墓出土人骨的研究報告.
Wenwu 2004.9, 4–33. "Sichuan Zhongjiang Taliangzi yamu fajue jianbao" 四川中江塔梁子崖墓發掘簡報.
Wenwu 2004.11, 33–8. "Henan Gongyi Xi Han mu" 河南鞏義西漢墓.
Wenwu 2005.6, 16–38. "Qin Shihuang lingyuan K0007 pei zangkeng fajue jianbao" 秦始皇陵園K0007陪葬坑發掘簡報.
Wenwu 2005.9, 14–35. "Sichuan Santai Qijiang yamu qun Bailinpo 1 hao mu fajue jianbao" 四川三台郪江崖墓群柏林坡1號墓發掘簡報.
Wenwu 2009.3,14–18. "Henan Sanmenxia Nanjiaokou Han mu (M17) fajue jianbao" 河南三門峽南交口漢墓(M 17)發掘簡報.
Wenwu chunqiu 文物春秋 1997.3, 27–34 and 45. "Hebei Funing xian Binggezhuang Han mu fajue jianbao" 河北撫寧縣邴各莊漢墓發掘簡報.
Wenwu jikan 文物季刊 1997.2, 5–11. "Shanxi Yongji Shangcun Dong Han bihua mu qingli jianbao" 山西永濟上村東漢壁畫墓清理簡報.
Wenwu kaogu gongzuo sanshi nian 1949–1979 (1979). 文物考古工作三十年1949–1979. Beijing: Wenwu chubanshe.
Wenwu kaogu gongzuo shi nian 1979–1989 (1990). 文物考古工作十年1979–1989. Beijing: Wenwu chubanshe.
Wenwu tiandi 文物天地 2002.1, 8–9. "Ju xing dongwu peizang shao nian tianzi" 巨形動物陪葬少年天子.
Wenwu Zhongguo shi: 4. Qin Han shidai 文物中國史 4: 秦漢時代 (2003). Taiyuan: Shanxi jiaoyu chubanshe.
Wenwu ziliao congkan 文物資料從刊 4 (1981), 59–69. "Jiangsu Xuzhou Zifangshan Xi Han mu qingli jianbao" 江蘇徐州子房山西漢墓清理簡報.
Wenxin diaolong 文心雕龍, see Liu Xie 劉勰.
Wenxuan 文選, see Xiao Tong 蕭統.
Whitaker, K. P. K. (1953). "Some notes on the authorship of the Lii Ling/Su Wuu Letters – I". *BSOAS* 15.1, 113–37.
Whitfield, Roderick (2005). "Early Buddhist images from Hebei", *Artibus Asiae* 65.1, 87–98.
Whitley, James (2001). *The Archaeology of Ancient Greece*. Cambridge: Cambridge University Press.
Wilbur, Clarence Martin (1943). *Slavery in China during the Former Han Dynasty 206 B.C.–A.D. 25*. Anthropological Series 34. Chicago: Field Museum of Natural History.
Wilhelm, Hellmut (1960). *Change: Eight Lectures on the I Ching*, trans. Cary F. Baynes. New York: Harper Torchbooks.
Wilkinson, Endymion (2000). *Chinese History: A Manual. Revised and Enlarged* (2000). Harvard-Yenching Institute Monograph Series 52. Cambridge, MA and London: Harvard University Asia Center.
Winter, Marc (2006). "Suggestions for a re-intepretation of the concept of *Wu Xing* in the *Sunzi bingfa*", *BMFEA* 76, 147–80.
Wiseman, T. P. (1987). *Roman Studies Literary and Historical*. Liverpool: Francis Cairns (Publications) Ltd.
Wu Bolun 武伯綸 (1961). "Guanyu madeng wenti ji Wuwei Handai jiu zhang zhaoling mujian" 關於馬鐙問題及武威漢代鳩杖詔令木簡, *KG* 1961.3, 164.
Wu Chunming 吳春明 (2000). "Min Yue yecheng diwang de lishi kaogu wenti" 閩越冶城地望的歷史考古問題, *KG* 2000.11, 1037–46 (65–74) [*Min Yue*].
Wu Chunming 吳春明 and Lin Guo 林果 (1998). *Min Yue guo ducheng kaogu yanjiu* 閩越國都城考古研究. Xiamen: Xiamen daxue chubanshe.

Wu En 烏恩 (2002). "Lun Zhongguo beifang zaoqi youmun ren qingtong daishi de qiyuan" 論中國北方早期游牧人青銅帶飾的起源, *WW* 2002.6, 68–77.

Wu Fuzhu 吳福助 (1994). "Shuihudi Qin jian wenxian leimu" 睡虎地秦簡文獻類目, *Zhonghua wenhua xuebao* 1994.1, 1–67.

Wu Hung (1989). *The Wu Liang Shrine: The Ideology of Early Chinese Pictorial Art*. Stanford, CA: Stanford University Press.

—— (1992). "Art in a ritual context: rethinking Mawangdui", *EC* 17, 111–44.

—— (1995). *Monumentality in Early Chinese Art and Architecture*. Stanford, CA: Stanford University Press [*Monumentality*].

—— (1997). "The prince of jade revisited: the material symbolism of jade as observed in Mancheng tombs", in Rosemary E. Scott, ed., *Chinese Jades, Colloquies on Art and Archaeology in Asia, No. 18*. London: Percival David Foundation of Chinese Art and University of London, School of Oriental and African Studies, 147–69.

—— (1999). "The art and architecture of the Warring States period." *CHOAC*, 651–744.

Wu Jiulong 吳九龍 (1985). *Yinqueshan Han jian shiwen* 銀雀山漢簡釋文. Beijing: Wenwu chubanshe.

Wu Kerong 武可榮 (1996). "Shixi Donghai Yinwan Han mu zeng xiu de neirong yu gongyi" 試析東海尹灣漢墓繒繡的內容與工藝, *WW* 1996.10, 64–7.

Wu Mengfu 吳孟復 and Jiang Lifu 蔣立甫 (1995), eds. *Guwenci leizuan pingzhu* 古文辭類纂評注, 2 vols. Hefei: Anhui jiaoyu chubanshe.

Wu Shuping 吳樹平 (1987). *Dongguan Hanji jiaozhu* 東觀漢記校注. Zhengzhou: Zhengzhou guji chubanshe.

—— (1980). *Fengsu tongyi jiaoshi* 風俗通義校釋. Tianjin: Tianjin renmin chubanshe.

Wu Tianren, see Wu T'ien-jen.

Wu T'ien-jen 吳天任 (1995). *Lixue yanjiu shi* 麗郵學研究史. Taipei: Yiwen.

Wuwei Handai yijian 武威漢代醫簡 (1975). Ed. Gansu sheng bowuguan and Wuwei xian wenhua guan. Beijing: Wenwu chubanshe.

Wuwei Hanjian 武威漢簡 (1964). Ed. Gansu sheng bowuguan and Zhongguo kexueyuan kaogu yanjiusuo. Beijing: Wenwu chubanshe.

"Wuwei xin chu wang zhang zhaoling ce" 武威新出王杖詔令冊 (1984), in *Han jian yanjiu wenji* 漢簡研究文集. Ed. Gansu sheng wenwu gongzuodi, and Gansu sheng bowuguan. Lanzhou: Gansu renmin chubanshe, 34–61.

Wuyishan chengcun Han cheng yizhi fajue baogao 1980–1996 武夷山城村漢城遺址發掘報告 1980–1996 (2004). Ed. Fujian sheng bowuyuan and Fujian Minyue wang cheng bowuguan. Fuzhou: Fujian renmin chubanshe.

Xi Han lizhi jianzhu yizhi* 西漢禮制建築遺址 (2003). Ed. Chinese Academy of Social Sciences, Kaogu yanjiu suo. Beijing: Wenwu chubanshe.

Xi Han Nan Yue wang mu* 西漢南越王墓 (1991). Ed. Guangzhou wenwu guanli weiyuanhui, Chinese Academy of Social Sciences' Kaogu yanjiusuo and Guangdong sheng bowuguan. 2 vols. Beijing: Wenwu chubanshe [*Xi Han Nan Yue*].

Xia Zengmin 夏增民 (2005). "You Guangzhou Nan Yue wang fen mu suo jian wenhua yicun toushi Lingnan wenhua bianqian" 由廣州南越王墳墓所見文化遺存透視嶺南文化變遷, in *Nan Yue guo shiji yantao hui lunwen xuanji* 南越國史迹研討會論文選集, ed. Zhongshan daxue lishi xi 中山大學歷史系. Beijing: Wenwu chubanshe, 65–70.

Xi'an Longshouyuan Han mu 西安龍首原漢墓 (1999). Ed. Xi'an shi wenwu baohu kaogusuo. Xi'an: Xibei daxue chubanshe.

Xiao Minghua 肖明華 (2004). "Lun Dian wenhua de qingtong zhubei qi" 論滇文化的青銅貯貝器, *KG* 2004.1, 78–88.

Xiao Tong 蕭統 (501–31). *Wen xuan* 文選. References are to the punctuated edition, 6 vols., Shanghai: Guji chubanshe, 1986.

Xie Guihua 謝桂華 (1997). "Yinwan Han mu jiandu he Xi Han difang xingzheng zhidu" 尹灣漢墓簡牘和西漢地方行政制度, *WW* 1997.1, 42–8.

Xie Guihua 謝桂華, Li Junming 李均明 and Zhu Guozhao 朱國炤 (1987). *Juyan Hanjian shiwen hejiao* 居延漢簡釋文合校, 2 vols. Beijing: Wenwu chubanshe.

Xin Lixiang 信立祥 (2002). *Handai huaxiang shi zonghe yanjiu* 漢代畫像史綜合研究. Beijing: Wenwu chubanshe.

Xin Zhongguo kaogu wushi nian 新中國考古五十年 (1999). Ed. Wenwu chubanshe. Beijing: Wenwu chubanshe.

Xincai Geling Chu mu 新蔡葛陵楚墓 (2003). Ed. Hunan sheng wenwu kaogu yanjiusuo. Zhengzhou: Daxiang chubanshe.

Xing Yitian see Hsing I-tien 邢義田.

Xingyuan Dong Han mu bihua 杏園東漢墓壁畫 (1995). Shenyang: Liaoning meishu chubanshe.

Xiong Jianhua 熊建華 (2001). "Fanchuan wen Lü shi jing xiao kao" 帆船紋呂氏鏡小考, *KG* 2001.10, 941–5.

Xu Fuguan see Hsü Fu-kuan 徐復觀.

Xu Gan 徐幹 (170–217). *Zhong lun* 中論. References are to *CSJC* and John Makeham (2002), *Xu Gan, Balanced Discourses* 中論: *A Bilingual Edition*, English translation. New Haven and London: Yale University Press, and Beijing: Foreign Languages Press.

Xu Han zhi 續漢志 see under Fan Ye 范曄.

Xu, Jay (1997). "The cemetery of the Western Zhou Lords of Jin", *Artibus Asiae* 56.3–4, 193–231.

Xu Jian 徐堅 (659–729) et al. *Chuxue ji* 初學記. Beijing: Zhonghua shuju, 1985.

Xu Longguo 徐龍國 (2004). "Shandong Linzi Zhanguo Xi Han mu chutu yinqi ji xiangguan wenti" 山東臨淄戰國西漢墓出土銀器及相關問題, *KG* 2004.4, 356–65.

Xu Shen 許慎 (ca 55–ca 149 CE). *Shuowen jiezi* 說文解字 (completed ca 100 CE), with annotation by Duan Yucai 段玉裁 (1735–1815) under the title *Shuowen jiezi zhu* 說文解字注 (completed 1807).

Xu Shen 許慎 (ca 55–ca 149) and Zheng Xuan 鄭玄 (127–200), *Bo wujing yiyi* 駁五經異義. References are to the *Congshu jicheng chu bian* edn.

Xu Wenkan (1996). "The Tokharians and Buddhism", *Studies in Central and East Asian Religions* 9, 1–17.

Xu Zhen'e 徐震堮 (1984). *Shishuo xinyu jiaojian* 世說新語校箋. Beijing: Zhonghua shuju, 1984; rpt. Hong Kong, 1987.

Xu Zongwen 徐宗文 (1999). "Lun danggu zhi huo dui Han mo cifu chuangzuo de yingxiang" 論黨錮之禍對漢末辭賦創作的影響, in *Cifu wenxue lunji* 辭賦文學論集, ed. Nanjing Daxue Zhongwen xi 南京大學中文系. Nanjing: Jiangsu jiaoyu chubanshe.

Xu Zongyuan 徐宗元 (1964). *Diwang shiji ji cun* 帝王世記輯存. Beijing: Zhonghua shuju.

Xun Qing 荀卿 (?335–?238 BCE). *Xunzi* 荀子. References are to Liang Qixiong 梁啟雄, *Xunzi jianshi* 荀子簡釋. Beijing: Guji chubanshe, 1956.

Xun Yue 荀悅 (148–209). *Qian Han ji* 前漢紀. References are to the *SBCK* edition.

Xuzhou Beidongshan Xi Han Chu wang mu* 徐州北洞山西漢楚王墓 (2003). Beijing: Wenwu chubanshe [*Xuzhou Beidongshan*].

Yabuuti, Kiyoshi 藪內清 (1969). *Chūgoku no tenmon rekihō* 中國の天文歷法. Tokyo: Heibonsha.

—— (2000). *Une Histoire des mathématiques chinoises*. Collection regards sur la science. Paris: Belin pour la science.

Yadin, Yigael (1972). *Hazor*. Schweich Lectures, 1970. London: The British Academy.

Yamada Katsuyoshi 山田勝芳 (1997). "Chūgoku kodai no ie to kinbun sōzoku" 中國古代の家と均分相續, *Tōhoku Ajia kenkyū* 2, 235–62.

Yamada Keiji 山田慶兒 (1979). "The formation of the Huang-ti Nei-ching", *Acta Asiatica* 36, 67–89.

—— (1985), ed. *Shin hatsugen Chūgoku kagakushi shiryō no kenkyū* 新發現中國科學史資料の研究. Kyoto: Kyōto daigaku jinbun kagaku kenkyūjo.

—— (2003). *Zhongguo gudai yixue de xingcheng* 中國古代醫學的形成. Taipei: Dongda tushu gufen youxian gongsi.

Yan Buke 閻步克 (2002). *Pinwei yu zhiwei: Qin Han Wei Jin Nan Bei chao guanjie zhidu yanjiu* 品位與職位: 秦漢魏晉南北朝官階制度研究. Beijing: Zhonghua shuju.

Yan Dunjie 嚴敦傑 (1985). "Shipan zongshu" 式盤綜述, *KGXB* 1985.4, 445–64.

Yan Kejun 嚴可均 (1762–1843). *Quan shanggu Sandai Qin Han Sanguo Liuchao wen* 全上古三代秦漢三國六朝文. 1836, rpt. 1893. References are to the reprint, Beijing: Zhonghua, 1958.

Yang Aiguo 楊愛國 (2005). "Handai huaxiang shi bangti lüelun" 漢代畫像石榜題略論 *KG* 2005.5, 443–56.

Yang Hao 楊豪 (1997). "Guangzhou zaochuan gongchang shiwei jianzhu yicun" 廣州造船工廠實為建築遺存, *Nanfang wenwu* 1997.3, 91–8.

Yang Hong 楊泓 (1996). "Ba Ezhou Sun Wu mu chutu tao foxiang" 跋鄂州孫吳墓出土陶佛像, *KG* 1996.11, 988–90.

—— (1999). "Tan Zhongguo de Han Tang zhi jian zangsu de yanbian" 談中國的漢唐之間葬俗的演變, *WW* 1999.10, 60–8.

—— (2004). "Jade suits of the Han dynasty and painted pottery figurines of the Tang dynasty: reflections of Han and Tang aristocratic burial practices", in Yang Xiaoneng, ed., *New Perspectives on China's Past: Chinese Archaeology in the Twentieth Century*, Vol. 1: *Cultures and Civilizations Reconsidered*. New Haven and London: Yale University Press, 345–61.

Yang Hongxun 楊鴻勛 (1987). *Jianzhu kaoguxue lunwenji* 建築考古學論文集. Beijing: Wenwu chubanshe.

—— (2001). *Gongdian kaogu tonglun* 宮殿考古通論. Beijing: Zijincheng chubanshe.

Yang Hsien-i 楊憲益 (1985). *Lingmo xinjian* 靈墨新箋. Taipei: Mingwen shuju.

Yang Hua 楊華 (1997). "Ba zu chong hu kao" 巴族崇虎考, *Hua Xia kaogu* 1997.4, 71–9.

Yang Kuan 楊寬 (1984). "Xi Han Chang'an buju jiegou de tantao" 西漢長安布局結構的探討, *Wenbo* 1984.1, 19–24.

—— (1989). "Xi Han Chang'an buju jiegou de zai tantao" 西漢長安布局結構的再探討, *KG* 1989.4, 348–56.

—— (1993). *Zhongguo gudai ducheng zhidu shi yanjiu* 中國古代都城制度史研究. Shanghai: Shanghai guji chubanshe.

Yang Shuda 楊樹達 (1933). *Handai hunsang li su kao* 漢代婚喪禮俗考. Shanghai: Shangwu yinshuguan, 1933; rpt. Shanghai: Shanghai guji chubanshe, 2000.

Yang Xiangmi 楊香菊 (1999). "Luquan shi faxian Dong Han shi diao" 鹿泉市發現東漢石雕, *Wenwu chunqiu* 1999.2, 44.

Yang Xianyi, see Yang Hsien-I 楊憲益.

Yang Xiaoneng (2004), ed. *New Perspectives on China's Past: Chinese Archaeology in the Twentieth Century*, 2 vols. New Haven and Kansas City: Yale University Press and the Nelson-Atkins Museum of Art.

Yang Xiong 揚雄 (53 BCE–18 CE). *Fayan* 法言. References are to Han Jing 韓敬, *Fayan zhu* 法言注. Beijing: Zhonghua shuju, 1992. See also Wang Rongbao 汪榮寶 (1933). *Fayan yishu* 法言義疏.

Yantie lun 鹽鐵論, see Huan Kuan 桓寬.

Yao Daye 姚大業 (1984). *Han yuefu xiaolun* 漢樂府小論. Tianjin: Baihua wenyi.

Yao Shengmin 姚生民 (2003). *Ganquan gong zhi* 甘泉宮志. Xi'an: San Qin chubanshe.

Yao Xinzhong (2003), ed. *RoutledgeCurzon Encyclopedia of Confucianism*, 2 vols. London: RoutledgeCurzon.

Yasui Kōzan 安居香山 and Nakamura Shōhachi 中村璋八 (1994). *Chōshu isho shūsei: tsuketari kōkan sakuin* 重修緯書集成; 附校勘索引. Tokyo: Meitoku Shuppansha, 1971–92; rpt., *Weishu jicheng* 緯書集成. Shijiazhuang: Hebei renmin chubanshe.

Yates, Robin D.S. (1987a). "Some notes on Ch'in law: a review article of *Remnants of Ch'in Law* by A.F.P. Hulsewé", *EC* 11–12 (1985–7), 243–75.

—— (1987b). "Social status in the Ch'in: evidence from the Yün-meng legal documents. Part one: commoners", *HJAS* 47, 197–237.

—— (1994). "The yin–yang texts from Yinqueshan: an introduction and partial reconstruction, with notes on their significance in relation to Huang-Lao Daoism", *EC* 19, 75–144 ["The yin–yang Texts"].

—— (1995). "State control and bureaucrats under the Qin: techniques and procedures", *EC* 20, 331–65.

—— (1997). *Five Lost Classics: Tao, Huang-Lao, and Yin-Yang in Han China*. New York: Ballantine.

Ye Youxin 葉又新 (1981). "Shishi Dong Han huaxiangshi shang kehua de yizhen" 試釋東漢畫象石上刻劃的醫針, *Shandong zhongyi xueyuan xuebao* 山東中醫学院学报 1981.3, 60–8.

Yi Sŏng-mi 李成美 (1991). "Pukhan ŭi Misulsa Yŏn'gu Hyŏnhwang: Kobun Pyŏkhwa" 北韓美術史 研究現況: 古墳壁畫 (The State of Art History Study in North Korea: Tomb Murals), in Kang In-gu 姜仁求 and Yi Sŏng-mi, eds., *Pukhan ŭi Han'gukhak Yŏn'gu Sŏngkwa Punsŏk, Yŏksa, yesul pyŏn* 北韓韓國學研究成果分析, 歷史藝術篇 (An Analysis of the Achievements of the Korean Studies in North Korea). Kyŏnggi-do Sŏngnam-si: Hanguk Chŏngsin Munhwa Yŏnguwŏn.

Yi Xuezhong 易學鍾 (1988). "Yunnan Jinning Shizhaishan yi hao mu zhubeiqi shang renwu diaoxiang kaoshi" 云南晉寧石寨山一號墓貯貝器上人物雕像考釋, *KGXB* 1988.1, 37–49.

Yi Yŏng-hun 李榮薰 and O Yŏng-ch'an 吳永燦 (2001a). *Nangnang: The Ancient Culture of Nangnang*. Seoul: The National Museum of Korea and Samhwa Publishing Company (Catalog of an exhibition held at Kungnip Chungang Pamgmulgwan, 17 July–2 September).

—— (2001b). "Nangnang munhwa yŏn'gu ŭi hyŏnhwang gwa kwaje" 樂浪文化研究 現況 課題, in Yi Yŏng-hun 李榮薰 and O Yŏng-ch'an 吳永燦, *Nangnang: The Ancient Culture of Nangnang*. Seoul: The National Museum of Korea and Samhwa Pablishing Company, 227–35.

Yi Zhou shu 逸周書 (partly from third century BCE). References are to the *SBBY* edition.

Yin Difei 殷滌非 (1978). "Xi Han Ruyin hou mu chutu de zhan pan he tianwen yiqi" 西漢汝陰侯墓出土的占盤和天文儀器, *KG* 1978.5, 338–43.

Yin Zhou jinwen jicheng 殷周金文集成 (1986–94). 18 vols., compiled Zhongguo shehui kexueyuan kaogu yanjiusuo. Beijing: Zhonghua shuju.

Ying Shao 應劭 (ca 140 to before 204 CE). *Fengsu tongyi* 風俗通義. References are to Wang Liqi 王利器, *Fengsu tongyi jiaozhu* 風俗通義校注. Beijing: Zhonghua shuju, 1981; rpt. Taipei: Mingwen, 1988.

Yinqueshan Han mu zhu jian 銀雀山漢墓竹簡, Vol. 1 (1985). Ed. Yinqueshan Han mu zhu jian zhengli xiaozu. Beijing: Wenwu chubanshe.

Yinwan Han mu jiandu 尹灣漢墓簡牘 (1997). Ed. Lianyungang shi bowuguan et al. Beijing: Zhonghua shuju, 1997 [*Yinwan*].

Yinwan Han mu jiandu zonglun 尹灣漢墓簡牘綜論 (1999). Ed. Lianyungang shi bowuguan and Zhongguo Wenwu yanjiusuo. Beijing: Kexue chubanshe.

Yiwen leiju 藝文類聚, ed. Ouyang Xun 歐陽詢 (557–641) et al. References are to the reprint, Taipei: Wenguang chubanshe, 1974.

Yoneda Kenjirō 米田賢次郎 (1979). "Gūkō sūgen" 耦耕芻言, *Tōyō gakuhō* 60: 3–4, 33–68.

Yongcheng Xi Han Liang guo wangling yu qinyuan 永城西漢梁國王陵與寢園 (1996). Zhengzhou: Zhongzhou guji chubanshe.

Yoshikawa, Tadao 吉川忠夫 (1980). "Shiju-kō – 'Hōbokushi' naihen ni yosete" 師受考 – '抱朴子'内篇によせて, *Tōhō gakuhō* (Kyoto), 52, 285–315.

—— (1984). *Rikuchō seishinshi kenkyū* 六朝精神史研究. Kyoto: Dōhōsha.

You Fuxiang 游富祥 (2004). "Neimeng, Liaoning liang sheng changcheng yanxian Qin Han gucheng yizhi chubu yanjiu" 內蒙遼寧兩省長城沿線秦漢古城遺址初步研究, *Qingnian kaogu xuejia* 16, 67–94.

Yü Ying-shih (1997). "Han," in K.C. Chang, ed., *Food in Chinese Culture*. New Haven and London: Yale University Press, 53–83.

Yunmeng Shuihudi Qin mu* 雲夢睡虎地秦墓 (1981). Beijing: Wenwu chubanshe.

Yunnan Jinning Shizhaishan gu mu qun fajue baogao 雲南晉寧石寨山古墓群發掘報告 (1959). Ed. Yunnan sheng Bowuguan. Beijing: Wenwu chubanshe.

Yunnan wenming zhi guang – Dian wang guo wenwu jingpin ji. 雲南文明之光 – 滇王國文物精品集 (2003). Ed. Zhongguo guojia bowuguan and Yunnan sheng wenhua ting. Beijing: Zhongguo shehui kexue chubanshe.

Yutai xinyong jianzhu 玉臺新詠箋注 (1985). Ed. Mu Kehong 穆克宏. Beijing: Zhonghua shuju.

Zacchetti, Stefano (2002). "An early Chinese translation corresponding to Chapter 6 of the *Petakopadesa*", *BSOAS* 65.1, 74–98.
—— (2003). "The rediscovery of three early Buddhist scriptures on meditation", in *Annual Report of the International Research Institute for Advanced Buddhology at Soka University*, 6, 251–99.
Zeng hou yi mu* 曾侯乙墓 (1989). Ed. Hubei sheng bowuguan, 2 vols. Beijing: Wenwu chubanshe.
Zeng Lanying 曾蘭瑩 (1999). "Yinwan Han mu 'boju zhan' mudu shi jie" 尹灣漢墓 '博局占' 木牘試解, *WW* 1999.8, 62–5.
Zeng Zhaoyu 曾昭燏, Jiang Baogeng 蔣寶庚 and Li Zhongyi 黎忠義 (1956), eds. *Yi'nan gu huaxiang shi mu fajue baogao* 沂南古畫像石墓發掘報告. Shanghai: Wenhua bu Wenwu guanli ju [Zeng].
Zhan Ying 詹鍈 (1989). *Wenxin diaolong yizheng* 文心雕龍義證. Shanghai: Shanghai guji chubanshe.
Zhang Canjia 張燦玾 (1998). *Zhong yi guji wenxian kao* 中醫古籍文獻考. Beijing: Renmin weisheng chubanshe.
Zhang Canjia 張燦玾 and Xu Guoqian 徐國仟 (1996). *Zhenjiu jiayi jing jiaozhu* 鍼灸甲乙經校注. Beijing: Renmin weisheng chubanshe.
Zhang Changping 張昌平 (2004). "Suizhou Kongjiapo mudi chutu jiandu gaishu" 隨州孔家坡墓地出土簡牘概述, in Ai Lan and Xing Wen, eds., *Xinchu jianbo yanjiu*. Beijing: Wenwu chubanshe, 64–9.
Zhang Liying 張立英 (1994). "Tan dui 'bai jin san pin' de renshi" 談對 '白金三品' 認識, *KGYWW* 1994.5, 90–2.
Zhang Mingxia 張銘洽 and Wang Yulong 王育龍 (2002). "Xi'an Duling Han du 'rishu – nongshi pian' kaobian" 西安杜陵漢牘 "日書 – 農事篇" 考辨, *Shaanxi lishi bowuguan guankan* 9, 107–13.
Zhang Pengquan 張朋川 (2002). "Zhongguo gudai shuxie zishi yinbian lüekao" 中國古代書寫姿勢演變略考, *WW* 2002.3, 85–91.
Zhang Rongfang 張蓉芳 and Huang Miaozhang 黃淼章 (1995). *Nan Yue guo shi* 南越国史. Guangzhou: Guangdong renmin chubanshe.
Zhang Rongming 張榮明 (2000). *Fangshu yu Zhongguo chuantong wenhua* 方術與中國傳統文化. Shanghai: Xuelin.
Zhang Rongqiang 張榮強 (2004). "Shuo 'fa gu' – Wu jian suo jian mian yi ziliao shi shi" 說 <罰估> – 吳簡所見免役資料試釋, *WW* 2004.12, 57–65.
Zhang Wenbin 張文彬 (1998), ed. *Xin Zhongguo chutu wadang jilu* 新中國出土瓦當集錄. Xi'an: Xibei Daxue chubanshe.
Zhang Xincheng 張心澂 (1957). *Wei shu tongkao* 偽書通考. Original print 1939; revised edn, 2 vols., Shanghai: Shangwu yinshuguan.
Zhang Xuehai 張學海 et al. (1964 and 2000). "Shandong Anqiu Han huaxiang shi mu fajue jianbao" 山東安坵漢畫像石墓發掘簡報, *WW* 1964.4, 30–40, and *Zhongguo huaxiang shi quanji*, Vol. 1. Shandong (2000), 128–31.
Zhang Xuezheng 張學正 (1984). "Gangu Han jian kaoshi" 甘谷漢簡考釋, in *Han jian yanjiu wenji*. Ed. Gensu sheng wenwu gongzuodi and Gansu sheng bowuguan. Langzhou: Gansu renmin chubanshe, 85–141.
Zhang Yanchang 張延昌 and Zhu Jianping 朱建平 (1996), eds. *Wuwei Handai yijian yanjiu* 武威漢代醫簡研究. Beijing: Yuanzineng chubanshe.
Zhang Yongxin 張永鑫 (1992). *Han yuefu yanjiu* 漢樂府研究. Nanjing: Jiangsu guji chubanshe.
Zhang Yuzhong 張玉忠 (2002). "Xinjiang kaogu shulüe" 新疆考古述略, *KG* 2002.6, 483–93.
Zhang Zaiming 張在明 (1998), ed. *Zhongguo wenwu ditu ji (Shaanxi ce)* 中國文物地圖集 (陝西冊). Xi'an: Xi'an ditu chubanshe.
Zhang Zengqi 張增祺 (1990), ed. *Zhongguo xi'nan minzu kaogu* 中國西南民族考古. Kunming: Yunnan renmin chubanshe.
—— (1997). *Dian guo yu Dian wenhua* 滇國與滇文化. Kunming: Yunnan meishu chubanshe.

—— (1998). *Jinning Shizhaishan* 晉寧石寨山. Kunming: Yunnan meishu chubanshe.
—— (2000). *Dian guo qingtong yishu* 滇國青銅藝術. Kunming: Yunnan renmin chubanshe.
Zhang Zhenze 張震澤 (1984). *Sun Bin bingfa jiaoli* 孫臏兵法校理. Beijing: Zhonghua shuju.
Zhangjiashan Han mu zhu jian (247 hao mu) 張家山漢墓竹簡〔二四七號墓〕(2001). Ed. Zhangjiashan ersiqi hao Han mu zhujian zhengli xiaozu 張家山二四七號漢墓竹簡整理小組. Beijing: Wenwu chubanshe [*ZJS*].
Zhanguo ce 戰國策, as compiled by Liu Xiang 劉向 (79–8 BCE). References are to the *Basic Sinological Series*.
Zhao Chao 趙超 (1999). "Shi, qionglong ding mushi yu fudouxing muzhi" 式, 穹窿頂墓室與覆斗形墓志, *WW* 1999.5, 72–82.
Zhao Chengfu 趙成副 et al. (1990), ed. *Nanyang Han dai huaxiang zhuan** 南陽漢代畫像磚. Beijing: Wenwu chubanshe.
Zhao Feng (1999). *Treasures in Silk*. Hong Kong: ISAT/Costume Squad Ltd.
Zhao Xiaofan 趙小帆 (1998). "Shilun Guizhou Han mu de jige wenti" 試論貴州漢墓的幾個問題, *Guizhou minzu yanjiu* 1998.4, 70–6.
Zhao Zhiwen 趙志文 and Jia Lianmin 賈連敏 (1999). "Yongcheng Bao'an shan er hao mu wenzi shixi" 永城保安山二號墓文字試析, *Zhongyuan Wenwu* 中原文物 1999.1, 74–82.
Zhenjiu jiayi jing 鍼灸甲乙經, see Huangfu Mi 皇甫謐.
Zhong Liqiang 鍾禮強 and Wu Chunming 吳春明 (2002). "Zhujiang San jiaozhou quyu renwen lishi de xin shiye" 珠江三角洲區域人文歷史的新視野, *KG* 2002.10, 948–50.
Zhong lun 中論, see Xu Gan 徐幹.
Zhong Zhaopeng, see Chung Chao-p'eng 鍾肇鵬.
Zhong Zhi 钟治 (2002). "Sichuan Santai Qijiang yamu qun 2000 niandu qingli jianbao" 四川三台郪江崖墓群2000年度清理簡報, *WW* 2002.1, 16–41. Abbreviated English version as "The cliff-burial complex in Qijiang, Santai, Sichuan in 2000", *Chinese Archaeology* 3 (2003), 116–24.
Zhong Zhicheng 鍾志成 (1975). "Jiangling Fenghuangshan 168 hao Han mu chutu yi tao wenshu gongju" 江陵鳳凰山一六八號漢墓出土一套文書工具, *WW* 1975.9, 20–2.
Zhongguo bowuguan congshu di 2 juan: Hunan sheng bowuguan 中國博物館叢書第2卷 湖南省博物館 (1983). Beijing: Wenwu chubanshe.
Zhongguo bowuguan congshu di 12 juan: Sichuan sheng bowuguan 中國博物館叢書第12卷 四川省博物館 (1992). Beijing: Wenwu chubanshe.
Zhongguo gudai tianwen wenwu tuji 中國古代天文文物圖集 (1980). Ed. Chinese Academy of Social Sciences, Kaogu yanjiusuo. Beijing: wenwu chubanshe.
Zhongguo huaxiang shi quanji 中國畫像石全集, Vols. 1–3, Shandong; Vol. 4, Jiangsu, Anhui and Zhejiang; Vol. 5, Shaanxi and Shanxi; Vol. 6, Henan; Vol. 7, Sichuan, Jinan and Zhengzhou (2000). Shandong meishu chubanshe and Zhengzhou meishu chubanshe.
Zhongguo jiandu jicheng 中國簡牘集成 (2001–5), 20 vols. Lanzhou: Dunhuang wenyi chubanshe.
Zhongguo lishi wenwu 2003.1, 8–25. "Xiang xi Liye Qindai jiandu xuanshi" 湘西里耶秦代簡牘選釋.
Zhongguo meishu quanji 中國美術全集, see Su Bai 宿白.
Zhongguo renmin gongheguo zhongda kaogu faxian 1949–1999 中華人民共和國重大考古發現 1949–1999 (1999). Beijing: Wenwu chubanshe.
Zhongguo wenwu jinghua 中國文物精華 (1992). Beijing: Wenwu chubanshe.
[*Zhongguo Xinjiang*] *Shanpula: Gudai Yutian wenming de jieshi yu yanjiu* 山普拉古代于闐文明的揭示與研究 (2001). Ed. Xinjiang wenwu kaogu yanjiusuo. Urumuqi: Xinjiang renmin chubanshe.
Zhongguo yi ji da cidian 中國醫籍大辭典 (2002). Shanghai: Kexue jishu chubanshe.
Zhongguo zhongda kaogu faxian 中國重大考古發現 (1990). Beijing: Wenwu chubanshe.
Zhongyuan wenwu 1993.1, 64–70, see Qiu Yongsheng 邱永生 (1993).
Zhou Changshan 周長山 (2001). *Handai chengshi yanjiu* 漢代城市研究. Beijing: Renmin chubanshe.

Zhou Junqi 周俊麒 (1997). "Lun Leshan shi Dong Han yamu de yanjiu" 論樂山市東漢崖墓的研究, *Sichuan wenwu* 四川文物 1997.6, 10–17.

Zhou li 周禮. References are to *Shisan jing zhushu fu jiaokanji* 十三經注疏附校勘記 (annotated Ruan Yuan 阮元; preface 1815); rpt. Beijing: Zhonghua shuju, 1980.

Zhou Li 周琍 (1996). "Handai Jiangnan qiqi zhizaoye chutan" 漢代江南漆器制造業初探, *Nanfang wenwu* 南方文物 1996.3, 65–70.

Zhou Suping 周蘇平 and Wang Zijin 王子今 (1985). "Han Chang'an cheng xibeiqu taoyong zuofang yizhi" 漢長安城西北區陶俑作坊遺址, *Wenbo* 1985.3, 1–4.

Zhou Yiqun (2003). "Virtue and talent: women and *fushi* in early China", *Nan Nü* 5.1, 1–42.

Zhu Honglin 朱紅林 (2006). "Zhangjiashan Han jian shicong" 張家山漢簡釋叢, *KG* 2006.6, 533–9.

Zhu Jieyuan 硃捷元 and Li Yuzheng 李域錚 (1983). "Xi'an dongjiao Sandian cun Xi Han mu" 西安東郊三店村西漢墓, *KGYWW* 1983.2, 22–5.

Zhu Shiche 朱師轍, see Shang Yang 商鞅.

Zhu Zugeng 諸祖耿 (1985). *Zhanguo ce jizhu huikao* 戰國策集注彙考. Nanjing: Jiangsu guji chubanshe.

Zhuangzi 莊子. References are to *Zhuangzi jishi* 莊子集釋, ed. Guo Qingfan 郭慶藩 1894; rpt. Beijing: Zhonghua shuju, 1989.

Ziporyn, Brook (2003). *The Penumbra Unbound: The Neo-Taoist Philosophy of Guo Xiang*. Albany: State University of New York Press.

Zizhi tongjian 資治通鑑, see Sima Guang 司馬光.

Zou Houben 鄒厚本 and Wei Zheng 韋正 (1998). "Xuzhou Shizishan Xi Han mu de jin kouyaodai" 徐州獅子山西漢墓的金釦腰帶, *WW* 1998.8, 37–43.

Zufferey, Nicolas (1998). "Érudits et lettrés au début de la dynastie Han", *Asiatische Studien/ Études Asiatiques* 52.3, 915–65.

Zuo zhuan 左傳. References are to *Shisan jing zhushu fu jiaokanji* 十三經注疏附校勘記 (annotated Ruan Yuan 阮元; preface 1815); rpt. Beijing: Zhonghua shuju, 1980.

Zürcher, E. (1959). *The Buddhist Conquest of China*. Leiden: E. J. Brill.

2001 Zhongguo zhongyao kaogu faxian 2001 中國重要考古發現 (2002). Ed. Huojia wenwu ji Beijing: Wenwu chubanshe.

2004 Zhongguo zhongyao kaogu faxian 2004 中國重要考古發現 (2005). Ed. Huojia wenwu ju. Beijing: Wenwu chubanshe.

2005 Zhongguo zhongyao kaogu faxian 2005 中國重要考古發現 (2006). Ed. Huojia wenwu ju. Beijing: Wenwu chubanshe.

2006 Zhongguo zhongyao kaogu faxian 2006 中國重要考古發現 (2007). Ed. Huojia wenwu ju. Beijing: Wenwu chubanshe.

2007 Zhongguo zhongyao kaogu faxian 2007 中國重要考古發現 (2008). Ed. Huojia wenwu ju. Beijing: Wenwu chubanshe.

索 引
（以下页码为原书页码，即本书页边码）

"p"后的数字表示图版页码；"n"或者"t"后的数字表示注释或表格；黑体或斜体的数字分别指插图或地图（请结合正文文字的页边码来查询）。

主要的墓葬单独列出；次要或引用较少的墓葬合并列于"tombs（墓葬）"条目下。与此类似，主要墓葬的主人单独列出，次要的墓主合并列于"tombs（墓葬）"条目下。次要的出土文本也用此例，统一列于"excavated texts（出土文献）"条目下。

abdominal surgery, 373–4
academicians (*bo shi*), 310, 341, 352
Academies, 177, 210, 341, 513
accountancy, 313–14
accounts of general significance (*tongyi*), 510
acupuncture
    excavated texts, 394
    names of points, 384
    origin of, 370–3, 376
    skill defined, 369
    treats internal problems, 374
administrative systems
    excavated texts, 117, 122, 308, 315, 316, 318
    household registration *see* registered households
    at local levels, 310–11, 312
    in Old Chosŏn, 137
    in spirit world, 427–9
admonition
    Admonitions Scroll, 285, **290**
    authors and works, 526–8
    Zheng Xuan's letter, 525–6
"Admonitions for Purity" ("Qing jie"), 527–8
adoption, 272
adultery, 259
Aegae, location of, 238–9
Afghanistan, 432
afterlife, **37**, 102, 268, 422–3, 427, 429
age distinction, 296–7
agriculture
    in Lingnan, 159

    in Mixian, 107
    statutes of, 256, 262
agronomy, rules of, 255
Aidi, Emperor, site of tomb, **214**
almanacs *see* daybooks (*rishu*)
An Jinhuai, 83
An Shigao, 430
Analects (*Lunyu*)
    allusions, 500
    on Bo Yi and Shu Qi, 493
    citations of, 525
    format and grammar, 498–9
    fragments of, 121
    on Shao Zhengmao, 511
anatomy, 373
ancestral sacrifices, **285**, 415, 416, 419, 426
    shrines, 176, 218, 484
Ancient Near East *see* Near East
Andi, Emperor, 517
animals
    on bronze vessels, **61, 65, 141**
    on buckles, **140, 158**
    on cowrie containers, **157**
    on door décor, 88, 92, 102, **103, 104**, 105
    figurines, 222
    in *fu* poetry, 522–3, 524
    husbandry, 105–7
    on *mianzhao*, p6, 42, **43**
    as *mingqi*, 76
    on pendants, **143**
    physiognomy, 356, 425
    on *pushou* masks, **104**

animals (cont.)
    as sacrificial victims, 65, 418, 424, 426
    spirits, 424, 425
    on stone carving, p7, **52**, **110**
    on swords, 163
    on tomb murals, 48, **51**, 89
    worship of, **435**
animistic tradition, 416–17
Annals (*Chunqiu*)
    canonization of, 469
    citations of, 475n
    compilation of, 475
    mathematical astronomy and, 330
annual reports, from counties, 312, 315
anomalies *see* omenology
anthropomorphism, of spirits, 419, 421–2, 424
Anxi, 186, 187
apocrypha (*chenwei*), 295, 339, 342
apotheosis, of dead, 285, **286–7**, 294
apotropaic practices, 121, 418, 427
appeal (against conviction), 253, 260
    cases, 264
    Zouyan shu, 254
Appian
    Civil Wars, 233, 236
    strangers to the localities, 241
aqueducts, at Rome, 197, 198
archaeologists, 240–1
    and Biblical texts, 239
    doubt on documentary sources, 241
archaeology
    chronological differences, 241
    documentary evidence vs artifacts, 5–6,
        233, 236–40, 367–8, 386–91, 392–7,
        466–7
        implication for archaeologists, 242–5,
            249–50
    forgeries, 239
    Han features, 247
    regional differences, 240–1, 246–7
    sites
        and excavated texts, 129–30 *see also*
            individual sites under "tombs"
        integrity of, 167–8
        maps of, *82*
    techniques, 168, 247
architectural models, 169, 181, 247, **248**
    granaries, p11
archives, at Chang'an, 208
argumentation *see* persuasion
Aristotle, 459, 460n
arrest, statutes on, 261
Ars Poetica (Horace), 533

arsenals
    in Chang'an, 175, 212
    inventory lists, **132**, 314
artefact-based archaeology
    and documentary evidence
        case studies, 233, 236–40
            implication for archaeologists, 242–5,
                249–50
            regional differences, 240–1, 246–7
        features of Han archaeology, 247
    function of, 233
Arts of the Way (*dao shu*), 342, 432
astro-meteorology ("tianwen qixiang
    zazhan"), 343, 344, 355
astrologers, tests for, 264
astrology *see* calendrical astrology
astronomy, 323
    mathematical astronomy, 329–30
    texts, 121, 122, 125, 129, 130, 131
audience halls
    in imperial palaces, 175, 208
    in imperial tombs, 218
    of joint burials, 284n
    in kings' tombs, **21**, 163
augural laws, 195, 200
Augustus, Mausoleum of, 199
authorship
    authorial intent, 461–2, 492
    concept in *Shiji*, 461, 467, 478–9
    and rhetoric, 480
autobiographies, 492, 494–5

"back talk" (*xiang sheng*), 501
bai xing, 300
Baihu tong (Ban Gu), 407, 485
    on music, 490
    purpose of writing, 510–11
    subjects of, 512
Ban Biao, 506
Ban Gu, 487–8, 506, 509 *see also Baihu tong*
    (Ban Gu); *Han shu*
    biography of Su Wu, 530
    "Liang du fu", 521
    on music and *fu*, 490–1
Ban *Jieyu*, 513, 530
Ban Zhao, 501–3, 526
banishment, 259
banliang coins, 116
banners, 31, 35, **38**
banquet scenes, 424, **531**
    from Chang'an, Shaanxi, 201, 209
    from Dahuting, Henan, p10, 90, 92, **93**, **94**,
        107, 108–9

from Sichuan, **278**
from Zhucun, Henan, p14
bao (administrative unit), 166, 301
bao (requital, recompense), 407, 415, 426
Baopuzi (Ge Hong), 441, 443, 448
"barbarian coins", **153**
barricade tombs, 15–16, **16**, 226, 227
"Basic Annals", see *Shiji* (Sima Qian and others)
Basic Questions (*Suwen*), 388–9, 395
bastions (*mamian*), 170, 182
beads, **145**, 154, 163
beancurd (*doufu*), **92**, 107, **107**, 108
Bede, St., 529
Beilu county, Guangxi, copper foundry, 161
bells (*yongzhong*), 62, 164, 219
Benjamin, Walter, 1
bestowal of orders, 297, 299
bi disks, 31–2, **35**, **51**, 67
Bi Yuan, identification of tombs, 213
bian (medical stone), 370, 371, 392
bian dian (Chamber of Ease), 218, 224, **225**, **226**, **227**
  purposes of, 219–20
Bian Que, 370, 371–2, **372**, 386
Bibing tu, 28, **428**
biblical texts, 241, 247
  against archaeological findings, 240
  and archaeologists, 239
biographies, 466–8, 493–4, 495
  in local history, 504
bird script inscriptions, 57, 59
birds
  on bronze vessels, **61**, **141**
  on door décor, 102
  in *fu* poetry, 522–3, 524
  on *mianzhao*, p6
  spirits, 424
  on stone carving, p7, **52**
  on tomb murals, 48, **51**
blast furnaces, 175, 179
bloodletting, 371
Blue Heaven, 439
Bo hu tong see *Baihu tong* (Ban Gu)
bo shi (academicians), 310, 341, 352
Bo wujing yiyi (Zheng Xuan), 511–12
Bo Yi, Shu Qi, 493–4
boats, **165**
bodily cultivation, 379–84
Bokenkamp, Stephen R., 441, 446, 447
book burning (?), in Qin, 430, 469
Book of Maccabees, 188
Book of Odes see *Odes* (*Shijing*)

boshanlu, 58, **61**, **62**, 63, **63**
  from Lelang tombs, **141**
  from mausoleum of Wudi, 60–1
bounties, statutes on, 262
Bowu zhi (Zhang Hua), 441, 447
breathing, 380, **381**, 402
  breath magic, 426–7
  calculation of, 379
bribery, 258
brick chamber tombs, 84–5, 139
bricks
  for coffins, 30, 32–3
  erotic scene on, **289**
  for house building, 180
  as indicator for hierarchy, 98
  inscription on, 139, **439**
  rhetoric image, **454**
  for tomb building, 24, 27, 84, 85, 87t, 89, 98, 100, 228
  for wall building, 170, 182
bronze, 67, 97, **141**
  animal masks, 42
  bells, 62, 164, 219
  belt ornament, **437**
  buckles, **158**
  Buddhist image, **438**
  casting techniques, 156
  coffin décor, 32, **36**, **37**
  cowrie containers, 156, **157**
  distribution of, 232
  drums, 154, 156, 161, 163, 164
  foundries, 179
  lamps, 47, **56**
  mirrors, 42, **43**, 54, 97, 139, 141, **142**
  money trees (*yaoqian shu*), **79**
  phalli, 80, **80**, 392
  plaque, **435**
  seals, 47n, 138, 244, **245**
  stamping blocks, **41**
  vessels, 54, 55–64, 97, **112**, 317
  weapons, 138
Bu Qianqiu, tomb of, **286–7**
buckles, **140**, **158**
Buddha
  on belt ornament, **437**
  and earlier religious beliefs, 433–4
  earliest image of, **436**
  on money trees, 77, **79**, **434**
  rock-cut reliefs, 162, 164–5, **166**
Buddhism, 422, 430
  advent of, 415
  anti-Buddhist movements, 167
  classics, 433, 441, 444

Buddhism (*cont.*)
  and early deities, 440
  image from Hebei, **438**
  transmission of, 432–4
Buddhists, advocates in court, 444–5
building materials, 169, 170, 180, 182
Bureau of Music, 484
burial mound, 84
burial pits, of animals, 65
burning of the books (?) *see* book burning(?)
busts, **76**

Cai Lun, 518
Cai Yong, 211, 334–5
  on cosmography, 331, 333
  on musical instrument, 524
  petitions for "Six Classics", 523
  on ritual procedures, 218–19
calculation
  methods (*suanshu*), 323
  skills of officials, 336–7
calendars (*lifa*), 122, 129
  of Han, 326–8, 330
  Han li, 327
  origins and evolution of, 323–5
  of Qin, 325–6
  reforms of 104 BCE, 9 and 85 CE, 326–7
  san tong li, 327
  seasons, 401, 403n
  Zhuanxu, 325
calendrical astrology, 345–6
  and directions, **402**
  and human body, 374–5, 378–9
  and spirit world, 419–20
callisthenics texts, 127
Campus Martius, 195, **196**, 198–9
Cangjie pian, 131
Canon for Difficulties (*Nan jing*), 385, 388, 396
canonization
  of classical texts, 468–70, 474–5, 512
  of medical literature, 387–91
canons *see* Classics (*jing*)
Cao Cao, 507
  letters on behalf of, 514, 515, 516
Cao family, poets gathering, 524
Cao Pi, 506, 507, 509, 513, 530
  and Cao Zhi, 522
  discourses, 516
  letters of, 514
  literary criticism, 532–3

poetry, 528, 530
  "Yan ge xing", 528
Cao Zhi, 522, 530
capital punishment, 259, 301
carriages, 90, 105, 106, 222
  laws on possession of, 259
cash, 67
catalpa, used for coffins, 30
cauldron (*fu fa*), 351
cauterization, 369, 371
  on infant and elderly, 379
cave tombs, 22, 24
ceiling decoration, 24, 95–6, **97**
  paintings, 48, **51**
  religious iconography, 101, 102
Celestial Master Daoism, 528
Celestial Masters, 447, 528
celestial sphere, 333, **334**, **335**
cemeteries
  position in towns, 176, 185
  at Shaogou, Henan, 242, **243**
Central Asia
  Chinese historical account of, 189–90
  trade routes, 135, 136, *149*, 187, 202–3
Central Plains
  cultural interplay with Lelang, 138, 141
  early contact with neighbors, 135–6, 167
  organization, 136
  style of *ding* tripods, p13
  urban excavations, 177, 179
Central States
  culture, 517
  ethnic diversity, 136
  rites and music, 498
centralism, 167, 185
ceramics, 98, 183
  figures, 220–1, **288**
  workshops, 179
cha lian, 310
chambers, of tombs, 98
  building materials, 85, 87t, 224
  colors, 89
  for sleeping and rest, 218–20, 224, **225**, **226**, **227**
chancellors (*cheng xiang*), 310, 312, 481–3
chang ping cang (ever-normal granary), 336
Chang Qu, 294–5, 532
Chang sang jun, 386
Chang'an, Shaanxi, 169
  Academy, 210
  administration, 200
  arsenals, 175
  Ban Gu on, 490

cemeteries and religious centers, 176
city life, 204–6, 210–11
city plan, 171, **174**, 176–7, 194–6
construction of buildings, 206–8, **207**
documentary errors, 242–3
drainage systems, 198
excavation of, 170, 212
government, 208
guardsmen, 208–9
markets, 173, 174, **174**, 175–6, 204, 205–6
palaces of, 173, **174**, 175
population, 177, 185, 204n
roads to, 202–3
satellite towns, 173
sources for study, 211–12
walls, 170, 190, 203–4
Xiongnu leader's visit, 201
Changes (*Yijing*), 500, 508
canonization of, 512
citations of, 475n
commentaries to, 443
compilation of, 475
and divination, 346–7
excavated texts, 120, 131, 342, 356
on *wuxing*, 404, 407
Changes of Zhou see *Changes* (*Yijing*)
Changle gong, 171, 173
construction of, 206
drainage systems, **205**
foundations of, **207**
Changyan (Zhongchang Tong), 506
Chao Cuo, 274
chariots, 68 *see also* horses
imported from West, 135
charismatic power (*de*), 408
"chaste widows", 277
chaupar (*shupu*), 524
Che Bridge, Hubei, jade figures, **249**
che hou, 297, 305–6
checking, statutes on, 254, 256, 263, 314, 315
Chen Shou, 294, 373–4
Cheng Dachang, 211
cheng xiang (chancellors), 310, 312, 481–3
Cheng Xiao, 526
Chengdi, Emperor
Ban Gu's condemnation of, 487
official cults challenged, 482–3
site of tomb, **214**
Chengdu, Sichuan, 173, 179, **181**
chenwei, 295, 339, 342
children
education of, 278

fortune prediction, **267**, 376, 392
judicial cases, 282
medical treatment, 379
names of, 296
and parents, 277, **288**, 408
punishments of, 272, 272n, 275
of slaves, 302
tombs of, 46–7, **48**, **405**
travel of, 318
Chinbŏn (Zhenfan), 137
Chinese New Year, 324
choggŭp, administrative systems, 137
chŏnch'uk-pun (brick chamber tombs), 84–5, 139
Chong'an, Fujian, settlement, 183, 246–7
Chosŏn *see* Old Chosŏn
chronicles, 125
Chu (as part of empires), 157
Chu ci, 484–5, 490, 524
Chu kingdom
capital of, 178
cultic activities, 416, 427
ding tripods, p13
divinations, 346
lacquer style, 163
maps of, 121
poems, 484–5
script style, 163
sword style, 163
Chu Shaosun, 518
Chunqiu fanlu (Dong Zhongshu?), 294, 399
Chunqiu period, masters in, 462
Chunqiu shiyu, 121
Chunyu Yi, 382, 386, 394–5
Chunyu Zhang, 283
Cicero, 200–1
Circus, at Rome, 194
Civil Wars (Appian), 233, 236
Classic of Filial Duty (*Xiao jing*), 266, 496
Classic of Music, 485
classical masters *see* classicists (*ru*)
classicism, 5, 503
classicists (*ru*), 417
attack on *waiqi*, 495–6
biographies of, 462–5, 475–6
challenge to official cults, 481–3
and divination, diviners, 352, 399, 409
fu critics, 488–91
on learning, 499–501
on sacrifices, 416, 482–6
souls of, 422–3
style attacked, 510

Classics (*jing*)
　base of Eastern Han prose, 508, 510–11
　base of judgement, 493
　of Buddhism, 433, 441, 444
　of classicists, 468–70
　commentaries on, 525
　creating of, 468–70, 474–5
　of Daoism, 440–1, 446–7
　of medical writing, 388–9, 393, 394–7
　for rhetoric training, 504
　specialists on, 475–6
　translations of, 368
　use of, 475–7
classrooms, 511
Cloaca Maxima, 197–8
clothing *see* garment
clothing allowances, for certain workers, 313
clouds
　on bronze vessels, **112**
　on door décor, 89, 92, 102, **103**, **104**, 110
　in *fu* poetry, 522, 527
　on *mianzhao*, **43**
　prognostications by, 355
　on tomb murals, **110**, **111**, **406**
coffins
　exteriors, p1, p2, 30–6, **37**, **38**, **39**, 164
　interiors, 36–7, **40**, 41–8, 147
coinage
　from Central Asia, 189
　clay replicas, 67
　illegal melting, 161
　inscriptions, **153**
　laws on, 262
　minting of, 175, 258
　from Mixian, Henan, 97, 98
　as tomb-dating indicators, 116
collective responsibility, in households, 272
colors
　on earthenware vessels, 67
　for painting bricks, 98
　on tomb decorations, 51
　on tomb figurines, 67, 69–70, **70**
　on tomb wall, 89, 110–11
commentaries (*zhuan*), 476
　to Five Classics, 443, 476–7
　as main form of prose, 505
　purpose of, 506
　style and forms of, 510–13
　zhangju commentaries, 510
commoners, 299–300
communications
　of officials, 505
　postal service, 262, 315–17

compassion, by legal action, 258
The Complete Han Rhapsodies (Fei Zhenggang), 211–12
Complete Way (*zhou dao*), 468, 492
composition of Judgments, statutes for, 261
Computations and Arts (*shu shu*), 343, 374
concordant persuasion (*shun shui*), 457–8
confiscation
　of criminals' family members, 259, 301
　statutes on, 262
Confucians, problematical term, 4, 430–1
Confucius (Kongzi) *see* Kongzi
conjoint burial *see also* joint burials
　in Jiangsu, 131
　in Lelang, 139
　in Mixian, Henan, 100, 101
　term defined, 269n
Conquest Order *see wuxing*
conscript labor *see* statutory duties
constellation, for town planning, 174
contracts, with spirit world, 427–9
convicts
　buried, 9, 127, 217, 220, 259
　confiscation of family members of, 262
　disqualified from receiving an order, 298
　living as civilians, 263
　punishments and allowances, 300–1
　status of, 301–2
　on streets of Chang'an, 205
　as workforce, 190n
cooking, 107, 108
copper foundry, 161
corner towers, 170
corpses
　as evidence of healing arts, 391
　garment, p12, 147, **150**
　head frames, p6, p16, **41–7**
　and Indo-European connections with Central Plains, 167
　jade suits, 44–5, **46**, **47**, 67, 69, 154, **155**, 163
　medical examination of, 373
　wrapping, 36–7
correlative cosmology *see also* Earth; Heaven; *qi*; *wuxing*; *yin*, *yang*
　definitions, 410–14
　and disorder, 455
　and human body, 375–9
　use of term, 398, 409
corruption cases, 264
cosmography, 323, 331, 333, 376

索 引 - 667 -

cosmology *see also* correlative cosmology; Earth; Heaven
   diagrams, p15, **402**
   early study of, 353
   and human body, 374–9
   and religious practices, 415–16
   scenes of, **286–7**, **405**, **406**
cosmos *see also* cosmography
   and the body, 384
   gai tian models, **334**
   and musical scale, 328–9, 330
   and numbering systems, 404
   and rulers, 477, 492
   and songs, 487
counties, administration of, 310–11, 312
courtyards, 170
cowrie shells, 154–5, 154n, 156, **157**
crimes and punishments, 300–2
   execution of rebels in Rome, 199
   of *jue* holders, 299
   mitigation of punishments, 257
   responsibility groups, 296
   scale of, 258–9
   tattooing and disfiguring, 205, 258, 259
   in tombs of convicts, 9
criminal cases
   appeals, 253, 254, 260
   delays in trials, 260
   denunciation, 257, 260, 261
   investigation procedures, 260
criminals *see* convicts
crops, in Central Plains, 203
crystal beads, **145**
Csikszentmihalyi, Mark, 294
Cui Lie, 511
Cui Shi, 506, 507
Cui Yin, 526
Cui Yuan, 526–7
cultic activities, **285**, 351
   condemned, 352
   of immortality, 394
   regional diversity, 416, 427
   to spirit world, 415
currency, 263 *see also* coinage
curtains, for room partition, 108–9

Da dao jialing jie, 447
"Da ke nan" ("Reply to a Guest's Rebuke"), 518
Da Qin *see* Rome
da ti ("grand framework"), 510
"Da zhao" ("The Great Summons"), 484–5

Dahuting, Henan, 83–4
   animal husbandry, 105–7
   banquet scenes, p10, 90, 92, **93**, **94**, 107, 108–9, 111
   dating of tombs, 99
   deceased persons, 100
   décor, 89, 111
   doors, **103**
   farm scene and granaries, 105
   hierarchy of tombs, 98
   iconographic programme, p10, 89–96
   kitchen scene, **107**, 107
   luxurious burials (*hou zang*), 100–1
   pushou masks, **88**
   reconstruction, **86**
   stone carving process, 109–10
   tomb building materials, 84–5, 87t
   tomb plan, **84**, 85
Daifang
   commandery established, 137
   cultural interplay with Han, 141, 144
   disappears, 138
daily life equipment, models, 65, 67
dancing, 219
danggu ("Great Proscription"), 523
Daode jing (Laozi), 443
Daoism, 422, 436, 528
   advent of, 415
   classics, 440–1, 446–7
   problematic term, 430
Daoists *see also* Zhang Daoling
   Celestial Masters, 447, 528
   charms, **442**
daoshi (masters of the *dao*), 417
dating
   of excavated texts, 116–17, **118–20**
   of tombs, 99, 139, 154
daybooks (*rishu*)
   animal cycle, 425
   dream prognostication (*zhan meng*), 348
   fertility and fortune, **267**
   on Five Phases, 404
   Five Sacrifices, 423
   and medical practices, 379, 392–3
   prayer to fertility god, 425
   and religion, 352, 415, 418
   sources of, 345, 353, 354, 355, 356, 357, 358
   topomancy (*xiang zhai*), 349, **350**
days (*ri*), 324, 325, **331**, 333
de (charismatic power), 408
death
   continuum with life, 431
   rituals, 429

death penalties, 259, 301
debates, 495–8
  on classics, 511–12
decrees, 115, 129
deep surgery, 373–4
deer, 65, 92
  on doors, **95**, **96**, 105
defense lines, 182, 183
Definitive Discourses (*Dianlun*), 506, 509, 532–3
deforestation, at Loulan, 148
deities, 415, **428**, 440 *see also* immortals; Queen Mother of the West
  of animal world, 424–5
  and Buddha, 433–4
  of domestic sphere, 423–4
  on door décor, 92
  hierarchy, 431
  nature spirits, 421–3
  and ritual theory, 375
  sacrifice ritual for, 481–5
  supreme names, 419–21
  on tomb murals, 89
Deng, Empress Dowager, 502
Deng Xi, 453, 453n
denunciation, 257, 260, 261, 304
desertion, 258, 261–2, 264, 317
Di (outlying tribe), 508
Di and Rong (northern powers), 135–6
diagnosis and remedies, 386–7
dialogue, writing style, 384–5, 468, 492, 497–501
Dian culture, 152
  animal worship, **435**
  connections to Han and Xiongnu, 156
  debates over, 153–4
  luxurious items, 154–6, **155**, **157**, **158**
  nature of governance, 166
Dianlun (Cao Pi), 506, 509, 532–3
diaries, 130, 131
  of officials, 311
dice, **349**
dictionaries, 504, 532
ding tripods, p8, p13, 54, **55**, 55, 56, 163, 164
Dionysius of Halicarnassus, 188, 189, 200
dipper astrolabe (*bei dou shi*), 346, **347**, 375, 376
directions and seasons, **401**
"Discourse on Governance" (Cui Shi), 506, 507
"Discourse on Literature" (Cao Pi), 509, 516
discourses (*lun*), 532–3
  authors and works, 506

defined, 506
  as main form of prose, 505
  purpose of, 505–7, 516
  writing style, 508–9
disfigurement, 259, 301
"Dismissing Ridicule" ("Jie chao"), 518
displaced persons (*liu min*), 301
divinations, practice and types, 339, 426
  see also omenology; physiognomy
  astro-meteorology, 344
  and calendrical astrology, 345–6, 374–5, 378–9
  in Chang'an markets, 206, 341
  for children, **267**
  classification of, 342–3
  definition and function, 339
  dream prognostication (*zhan meng*), 348
  excavated texts, 121, 130, 131, 353–8
  as form of spirit communication, 426
  for grave sites, 295
  and healing arts, 386–7
  hemerology, 345
  instruments, **334**, 342
  for marriage, **268**
  officials and institutions, 340–1
  practitioners *see* diviners
  and religion, 351, 352, 417
  sceptic view of, 351–2
  topomancy (*xiang zhai*), 349, 351
  by turtle shells, milfoil stalks, 340, 342, 343, 346–7
  views of, 210
  yin–yang associations, 403
Divine Farmer (Shennong), 385, 397, 425
diviners, 417 *see also fangshi* (masters of techniques)
  and classicists, 399, 409
  of Eastern Han, 361–6
  and healing arts, 387
  hereditary profession of, 341
  social mobility, 341
  status, 340–1
  teaching and writing, 342
  of Western Han, 359–60
divinities *see* deities
divorce, 275–6
DNA analysis, 168
Doctrine of the Mean (*Zhong yong*), 474–5
documentary evidence
  vs archaeological findings, 5–6, 233, 367–8, 386–91, 392–7, 466–7
  case studies, 236–40

implication for archaeologists, 242–5, 249–50
regional differences, 240–1, 246–7
documents
  editing of, 294
  statutes on handling of, 262, 263
Documents, Book of (*Shangshu*)
  burnt (?), 469
  citations of, 475n, 490, 525
  commentaries, 476–7
  compilation of, 469–70, 474
  and rhetoric, 482
dogs
  physiognomy, 356
  as sacrificial victims, 426
  spirits, 424
domicile, identification of, 297
donation, records of, 131
Dong Yue, king of, 183
Dong Zhongshu, 309, 359t, 398
  cases judged, 282, 283
  Chunqiu fanlu, 294, 399
  magico-religious arts, 417
Dongfang Shuo, 518, 526
Donghai, Jiangsu
  arsenal, 314
  population, 180, 311
Dongson (Vietnam), 135, 152, 155, 163
Dongyang, Jiangsu, 318–19
Dongye (port), 183
doors, 85
  building materials, 87t, 89
  decoration, 92, **95**, **96**, **103**, **104**
  iconography of, 105
  as indicator for hierarchy, 98–9
  ring-holder masks, **88**, **104**
  role in passage of initiation, 102
  time needed for carving, 100
Dou Wan, tomb of
  bi disks, 31–2, **35**
  bronze vessels, 55–6, **56**, 58, **61**
  tomb structures, 17, 19
doufu (beancurd), 92, **107**, 107, 108
dougong bracket sets, 24, **28**
dove-headed staffs, 114–15
dowagers, empress
  biographies of, 294
  dominate courts, 293
  Dou Yifang, 56
  palaces of, 173, 208
  ruling of, 294
  scandals of, 452
  tutors of, 501–2

dowries, 272, 276
dragons
  on bronze vessels, **61**
  on buckles, **140**
  on door décor, 102
  on *mianzhao*, **43**
  on silk paintings, 35
  on stone carving, p7, **52**
  on tomb murals, 48, **51**
drainage systems, **174**, 180
  in Chang'an, Shaanxi, 171, 183, 198, 204, **205**
  in imperial tombs, 218, 224
dream prognostication (*zhan meng*), 348
drugs, 374, 392, 394
drums, 154, **159**, **160**, 163, 164
  importance of, 156
  making of, 161
Du Du, 506
Duduan (Cai Yong), 211
Duke of Zhou *see* Zhou Gong
Duling *see* Xuandi, Emperor
Dunhuang, Gansu
  excavated texts, 122, 124–5, 308, 316, 352, 358
  route to Chang'an, 202–3

Early Daoist Scriptures (Bokenkamp), 441
Earth *see also* correlative cosmology
  and Heaven, 399–401
  and seasons, **401**
earth sceptre (*tugui*), **332**
earthen fortifications, Xiongnu, 145
earthenwares
  from Beidongshan, Jiangsu, 69, **73**
  for drainage building, 171
  from Houshiguo, Henan, 97, 101
  from Lintong, Shaanxi, **78**
  from Litun, Henan, **31**
  from Luoyang, Henan, **76**
  from Majiashan, Sichuan, **77**
  from Mangdangshan, Henan, **75**
  from Mawangdui, Hunan, 67
  from Shuangbaoshan, Sichuan, 67, **72**
  from Shuangjiang xiang, Sichuan, **79**
  from Sichuan, 29–30, **30**
  from Yangling, 71, **74**
Eastern Han
  capital *see* Luoyang
  folk songs, 487
  imperial tombs, 224
    identification of, 213–14
    list of, **217**
    measurement, 230

Eastern Han (*cont.*)
  literary style, 517–18, 521–3 *see also* persuasion; prose
  papermaking, 518–21
  reconfiguring "public" and "private" obligations, 266
  religious trends, 431, 432, 438–40 *see also* Buddhism; Daoism
  urban development, 170
Ecclesiastical History of the English People (Bede), 529
economic policy, 495–8
edict *see* prose
education, 280
  Academy, 177, 210, 513
  of children, 278
  of diviners and scribes, 341, 342
  elementary learning, 504
  female roles in, 503
  "fetal", 278
  teaching resources, 511
Egypt, settlement of mercenaries, 236, **237**
Eight Trigrams, 404
Ekron, 240
Elements (Euclid), 337
emperors *see* rulers
empires, complex model of, 136n
empresses *see also* dowagers
  burial sites, 214–15, 215n, 218, 222
  Dou Yifang, 56
  Empress Lü, 217, 219
  Empress Wang, 215
  in ruling house, 291, 294
  tutors of, 501–2
  Xuandi's Empress, 224
"encirclement chess" (*weiqi*), 524
encyclopedias, 532
end-tiles (*wadang*), 180, 183, 184, **205**, 219
  inscriptions on, 213, 219
enrolment, statute on, 263
entertainment, of guests, 91–2, **92**, **93**, 108, 109, 201, 209
epitaph *see* prose
"Er jing fu" ("*Fu* on the Two Capitals"), 521
Er nian lü ling (*Statutes and Ordinances of the Second Year*), 127, 129
essays, 492
ethnicity, 240–1
  of archaeology, 240–1
  defined, 136n
Etruria, Italy, 233, 236
eulogies *see* prose
eunuchs, 291, 523

ever-normal granaries (*chang ping cang*), 336
excavated texts, **118–20**
  authenticity, 114–16
  condition of, 117, 120–3
  dating, 116–17
  issues and prospects, 133–4
  vs received texts, 5–6, 233, 367–8, 386–91, 392–7, 466–7
  reconstruction of, 127, 129
  regions and periods, 129–33
  sites of discovery *see also* Juyan; Mawangdui; Shuanggudui; Shuihudi; Yinqueshan; Yinwan; Zhangjiashan; Zhoujiatai
    Bajialang, Hebei, 121, 357
    Baoshan, Hubei, 346, 423
    Dunhuang, Gansu, 122, 124–5
    Fangmatan, Gansu, 130, 354, 393, 425
    Fuyang, Anhui, 346
    Gangu, Gansu, 133
    Hantanpo, Gansu, 133, 394, **519**, **520**
    Huang Shiyan, Jiangsu, **132**
    Huxishan, Hunan, 122, 357
    Kongjiapo, Hubei, 355, 401n, **402**, 425
    Liye, Hunan, 117
    Longgang, Guangdong, 127
    Mozuizi, Gansu, 358
    Shangsun jiazhai, Qinghai, 133
    Wangjiatai, Hubei, 117, 345, 346, 353–4
    Xuanquan, Gansu, 125, 129, 358
    Xupu, Jiangsu, 131
    Yueshan, Hubei, 354
    Zoumalou, Hunan, 117
excavations *see* tombs
execution
  of rebels, 199
  of robbers, 258
Exemplary Talk see *Fayan* (Yang Xiong)
exemption
  from punishments, 259, 298
  from service, 262, 263, 312
exorcism
  techniques, 427
  writings, 29, 348
export, control of, 317
express courier service, 316

fabrics *see* textiles
face masks, p12, 147, 226 see also *mianzhao*
families *see also* gender; households; marriage
  cemeteries *see* Mixian tombs
  competing models for, **270**

索 引 - 671 -

document sources, 293–5
domestic relations, 278, 280
　document sources, 282–4
　excavated evidence, 284–90
　father and child, 404
　household size, 269, 271
　inheritance, 263, 271–2
　jia vs *hu* defined, 269
　obligations of, restrictions on, 258, 282–4
　old theories about, 268–9, 269n, 290–2
　organization of, 304–5
　and ruling of the realm, 266, 496
　as social constructions, 283–4
"Family Counsels for the Yan Clan" ("Yanshi jiaxun"), 526
Fan Ye, 525
fang (remedies), 368, 370–4, 386–7
fang urns, 54, **55**
Fang Xuanling, 256–7, 261
fangshi (masters of techniques), 326, 386, 417
Fangyan (Yang Xiong), 504
　dictionaries in, 504
farm scenes, 90, **91**, 105
fate
　of children, **267**, 376, 392
　of ruling house, 492
Fayan (Yang Xiong), 406, 488
　on learning, 499–501
　writing style, 498, 501
Fei Zhenggang, 211–12
felines, **158**
females *see also* dowagers; empresses; gender
　admonition for, 526
　adoption from, 272
　Ban Zhao on, 501–3
　in banquet scenes, p14, **93**, **531**
　in classical learning, 502
　as deserters, 264
　with drum, 156, **159**, **160**
　fate prediction, 376
　fertility, **267**
　figurines, **75**, **76**
　genitals, 382, **383**
　gentlewomen, **292**
　hair styles, 108
　inheritance, 271–2, 300, 303
　as kitchen servants, 108
　and laws, 257, 269, 272n, 275
　lessons for, 295
　letters to husband, 513–14
　in marriage, 274–6
　as metaphor of rhetoric, 500

mothers and babies, **288**
musicians, 482
and orders of honour, 299
perception and expectation on, 194n, 290–1, 291n
professions of, 281–2
and redemptions, 272
roles in households, 271, 278, 280, 281, **281**, 293, 503
sexuality, 285, **289**, 380–1, 382, **383**, 384
slaves, 300
as spirit mediums, 417
in standard histories, 294–5
status of children of, 302
tax duty, 274n
feng ("indirect criticism"), 518
Feng Can, 215n
fengjiao, 344
Fengsu tongyi (Ying Shao), 485, 532
festivals, 220, 220n, 324
fetal education, 278
figurines, 67, 69–71, **72**, 75–6, **77**, **78**
　Buddha, **436**
　on cowrie containers and drums, 156, **157**
　female, **75**, **76**
　gentlemen, **73**
　guan ren, p17, **68**
　horse riders, **72**, 75, **75**
　household attendants, 67
　lead, 47, **48**, 427–8
　with *mai* diagram, **377**, 377–8, 381–2, 392
　musicians, 66, 67, **69**
　soldiers, **74**, 220
　tomb guardians, 27–9, **30**, 424
filial duty (*xiao*), 4n, 258, 309, 310
　classics of, 266, 496
　punishments for lack of, 265
fines
　calculation, 259
　for courier delays, 316
　for errors in checking, 314, 315
fire brigades, in Rome, 197
First Emperor of Qin *see* Qin Shi Huangdi
fish, **405**, 522
Five Capitals (*wudu*), 173
Five Classics (*wujing*), 3–4, 443, 468–9, 508
　see also Annals (Chunqiu); Changes (Yijing); Documents (Shangshu); Odes (Shijing); Rites (Li ji)
　citations of, 475n, 525
　commentaries on, 511–12
　consolidation of, 481
　and rhetoric, 481, 517

Five Cosmic Emperors (Wu di), 482
Five Phases see *wuxing*
Five Planets brassard, 148, **150**
flogging, 259, 260, 301, 316
flutes, 164, 524
folk songs, 486–8
food, **92**, **107**, 107–8, 109, 161
　at Chang'an markets, 205
　recipes, 122
　statute on rations, 262
forgery, 258
fortifications
　Han urban defense, 170, 180–1
　for residence, 180–1
　Xiongnu, 145
friezes, 89–90, **90**, **91**, 92, **92**, **110**
　artistic view of, 111
frontiers, 136n, 496
　defined, 166
fu (rhapsodies), 484, 485, 529n *see also* poetry
　critics of, 488–9, 490–1
　decline of, 517
　examples of
　　"*Fu* of Self-Commiseration" ("Zidao fu"), 530
　　"*Fu* on a Stranded Bird" ("Qiong niao fu"), 522–3
　　"*Fu* on Ascending the Tower" (Wang Can), 521
　　"*Fu* on Contemplating the Mystery" ("Si xuan fu"), 528
　　"*Fu* on Literature" ("Wen fu"), 533
　　"*Fu* on Recalling a Friend" (Wang Can), 521
　　"*Fu* on Recalling Old Acquaintances" (Xiang Xiu), 521–2
　　"*Fu* on Returning to the Fields" (Zhang Heng), 521
　　"*Fu* on Shrouded Thoughts" ("You si fu"), 522
　　"*Fu* on the Three Capitals" ("San du fu"), 521
　　"*Fu* on the Two Capitals" ("Er jing fu"), 521
　　"*Fu* on the Two Capitals" ("Liang du fu"), 490, 521
　　"Paean to the Sourpeel Tangerine" ("Ju song"), 524
　on Han Chang'an, 211
　Han style, 489–90, 518
　and letters, 515
　and *lun*, 509

　rejected by Yang Xiong, 500
　themes of, 521–4
fu fa (cauldron), 351
Fu Guo, 515
Fu Qian, 511
Fu Sheng, 476
Fu Yi, 524
fudao (passageways), 174, 177, **178**
Fufeng, Shaanxi, **519**, **520**
funerary parks, 217–18
funerary practices, 100–1, 121, 129, 130
　see also mourning
furnishings
　for banquet chambers, 108–9
　for kitchens, 108
　in resting chambers, 219–20
　in sleeping chambers, 219
　in tombs, 24, 98
Fuxi and Nüwa (Nü Gua), p7, **286–7**, 294

gai tian, 333, **334**
games, in *fu*, 524
Gan Bao, 441, 443, 448
Gandhari, 432–3
ganying (sympathies), 407–8
Gao Biao, 526, 527–8
Gaochang *see* Jiaohe, Xinjiang
Gaozu, Gaodi, Emperor, 178, 219
　builds palaces, 206
　creates nobilities, 305
　and Lu Jia, 468
　tombs
　　arrangement of, 216
　　drainage systems, 218
　　identification of, 213
　　number of graves, 218
　　sacrifices, 219
　　site of, 203, **214**
gardens, at Nan Yue palaces, 184
garment, **68**, **71**
　for corpses, p12, 147, **150**
　of emperors, 219, 220
　for tomb figurines, p17, 67, **68**
garrison service, 259
garrison towns, 170, 182
gate towers, 170, 171
gateway pillars, 98, **110**
gates, of towns, 171, 182
gazetteer, 294
Ge Hong, 441, 443, 448
gender, 280 *see also* females
　anti-female rhetoric, 268–9
　and inheritance, 271–2

索 引

morality, 294
patrilineal rule challenged, 269
roles, 280–2
segregation, 277–8, 280
and *yin yang*, 290–1, 403n
Geng Shouchang, 336, 337
genitals *see also* phalli
females, 382, **383**
genres, 408, 443
definitions of, 525, 533
in literary writings, 488–91, 505–6, 505n, 510, 517, 521, 525, 528, 532–3
in medical literature, 370, 376
of *Shiji*, 479
terminology of, 492n
Geography (Ptolemy), 239
Gitin, excavator, 240
glass
on buckles, **158**
hu inlaid, 57
mirror decorations, 42, 163
objects, 147
for pectorals, **49**
zhong inlaid, **57**
gnomons, 330, **332**, 333
gods *see* deities
gold
buckles, **140**, **158**
clay replicas, 67
control of trade, 317
as emperors' presents, 201
inlaid in tablewares, 205
in jade suits, 45
as metaphor of men, 499
seals, 154
threads, **47**
goldwork, 154
gong cao, 310
Gongshu Pan, 499
Gongsun Hong, 309–10, 469
Gongsun Qing, 326
Gongsun rulers, 137
Gongzi Wuji, 477
gongzu, 299
Goumang, p7, **52**, 375
government *see also* officials; ruling houses
accountancy, 313–14
administrative texts, 117, 122, 308
communications, 315–17
dominated by eunuchs, 523
economic policies criticized, 495–8
and local religious movements, 417–18
offices, 171, 175, 208

as paterfamilias, 266
registration and obligations of population, 303–4, 312–13
of Rome, 200
store checking, 315
travel control, 259, 317–18
Graham, A. C., 353
granaries, 336
in Chang'an, 206
from Mixian tombs, p11, 105, **106**
"grand framework" (*da ti*), 510
grand inception (*taichu*) reform, 326–7
Grand Unity (Taiyi), 481, 482
grapes, 203
"Great Commentary", to *Documents*, 476–7
Great Granary, 313
"Great Proscription" (*danggu*), 523
"Great Summons" ("Da zhao"), 484–5
Great Unity (Taiyi), 481, 482
Greeks
art of orator, 452, 459–60
culture, 398
as mercenaries in Egypt, 236, **237**
grinding stones, **53**
Gu Kaizhi, 285, **290**
gu wen, 504
gu yue (music of antiquity), 485–6, 490
Guan Zhong (Guanzi), 462, 467
Guandong area, 169
Guangwudi, Emperor, 224
Guangzhou *see also* Zhao Mo, Zhao Hu
as capital of Nan Yue, 161
ding tripods from, p13
tombs found, 162
guannei hou, 297, 298, 305–6
Guanzhong (metropolitan area), 169, 180
Guanzi, 294, 466, 467
Gui cang, 117, 346, **349**, 353
Guifang (outlying tribe), 508
Guigong ("Cassia Palace")
building of, 206
excavation report, 212
foundations of, **207**
remains of, 175
Guo Xiang, 444, 447
Guo yu, 376, 487
Gushi *see* Jiaohe, Xinjiang
"Gushi shijiushou" ("Nineteen Old Poems"), 529, 530
Gusu, 515
Guwenci leizuan (Yao Nai), 505
gynaikokratia, 293

hairstyles
  of southwestern people, 154
  of women, 108
Han dynasty *see also* cosmology;
      divinations; healing arts; religion;
      rhetoric
  administrations in outlying lands, 137,
      161, 163, 166–7
  calendars (*lifa*), 326–8, 330
  decline of, 437–8
  disinclination to highlight ethnic
      identities, 136
  documentary records, 233
  economic policy, 495–8
  expansion, 135–6
  hierarchy, 307
  political and cultural changes, 481, 483
  privilege and purpose of writing, 503–4
  town planning, 171, **172**, 173, 178–9
      see also Chang'an; Luoyang
  urban defense, 170
  urban development, 169–70, 184, 185
  urban dwellings, 179–82
Han Fei, 495
  against divination, 352
Han li, 326–8, 330
Han shi nei zhuan, 511
Han shi wai zhuan, 476
Han shu
  bibliographical grouping, 323, 390
  biographies of empresses, 294
  classification of the divinatory arts, 343
  on Dongfang Shuo's argument, 518
  on *fu*, 488, 490
  healing arts, 368, 388, 393
  Li Ling, on man's life, 530
  on moon, 336
  on music, rituals, and numbers, 329,
      483–8, 490
  on nature of "laws", 253
  Wang Mang's ancestral shrines, 176
  on Xiongnu, 152
  yin–yang, Five Phases, and *qi*, 404–5, 406
Han Ying, 476, 511
Han Yu, 430
Handan, Hebei, 173, 179
Hanfeizi, 458
hard labour, 259, 300, 301
Haskell, Francis, 295
hay and straw tax, 313
Hayashi Minao, **405**
He Qinggu, 211
He Yan, 511, 512

head frames see *mianzhao*
healing arts
  classics, 368, 388–9, 393, 394–7
  diagnosis, 386–7
  early medical theories, 368–70
  excavated and received texts, 367–8,
      386–91, 392–7
  excavated artifacts, 391–2
  nourishing life, 379–84
  practitioners, 384–7
  remedies and techniques, 368, 370–4,
      386–7
  ritual bodies and lucky days, 374–9
  from spirit world, 415
Heaven, 102, 333–5, 432 *see also* correlative
      cosmology
  Earth and humans, 399–401, 407–8
  ideas of, 331
  limit of concept of, 432, 432n
  in religious movement, 439
  Xunzi's attack on, 453
Hebei, archaeological sites, **438**
Hebrew culture, 398
Hedin, Sven, 122, 147
Heian period, Buddhist canon, 433
heirs and inheritance, 271–2, 300, 303
  of orders of honour, 298
  statutes on, 263
Hellenistic textiles, 135
hemerologists, 376
hemerology, 343, 345 *see also* daybooks
      (*rishu*)
heptametric verses (*qi yan shi*), 517, 528
Hepu commandery, 161, 162
heqin (marriage alliances), Han and Nan
      Yue, 163
Herodotus, 236
  site of Macedonian kingsom, 238–9
  strangers to the localities, 241
hexameter, 210
hierarchies
  of Han dynasty, 307
  of natural world, 409
  of spirit world, 419
  of tombs, 98–9
historians, 240
  received documents vs archaeological
      findings, 233, 236–41
  on Rome, 188–90
historical texts, 120–1
Histories (Herodotus), 236
historiography, 481, 486
Hong Kong, 162

Horace, 533
horses, 222, 317, 425
  on bronze plaque, **65**
  county annual reports on, 315
  as indicator for animal husbandry, 105–6
  laws on possession of, 259, 264
  manuscripts on, 425
  models in tombs, 68, **72**, 76, 138, 222
  physiognomy, 356, 425
  on tomb murals, 90, **91**
  trade control, 317, 318
Hou Han shu
  on astronomical observation, 328, 330
  biographies of empresses, 294
  biography of Zheng Xuan, 525
  on campaign to Central Asia, 189–90
Hou Yi, 499
hou zang (luxurious burials), 100
households, 296 *see also* registered
      households
  cults, 423
  defined, 269, 302–3
  female roles in, 503
  inheritance of, 300
  inheritance of land, 303
  land registration, 303
  legal heads, 277
  sizes, 269, 271
  as social constructions, 283–4
  statutes on, 257, 258, 263
  work in, 280–2
Houshiguo, Henan, 83–4
  animal husbandry, 106–7
  building materials, plan, 85, 87t
  burial objects, 30, 97–8, **421**
  dating of tombs, 99
  décor, 89, **110**, 111, **112**
  doors, **104**
  funerary practices, 101
  granaries, p11, 105, **106**
  hierarchy of tombs, 98–9
  religious iconography, 102
housing
  in Han, 179–80, 247, **248**
  in Rome, 196–7
Houtu (Lord Earth), 482
How to be a Good Official (*Wei li zhi dao*),
      308–9
hu urn, 57, **60**
Hua Tuo, 373–4
Huainanzi (Liu An), 452
  authorship, 478
  compilation of, 477–8

list of veneration, 423
numbers and notes, 328–9
on order, disorder, 456–7
"spirit trees", 77
wuxing and *qi*, 402
Huan Tan
  on cosmography, 333
  Xinlun, 506
Huang lan, 532
Huang Lao, 342, 359, 363t, 364t, 365t, 430
      see also Laozi; Yellow Emperor
  debates over, 440
huang quan (Yellow Springs), 422, 439
Huang zhong (Yellow Bell), 328, 329
huangchang ticou, 15, **16**, 226
Huangdi neijing, 388–9, 395–6
  acupuncture points, 384
  dating of the chapters, 405–6
  measurements of the human organs, 373
  Nine Needles, 372–3
  objects of veneration, 423
  qi and universe, 378–9
  style of writing, 384, 385
  text-conferral rituals, 385
Huangfu Mi, 376, 388–9, 396
Huayang guozhi (Chang Qu), 294–5, 532
Huhanye, 201
Huidi, Emperor
  arrangement of tombs, 216
  building of Chang'an, 173, 206
  site of tomb, 203, **214**
Hulsewé, Anthony, 253, 258
human beings, and Heaven, Earth, 407–8
human body
  and cosmology, 374–9
  cultivation, 379–84
human sacrifices, **157**
hun tian ("spherical Heaven"), 331, 333, 334
hunping ("soul jar"), **421**
hunting scenes, 102, 156
Huntington, E., 148
Huo Guang, burial of, 41
Hyŏndo, 137
"hypothetical discourses" (*shelun*), 518

illicit sex, 275
Imdun, 137
immortality, 102 see also *fangshi* (masters
      of techniques)
  Han emperor's wish for, 326
  pharmaceutical implements for, 392
  representation of, **405**
  techniques for, 390, 394

immortals *see also* deities; Queen Mother of the West
  on bronze mirrors, **142**
  on coffin décor, p4
  on coffin ornaments, **37**, 37
  contact with, 326
  image on money trees, 76, **435**
  on *mianzhao*, p6, **43**
  paucity of images of, 102
  role in medical arts, 385
imperial administration *see* government
imperial counsellors (*yushi dafu*), 310, 312
Imperial Forest, 199
imperial libraries, 208
  catalogue, 390, 461, 481, 532 see also *Han shu*
imperial relatives, 206 see also *waiqi*
  as audience of rhetoric, 480
  and nobilities, 305, 306
  tombs of, 218, 219
imperial tombs, 202 *see also* tombs of individual emperors
  arrangement of, 218
  construction of, 217
  identification of, 213–15
  list of Han tombs, 230
  measurements of, 228–30
  at Rome, 199
  shrines and offerings, 218–20
  situation of, 215–17
incantations, 426
incense burners see *boshanlu*; *ding* tripods
India, 432, **435**
"indirect criticism" (*feng*), 518
individualism *see* personal focus
individuals
  control of, 304–5
  identification of, 296–7, 318
Indo-European connections, 167
inheritance and heirs *see* heirs and inheritance
inkstone, **53**
The Inner Canon of the Yellow Emperor see *Huangdi neijing*
inner cities (*nei cheng*), 171, 182
Inner Mongolia *see also* Xiongnu
  garrison towns, 182
"Inscription Placed to the Right of My Seat" ("Zuo you ming"), 526–7
intercalary months (*run yue*), 324–5
interrogation, 260
inventory lists
  arsenals, **132**, 314

funerary items, 121, 129, 130
  tomb contents, 52
invocators (*zhu*), 417
Iron Office (*Tieguan*), 178, 179, 311
iron works, 178–9
  foundries, 175, 179, 183
Italian peninsula, 236

jade
  disks, 31–2, **35**, **51**, 67
  figures, **249**
  for *mianzhao*, p16, 42, **44**, **45**, **46**, **47**
  ornaments, 47, **50**
  sculptures, 97
  suits for corpses, 44–5, **46**, **47**, 67, 69, 154, **155**, 163
  tablets, 422
Jade Gate (Yumen), 202
Japan, Buddhist canon, 433
jars (*zhen mu ping*), 101
jewellery, **145**, 154, 163, 164
jia, 269, 303
Jia Gongyan, 277n
Jia yi jing, 396
Jia Yi, memorials of, 496
Jian'an period, 517, 529
Jian'an qizi, 509
jiandifa ("reduced-earth method"), 148
Jiaohe, Xinjiang, 148, **150**, *151*, 152
Jiaozhi commandery, 161
Jibu (Collected Registers), 180
jie (admonition) *see* admonition
Jie, as tyrant, 453
"Jie chao" ("Dismissing Ridicule"), 518
Jilin Province, 182–3
Jin dynasty, 444
  expansion by marriage, 135–6
  medical texts, 390
  officials, **465**
  religion, 430
Jin shu (Fang Xuanling), 256–7, 261
jing (classics) *see* Classics (*jing*)
jing (in human body), 380, 382
Jing Fang, 330, 347–8, 360t
Jingdi, mausoleum of, 216, **221**, **222**, 227
  arrangement of, 220
  drainage systems, 218
  earthenware figurines, 70–1, **74**, 220, 222
  identification of, 213
  manpower for construction of, 217
  site of, 203, **214**
  siting stone, 222, **223**
  sleeping chamber, 219

Jingjue City, Xinjiang, 148, **150**
"Jingshen" (*Huainanzi* chapter), 402
Jingzhou Academy, 513
"Jiu ge" ("Nine Songs"), 484
Jiu gong (Nine Palaces), p15, 345
Jiu zhang suan shu (*Nine Chapters on Mathematical Procedures*), 337–8
Jiu zhen (Nine Needles), 372–3
Jiuzhen commandery, 162
joint burials, 284, 284n *see also* conjoint burial
   term defined, 269n
   in Yinwan, Jiangsu, 268
"Ju song" ("Paean to the Sourpeel Tangerine"), 524
ju zuo, ju zi, 302
junzi (gentlemen), **73**, 457n, 525
Jushi *see* Jiaohe, Xinjiang
Juyan manuscripts, **123**, **124**
   administrative texts, 308, 315, 316, 318
   discovery and transposition, 122–3
   mantic texts, 358
   medical texts, 394
   orders of honour, 297
   sacrifices, 424
   servicemen's literacy, 124–5

Kalinowski, Marc, 294, 324
Kamakura, Buddhist canon, 433
Kang, king of Zhou, 462
Kaya kingdom, **145**
Kharoṣṭhi script, 148, **150**
kin *see* families
Kingly Regulations (*Wang zhi*), 474–5
"King's City" (*wangcheng*), 161
kings (*zhuhouwang*), 298, 306–7
   as audience of rhetoric, 480
   daughters' title, 258
   nobilities received by sons of, 305
   tombs of, 224, 225–7, 230–1
kissing couple, **289**
kitchen scenes, **92**, 107, **107**, 108
kiyul, administrative systems, 137
Kogukwon, king, 142
Koguryŏ, 137, 138
Kong Guang, 283
Kongwang Shan, Jiangsu, 164–5, **166**
Kongzi, 452
   on Bo Yi and Shu Qi, 493–4
   citations of, 499
   death, 430
   excutes Shaozheng Mao, 511
   family value, 290–1
   and Five Classics, 470, 474, 475
   on *guo* and *jia*, 496
   and Laozi, 529
   life discussed in *Shiji*, 462, 465
   and Six Arts, 469, 474–5
Korea, 166
   name, origin, 138
Korean peninsula, original dwellers, 139
Kuang Heng, 485
   on ritual and music, 481–4, 490
kuggŭp, administrative systems, 137
kunjang, administrative systems, 137
Kushan kingdom, 432
Kushida Hisaharu, 295
kusu, administrative systems, 137
kwitŭl mudŏm see wooden chamber tombs

lacquer figurines, 377–8
   with *mai* diagram, **377**, 392
lacquer wares, **531**
   from Dian tombs, 156
   from Lelang, 139
   from Lingnan, 163
   from Mawangdui, Hunan, 53–4, **55**, 533
   from Pingshanleitang, Jiangsu, p6
   from Shuangbaoshan, Sichuan, 67–8
   from Yangfutou, **159**, **160**
lamps, 47, 56, **56**
lancing stone, 369, 371
land
   allocation of, 296, 298, 305, 317
   inheritance of, 303
   reform in Italy, 233, 236
   registration of, 303–4
Lao Ai, 452
Laozi bianhua jing, 446
Laozi (Lao Dan), 430, 433, 440, 443, 447
   and Buddha, 433
   citations of, 527
   commentary on, 446–7
   on life, 529
   life discussed in *Shiji*, 462, 465
Laozi (work), 120, 494
   canonization of, 512
   citations of, 527–8
Laozi Xiang'er zhu, 447
Laozi zhu, Yijing zhu (Wang Bi), 447
laws *see also* crimes and punishments; statutes
   arrangement, 257–8
   cases, 264–5, 282–4, 304–5
   compilations, 255
   crimes against superiors, 275

laws *see also* crimes and punishments; statutes (*cont.*)
  documents, 125, 127, 129, 130, 254, 261–4
  duplication, 255–7
  extent of, 254
  on housing, 196–7
  on illicit sex, 275
  and imperial power, 497
  investigation procedures, 260
  legal responsibilities in households, 277
  on murder in the families, 275
  nature of Qin, Han laws, 253
  responsibility groups, 296, 304–5
  simplification of, 255
  on tax, 258, 274, 303–4
  universal application of, 258
Laws, of Rome, 195, 200
lead figurines, 427–8
  from Suining County, Jiangsu, 47, **48**
lecture halls, 511
legal texts *see* laws, documents
Leigong (Lord Thunder), 378, 384, 385
leishu, 532
Lelang
  commandery established, 137
  falls to Koguryŏ, 138
  location of, 138
  tomb holdings, 139, **140**, **141**, **142**, **143**, **144**, **145**
  tomb structures, 138–9
"Lessons for Women" ("Nü jie"), 295, 501–3, 526
letters, 492, 501–3
  as admonition, 525–6
  as main form of prose, 505
  to netherworld, 121, 130
  purpose of, 506
  sensibility of, 513–16
lexicography, 481
Li Cang *see* Li Zhucang
Li Daoyuan, 99–100, 213, 295
Li ji, 352
Li Ling, 513, 530
Li people, 161
li yuan ("system origin"), 325–6
Li Zhucang, 14, **14**, 117, 120–1, 244
Li Zhuguo, 368
"Liang du fu" ("*Fu* on the Two Capitals"), 490, 491, 521
Liang dynasty, 430
Liao people, 161
Liaoning Province, 182
licentious practices (*yin*), 416, 416n

liehou, 297, 305–6
Lienü zhuan (Liu Xiang), 295, 501
liezhuan (biographical chapter of *Shiji*), 466–8, 477
Liezi, 444
lifa (calendar) *see* calendars (*lifa*)
Liji (Ban Zhao), 295
ling zhi (mushrooms), 102
Lingdi, Emperor, 523
Lingnan
  agriculture, 159
  Han administration in, 161
  name and region defined, 157
  rock-cut reliefs, 164–5, **166**
  tomb holdings, 163–4
  tombs found, 162
Lingshu, 395
  mai and waterways, 384
  measurements of the human organs, 373
  Nine Needles, 372–3
  qi and universe, 378–9
Lintun, 137
Linzi, Shandong, 173, 178
literary criticism *see* genres
literary history, overview of, 517
literary texts *see* rhetoric
literati *see* classicists (*ru*)
Liu An, king of Huainan, 306, 307, 452, 457
  see also Huainanzi (Liu An)
Liu Bang, 306
Liu Hong, 328
Liu Hui, 337
liu min, 301
Liu Qingzhu, 170
  on status of Chang'an, 176–7
Liu Shao, 532
Liu Sheng, king of Zhongshan, tomb of
  bronze phalli, 80, **80**
  bronze vessels, 55–6, **57**, 57–9, **58**, **59**, **60**, **62**
  healing arts, 392
  jade suits, **46**
  sacrificial victims, 65
  tomb structures, 17, **18**
Liu Xi, 532
Liu Xiang, 360t, 368, 461, 466, 526
  in alchemy and omenology, 208
  editing tasks of, 294
  reconstitutes the library, 343
Liu Xie, 533
Liu Xin, 361t, 461, 466
  mathematical astronomy, 329–30
  reconstitutes the library, 343

reforms Han li, 327, 327n
  sceptic on omenology, 351
Liu Yi, 432, 446, 447
Liu yi (Six Arts), 469, 474–5
Liu Zhao, 298
Liuren method *see* calendrical astrology
Lives of the Gracchi (Plutarch), 233
livestock
  county annual reports on, 315
  laws on, 256, 258
lodge sayings (*yu yan*), 458
longevity, **59**, 384, 392, 417, 419, 529
  image of, **37**
Lord Earth (Houtu), 482
Lord of the Northern Dipper, **420**
Lord of the River, **421**
Lord of the Winds, **422**
Lord Thunder (Leigong), 378, 384, 385
lost-wax technique, **62**, 156
lotus flowers, 95–6, **97**, **405**
Louis, François, 59
Loulan City, Xinjiang, 147–8
Lu Ji, 529n, 530–1, 533
Lu Jia (Luzi), 468
  untitled, 466
Lu kingdom, 462, 469
Lü Buwei, 398, 452, 455, 477 *see also Lüshi chunqiu* (Lü Buwei)
Lü Hou, 294
Lü Yanji, 527
Lu Yun, 529n
luan (disorder) *see* order, disorder (*zhi, luan*)
"lucky-day" theory, 348, 352, 376
lun (discourses) *see* discourses (*lun*)
"Lun wen" ("Discourse on Literature"), 509, 516
lunar calendars *see* calendars (*lifa*)
Lunheng (Wang Chong), 494–5, 506
  gender and *yin, yang*, 403n
  humans and Heaven, Earth, 407
  literary criticism, 532, 533
Lunyu see Analects (*Lunyu*)
Lunyu jijie (He Yan), 512
Luo Erhu, 22
Luoxian, Sichuan, 170
Luoyang, Henan, 173
  Ban Gu on, 490
  earthenware figurines, 76
  house foundations, 179
  plan of, 171, 177, **178**
  tomb murals, 48, 49
Luoyang Academy (*Taixue*), 177

Lüshi chunqiu (Lü Buwei), 375, 378, 452
  authorship, 478
  compilation of, 477, 478
  Five Phases *qi* and sagely rule, 399–402
  music of antiquity (*gu yue*), 485
  musical scale and cosmological schemes, 328
  on order, disorder, 453–5, 456
  persuasion techniques, 457–8, 458–9
luxurious burials (*hou zang*), 100

Ma Rong, 511, 524, 526
Ma Yuan, 526
Macedonian kings, burial sites, 238–9
magico-religious arts, 417
Mahāyāna, 433
mai, mo (channels, vessels, pulse)
  diagrams, **377**
  and numbers, 376–7
  and *qi*, 369, 378
  translations of, 368
  treating of, 371
  and watercourses, 384
  writings on, 369, 393, 404
Maishu (*Writings on Mai*), 369, 393, 394, 404
Maijing (Wang Shuhe), 388, 396
mamian (bastions), 170, 182
Mancheng, Hebei
  bi disks, 31–2, **35**
  bronze phalli, 80, **80**, 392
  bronze vessels, 55–60, **61**, **62**
  healing arts, 392
  jade suits, **46**
  medical bowl, 373
  sacrificial victims, 65
  tomb structures, 17, **18**
"Man's life", simile, 529–30
mantic practices *see also* apotropaic practices; divination
  archaeological evidence, 340
  classification of, 342–3
  defined, 339
  developments, 339
  practitioners, 341–2
  sources for, 121, 130, 131, 341, 342, 353–8
Mao Dun, 135
Mao Shi zhuan (*Mao Tradition of the Odes*), 487, 490
Maodun, 135
Maoling *see* Wudi, Emperor, mausoleum of

maps
   of Chu, 121
   found in Qin tombs, 130
   of Han sites, 82
   of Jiaohe ruins, 151
   of Rome, 191–2
   trade routes in Central Asia, 149
   of Xiongnu sites, 146
marketing, laws on, 262
markets
   in Chang'an, 173, 174, 175–6, 176–7, 204, 205–6
   in Chengdu, **181**
marriage *see also* families; widows
   cross-cousin, 272, **273–4**
   custom, 274–7, 277n
   for debt repayment, 272
   divination charts, **268**
   dowries, 272
   encouraged by tax laws, 274
   of slaves, 302
   timing, 266
   of widows, 266n
marriage alliances (*heqin*), 163
masks
   for corpse see *mianzhao*
   ring-holders, 88, **88**
Master Han's Inner Tradition (*Han shi nei zhuan*), 511
Master Han's Outer Tradition (*Han shi wai zhuan*), 476
masters of the *dao* (*daoshi*), 417
masters of techniques (*fangshi*), 326, 386, 417
mathematical astronomy, 329–30
mathematics *see also* numbers
   excavated texts, 127
   literature, 337–8
Mawangdui, Hunan, 129
   Bibing tu, 28
   bronze mirror, 54
   coffin décor, p1, p2, 30–1, **32**, **33**, **34**, 35
   corpse preservation, 36, 391
   dating of tombs, 244
   ding tripods, p8
   excavated texts, 117, 120–1, 129
   figurines, p17, 67, **68, 69, 70, 71**
   horse physiognomy, 356, 425
   lacquerwares, 53–4, **55**
   mantic texts, 342, 344, 345, 355–6
   medical texts, 367–8, 369, 371, 376, **381**, 386, 393, 404
   mingqi, 67

Mount Tai, 422
mourning chart, **270**, 285, 287n
Nine Palaces (*Jiu gong*), p15, 345
sexual cultivation, 380–1, 382, 384
silk paintings, p3, **38**, **428**
structures of a wooden chamber tomb, **14**, 14
textile design, p5
tomb guardians, 28
Xingde, 345, 355
medical knowledge
   of India, 444
   sources of, 385
   transmission of, 385–6
medical practitioners, 384–7
medical stone (*bian*), 370, 371, 392
medical texts, 131, 392–7
   classics, 368, 388–9, 393, 394–7
   classification of, 390–1
   compilation of, 388–9
   sources of early writing, 385
   style of writing, 384–5
   transmission of, 386, 387–8, 389–90
Mediterranean world, 188
   archaeology, 233–41, 246
   Chinese knowledge of, 189–90
mediums (*wu*), 416–17
Mei Sheng, 490
memorial tablets (*zhu*), 215, 216, 220
   position in tombs, 218
"Men of Learning" (wenxue), 167, 468, 493, 495
Mencius *see* Mengzi
Mengzi, 462, 467–8, 469
Mengzi (work), 452, 468
metal buckets, 163, 164, **165**
metropolitan area (Guanzhong), 169
   population, 180
Mi-ch'ŏn, king, 142
Mi Heng, 524
mianzhao, p6, p16, **41–7**
milfoil divination, 340, 343, 346, 426
military texts, **124**, 133, 424
   from Yinqueshan, Shandong, 116
   from Zhangjiashan, Hubei, 127
Mimo *see* Dian culture
Ming dynasty, genre of writing, 517
Ming tang, 375–6, 375n
Mingdi, Emperor, 310
mingqi, 53, 56, 65, 76–7, 429
   from Lelang tombs, 139
   from Shuangbaoshan, Sichuan, 67
Mingtang, 375–6, 375n

Mingtang (book), 395
minting workshops, 175, 212
mirrors, 97
　from Chŏngbaek-ri, **142**
　from Lelang, 139, 141
　from Lingnan, 163
　from Mawangdui, Hunan, 54
　in *mianzhao*, **41**, 42, **43**
Mixian tombs
　beliefs in afterlife, 101–5
　burial objects, 96–8, 100–1
　dating, 99
　deceased persons, 99–100
　décor, 85, 87t, 88–9
　funerary practices, 101
　hierarchy, 98–9
　iconographic programme, 89–96
　material culture, 105–9
　overview, 83–4
　pictorial art, 109–13
　structures, 84–5, **86**, 87t
Mo Di, 453, 465
moat, 171
Model Sayings see Fayan (Yang Xiong)
models
　of architecture, p11, 169, 181, 247, **248**
　of daily life equipment, 65, 67
　of horses, 68, **72**, 76, 138, 222
　of human body, **377**
Modun, 135
Mohist, 291, 452, 495
　attacked, 453
mokkwak-myo see wooden chamber tombs
money trees (*yaoqian shu*), 76–7, **434**, **435**
　from Sichuan tombs, **79**, 246
moneymakers, 493, 494
Montgomery, Scott L., 1
monthly ordinances (*yueling*), 375, 377, 404, 418
　and disorder, 455, 456
months (*yue*), 323, 324, 325
moon, 336, **406**, 408
moral exemplars, 285
mortality rates, 271
　of soldiers, 394
Mount Tai, 421–2, **423**
mountains, 421–2, **423**
mourning, **270**, 284, 285, 287 *see also* funerary practices
moxibustion, 370–1, 370n
　excavated texts, 394
Mu Sheng, 515
muguomu see wooden chamber tombs

mugwort, 370, 370n
mummified corpses, 167, 391
murals
　from Anping, Hebei, p9, **250**
　from Inner Mongolia, **406**
　near Luoyang, Henan, **286–7**
　on tomb ceiling, 48, **51**
　of town plan in Helinge'er, **172**
　at Xishan Bridge, **509**
　from Zhucun, Henan, p14
Murong, Xianbei ruler, 141–2
Museum of the Chinese University, 358
mushrooms (*ling zhi*), 102
music
　notes and numbers, cosmos, 328–9, 330, 407
　and rhetoric, 480
　rituals of, 470, 474, 490, 498
　sacrifice hymns, 482–6, 490
Music (as part of Six Arts), 474
music of antiquity (*gu yue*), 485–6, 490
musical instruments, 64–5, 65, **66**, **157**
　calibrators (*zhun*), 330
　from Luobowan, Guangxi, 164
　from Mawangdui, Hunan, **69**
　and *wuxing*, 407
　zither, 514, 524
musicians, **66**, 67, 69
　in banquet scene, 92, **93**, 109
　from Jiaole, Guizhou, **482**
　from Mawangdui, Hunan, **69**
　from Qin Shi Huangdi tomb, **483**
mutilation, 259, 301
Myriad Creatures (*Wanwu*), 394
"Mystery Learning" (*xuanxue*), 528n
"mystery verse" (*xuan yan shi*), 528

Nakamura Chōhachi, 295
name cards, 131, **132**, 311
names
　of acupuncture points, 384
　of individuals, 296–7
Nan jing (*Canon for Difficulties*), 385, 388, 396
Nan Yue
　influence from Chu, Yue, and Han, 163–4
　marriage alliances with Han, 163
　as trade center, 163
Nan Yue king *see* Zhao Mo, Zhao Hu
Nanbeichao, 444
　genre of writing, 517
Nangnang *see* Lelang
Nanyang commandery, 179

National Museum of China, 156
   Dian culture exhibitions, 153
Near East
   chronological table, 234t–5t
   documentary evidence vs artifacts, 239–41
needles, for medical purpose, 372–3, 373n
needling stone (*zhen shi*), 370
negligence, 258
nei cheng (inner cities), 171, 182
"Neize" (chapter of *Liji*), 295
netherworld *see* afterlife
New Discourses (Lu Jia), 468
"new tunes" (*xin sheng*), 483–5, 490
nian (years), 324, 325
niaozhuan (bird script), 57, 59
Nine Chapters on Mathematical Procedures (*Jiu zhang suan shu*), 337–8
Nine Needles (*Jiu hen*), 372–3
Nine Palaces (*Jiu gong*), diagrams, p15, 345
"Nine Songs" ("Jiu ge"), 484
"Nineteen Old Poems" ("Gushi shijiushou"), 529, 530
Ningcheng, Hebei, 171, **172**
Niya, Xinjiang, 148, **150**
nobilities, 297–8, 305–6 *see also* orders of honour
   status and health, 380
Nobles (*Liehou*), 297, 305–6
Nobles of the Interior (*guannei hou*), 297, 298, 305–6
Nora, Pierre, 287
Northern and Southern period *see* Nanbeichao
"Nü jie" (Ban Zhao), 295, 501–3, 526
numbers
   and *mai*, 376–7, 378
   and musical notes, 328–9
   and *qi*, 378–9
   sets of, 403
   yin, *yang*, 333, 403
numerology, 330
Nüwa (Nü Gua) and Fuxi, p7, **286–7**, 294
Nylan, Michael, 246

"Oath at Gan", 470
Odes (*Shijing*), 342, 508
   burnt (?), 469
   citations of, 475n, 490, 525
   commentaries, 476
   compilation of, 474
   Lu tradition, 462
   poetry, 488
   from Shuanggudui, Anhui, 131

official annals, 240, 241
officials, 208–9, 266 *see also* orders of honour
   as authors of rhetoric, 480
   calculation skills, 336–7
   in charge of cultic activities, 417, 418
   deployment of medical officials, 394
   dismissal or transfer of, 263, 315
   establishment, 262
   grades, 263
   ideal modes of practice, 308–9
   at local levels, 310–11
   murder cases, 264
   as persuaders, 459
   promotion, 310, 311
   public duties vs private obligations, 277
   punishment by laws, 304
   recruitment, 263, 309–10
   reports, 311–12, 315, 394
   scorned by Wang Fu, 507–8
   and Six Arts, 469
   style of communications, 505
   tomb figurines, p17, **68**, **465**
   trial of magistrate, 265
   use of calendars, 323, 325
Old Chosŏn
   administrative systems, 137
   cultural traits, 138
Old Testament *see* biblical texts
omenology (*zaiyi zhan*), 343, 344–5, 353–4
   and rhetoric, 481, 486
   of ruling house, 487–8
   and sagely rule, 399–400
   sceptic on, 351
Ontario Stone, **331**
order, disorder (*zhi*, *luan*)
   defined, 451
   Liu An on, 456–7
   Lü Buwei on, 453–5
   Xunzi on, 452–3
orders of honour *see also* nobilities
   bestowals, 297
   document sources, 297
   entitlements and punishments, 263, 298–9
   inheritance of, 298, 304
   preserved by laws, 258
   ranks and titles, 297–8
   reduction of, 259
   as rewards, 259
   as social institutions, 296
   statutory duties for sons of, 312
ordinance (*ling*), 254
   on points of control, 264

and statutes, 257–8
  on travel control, 317
organs, of human body
  and cosmology, 375, 407
  early theories of, 369–70, 402
  examination of, 373
orgasm, 380–1
outer towns (*waiguo*), 171, 182
"Outlying Lands"
  northeast *see also* Lelang
    garrison towns, 137–8, 182–3
  northwest *see also* Xiongnu
    towns, 182
  southeast *see also* Lingnan
    towns, 183–4
  southwest *see* Dian culture
ox bones, 212

Pace of Yu, 426
Paekche, 138
"Painted Basket", **144**
paintings, 500–1
  on baskets, **144**
  on silk, p3, 35–6, **38–9, 428**
  technique, 110–11
  on wall, **112**, 180 *see also* murals
palace cities, 171
palaces
  in Chang'an, 173–5, **174**, 206 *see also*
    Changle gong; Weiyang gong
  in Dong Yue and Min Yue, 183
  in Luoyang, 177
  of Nan Yue king, 183–4
  security of, 208–9
Palestinian archaeology, 239, 241, 247
Pamphila of Alexandria, 501
Pan Yue, 529n, 530
Pang Meng, 499
Panyu (Guangzhou), 161, 183
  and pearl trade, 163
papermaking, 518–19, **519, 520**
"paragraph and sentence" (*zhangju*
    commentaries), 510
parents and children, 277, **288**, 408
Parinirvana scene, 164, 164–5, **166**
Parthia, 433
passageways (*fudao*), 174, 177, **178**
passports, 190, 264, 297, 312, 317–18
patterned display (*wen, wen zhang*) *see*
    rhetoric
peachwood, **71**, 427
pearls, 163, 164
peasant rebels, 439–40, 441

pectorals, 47, **49**
"pelorus", 222, **223**
penal codes *see* laws
pendants, **143**
Peng, Wu Peng, Peng Zu, Medium, 385, 386
Penny, Nicholas, 295
pentametric verses (*wu yan shi*), 517, 529n,
    530
  earliest examples, 526–9
periphery *see* "Outlying Lands"
Persia
  motifs, 147
  silver boxes, 163
  trade routes, *149*
personal focus, 492
  in discourse writing, 508, 509
  in letter writing, 514–15, 525
  in literary criticism, 532–3
  in *xiao fu*, 521–3
persuaders, 457, 458, 459
  training of, 504
persuasion, 515–16 *see also* discourses (*lun*);
    Lüshi chunqiu; *Xunzi*
  art of, 457n
  authorship, 503
  goals of, 504
  Greeks vs Chinese, 459–60
  neoclassical models, 492–3
    autobiographies, 494–5
    biographies, 493–4
    debates, 495–8
    dialogues, 498–501
    essays, 501–3
  and numbering sets, 403
  training in, 504
Petersen, Jens, 294
phalli, 384
  bronze, **80**, 80, 392
  as parts of artefacts, 156, **159, 160**
  and *yin, yang*, 291, 403
pharmaceutical theory, 390 *see also* drugs
pharmacology, 385
"Philip's tomb", **238**, 238–9, 244
Philistines, 240
philosophical texts, 120, 130
Phoenicians, settlement of, 238
phoenix, 92
physiognomy, 343, 349, 351, 364
  of animals, 356, 425
physiology
  early theories of, 368–70
  excavated texts, 367–8
  and universe, 378

Pingdi, Emperor, site of tomb, **214**
pitch-pipes, 328, 330, 407
plants
   with apotropaic power, 427
   lotus flowers, 95–6, **97**, **405**
   mushrooms (*ling zhi*), 102
Plato, 460n
   dialogues of, 501
Pliny the elder, 197, 198
Plutarch, 233, 241
   Macedonian kings' burial site, 238
   source for writings, 236
   strangers to the localities, 241
"Poems Presented to My Wife" ("Zeng fu shi"), 530
poetry, 533 see also *fu* (rhapsodies)
   forms of, 526–9
   overview, 517, 521
   simile on man's life, 529–30
   themes of, 524
   writers and their life, 530–2
points of control, laws on, 264
political texts, 116
poll tax, 274n, 317, 319
pollution, 179
Polybius, 188
polychrome, 89
pomerium, 195, 200
Pompeius Trogus, 239
population
   of Chang'an, 177, 204n
   of Han counties, 318–19
   of Han empire, 309
   organization of, 296
   registration of, 303, 314
   of Rome, 190n
portents *see* omenology
po-shan-lu see *boshanlu*
post-casting techniques, 156
post-Han period *see also* Jin dynasty; Six Dynasties; Wei dynasty
   religious trends, 429, 430, 431, 432, 4 39, 441, 443 *see also* Buddhism; Daoism
postal services, 262, 315–17
pottery, **465**
   animals in tombs, 222
   architectural models, p11, 169, 181, 247, **248**
   Greek styles, 236
   inscription on jars, **420**, **421**
   from Luobowan, Guangxi, 164
   workshops, 175, 183

the Power of the Five Lords (*Wudi de*), 474–5
Prakrit, 432–3
prayer, 426, 427, 428
prefaces, postfaces (*xu*), 492
private vs public obligations, 266, 277
professions, of females, 281–2
prognostications *see* divinations
"Pronouncements from the Courtyard" ("Ting gao"), 526
property, laws on, 256, 258, 271
prophecy (*chenwei*), 295, 339, 342
prose
   commentaries, 509–13
   discourses, 506–9
   genres, 505–6
   letters, 513–16
proto-science, 398
Ptolemy, 239
public baths, 194
public expenditure, 496
public procession, at Rome, 193
public vs private obligations, 266, 277
pulse *see mai, mo* (channels, vessels, pulse)
"pure conversation" (*qingtan*), 532
"pure critique" (*qingyi*), 532
purple altar, 481–2
pushou masks
   from Dahuting, Henan, **88**, 88, 92, **95**
   from Houshiguo, Henan, **104**, 105
   from Yaozhuang Village, Jiangsu, 42
Pyŏngyang *see* Lelang

qi
   daemonic presence of, 415
   and disorder, 455
   fusion of concepts, 399, 406–7, 409
   generates tastes, colours, notes, and seasons, 328
   (in human body) *see* breathing; *mai, mo* (channels, vessels, pulse)
   of localities, 203
   meanings of, 398n, 402
   on *mianzhao*, **43**
   on murals, 163, 285n, **286–7**
   and numbers, 329
   painted on coffins, 31, **32**
   and paternity of sages, 512
   and sacrifices, 426
   and sagely rule, 399–402

索引 - 685 -

and stars, 335
theories, 4
on tomb decor, 111
and *yin, yang*, 403
and bodily cultivation, 381–2
breath magic, 426–7
circulation, 368–9, 379–80
treating of, 370–3
and universe, 378–9
and water control, 384
and *yin, yang*, 380
Qi, king of Xia, 470
Qi Bo (Lord Thunder, Leigong), 378, 384, 385
Qi kingdom
  capital of, 178
  classical traditions, 469
  conquered, 135
qi yan shi (heptametric verse), 517, 528
Qian Xiang li (supernal manifestation system), 328
Qianfu lun (Wang Fu), 506, 507–8
Qiang (outlying tribe), 507, 508
Qilüe (Liu Xin), 461
qin (Chamber of Rest), 218–20, 224, **225, 226, 227**
qin (musical instrument), 514
Qin dynasty *see also* religion
  book burning (?), 430, 469
  calendars (*lifa*), 325–6
  collapse of, 135
  commanderies in south, 161
  conquers border kingdoms, 135
  documentary record, 233
  legal texts, 125, 127
  punishments by mutilation, 9, 127
  stele inscriptions, 496
  unification, 2, 169, 409
  urban development, 169, 184, 185
Qin Jia, 530
  letters to, 513–14
Qin kingdom, 477
Qin Shi Huangdi
  sacrifices to local spirits, 417
  support for family values, 266
  tomb of
    animal burial pits, 65
    earthenware figurines, **78**
    identification of, 213
    musicians, **483**
    sacrifices at, 219
Qin Xian Gong, 326
Qing dynasty, genre of writing, 517

"Qing jie" ("Admonitions for Purity"), 527–8
qingtan ("pure conversation"), 532
qingyi ("pure critique"), 532
"Qiong niao fu" ("*Fu* on a Stranded Bird"), 522–3
Qiongdu *see* Dian culture
Qu Yuan, 488, 501
quarter remainder system (*si fen*), 325–6, 327
Queen Mother of the West, 164, 424, **435**, 440
  image on money trees, 76
  paucity of images of, 102
queens, tombs of, 27, **29**, 231

"Ram Lintel", **292**
rammed earth
  buildings, 203
  city walls, 183
  ramparts, 170, 182
  streets, 171
  tombs, 84, **221**, 224
ramparts
  arrangement in towns, 171
  building materials, 170
  buried, 179
rams' heads, 101
received texts
  vs excavated texts, 5–6 *see also* documentary evidence vs archaeological findings; healing arts, excavated and received texts
  vs *Shiji*, 466–7
reckoning arts, 343, 374
recommendation, of candidates for office, 309
recompense *see bao* (requital, recompense)
redemption, 301
  of females, 272
  scale of cash needed, 259
"reduced-earth method" (*jiandifa*), 148
registered households, 314
  in Chang'an, 177, 204n
  in Donghai commandery, Jiangsu, 180
  of a Han county, 318–19
  style of registration, 269
registration, 303–4
  of households *see* registered households
  of population and land, 303–4, 312–13
  by supreme deity, 419
"regularities" (*shu*), 403

religion *see also* Buddhism; Daoism; divinations; funerary practices; mourning; sacrifices; spirit world
  actors, 416–19
  agency and theory, 415–16
  biblical texts, 239, 240, 241, 247
  buildings in Chang'an, 176
  Eastern Han, post-Han trends, 429, 430, 431, 432, 438–40, 441, 443 *see also* Buddhism; Daoism
  economy, 425
  Han Yu's review of, 430
  and healing arts, 389
  iconography, 101–2, 105
  in Luoyang, Henan, 177
  moderation, 188
  rites of Wudi, 481–5
  specialists, 340, 416–19
remonstrance, 513–16
Ren An, 513
Renwu zhi (Liu Shao), 532
Repel Weapon Chart (*Bibing tu*), 28, **428**
"Reply to a Guest's Rebuke" ("Da ke nan"), 518
reports, 311–12, 394
  from counties, 312, 315
  from garrison lines, 315
Republican era, 185
requital *see bao* (requital, recompense)
residence, at Anping tomb, 180
rewards, for detection of crimes, 259
rhapsodies *see fu* (rhapsodies)
rhetoric *see also* Five Classics (*wujing*); *fu* (rhapsodies); persuasion; poetry; prose
  anti-female rhetoric, 268–9
  authorship and audience, 457, 480, 516
  defined, 451–2, 480
  excavated texts, 130, 131, 132
  of families and ruling house, 266
  history of, 517
  image of, **454**
  literary criticism, 532–3
  of order, disorder, 451
  and rituals, 480, 481–3
  views of, 480–1, 503–4, 517–18
ri (days), 324, 325, **331**, 333
rishu see daybooks (*rishu*)
rights, of individuals, 253
ring-holders, 42, **88**, 88, 92, **104**, 105

Rites (*Li ji*), 277, 280
  citations of, 475n
  compilation of, 474–5
Rites for the Shi (*Shili*), 475
rituals
  of emperors' funerals *see Zhaomu* system
  of emperors' shrines and offerings, 218–20
  to guide departed souls, 429
  and music, 470, 474, 490, 498
  of prayer and sacrifices, 415, 425–6
  re-creation of, 476–7
  and rhetoric, 480, 481–3
  texts, 121, 122
  in transmission of medical texts, 385, 389
robbery
  and damage of manuscripts, 121
  statutes on, 256–7, 258, 261
  of tombs, 13, 81, 83, 96–7, 167
rock-cut reliefs
  of Buddha, 162, 164, 165
  of Queen Mother of the West, 164
rock-cut tombs, 16–24, **25–7**, **28**
  in Beidongshan, Jiangsu, 69
Roman proscriptions, 352
Roman roads, 202
Rome
  administration, 200
  city life, 193–4, 198–9
  city plan, 194–5, **196**
  founding of, 195
  historians' accounts, 188–90
  housing, 196–7
  maps of, *191–2*
  population, 190n
  sewage and water transport, 197–8
  walls, 190
  women, 194n
Rome's Forum, 199
royal annals, 240, 241
ru see classicists (*ru*)
Ruan Ji, 509, **509**, 529n, 530
Ruan Xiaoxu, 390
Ruan Yu (Yuanyu), 514, 515–16
rub stone, **53**
rulers *see also* nomad emperors, empresses, and kings
  as audience of rhetoric, 457, 480, 516
  body and cosmology, 375–6
  charismatic power, 408
  and cosmos, 477, 492
  extravagance and reflection, 489–90
  Five Phases *qi* and sagely rule, 399–402

foster harmony across Heaven, Earth and Human, 407
and paterfamilias, 266
and rituals and music, 481–6
in spirit world, 431
and *yin, yang*, 404, 408–9
Rulin zhuan, 475–6
for sacrifices, 482–5
ruling houses *see also* government; imperial relatives; rulers; *waiqi*
document sources, 294
downfall of, 352
and families, 266, 496
rhetoric, 266
Wang Fu on, 508
women's power in, 291, 294
run yue (intercalary months), 324–5
Rushou, p7, **52**

sacrifices *see also* ancestral sacrifices
to animal spirits, 424
to domestic spirits, 424
hymns, 482–5, 490
local practices, 417–18
to natural spirits, 422, 423
officials in charge of, 340
as religious practice, 415
scenes of human victims, **157**
specialists, 416
technical vocabulary, 426
victims, 65–76, 425–6
sages (*sheng*), 385–6, 453, 500 *see also* Three Sage Emperors
life discussed in *Shiji*, 462
model of sage-king, 508
and music, 485
paternity of, 512
on succession, 493
salt officials, 311
"San du fu" ("*Fu* on the Three Capitals"), 521
san tong li, 327
Sanctions and Virtues (*Xingde*), 345, 355, 356, 357
Sanfu huangtu, 211, 242–3
Sang Hongyang, 336, 495–6, 497, 498
sangha, 433
Sanguozhi (Chen Shou)
biographies of empresses, 294
on Hua Tuo, 373–4
Sanli cun, Shaanxi, 419, **420**
sanzhu qian, 116
satellite towns, 173, 173n

Schipper, Kristopher, 446, 447
scholars
academicians, 310, 341, 352
categorization of, 533
Men of Learning, 167, 468, 493, 495
Scythians, 232n *see also* Xiongnu
Herodotus' account of, 232
seals, 17, 36n, 49, 70, 73
breaking of, 262
of Dou family, 47n
of Fan Shi, 244, **245**
forgery of, 258, 261
of king of Dian, 154, 154n
from Lelang, 138
loss of, 256, 261
of Nan Yue king, 162, 163
as present to Xiongnu, 201
storage of, 175
of Wangxu, 64
seasons, 324
changes, 333
and Earth, **401**
and Heaven, 400
Seidel, Anna, 436, 439
Selections of Refined Literature (*Wen xuan*), 211, 491, 505, 527, 529n, 533
self-denunciation, 257, 261
"Seven Masters of the Jian'an" (*Jian'an qizi*), 509
"Seven Sages of the Bamboo Grove", **509**
sewage systems
in Chang'an, 206
in Rome, 197–8
sexuality *see also* phalli
cultivation, 380–1, 382, **383**, 384, 386, 390
and health, 276
image of erotic scene, 80–1, **289**
and laws, 275
sexological manuscripts, 121
shamans, 417
Shan Tao, **509**
Shang dynasty, 470
Shang han lun (ascribed to Zhang Zhongjing), 396
Shang ji lü, 313
Shang Yang, 255, 258, 297, 304
Shanglin, 199
Shangshu (*Documents*) *see Documents* (*Shangshu*)
Shanhai jing, 77
Shanshan, 147–8
Shaogou, Henan, 242, **243**
Shaozheng Mao, 511

she (deity), 424
shelun ("hypothetical discourses"), 518
shen ming, 369, 379–80, 381
shen ping, 29–30, **31**
sheng (sages) *see* sages (*sheng*)
Shenjian (Xun Yue), 506, 507
Shennong (Divine Farmer), 385, 397, 425
Shennong bencao jing, 397
Shenxian zhuan (Ge Hong), 443, 448
shi (gentlemen), **73**, 457n, 525
Shi ming (Liu Xi), 532
shiguan, 325
Shiji (Sima Qian and others), 210, 244
    authorial intent, 461–2
    authorship of documents, 471–3
    biographies, 466–8, 475–6, 493–4
    citations of, 513
    and creation of the canons, 468–70, 474–5, 477–8
    on Dongfang Shuo's argument, 518
    on family, 294
    folk songs, 486
    on Lingnan, 157, 159
    medical techniques, 371–2
    on music, 483
    on nature of human body, 382
    notion of authorship, 461, 467, 478–9
    paternity of sages, 512
    on southwestern people, 154
    types of authors in, 462–5
Shijing see Odes (*Shijing*)
Shiqu Pavilion, 510
Shishuo xinyu (Liu Yiqing), 532
Shiwen (*Ten Questions*), 386
shiwu, 299
Shiyuan, **75**
shou, 301
Shouchun, Anhui, 178, 179
shrines, 216, **285**
    building of, 176
    of offering, 98, 180, 218–20
    position in imperial tombs, 215, 216
    Zhu Wei shrine, Shandong, 113
shroud, 154, **155**
Shu (kingdom), 29, 166
shu (letters), *see* letters
shu ("regularities"), 403
Shu Qi, Bo Yi, 493–4
shu shu (Computations and Arts), 343, 374
Shuangbaoshan, Sichuan, **72**
    lacquered figurines, **377**, 377, 381–2, 392
    tomb holdings, 67–9

Shuanggudui, Anhui, 376
    cosmic boards, 422
    divinatory instruments, 342, 345–6
    healing arts, 394
    mantic texts, 356–7, 425
    Odes (*Shijing*), 131
shui see persuasion
Shuihudi, Hubei, **126**, 354
    accountancy, 313
    administrative texts, 308–9
    bai xing, 300
    daybooks (*rishu*), 345, 392–3, 418, 423, 425
    fertility and fortune, **267**
    and preference for boys, 291
    diviners and scribes, 341
    legal materials, 125, 127, 254, 256, 257
    mantic texts, 342, 344, 348, **350**, 352
    orders of honour, 297
    on *yinguan*, 302
Shuijing zhu (Li Daoyuan), 99–100, 295
    Han emperors' tombs, 213
Shun (sage-king), 453
shun shui (concordant persuasion), 457–8
Shuowen jiezi (Xu Shen), 426, 504, 532
shuren, 300
si fen (quarter remainder system) *see* quarter remainder system (*si fen*)
"Si xuan fu" ("*Fu* on Contemplating the Mystery"), 528
si yan shi (tetrametric verses), 517, 528–9, 529n
Sichuan, province *see also* money trees (*yaoqian shu*)
    coffin décor, 32
    earthenware, 29, 76
    tomb structures, 22, 24, **25**, **26**, **28**
silk
    coffin décor, p4, 33, 35, 37, **40**
    corpse preservation, p12, 37, 41, 147
    as garment, p17, 67, **68**, **71**, 147, **150**
    in jade suits, 45, 46
    manuscripts, p15, 120, 121, 129, 519
    paintings, p3, 35–6, **38–9**, **428**
    trade, 135
"Silk Road(s)", 202
    term recently coined, 136, 136n
silver buckles, **158**
Sima Qian, 417, 461, 493 *see also Shiji* (Sima Qian and others)
    as archivist, 478
    letters of, 513
    on sacrifices to spirits, 417
    views of divinations, 210

Sima Tan, 461 *see also Shiji* (Sima Qian and others)
  as archivist, 478
Sima Xiangru, 484–5, 489, 521
"Singing What Is in My Heart" (*yonghuai*), 529n
siting stone, 222, **223**
Sivin, Nathan, 399
Six Arts (*Liu yi*), 469, 474–5
Six Classics, stele of, 523
Six Dynasties, 399
  religion, 429
Six Positions, of hexagrams, 404
skin-deep surgery, 371
slaves
  as head of household, 271
  inheritance of households, 303
  owners of, 302
  in Rome, 193, 195
  and *shuren*, 300
  trade, 257
  as treated in statutes, 261, 262, 263, 264
  and *yinguan*, 302
"smaller *fu*" (*xiao fu*), 521–3, 530
snake worship, **435**
social institutions *see* households; orders of honour; *wu*, social institution
Socrates, 501
soil deity, 424
solar eclipse, 326
solar shadow, 330, **332**, 333
Solomon, King, 239, 241
Song dynasty, 185
  genre of writing, 517
songnyul, administrative systems, 137
songs
  folk songs, 486–8
  for religious ritual, 482–5
"Songs for the Suburban Sacrifices", 483, 484
sophists, 459
"soul jar" (*hunping*) *see hunping* ("soul jar")
souls, **421**, 423, 424
Soushen ji (Gan Bao), 441, 448
Sparta, 293
"Spherical Heaven" (*hun tian*), 331, 333, 334
spirit mediums (*wu*), 416–17
spirit objects *see mingqi*
spirit world *see also* deities
  bureaucracy, 427–9, 431, 437
  communication with, 415–16, 426
  hierarchies in, 419

human agents, 416–17
  regional practices, 417–18
  in religious movement, 438–40
sponsorship, of officials, 310
sports and entertainments, at Rome, 193–4, 198–9
Spring and Autumn see Annals (*Chunqiu*)
staffs, 114–15
Stager, 240
stamping blocks, 41, **41**
stasis, 460, 460n
statuettes of human beings (*yongzang*), 65
statutes (*lü*)
  of 186 BCE, 127, 129, 253–65
  for agriculture, 256, 262
  on arrest, 261
  on bounties, 262
  on calls for service, 263
  on checking, 254, 256, 263, 314, 315
  for composition of judgments, 261
  on confiscation, 262
  conveyance of documents, 262
  on currency, 263
  on denunciation, 261
  on desertion, 261–2
  on destruction and loss, 256
  duplication of, 255–6
  on enrolment, 263
  on establishment of officials, 262
  excavated strips, 254
  on exemption, 262
  on heirs and inheritance, 263, 271, 300
  on households, 257, 263
  on issue of food rations, 262
  on marketing, 262
  miscellaneous, 262
  on official grades, 263
  on official recruitment, 309
  on orders of honour, 263
  and ordinance, 257–8
  on robbery, 256–7, 261
  on statutory service, 263
  on tests for astrologers, 264
  on transport of goods, 262
  on violence, 261, 265
  on *wu*, 304
statutory duties, 262, 263
  conscription and exemption from, 312
  of postal services, 317
  travel control, 318
Stein, Aurel, 122
stele inscriptions, 244, **245**, 492, 496
  Six Classics, 523

stone *see also* stone blocks; stone carving
   for medical purposes, 369, 370, 371, 374, 392
   for writing purposes, **53**
stone blocks
   for drainage building, 171
   for siting purposes, 222, **223**
   for tomb building, 84, **86**, 227
   for wall building, 170
stone carving, 51, **52** *see also* stele inscriptions
   of cosmological scenes, **405**
   for doors, p7, 88
   as indicator for hierarchy, 98–9
   kissing couple, **289**
   of natural spirits, **421**, **422**, 423
   process of, 109–11
   rams' heads, 101
   shrines, **285**
   time needed for, 100
   for tomb building, 85, 87t
stone chambers (*shi dian*), 224
Stone Channel Pavilion, 510
Stone Classics, 523, 523n
stone lancets, 369, 371
stone paintings, p10
stores, of government, 315
Strabo, 188–9, 195–6, 197–9
streets, in Chang'an, 171, 204–5
strips
   secondary use of, 125
   sequences of, 115
style (*zi*), 296
Su Qin, 515
Su Wu, 513, 530
Suan shu shu (Writings on Reckoning), 337–8
suanshu (calculation methods), 323
succession, to the throne
   rhetoric on, 480, 493
   waiqi interference with, 291, 503
   and *wuxing*, 400, 400n
Sui dynasty, 430, 444
summer solstice, **332**, 333
sun, radius of, 333
Sun Bin bingfa, 116
Sun Quan, king of Wu, 162
   letters to, 514, 515–16
Sunzi bingfa, 116
superintendent of ceremonial (*taichang*), 340, 341
supernal manifestation system (*Qian Xiang li*), 328

surgery, 371, 373–4
Suwen (Basic Questions), 388–9, 395
Suzhou (Gusu), Jiangsu, 515
swords, 163
sympathies (*ganying*), 407–8
"system origin" (*li yuan*), 325–6

T-shaped silk paintings, p3
table utensils, **54**, 54, 164
Taebang *see* Daifang
Tai su, 395
taibu ling, 340
taichang, 340, 341
taichu (grand inception) reform, 326–7
Taiping jing, 389, 446
taishi ling, *taishi gong*, 327, 327n, 340
Taixuan jing (Yang Xiong), 399
   fusion of concepts, 406
Taixue (Luoyang Academy), 177
Taiyi (Great Unity), 481, 482
taizhu ling, 340
talismanic spells, objects, 419, 426
tallies, 317, 318
Tang (sage-king), 400
Tang dynasty, 185
   genre of writing, 517, 521
tattooing, 205, 258, 259
tax duty
   collection of, 305
   deficiencies in assessment, 259
   hay and straw, 313
   laws on, 258, 303–4
   and marriage, 274
   policies for, 497
   poll tax, 274n, 317, 319
   registration, 262, 312
   for sacrificial provisions, 425
teachers
   roles in classical learning, 500, 502
   roles in medical arts, 385, 386
temples, in Rome, 193, 199
Ten Questions (*Shiwen*), 386
Ten Strips on the Royal Staff (*Wangzhang shijian*), 115t
terracotta figures, 242
   musicians, **483**
testing, of officials, 309, 310
tetrametric verses (*si yan shi*), 517, 528–9, 529n
textiles, 194 *see also* garment; silk
   brocade elbow cuff, 148, **150**
   at Chang'an markets, 205
   as coffin lining, 147

for corpse preservation, 36, 147
Hellenistic textiles imported, 135
Loulan styles, 147
production scenes, 156
for Roman baths, 194
stamped designs, p5
on tomb figurines, 67
for wall hangings, 88–9, 98
weaves, 167
theatres, at Rome, 194, 199
theft, 264, 265
of cash, 314
exemption from punishments, 299
Theodosian Code, 352
Three Models (*san shi*) *see* calendrical astrology
Three Sage Emperors, 400, 453, 456
Thucydides, 238
on *stasis*, 460n
strangers to the localities, 241
tianwen qixiang zazhan, 343, 344, 355
Tiberius Gracchus, 233, 236
Tieguan (Iron Office), 178, 179, 311
tigers, **61**
on door décor, p7, 102
on swords, 163
on tomb murals, 48, **51**
tile ends *see* end-tiles (*wadang*)
tiles *see* end-tiles (*wadang*)
timing, of ruling house, 492
"Ting gao" ("Pronouncements from the Courtyard"), 526
Tocharian, 432
tomb guardians, 27–9, **30**, 424
"Tomb of Philip", **238**, 238–9, 244
"Tomb of the Painted Basket", **144**
tombs *see also* imperial tombs
excavation sites *see also* Dahuting; Houshiguo; Lelang; Mancheng; Mawangdui; Shuangbaoshan; Shuanggudui; Shuihudi; Yinqueshan; Yinwan; Zhangjiashan; Zhoujiatai
Anak, Hwanghae, 141–2, 144
Anping, Hebei, p9, 180, **250**
Bajialang, Hebei, 121, 357
Bao'anshan, Henan, 20–2, **23**
Beidongshan, Jiangsu, 19–**20**, 32, **36**, 69, **73**
Beizhuang, Hebei, 227–8, **228**
Bogeda, Xinjiang, 140
Chengdu, Sichuan, **181**
Chŏngbaek-ri, P'yŏngyang, **142**
Dabaotai, Beijing, 15–16, **16**, 227

Dabaotang, Shaanxi, p7, 51, **52**
Deyang, Sichuan, **288**
Dingjiazha, Gansu, **281**
Dongdianzi, Jiangsu, 16, **17**
Duimian shan, Guizhou, 162
Ezhou, Hubei, **436**
Fangmatan, Gansu, 130, 354, 393, 425
Fenghuangshan, Hubei, 36, **53**, 391, **406**
Fentaizui, Sichuan, 24, **25–6**
Gangu, Gansu, 133
Guixian, Guangxi, 162
Guojiagang, Hubei, 391
Hantanpo, Gansu, 133, 394, **519**, **520**
Hejiashan, Sichuan, **79**
Helinge'er, Inner Mongolia, 171, **172**
Hongjiadian, Shandong, **47**
Houloushan, Jiangsu, 44, **46**
Huang Shiyan, Jiangsu, **132**
Huchang Commune, Jiangsu, 14, **15**, 420–1
Huxishan, Hunan, 122, 357
Huzhu Village, Sichuan, 29, **30**
Inner Mongolia, **406**
Jiangchuan, Yunnan, **435**
Jiangling, Hubei, 130
Jiaole, Guizhou, **482**
Jiaxiang, Shandong, 244, **405**
Jinqueshan, Shandong, 35–6, **39**, 285
Jiulongshan, Shandong, 19
Kongjiapo, Hubei, 355, 425
Kongwang Shan, Jiangsu, 162
Leitai, Gansu, **112**
Lianqisi, Hubei, **437**
Lianyungang, Jiangsu, 36
Litun, Henan, 29–30, **31**
Liujiayan, Sichuan, 24, **27**
Liye, Hunan, 117, **118–20**
Longgang, Guangdong, 127
Loulan, Xinjiang, 147–8
Luobowan, Guangxi, 162, 164
Luozhuang, Shandong, 55, 64, 65, **66**
Majiashan, Sichuan, **77**
Mangdangshan, Henan, 20–1, 22, **23**, 48, **51**, 71, **75**, 75, 226
Mozuizi, Gansu, 114–15, 116, 358
Namjŏng-ri, near P'yŏngyang, **144**
Pingshanleitang, Jiangsu, p6
Rongjing, **289**
Santai, Sichuan, 22, 24, **25–7**, **28**, 81
Shangsun jiazhai, Qinghai, 133
Shenjushan, Jiangsu, 37
Shizhaishan, Yunnan, 152, 154, **155**, 156, **157**, **158**

tombs (*cont.*)
  excavation sites (*cont.*)
    Shuangjiang Xiang, Sichuan, 77, **79**
    Shuangrushan, Shandong, p16, 19, 42, **45**
    Sŏggam-ri, **140**, 141, **141**, **143**, **145**
    Suining County, Jiangsu, 46–7, **48**
    Taliangzi, Sichuan, **279**
    Wan, Henan, 173, 179
    Wangjiatai, Hubei, 117, **349**, 353–4
    Wangniuling, Guangxi, 162
    Wushan County, Sichuan, 32, **37**
    Wuwei, Gansu, 372
    Xinlongxiang, Sichuan, 81, **289**
    Xishan Bridge, Jiangsu, **509**
    Yangfutou, Yunnan, 156, **159**, **160**
    Yangling, Shaanxi, 70–1, **74** *see also* Jingdi, mausoleum of
    Yaozhuang Village, Jiangsu, 42, **43**
    Yingpan, Xinjiang, p12, 147
    Yizheng, Jiangsu, **41**, 41–2
    Yueshan, Hubei, 354
    Zhucun, Henan, p14
    Zifangshan, Jiangsu, 42, **44**
    Zoumalou, Hunan, 117
  hierarchy, 98–9
  memorials, 496
  occupants *see also* Dou Wan; Jingdi; Li Zhucang; Liu Sheng; Qin Shi Huangdi; Zhao Mo, Zhao Hu
    Dou family, **50**
    Fan Shi, 244, **245**
    Li, consort of Liu Wu, **22**
    Liu Ci, **47**
    Liu clan, 133
    Liu Dao, king of Chu, 19–**20**, **36**
    Liu Jian, king of Guangyang, 15, **16**, 227
    Liu Kuan, king of Jibei, p16, **45**
    Liu Wu, king of Liang, **21**, 21, **23**
    Liu Yan, king of Zhongshan, 227–8, **228**, 306
    Lü Tai, king of Lü, 55, **66**
    Sun Quan, king of Wu, 162
    Tong Shou, 141–2
    Wang Xu, **64**
    Wu Yang, 122
    Xiahou Zao *see* Shuanggudui, Anhui
    Yuyang Queen, 27, **29**
  structure
    rammed earth with stone, brick chambers, 84–5, **86**, 139
    rock-cut, 16–24, **25–7**, **28**
    underground, 24, 27–30
    vertical pits, 13–16, 139

  types of contents, 53 *see also individual items, such as* excavated texts
tongyi, 510
topomancy (*xiang zhai*), 349, **350**
towns
  major capitals, 173–9
  in outlying areas, 137–8, 182–4
  overview, 184–5
  remains, 169
  urban development, 169–70
  urban dwellings, 179–82, 194–5
  walls and urban space, 170–3
"traditions" (*zhuan*), 476
training
  of officials, 309, 310
  of persuaders, 504
translations, of Buddhist texts, 433
transport
  of goods, 262
  in Rome, 197
travel control, 259, 317–18
  passports, 190, 264, 297, 312, 317–18
  at points of control, 264, 312
  travel documents, 202
Treatise on Salt and Iron see Yantie lun
"Treatise on Wuxing", 405
tree felling, 256
trials, 260
triple concordance system (*san tong li*), 327
tripods see *ding* tripods
Trogus Pompeius, site of Aegae, 239
Tr'ung sisters, 161
tugui (earth sceptre), **332**
tumulus, 218, 224
"tunes of Zheng and Wei" (*Zheng Wei zhi sheng*), 483–5, 490, 511
tuntian, 148
Turfan *see* Jiaohe, Xinjiang
turquoises
  on buckles, **140**, **158**
  on jade shroud, 154
turtle divination, 340, 342, 343, 346, **348**, 426
tympanum, 92, **96**, 105

underground tombs, 24, 27–30
unicorns, 92
unity, of the realm, 409, 455, 456, 497
  in Qin, 2, 169, 409
urban development, 184, 185 *see also* Chang'an; Luoyang
  housing, 179–80
  present day impedes excavations, 169
  in Qin and Han, 169–70

urban excavations
  difficulties in Central Plains, 177, 179
  impeded, 169, 170
"Utmost Sage" see Kongzi

Verellen, Franciscus, 446, 447
Vergina, 238
vertical pits, 13–16
Vietnam (Dongson), 135, 152, 155, 163
violence, statutes on, 256, 258, 261
visitor's cards, 131, **132**

wadang see end-tiles (*wadang*)
Wagner, Donald B., 179
waiguo (outer towns), 171, 182
waiqi, 291, 295, 495–6, 502
Waldron, Arthur N., 183
walls
  building materials, 169, 170, 182, 183
    see also murals
  decoration, 48–52
    in Anping, Hebei, 180
    in Beidongshan, Jiangsu, 20
    in Mixian, Henan, 85, 89, 109, 110–11, **112**
    in Sichuan, 24
    wall hangings, 88–9, 98
  in imperial tombs, 220
  inscription on, 129, 141
  Rome vs Chang'an, 190, 200, 203–4
  size of, 170, 177, 179, 183, 203
  structure, 182
Wang Bi, 443, 447, 511, 512–13
Wang Bing, 388–9, 395
Wang Binghua, 148
Wang Can, 521, 530
Wang Chang, 526
Wang Chong, 349, 494–5, 509, 516 *see also*
    Lunheng (Wang Chong)
  on discourse, 506
  on divination, 352
  literary criticism, 533
  on local sacrifices, 418
Wang Fu, 506, 507–8
  on local sacrifices, 418
Wang Jing, 341, 361t
Wang Lang, 499, 533
Wang Mang, Emperor, 487, 503
  builds ritual centre, 176
  examination of human organs, 373
  family values, 284
  mathematical astronomy, 329–30
  reform of calendar, 327

Wang Rong, **509**
Wang Shuhe, 388, 396
Wang Su, 513, 526
Wang zhi, 474–5
Wang Zhong, 341, 359n
wangcheng ("King's City"), 161
Wangzhang shijian (*Ten Strips on the Royal Staff*), 115t
Wanwu (Myriad Creatures), 394
wards (*li*), 176, 177, 297
  population within, 180, 203
  in Rome, 194
water control *see also* drainage systems
  in Chang'an, 206
  metaphors of, 369
  in Nan Yue, 184
  and *qi*, *mai*, 384
  in Rome, 197–8
waterways blocking, 256
wealth, 494
  of the deceased, 105, 107, 109, 139, 141
  of the realm, 496–7
weapons, 163
  from Chang'an arsenal, 175, 212
  control of trade, 317, 318
  from Donghai commandery, 314
  from Jingdi's tomb, 222
  from Lelang tombs, 138
  from Luobowan, Guangxi, 164
  painted on figurines, **73**
  registration of, 315
weft texts (*chenwei*), 295, 339, 342
Wei dynasty, 135, 390
  literary criticism in, 532
  religion, 430, 439
Wei Gongzi's Art of War, 477
Wei li zhi dao ("How to be a Good Official"), 308–9
Wei Xuancheng, 186, 188
Weiman, 137
weiqi ("encirclement chess"), 524
Weiyang gong, 171, 209
  banquet hall, 209
  construction of, 173, 206
  decoration of, 209
  excavation report, 212
  mantic texts, 345, 358
  position, structure and weapons, 174–5, 208
  security of, 208–9
  White Tiger Hall, 510
weizhang, *weiwu*, 88
wells, building materials for, 171, 180

Wen, Emperor of Wei *see* Cao Pi
Wen, king of Zhou, 400, 475, 493
wen, wen zhang (patterned display) *see* rhetoric
"Wen fu" ("*Fu* on Literature"), 533
Wen xuan (Xiao Tong), 211, 491, 505, 529n, 533
  commentator, 527
Wendi, Emperor
  and local sacrifices, 417
  manpower for building tomb, 217
  with separate park for empress' tomb, 218
  site of tomb, **214**, 216
wengcheng, 170, 171, 182
Wenxin diaolong (Liu Xie), 533
West Asia *see* Near East
Western Han
  alliance with small farming households, 266
  forecast of fall of, 487–8
  political and cultural changes, 481
  tombs of emperors, **214**, 228–9 *see also individual tombs*
  urban development, 170 *see also* Chang'an; Luoyang
White Tiger Hall Discussions *see* Baihu tong (Ban Gu)
Widow of Ba, 281
widows
  chastity of, 277, 291
  landholding, 303
  law cases, 283
  marriage of, 266n, 276–7, 503
  protection of, 253, 266
  zhenjie, 291n
Wilbur, Martin, 302
wills, 131, 303, 429
  on heirs and inheritance, 300
Wiman Chosŏn (Wei Man Chaoxian), defeated by Han, 137
"wind-angle" divination (*fengjiao*), 344
winter solstice, 325, 326, 327, 333
women *see* females
wood panelling, 85, 89
wood peelings, 124–5
wooden chamber tombs, 14, **14**, 14–16, **15**, 67, 139
workers, at tombs, 22
Worthy and Fine (*xian liang*), 495
writing, privilege and purpose of, 503–4
Writings on Mai (*Maishu*), 369, 393, 394, 404
"Writings on Pulling" (*Yinshu*), 380, 393

Writings on Reckoning (*Suan shu shu*), 337–8
Wu, king of Zhou, 470, 493
wu, social institution, 296, 304–5
Wu Chunming, 183
Wu di (Five Cosmic Emperors), 482
Wu kingdom, 161, 161n, 162n
wu-mediums, 416–17
Wu Peng (Medium Peng), 385, 386
wu yan shi (pentametric verses), 517, 529n, 530
  earliest examples, 526–9
Wu Zhi, letters to, 514
wu zhu coins, 116
Wu Zixu, 515
Wudi, Emperor, 457
  building of Chang'an, 173–4, 206
  mausoleum of, 173–4, 203
    boshanlu found in, 60
    site and structure, 203, **214**
  nobilities created, 305, 306
  official cults challenged, 481–4
Wudi de (The Power of the Five Lords), 474–5
wudu (Five Capitals), 173
Wugǒ (Youqu), 137
wujing (Five Classics) *see* Five Classics (*wujing*)
wuxing, 343, 356, 375, 407
  Conquest, Order of, 399–401
  criteria for concept, 399
  meanings of, 398–9, 403, 404
  and numbering sets, 403
  and *qi*, 402, 409
  and spirit world, 415, 423, 426
  treatises on, 405

Xi (mantic expert), 342
Xi Kang, **509**, 509, 524, 526, 529n
Xi Meng, 335–6
Xi Wangmu *see* Queen Mother of the West
Xia (legendary) dynasty
  calendars (*lifa*), 324
  founder of, 470
Xiahou Zao, tomb of *see* Shuanggudui, Anhui
Xiandi, Emperor, 214
xiang ren (physiognomy), 343, 349, 351, 364
xiang sheng ("back talk"), 501
Xiang Xiu, 521–2
xiang zhai (topomancy), 349, **350**
Xianyang, Shaanxi, 169, 173
  passageways, 174

Yellow Emperor, 388
    and Buddha, 433
    cauldron (fu fa), 351
    dialogue on human body, 378
    doctrines, 342, 344, 430
    Five Phases qi and sagely rule, 399–400
    and music, 485
    on needling, 379
    role in medical arts, 384–5
Yellow Heaven, 439–40
Yellow Springs (huang quan), 422, 439
Yellow Turban, 439–40, 441
Yi wen zhi, 490
Yijing see Changes (Yijing)
yin (licentious practices), 416, 416n
    shrines, 431
Yin shu ("Writings on Pulling"), 380, 393
yin, yang
    criteria for concept, 399
    and Five Phases qi, 356, 404–5, 409, 415
    and gender, 290–1
    and numbers, 333, 376
    and qi, 380–1, 403
    and sacrifices, 426
    and sexual cultivation, 381–2, 382, 384
    sources for, 344, 357
Ying Shao, 284, 532
    on local sacrifices, 418
yinguan, 299, 301–2
Yinqueshan, Shandong, 131
    cauldron (fu fa), 351
    dog physiognomy, 425
    military texts, 116, 344
    on yin and yang, 344, 357
Yinwan, Jiangsu, 131–2
    administrative texts, 180, 308, 310, 311, 316
    mantic texts, 357–8
    marriage divination chart, **268**
    mianzhao, 42
    silk coffin cover, p4, 37, **40**
yonghuai shi, 529n
yongwu fu, 524, 532, 533
yongzang (statuettes of human beings), 65
yongzhong (bells), 62, 164, 219
"You si fu" ("Fu on Shrouded Thoughts"), 522
Yu (sage-king), 400, 453, 470
yu fumian, **42**
yu mianzhao, 42, **44**, **45**, **46**
yu yan (lodge sayings), 458
Yuan dynasty, genre of writing, 517

Yuandi, Emperor, 202
    arrangment of tombs, 216
    shrines in tomb, 220
    site of tomb, **214**
Yuanyu (Ruan Yu), 514, 515–16
Yue (as part of empires), 157
    cultic activities, 416, 427
yue (month), 323, 324, 325
yueling see monthly ordinances (yueling)
Yuezhi, 432, 433
Yumen guan, 202
yushi dafu, 310, 312

zaiyi zhan see omenology
"Zeng fu shi" ("Poems Presented to My Wife"), 530
zhan meng (dream prognostication), 348
Zhang Boya, 99–100
Zhang Cang, 336
Zhang Daoling, 441, 447
Zhang Heng, 333, 351, 521, 526
    heptametric verse, 528
Zhang Hua, 441, 447
Zhang Huan, 526
Zhang Jue, 441
Zhang Lu, 441, 447
Zhang Qian, 189
Zhang Shouwang, 327
Zhang Tang, 306
Zhang Zhongjing, 396
Zhangjiashan, Hubei
    condition of manuscripts, **128**, 129
    legal texts, 127, 254–5, 256, 257, 261–4, 300, 301–2, 305, 317
    mantic texts, 341, 354
    mathematical texts, 337
    medical texts, 127, 367–8, 369, 371, 376, 380, 393, 404
    military texts, 127
    orders of honour, evidence for, 297, 298, 299
zhangju commentaries, 510
Zhanguo period
    accommodates ethnic diversity, 136, 167
    buildings, 175
    calendar making, 374
    capitals, 178
    classical traditions, 469
    cosmological speculation, 353
    divination development, 339
    genres in writing, 517
    healing arts, 368, 369, 370
    ideals of rulership, 480

ironworks, 179
masters, 462
music, 483, 485
religion, 440
town planning, 176, 184, 185
urban housing, 180
Zhanguo Zonghengjia shu, 121
Zhanguoce, 507–8
Zhao Hu *see* Zhao Mo
Zhao kingdom
  capital of, 178
  conquered, 135
Zhao Mo, Zhao Hu, 162
  palaces of, 183–4
  tomb of
    bucket's engraving, **165**
    ding tripods, p13
    layout and holdings, 163–4
    medical evidence, 392
    musical instruments, 64–5
    pectorals, 47, **49**
    silk cover, 41
    stamping blocks, **41**
    turtle plastron, 346, **348**
Zhao Yi, 522–3
Zhaodi, Emperor
  economic policy, 495
  mausoleum of
    animal burial pits, 65
    manpower for building, 217
    shrines, 220
    site, 203, **214**
Zhaomu system, 215–16, 218
zhen, defined, 291
zhen mu ping (jars), 101
zhen shi (needling stone), 370
Zhenfan, 137
"Zheng lun" (Cui Shi), 506, 507
Zheng Wei zhi sheng ("tunes of Zheng and Wei"), 483–5, 490, 511
Zheng Xuan, 352, 476, 513, 523
  commentaries on classics, 511–12, 513
  letter to son, 525–6
Zhenjing (Needle Canon), 388–9
zhi see order, disorder (*zhi, luan*)
Zhi Bo, 515
Zhong Ni *see* Kongzi
zhong urns, 54, **55**, **57**, **58**, **59**
Zhong yong (Doctrine of the Mean), 474–5

Zhongchang Tong, 506, 507
Zhonghuang Taiyi, 440
Zhonglun (Xu Gan), 506
Zhou, as tyrant, 453
zhou bi, 331, 333, 337
zhou dao (Complete Way), 468, 492
Zhou dynasty, 430 *see also* Wen, king of Zhou; Wu, king of Zhou
  collection of folk songs, 486
  defeats Shang forces, 470
  as Han's model, 481
  ritual of imperial funerals, 215–16
Zhou Gong, 462, 470, 475, 499
  and music, 485
Zhou yi see Changes (*Yijing*)
Zhoujiatai, Hubei, 393
  Dipper astrolabe, 346, **347**
  hemerology, 354
  ritual for Divine Farmer, 425
  sacrifices, 419
zhu (invocators), 417
zhu (memorial tablets), 215, 216, 218
Zhuangzi, 440, 447
Zhuangzi (work), 444, 458, 529
Zhuangzi zhu (Guo Xiang), 447
Zhuanxu system, 325–6
zhuanzhu fen (brick chamber tombs), 84–5, 139
Zhuge Liang, 526
zhuhouwang see kings (*zhuhouwang*)
Zi Chan, 453
"Zidao fu" ("*Fu* of Self-Commiseration"), 530
Zigong, 457n, 494
zithers, 514, 524
Zixu (Wu Zixu), 515
zodiacal signs, 407
Zou Yang, 515
Zouyan shu, 127, 254
  investigation procedures, 260
  recorded cases, 264–5
Zuo Qiuming, 508
Zuo Si, 521, 529n
"Zuo you ming" ("Inscription Placed to the Right of My Seat"), 526–7
Zuo zhuan, 294, 487, 508
  healing arts, 376, 387
  paternity of sages, 512
  on *qi*, 328
  record of laws, 255

图书在版编目(CIP)数据

中华早期帝国：秦汉史的重估 /（美）戴梅可
(Michael Nylan),（英）鲁惟一（Michael Loewe）主编；
刘鸣译. -- 北京：社会科学文献出版社，2024.8
 书名原文: China's Early Empires: A Re-
appraisal
 ISBN 978-7-5228-0581-8

Ⅰ.①中… Ⅱ.①戴… ②鲁… ③刘… Ⅲ.①中国历史-研究-秦汉时代 Ⅳ.①K232.07

中国版本图书馆CIP数据核字（2022）第169545号

地图审图号：GS（2023）4154号（书中地图系原文插图）

中华早期帝国
——秦汉史的重估

主　　编 / ［美］戴梅可（Michael Nylan）　　［英］鲁惟一（Michael Loewe）
译　　者 / 刘　鸣

出 版 人 / 冀祥德
组稿编辑 / 董风云
责任编辑 / 李　洋　王　敬
责任印制 / 王京美

出　　版 / 社会科学文献出版社·甲骨文工作室（分社）（010）59366527
　　　　　　地址：北京市北三环中路甲29号院华龙大厦　邮编：100029
　　　　　　网址：http://www.ssap.com.cn
发　　行 / 社会科学文献出版社（010）59367028
印　　装 / 南京爱德印刷有限公司

规　　格 / 开　本：787mm×1092mm　1/16
　　　　　　印　张：46.75　插　页：1　字　数：599千字
版　　次 / 2024年8月第1版　2024年8月第1次印刷
书　　号 / ISBN 978-7-5228-0581-8
著作权合同
登 记 号 / 图字01-2024-4023号
定　　价 / 268.00元

读者服务电话：4008918866

▲ 版权所有 翻印必究